泸县年鉴

2018

·2018·

泸县人民政府　主办
泸县地方志办公室　编

方志出版社
Pubishing House of Local Records

图书在版编目（CIP）数据

泸县年鉴 .2018 / 泸县地方志办公室编 . -- 北京：
方志出版社，2019.1
ISBN 978－7－5144－3484－2

Ⅰ . ①泸 … Ⅱ . ①泸 … Ⅲ . ①泸县 —2018— 年鉴
Ⅳ . ① Z527.14

中国版本图书馆 CIP 数据核字（2019）第 011032 号

泸县年鉴（2018）

编　　者：泸县地方志办公室
责任编辑：罗　滔

出 版 人：冀祥德
出 版 者：方志出版社
地址　北京市朝阳区潘家园东里 9 号（国家方志馆 4 层）
邮编　100021
网址　http://www.fzph.org
发　　行：方志出版社图书经销中心
电话（010）67110500
经　　销：各地新华书店
装帧设计：成都益舟文化传播有限公司
电话（028）61323177　68889988
印　　刷：成都市金雅迪彩色印刷有限公司

开　　本：889×1194　1/16
印　　张：29
字　　数：690 千字
版　　次：2019 年 1 月第 1 版　2019 年 1 月第 1 次印刷
印　　数：001 ～ 500 册

ISBN 978－7－5144－3484－2　　定价：200.00 元

7月4日，省委常委、省纪委书记王雁飞（左二）到得胜镇仁和村调研

11 月 14 日，副省长杨洪波（前排右二）到泸县调研督导沱江流域污染治理工作（张永 摄）

11 月 21 日，国务院参事、全国政协民族和宗教委员会副主任杜鹰（左一）调研泸县农村宅基地制度改革工作

6 月 2 日，市委书记蒋辅义（前排右三）到太伏镇调研基层社会治理工作

10 月 23 日，市委副书记、市长刘强（前排左二）调研泸县城乡环卫一体化工作

12 月 18 日，市人大常委会主任曹建国（前排中）调研泸州医药产业园

5 月 17 日，市政协主席田亚东（前排左三）调研泸县文旅产业（王琦 摄）

5 月 3 日，市委常委、市总工会主席刘云（左三）到兆雅镇督导脱贫攻坚工作（赵煜璐 摄）

10 月 19 日，市委常委、副市长许先春（右一）到泸县一中考察健康教育工作（黄磊 摄）

8 月 10 日，市委常委、市纪委书记杨晓（右二）到兆雅镇督查环保工作（赵煜璐 摄）

7 月 26 日，市委常委、农工委主任张文军（前排左二）出席全市幸福美丽新村建设流动现场会，走进泸县玉蟾街道黄金村

8 月 15 日，副市长陈日（右三）督导泸县环保工作（张永 摄）

1 月 17 日，副市长何绍明（中排左一）调研县公安局出入境大队（熊烽富 摄）

3月6日，县委书记薛学深（左二）调研喻寺镇农业项目建设（李旭东 摄）

8月10日，县委副书记、县长肖刚（左三）督查天兴镇环保工作

5月27日，县人大常委会主任颜习林（前排左一）到云龙镇督查泸州市健康村镇示范点建设

3月21日，县政协主席李镇（左三）到云锦镇指导“社社通”建设（陈泓宇 摄）

4月27日，县委副书记张学彬（左一）到云龙镇调研河道治理工作

6月15日，县委常委、县纪委书记喻斌（左三）督查重点项目建设情况

1月19日，县委常委、副县长张文杰（右二）到喻寺镇开展春节送温暖活动（李旭东 摄）

7月11日，县委常委、县人武部政委金林松（右二）到牛滩镇慰问困难党员

8月24日，县委常委、组织部部长张国华（右三）率队督导云锦镇环保和学校开学工作

12月22日，县委常委、政法委书记李盛春（前排右一）到玉蟾街道调研“走、服、引”工作

7月13日，县委常委、统战部部长、县委办主任、县总工会主席杨双全（左二）调研云龙镇空港产业特色镇项目

5月24日，县委常委、宣传部部长陈佳（前排中）到嘉明镇督查学校安全工作（陈雪 摄）

9月28日，县委常委、副县长赵斌（前排右二）带队开展国庆、中秋节前食品药品安全检查

9月27日，县委常委、副县长赵领（左一）到城北小学检查安全工作

县委常委张福荣（右一）在甘孜州乡城县援助藏区工作

12 月 28 日，副县长杨开春（右三）到天兴镇调研市场安全工作

9 月 30 日，副县长杜作文（右一）督查云龙镇节前安全工作

3月6日，副县长宋军（前排中）到嘉明镇督导交通安全工作（陈雪 摄）

7月14日，副县长叶仕良（左二）到百和镇督查环保工作

9月12日，副县长先泽平（左二）到玄滩镇督导重点项目建设

1 月 5 日，中共泸县县委十三届三次全会

8 月 25 日，中共泸县县委十三届四次全体（扩大）会议（曾佐然 摄）

2月24日，中共泸县第十三届纪律检查委员会第二次全体会议

2月8日，全县经济工作会

2月15日，泸县创建全国文明城市、健康城市、国家园林县城、四川省宜居县城、巩固国家卫生县城的“四创一巩固”动员大会（曾佐然 摄）

4月1日，县委巡察工作会

7月21日，全县环境保护工作推进会

10月14日，泸县召开深入开展“走进群众、服务群众、引导群众”工作会

1 月 19 日，泸县城乡环境管理局授牌

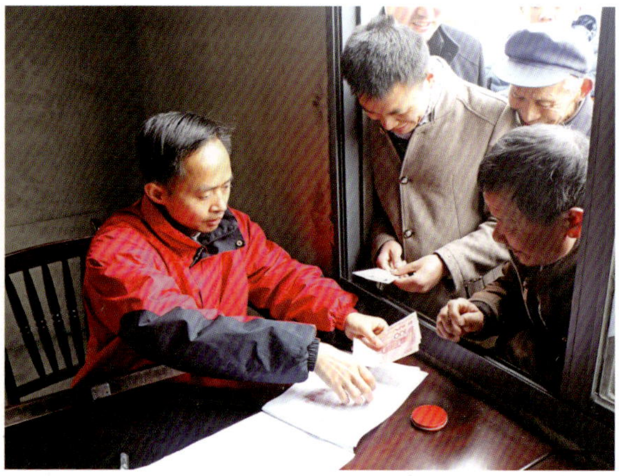

2 月 9 日，潮河镇王坪村昌达生猪养殖场发放生猪养殖入股分红金（陈松 摄）

3 月 24 日，酒博会泸县重点项目签约仪式

3 月 28 日，泸县 4 宗农村宅基地退出结余建设用地指标拍卖会在县交易中心举行（杨虹 摄）

4 月 10—11 日，全省高效节水灌溉暨农业水价综合改革工作推进会在泸县召开（夏廷贵 摄）

7月12日，中央电视台采访泸县农村土地制度三项改革试点工作（赵煜璐 摄）

8月1日，泸县首张“企业全程电子化登记”营业执照颁发（黄荣 摄）

9月14日，教育部专家组调研国家学前教育改革发展实验区泸县实验项目

9月21日，泸县获评2017年四川县域电子商务十佳县（刘益 摄）

11 月 3—5 日，中华中医药学会中成药分会 2017 年学术年会暨四川省药理学学会 2017 年学术年会在泸县召开

11 月 16 日，四川农业大学—泸县人民政府县校合作签约仪式暨四川农业大学新农村发展研究院川南分院授牌仪式在县会议中心三楼会议室举行

11 月 20 日，龙文化峰会开幕式（肖鹏 摄）

11 月 29 日，泸县召开创建全国基层中医药工作先进单位国家级评审汇报会

1 月，奇峰镇华通甜橙丰收（宋丹 摄）

12 月 21—22 日，国家质检总局专家组对泸县生态原产地产品保护示范区进行现场评定（黄荣 摄）

3 月，云锦镇花园村 6 社张伦明收获莲藕

海潮荔枝（曾佐然 摄）

4 月 14 日，车前草种植观摩活动在福集镇沙土村车前草种植基地举行（朱兆焱 摄）

9 月 13 日，专合社展示国家地理标志产品——牛滩生姜

11 月，立石镇普照村果蔬园 200 余亩葡萄采摘园完成前期建设（秦小军 摄）

太伏镇三星桥小（一）水库（夏廷贵 摄）

泸县现代农业融合园福集镇鱼目村片区（李彬 摄）

喻寺镇谭坝村节水型社会项目（夏廷贵 摄）

喻寺镇谭坝村高效节水项目区（夏廷贵 摄）

泸州医药产业园

泸县经济开发区

7 月 26 日，泸县与深圳华冠机器人技术有限公司举行智能机器人及液晶光电产品项目签约仪式

10 月 29 日，泸县举行 2017 年第四季度重大工业和信息化项目集中开工仪式（罗映 摄）

11 月 29 日，泸县 2017 年第四季度招商引资重点项目集中签约仪式

12 月 19 日，健康白酒中国行 · 走进泸州暨中国人参酒储酒量最多的酒窖——抚参堂人参酒窖“大世界基尼斯之最”认证仪式在太伏镇醇窖酒业举行

城西工业园

12 月 29 日，瓦子冷链物流建设项目（陈松 摄）

阿斯特医疗器械轮椅生产

国网泸县供电公司低电压改造现场

名豪酒业生产车间

刘氏泡菜项目工地

嘉明镇工业园区

四川科瑞德制药股份有限公司生产车间

泸县双创孵化器Ⅱ期

泸州步长生物基地及新药产业化基地项目工地

5月18日，2017中国旅游日泸州分会场活动

①9月18日，泸县晚熟龙眼出口港澳首发仪式在海潮镇流滩坝举行（宁顺光摄）

②第六届金秋龙眼采摘活动

③第五届四川·泸县雨坛彩龙民俗文化活动

3 月 11 日，泸县云锦第八届梨花节吸引数万游人到云锦山百年梨园观赏梨花（曾佐然 摄）

12 月 5 日，泸县“村村通”城镇公交开通，93 辆新车投运（万建敏 摄）

泸县电商大厦

泸县第二人民医院

泸县中医院（刘德英 摄）

1月22日，泸县2017春节联欢会（肖鹏 摄）

9月21日，泸县举行2017年度德育暨中华优秀传统文化进校园工作会

4月21日，全民阅读启动仪式（肖鹏 摄）

1 月 11 日，泸县 2017 年“暖冬”关爱行动爱心书包发放仪式

5 月 24 日，泸县中医院开展“消除白内障，重走光明路”义诊活动（袁瑶 摄）

8 月 30 日，泸县国税局到太伏镇沙河村开展“点亮微心愿”活动

6 月 28 日，平安产险泸县支公司到兆雅镇石龙村精准扶贫赠送化肥（张岚 摄）

3 月 27 日，泸县“走服引”主题教育现场推进会

5 月 11 日，泸县安全生产警示教育暨县委书记、县长谈心对话会在“5 · 11”桃子沟煤矿事故现场召开

3月15日，泸县举行“3·15”假冒伪劣商品集中销毁活动（黄荣 摄）

4 月 26 日，玉蟾街道龙朝村脱贫攻坚政策宣讲院坝会

9 月 21 日，泸县高层建筑消防安全综合应急演练（熊烽富 摄）

5 月 23 日，县应急大队历经 70 天完成 2017 泸州市防灾救灾综合应急演练任务（邓玉 摄）

11月13日，“廉韵龙城”党风廉政建设巡展在玄滩镇举办

7月20日，泸县人民法院获省高院集体“一等功”表彰

1月27日，群众送别英雄蔡松松（1月24日，泸县公安局交警大队驻石桥派出所民警蔡松松在玄滩镇幸福水库为抢救两名落水儿童而牺牲）（熊烽富 摄）

12月1日，泸县检察院举行宪法宣誓和重温入党誓词活动（王蔺强 摄）

12月4日，泸县法院举行国家宪法日宣誓

得胜镇马溪河防洪治理工程

方洞镇屈氏庄园（高翔 摄）

退出宅基地后集中建设的田坝新村（曾佐然 摄）

石桥镇水源涵养工程

《泸县年鉴（2018）》编纂委员会

顾　　问　薛学深　肖　刚　颜习林　李　镇
主　　任　杨双全　杨开春
副 主 任　殷洪勇　庂小波
委　　员　郑光明　朱大清　艾　斌　李中显　袁春江
　　　　　冯秋兰　周　宇　陶金福　段　波　高　翔

《泸县年鉴（2018）》编辑部

主　　编　高　翔
编　　辑　李　谋　钟景西　陶　琳　陈　茜
封面题字　黄永康

编辑说明

一、《泸县年鉴》是在中共泸县县委、泸县人民政府领导下，由泸县人民政府主办，泸县地方志办公室主编，全面、系统反映泸县情况的年度资料性文献，是泸县政治、经济、社会发展情况的总汇和缩影。每年出版一卷，2018 年出版的是第 13 卷。

二、《泸县年鉴（2018）》以马克思列宁主义、毛泽东思想、邓小平理论、“三个代表”重要思想、科学发展观、习近平新时代中国特色社会主义思想为指导，坚持辩证唯物主义和历史唯物主义的立场、观点和方法，全面、客观、系统地记述 2017 年泸县以深度融入泸州主城区一体发展为主线，深入实施“创新驱动、产城融合、文旅联动、富民强县”战略，建成创新新区、畅达新区、产业新区、宜居新区，率先实现全面小康的新进展、新成就、新经验，为泸县各级领导决策和制定发展规划提供依据，也为县内外各界人士了解和研究泸县提供准确、翔实的资料，并为将来编修地方志书积累和储备资料。

三、《泸县年鉴（2018）》记述时限为 2017 年 1 月 1 日至 2017 年 12 月 31 日。为确保重要事项起始、终结的完整，时限依实际情况作相应的上溯或下延。

四、《泸县年鉴（2018）》设置类目、分目、条目 3 个层次，条目为记述内容的主要形式。类目设特载、县情综述、大事记、中国共产党泸县委员会、泸县人民代表大会常务委员会、泸县人民政府、中国人民政治协商会议泸县委员会、群众团体、法治、军事、城乡建设与管理、经济管理与监督、农业·水利、工业、商业贸易、交通·邮电、财政与税收、金融机构、资源与环境保护、对外开放与合作、文化·体育·传媒·旅游、科技、教育、居民生活与社会保障、街道·镇、附录、索引等。

五、考虑到社会使用习惯，本年鉴中亩不统一换算，1 公顷=15 亩。

六、《泸县年鉴（2018）》由泸县各单位供稿，泸县地方志办公室编辑，泸县人民政府审定。

目 录

LUXIAN YEARBOOK 2018

CONTENTS

特 载
FEATURED ARTICLES

大事记
CHRONICLE OF EVENTS

县情概述
SUMMARY OF LUXIAN COUNTY

中国共产党泸县委员会
LUXIAN COUNTY COMMITTEE OF COMMUNIST PARTY OF CHINA

泸县人民代表大会常务委员会
STANGING COMMITTEE OF LUXIAN PEOPLE'S CONGRESS

泸县人民政府
LUXIAN PEOPLE'S GOVERNMENT

中国人民政治协商会议泸县委员会
LUXIAN COUNTY COMMITTEE OF CHINA PEOPLE'S POLITICAL CONSULTATIVE CONFERENCE

群众团体
MASS ORGANIZATIONS

法　治
RULE OF LAW

军　事
MILITARY

城乡建设与管理
URBAN & RURAL CONSTRUCTION AND MANAGMENT

经济管理与监督
ECONOMIC MANAGEMENT AND SUPERVISION

农业·水利
AGRICULTURE & Water Resources

工　业
INDUSTRY

商业贸易
COMMERCIAL TRADE

财政与税收
FINANCE AND TAXATION

金融机构
FINANCIAL INSTITUTIONS

资源与环境保护
RESOURCES AND ENNVIRONMENTAL PROTECTION

对外开放与合作
OPEN AND COOPERATION OUTSIDE

文化·体育·传媒·旅游
CULTURAL SPORT MEDIA TOURISM

科　技
SCIENCE AND TECHNOLOGY

教　育
EDUCATION

居民生活与社会保障

RESIDENT LIVES AND SOCIAL SECURITY

街道·镇
SUBDISTRICT AND TOWN

附　录
APPENDIX

索　引
INDEX

特 载

FEATURED ARTICLES

在中共泸县县委十三届四次全体（扩大）会上的讲话

县委书记　薛学深

（2017 年 8 月 25 日）

今天，我们召开中共泸县县委十三届四次全体（扩大）会议，主要任务是传达学习习近平总书记在省部级主要领导干部专题研讨班上重要讲话精神，审议加快城市发展的一决定两意见，进一步统一思想、提振精神，集中精力抓好城市发展，加速建成创新新区、畅达新区、产业新区、宜居新区，率先实现全面小康。就传达习近平总书记“7·26”重要讲话精神和加快城市发展工作，我讲三个方面。

一、学以致用，深刻领会把握习近平总书记“7·26”重要讲话精神

*（一）充分认识习近平总书记重要讲话的重大意义，切实增强做好学习宣传贯彻工作的政治自觉。*习总书记的重要讲话，明确指出中国特色社会主义是改革开放以来党的全部理论和实践的主题，郑重宣示了坚持和发展中国特色社会主义的鲜明立场，具有极强的政治统帅性；是一篇马克思主义纲领性文献，集中体现了党的十八大以来党的最新理论创新成果，具有极强的思想统一性；深刻阐明了我们党所面临的宏观形势和肩负的历史使命，明确宣示了我们党“举什么旗、走什么路、以什么样的精神状态、担负什么样的历史使命、实现什么样的奋斗目标”等事关党和国家前途命运的重大问题，具有极强的时代统领性；着眼我国发展的阶段性特征、人民群众对美好生活的向往，全面部署了党和国家未来目标任务和战略重点，具有极强的实践统揽性。

*（二）深刻领会习近平总书记重要讲话的精神实质，真正把思想和行动统一到中央要求上来。*一是深刻把握关于党的十八大以来我国发展取得重大成就的新思

想新论断，坚定实现“两个一百年”奋斗目标的必胜信心。二是深刻把握关于我国社会发展阶段性特征的新思想新论断，做到居安思危、知危图安。三是深刻把握关于中国特色社会主义的新思想新论断，进一步树牢“四个自信”。四是深刻把握关于理论创新的新思想新论断，始终用党的最新理论成果武装头脑、指导实践。五是深刻把握关于奋斗目标的新思想新论断，坚持以目标引领行动。习近平总书记强调工作中要突出抓重点、补短板、强弱项，坚决打好防范化解重大风险、精准脱贫、污染防治“三大攻坚战”，坚定不移深化供给侧结构性改革，推动经济社会持续健康发展。六是深刻把握关于人民群众对美好生活向往的新思想新论断，让改革发展成果更多更公平地惠及全国人民。七是深刻把握关于把全面从严治党向纵深推进的新思想新论断，推动管党治党真正走向严紧硬。要坚持把抓好党建作为最大政绩，坚持“两个毫不动摇”，做到“三个更加”，实现“一个确保”，以更大的决心、更大的勇气、更大的气力推动党的建设全面加强、全面进步。

（三）坚定以习近平总书记重要讲话精神为指导，决战决胜全面小康、加快建成“四个新区”。一是坚持从实现“伟大梦想”出发，把团结奋进的思想基础夯牢夯实。要深刻认识到，伟大梦想是精神旗帜，必须进一步用伟大梦想坚定理想信念，构筑精神支柱，凝聚思想共识，不断开创泸县改革开放和现代化建设新局面。二是坚持从进行“伟大斗争”出发，把各项应对措施谋深谋实。要守好意识形态“前沿阵地”，认真落实意识形态工作责任制，健全舆情监测和分析研判机制，及时发现处置苗头性、倾向性问题，壮大网上正面声音，确保意识形态领域安全。三是坚持从推进“伟大事业”出发，把新发展理念各项要求落地落实。要扎实推进供给侧结构性改革，统筹推进“3+2”产业发展，加快培育创新型现代产业体系。要坚持全面深化改革，扎实抓好土地制度三项改革、供销社综合改革等国省级改革试点；要积极深化与成渝城市群沿线地区务实合作，深度融入泸州主城区、川南城市群发展。要深入推进精准脱贫，坚决打赢脱贫攻坚战；深入实施“四创一巩固”“4+1”工程升级版，集中力量抓好教育、医疗、养老、社会保障等民生工作，不断增进人民群众获得感；以中央环保督察契机，抓好问题整改落实，坚决打赢大气、水、土壤污染防治三大战役，全面推行“河长制”，努力打造生态文明建设样板。四是坚持从建设“伟大工程”出发，把管党治党抓紧抓实。深入贯彻习近平总书记重要讲话精神，以“两学一做”常态化制度化和“走进群众、服务群众、引导群众”专题教育有机融合，坚持问题导向，推动全面从严治党向纵深发展。要锻造“大熔炉”，把讲政治作为首要内容，推动党内政治生活严肃健康。要高举“惩戒尺”，从快从重从严查处违反中央“八项规定”“四风”变异情形、发生在群众身边的不正之风和各类“微腐败”，营造风清气正政治生态。

二、挖掘自身特色，全力推进城市工作迈上新台阶

（一）充分认识加快城市发展的重要性紧迫性

1. 泸县加快融入泸州主城区发展的任务非常繁重，必须加快城市发展，切实增强都市副中心的竞争力。市委蒋书记在泸县调研时强调，泸县和三区一样，工作重心要转移到城市发展上来。一个地方要发展，城市发展非常重要，反映一个地方的形象。城市的竞争力集中反映一个地方的综合实力，反映城市对周边的辐射能力和水平，反映对周边的带动能力。近几年，我们的经济高速发展，不管是总量还是增速都走在全市前列，但城市发展速度还没有跟上来，我们的城镇化率低于全市平均 8 个百分点，低于三区 30 个百分点（江阳区 73.57、龙马潭 76.65、纳溪 67.43，泸县

38.2)，远远低于全国、全省的平均水平。面对现实差距，我们要在更大范围审视泸县城建现状、审视泸县城建目标、审视泸县城建推进力度，用城市发展来引领县域经济突破，在新一轮区域竞争中占得先机、赢得主动。

2. 泸县推进项目大突破的任务非常繁重，必须加快城市发展，切实增强城市集聚度承载力。一个城市的发展关键是它的集聚力、承载力。如果泸县县城没有承载能力，产业没有集聚力，可能很多资金流、人流、物流、信息流都会流向周边其他地区。当前，我们面临着做大城市经济总量和做优城市产业质量的双重任务，实现这双重任务，关键靠优质项目，而这恰恰是我们的"短板"。优质的大项目为什么招不进来？因为我们的城市配套跟不上，如交通还不够便捷、电力保障时有不足、城市公园绿地偏少、优质教育医疗资源不多、没有大型商场等服务设施，与永川、仁寿、江阳等先进区县比，都有较大差距，留不住企业留不住人，项目招引自然难上加难。因此，只有加快提升城市的吸引力承载力，才能推动更多优质项目入驻泸县、更多优秀人才落户泸县，推动泸县加快发展、转型发展。

3. 泸县保障和改善民生的任务非常繁重，必须加快城市发展，切实增强群众的满意度认可度。一个城市既要看竞争力，更要看老百姓的幸福感。一个县必须要以城市发展为统领，一个镇必须要以场镇发展为统领。作为泸县来说，这些年城市、农村民生改善都在齐头并进，农村随着"4+1"基础设施改善工程、"4+1"工程升级版各个方面条件都得到明显改善。但是从县城发展看，全县没有一家三甲医院，公立幼儿园、小学数量严重不足，城市建设水平较低，看病难，上学难，基础保障不健全等问题依然突出，群众对于加快城市发展意愿非常强烈。因此，我们迫切需要加大力度，重点围绕城西新区建设，加快新城框架完善、功能配套、形象提升，增强市民自豪感；同时也要围绕泸县老城区尤其是城南棚户区改造，关注同一城市屋檐下的弱势群体和贫困阶层，下更多功夫来解决他们的困难和问题，把工作做到老百姓的心坎里，让他们拥有更多的幸福感。

4. 泸县推进城乡发展一体化的任务非常繁重，必须加快城市发展，切实增强城市的辐射力带动力。县城自身发展不足、带动能力偏弱，还不能真正发挥"火车头"作用，是制约泸县城乡发展一体化的一个重要原因，也是泸县区别于周边城市的一个显著特征。伴随着融入泸州主城区、成渝城市群发展，人口、资源更容易向发达地区流动，我们当务之急、重中之重必须要抓好县城与特色小城镇建设，发挥好二者对城乡发展一体化的牵引作用和辐射功能，才能在区域一体化发展中立足，才能更好地统筹城乡，融合发展。泸县县城建成刚好20年，这20年虽然快速发展，但是我们必须清醒地认识到我们城市发展还不够，下一步我们县城和小城镇必须更好发展、有机融合，推进全县各个方面的工作。

（二）突出重点关键，全面提升城市发展水平

1. 以铁的纪律执行规划。一是进一步提升规划科学性。城市规划要突出"集约、智能、绿色、低碳"的要求，树立"先进、长远、超前、留白"理念；村镇规划要统筹考虑山水、田园、民居、生态、自然等要素，彰显山水景观、建筑风格和传统文化，使城乡建设规划上水平、有品位。要严格按照"多规合一"的要求，推动经济和社会发展规划、城乡规划、土地利用总体规划、生态环境保护规划等的衔接统一。比如，一个县城、一个城镇、一个中心村都要有规划，没有规划，那就是乱建。既要有近期规划，又要有中期、远期规划。县城要围绕城和景有机结合，制定规划。二是进一步提高规划操作性。编制规划时要坚持"政府组织、专家领衔、部门合作、公众参与、科学决策"的原则，不能关在屋

里、坐在电脑前，凭几张现场图片，就去做规划、审规划，必须到实地一步一步地丈量，才能清楚所要规划的区域是什么具体情况，规划不接地气带来的后果很严重，那就是资源的浪费、老百姓的怨气。比如，规划人员看似简单的一条线，有的就把人家的房子划去半边，有的就硬生生把路搞成了断头路，再或者增加拆迁难度和费用，这样的例子不少。县上近年虽然找了很多有专业资质的公司进行规划，但是许多规划不接地气、落不到地。规划不要“贪大求洋”，要结合自身实际，找既有一定资质水平，又能够接地气、深入实际进行勘探分析的。三是进一步维护规划权威性。我们在建设中要严格遵守规划，强化红线意识，不搞变通，不搞突破，规划是什么样，就要建成什么样，绝不能搞程序倒流，规划被建设牵着鼻子走，对于调整容积率、绿化率等核心指标，必须严格遵循相应控制程序，符合政府、人大等审议流程，不能一年一调，三年一变。比如，这个地块规划为绿地、公园，就不能因为产业布局、房地产开发等因素反复调整，确保一张蓝图绘到底。规划可以为文物古树改变，但不能因一个厂一个钉子户改变。规划一旦确定为法定规划，任何人、任何单位、任何组织都不能随意违反。县人大要对规划执行依法监督，县政协要发动社会各界加强对规划的监督，每年对调整的规划进行评议。

2. 以实的措施建好城市。一是持续推进县城建设。要集中全力，按照现代城市标准，增强城市承载功能，全面改善泸县城市建设落后形象。新区要打造标杆，要加大招商引资力度，要加快体育中心、湿地公园、城西商务综合体、龙城文化艺术中心等项目建设，建成生态和谐宜居的现代化城西新区。老城要提升品质，要按照“多拆少建、增加绿地、拓展空间”原则，逐步推进中心城区改造升级，实施“两河四岸”景观打造，不断提升市政基础设施水平，实现与城西新区有机互补，避免出现“一个城市，两个时代”。二是持续推进交通建设。加快推进渝昆高铁、川南城际铁路、有轨电车示范线泸县段、南渝泸、泸永高速、云龙机场建设，争取建设通用机场，积极扩建神仙桥码头，基本形成铁空水陆“四位一体”交通格局，初步建成泸州北部多式联运核心区。建成酒香大道、龙城大道，升级改造G321泸县北段、万得路等，规划建设县城至云锦公路，新建瓦胡路，积极推进镇村社公路建设，完善支线路网，建成全域半小时交通圈。三是持续推进基础设施建设。统筹加强水、电、气、通信等基础建设，推进污水处理厂、垃圾压缩中转站等环卫设施建设，完善商业服务、休闲娱乐、教育卫生等便民设施，打造“15分钟社区服务圈”和“5分钟便民生活圈”，抓好海绵城市、智慧城市试点，不断提升城市承载能力和公共服务水平。

3. 以硬的手段管好城市。一是强化城市综合执法。有序推进综合执法改革，县城管局已经更名为县城市管理和行政执法局，县住建局、县交通局、县水务局、县食药监局等部分行政处罚权和行政强制权集中行使。县城市管理和行政执法局将向镇（街道）派驻执法人员，加强镇（街道）执法力量，规范行政执法行为，促进城市执法标准化、管理标准化。二是强化市容市貌整治。探索城市管理公共服务市场化、社会化运作机制，加快城乡环卫作业一体化、停车收费社会化、茶摊经营规范化进程，推进园林绿化管养作业、路灯管护、道桥养护、智慧城管信息采集等城市管理服务外包。持续开展违法建设、市容乱象、车辆乱停乱放等专项治理。三是强化城市安全管理。深化“平安泸县”建设，加快“智慧云护城墙”工程建设，增强公共安全和社会治安保障能力。健全城市防洪、排涝、消防、人防、抗震、气象等灾害应对指挥体系和应急设施建设，全面提升抵御自然灾害、处置突发事件的能力。开展专项整治和隐患排查治理，严厉“打非治违”、严格整改隐患，坚决杜绝重大安全事故发生。四是推进“四创一巩固”，提升城市形象。一个城市，既要规划好、建设好，更要管理好。近几年，我们加大了城监执法、城管执法，但是仍然存在较多问题。不光是群众，甚至部分单位、部门在共同维护好城市形象上做得也不够。我们对城市乱搭乱建进行了多轮清理，但目前仍然有单位目无规划、目无城市管理要求，乱搭乱建。相关单位对2013年以前的存量违建要逐步清理，对2013年之后仍然违章搭建的必须坚决拆除。

4. 以新的思维建设小城镇。一是转变发展理念。要把握全省“百镇建设行动”机遇，各镇要解放思想，结合实际，认真剖析自身基础条件、发展潜力、特色优势，从全域角度定位最佳发展方向和路径，科学合理编制特色小城镇规划，积极争创国家、省、市各级特色小城镇。二是完善配套设施。由县上牵头，加强统筹指导，全面推进供水、供气、供电、给排水、污水处理、垃圾收运等基础设施建设向特色小城镇倾斜，推动就业、教育、卫生等更优质的公共服务资源向特色小城镇覆盖。三是激发建设活力。推进简政放权，积极探索推进集中审批和综合行政执法，将建设、管理、行政审批权限下沉至各特色小城镇。强化要素保障，积极探索“政府引导、市场运作、企业主体、社会参与”的运营模式，鼓励以社会资本为主投资建设特色小城镇，激发小城镇建设活力。

三、加强组织领导，为全面提升城市工作水平提供坚实保障

（一）加强领导，夯实责任。要把城市工作摆上更加突出的位置，决定和意见安排的各个项目、各项任务，各级各部门“一把手”要亲自抓、亲自管，分管领导要主动作为、具体落实。要坚持“条块结合、以块为主、部门联动、属地管理”原则，切实构建党委统一领导、党政齐抓共管的城市工作格局，县、镇两级城市工作统筹联动体系，一级紧扣一级抓好城市工作。

（二）攻坚克难，狠抓落实。坚持问题导向，敢于担当、敢于碰硬、敢于作为，集中力量攻坚克难，真正把各项工作落到实处。坚持效率优先，实施挂图作战，杜绝先松后紧，做到在建项目尽快完成，新建项目尽快开工，建成项目尽快投用；坚持效果优先，强化督查考核，奖惩逗硬，推动城市建设各项工作落实到位、落实到底、落实到成。

（三）探索创新，提升水平。各级领导干部要主动加强学习、积极拓宽视野、自觉创新探索，深化对新时期做好城市工作的理解和把握。要广开选贤任能之路，加快引进和培养一批懂城市、会管理的干部，加强城市专门人才建设，用先进理念、专业知识去规划、建设、管理城市，不断提升城市管理与建设科学化水平。

（四）激发活力，共建共享。要充分调动全县各级各部门的能动性，充分发挥统一战线、群团组织的积极性，汇聚城市工作合力。要不断增强广大市民的“主人翁”意识，尊重市民对城市发展的知情权、参与权、监督权，充分发挥人民群众在城市建设中的积极性主动性创造性，实现城市共治共管、共建共享。

同志们！加快城市发展，使命光荣、任务艰巨，让我们以“四创一巩固”为抓手，着力打造“山青、水净、地绿、天蓝、气爽、人和”的美丽家园，以加快城市发展推动县域经济突破，为“建成四个新区、率先全面小康”做出新的更大贡献！

泸县人大常委会工作报告

——在泸县第十六届人民代表大会第二次会议上

县人大常委会主任　颜习林

（2018 年 1 月 18 日）

2017 年主要工作回顾

2017 年，是县第十六届人大常委会履职的第一年。一年来，县人大常委会紧紧围绕全县工作大局，依法履行职责，为推进全县经济、政治、文化、社会、生态文明建设和“建成四个新区，率先全面小康”贡献了人大力量。

一、提高站位，在牢记使命中谋定而动

人民代表大会制度是坚持党的领导、人民当家做主、依法治国有机统一的根本政治制度安排。常委会深刻领会坚持和完善人民代表大会制度必须毫不动摇地坚持党的领导，同坚持党的领导必须坚持和完善人民代表大会制度的相互关系，并在工作中一以贯之。

始终把坚持党的领导贯穿于履职行权的全过程。正确处理党的领导与人大依法行权的关系，切实提高做好人大工作的政治站位，充分发挥常委会党组在人大工作中的领导作用。全年召开党组会议 16 次，就学习宣传贯彻党的十九大精神和习近平新时代中国特色社会主义思想、落实县委重大决策部署、对“一府两院”的工作监督和法律监督、行使重大事项决定权、人事任免权、代表履职监督、加强常委会机关党的建设和党风廉政建设等重大问题进行专题研究和安排部署，确保了常委会工作正确的政治方向，确保了常委会领导班子带头遵守党的政治纪律和政治规矩、带头执行县委的决定决议、自觉维护县委权威，常委会及其机关领导干部的“四个意识”更加牢固。

始终把牢记一切权力属于人民和为民行权的履职使命贯穿于履职行权的全过程。站位全局，谋划全局，既着眼市内、省内、国内政治经济发展的大趋势、大形势，因势而谋，又立足泸县改革发展稳定，深度融入泸州主城区一体化发展和“跨越五百亿、挺进四十强”奋斗目标这个实际，实事求是，做出了“在紧扣中心促进发展上有新作为；在崇尚法治依法监督上有新举措；在围绕大局决定大事上有新成效；在增添措施优质服务上有新提升；在砥砺修身提高素质上有新气象”的全年工作谋划，力求常委会工作既站高看远、又接泸县地气，使之更具全局性、前瞻性、针对性和实效性。

始终把提高决策的执行力贯穿于履职行权的全过程。坚持谋定而动，将履职的重心和工作成效放在执行中央、省、市、县委决策和常委会党组决定、完成重要工作任务、解决复杂疑难问题、回应人民群众关切等方面，全力支持“一府两院”创造性开展工作，确保县委的主张通过人大的法定程序变成全县人民的共同意志，确保常委会工作同县委决策

部署同心同向、同步合拍。

二、围绕大局，在发挥民主中科学决策

重大事项决定权是宪法和法律赋予人大的一项重要职权。对事关全县经济社会发展的重点工作和重大事项，常委会坚持提前介入、深入调研、科学论证、严谨审议、依法决定。

*立足发展广泛调研汇集民智。*常委会始终把民众的关切当成自己的牵挂，把深入了解民情、广泛汇集民智作为科学决策促进发展的重要基础，围绕常委会审议议题和聚焦发展重点、关注百姓堵点、解决民生难点、纾解社会痛点、守护公平正义等开展调研67次。针对经济发展软环境打造、农村赌博迷信风气抬头、婚丧嫁娶大操大办、“人情消费”不堪重负等涉及加快发展、民生民本的问题，精心策划重点调研课题，由常委会领导牵头，从县级机关近20个部门抽调人员，分别组成两个专门的课题调研组，采取学习借鉴发达地区先进理念经验、深入县内镇街部门、园区企业、商家业主、村社农户等形式，通过会议座谈、实地走访、问卷调查、背靠背、面对面调研，广集群言、广聚众智，历时半年，形成了《泸县经济发展软环境调研报告》和《关于遏制农村陈规陋习的调查报告》，为常委会审议决定相关重大事项提供了直接的民智支撑，同时还得到了县委主要领导的充分肯定和高度重视。组织发动全县各级人大代表利用代表活动日、代表接访日、常委会主任接待日、镇（街）代表之家、选区（村、社区）代表工作室等，加强同选民的联系，深入选区和选民的生产生活，听民声、察民情，收集到有关改革发展稳定的建议意见和民生诉求456件，为常委会科学决策奠定了广泛的民意基础。

*着眼全局民主决定重大事项。*人大依法讨论决定重大事项、各级政府重大决策出台前向本级人大报告制度是人民依法管理国家事务、管理经济和文化事业、管理社会事务的重要形式。根据党的十八届三中全会关于“健全人大讨论决定重大事项制度和各级政府重大决策出台前向本级人大报告制度”精神，常委会结合泸县实际，及时修订了《泸县人民代表大会常务委员会讨论决定重大事项的规定》，对讨论决定重大事项的范围、程序、监督、问效等内容进行了进一步规范，促进了常委会和“一府两院”重大事项决策决定的民主化、法制化、科学化。一年来，常委会对县政府提请审议的农村土地制度改革三项试点涉及的《泸县农村宅基地使用和管理试行办法》（修订）、《泸县农村村民建房审批管理暂行办法》（修订）、《泸县农村宅基地有偿退出管理暂行办法》（修订）、《泸县农村宅基地有偿退出房屋拆迁补偿安置指导意见》（修订）、《泸县农村集体经营性建设用地入市管理办法（试行）》（修订）、《泸县农村宅基地共建共享暨综合开发的指导意见（试行）》等6项重大事项，在广泛调研、反复对接的基础上，依法及时作出决议，并要求县政府及相关职能部门“立足泸县、放眼全国、勇于探索、大胆实践，努力为国家深化农村土地三项制度改革提供试点经验，为国家相关土地法律法规的修订提供可复制、可推广的制度性成果”。对县政府提请的《关于泸县2016年财政决算的报告》《关于2017年财政收支预算调整变动情况的报告》《关于2017年财政切块资金安排情况的报告》3项重大事项，在认真调查核实、充分交换意见的基础上进行审议，依法及时作出相关决定决议。针对切块资金安排中存在的问题，作出了“加强资金项目统筹力度，将有关资金安排到部门预算之中，尽量逐步减少切块资金安排数额，同时要加大资金的管理，提高资金的使用效率，确保切块资金充分发挥效益”的审议意见。

*规范程序严格依法任免干部。*坚持党管干部和人大依法任免相结合的原则，认真做好“一府两院”提请干部的任免工作，保证党委推荐的人选通过法定程序成

为国家机关领导人员，确保了党委人事安排意图的顺利圆满实现。坚持对拟任命人员落实任前主任会议审议、法律考试、供职发言、常委会集体表决以及颁发任命书、向宪法宣誓等程序，增强了被任命国家机关工作人员的公仆意识、法制意识和服务意识。县十六届人大一次会议闭会以后，根据县政府县长的提请，常委会对25名县政府组成部门负责人进行了任命。全年任免国家机关工作人员98名，其中：任命55人，免职31人，接受辞职12人，为全县经济社会发展提供了有力的组织保障。

三、紧扣中心，在聚焦发展中主动作为

发展不足是泸县最大的县情。常委会紧扣全县的中心工作，把聚焦发展作为人大工作的应有之义，立足发展思考，围绕发展作为。

聚焦重点建设躬身发展。一年来，常委会领导或分别牵头负责，或组团参与创建全国文明城市、国家健康城市、国家园林城市、省级宜居城市、巩固国家卫生县城创建成果、龙城大道、川南城际铁路、G8515（南渝泸）高速、渝昆高铁泸县段、泸州云龙机场迁建、农村土地制度改革三项试点、泸县宋代石刻博物馆、方洞屈氏庄园民俗博物馆、泸县公卫中心项目、龙城怡康生活广场、维思达医疗器械及耗材生产项目、县城两河四岸生态环境改造、全县重大项目重点项目策划包装及落地实施、太伏长江上游百年龙眼长廊旅游配套基础设施项目、石桥生态旅游特色镇建设项目、玄滩边贸流通特色镇建设项目一期、玄滩边贸流通特色镇建设项目等一批关乎发展的重点建设项目和民生工程。常委会机关9名同志分别抽调到县目标绩效督导组和“四创一巩固”领导组办公室，或负责，或参与全县脱贫攻坚、环保督察、八大组团重点项目、作风效能建设、城市系列民生工程创建活动等工作的督查督导，全年达60余次。

聚焦脱贫攻坚促进发展。一是扎实开展脱贫攻坚工作调研。以贯彻落实《四川省扶贫开发条例》为抓手，组织常委会组成人员对全县脱贫攻坚推进情况开展专题实地调研，摸清实情。在此基础上，常委会专题听取和审议了县政府脱贫攻坚工作专项报告，针对工作推进不平衡、产业扶贫成效不明显、验收标准把握不准确、贫困家庭“明白人”落实不到位、工作痕迹记录不完善等问题，提出了“盯住短板、整合力量、创新举措、聚焦重点、突破难点”的审议意见，要求县政府及相关部门在工作中抓好落实。二是扎实开展“脱贫攻坚——人大代表再行动”活动。根据省、市人大常委会的要求，结合贯彻县委《关于巩固脱贫攻坚成果助推小康建设的工作意见》，常委会组织全县1710名各级人大代表，通过模范带头、视察调研、结对帮扶、政策宣讲、化解矛盾、建言献策六大活动，结对联系21个贫困村，结对帮扶3420户贫困家庭。据不完全统计，各级人大代表充分发挥独自或联合优势，提供各类就业岗位3000多个，帮助发展特色种养殖业1200余户，政策宣讲12410人次，反映群众诉求265件，化解各种矛盾纠纷105件，开展培训46场，投入各类帮扶资金、物资累计7000余万元。尤为可喜的是，部分代表整合优势资源联动扶贫，促进扶贫方式在一些领域、一些环节、一定程度实现从“输血”到“造血”“钱袋子”向“脑袋子”“单打独斗”向“联合作战”的转变。三是扎实做好联系镇村脱贫攻坚工作。常委会领导分别联系四个镇的脱贫攻坚工作，常委会机关联系两个非贫困村，结对帮扶贫困户41户，全年有1736人次到联系镇、村和结对帮扶户开展脱贫指导、捐资捐款，帮助生产劳动、协调项目资金等帮扶活动。机关全体干部职工思想统一、认识同向、工作同心，对打赢脱贫攻坚战，决胜全面小康充满信心。这些措施有力助推了全县脱贫攻坚工作，为实现全县贫困人口同社会其他成员一道共享发展成果，促进社会和谐发展共同奔小康做出了努力。

*聚焦环境保护助推发展。*常委会坚定绿水青山就是金山银山理念，顺应人民群众对生态环境的新期待，把生态环境建设作为赖以生存和可持续发展的重要条件，列入常委会重点工作内容。一是以《环境保护法》的执法情况为重点，专题听取和审议了县政府《关于2017年环境状况和环境保护目标完成情况的报告》，充分肯定了县政府保护环境、保障人民群众健康和可持续发展重要资源所做的努力，同时要求县政府要进一步强化环保意识，加强环保设施能力建设，加大饮用水源保护，努力健全环境保护齐抓共管长效机制。二是全面落实河长制工作，常委会领导分别担任九曲河、太和溪、龙溪河、马溪河、纺线溪“河长”，根据《泸州市沱江水体达标方案》《泸县濑溪河水体达标方案》《沱江泸州段一河一策管理保护方案》的要求，带着问题，深入负责的溪河检查指导水污染防治和水生态保护，累计50余次，解决具体污染问题39个。三是以迎接中央环保督察为切入点，一方面组织常委会机关干部和常委会组成人员，深入镇街、村社、园区、企业实地开展生态环境保护检查指导；另一方面召开人大系统专门会议，要求全县各级人大组织和人大代表发挥监督职能，在督促政府和相关部门严格履职的同时，自身要勇于担当，坚持问题导向，围绕城市生活及工业污水处理，城镇垃圾处理，大气、土壤、水污染防治中的突出问题治理和环境保护长效机制建设出实招谏净言，解决处理突出环保问题42个，收集到环保长效机制建设的建议26条。

*聚焦依法治县护航发展。*常委会听取和审议了县政府关于贯彻落实《宗教事务条例》及《宗教活动场所设立审批和登记办法》情况的报告，关于《村民委员会组织法》贯彻落实情况的报告并做出具体审议意见，交县政府及相关部门办理；审议修订了“一府两院”规范性文件备案审查的规定、任命国家机关工作人员法律知识考试办法等。主任会议听取了县政府关于贯彻实施《道路交通安全法》《农产品质量安全法》情况的报告并提出工作建议转县政府及相关部门研究办理。高度重视矛盾化解、维护社会稳定工作，坚持把矛盾化解在基层和源头，全年受理涉法涉诉等群众来信来访37件587人次，其中转镇街、部门办理12件，引导司法途径解决2件，法律咨询解答13件，化解息访10件。协助省、市人大开展立法调研10次，向市人大提出立法项目建议3项，被采纳1项。

四、突出重点，在着力实效中强化监督

监督权是宪法和法律赋予人大的又一重要职权。常委会坚持正确处理对“一府两院”的监督与支持的关系，寓监督于支持之中，把解决群众最关心、最直接、最现实的问题作为监督重点，着力增强监督实效。

*依法开展工作监督。*经济运行监督方面，常委会、主任会议分别听取和审议了县政府关于1—6月国民经济和社会发展计划执行情况、1—6月财政收支预算执行情况、2017年财政收支预算调整变动情况的报告。经济审计监督方面，听取和审议了县政府关于2016年财政收支预算和其他财政收支审计的情况、关于2016年财政收支预算和其他财政收支审计整改情况的报告。重大事项监督方面，听取和审议了关于空港园区产业布局规划发展的情况，关于融入泸州主城区一体化发展道路交通基础设施规划建设情况等一批涉及全县经济社会发展重大事项的报告。民生和社会事业监督方面，听取审议了关于高中教育发展情况、全民预防保健工作开展情况、全国健康城市创建、农村土地制度改革“三项”试点工作情况、社社通公路建设情况的汇报。其他工作监督方面，听取和审议了农村电子商务建设、推动科技创新改革驱动县域经济

转型发展工作的情况、加快文旅联动发展工作的情况汇报。

扎实开展法律监督。听取和审议了县检察院队伍建设情况的报告，县检察院积极探索，建立“目标考核+业绩考核”的“双考核”新模式，得到省、市检察院的推广，主动破解了司法改革下的队伍管理瓶颈，有效提升了队伍管理水平。听取和审议了县法院执行工作情况的报告，有针对性地作出了“努力创新工作方法，提升执行效果”等审议意见。县法院认真落实，发起“失信大曝光”专项行动，在全县对577名失信被执行人集中曝光，司法拘留39人，促使被执行人主动到法院履行和解协议，收到良好执行效果。4次组织市县人大代表视察法院庭审25人次，听审民事案件3件、刑事案件15件、行政案1件。为确保食品安全法的贯彻，保障群众舌尖上的安全，对县政府食品安全监管工作开展了为期半年的调查评议，实地察看食品生产、流通、消费场所56处，召开座谈会议27场，发放调查问卷2221份，征求“两代表一委员”及社会各界人士意见2543人次，梳理监管中存在的问题314条，对县政府及五个主要职能部门进行了满意度测评，评议出急需整改的问题27件，已列出整改清单交由县政府及相关部门、镇街落实整改，常委会还将对整改落实情况进行跟踪问效。对县政府提交的《泸县农村自办宴席食品安全实施细则》《泸县长江神仙桥饮用水水源地保护区危险化学品运输管理办法》等6个规范性文件进行了备案审查。

创新开展履职监督。针对人大代表履职缺乏监督的情况，常委会积极探索，建立了代表向选民述职、履职情况登记、履职情况公开、履职情况报告和履职评价、考核结果运用等制度机制，全县有270名县镇人大代表回原选区开展了向选民述职评议活动，增强了人大代表接受选民监督的约束力，激发了人大代表深入选区，走进选民听民意、办民事、解民忧的动力，让选民有更多获得感、认同感，缩短了选民与代表的情感距离，群众参与民主政治建设的热情不断增长。

务实开展建议督办。办理人大代表建议、批评、意见，是“一府两院”和有关部门倾听群众呼声、接受群众监督、虚心改进工作的重要体现。常委会高度重视，年初及时下发通知提出办理工作的明确要求，继续推行人大各委室分工督办制度。7月中旬，常委会听取和审议了办理情况汇报，针对办理中存在的答复过于原则简单，部门配合不密切，重主办轻协办和代表“被满意”现象，加大督办力度，实行常委会领导领衔督办重点建议制度，有力促进了建议办理。县十六届人大一次会议期间代表所提136件建议，连同闭会后常委会主任接待日接收并转交县政府办理的44件建议，均全部办结，办结率反馈率100%，除1件基本满意，1件不满意经二次办理为满意外，其余均为满意。

五、与时俱进，在探索实践中优化服务

代表工作是人大工作的基础和力量源泉。常委会把“服务代表”作为人大工作的重要责任，完善载体、丰富内容，确保人大代表作用得到充分发挥。

抓实履职培训。常委会针对换届后新当选代表较多，文化知识基础不一，履职能力素质参差不齐的情况，及时研究采取集中与分散、理论与实践、课堂与实地、基础性与前瞻性、请进来与走出去相结合的方式，融形势任务、履职知识、尽责担当内容于一体，着力优化培训课程设置，对全县基层一线的县十六届人大代表、常委会组成人员、镇（街）人大主席（工委主任）等300余人进行了一次履职能力素质提升大培训。

搭建履职平台。坚持代表通过视察活动履职的制度，组织市八届人大泸县团代表视察酒香大道下穿玉蟾大道隧道工程、龙城大道、川南城际铁路、县城生活垃圾压缩中转站、城东污水处理厂厂外截污干管工程、县城输水复线工程、社社通水泥路工程；组织县人大代表视察调研县城学前教育、义务制教育和全县高中教育。视察调研组通过实地察看、个别走访、会议座谈，均形成了有分析、有见解、有质量的视察调研报告。利用镇（街）“代表之家”、选区（村、社区）“代表工作室”平台，实行代表定期轮班接待选民制度，共接待选民1200余人次，收集意见建议591条，为群众办好事实事320件，参与矛盾纠纷调解210件，有力促进了代表履职。

丰富履职载体。以“主任接待日”、代表“六要活动”“双联系”工作等丰富代表履职载体。坚持每季度常委会“主任接待日”制度，全年开展“主任接待日”活动4次，共接待基层一线代表100余人，收集到各类民生诉求和建议、批评、意见120件。深化代表“六要”活动，将其与“脱贫攻坚——人大代表再行动”、迎接中央环保督察等中心工作相结合，为代表履职提供了广阔舞台。进一步推动常委会组成人员联系代表、代表联系选民的“双联系”工作制度化常态化，常委会组成人员联系代表80名，县镇人大代表共联系群众4350名，代表履职的载体进一步拓展。

六、夯基固源，在历练修身中打造队伍

打铁还需自身硬。常委会把“固本强基”作为做好人大工作的重要保证，强化队伍素质，完善工作机制，提高履职能力，培育人大工作“新动能”，保障地方国家权力机关职能有效发挥。

党的建设不断加强。强化高点站位，在思想上、政治上、行动上与党中央保持高度一致。一是坚持中心组学习。全年集中学习18次，把学习宣传贯彻党的十九大精神和习近平新时代中国特色社会主义思想作为首要政治任务，进一步深化对人民代表大会制度、加强和改进人大工作和建设的认识。二是严格执行民主集中制。全年召开党组会议16次，集体讨论决定“三重一大”等重大事项64项。三是强化机关党建。成立人大办机关党委，调整规范党支部、党小组设置，完善机关党建阵地建设。推进“两学一做”学习教育常态化制度化，认真落实“三会一课”制度，组织党员干部开展“四个意识”、革命传统教育活动、实地接受爱国主义和理想信念教育、重温入党誓词等。“走进群众、服务群众、引导群众”主题实践活动深入推进，党员领导干部表率作用、党员先锋模范作用进一步发挥，党组织的凝聚力、战斗力不断增强。

制度机制日臻完善。围绕用制度管人管事管权，深化制度废改立工作，对常委会党组工作规则、常委会议议事规则、主任会议议事规则、常委会组成人员守则、常委会讨论决定重大事项的规定、常委会组成人员联系代表制度、机关上下班制度、请销假制度、财务管理制度等23项制度进行了修订。新建了人大宣传、代表监督、机关党建等制度，促进人大工作宣传迈出新步伐，代表履职约束增添新举措，机关党的建设再上新水平，常委会及其机关工作运行机制、内部管理机制、协调服务机制日臻完善。

底线意识更加牢固。常委会党组始终保持坚强政治定力，严明政治纪律和政治规矩。落实“两个责任”，完善党风廉政建设主体责任任务清单并对落实情况定期进行监督检查。规范党内政治生活，强化党内监督，组织党员干部学习“两准则三条例”。严格公务用车、“三公”经费使用管理。狠抓预防教育，组织学习党规党纪12次，及时通报发生在身边的腐败和违反中央八项规定精神典型案例，邀请检察院领导开展专题辅导，提高拒腐防变能力。

基层基础持续夯实。贯彻落实中央、省、市加强人大工作一系列文件精神，努力配齐镇（街）人大工作力量。以全面推行代表履职监督为契机，建成20个镇街“人大代表之家”和34个选区（村、社区）“代表工作室”，促进人大工作平台和载体向基层延伸。坚持强基础、补短板、促规范，

实行常委会领导和委室联系镇（街）人大制度，通过实地调研、以会代训、组织观摩交流等，切实加强镇（街）人大的工作督促和业务指导。坚持邀请镇（街）人大主席和人大代表列席常委会或参与常委会活动制度。组织镇（街）人大干部参加县和全国人大培训基地培训，增长了知识、提高了认识、拓宽了视野，为基层人大工作的顺利开展奠定了基础。

各位代表、同志们：2017 年常委会所做的工作，是县委坚强领导的结果；是“一府两院”大力支持，社会各界密切配合的结果；是全县各级人大代表、镇街人大组织牢固树立泸县发展没有旁观者的意识躬身实干的结果。在此，我谨代表县人大常委会，向所有关心、支持、帮助人大工作的各级领导、各位同志、各界人士表示崇高的敬意和衷心的感谢！

在梳理总结过去一年工作的过程中，我们清醒地看到，常委会的工作离县委的要求、人民的期盼和代表们的希望还有不小差距，包括决定大事的能力有待加强，监督工作的方式有待改进，代表作用有待更好发挥，代表工作有待持续优化，自身建设有待更大提升等等。面对这些差距，我们深知，等不是办法，干才有希望，我们一定在今后的工作中，通过实干加以克服。

2018 年主要工作思考

2018 年是全面贯彻落实党的十九大精神，推动绿色发展，决胜全面小康的开局之年、关键之年。常委会工作的总体思路是：深入学习贯彻党的十九大精神，坚持习近平新时代中国特色社会主义思想为指引，把党的领导、人民当家作主、依法治国有机统一，围绕县委决策部署，把握新变化，迎接新挑战，适应新要求，顺应新期待，履行宪法和法律赋予的各项职权，为推动全县经济社会发展和民主法制建设做出新的贡献。

一、把握新变化

牢牢把握新时期中国社会主要矛盾变化，科学判断新形势下经济社会发展的趋势和变革，认真贯彻中央、省委、市委《关于加强县乡人大工作和建设的实施意见》，以落实中央、省委、市委《关于健全人大讨论决定重大事项制度，各级政府重大决策出台前向本级人大报告制度的实施意见》为重点，进一步健全人大讨论决定重大事项制度机制，促进人大讨论决定重大事项更加科学，更加民主。着力人大讨论决定重大事项能力建设，提升围绕中心，服务大局，决定大事，推动发展的能力和水平。

二、迎接新挑战

直面人大行使监督职权面临的新任务新挑战，正确处理监督与支持的关系，积极探索监督工作的新举措。坚持以问题为导向，找准监督议题，创新监督方式，提升监督能力，增强监督实效，努力实现人大监督“议而有决、决而有行、行而有果”的工作目标。加大专题询问和评议监督力度。贯彻落实中央《关于完善审计工作和审计查出突出问题整改情况向人大常委会报告机制的意见》，将审计结果作为监督预算执行、审查县级决算草案和预算调整方案的重要依据，提高预算决算编制的科学性和合理性，增强预算执行的规范性和严肃性。

三、适应新要求

县人大常委会将主动顺应新时期人大工作的新要求，不断探索代表工作新机制，丰富活动内容，为代表履职提供服务保障。坚持和完善常委会组成人员联系代表，代表列席常委会会议等制度。精心组织代表参加执法检查、视察、调研活动，支持和规范代表依法履职。在巩固和发挥代表之家、代表工作室作用的基础上，按照“以点带面、点面结合”的思路，推动全县代表履职平台履职载体建设再上新台阶。进一步探索代表履职评价机制，开展代表述职评议工作，增强代表依法履职的自觉性，实现代表与选民沟通交流制度化常态化。继续抓好代表学习培训，提升代表综合素质。完善代表议案、建议办理及督办、评价机制，进一步提高办理质量和水平。

四、顺应新期待

进一步加强自身建设，不断提高依法履职的能力和水平。强化政治建设，切实增强常委会党组的领导能力；持续开展党的十九大精神学习宣传贯彻；落实党风廉政建设责任制。加强机关思想建设、作风建设、制度建设，养成在法治的轨道上用权，在制度的约束下干事，在履职的过程中律己，提升依法履职境界。根据中央、省、市安排，科学设置机构，合理调整工作职责，发挥专门委员会和工作办事机构的作用，增强工作整体合力，促进常委会工作提质增效。

新的一年，新的希冀，让我们在县委的坚强领导下，高举习近平新时代中国特色社会主义思想伟大旗帜，全面贯彻党的十九大精神，不驰于空想，不骛于虚声，撸起袖子做踏实的功夫，带着我们的责任出发，沿着“创新驱动、产城融合、文旅联动、富民强县”的路径，向着“建成四个新区，率先全面小康”的目标，付出我们的真行动！

泸县人民政府工作报告

——在泸县第十六届人民代表大会第二次会议上

县委副书记、县长　肖　刚

（2018年1月17日）

各位代表：

现在，我代表泸县第十六届人民政府向大会报告工作，请予审查，并请县政协委员和其他列席人员提出意见。

2017年工作回顾

2017年是本届政府开局之年，全县经济社会发展成效显著。

——县域经济迈上新台阶。预计（下同）地区生产总值突破300亿元，达到318.8亿元、增长9.1%；全社会固定资产投资360亿元、增长20%；规模以上工业增加值增长11%；社会消费品零售总额121.3亿元、增长13.4%；地方一般公共预算收入14.9亿元、增长13.8%。主要经济指标全市排位靠前，成功跻身全省工业强县示范县。

——重点改革取得新成果。农村土地制度改革三项试点工作经验全国交流，敲响宅基地节余指标调整入市全国第一槌；供销社综合改革走在全国前列，农田水利设施产权制度改革等重点领域改革取得重大成果，为国家深化改革提供了泸县经验。

——县城建设展现新面貌。龙城大道、酒香大道建成通车，玉龙隧道、玉蟾大道全线贯通，“四核四区”城市格局初步形成，县城建成区面积达18平方公里；“四创一巩固”成效明显，绿化亮化美化工程全面升级，顺利通过国家卫生县城复审，县城品质显著提升。

——脱贫攻坚转入新阶段。22个扶贫专项、278个脱贫项目投入资金36亿元，补短板、强弱项成效显著。21个贫困村和7255户、19921名贫困人口通过脱贫退出验收；纳入“回头帮”的19个贫困村、14695户39353名贫困人口全部达到2017年脱贫标准。脱贫攻坚取得决定性成效，整县脱贫退出目标全面实现，成功转入巩固提升阶段。

——民生改善实现新突破。县域用电实现与泸州主城区“同网同价”；安全饮水全域覆盖；濑溪河出境断面水质达到Ⅲ类标准；农村D级危房动态消除；免费体检政策覆盖全县人民。城镇居民人均可支配收入突破3万元，达31020元、增长9%；农村居民人均可支配收入15200元、增长10%。再次获评全省“三农”工作先进县。

在此，我向大会报告，2017年目标任务圆满完成！向全县人民承诺的民生实事全部兑现！

一年来，我们紧紧围绕“建成四个新区，率先全面小康”的奋斗目标，以深度融入泸州主城区一体化发展为工作主线，大力实施“创新驱动、产城融合、文旅联动、富民强县”发展战略，重点抓了以下工作：

一、全力实施项目攻坚，投资拉动强劲有力

项目建设成效显著。坚持聚智聚力攻坚，组团推进项目建设。截污干管、电商大厦等20个项目相继建成；临港市政道路、步长

生物制药基地等22个项目加快建设；沱江流域江河治理工程、南渝泸高速等59个项目开工建设；渝昆高铁、合牛路等17个项目前期工作加速推进。实施重点建设项目118个，完成投资251亿元，增长67.9%。

争资争项成绩斐然。坚持主动向上使力，全力争取项目资金。精准对接国省政策，动态包装储备项目500个以上；争取上级资金40.1亿元，其中新增债券资金8.3亿元，增长60.3%；中央预算内投资1.4亿元，增长120%。

产业园区扩容提质。坚持集聚集约发展，大力夯实园区基础。临港污水处理厂、城北110千伏输变电工程建成投运，医药产业园20号线全线贯通；朗润飞依诺、医疗器械孵化器、中试制剂孵化器等产业配套设施主体完工；小鹿溪河市政工程等园区基础设施项目全面推进。“一园一区”项目承载区达9.5平方公里，实现产值404.7亿元，增长21.2%。

二、优化升级产业结构，县域经济提质增效

第二产业不断壮大。医药产业快速发展。科瑞德化学药、西蜀九锦等项目建成投产，天圣制药加快建设；化学药、生物技术药、中药及保化品、高端医疗器械、医药流通等五大产业板块初步形成。医药产值达94.7亿元，增长34.8%。绿色食品升级发展。基酒优势持续巩固，华夏龙窖白酒产业园成功纳入中国白酒金三角酒业园区发展规划，“龙窖源”推向市场，陈年窖启动上市。绿色食品产值达72.4亿元，增长11.2%。建筑产业蓬勃发展。建安总公司、科茂建司加快晋升特级资质，新引进建筑企业61家、劳务企业53家。建筑业产值达370亿元，增长30%。新兴产业竞相发展。以华冠智能机器人、佳控仪表为代表的智能产业起步发展，新材料、航空配套等产业逐渐兴起。新增规模以上工业企业4家。第二产业实现增加值191亿元，增长10%。

第三产业日益繁荣。商贸流通提档升级。电商交易额达18.5亿元，新增限额以上商贸企业20家、3A级以上物流企业1家。成功创建省级商贸流通转型升级示范县、县域电子商务十佳县。文化旅游稳步发展。宋代石刻博物馆建成开馆，体育中心、龙城文化艺术中心加速建设，玉蟾山国家AAAA级景区创建工作全面启动，成功承办中国龙文化峰会。接待游客645.8万人次，实现旅游综合收入51.7亿元。金融服务取得突破。农商行改制顺利完成；过桥资金转贷2亿元，基础设施建设基金到位4.5亿元，汇兴公司成功首发企业债10亿元。养老服务、教育培训等产业加快发展。第三产业实现增加值78.8亿元，增长11.2%。

现代农业融合发展。产业基地加快建设。借力农村承包地“三权分置”，规模化流转土地23.5万亩。建成优质果蔬基地50万亩、粮经复合产业基地5万亩、优质稻基地53.2万亩，全县粮食总产54.5万吨，生猪出栏106万头，仔猪外销102万头。建成喻寺谭坝三产融合发展示范区，泸县北部田园综合体初具规模。新型经营主体发展壮大。新培育农民专合社74家，新发展家庭农场498户，新创建市级龙头企业5家。农特品牌更加响亮。“熟龙”龙眼等3个产品获得国家生态原产地产品保护，“泸县青花椒”“牛滩生姜”成功列入国家地理标志保护产品。泸县龙眼直销港澳，实现泸州鲜活农产品赴港澳零突破。成功创建省级农产品质量安全监管示范县。第一产业实现增加值49亿元，增长4%。

三、纵深推进改革开放，发展活力加速释放

深化改革卓有成效。七大领域体制改革全面深化，31项改革事项、17项改革试点有序推进。农村综合配套改革走在全国前列，全国农业水价综合改革、国有粮食企业重组改革等6个国省改革试点取得重大进展。国有企业转型发展迈出实质性步伐。社会保障、医药卫生、教育文化、司法行政等领域综合改革取得重

大突破。

开放合作不断拓展。交流合作更加紧密。成功承办全国农村土地制度改革研讨会、四川省药理学会学术年会等国省会议；组织参加“川货全国行”、西博会、酒博会、农博会等重大推介活动，“泸县造”成功走进一线城市。招商引资成果丰硕。成功引进智能光电、雅阁酒店、红星美凯龙等重大项目；新签约3000万元以上项目28个，其中5亿元以上项目14个；国内市外到位资金249亿元，居全市第1位。

创新驱动强劲有力。双创载体加快建设。建成创新创业孵化载体6.3万平方米，入驻双创项目151个，带动就业3000余人。创新能力不断增强。新增高新技术企业4家。新签订校企合作协议13项，联合实施项目22项。四川农业大学新农村发展研究院川南分院、农村产业技术服务中心和博士工作站成功设立；西南医科大学·医药产业园科技成果孵化基地、西南医科大学泸县博士（专家）工作站成功挂牌。科技成果评价成效显著。获评国内领先成果2项、国内先进成果2项，获得专利授权350件。

四、统筹协调城镇建设，城乡面貌焕然一新

城市品质大幅提升。空间布局更加优化。“四核四区”控制性详规编制有序开展，城西片区城市设计顺利完成。城市功能更加完善。县城生活垃圾压缩中转站竣工投运。新建公租房500套，改造建设街棚户区300户。城市环境更加优美。海绵城市加快建设，龙湖湿地公园一期建成开放，“两河四岸”景观设计全面完成。公共秩序更加规范。冒口经营等市容乱象重拳整治，公共资源利用、环卫一体化等城市创新管理走向市场化。融入主城更加紧密。川南城际铁路、云龙机场、海潮沱江大桥等向南融入泸州主城区重大项目加快建设。

集镇建设亮点纷呈。镇域发展各具特色。潮河龙城现代冷链物流项目主体完工，方洞屈氏庄园民俗博物馆开馆运营，海潮湖11公里荔枝观光路顺利贯通，太伏、云龙分别创建省级加工制造型、科技教育型特色小城镇。城镇品质稳步提升。镇域公共停车场、公共厕所等配套设施逐步完善。玄滩、云龙实现场镇全域“白加黑”，云锦被命名为国家级卫生乡镇，喻寺、得胜被命名为省级卫生乡镇。石桥等4个特色镇基金项目稳步推进，累计完成投资1.3亿元。

新村建设成效凸显。建成幸福美丽新村35个，新建民居467户，风貌塑造684户，建成“1+N”村级公共服务中心21个。打造“四礼新风进万家”移风易俗市级示范点4个、县级示范点20个。创成省级卫生村37个。创建省级“四好村”13个、市级“四好村”35个，打造县级“四好村”41个。

五、强力改善生态环境，绿水青山日趋靓丽

环境治理坚决有力。全力抓好中央环保督察反馈问题整改，查处环境违法案件105件，关闭搬迁禁养区养殖场103户，关停违规矿山企业51家，全面取缔濑溪河经营性趸船。城西雨污管网、县城垃圾填埋场渗滤液处理工程建成投用。全县生活垃圾无害化处理率达90%；场镇污水收集处理率达85%，提前两年超额完成“十三五”目标任务。

生态修复持续加强。河长制全面落实，编制完成长江、沱江、濑溪河等20条河流“一河一策”管理保护方案，实行上下游、左右岸联防联治；长江、沱江非法码头全面取缔，沿岸砂石堆场整治规范，沱江流域综合治理经验全市推广。综合治理水土流失面积35平方公里，巩固退耕还林7.2万亩，新增造林1万亩，森林覆盖率41%，高效节水灌溉、水土保持工作经验全省交流推广。

资源利用集约高效。绿色低碳循环经济加快发展，以环保准入倒逼产业转型，淘汰吉达玻璃、恒华玻璃落后生产线。土地整理、工矿废弃地复垦利用、畜禽粪污资源化利用等项目有力推进。退

出产能114万重箱，节能总量2.3万吨标煤，万元GDP综合能耗下降3.6%。

六、扎实推进惠民工程，民生福祉大幅提升

基础设施提档升级。强力实施农村“4+1”基础设施升级版工程，发展成果更好地惠及全县人民。镇村交通跨越提升。改造县乡公路38公里，建成“社社通”水泥路1834公里，规划新建公路桥14座、农村便民桥17座；新开通城镇公交线路44条，基本实现中心村全覆盖。电网改造持续推进。完成整村农网改造27个、低压台区改造87个。安全饮水保障有力。延伸管网600公里，依法划定集中式饮用水源保护区15个，农村自来水普及率达60.9%。农村环境有效治理。建成投用镇级地埋式垃圾库22个、垃圾房230座；16个中心村污水处理厂、30个新村聚居点污水处理设施加快建设，城镇建成区雨污管网工程建成投运，污水处理厂实现第三方运营。住房安全全域保障。改造农村危房4088户。

公共服务极大改善。教育事业再铸辉煌。实施校舍改善项目18个；高考本科上线人数突破4000人大关，蝉联泸州市27连冠；泸县二中夺取泸州市高考文理科“双状元”。卫生事业全面提升。县人医三级乙等医院成功创建，全国基层中医药工作先进单位创建通过国家评审；泸州市首个县级公共卫生中心建成投用，镇卫生院“一站一馆三区”全面建成。文化惠民深入开展。送文化下乡3500余场次，建成农民健身工程178个。社会保障扩面提标。发放城乡低保30.8万人次，社会保险覆盖168万人次，城乡医保参保率达98.4%。就业扶持不断加强。转移就业39万人，发放就业创业补贴2521万元，城镇登记失业率3.3%。

安全稳定全面强化。安全监管力度空前。四个片区执法中队挂牌成立，执法式检查震慑有力；学校“三防”能力明显提升；农村自办群体性宴席规范管理经验全省推广；四川省煤矿安全生产标准化建设示范县成功创建；安全生产形势总体平稳。应急处突能力锤炼提升。妥善处置突发事件，分类开展应急处突专题培训，成功承办全市防灾救灾综合应急演练。基层治理全面加强。建成县镇村三级综治中心322个，安装“雪亮工程”摄像头1849个、“两车卫士”防盗系统1.6万台，“一村一辅警”实现全覆盖。信访化解扎实开展，社会总体保持稳定。

七、加快转变政府职能，服务效能全面提高

依法行政持续加强。自觉接受县人大、县政协和社会各界监督，办理人大代表建议159件、政协委员提案196件，办结率、反馈率、满意率均达100%。深化行政执法制度改革，完成城市管理、农业综合执法机构调整，行政执法“三项制度”试点经验全市推广。健全科学、民主、依法决策机制，政府法治水平明显提升。

政务服务持续优化。“放管服”改革不断深化，“容缺预审”积极推行；全省一体化政务服务平台上线工作全面完成，个体工商户全程电子登记试点全省率先启动。机关事务管理、公共资源交易、政府投资工程管理更加规范。政府信息公开、电子政务、政务调研走在全市前列。

政府作风持续改进。严格落实党风廉政建设责任制，持续保持反腐败斗争高压态势，重拳治理“微腐败”，政风行风不断转变，社会风气明显好转。深入贯彻落实中央八项规定精神，严防“四风”抬头，建设效能政府，公仆意识、实干意识明显增强，群众认同感大幅提升。

国防动员、民兵预备役、人民防空、优抚安置、双拥工作取得新进步；人才培养、妇儿工作、残疾人事业、慈善事业取得新成绩；统一战线、外事侨务、台湾事务、民族宗教、工商联、审计、统计、气象、档案、保密、外宣、县志、援藏等工作取得新进展。

各位代表，过去一年，奋斗

充满艰辛，成绩来之不易。这些成绩，是县委统揽全局、坚强领导的结果，是历届班子和老领导、老同志励精图治、奠基开拓的结果，是县人大、县政协和社会各界凝智聚力、鼎力支持的结果，是全县广大干部和百万人民齐心协力、攻坚克难的结果。在此，我谨代表泸县第十六届人民政府，向全县人民，向全体人大代表、政协委员、各民主党派和工商联人士、驻泸县部队和武警官兵，向所有关心、支持、参与泸县发展的各界朋友，表示最衷心的感谢，并致以最崇高的敬意！

各位代表，在看到成绩的同时，我们也应清醒地看到全县经济社会发展中，还面临不少问题和挑战，主要表现在：县域经济总量偏小，产业支撑依然不足；财政收支矛盾突出，融资难题亟需破解；环保短板有待补齐，绿色发展任务艰巨；社会矛盾日趋复杂，安全维稳压力加大。对此，我们高度重视，正在采取措施，切实加以解决。

2018 年工作建议

2018 年是贯彻落实党的十九大精神的开局之年，是巩固脱贫攻坚、推动绿色发展、决胜全面小康的关键之年。做好今年政府各项工作，对于加快泸县经济社会事业发展，具有十分重要的意义。

政府工作总体要求是：坚持以习近平新时代中国特色社会主义思想为指引，紧紧围绕“建成四个新区，率先全面小康”奋斗目标，牢牢把握“稳中求进、进中求快、快中求好”工作基调，坚持“以人为本、生态优先、城乡一体、三产融合”四个原则，聚焦“项目攻坚、绿色发展”工作主题，大力实施“创新驱动、产城融合、文旅联动、富民强县”发展战略，深入推进政府自身建设，加快融入泸州主城区一体化发展，全面推进经济社会均衡发展、充分发展、绿色发展。

主要预期目标是：地区生产总值增长 9%；规模以上工业增加值增长 10.7%；全社会固定资产投资增长 15%；社会消费品零售总额增长 12%；地方一般公共预算收入增长 9%；城镇居民人均可支配收入增长 8.2%；农村居民人均可支配收入增长 9.5%。城镇登记失业率控制在 4%以内，社会事业全面进步，人民生活更加美好。

围绕上述要求和目标，我们要重点做好以下工作：

一、大力推进区域融合，加速融入市区发展，构建互融互促新格局

*加快构建泸州北部交通枢纽。*主动融入泸州主城区交通网络，加速推进川南城际铁路建设，全面做好渝昆高铁开工建设工作。全力配合云龙机场建成通航。升级扩建神仙桥码头，加快建设海潮沱江大桥、直滩大桥、先坝大桥，建成投用 14 座公路桥。加快推进南渝泸高速、泸永高速建设，力争开工建设合牛路，协调抓好泸隆路、泸永路升级改造；完成港城大道与南渝泸高速快速通道、瓦子至胡市一级公路、奇峰至云锦二级公路前期工作。持续完善县域综合交通网络体系，提速构建“铁空水陆”四位一体的泸州北部多式联运核心区。

*全力打造川南开放合作高地。*全面提升园区承载能力。着力提高土地、能源、金融、人才保障水平，快速推进临港市政道路、城西小鹿溪河市政工程等基础设施建设，配合推进 500 千伏泸州东输变电工程；加快建设泸州生物医药公共服务平台、城西产业综合体、青龙综合体、人才公寓、标准化厂房、临港配气站等公共配套项目。持续加大招商引资力度。继续推行“2+20+N”全民招商模式，抓住“一带一路”和自贸区建设重大机遇，围绕“3+2”主导产业，突出长三角、珠三角等重点区域，对接雄安新区、两江新区，大力开展专业招商、以商招商、全产业链招商；依托中国医学装备协会、中小企业家协会等开展委托招商、代理招商；充分发挥泸县籍在外成功人士和商（协）会对外联络优势，将资源优势转化为竞争优势。力争引

进国内市外资金288亿元以上，增长15%以上；新签约引进重点产业项目30个以上，引进投资额5亿元以上的项目10个以上。

纵深推进重点领域改革创新。深化供给侧结构性改革，持续推进“三去一降一补”。深入推进农业综合改革，全面完成农村土地制度改革三项试点，退出复垦宅基地6000亩以上，入市500亩；扎实开展国有建设用地二级市场试点工作；完善农村承包地“三权分置”，推进农村集体资产股份制改革试点工作；深化供销社综合改革，探索构建生产、供销、信用“三位一体”的农村新型合作经济组织体系；继续实施农业水价综合改革，完善小型灌区水价管护机制。持续推动县属国有企业转型升级规范发展，深入推进国有企业内部三项制度改革。主动研究对接财政金融政策，积极探索融资新模式，有序开展债券发行，规范推行PPP项目。

二、大力推进产业转型，加速集中集聚发展，谱写产业发展新篇章

做强工业经济。坚持“工业为大、工业为重、工业为先”，以园区为主战场，突出项目投资拉动，促进产业集中集聚发展。全力打造川滇黔渝医药投资首选地。重点发展以步长、科瑞德、朗润飞依诺等企业为龙头的产业集聚区，以大学科技园、新药评价研究中心和孵化园为核心的创新配套区，以三甲医院为核心的康健配套区，以职业院校为核心的人才配套区，以城西商业综合体、龙湖湿地公园和青龙综合体为核心的城市配套区。建成投产医疗器械孵化器二期、维思达二期等项目；加快建设天圣制药、步长九州通医药、国康医药等项目；开工建设可溶性心脏支架、POC医疗器械生产基地等项目。加快科瑞德、众邦制药上市步伐。医药产业园产值突破百亿，增长20%以上。全力创成省级经济开发区。以“两城两港”为依托，城西产业园立足现有产业，突出提档升级，重点发展绿色食品、智能制造、新材料等产业；城北产业园结合泸隆路升级改造，配套完善园区基础设施，提升发展玻璃、陶瓷等传统优势产业，配套发展商贸物流业；临港产业园依托港口优势，重点发展仓储物流、医药化工等产业；空港产业园依托云龙机场，重点发展临空物流、通用航空等产业。建成投产奇格曼、佳控仪表、酱久王、恒茂能源、华冠智能机器人等项目；加快建设智能光电、汉唐酒业、格润能源、产业孵化器等项目；开工建设国家战略物资冷链物流储备基地等项目。经济开发区产值增长15%以上。全力推进建筑业提档升级。开工建设建筑业总部基地，重点提升建安总公司、科茂建司等优质企业核心竞争力，力争晋升特级总承包资质企业1家、一级总承包资质企业4家、二级总承包资质企业6家，实现建筑业总产值440亿元，增长20%。巩固提升工业强县示范县，支持传统企业工艺更新、装备换代、产品升级，新培育规模以上工业企业4家以上。实现第二产业增加值209.7亿元，增长10%。

做活第三产业。主动融入自贸区建设，支持传统产业优化升级，示范发展现代服务业，力争创成省级服务业强县。着力打造商贸服务集聚区。建成万福大都汇、红星美凯龙家居博览城、城西商业综合体、龙城现代冷链物流项目，完成茗渝酒店主体工程，开工建设雅阁酒店、邻里服务中心等项目，加快构建商贸办公、酒店会展、文体娱乐等多功能商业中心。着力打造电商服务集聚区。以电商大厦项目为核心，优化创新创业、金融配套、仓储配送、信息技术等服务，构筑电子商务与实体经济深度融合全产业链，促进农特产品产供销一体，加速农特产品进城、工业产品下乡。着力打造文旅服务集聚区。以玉蟾山创建国家AAAA级旅游景区为引领，深挖龙桥龙舞、宋代石刻文化内涵，串联龙桥文化生态园、屈氏庄园民俗博物馆、道林沟风景区等优质旅游资源，打造精品旅游线路；以玉龙湖整

体打造为带动，整合普照寺、云锦山、万寿山等旅游资源，形成集群效应。鼓励发展精品村寨乡村旅游，做实做强旅游品牌。配套对接空港口岸，大力引进知名商务酒店、连锁餐饮品牌，辐射带动金融、康养、信息等产业快速发展。实现第三产业增加值87亿元，增长10%。

做优现代农业。持续发展优势特色产业。加快推进国家级优质商品猪战略保障基地、国家级杂交水稻种子生产基地、长江上游特色鲜果产业带等项目建设，新建枳实枳壳GAP种植基地5000亩、果蔬基地7000亩、稻鱼基地1万亩，建成PIC父母代猪场2个、高标准生猪寄养场3个。巩固保障粮食安全，力争粮食总产55万吨以上。辐射带动农业产业融合。依托农业产业园和田园综合体建设，示范引领农村一、二、三产业融合发展，继续打造以喻寺谭坝为核心的泸县北部田园综合体，开工建设锦云生态农业发展项目，加快推进潮河龙眼主题田园综合体项目前期工作。积极培育新型经营主体。实现农产品标准化生产、序列化加工、品牌化营销，构建以“线下农超对接、线上电子商务”为主体的营销体系，着力打造区域公用品牌。力争引进全国知名农业企业集团2家，新发展家庭农场40家、农民专合社30个、农业龙头企业3家。大力夯实农业基础设施。加快推进土公庙水库、高标准农田等项目建设，完成畜禽粪污处理中心及配套管网建设，建成艾大桥水库、三溪口水库渠系改造工程，完成濑溪河牛滩段堤防工程。实现第一产业增加值50.7亿元，增长3.5%。

三、大力推进城乡振兴，全面提升城乡品质，扮靓城乡一体新面貌

着力建设美丽城市。围绕加快融入泸州主城区一体化发展，以“四创一巩固”为抓手，持续提升城市品质。加速拓展城市发展规模。对上积极对接泸州市城市总体规划修编、泸川新区规划编制，对内开展城北、城东城市设计，实现城市总规内控制性详规全覆盖；加快推进县城“北拓西进、中调南改”，优化县城空间布局。升级改造县城市政道路。加快推进港城大道升级改造前期工作，建成泸县二中实验学校周边道路，打通绿园路至康桥半岛、九曲河大桥至园区8号线市政道路，完成玉蟾大道东段建设，优化城市路网。着力提升城市承载能力。启动高铁站片区、踏水桥片区市政基础设施建设，加快海绵城市、地下综合管网、智慧城市建设，新建4座生态停车场、15座公厕及垃圾库，改造40个弃管小区电力设施，完成建设街棚户区改造二期房屋征收工作，建成龙城文化艺术中心，加快体育中心、综合档案馆建设，健全公共服务设施。全面提高城市治理水平。深入推进城市管理行政执法体制改革，持续推进违法建设治理，强化综合执法，提高执法实效；加快智慧城管、城乡环卫一体化建设，推进城市管理规范化、智能化、精细化。持续优化城市生态环境。扎实开展城市修补、生态修复，加快实施“两河四岸”景观打造，强力推进龙湖湿地公园二期建设，完成沱江流域江河治理、九曲河河湖连通一期、九曲河系统治理工程，创成省级宜居县城。

着力建设美丽集镇。完善场镇基础设施。大力建设公共停车场、社区广场、街头公园等公共服务设施，扎实推进“厕所革命”，切实提升场镇水电气保障水平，不断增强场镇综合承载能力。打造玄滩大型停车场、绿化美化景观，建成云龙“两横一纵”路网、商务产业中心，完成云锦农贸市场、海潮场镇综合配套提升工程。提高场镇治理水平。推进执法重心下移，强化场镇综合执法，加强场镇环境治理，塑造场镇特色风貌。打造特色小镇品牌。深入推进“百镇建设行动”，全面启动“一镇一街”三年行动；大力争取上级特色小镇建设项目，加快培育环境“青而绿”、形态“小而美”、产业“特而优”、机制

"新而活"的美丽特色小镇，奋力创建省级特色小镇；完成4个特色镇基金项目建设，高端编制云锦、天兴等特色小镇系列规划。

着力建设美丽新村。以实施乡村振兴战略为引领，按照产业兴旺、生态宜居、乡风文明、治理有效、生活富裕的总体要求，加快建设幸福美丽新村。主动对接乡村振兴上位规划，科学编制泸县乡村振兴规划，完成40个行政村"多规合一"编制工作。结合农村改革试点工作，整合涉农项目资金，激发群众内生动力，建设农村新型社区和新村聚居点，配套完善基础设施，规划发展特色产业，示范引领新村建设。健全乡村治理体系，全域创建"四好村"，建成省级"四好村"24个、市级"四好村"40个、县级"四好村"45个。

四、大力推进污染防治，持续改善生态环境，开启绿色发展新征程

坚决打好蓝天保卫战。深入实施大气污染防治行动计划，扎实开展减排、压煤、抑尘、治车、控秸五大工程。全面推进污染源治理，重点开展工业企业大气污染治理专项行动，坚决关停不达标企业。加快解决燃煤污染问题，大力实施"煤改气""煤改电"工程。加强建筑施工、道路、堆场扬尘污染防治，大力推行道路机械化清扫，城市建成区道路机扫率达90%以上。强化机动车尾气治理，开展高排放机动车专项整治行动。严格管控秸秆焚烧，秸秆资源化综合利用率达85.5%以上。二氧化硫、氮氧化物排放量、细颗粒物（$PM_{2.5}$）浓度分别下降3.5%、3.7%、12.3%，优良天数率提升4.4%。

坚决打好碧水保卫战。深入落实河长制，扎实开展长江、沱江、濑溪河等河流水环境综合治理，加快推进长江、沱江流域生态优先绿色发展，确保濑溪河、沱江出境断面水质稳定保持在Ⅲ类标准以上。大力推广"3330"种养循环治污新模式，实现畜禽粪污资源化利用。探索建立河道警长制，严厉打击涉水违法犯罪行为。

坚决打好净土保卫战。开展土壤污染详查，分类制定治理方案，统筹实施专项治理。建立完善土壤环境质量监测体系，划定土壤环境重点监管企业名单。加强农业面源污染防治，深化农药、化肥使用量"零增长"行动。积极开展轮作休耕试点，加快土壤改良修复，提高土壤整体质量。

五、大力推进民生改善，共建共享发展成果，满足人民群众新期待

全面巩固脱贫成果。坚持"扶上马、送一程"，把实施乡村振兴战略与脱贫攻坚紧密结合，细化实施"22个专项扶贫计划"。统筹城乡社会救助体系，完善最低生活保障制度和特困人员供养制度，提高城乡医疗救助水平。实施分类扶持，激发脱贫群众的内生动力和发展能力，不断拓宽脱贫人口增收渠道，确保稳定脱贫、共同奔康。增强退出贫困村发展能力，推动村集体经济加快发展，巩固提升脱贫成效。

不断夯实农村基础。持续用力实施"4+1"基础设施升级版工程，大力改善农村生产生活条件。全面完成"社社通"工程，鼓励有条件的村社实现"户户通"，扩大城镇公交覆盖面，建成农村便民桥36座。力争完成整村农网改造92个、低压台区改造94个，建成投运天洋35千伏输变电工程。建成顺河至高石塔、桐兴水厂至远大供水管网；完成毗卢沙子坪村、天兴曹湾村等11个镇30个村新增用水入户工程，全县农村自来水普及率达65%。建成投运16个中心村、30个新村聚居点污水处理设施及配套雨污管网；探索推行垃圾分类制度，启动天兴、云龙垃圾分类处理试点工作。改造农村"四类重点"对象危房2700户，全面消除农村土坯房，动态消除农村危房。

奋力发展社会事业。强力推进教育卫生"双十亿"提升工程。全面完成泸县二中实验学校、城东小学建设和牛滩小学迁建，完成北大附属实验学校幼儿园主体

工程，加快泸县建校新校区、泸县天立小学建设，深入推进全国学前教育实验区建设，力争创成全国职成教育示范县；完成康复医院扩建工程，开工建设县人医门诊医技综合大楼、二人医外科大楼，启动县人医三级甲等医院、县妇幼保健院二级妇幼保健院创建工作，传承发展中医药事业，大力推进健康泸县建设。加快发展养老服务事业。积极引进社会资本，推进医养结合，完成泸县康养中心建设，启动海潮敬老院扩建工程。坚持实施就业优先战略。推动创业带动就业，强化教育培训和就业创业服务，力争实现城镇新增就业6000人、农村劳动力转移就业40万人以上。提高全民参保水平，确保城乡医疗保险参保率98%以上。

切实维护安全稳定。严格落实安全生产责任，推进企业安全生产标准化建设，加强重点行业领域安全监管，完善风险分级管控和隐患排查治理双重预防机制，建成安全体验中心，坚决遏制较大以上安全生产事故。全力推进国家和省级食品安全示范创建，加强监管能力建设，打造食品药品安全泸县。强化应急管理和灾害事故预报预警，建成应急联动指挥中心，加强应急专业队伍建设，增强应急处突综合能力。强化双拥共建，巩固国防力量，建成2万平方米人民防空地下室。深入开展“七五”普法，着力营造法治环境。加强社会信用体系建设，提高全民诚信意识和信用水平。强化基层社会治理，充分依托“智慧云护城墙工程”和“雪亮工程”，织密社会管控防护网，坚决打击违法犯罪行为；大力化解矛盾纠纷，保持社会和谐稳定。

六、大力推进自身建设，始终践行为民宗旨，再上优质服务新台阶

深入推进法治政府建设。坚持依法行政基本准则，自觉运用法治思维和法治方式推动工作，全面依法履行政府职能职责。坚持重大事项向人大报告，主动接受县人大、县政协和社会各界的监督。严格执行重大行政决策程序，健全政府法律顾问制度，巩固提升行政执法“三项制度”改革成果。强化执法监督，促进规范公正文明执法。及时依法公开政府信息，积极回应社情民意。

深入推进效能政府建设。坚持“以人为本、效率优先”工作导向，继续深化“放管服”和行政机构、行政体制改革，加快政府职能转变，大力开展县镇（街道）便民中心规范化、标准化建设。全面推行县镇村三级联审服务，依托全省一体化政务服务平台，着力提升“互联网+政务服务”水平，切实打造“审批手续最简、办事效率最高、服务质量最佳、投资环境最优”的政务服务环境。

深入推进廉洁政府建设。坚持廉洁从政工作底线，严格落实党风廉政建设“两个责任”。强力推进惩防体系建设，持之以恒正风肃纪，坚定不移惩治腐败。深入贯彻八项规定实施细则，厉行勤俭节约。坚决整肃庸政、懒政、怠政行为，打造遵纪守法、崇廉尚实、风清气正的廉洁政府。

各位代表，发展的号角催人奋进，时代的使命艰巨光荣。让我们在习近平新时代中国特色社会主义思想的指引下，在县委的坚强领导下，团结和带领全县人民，不忘初心、砥砺前行，乘势而上、锐意进取，为泸县“建成四个新区，率先全面小康”而奋力冲锋！

内容说明及名词解释

农村土地制度改革三项试点： 指农村土地征收、集体经营性建设用地入市以及宅基地制度改革试点。

四核四区： 指向北打造以龙脑桥文化生态园为核心的绿色休闲区；向西打造以产业园区、龙湖湿地公园为核心的产城一体区；向中打造以花园干道城市客厅为核心的行政商务区；向南打造以大玉蟾山为核心的文旅宜居区。

四创一巩固： 指同步创建全国文明城市、国家健康城市、国家园林城市和省级宜居县城，巩固国家卫生县城成果。

22个扶贫专项： 指交通建设、水利建设、电力建设、信息通信建设、农村能源建设、农业产业、旅游扶贫、商务扶贫、农村土地整治、科技扶贫、新村建设、教育扶贫、贫困家庭技能培训和就业促进、生态建设、易地扶贫搬迁、健康扶贫、文化惠民、社会保障、社会扶贫、财政扶贫、金融扶贫、基层组织建设等22个扶贫专项。

四个新区： 指创新新区、畅达新区、产业新区、宜居新区。

一园一区： “一园”指泸州国家高新区医药产业园，“一区”指包含城西产业园、城北产业园（嘉明工业园）、临港产业园、空港产业园在内的泸县经济开发区。

农村承包地“三权分置”： 指坚持社会主义公有制和农村基本经营制度，在原有农村土地集体所有权和农民家庭承包经营权并行基础上，将农民家庭承包经营权分解为承包权和经营权，实行所有权、承包权、经营权分置并行。

七大领域体制改革： 指经济、国有企业和科技、农业和农村、生态文明、民主法制、社会、文化教育卫生七大领域体制改革。

两河四岸： 指县城区域九曲河、濑溪河及其沿岸。

“1+N”村级公共服务中心： 指在构建“村两委办公室+便民服务、农民培训、文化体育、卫生计生、综治调解、农家购物”的“1+6”村级公共服务活动中心的基础上，新增产业化服务中心、土地流转服务中心、特色文化演艺中心等公共服务机构的村级公共服务中心。

四好村： 指达到“住上好房子、过上好日子、养成好习惯、形成好风气”主要标准的行政村。

重箱： 指计算平板玻璃用料及成本的计量单位。1重箱等于2毫米厚的平板玻璃10个平方的重量（约重50公斤）。

农村“4+1”基础设施升级版工程： 指提标扩面实施农村“道路建设、电网改造、安全饮水、环境治理+住房改善”工程。

社社通： 指建制村联网路和村内通社路，实现每社有一条硬化路。

一站一馆三区： 指健康管理工作站，中医馆，儿童预防保健服务区、妇女保健计划生育服务区、基本医疗服务区。

学校“三防”： 指学校人防、物防、技防建设。

雪亮工程： 指通过县、镇、村三级综治中心建设，充分发挥视频监控系统作用，建设“全覆盖、无死角”的群众性治安防控工程。

“两车卫士”防盗系统： 指给摩托车、电动车安装的GPS定位防盗管理系统。

行政执法“三项制度”试点：指行政执法公示制度、执法全过程记录制度、重大执法决定法制审核制度试点工作。

容缺预审：指在主件材料齐全的前提下，先行受理预审办理，允许申办人在以后的环节中补齐容缺材料。

“2+20+N”全民招商模式：指以泸州国家高新区医药产业园和泸县经济开发区为载体，20个镇（街道）为招商主体，充分发挥县级部门及商会、协会、企业、社会知名人士等的作用，形成全民招商格局。

一带一路：指“丝绸之路经济带”和“21世纪海上丝绸之路”。

供给侧结构性改革：指在适度扩大总需求的同时，去产能、去库存、去杠杆、降成本、补短板，从生产领域加强优质供给，减少无效供给，扩大有效供给，提高供给结构适应性和灵活性，提高全要素生产率，使供给体系更好适应需求结构变化。

三去一降一补：指去产能、去库存、去杠杆、降成本、补短板。

PPP：指Public-PrivatePartnership的英文首字母缩写，指在公共服务领域，政府采取竞争性方式选择具有投资、运营管理能力的社会资本，双方按照平等协商原则订立合同，由社会资本提供公共服务，政府依据公共服务绩效评价结果向社会资本支付对价。

GAP种植基地：GAP指《中药材生产质量管理规范》。GAP种植基地指国家GAP管理部门认可的规模化药用植物种植基地，或是加盟于同类相关中药材专营企业的基地，也是制药集团制药原料供应地。

百镇建设行动：指四川省为加快推进新型城镇化而实施的试点行动，是摆脱小城镇发展困境的有效途径和举措。即全省根据当前经济发展水平、财力和政策承载能力，突出重点，力争通过3-5年努力，使100个试点示范小城镇的基础设施和生态环境得到明显提升和优化。

“3330”种养循环治污新模式：第一个“3”指前段养殖过程实行雨污、饮污、干湿分离；第二个“3”指养殖环境实行前段污水减量、中端治理、尾端利用；第三个“3”指种养循环、生物发酵床、污水处理；“0”指农牧结合种养循环粪污“零排放”。

农村“四类重点”对象：指建档立卡贫困户、五保户、低保户、残疾户。

教育卫生“双十亿”提升工程：指分别投资10亿元左右，实施教育系统标准化提升工程PPP项目、公共医疗卫生提升工程PPP项目，全面提升教育卫生发展条件。

智慧云护城墙工程：指建成以泸县社会治理联动指挥中心为核心，以视频监控集群、城市防控集群、治安管控集群、无线采集集群、实战应用集群为支撑的立体社会治安防控系统。

中国人民政治协商会议泸县第十届委员会常务委员会工作报告

——在政协泸县第十届委员会第二次会议上

县政协主席　李　镇

（2018年1月16日）

2017年工作回顾

2017年，十届县政协常委会在中共泸县县委的坚强领导下，以习近平新时代中国特色社会主义思想为指导，牢牢把握团结、民主两大主题，深入贯彻新时代人民政协工作新理念、新思想、新战略，认真履行政治协商、民主监督、参政议政职能，贯彻落实五大发展理念，凝心聚力促进全面创新改革，聚精会神推进政协协商民主，围绕中心，服务大局，在“建成四个新区、率先全面小康”奋斗目标中展现了政协作为，贡献了政协智慧。

一、明方向，聚共识，深刻领会新时代人民政协新要求

坚持把加强理论武装、筑牢思想根基摆在首位，加强学习教育，增进了政治认同、思想认同、理论认同、情感认同。

始终坚持党对政协工作的领导。坚定不移贯彻执行中央和省委、市委、县委关于政协工作的方针政策，认真落实县委各项决策部署，主动把握大势，自觉服务大局。主动向县委汇报全年工作安排，及时就年度协商选题报请县委批准实施，邀请县委、县政府领导参加重要会议和重要活动，确保县委中心工作推进到哪里、政协履职就跟进到哪里，努力把县委的决策转化为广大政协委员和社会各界人士的广泛共识和自觉行动。

深入学习贯彻中共十九大精神。认真组织广大政协委员学习贯彻中共十九大精神和省第十一次党代会、市第八次党代会、县第十三次党代会精神，扎实推进“两学一做”学习教育常态化、制度化。通过常委会、主席会、党派联席会、机关职工会等形式，开展中共十九大精神专题学习讨论，团结带领广大县政协委员和政协机关干部牢固树立“四个意识”，坚定“四个自信”，以中共十九大精神统一思想行动、汇聚各方力量，把协商民主贯穿政治协商、民主监督、参政议政全过程，始终在思想上、政治上、行动上同以习近平同志为核心的党中央保持高度一致。

认真开展新时期政协理论培训。举办新任委员业务知识培训班，委员反映社情民意、撰写提案水平大幅提升；组织政协常委和委员赴厦门大学培训学习，常委和委员综合素质不断提高；邀请专家作政协理论知识专题讲座，使全体委员加深了对新时期人民政协理论的理解和把握；向全体委员发放《委员手册》《泸县政协》等书籍资料，引导全体委员把“懂政协、会协商、善议政”作为自己的价值追求。

二、抓重点，重协商，紧扣全局工作助推建成四个新区

坚持把助推全县经济社会发展作为履行职能的第一要务，紧扣党委政府工作的重点、经济社会发展的难点、人民群众关注的热点，深入调查研究，认真协商

议政，积极献计出力。

着眼全局广泛协商。紧紧围绕县委、县政府中心工作，就我县经济社会发展中的重大问题开展协商。组织委员通过大会发言、分组讨论、专题协商等形式，就政府工作报告和其他重要报告进行深入协商，提出的意见建议得到县委、县政府采纳。县政协主席会、常委会分别就全县经济社会发展情况、民生工程实施情况、党风廉政建设和反腐败工作等议题，听取通报，重点协商，为县委、县政府科学决策提供了重要参考。各工作委员会注重加强与联系部门对口协商，互相通报情况，提出意见建议。

抓住重点建言资政。紧紧围绕经济社会发展中的重大问题，聚焦农村宅基地制度改革试点、县镇财政体制改革、发挥商会作用推动县域经济发展、新型农业经营主体培育、在建水利工程实施、公共资源交易中心建设管理、城乡居民养老保险、农村义务教育师资队伍建设等调研、视察课题，先后组织委员163人次，广泛深入调研、专题协商议政，形成调研报告5篇、视察报告12篇，提出了中肯的建议和意见，供县委、县政府决策参考。其中，《关于泸县农村义务教育师资队伍建设情况的视察报告》受到县委、县政府的高度重视，并批转相关部门研究落实。

主动融入发展大局。紧紧围绕县委工作部署，积极参与重大项目组团、“4+1”升级版工程、县城截污干管建设、云龙机场建设、环保督查、河长制、脱贫攻坚等工作，为全县经济社会发展竭尽所能，与县委、县政府“同唱一台戏”。在全县政协系统开展“企业帮村、委员帮户、我为扶贫攻坚做件事”活动，深入联系镇（街）、村走访调研，帮助困难群众解决实际问题，组织动员委员企业结对帮扶贫困村，委员结对帮扶贫困户，积极支持委员、委员企业为帮扶户和帮扶村理清发展思路、落实帮扶措施、争取项目政策等，做到了委员全参与、企业全覆盖。

三、汇民智，集群力，积极服务民生广泛深入议政建言

坚持把为民服务贯穿于政协履职的全过程，深入体察民情，始终关注民生，积极反映民意，发挥了政协的独特优势。

视察调研维护群众利益。县政协常委会坚持把关注民生、改善民生作为建言资政的重点，紧扣事关群众切身利益的热点难点问题，开展视察调研，提出意见建议。组织委员到镇（街）、村社、医院开展走访调研，为推动全民预防保健工作鼓与呼；开展全县平安建设工作专题调研，为加强基层社会治理建言；视察全县农村电网升级改造工程，为改善农村用电质量献策；组织委员就“社社通”推进情况开展集体视察，为打造宜居泸县向县委、县政府陈实情、建真言，助力解决农村居民出行难问题。

关注民生落实提案办理。县政协十届一次会议以来立案交办的提案中，涉及教育事业、医疗卫生、社会保障、民生改善、社会治理等方面的提案较多，县政协常委会对此十分重视，采取遴选重点提案督办、部分B类提案视察、提案办理专题协商等多种方式，加大热点民生提案督办力度，搭建办理平台，跟踪办理情况，推动提案有效办理，切实做到件件有落实、事事有回音，促使一批民生问题得到较好解决。

民主监督顺应民心民意。贯彻落实中央和省委《关于加强和改进人民政协民主监督工作的意见》，积极探索委派民主监督工作新机制。在全县政协委员中选派60名民主监督员，成立6个委派民主监督小组，由主席会议成员担任联系领导，委室主任担任组长，对6个政府部门开展委派民主监督工作，通过上门见面协商、委员现场民主测评等形式，共开展50余次监督活动，提交6份民主监督建议书，提出意见建议29条，进一步推动被监督部门作风转变、效能提高、工作改进。通过委派民主监督，党委政府的工作部署得到更好贯彻落实，一些

事关群众切身利益的问题得到更好解决，县委对此高度肯定，《四川政协报》在“民主监督在路上”栏目专题报道4次，引起广泛关注。同时，县政协加强对市县重大决策落实监督，组织委员参与政协视察监督、重点提案监督、法庭庭审监督、食品安全监管工作评议等监督活动，全年派员参加各类监督活动30余次、庭审听证10余次，加强对部门工作的民主监督。

社情民意反映民情民智。广泛收集社情民意，向县委、县政府报送大量有价值的信息，积极营造促进政协事业健康发展的良好氛围。全年共编发《泸县政协信息》93期、《社情与民意》98期，被省政协综合刊用3条、市政协综合采用15条、县级领导签批37条，如“关于解决场镇居民饮水难问题的建议”“对我县农村散居五保户住房安全的建议”“加强我县农村畜禽养殖污染治理的建议”“对当前我县脱贫攻坚中存在问题的建议”等社情民意信息，得到县委、县政府主要领导关注并批转，为党委政府了解社情民意、化解矛盾纠纷、维护社会稳定发挥了积极作用。

四、重引导，促交流，大力弘扬团结民主促进社会和谐

坚持把团结和民主贯穿于各项工作中，不断巩固和发展民主团结、生动活泼的政治局面，充分调动政协委员和各界人士的积极性，努力为促进社会和谐发挥作用。

注重团结社会各界力量。坚持政协党组成员联系党派机制，搭建协商议政平台，积极为民主党派、工商联、无党派和社会各界人士参政议政、发挥作用创造更好的条件、提供更广的机会，充分尊重和保障他们在人民政协的各项工作权利，鼓励支持他们利用政协平台、通过合理方式反映工作诉求，提出批评建议。加强界别交流沟通，引导各界别组织开展形式多样的活动，增进相互之间工作联系，扩大社会各界有序政治参与。全年共开展捐资助学、送医下乡、书画进校园、百企联百村等特色界别活动20余次。

加强文史资料编纂工作。将文史资料编纂工作作为政协履职的一项经常性工作，在征集、编纂、服务等方面下功夫，注重发挥委员的主体作用，积极引导委员重视文史工作、关注文史工作、参与文史工作。进一步提高文史资料质量，把好政治关、史实关和文字关，充分发挥政协文史资料存史、资政、育人的作用，编辑出版“千年古县·宋韵龙城”系列丛书之《泸县胜景》，有序开展《泸县政协志》编纂工作。

开展联谊联络交流活动。组织荣昌·大足·泸县三区县第13次保护濑溪河流域生态环境助推会，形成《关于进一步加强濑溪河流域生态环境治理的决议》，助推濑溪河流域生态环境治理取得实效。先后接待重庆市荣昌区、贵州省湄潭县、遂宁市安居区等省内外政协来泸县参观考察14批，进一步加强地区政协间交流合作。县政协诗书画院积极搭建学习交流平台，组织采风活动4次，邀请知名书画家为创作员开展创作交流培训，组织参与泸县、合江、纳溪、赤水四县区市“欢庆党的十九大胜利召开”美术作品联展，出版《龙城翰苑》2期。

强化宣传引导扩大影响。出台《关于进一步加强和改进政协宣传工作的意见》，进一步完善宣传信息工作机制。举行中国共产党建党96周年纪念活动，引导全体政协委员和各界人士深刻认识中国特色社会主义制度的优越性。运用多种形式，全方位、多角度宣传我县政协工作，突出宣传报道委员履职活动，在市政协公众信息网《委员风采》栏目，对在本职岗位和履职活动中表现突出的6名县政协委员作专题报道，全面展示委员履职风采。全年各级新闻媒体共刊播县政协宣传稿件700余篇，其中《人民政协报》《四川政协报》、四川政协网等省级以上媒体用稿400余篇，进一步提高了社会对政协履职的关注度，扩大了人民政协影响力。

五、夯基础，求创新，不断加强自身建设树立良好形象

坚持把加强自身建设作为做好政协工作的重要保障，按照规范有序、务实高效的要求，注重内强素质、外树形象，不断夯实基础、激发活力，着力提升政协工作的科学化水平。

不断夯实基层政协组织。全面贯彻落实中央、省委、市委、县委政协工作会议精神，以县、镇（街）班子换届为契机，推动各镇（街）设立委员联络组，进一步拓宽政协工作领域，健全政协基层工作基础。出台《政协泸县委员会委员联络组工作简则》，进一步健全完善镇（街）政协工作联系机制和目标考核机制。坚持县政协常委会等重要会议、重大活动邀请镇（街）委员联络组组长列席，开展委室对口走访联系，加强对基层政协工作的联系和指导。

强化委员履职平台建设。督促政协常委履行好职责，以自身模范行动，影响和带动其他政协委员。加强工作委员会建设，充分发挥工作委员会在调研视察、组织活动、督办提案等履职活动中的基础作用，细化工作任务，丰富活动内容。经县委批准，增设委员联络办公室，选齐配强委室主任、副主任，负责委员的服务、联络、管理等工作，健全委员联络机构，完善委员联络制度。加强界别建设，按照便于开展活动的原则，积极探索界别活动新形式，为委员协商议政、建言献策搭建平台。

切实加强委员队伍建设。完善《委员履职管理办法》，从委员履职责任、管理服务、考核激励、权益保障等方面进一步规范明确，积极开展“五个一”（提交一件提案、反映一条社情民意、参加一次视察或调研、为群众办一件实事好事、承担一项专门任务）活动，坚持经常性走访委员制度，帮助协调解决问题，坚持委员年度履职考核评价，充分运用委员履职考核成果，真正做到用事业凝聚委员、用实践感召委员、用机制激励委员。因工作变动等原因，全年共增补22名县政协委员，同意26名县政协委员辞去委员职务，免去1名县政协委员的委员职务。

从严从实抓好党的建设。不断强化政协党组作用，认真落实从严治党责任，严明党的政治纪律和政治规矩，扎实开展“走进群众、服务群众、引导群众”主题教育活动，加强机关党的建设和作风建设，重视政协机关党总支和支部换届工作，筹备建立政协办机关党委。选送机关干部参加省市政协、县委党校和有关部门组织的各类培训，着力提升机关干部的党性观念、大局意识和服务水平。以创建“四型”机关为抓手，着力完善机关各项规章制度，严格落实中央“八项规定”精神，机关工作更加严谨高效、规范有序。重视和做好县政协机关群团、老干部等工作，切实加强组织协调和服务保障。

各位委员、各位同志，过去一年县政协所取得的成绩，是中共泸县县委正确领导的结果，是县人大、县政府和有关部门单位大力支持的结果，是政协各参加单位、全体政协委员团结协作、共识共为的结果。在此，我代表十届县政协常委会，向全体委员，向所有重视、关心、支持政协工作的领导、同志、朋友，致以崇高的敬意和表示衷心的感谢！

在总结成绩的同时，我们也清醒地看到，与政协工作面临的新形势、新任务相比，与人民群众的期望相比，我们的工作还存在一些问题和不足，比如：重大事项协商工作程序还需进一步规范，委员履职整体水平还需进一步提高，委员主体作用发挥还需进一步加强，提案办理工作机制还需进一步完善等。这些都有待我们在今后的工作中认真加以改进。

2018年工作打算

2018年是全面贯彻落实中共十九大精神的开局之年，也是我县率先全面建成小康社会的关键之年。县政协工作的总体要求是：

全面贯彻落实中共十九大精神，坚定以习近平新时代中国特色社会主义思想为指导，坚持团结、民主两大主题，紧紧围绕“建成四个新区，率先全面小康”奋斗目标，聚焦“项目攻坚、绿色发展”工作主题，认真履行政治协商、民主监督、参政议政职能，协力做好稳增长、促改革、调结构、惠民生、防风险各项工作，推进人民政协协商民主发展，为推动泸县经济社会均衡发展、充分发展、绿色发展贡献智慧和力量。

一、以贯彻十九大精神为引领，在筑牢政治基础上聚共识

把贯彻落实中共十九大精神作为首要政治任务，继续深入学习贯彻中共十九大精神和习近平新时代中国特色社会主义思想，深刻领会精神实质，在学懂弄通做实上下功夫。始终坚持中国共产党的领导，坚定中国特色社会主义道路自信、理论自信、制度自信、文化自信，风雨如磐不动摇，不断筑牢团结奋斗的共同思想政治基础。自觉把政协履职实践与中央和省委、市委有关要求结合起来，与县委十三届五次全会确立的各项奋斗目标结合起来，引导各党派团体和政协委员自觉投身泸县经济社会建设。继续开展“推进基层政协委派民主监督工作”的实践探索，更好地推动我县政协工作创新发展。

二、以加快融入主城为抓手，在建设泸川新城上献良策

牢牢抓住泸县“撤县设区”的契机，按照“五统筹五突出”思路，紧紧围绕“泸县深度融入泸州主城区一体化发展”课题，充分发挥人民政协人才荟萃、舞台广阔、渠道畅通、建言洒脱的优势，引导广大政协委员凝心聚力、深度调研，通过提案协商、社情民意信息“直通车”渠道等多种形式，在泸川新城建设的整体规划、交通网络、公共服务、产业发展、政策支持等方面建言献策，为加快实现与泸州主城区同步、协调发展献智献力。

三、以建成四个新区为中心，在率先全面小康上建真言

紧扣党政中心工作，做到顺时而为、应时而为、适时而为，为推动全县经济社会科学发展献计出力。选取事关泸县改革发展全局性问题深入协商议政，聚焦推进生态优先绿色发展、深化重点领域改革、巩固脱贫攻坚成果、深入实施“4+1”升级版工程等重点课题，认真调查研究，开展专题协商，吸纳各方智慧，打造建言精品。围绕全县重大改革举措和重点工作，采取委派民主监督、提案监督等民主监督形式，助推党委政府重大决策和重点工作落实到位。

四、以促进民生改善为目标，在维护社会和谐上见实效

着重围绕与群众利益密切相关的热点难点问题，选取健康养老服务业、现代农业科技发展、农村道路交通安全等民生专题，充分运用调研、视察、提案等方式，积极提出切合实际、操作性强的意见和建议，努力使全县人民在共建共享中有更多获得感、幸福感。进一步提高提案质量、办理质量和服务质量，着力改进督办方式，切实推动民生类提案有效落实。以社情民意信息为载体，把百姓的诉求和呼声反映给党政相关部门，切实维护好广大群众的合法权益。积极倡导开展扶贫济困、爱心救助、捐资助学等社会公益活动，鼓励和支持委员奉献爱心、服务家乡、回报社会。

五、以汇聚各方力量为重点，在实现广泛团结上谋作为

坚持把发扬民主、增进团结、协调关系、化解矛盾作为履行职能的重要着力点，协助党委政府做好凝心聚力工作。坚持求同存异、体谅包容，不断巩固和发展最广泛的爱国统一战线，广泛宣传县委、县政府的重要战略决策，正确引导社会各界合理反映利益诉求，努力为全县改革发展增动力、添合力。充分发挥人民政协协商民主重要渠道作用，组织引导社会各界优秀代表参加到政协组织中来，加强与各地政协之间的交流与合作，为宣传推介泸县、开展招商引资牵线搭桥。

六、以提升履职效能为核心，在加强自身建设上求突破

充分突出常委会的核心作用，坚持常委带头抓学习，带头守规矩，带头履职责，切实增强常委会组成人员政治意识、大局意识、核心意识、看齐意识。进一步加强委员队伍建设，充分发挥委员主体作用，切实保障委员的视察权、知情权、监督权，健全委员学习培训、履职管理、常态服务机制，积极为委员履职创造更好条件。扎实开展“不忘初心，牢记使命”主题教育，抓好政协机关干部队伍建设，切实加强机关思想政治教育、业务素质培养和作风能力建设，努力打造一支政治坚定、作风优良、学识丰富、业务熟练的政协机关干部队伍，把县政协机关建设成团结和谐的“委员之家”。

各位委员，同志们，新目标鼓舞人心，新部署催人奋进。面对新时代新要求，让我们更加紧密地团结在以习近平同志为核心的党中央周围，高举习近平新时代中国特色社会主义思想伟大旗帜，在中共泸县县委的坚强领导下，不忘初心、牢记使命，干在实处、走在前列，不断推进人民政协事业创新发展，为加快“建成四个新区、率先全面小康”而努力奋斗！

大事记

CHRONICLE OF EVENTS

1月
January

5日　中共泸县县委十三届三次全会召开，表决通过泸县出席中共十九大、省第十一次党代会代表人选。

是日　泸县召开县委书记党建述职测评会。

12日　泸县检察院在“端·政——当政新媒体遇到AI”大会上获“最具影响力检务头条号”荣誉称号。

13日　“助力脱贫攻坚·携手圆梦小康”2017年科技、文化、卫生“三下乡”活动在太伏镇伏龙村启动。

是日　泸县召开2017年人大代表建议、政协委员提案办理工作会。

16日　泸县召开全县社区干部座谈会。

是日　泸县召开企业家座谈会。

17日　县政府班子组织开展2016年安全生产工作专题述职会。

19日　泸县城乡环境管理局正式授牌成立。

是日　县委书记薛学深率队开展节前安全检查。

20日　县委书记薛学深、县长肖刚带头开展2017年度元旦、春节“送温暖·慈善一日捐”公益捐款活动。

24日　泸县公安局交警大队民警蔡松松因营救两名落水儿童，不幸牺牲，年仅31岁。26日，市委追授蔡松松“全市优秀共产党员”称号。3月24日，省委追授蔡松松“四川省优秀共产党员”称号。4月1日，省政府评定蔡松松为烈士。5月8日，省政府追授蔡松松“四川省人民满意的公务员”称号。

2月
February

3日　泸县召开县级领导联席会。

是日　县委书记薛学深率队参加义务植树活动，号召大家用自己的双手为泸县增添一片新绿。

6日　全县2017年领导干部培训班开班。县委书记薛学深出席开班典礼并做重要讲话。县委副书记、县长肖刚主持开班典礼。

是日　县委书记薛学深带领全体在家县级领导到泸州市党员干部法纪教育中心开展警示教育活动。

8日　全县经济工作会召开。

是日　泸县召开2017年安全生产工作会暨第一次安委（扩

大）会。

10 日　泸县召开脱贫攻坚督导汇报会。

是日　泸县召开 2017 年县委农村工作暨巩固脱贫工作电视电话会议。

是日　泸县召开 2017 年教育工作会。

14 日　泸县召开县委群团工作联席会议。

是日　泸县召开 2017 年泸县融入泸州主城区一体化发展工作推进会。

15 日　县委书记薛学深主持召开园区发展协调推进会。

是日　县政协主席李镇主持召开泸县农村“4+1”基础设施升级版工程工作会。

是日　泸县召开 2017 年政银企对接会。现场签约项目 14 个，总金额 84.7 亿元；县政府与工行泸州分行、农行泸州分行、建行泸州分行、泸州市商业银行等 4 家银行签订“十三五”期间战略合作协议书，政府性融资金额 120 亿元，为县内企业和项目建设提供保障资金。

是日　泸县创建全国文明城市、健康城市、国家园林县城、四川省宜居县城、巩固国家卫生县城的“四创一巩固”动员大会在会议中心召开。

16 日　市委书记蒋辅义率队到泸县调研云龙空港园区建设和开门红工作。

是日　泸县召开农村土地制度改革三项试点工作专题研究会。

17 日　泸县召开 2017 年商务（酒业）暨服务业发展工作会。

20 日　泸县创建健康城市工作联席会召开。

22 日　泸县召开安全生产工作紧急会。

23 日　泸县 2017 年村（社区）党组织书记培训班在县会议中心底楼会议室开班。

24 日　中共泸县第十三届纪律检查委员第二次全体会议召开。

是日　泸县召开 2016 年度镇街部门负责人向纪委全委会述责述廉会。

是日　泸县召开 2017 年组织宣传政法统战群团工作会。

是日　泸县召开创建国家食品安全城市暨农村自办宴席安全管理、安全生产集中行动工作会。会议通报福集镇“2·3”误食醇基燃料中毒事故调查处理相关情况并做工作安排。

是日　泸县召开创建四川省农产品质量安全监管示范县动员会。

27 日　达州市交叉考核组代表省易地扶贫搬迁成效考核组对泸县易地扶贫搬迁工作进行成效考核。

3 月
March

1—2 日　泸县政协举办政协泸县第十届委员会委员履职培训班，分别对驻镇（街道）政协委员、县级机关企事业政协委员及泸县籍市政协委员 320 人进行履职培训。

2 日　泸县召开县级领导联席会。

3 日　泸县召开 2017 年党史地方志工作会。

7 日　泸县召开共青团泸县第十五届五次全委（扩大）会议。

8 日　泸县召开党群系统创新抓党建工作会。

是日　“巾帼心向党、扬帆新征程”纪念“三八”国际劳动妇女节 107 周年典型事迹展示活动在县会议中心开幕。

9 日　泸县召开 2017 年宗教工作会。

10 日　泸县 2017 年文化旅游发展工作暨龙文化研究院成立大会在县会议中心召开。

是日　泸县召开脱贫攻坚领导小组第九次联席会议。

13 日　泸县城乡规划委员会 2017 年第二次会议在县会议中心二楼会议室召开。

是日　泸县智慧政务项目建设工作会召开。

14 日　泸县召开 2017 年城市管理委员会第一次全体会议。

是日　泸县 2017 年基层党建工作和老干部工作会召开。

15 日　泸县召开 2017 年开放合作工作会。

17 日　2017 年中国国际酒业博览会泸县重点项目签约仪式在酒城宾馆举行。活动签约 9 个项目，总投资额 105 亿元。

是日　泸县召开中共泸县县委十三届第 18 次常委（扩大）会议。县委书记薛学深要求坚决抓好脱贫攻坚头等大事，并率先实现全面小康。

18 日　2017 中国国际酒业博览会在泸州国际会展中心开幕，泸县设置独立展位 8 个，参展产品 116 个。

23 日　泸县召开 2017 年依法治县工作会。

24 日　泸县召开行业协会商会与行政机关脱钩工作会。

28 日　县人大常委会主任接待代表活动在嘉明镇举行。

是日　四川省第三十一届老年门球赛在泸县门球场开幕。

是日　泸县优秀年轻干部培训班开班仪式在县委党校举行，通过公开选拔的 50 名优秀年轻干部参加开班仪式。

是日　泸县 4 宗农村宅基地退出结余建设用地指标拍卖会在县交易中心举行。

30 日　泸县召开 2017 年环境保护工作会。

31 日　泸县召开 2017 年民营经济发展暨建立现代企业制度工作座谈会。截至 2016 年年底，全县登记民营企业 5213 家，其中规模以上企业 252 家，从业人员 13.2 万人。

4 月
April

1 日　泸县太伏中学一名学生坠楼死亡，引起社会关注，并出现许多谣言。7 日，泸州市委、市政府召开媒体见面会，通过省市县三级技术人员的勘检鉴定，确认死者为高坠伤，排除他杀。

是日　泸县召开 2017 年第二次安委（扩大）会暨安全生产第 14 次县长督办会。

是日　泸县召开中共泸县县委巡察工作动员会。

5 日　泸县召开 2017 年科协工作暨七届五次全委扩大会。

是日　泸县举办村（居）会主任培训班。

7 日　全省水稻带药移栽暨病虫害全程绿色防控现场观摩培训会在泸县召开。

10—11 日　全省水土保持现场工作会议在泸县召开。

11 日　全县健康城市建设集中宣传月启动仪式在县城花园干道音乐广场举行。

是日　泸县 2017 年季度工作推进暨镇（街道）党（工）委书记述职会召开。

是日　全省高效节水灌溉暨农业水价综合改革工作推进会在泸县召开。

14 日　泸县召开向蔡松松学习活动动员会。

是日　泸县召开基层社会治理工作会。

18 日　县政协主席李镇率 50 余名县政协委员视察泸县农村土地制度改革工作。

21 日　泸县召开“三防”工作暨近期重点工作安排部署电视电话会议。

24 日　泸县“走进群众、服务群众、引导群众”主题教育现场推进会在玉蟾街道龙华村召开。

25 日　泸县召开创建省级饮用水卫生监测示范区推进会。

28 日　泸县召开关心下一代工作会。

5 月
May

3 日　泸县召开县级领导联席会。

4 日　泸县举办“奋斗的青春最美丽”典型事迹展示活动。

是日　泸县召开农村“4+1”基础设施升级版工程专题汇报会。

5 日　泸县召开 G8515 泸渝高速泸县段征地培训动员大会。

7 日　泸县召开县城城西片区城市设计等规划方案专家评审会。

9 日　市委书记蒋辅义率队调研空港产业园区。

是日　泸县召开纪检监察工作会。

是日　泸州市 2017 年防灾救灾综合应急演练推进会在泸县召开。

10 日　泸州市 2017 年煤矿安

全警示教育暨煤矿安全工作现场会在泸县召开。

是日　泸州医药产业园“医药新城康健之都”投资推介会在北京国谊宾馆召开。

11日　市委书记蒋辅义，市委常委、总工会主席刘云，市委常委、纪委书记杨晓，市政协副主席刘杰率市政法、群工、发改、经信、交通、住建、国土等部门负责人到泸县调研社会经济工作。

是日　泸县召开城乡规划委员会2017年第四次会议。会议审议《泸县城东小学新建工程概念方案设计》等15个规划和建设项目。

是日　泸县召开安全生产警示教育暨书记县长谈心谈话会。

是日　泸县召开农村自办宴席安全管理工作现场会。

是日　泸县召开全县基层社会治理工作指导组组长会。

12日　泸县举行2017年“5·12”防灾减灾日宣传活动周启动仪式。

是日　泸县召开县政协委派民主监督员工作会。

是日　泸县召开人才、脱贫攻坚、卫生和健康、农村土地制度改革三项试点暨深化正风肃纪提升群众满意度工作会。

16日　泸县召开群众理论“直播车”送理论下基层活动集体备课会。

17日　泸县召开安全生产集中行动工作推进会。

是日　市政协主席田亚东率队调研泸县文旅产业发展。

是日　县人大召开农村移风易俗调研工作会。

18日　中国旅游日庆祝活动（泸州）暨泸县乡村旅游文化季开幕式在泸县龙桥文化生态园举行，市委常委、市总工会主席刘云出席开幕式并为仪式致辞，市侨联专职副主席罗华代表市旅游局向百花洲授予“国家AAAA级旅游区”牌匾。

19日　泸县举行“推进残疾预防，健康成就小康”为主题的第27次全国助残日活动。

21日　泸县召开农村土地制度三项试点改革工作培训会。

是日　泸县召开全县学校安全管理工作紧急会。

是日　泸县举行2017年“书香润龙城，悦读扬家风”全民阅读活动启动仪式。

是日　泸县召开健康城市建设试点工作推进会。

23日　泸州市2017年防灾救灾综合应急演练在泸县举行。

是日　泸县第十六届人大常委会第三次会议召开。

是日　泸县政协召开十届第10次主席会议。

24日　泸县群团工作中心项目集中启动仪式在县城音乐广场举行。

是日　县政协主席李镇主持召开濑溪河水质达标工作推进会。

25日　泸县2017年法治宣传教育联席会第一次会议在县司法局召开。

是日　泸州市企业联合会泸县分会暨泸州市企业家协会泸县分会理事（扩大）会议在泸县召开。

26日　泸县召开加快推进社社通水泥路建设工作现场会。

是日　泸县召开2017年科技工作者座谈会。

是日　泸县召开政府廉政工作会。

27日　泸县召开省第十一次党代会精神学习传达贯彻会。

是日　泸县召开道路交通安全管理工作推进会。

6月
June

1日　泸县召开市政基础设施项目推进会。

是日　泸县召开行政执法三项制度推进会暨业务培训会。

是日　泸县召开2017年校园周边文化环境专项治理暨“扫黄打非”工作会。

2日　泸州市2017年基层治理形势政策宣讲走进泸县太伏镇。市委书记蒋辅义出席并讲话，市委副书记、市长刘强主持宣讲。

是日　全市基层社会治理工作现场会在泸县召开。

是日　泸县召开基层社会治

理工作现场会。

5日　泸县召开2017年“双过半”、安全生产、脱贫攻坚工作推进会。

是日　泸州“6·5”世界环境日活动在泸县举行。

6日　泸县召开2017年社会组织集中建党授牌仪式暨党组织书记示范培训会。会议宣布集中建党的48个社会组织并进行授牌。

是日　泸县在县委三楼会议室召开加快城市发展专题调研工作部署会。

7日　泸县创建全国基层中医药工作先进单位省级评审汇报会在县会议中心二楼召开。

8日　泸县召开省级文明城市创建工作专题研讨会。

9日　泸县召开《泸县加快融入重庆大都市区助推川渝合作（泸州）示范区建设战略研究》专家评审会。

是日　泸县召开脱贫攻坚“回头看”“回头帮”电视电话会议。

12日　县政协召开十届第11次主席会议。

13日　北京大学历史系教授、人文社会科学研究院院长、中国宋史学会原会长邓小南，四川省委党校原常务副校长李锡炎率队组成的泸州宋城文化研究课题组调研考察泸县宋代石刻。泸县的各类馆藏文物总数14135件。其中国家珍贵文物550件，包括一级文物120件、二级文物145件、三级文物285件，绝大部分为宋代石刻。

是日　县政协召开十届第二次常委会议。

14日　泸县召开2017年依法治县工作推进会。

15日　国土资源部到泸县督查农村土地制度改革三项试点工作。

16日　县公安局召开集中打击盗抢骗“雷霆行动”总结表彰暨“三打击一整治”专项行动推进会议。

20日　市政协主席田亚东率队视察泸县创建国家食品安全示范城市工作。

是日　市检验检疫局对泸县晚熟龙眼、泸县青花椒、牛滩生姜、道林沟山泉水、陈年窖系列酒及石海洞天系列酒等6个产品申报生态原产地保护的产品进行初审。

是日　泸县召开“社社通”水泥路建设半年督查工作会。

23日　泸县2017年煤矿安全知识竞赛在泸县二中学术报告厅举行。

是日　泸县召开扶贫领域侵害群众利益腐败问题专项整治行动约谈会。

24日　泸县环境保护委员会2017年第一次全体成员单位会议召开。

26日　泸县召开健康城市建设试点督导工作会。

是日　泸县召开基层社会治理工作推进会。

是日　泸县召开扶贫领域侵害群众利益腐败问题专项整治工作推进会。

是日　泸县召开安全生产第十六次县长督办会。

是日　泸县组织80余家酒类企业在兆雅镇召开酒类企业消防警示教育工作现场会。

30日　泸县召开庆祝中国共产党成立96周年大会。

是日　县委副书记、县长肖刚到石桥镇开展“七一”慰问活动。

是日　泸县召开迎接中央环保督察工作推进会。

7月
July

1—2日　泸县2017年上半年流动现场会走进各镇（街道）。

1日　市委副书记、市长刘强率队督导泸县环保工作。

5日　泸县召开2017年农村危房改造半年督查工作会。

6日　西南农民演艺联盟成立暨理事会第一次全体大会在泸县举行。

是日　泸县召开农业种养殖废弃物资源化利用、农机专项整治、农业面源污染治理暨“三防”

减灾工作会。

7日　泸县召开整治“微腐败”宣传工作会。

11日　全县禁毒工作会议在县法院执行局会议室召开。

13日　泸县县镇人大代表履职监督工作现场会在天兴镇召开。

17日　泸县召开县委全面深化改革领导小组推进会。

是日　泸县组织召开酒类行业环境保护专项整治工作推进会。

18日　泸县召开全民参保登记入户调查工作动员会。

20日　泸县召开2017年“金融服务实体经济助力小微企业发展”银企对接会。泸县10家银行业机构与18户小微企业现场签约，签约金额总计73477万元。

21日　泸县召开环境保护工作推进会。

24日　泸县召开全县镇（街道）财政规范化管理暨业务培训会。

25日　泸县第十六届人大常委会第四次会议召开。

是日　泸县召开基层社会治理建设联席会。

是日　泸县召开迎接中央环保督察工作领导小组会议。

26日　泸州市幸福美丽新村建设“四好村”创建流动现场推进会走进泸县。1—6月，全县投入资金1.6亿元，建成幸福美丽新村21个。

是日　泸县召开2017年征兵工作会。

27日　泸县召开小酒厂环境污染问题整治工作推进会。

28日　泸县举行庆祝建军节90周年先进表扬暨“龙城军魂颂”文艺晚会。

是日　泸县召开社区戒毒社区康复工作推进会。

是日　泸州市人民政府、泸县人民政府与天圣制药集团、独墅联盟签约仪式在泸州巨洋会议中心举行。签约项目占地65亩，总投资5亿元。

30日　泸县召开2017年第三次安委（扩大）会暨第17次县长督办会。

31日　泸县召开环保工作专题常委会。

是日　泸县召开河长制工作推进会。

8月
August

1日　泸县召开道路交通安全管理工作推进会。

3日　健康泸县建设试点工作总结会暨健康泸县建设全域推进工作筹备会召开。

7日　泸县召开迎接中央环境保护督察工作领导小组第四次会议。

8日　泸州空港产业园区管理委员会座谈会在泸县召开。

9日　市委常委、总工会主席刘云率队督查泸县环保工作。

是日　泸县召开2017年机关党的建设推进会。

是日　县委书记薛学深主持召开智慧城市项目推进会。

10日　市委书记蒋辅义率队督导泸县环保工作。

是日　县委书记薛学深主持召开环保迎督工作会。

11日　泸县召开迎接环保督察暨当前重要工作推进会。

12日　县委书记薛学深到县委群工局督导迎中央环保督察信访工作。

14日　泸县召开矿山地质环境恢复治理暨地质灾害整治工作推进会。

是日　泸县召开迎接中央环境保护督察工作领导小组第五次会议。

15日　市委常委、总工会主席刘云率队督导泸县环保工作。

是日　县人大常委会主任颜习林主持召开县镇人大环保迎督专题会。

16日　泸县召开边督边改提高环保整改质量电视电话会议。

是日　省环保厅环保专项督导组到泸县督导环保问题整改工作。

是日　泸县召开酒类行业环保突出问题整改工作推进会。

是日　省安全监管局副局长吴金炉率安全生产专项督导组督查泸县安全生产工作。

18日　泸县获得由中共四川省委农工委、四川省农业厅、四川省商务厅等单位主办的2017“互联网+农业”论坛颁发的“四川绿色生态城市”称号。至2016年年底，泸县森林覆盖率提高到40.9%，成功创建全国绿化模范县。

是日　县委统战部召开民主党派组织建设工作座谈会。

20日　泸县召开迎接中央环保督察工作会。

22日　市委常委、市总工会主席刘云率队督导泸县环保、安全及河长制工作。

23日　泸县举办突发事件应急处置专题讲座。

24日　县政协主席李镇主持召开十届15次主席会议。

是日　县总工会举行2017“金秋助学”活动资助仪式。59名困难职工子女受到资助，其中大学新生每人5000元，中专、高中（中职）生每人1000元，资助总金额14.3万元。

25日　中共泸县县委召开十三届四次全体（扩大）会议。

是日　泸县召开“百日攻坚”脱贫行动动员会。

是日　泸县召开2017年目标工作推进会。

29日　泸县召开2017年残疾人家庭医生签约服务工作会。

31日　泸县召开县委中心组学习会。

9月
September

1日　泸县召开第十六届人民政府第一次全体成员暨镇长会议。

2日　为期1个月的泸县2017年第六届金秋龙眼采摘活动在潮河镇后湾村启动。

4日　泸县召开安全生产第18次县长督办会暨防范遏制重特大道路交通事故电视电话会议。

是日　泸县召开2017年整治“微腐败”集中宣传月工作推进会。

是日　泸县召开基层社会治理项目推进会。

5日　全市产业园区流动现场会走进泸县。

是日　水利部河长办检查泸县河长制工作。

6日　县政协召开十届第三次常委会。

8日　泸县举行“献礼九月”第33个教师节庆祝活动。县委书记薛学深出席活动并致辞。

11日　泸县召开专项建设基金项目推进会。

12日　泸县举行2017年新兵交接仪式。

13日　泸县食品药品安全委员会2017年第二次全体（扩大）会议在县会议中心举行。

是日　省文化厅厅长周思源率队调研泸县文物保护工作。

15日　县委书记薛学深率队督导脱贫攻坚相关工作。

18日　县人大常委会主任颜习林主持召开泸县十六届人大常委会第十次主任会议。

是日　泸县举行“熟龙”鲜龙眼供港澳发车仪式。首批5吨泸县产“熟龙”鲜龙眼启程运往澳门。

是日　泸县召开环境保护督察工作推进会。

是日　泸县召开县委网络安全和信息化领导小组（扩大）会。

是日　泸县召开精准脱贫“百日攻坚”推进会。

19日　以“创新驱动发展，科学破除愚昧”为主题的泸县2017年“全国科普日”活动启动仪式在怡园社区举行。

21日　泸县被“2017中国农村电商发展与精准扶贫论坛”评选为“2017四川县域电子商务十佳示范县”。2016年，泸县电商交易额突破15亿元，泸县电子商务运营中心被评为“国家级众创空间”。

是日　泸县召开第十六届人大常委会第六次会议。

23日　泸县2017年领导干部读书班开班。

是日　市委副书记、市长刘强率队调研泸县全民预防保健工作。

24日　泸县召开2017年领导干部读书班大会交流发言总结会。

25日　泸县召开2017年下半年提升群众满意度工作推进会。

27日　泸县召开国家级农村职业教育和成人教育示范县创建工作推进会。

是日　泸县召开质量工作大会。

是日　泸县举办2017年度行政执法专题培训会。

是日　泸县召开便民桥、“社社通”工作推进会。县政协主席、“4+1”领导组常务副组长李镇出席会议。

是日　泸县召开城乡规划委员会2017年第七次会议。会议审议并通过《泸县二中实验高中规划设计方案》等规划方案。

28日　泸县召开“一企一策”稳增长促发展工作推进会。

是日　泸县召开国庆中秋节前安全生产暨第19次县长督办会。

29日　2017第五届中国（泸州）西南商品博览会在泸州西南商贸城开幕。泸县8家名特优企业入驻泸州馆，参展产品50余类，突出展示展销“三品一标”产品。

是日　泸县召开县级领导联席会。

是日　第五届中国（泸州）西南商品博览会中国（四川）自由贸易试验区川南临港片区投资贸易推介会暨项目签约仪式在泸州巨洋饭店举行。泸县人民政府分别与上海裕隆医学检验所股份有限公司、深圳华冠机器人科技有限公司签订上海裕隆泸州市区域医学检验中心项目、年产100万台智能机器人及100万台液晶光电产品项目投资合同。

30日　泸县在烈士陵园举行烈士纪念日公祭活动。县委书记薛学深，县人大常委会主任颜习林，县政协主席李镇等参加公祭活动。

是日　泸县召开2017年民生工作推进会。

是日　泸县召开基层社会治理展示汇报会。会上展示“雪亮工程”“天网工程”、社会视频资源接入、网格化平台、司法行政平台及“两车卫士”运行情况等。

10月 October

9日　全市基层党建工作流动现场会走进泸县。

10日　泸县党外后备干部暨统战系统综合能力提升培训班举行开学典礼。

12日　泸县召开政法系统“千名干警进万家”专题活动动员部署会。

是日　重庆市大足区、荣昌区、泸县三区县政协第十三次保护濑溪河流域生态环境助推会在泸县召开。

14日　四川省药学会药剂专业委员会2017年学术年会在泸县召开。

是日　泸县召开深入开展“走进群众、服务群众、引导群众”工作会，

15—16日　泸县第三季度流动现场会走进各镇街。

16日　泸县召开镇（街道）党（工）委书记第三季度工作述职暨第四季度工作部署会。

17日　泸县召开农村住房安全保障工作推进会。

18日　省政府安委会到泸县督查安全生产大检查工作。

是日　省国土资源厅厅长杨冬生率队到泸县调研农村土地制度改革三项试点工作开展情况。

19日　泸州市全民预防保健工作推进会在泸县召开。2016年以来，全县累计体检80.9万人次，建档70万人份，实施重点管理22.7万人。

20日　泸县举行2017年政协委员履职能力提升培训班开班仪式。

21日　县委书记薛学深率队督导环保问题整改工作。

23日　泸州市沱江流域综合治理暨沱江河长制工作现场会在泸县召开。泸县累计投入资金近6亿元，建成沱江流域污水处理厂28个、配套管网200余千米，推进沱江流域生态环境持续改善。

24日　泸县召开“千名教师进万家”主题实践活动动员部署会。

25 日　泸县召开 2017 年脱贫攻坚退出验收工作部署会。

是日　泸县召开县委中心组学习会。

26 日　泸县召开统筹推进农村土地制度改革三项试点工作领导组会议。

27 日　泸州市第八届人民代表大会泸县代表团代表调研视察泸县。

是日　泸县举行 2017 年四季度重大城建项目集中开工仪式。

30 日　泸县召开农村“4+1”工程工作会。

31 日　泸县召开县级领导联席会。

是日　泸县召开县委中心组中共十九大精神专题学习（扩大）会。

11 月 November

3 日　县政协主席李镇主持召开县政协十届十八次主席会议。

4 日　泸县召开 2017 年贫困退出县级验收督查工作培训会。

8 日　泸县召开城乡规划委员会 2017 年第八次会议。审议并通过《泸县城东片区踏水桥半岛规划调整方案》《泸州医药产业园 20 号线景观深化设计方案》《泸县龙湖湿地公园景观方案设计》《泸县公共体育馆规划设计方案》《泸县云龙镇空港大道规划调整方案》《泸县云龙镇控规局部调整方案》等。

9 日　泸县召开“4+1”基础设施升级版工程专题会。

是日　县委书记薛学深率队督导重点项目建设工作。

10 日　泸县召开 2017 年依法治县领导小组联席会。

是日　县委副书记、县长肖刚出席四川省中医药健康产业发展推进大会，以“医药新城·康健之都”为主题，向参会的领导和来宾推介泸州医药园区。

13 日　泸县召开脱贫攻坚领导小组第十次联席会议。

是日　市脱贫攻坚检查验收组到泸县检查验收贫困对象退出工作。

14 日　四川省副省长杨洪波到泸县调研督导沱江流域污染治理工作。

16 日　川农—泸县县校合作签约仪式暨四川农业大学新农村发展研究院川南分院授牌仪式在泸县举行。

是日　泸州市健康城市健康村镇建设推进会走进泸县。

17 日　泸县通过省级农产品质量安全监管示范县验收。

是日　泸县召开“走进群众、服务群众、引导群众”主题教育工作推进会。

是日　泸县召开贯彻落实中共十九大精神加强基层治理工作推进会。

20 日　中国（泸县）龙文化峰会暨第七届中国古桥研究与保护学术研讨会开幕式召开。

20 至 21 日　国务院参事、全国政协民族和宗教委员会副主任杜鹰率队调研泸县农村土地制度改革工作。

21 日　泸县召开“清廉家风·家庭助廉”座谈会。

22 日　泸县召开 2017 年第四季度安委（扩大）会、安全生产第 20 次县长督办会暨今冬明春火灾防控工作会。

是日　泸县召开 2017—2018 年冬春季大气污染防治攻坚行动动员会。

23 日　泸县召开集体土地和国有土地上房屋征收工作领导组扩大会议。

是日　泸县召开小微企业用地制度改革创新交流座谈会。

是日　泸县召开 2017 年金融联席会。

24 日　泸县召开政协委派民主监督民主评议会。

是日　泸县召开脱贫攻坚退出验收督查情况通报暨省级绩效考核迎检工作会。

是日　全市县域经济暨工业经济现场推进会走进泸县。

25 日　泸县召开农村土地制度改革业务培训会。

28 日　泸县召开“四创一巩固”工作专题会。县委书记薛学深强调：要坚决按照县第十三次党代会确定的工作目标，全力完成全国文明城市、国家健康城市、国家园林县城和省级宜居县城创建，巩固国家卫生县城。

29日　泸县召开县级领导联席会。

是日　泸县召开县委中心组学习会。

是日　泸县举行2017年第四季度招商引资重点项目集中签约仪式。集中签约13个重点项目，总投资68.4亿元，涵盖智能制造、医药、绿色食品、商贸、物流等多个领域。

是日　泸县召开县委中心组学习（扩大）会，深入学习贯彻中共十九大精神。

是日　泸县创建全国基层中医药工作先进单位国家级评审汇报会在县会议中心二楼会议室召开。

30日　省住房和城乡建设厅交叉检查组到泸县检查污水、垃圾治理工作开展情况。

是日　泸县召开防范和遏制冬季重特大道路交通事故工作会。

是日　泸县统计执法监督局成立仪式举行。

是日　全市统计基础规范化建设现场会在泸县召开。

12月
December

4日　泸县召开2018年元旦春节前保障农民工工资支付工作联席会议。

5日　泸县举行“村村通”城镇公交开通仪式。全县在开通城乡公交和农村客运线路78条的基础上，投入93辆公交车，新开通44条城镇公交线路，覆盖63个中心村。至此，全县城镇公交通达行政村213个，通达率85%。

7日　县政协主席李镇主持召开县政协十届19次主席会议。

8日　泸县创建国家食品安全示范城市工作推进会在县会议中心举行。

是日　泸县召开迎接国务院、省安全生产考核工作动员会。

是日　泸县召开农村“4+1”工程工作会。

9日　泸县学习贯彻中共十九大精神深入推进依法治理专题讲座在县会议中心底楼会议室举行。

11日　泸县召开实施乡村振兴战略加快推进农业农村现代化发展工作会。

12日　县人大常委会主任颜习林主持召开泸县城市社区管理探索建立街长制工作座谈会。

15日　泸县召开补选县镇人大代表工作会。

是日　国务院安委会安全生产改革发展专项督查组到泸县开展专项督查。

是日　西南医科大·独墅联盟·泸县人民政府战略合作签约仪式在泸县举行。西南医科大与泸县人民政府共建大学科技园科技成果孵化基地和博士（专家）工作站。

16日　全国“深化农村土地改革实施乡村振兴战略”研讨会（主题报告会）在泸县召开。

21日　泸县召开2017年度集体土地和国有土地上房屋征收培训会。

是日　县政协召开第十届委员会第四次常委会议。

25日　泸县召开2017年目标攻坚工作会议。

是日　泸县召开2017岁末年初安全生产工作会暨第21次县长督办会。

是日　泸县召开环境保护委员会第二次全体成员单位会议。

是日　泸县召开深化统筹推进农村土地制度改革试点工作会议。

是日　泸县召开脱贫攻坚领导小组第十一次联席（扩大）会议。

26日　县委书记薛学深督查节前安全工作。

是日　省政府民生工作第五督查组到泸县开展年终检查。

27日　县委书记薛学深主持召开泸县城乡规划委员会第九次会议。

29日　泸县举办“迈进新时代·建设新龙城”跑步迎新年活动。

县情概述

SUMMARY OF LUXIAN COUNTY

建置沿革

Organization System Evolution

【行政建置】泸县古称江阳，从西汉武帝建元六年时（公元前135年）设县治起，至今有2100多年的历史。泸县在清代时称泸州。清光绪三十四年（1908年）时改称川南永宁道为下川南道，县境为四川省下川南道泸州直隶州本属。民国元年（1912年），北京政府撤销道制，泸州直隶四川军政府。民国2年（1913年）恢复道制撤销泸州直隶州，本属改称泸县，隶属于四川省下川南道。民国3年（1914年），下川南道改称永宁道，泸县隶属永宁道。民国24年（1935年），南京国民政府分四川省委18行政督察区。泸县隶属于第七行政专员公署。1949年12月3日，泸县解放，中央人民政府决定将原四川省划分为川东、川南、川西、川北4个行署区，隶属西南军政委员会领导。川南人民行政公署驻泸县，下辖泸县、内江、乐山、宜宾4个行政督察专员公署区及自贡市。泸县、富顺、隆昌、合江、纳溪、叙永、古蔺、古宋等8县隶属泸县行政督察专员公署管辖。1950年7月，泸县分设市、县，划泸县城区及部分郊区设置泸州市，8月1日，市、县分开办公，泸县隶属关系不变。1951年11月9日，泸县行政督察专员公署迁往隆昌县城。1952年2月25日，改称隆昌区专员公署。1952年9月1日，成立四川省人民政府，撤销川东、川南、川西、川北4个行政公署，各个专区由四川省人民政府领导。1952年9月24日，隆昌区专员公署迁回泸州市。1953年1月，隆昌区专员公署改称四川省人民政府泸州区专员公署辖八县一区。1960年7月1日，泸州专署与宜宾专署合并，称四川省宜宾专员公署，仍驻宜宾市，泸县隶属宜宾专署管辖。1983年12月，经国务院批准，泸州市改为省辖市，实行市带县新体制，自此泸县隶属泸州市管辖至今。1996年6月经国务院批准，泸州实施区划调整，划出通滩、弥陀、分水岭、石寨、况场、黄舣6个乡镇给江阳区所辖，石洞、胡市、金龙、安宁、特兴5个乡镇给龙马潭区所辖，12月26日泸县县城迁福集镇。

【行政区划】2017年，全县有19个镇，1个街道，50个城镇社区居民委员会，227个居民小组，251个村民委员会，2383个村民小组，总人口107.5万人。

（撰稿人：张先超）

土地与矿产资源
Land and Mineral Resources

【土地资源】泸县辖区内土壤类型有水稻土、潮土、紫色土、黄壤4个土壤类型。其中水稻土占耕地面积的83%，土壤肥沃，适宜性强，是四川省农产品主产区。2017年年末，行政区域总面积152524.27公顷，其中耕地84860.48公顷、园地4211.37公顷、林地18858.04公顷、草地883.77公顷、城镇村及工矿用地19087.19公顷、交通运输用地2583.15公顷、水域及水利设施用地8571.04公顷、其他土地13469.23公顷。全县土地利用结构不合理，生产力水平较低下，经济效益不高，且耕地质量较差。

【矿产资源】泸县属矿产资源贫乏县，境内主要以非金属矿产为主，且种类少，发现的矿产有天然气、烟煤、菱铁矿、建筑石料用石灰岩、水泥用石灰岩、玻璃用石英岩、铸型用石英砂、建筑用砂岩、耐火石、陶瓷用黏土、砖瓦用页岩、矿泉水、地热、沙金等13种，查明资源储量的5种，开发利用的8种，尤以烟煤、石英砂（岩）、石灰岩的开发利用最为突出，泸县有各类矿山企业76家，其中：煤炭矿山6家，石灰岩矿山5家，石英砂（岩）矿山5家，砂岩、页岩类矿山58家，矿泉水1家，地热1家。

煤矿 泸县是泸州市唯一的烟煤产地，煤质优良，属1/3焦煤，是煤化工、冶金、火力发电、玻璃、建材等行业的最佳原料，主要分布于古佛山、螺观山两大背斜带上，煤层位于三叠系须家河组一、三、五段内，涉及石桥、得胜、福集、牛滩、潮河、嘉明、喻寺、方洞、立石、云锦、百和等镇，其地质构造简单、但煤层厚度普遍偏薄，开采的煤层最厚的0.8米，最薄的0.25米、资源储量据四川省煤田地质局一三五队提供的泸县煤炭资源储量报告统计，县境内累计探明储量1.2亿吨。

建筑、水泥用石灰岩 泸县石灰岩矿层位于侏罗系中下统自流井组大安寨，东岳庙段和三叠系下统嘉陵江组层位，县境内探明储量约1.5亿吨，该矿层薄、品位差、仅少量可供露天开采，大部分只能地下开采，回采率约为50%，矿产品部分用于生产水泥、大部作为建筑和公路中的混凝土骨料，全年产量约60万吨。

玻璃、铸型用石英砂（岩） 该矿层位于三叠系须家河组六段，玻璃用石英岩分布于福集镇的天洋、龙脑桥片区，经地质勘查，查明玻璃用石英岩储量1000万吨，年产玻璃用砂10万吨，铸型用石英砂分布广，储量大、现由天兴精选石英砂厂1家开发，年产铸型砂6万吨。

其他矿产 建筑用砂石、砖瓦用页岩、河道砂（砾），此类矿产经济价值低、资源遍布全县各地、储量大、开采比较普遍；矿泉水、菱铁矿、沙金、地热等矿产经济价值高，经调查，无工业利用价值，量少质次，大多不具开采条件，只有矿泉水和地热可供开发。

（撰稿人：苏永海）

气　候
Climate

【概况】全年泸县气温偏高，降水偏少，日照正常略偏多。年内强降温、暴雨洪涝、连阴雨、风雹、雷暴等气象灾害较常年偏轻，高温干旱较常年略重，暴雨洪涝、高温干旱是2017年的主要气象灾害。综观全年，光、温充足，降水偏少，整个2017年属农业气象年景正常年。

【温度】全县年平均气温18.8℃，与历年平均相比偏高0.8℃。全年1月、7月、8月平均气温较历年同期均异常偏高2℃以上。7月上旬中后期开始到8月，全县出现高于37℃的高温天气，高温天气较常年略偏重。全年极端最高气温39.4℃，出现在7月28日。年内极端最低气温0.9℃，出现在11月29日。年内冷空气活动接近常年，共出现寒潮天气2次。

【降水】2017年全县总降雨量878.0毫米，比历年平均1016.2毫米偏少13.6%。由于降水分布不均，年内出现一般夏旱和伏旱。年内区域性暴雨过程较常年偏少，以单点强降水为主，分别出现在5月21日、6月9日、6月22日、8月25日。年内3月上中旬、6月中下旬、10月中旬和11月中下旬出现连阴雨天气。全县年雨日157天，较常年偏少3天。

【日照】2017年全县日照时数1228.8小时，与历年平均相比偏多近1成。年内1月、4月、5月、7月、8月、11月、12月日照偏多，光照充足，其余各月日照偏少。

【主要气象灾害】全年泸县气象灾害偏轻，主要气象灾害为局地干旱和阶段性连阴雨。2017年全县区域性暴雨天气过程少、强度小，对全县工业、农业生产无明显影响。

春、秋阴雨寡照重：3月5—25日，全县出现少见的持续低温阴雨寡照天气，导致小麦开花授粉受阻、小春作物病虫害多发、大春作物育苗烂秧烂种、各类经济果木开花期不同程度推迟。6月11—28日，全县出现持续阴雨寡照天气。其间全县日平均气温同比偏低0.9℃，总日照同比偏少3成，雨日和雨量明显偏多。正值全县水稻抽穗扬花期，造成防御障碍型冷害，使玉米、高粱、瓜果、蔬菜开花授粉受阻，光合作用受限，有机物积累少，形成秕粒数多、秃癞，造成霉烂、落果、坐蔸、死颗，易感染病虫害。10月中下旬，阴雨天气不断。不利于再生稻和再生高粱的收晒，红苕采挖和油菜移栽受阻；高温伏旱：7月7日到月底，全县出现晴热少雨天气，日平均气温30.2℃，较历年同期27.5偏高2.7℃；降雨量49.7毫米（泸县本站），较历年同期130.8毫米偏少62%。全县34个区域雨量监测站中，达到一般伏旱（7—8月连续20天降雨量≤35毫米）的站点有19个。

（撰稿人：徐　强）

旅游资源

Tourist Attractions

【概况】泸县是全国100个“千年古县”之一、“中国曲艺之乡”“中国龙文化之乡”“中国龙舞之乡”。泸县旅游资源十分丰富，主要的旅游资源概括起来有“一园三山三湖八国宝多景点”。“一园”：国家级AAAA级旅游景区龙桥文化生态园。“三山”：国家AAA级旅游区、享有“川南明珠”美誉的玉蟾山，方洞五仙山，毗卢万寿山。“三湖”：省级风景区、泸州市度假功能区玉龙湖，市级风景区海潮湖，原生态休闲胜地九龙湖。“八国宝”：包括龙脑桥、宋代石刻、泸县龙桥群、玉蟾山摩崖石刻、屈氏庄园、奇峰镇罗盘嘴宋墓群、光明茶马古道7个全国重点文物保护单位和全国非物质文化遗产雨坛彩龙。“多景点”：境内“川南小九寨”道林沟、“人间天河”奇峰镇胜利渡槽华丰渡槽、长江古埠文化地新溪古街、川渝古驿站立石古街、太伏沙田坝、百和川南道教圣地东林观、喻寺圆通寺、云锦山、嘉明三国蜀汉四英之一“董允故里”题刻、潮河百年龙眼林、海潮湖流滩坝水电站、百和高洞瀑布、国画大师蒋兆《流民图》等人文景观远近闻名。共建成对外开放的各类景区10处，全国休闲农业与乡村旅游示范点、中国美丽乡村、国家AAAA级旅游区1处，国家AAA级旅游区1处，省级森林公园1处，省级风景区2处，市级风景区2处，其中，国家级文物3处。设立旅行社10家，旅游商品生产基地10处，宾馆饭店43家，农家乐70余家，其中三星级宾馆1家，星级农家乐10家，特色业态5家。

【龙脑桥】龙脑桥位于泸县县

北郊支九曲河，在泸州至隆昌的古驿道上。1996年被国务院公布为全国重点文物保护单位，是中国最大的龙雕石板桥梁。桥中间8桥墩从北到南雕刻有青狮、四龙、白象和麒麟，为中国桥梁石雕艺术一绝。著名古建筑专家罗哲文评价：气势磅礴、雄伟壮观、深厚刚毅、比例匀称、工细规整、造型别致、逼真生动，国内罕见。

【玉蟾山】玉蟾山位于千年龙乡——泸县县城福集，是国家AAA级旅游区，省级风景名胜区，省级森林公园。景区海拔548米，总面积52.8平方千米，森林覆盖面积8000余亩，年均温度17.8℃。玉蟾山山间怪石嶙峋，皆形似蟾蜍，故有“遍山皆玉、无石不蟾”的美誉，且历来以山幽、石奇、水秀、文物多而闻名川南，被誉为“川南明珠”。

【玉龙湖】玉龙湖省级风景名胜区，原名三溪口水库，地处泸州和重庆永川结合部，距泸州38千米，距永川40千米。湖长25.18千米，占地27.1平方千米，航空摄影形如长龙，水蓝如玉，故名玉龙湖。湖中有大小岛屿72个，湖内蓄水2700万立方米，可灌农田10多万亩。玉龙湖分为5个片景区、3个生态维持区、18个人文景点、36个自然景点，是以旅游欣赏为核心，避暑、度假、娱乐为主，人与自然结合较好的旅游度假胜地。

【龙桥文化生态园】龙桥文化生态园是四川省省级新农村建设示范片，是泸县的第一个省级新农村示范片，是全国休闲农业与乡村旅游示范点，中国美丽乡村，国家级AAAA级旅游区。位于县城北郊的321国道两侧，距离县城约3千米。该园主要依托国家重点文物保护单位——龙脑桥，以龙桥田园景观和龙桥文化产业为发展核心和特色，以农民增收和共同富裕为目标，构建城乡一体，产村共荣，文化、旅游、生产、生活、服务等多功能有机组合的特色文化生态观光型新农村综合体，所以命名为龙桥文化生态园。

【玉蟾温泉国际度假区】玉蟾温泉国际度假区占地1020亩，总投资20亿元。该景区以温泉养神文化为主题，结合自然生态、地域文化、现代娱乐等项目，打造集养神理疗、休闲度假、教育博览、旅游观光为一体的现代综合国际温泉度假区。该项目分为五大功能区块：沿河商业区块、大众温泉区块、高端温泉区块、休闲度假区块以及商业住宅区块。规划建设濑溪河景观大桥、宋代石刻博物馆、温泉酒店，温泉泡池、山地小镇等实施项目。

【还潮湖】海潮湖距泸州城区约20千米，是集发电生产、旅游观光为一体的大型水域风景区，总面积约18平方千米，有泸州最大的水力发电站，百年桂圆林，米溪沟支流风景区等景点。

【宋代墓葬群】泸县宋墓为2002年全国重要考古发现，是全国数量最多的一处宋墓群，2006年5月国务院公布的全国重点文物保护单位。从墓志铭等内容推断已发现的墓葬多是官绅和富庶之家的墓葬，主要是当时四川盆地流行的墓葬形式。泸县宋墓与乐山大佛、荣县大佛、安岳石刻、大足石刻等系列历史文化瑰宝连缀成片，形成古代中国石刻之乡。宋墓中有非常丰富的实物资料，对研究南宋时期的经济、政治、文化、丧葬习俗等方面有非常重要的作用。

（撰稿人：贺兵才）

中国共产党泸县委员会

LUXIAN COUNTY COMMITTEE OF COMMUNIST PARTY OF CHINA

工作综述

Work Summarize

【概况】中共泸县县委继续以深度融入泸州主城区一体化发展为主线，深入实施“创新驱动、产城融合、文旅联动、富民强县”战略，坚持以城市建设统领县域经济发展，加快推进“四个新区”建设，全县各项事业取得了新的成绩。

【政治思想建设】把学习宣传贯彻中共十九大和省第十一次、市第八次党代会精神作为首要政治任务，第一时间传达学习，常委带头做辅导报告，宣传实现全覆盖。深入开展党委（党组）中心组“规范化建设年”行动。群众理论“直播车”宣讲被推荐到中宣部。“农民夜校”实现党员教育全覆盖。深入开展“走服引”主题教育，创新开展三个“千万家”活动，推进“两学一做”常态化制度化。全县上下“四个意识”进一步加强。探索干部正向激励机制，出台《泸县干部容错纠错实施细则（试行）》《切实关心爱护脱贫攻坚一线干部激发干事创业活力实施办法（试行）》，鼓励大家走上去、走出去，争项目、争资金，旗帜鲜明地为实干者加油、为创新者鼓劲、为担当者撑腰，激励广大干部市内争一流、省内争位次、行业争先进，推动各项工作干在实处、走在前列。深入实施核心价值观人人知晓工程，扎实推进“四礼新风进万家”移风易俗行动，创成移风易俗示范点市级4个、县级20个。深度宣讲蔡松松等好人典范，村（社区）“善行义举红黑榜”全覆盖。加强意识形态管理，扎实开展季度分析研判、网络安全检查，深入开展“砥砺奋进的五年”“喜迎十九大”等主题宣传，牢牢把握正确导向、不断壮大主流舆论。

【工业经济提升】实施常委组团抓项目制度，县委副书记、常务副县长分别兼任医药产业园、经开区党工委书记，“一园一区”项目承载区达9.5平方千米，临港污水处理厂、城北110千伏输变电站工程建成投运，园区基础不断夯实，实现产值404.7亿元，同比增长21.2%。西蜀九锦等建成投产，朗润飞依诺等主体完工，科瑞德、众邦制药上市步伐加快。“龙窖源”推向市场，陈年窖启动上市。建安总公司、科茂建司晋升特级资质步伐加快。组建龙腾航空公司，泸县被列为全省十三五率先启动的20个通用航空基地之一。创成四川省第二批工业强县示范县。

【第三产业发展】电商服务网点镇村全覆盖，获评“四川县域电子商务十佳县”。晚熟龙眼直销港澳，实现泸州活鲜农产品走向港澳零突破，创成省级商贸流通转型升级示范县。宋代石刻博物馆、屈氏庄园即将开馆，玉蟾山景区创国家AAAA级景区全面启动，“新春龙舞嘉年华”等特色文旅活动扎实开展，成功承办中国龙文化峰会暨古桥研究与保护学术研讨会。

【现代农业增效】三星桥水库全面竣工，荣获全省县级农田水利基本建设先进单位。“泸县青花椒”“牛滩生姜”成功列入国家地理标志保护产品。创成省级农产品质量安全监管示范县、绿色植保示范县。建成喻寺谭坝三产融合发展示范区，北部田园综合体初具规模。粮食、生猪、水果等六大产业扎实推进，入围全国畜禽粪污资源化利用重点县，荣获四川省粮食生产丰收杯，创成全省农民增收新产业新业态示范县，再次被推荐申报为全省“三农”工作先进县。

【城乡协调发展】城市品质大幅提升，龙城大道、酒香大道即将通车，龙湖湿地公园一期、县城输水复线工程全面完成，二中实验学校、城东小学、北大附属幼儿园加快建设，智慧城市、城西商务综合体等项目快速推进，小鹿溪河市政工程全面启动。县城生活垃圾压缩中转站竣工投运，玉蟾大道照明升级改造全面完成，市容乱象有效治理，县城环卫作业实现市场化，停车收费实现社会化；特色小镇加快培育，聘请顶级团队完成高端规划，以玄滩、云龙、兆雅、太伏等重点镇为带动，培育一批旅游休闲、商贸物流、现代农业等特色鲜明的小城镇。太伏、云龙分别创成全省加工制造型、科技教育型特色小城镇。玄滩、云龙全省百镇建设试点示范镇建设全力推进，实现场镇“白加黑”。石桥等4个特色镇基金建设项目稳步推进；美丽新村快速推进，深入实施“4+1”升级版工程。137个社实现“户户通”，“社社通”水泥路有望三年任务一年半完成。27个村农网改造全面完成，城乡用电与市区同网同价。饮水安全巩固提升工程加快建设，12万农村居民饮水得到有效解决。新建液压地埋式垃圾库22座、垃圾房230座，农村面源污染治理深入推进。农村危房改造2742户全面完成。建成幸福美丽新村35个，创建“四好村”县级41个、市级35个、省级13个。

【重点改革推进】农业农村、经济体制等九大领域改革全面深化，17项改革试点有序实施。农村土地制度改革三项试点全力推进，探索形成配套制度23个。农田水利综合改革大力推进，成功承办全省高效节水现场会暨农业水价综合改革工作推进会，创成全国农业水价综合改革示范县。国有企业改革扎实推进，汇兴、经投、医投转型迈出实质性步伐。

【开放合作】川南城际铁路、南渝泸高速、云龙机场、海潮沱江大桥快速推进，渝昆高铁泸县设站获省级支持。深度对接天府新区、两江新区、石家庄高新区，主动承接雄安新区产业转移，强化“2+20+N”招商模式，成功引进天圣制药、华冠机器人、雅阁酒店、中巴可溶性心脏支架、POC等重大项目，新签约3000万元以上项目28个，其中5亿元以上项目14个，引进国内市外到位资金249亿元。争取上级资金40.1亿元。

【驱动成效创新】双创孵化入驻项目151个，新认定省市众创空间4家，电子商务众创空间创成“国家级众创空间”。强化校企合作，成立川农大新农村研究院川南分院，设立农村产业技术服务中心、博士工作站；成立西南医科大学博士（专家）工作站。促进科技成果转化，获得国内领先成果2项、国内先进成果2项，新申请专利590件，获得专利授权350件。

【脱贫攻坚】创新实施“五个一批”，2人以上重病或重度残疾贫困家庭享受特殊补助。“十免四补助”医疗扶持政策全面落实，贫困户县域内个人住院医疗“零支付”。建档立卡贫困家庭学生全部纳入教育救助，无一人因贫失学。促进贫困家庭劳动力转移就业9265人，实现创业42人。所有行政村设立产业扶持基金，创新“村集体+贫困户”模式，促进村集体收益和农民增收。22个扶贫专项项目全面完成，21个贫困村、19921人实现脱贫，整县脱贫退出目标全面实现。

【环境保护】河长制全面落实，沱江流域综合治理经验全市推广，成为四川省河长制信息化建设试点县。“水源还清”工程深入推进，县城濑溪河4艘营业船只、长沱两江非法码头成功取缔，小酒厂污染、沿岸砂石堆场全面整改，县城垃圾填埋场渗滤液处理工程、城镇建成区雨污管网建成投用，场镇污水处理厂在全市率先第三方运营。县镇村社四级联动环保监管网络完成构建，在全市率先设置镇（街道）环保所、镇级专职环保员全覆盖。全年立案查处环境违法行为112起。

【公共服务保障】学前教育、职业教育走在全市前列；本科上线人数首破4000人大关，泸县二中勇夺泸州市文理科“双状元”。全民预防保健不断深化，免费体检实现全覆盖；建成镇（街道）“一站一馆三区”20个、中心村卫生室40个，规范化阵地实现全覆盖；县人医创成三级乙等医院。西南农民演艺联盟顺利组建，四川艺术创作中心县级创作基地落户泸县；农村文艺演出惠民工程深入推进。“五项保险”应保尽保，城镇登记失业率3.3%，就业形势总体稳定。

【社会形势维稳】从严执行安全生产“党政同责、一岗双责”，强化“五级五覆盖”监管，全年未发生较大以上安全事故。农村自办群体性宴席规范管理经验全省推广，学校“三防”建设全面完成，成功承办全市防灾救灾综合应急演练，妥善处置福集“2·3”、太伏中学“4·1”、二中“5·16”“5·29”事件。坚持定点接访、专题接访、带案下访和领导包案，6名长期上访人员息诉息访，12名非正常访人员被依法打击，成功解决网络公司改制、何宽非法吸收公众存款案等疑难问题。

【干部队伍建设】开设领导干部培训班、领导干部读书班、专题培训班，实现干部培训全覆盖。突出“六个一线”培养选拔干部，选拔50名优秀年轻干部“上挂下派”。从严抓班子带队伍，干部谈心谈话全覆盖。强化个人事项监督，干部选任推荐考察、监督审查全覆盖。出台人才引聚“1+3”政策，试点开展干部家属调配“鹊桥工程”，全面解决镇（街道）干部周转房问题。

【基层组织建设】投入2300万元新（改）建村（社区）党群服务中心52个。整顿软弱涣散基层党组织20个。落实村（社区）干部养老保险和离职补助，出台村（社区）干部管理办法、村干部绩效考核管理办法，激发村（社区）干部干事热情。创新实施“1+7”标准化建设，各领域基层党组织政治功能、服务功能明显增强，成功承办全市基层党建工作现场会。

【正风反腐】全面落实党风廉政建设两个责任，全力推进党风廉政社会评价。推进成立县监察委员会。重点岗位人员实行“提级监督”。保持反腐败高压态势，扎实开展扶贫领域侵害群众利益腐败问题专项整治行动，深入整治群众身边不正之风和腐败问题，党政纪处分319人，其中科级干部29人。

【民主政治】支持县人大及其常委会、县政府、县政协依法履职，构建起“县委科学决策、政府依法行政、人大、政协有效监督”的良好格局。充分发挥统一战线作用，构建县镇村三级统战体系，成立泸县新的社会阶层人士联谊会，打造县党派之家，县级领导联系异地泸州商会，县民宗办升格为县民族宗教事务局。深入推进群团改革，构建县镇村三级“大群团”格局。加强党管武装工作。支持做好老干部、关心下一代、侨务、对台和港澳等工作。

重要会议
Important Meetings

【县委十三届三次全会】1月5日，中共泸县县委十三届三次全会召开，讨论通过泸县出席中共十九大、省第十一次党代会代表候选人推荐人选名单。县委书记薛学深，县委副书记、县长肖刚，在家县级领导颜习林、张学彬、喻斌、张文杰、金林松、李高和、张国华、李盛春、陈佳、杜作文、宋军、叶仕良、张胜春等出席会议。会议应到县委委员39人，实到县委委员33人，超过应到会委员的2/3。薛学深指出，按照中央、省委的安排部署，2017年下半年召开中共十九大，5月要召开省第十一次党代会。中共十九大、省第十一次党代会的召开，是全党全国全省各族人民政治生活中的一件大事。做好中共十九大和省第十一次党代会代表的推荐和选举工作，责任重大、使命光荣。会上，县委常委、组织部部长张国华就代表候选人推荐人选产生情况做说明，会议表决通过泸县出席中共十九大、省第十一次党代会代表候选人推荐人选。

【县委十三届四次全体（扩大）会议】8月25日，中共泸县县委召开十三届四次全体（扩大）会议。泸县县委书记薛学深，县委副书记、县长肖刚，县政协主席李镇，在家县级领导张学彬、喻斌、张文杰、金林松、张国华、李盛春、杨双全、陈佳、蔡辉、杨开春、杨怀清、余静、先泽平、廖兴无、尹朝勇、杜开卷、陈志超、何青福、谢杰、张胜春出席会议。会议传达学习习近平总书记在省部级主要领导干部专题研讨班上重要讲话精神；审议了《关于李东霞等4名候补委员递补为委员的决定（草案）》；审议并通过《关于加快城市发展的决定（草案）》《关于加强城市规划建设管理工作的实施意见（草案）》《关于加快特色小城镇建设的实施意见（草案）》。会议指出，要进一步统一思想、提振精神，集中精力抓好城市发展，加速建成创新新区、畅达新区、产业新区、宜居新区，率先实现全面小康。泸县县委委员、候补委员，县人大常委会办公室主任，县委办、县政府办副主任，县纪委常委，镇（街道）、县级部门、有关企事业单位主要负责人员参加会议。

【县委常委会】1月4日，十三届县委常委会由县委书记薛学深主持召开第12次会议。1月20日，十三届县委常委会由县委书记薛学深主持召开第13次会议。2月22日，十三届县委常委会由县委书记薛学深主持召开第14次会议。2月22日，十三届县委常委会由县委书记薛学深主持召开第15次会议。2月23日，十三届县委常委会由县委书记薛学深主持召开第16次会议。3月10日，十三届县委常委会由县委书记薛学深主持召开第17次会议。3月17日，十三届县委常委会由县委书记薛学深主持召开第18次会议。4月9日，十三届县委常委会由县委书记薛学深主持召开第19次会议。4月14日，十三届县委常委会由县委书记薛学深主持召开第20次会议。5月12日，十三届县委常委会由县委书记薛学深主持召开第21次会议。5月22日，十三届县委常委会由县委书记薛学深主持召开第22次会议。5月25日，十三届县委常委会由县委副书记、县长肖刚主持召开第23次会议。5月25日，十三届县委常委会由县委副书记、县长肖刚主持召开第24次会议。6月6日，十三届县委常委会由县委副书记、县长肖刚主持召开第25次会议。6月22日，十三届县委常委会由县委副书记、县长肖刚主持召开第26次会议。6月29日，十三届县委常委会由县委书记薛学深主持召开第27次会议。7月20日，十三届县委常委会由县委书记薛学深主持召开第28次会议。7月21日，十三届县委常委会由县委书记薛学深主持召开第29次会议。7月31日，十三届县委常委会由县委书记薛学深主持召开第30次会议。8月3日，十三届县委常委会由县委书记薛学深主持召开第31次会议。8月3日，十三届县委常委会由县委书记薛学深主持召开第32次会议。8月7日，十三届县委常委会由县委书记薛学深主持召开第33次会议。8月22日，十三届县委常委会由县委书记薛学深主持召开第34次会议。9月7日，十三届县委常委会由县委书记薛学深主持召开第35次会议。9月25日，十三届县委常委会由县委书记薛学深主持召开第36次会议。9月25日，十三届县委常委会由县委书记薛学深主持召开第37次会议。10月11日，十三届县委常委会由县委书记薛学深主持召开第38次会议。10月31日，十三届县委常委会由县委书记薛学深主持召开第39次会议。11月24日，十三届县委常委会由县委书记薛学深主持召开第40次会议。11月28日，十三届县委常委会由县委书记薛学深主持召开第41次会议。12月15日，十三届县委常委会由县委书记薛学深主持召开第42次会议。

【第十三届纪律检查委员会第二次全体会议】2月24日，中共泸县第十三届纪律检查委员会第二次全体会议召开。县委书记薛学深出席会议并做重要讲话。县委、县人大常委会、县政府、县政协领导，县法院院长，县检察院检察长出席会议。有关方面负责人员参加会议。会议全面贯彻落实十八届中央纪委七次全会、省纪委十届六次全会精神，传达学习市纪委八届二次全会精神，审议通过县委常委、纪委书记喻斌代表县纪委常委会所做的《坚持从严管党治党、强化监督执纪问责，为全县经济社会发展提供坚强纪律保证》工作报告。会上签订《2017年党风廉政建设主体责任书》，部分镇（街道）、部门党组织负责人向纪委全会进行述责述廉。

【县委经济工作会】2月8日，全县经济工作会召开，总结2016年各项经济指标完成情况，表彰先进，安排部署2017年各项经济工作任务。县委书记薛学深，县委副书记、县长肖刚，县人大常委会主任颜习林，县政协主席李镇，在家县级领导张学彬、喻斌、张文杰、金林松、李高和、李盛春、杨双全、蔡辉、杨开春、杨怀清、余冰、余静、杜作文、廖兴无、尹朝勇、杜开卷、陈志超、谢杰、张胜春出席会议。薛学深在会上做重要讲话。指出2017年全县工作的总体要求是：围绕“跨越五百亿，挺进四十强”目标，自加压力，奋勇争先，狠抓落实，确保全年目标任务高标准完成，各项工作走在全市前列。肖刚通报2016年各项经济指标完成情况，安排部署2017年各项经济工作。各镇（街道）党政主要负责人员，县级各部门、有关企事业单位主要负责人员，部分受表扬的企业和单位负责人参加会议。

办公室工作
Office's Work

【机构设置】中共泸县县委办公室内设机构为十股八办一局，设立10个股室：秘书股、信息股、行政股、政策法规股、目标绩效股、督查督办股、依法治县综合股、党建综合股、县域经济股、通信股；8个办公室：督查办公室（挂目督办牌子）、政策研究办公室、值班办公室、党史研究办公室（挂地方志办公室牌子）；保密委员会办公室（挂保密局牌子）、常委会办公室、台湾工作办公室、党风廉政建设主体责任办公室；1个机要局（挂密码管理局牌子）。两个下属事业单位：机关事务管理办公室和党政网管理中心（参公）。

【文秘工作】主动适应新形势、把握新要求，切实把习近平总书记“五个坚持”内化于心、外化于行，不断提高“三服务”工作质量和水平，当好让县委放心的“前哨”“后院”。办文方面，坚持严谨细致高效率办文观念，实现办文零差错。做好中央、省、市等上级文件以及县级各部门文件的办理，2017年共拟办处理上三级文件1453份，涉密文件211份，县级部门文件800余份。第一时间转办书记批示件883件，为批示要求得到高效执行提供有力保障。坚决落实精简文件要求，理清发文流程，注重把好发文主体关、程序关、政策关、文字关、时效关。全年以县委及县委、县政府名义制发文件86份，以县委办及县委办、政府办联合发文共246份。办会方面，坚持细密周到高质量办会理念，做到办会即精品。总结制定出会务操作流程表，不断提高办会水平。充分发挥统筹协调职能，指导全县各部门完成办会70余场次，统筹承办全国“深化农村土地改革实施乡村振兴战略”研讨会、中国古桥研究与保护学术研讨会、全市基层社会治理工作现场会、全市县域经济暨工业经济现场推进会、全市产业园区流动现场会、全委会、县级领导联席会等大中型会议活动50余场次。全年接收视频会议120余场次，会管办全年保障会务服务工作380余场次

（撰稿人：谯春莲）

【规范性文件报备工作】切实做好党内规范性文件的审核备案报送工作，坚持依法依规高标准审核原则，达到报备通过率100%。积极到市委办政策法规股学习党内规范性文件制定、报备工作，着力提高党内规范性文件制定水平。制定《中共泸县县委关于加强党内法规制度建设的实施意见》，完善规范性文件合法性审查程序，严格实行县委规范性文件前置审核制度和规范性文件报备制度。建立党内规范性文件备案登记台账，全年共向市委办报备党内规范性文件58份，做到有件必备、及时报备、规范报备，零纠正、零提醒。

（撰稿人：黄秋霞）

【信息值班工作】泸县信息目标任务获全市一等级，总分722分，超全年目标任务322分，超第二名龙马潭区100分。2017年泸县党委信息及时对上汇报泸县农村土地制度改革、学前教育改革、供销社改革等国省级改革试点工作成果，积极向上反馈省十一大、全国十九大基层群众的热烈反响，重点向上汇报社社通水泥路建设、精准扶贫、生态环保等县内中心工作成效，高效向上报送“福集2·3事件”“太伏中学4·1事件”“泸县二中5·29事件”等应急信息。全年在省委《每日要情》上用稿2条，省委《信息专报》上用稿9条，市委《快报》上用稿27.5条。对内继续做好党委信息为领导提供参谋辅政的服务工作，全年编发《县委办通报》18期、《泸县信息》28期、《昨日要情》245期、《值班月报》12期。

（撰稿人：陈　卓）

目标督查
Target Inspector

【概况】县委目标绩效督查管理办公室办理批交办事项1009件、市级交办事项35件，发出《交办通知》14份、《督办通知》8份，开展专项督查52次、联合督查68次，撰写《督查专报》59期、《督查通报》21期，发出《通报批评》12份。

【中心工作】围绕上级重大决策部署和县委常委会、全委会，

县政府常务会、全体会等重要会议精神，立足服务大局、提高质效、促进落实，实行高频率、快节奏督查，确保各项决策、会议精神落到实处。

【重点工作】重点对“开门红”“双过半”、半年流动现场会、年终流动现场会、重点项目，人大代表建议和政协会员提案、脱贫攻坚、汛期安全、环境保护、土地三项制度改革等重大工作和重点事项开展督查督办，确保县委、县政府重大事项按时保质完成。

【工作模式创新】坚持明察与暗访相结合，深入一线查实情、摸实底，准确掌握各项工作贯彻落实情况；坚持专项督查与重点督查相结合，围绕重大工作、紧盯重要时间节点，促进各项工作全面落实；坚持阶段性督查与经常性督查相结合，坚持抓督查，持续抓落实，切实做到县委县政府有部署、督查有跟进、落实有质量。

【考核与考评工作】根据督查情况，及时形成专题报告，报县委、县政府主要领导阅示。对进度滞后、工作不力的进行通报批评，并扣减相关责任单位的目标考核分值。把督查结果作为考核评判领导班子能力、干部队伍作风建设、行政效能建设的重要依据。

（撰稿人：官小川）

政策研究

Policy Research

【概况】2017 年是实施“十三五”规划的重要一年，是供给侧结构性改革的深化之年。县委政研室在县委的正确领导下，认真贯彻中共十九大精神，紧紧围绕“建成四个新区，率先全面小康”发展战略，为县委、县政府决策部署发挥好“参谋助手”的作用。对中央、省、市出台的政策性文件及时进行解读研究，围绕县委领导关注的重大问题和当前热点难点进行专题调研并形成调研报告。不断提升政研室整体理论水平和建言献策能力，做到参之有道、谋之有方。

【全面深化改革工作】严格落实省委“改革落实年”的总体要求，改革工作呈现出“全面有序，重点突出，亮点纷呈”的改革局面。完善机制强化领导。突出机构制度建立、深入调查研究、强化统筹协调等重点，有效确保了全面深化改革工作制度化、规范化、程序化。县委常委会 3 次专题研究改革工作，县委深化改革领导小组召开深改组会议 6 次。明确目标强化责任。研究制定《县委全面深化改革领导小组 2017 年工作要点》，明确全面深化改革 9 大领域 75 项改革任务，并确定了农村宅基地制度改革、城乡地籍整合、农民住房财产抵押贷款试点、司法行政制度改革等 15 项重点改革任务。加强宣传营造氛围。及时总结提炼改革工作中涌现的好经验、好做法，形成可复制可推广的“泸县模式”。向省、市委改革办及主要媒体报送各类信息、典型经验、案例 600 余篇（件），省级以上媒体采用 140 余篇（件）。全国学前教育民办公助试点现场推进会、全省农村水价综合改革现场会、全市河长制工作推进会等改革试点经验交流会在泸县举行。

【理论水平和业务能力】县委政研室始终把加强学习放在首位，全年共邀请相关部门业务骨干对经济发展、社会民生、城市规划等进行专题讲座 12 次。对中共十九大会议精神进行系统学习，有效增强决策服务能力。全年，共选派 120 余人次，到上海、重庆、武汉等地进行学习考察，选派 150 余名年轻后备干部到中国人大、浙江大学等高校进行集中学习，进一步拓宽领导干部的创新思维。全面提高文稿质量和效率，切实增强各类文稿的针对性、指导性和可操作性，提高参谋层次和服务水平。

【文稿起草】牵头起草县委党代会报告，负责起草全县党建工作会、全县经济工作会、县委全委会等大型会议领导讲话稿，负责省、市到泸县调研和指导工作的综合汇报材料20余篇。

【调研工作】紧扣发展全局、紧贴领导思路、紧跟热点难点问题开展调查研究，为领导决策提供第一手资料，切实提高决策参谋水平。根据中央、省、市关于改进工作作风密切联系群众的相关要求，牵头制定《泸县改进工作作风、密切联系群众实施细则》，对全县调研工作进行了规范和要求。先后参与全县经济社会发展等多次专项调并形成专题调研报告，提出诸多有价值的决策建议，最终转化出台具体实施办法、指导意见、考核细则等。在市级以上刊物上发表调研文章10篇，提升建言献策的能力，确保做到参之有道、谋之有方。全年完成《常态化推进学习教育的探索与思考》《关于推进泸县农业供给侧结构性改革促进农业增效农民增收的思考》等调研文章近30篇。

（撰稿人：张朝阳）

依法治县
Rule county According to Law

【概况】泸县县委、县政府以提升基层治理法治化水平为目标，进一步加强组织保障，夯实法治基础，强化工作措施，构建依法治理网络，依法执政能力、法治政府建设步伐、司法公信力、社会治理能力进一步提升。10月，顺利通过省依法治省暗访督查；成功创建市级法治示范单位6个，省级法治示范单位3个，省级法治教育基地1个。

6月2日，泸县召开基层社会治理工作现场会（杜鹏　摄）

【组织保障】落实法治建设第一责任人制度，实行县委书记、县长双组长制，及时对县依法治县领导小组成员进行调整，在县委办增设内设机构依法治县综合股。召开依法治县工作会、依法治县工作推进会、牵头单位联席会等会议10余次，印发《泸县法治宣传教育第七个五年规划（2016—2020年）》《泸县法治政府建设实施方案（2017—2020年）》《依法治理工作清单》等文件39个，统筹安排部署工作。

【考核督导】县委、县政府将依法治县工作纳入重要议事日程和综合目标考核，加强日常督查考核。成立联合督导组，采取明察暗访等方式加强督促、检查、指导，定期通报督查情况。全年组织全面督查2次、牵头部门条块督查4次，制发督查通报5期，向存在问题的29个单位反馈整改意见3类70余条，开展约谈2次。

【法治宣传】实施“七五”普法规划，深化“法律八进”活动，扎实抓好“以案说法”，全面落实“谁执法谁普法”责任制和媒体公益普法制度。深化“法娃”效应，丰富“法娃”内涵，推动普法思路和方法的创新。组建泸县“七五”普法讲师团，在全县开展“法润泸县·七五普法行”巡回宣讲活动50余场；在全县各镇（街道）开展法治文艺巡演40余场；邀请专家面向40余家民营企业的经营管理人员开展企业法治专题培训31场，受众2000多人；深度挖掘普法题材，创作拍摄普法情景剧5部，公证题材微电影和法治公益广告各1部；编印《法娃故事会》以案说法读本三辑，1.8万册。

【依法执政】印发《〈将依法治理纳入干部管理任用工作八项制度〉的通知》及《实施方案》，严把干部动议关、完善法治档案、严格干部考法。印发《关于完善国家工作人员学法用法制度的实施意见》等文件，强化领导干部学法用法，共计组织县委常委会会前学法12次、县政府常务会会前学法16次、县委中心组学法8次；全县各机关单位组织各种形式的法律知识测试（考试）33次，涉及1047人；开展会前学法201次，各类法治专题培训77场次，涉及6862人；全县公职人员均建立学法用法档案。制发《全面推行党委政府法律顾问制度的实施意见》，组建县委县政府法律顾问团，各镇（街道）各部门均聘请法律顾问。

【依法行政】印发《泸县法治政府建设实施方案（2017—2020）》，明确法治政府建设各项任务、责任分工、完成时限，全面推进依法行政，推进法治政府建设。清理公布行政权力清单，县级保留行政权力事项5186项，印制《泸县行政权力清单汇本》。推行行政执法“三项制度”试点改革（行政执法公示制度、执法全过程记录制度、重大执法决定法制审查制度），制定《泸县三项制度试点工作任务细则》等文件，试点工作责任在全县32个重点执法部门和20个镇（街道）全面落实，各试点单位权责清单、执法依据、执法流程图、监督救济渠道等信息实现全面公开，“1+1”模式的重大执法决定法制审核机制基本形成，重大执法决定法制审核机制基本形成，行政执法“三项制度”试点工作有序推进。

【公正司法】规范司法权力运行，推进“基本解决执行难”，重点联合公安机关和检察院开展打击拒执罪专项行动；推动“两法衔接”信息共享平台建设，召开“两法衔接”联席会、协调会7次，查阅行政处罚案卷80余件，发现涉嫌犯罪并建议移送侦查机关立案侦查8件；落实法官及审判辅助人员工资制度改革；从规范庭前会议、完善非法证据排除、强化关键人证出庭作证、突出庭审中心地位、推进裁判文书改革等方面，推进庭审实质化改革；规范建立涉案财物集中管理中心、物证保管中心，巩固涉案财物管理制度改革成效；建设“智慧法院”，升级优化诉讼服务中心。强力推进执行公开，对各类执行事项全部在互联网执行公开平台上记录留痕；严格管控执行案件各个流程节点，对出现的问题依法追责。

【社会治理】深入开展“平安建设”，加强基层社会治理工作。推进“综治中心建设”，全年建成并运行县镇村三级综治中心322个；配齐驻村（社区）辅警（专职网格员）320名，收集上报信息3.82万条，化解矛盾纠纷280余件；实施“雪亮工程、两车卫士、光亮工程、视频监控联网”4项工程，全县安装摄像头1849个，安装“两车防盗”系统1.6万余套；持续开展“信访积案、缉毒执法、盗抢骗、校园安全、重点行业”5项专项整治，对排查出的信访积案100%结案，“两抢一盗”案件较2016年同期相比下降20.8%。强化依法治理手段和力度，加强重点地区、重点人群、重点时段、突出问题整治力度，坚决守住安全生产、食品安全、信访维稳、社会稳定、城乡规划建设管理、环境保护“六条底线”。

（撰稿人：李　敏）

保密工作
Secrecy Work

【概况】泸县保密工作在县委、县政府的领导和市局的指导下，按照省、市工作安排，以学习贯彻《关于全面推进保密工作依法行政的意见》（以下简称《意见》）、《党政领导干部保密工作责任规定》（以下简称《规定》）为主线，以“一建二学三管四查”为抓手，紧盯工作重点，强化指导管理，解决实际工作中的薄弱环节，不断夯实保密工作基础，严查违法违规行为，各项工作有序推进，全县保密管理水平得到提升。

【组织领导】县委十三届第20次常委会听取保密工作汇报，对加强当前和今后一段时期保密工作提出要求，强调“领导干部要增强保密观念，牢固树立保密防范意识，严格保守党和国家秘密”。县委保密委研究、制定《中共泸县县委关于进一步加强保密工作的实施方案》《泸县“十三五”时期保密事业发展实施方案》《泸县“七五”保密法治宣传教育实施方案》等。及时调整、充实县委保密委会成员单位，加强协调配合，落实保密工作主体责任，确保工作的有效推进。县委保密委印发《泸县2017年保密工作要点》，与各单位签订保密工作责任书。

【宣传教育】以法制宣传月、法制宣传日、国家安全日等活动为契机，开展保密工作宣传教育活动，印发宣传资料，制作保密宣传展板、横幅标语等，营造保密氛围，全县保密法制意识得到进一步提升。4月初，全县党政系统办公室工作会总结安排保密工作，开展保密业务培训，县委保密委领导对保密工作提出希望和要求。4月，组织专兼职保密干部120余人参加泸州市保密局组织的集中培训；7月组织新任领导干部80余人参加保密培训学习。机关、单位，或传阅或集中组织学习县保密局印制的2017年《保密工作宣传资料》及《泸县保密管理手册》。征订《保密工作》杂志246份，征订《保密行为管理手册》及其他保密书刊供干部职工学习使用。上报中央、省、市工作信息10余条。

【保密管理】以“一建二学三管四查”为抓手，紧盯工作重点，强化指导管理，解决工作中的薄弱环节，夯实保密工作基础，全县保密管理水平得到提升。一建一统一，即统一建立保密基础台账。以泸县密办〔2017〕4号《关于进一步规范保密基础工作的通知》，确定全县保密工作建立保密工作、保密工具、涉密纸介质管理、涉密磁介质管理等四个资料盒为主体的保密管理基础台账制度，并做到统一格式、统一粘贴标识、统一规范内容。以解决基层保密干部变动快、工作脱节，新任保密干部无从下手、工作资料混乱等现象。二学二提醒，即两个层次的学习、提醒。领导干部学习《意见》《规定》，一般干部学《泸县保密管理手册》。将《意见》《规定》相关内容摘录印制成《2017年泸县保密宣传资料》，供领导干部学习使用；将15项保密管理规定印制成《2017年泸县保密管理手册》，供一般干部学习使用。并督查学习的落实，开展保密提醒，以增强保密意识和责任意识，提升应知应会能力。“三管三清理”，即管好涉密人员、涉密纸介质和计算机，并开展这三个方面的核查、清理。管好涉密人员，严格涉密人员分类确定，加强主要涉密人员审查报备，梳理保密承诺书，建立、完善涉密人员分类确定台账。管好涉密纸介质，严格涉密纸介质从制作到销毁各环节的台账式管理制度，并开展经常性的核查、清理。进一步完善涉密文件备案制度。管好计算机，规范全县计算机的使用管理、保密警示标识。全县确定30台涉密计算机，全部安装“三合一”管控系统，建立保管、使用、维修等台账。互联网计算机全面安装“非涉密计算机文件监控系统”客户端软件，全县1800多台计算机纳入监控范围，建立每日巡察制度和巡察台账。四查四督促，即每季度开展一次保密综合检查或专项检查，通过以查促管、以查促教、以查促防、以查促改，确保工作的有序进行。开展机关单位自查自评工作2次，及时查漏补缺，夯实保密管理基础。

【常规工作】及时完成机关单位保密工作自查自评、涉密人员分类确定、涉密文件发文备案、开展非涉密计算机巡查等工作。全年开展4次全覆盖的保密综合检查。开展考试保密督导、涉密地理测绘图纸、《意见》《规定》贯彻学习、网络舆情安全等专项督查。

（撰稿人：伍　强）

台湾事务
Taiwan Affairs

【对台交流】组织因公赴台考察团1个（一行12人），以对台宣传交流为主题，主要考察医疗卫生、健康养老、农业科技等产业，宣传中国改革开放四十年的伟大成就以及泸县投资环境等，对台交流联络成效明显。

【涉台事务】圆满完成台胞寻亲问题1件，受理台胞遗产继承问题8件。

【涉台宣传】开展2批涉台旅游团体和因公赴台培训，增强赴台人员政治敏锐性和安全意识。

【对台招商】主动参与并积极协助各职能部门对台招商。2017年共接待台商到泸县考察团2个、台湾专家到泸县讲座1次，增强泸—台联络，增进同胞感情。

（撰稿人：张明均）

机关事务管理
Authorities Affairs Management

【公务接待】按照“热情、周到、节俭、合规”的八字原则，全年完成各项接待任务206批次，其中国家部委领导莅临泸县考察、检查、调研14批次；省市领导莅临泸县检查、指导、调研162批次；企业商团到泸县考察5批次；省外及兄弟区县政务到访15批次；协助办理省市县重大会议活动10批次。成功接待全国政协副主席、全国人大外事委员会副主任、国务院参事、国土资源部、全国供销总社、商务部、国家发改委、水利部、农业部、铁道部等国家部委领导的调研；圆满完成副省长，省水利厅、省国土资源厅、省文化厅厅长等省领导的调研指导；高质高效完成市委书记蒋辅义、市长刘强等市领导对泸县的调研和检查工作；承担并顺利完成县上一系列重大活动的接待任务，如中国（泸县）龙文化峰会暨第七届中国古桥研究与保护学术研讨会、全省高效节水现场会、脱贫攻坚省级验收考核抽查、泸州市县域经济暨工业经济现场推进会、泸州市基层治理现场会、泸州市基层党建工作会、泸州市全民预防保健工作推进现场会等重要会议活动。

【公务用车管理】泸县公务用车制度改革全面完成，此次改革共计取消车辆133辆，其中委托过渡性车辆服务中心（汇兴公司）使用管理的27辆暂不纳入本次处置，其余106辆车中拍卖处置47辆，报废处置59辆；公务用车使用管理更加规范；结合正风肃纪工作，将业务指导和公车督查有机结合，建立起科学规范的派车、租车、管车机制；积极探索新方法，建立起乡镇应急租车库等创新管理模式，使全县的公务用车管理水平上了新台阶。

【办公用房管理】更新完善办公用房管理台账，印发《泸县县级党政机关办公用房试行管理办法》，建立健全配套管理体系，积极推进统一权属登记、统一调配使用，规范办公用房管理；加强办公用房使用检查，杜绝面积使用超标；清理腾退纳入脱钩改革的全县性行业协会商会占用的行政办公用房；根据实际情况按照要求对县纪委、县教育局、县农林局等单位进行办公用房调整，优化办公用房配置。

【公共机构节能】圆满完成上级制定的节能目标任务，积极推进节能宣传培训工作，开展以节能宣传周活动为主的宣传教育，营造了浓厚节能氛围；积极推广六大“绿色行动”；强化能耗计量、统计台账、数据分析，提高了节能管理能力。

（撰稿人：刘昌坪）

党风廉政主体责任

Main Responsibility of the Party Construction and Restrict Corruption

【廉政机制】县委主体办始终把常态化提醒县委落实党风廉政建设主体责任抓在手上、精心组织、扎实推进，推动实现“三个到位”。2017年，县委先后召开4次专题会议，研究制定党政领导班子及其成员、县级部门领导班子及其成员落实党风廉政建设责任制考核细则。研究制定《关于2017年党风廉政建设和反腐败工作的意见》，将6大项42小项任务细化分解落实到30名县级领导和20个镇（街道）、59个县级部门，层层压实责任。研究制定《泸县县委落实党风廉政建设主体责任2017年工作要点》和《泸县县委落实党风廉政建设主体办公室2017年工作计划》，进一步明确全年工作目标和任务。推动县委切实加强主体办试点工作，明确县委主体办受县委直接领导，在县党风廉政建设责任制领导小组指导下开展工作，落实2名专职人员具体负责主体办工作。制度建设到位。制定《泸县县委落实党风廉政建设主体责任办公室工作职责》，印发《县党廉办县委主体办落实党风廉政建设党委主体责任分工协作制度（试行）》，细化工作流程，制定了工作流程图，明确具体工作制度14条，细化任务分解、签字背书、督查督办、两述一评等日常工作流程13项。督促指导到位。每季度定期向县委主要领导和县委领导班子成员发函提醒履行党风廉政建设相关责任，确保履责到位、履责留痕。与县党廉办联合制定镇（街道）和县级部门落实党风廉政建设主体责任考核细则，采取重点抽查、全覆盖检查等方式，结合党风廉政建设巡察工作，每季度对镇（街道）、县级部门落实党风廉政建设主体责任情况进行检查，检查情况向县委报告，纳入日常考核，并适时通报。

【廉政主体责任落实】根据《县党廉办县委主体办落实党风廉政建设党委主体责任分工协作制度》，制定了责任清单、进度清单、成效清单，推动党风廉政建设主体责任落地落实。列出责任清单。根据年初市委提出的党风廉政建设重点任务要求，结合县委常委岗位职责分工，差异化制定县委常委党风廉政建设责任清单，镇（街道）、县级部门廉政建设责任清单则根据本单位实际自行制定，报主体办备案，让责任清单成为落实主体责任的“施工图”。列出进度清单。将全年党风廉政建设主体责任监督工作细化为“安排部署”“督导落实”“问题整改”“总结汇报”4个阶段步骤，每个阶段明确时间节点、进度安排，确保整个行动环环相扣、推进有序，把工作措施一项项抓落实，把问题一个个抓解决。列出成效清单。整合县纪委、县督查组、县主体办人员力量，每季度对各级各部门主体责任落实结果分析研判，总结得失，列出成效清单，并及时反馈。

【党风廉政建设】在思想认识、方法措施上紧跟市委要求，扎实抓好“三个在前”。教育规范在前。会同县纪委在全县开展“两巡一测试”活动和廉政廉洁文化“八进”活动，举办廉政流动讲坛8期，推出“廉演+廉展+廉礼+惠民宣传”套餐，成功举办全省“传家风、立家规、树新风”现场交流会，在全县营造了良好的政治廉洁氛围。约谈提醒在前。制发《关于在县一级开展谈话提醒工作的实施方案》，落实上一级党委书记对下一级党委书记约谈机制，做到应谈必谈，把问题谈透、把思想谈通。2017年分别对全县598名科级干部进行全覆盖谈心谈话，督促各级领导干部层层落实谈话提醒。纪律处理在前。全年全县共排查“微腐败”问题线索309条，立案187件，党政纪处分187人，移送司法机关4人，点名道姓通报曝光7期29件55人。

【机制创新】坚持问题导向，注重实效原则，创新“三种机制”。创新“季度发函”提醒机制。每季度向县委常委和县人大、县政府、县政协等党组成员发送提醒函，提醒向县委汇报党风廉政建设主体责任落实情况。向县委常委发出提醒函45份，向县人大、县政协、县政府党组发出提醒函9份。创新“问廉会”机制。对人民群众关心关注、人财物集中、廉政风险防控难度大、腐败案件易发多发的镇（街道）、县级部门，通过“问廉会”向该镇（街道）、县级部门一把手问廉，人大代表、政协委员等列席，结合问廉实际情况和质询具体结果，若有主体责任落实不力问题，情节较轻的，责令其限期整改；涉嫌违纪违法的，列入后期追责备案。创新“线索—提醒”机制。由县党廉办收集正风肃纪、脱贫攻坚、“微腐败”治理等工作中的违规违纪问题线索，情节较轻的移交至主体办，由主体办发函提醒联系（分管）县级领导对其约谈。全年办理线索5件，约谈7人次。

（撰稿人：何　健）

党史、地方志

Party's History and Local Chronicles

【党史工作】《中国共产党泸县历史（1949—1978）》于8月通过市委党研室评审，县委常委会同意，送中央党史出版社审稿。出版《中国共产党泸县执政实录（2015）》。11月底出版《中国共产党泸县执政实录（2016）》。资政报告《综合利用红色资源，助推泸县文旅发展》，获得县委书记薛学深重要批示。配合县委宣传部完成爱教基地玉蟾山流民图迎省检工作。帮助泸县烈士陵园申报为泸州市第二批党史教育基地。

【地方志工作】《泸县年鉴（2016）》于2月公开出版发行。《泸县年鉴（2017）》于12月公开出版发行。大力推进部门志、镇（街）志编纂工作。根据县领导指示，泸县全面启动编纂工作，地方志办公室加强培训与指导。2月《泸县文化体育新闻出版广电志》出版，11月《泸县环境保护局志》《泸县残疾人联合会志》出版。多个镇、部门完成初稿或送审稿。为泸县撤县设区和宋代石刻博物馆展陈等工作提供协助。

【宣教工作】3月3日，召开泸县2017年党史地方志工作会议。县委常委、统战部部长、县委办主任杨双全出席会议并发表重要讲话。会议表扬史志工作先进单位和个人，并向参会单位赠送《泸县年鉴（2016）》和《中国共产党泸县执政实录（2015）》。5月，组织全县开展大型革命历史题材文献纪录片《红旗漫卷西风》观影活动。9月，参加泸县与盐亭县文化交流活动。10月，县委常委、统战部部长、县委办主任杨双全调研全县党史地方志宣传教育工作。12月，组织参加国家宪法日宣传活动。

（撰稿人：高　翔）

党政网管理

Party and Government Network Management

【基础建设】按市网管中心统一部署，完成涉密电子政务内网“一中心两接入点”建设。完成门户网站升级改版，合理设计内容板块。优化了下载专区、学习园地，充实了专题栏目，新增信息采用统计、党政网日常管理。一方面做到实时展示各单位每天上报信息采用情况，做到透明公开。另一方面记载每日值班安排、晨检情况、网络故障维护、加班等内容。重新规划设计完成县委底楼互联网、党政网网络布线。完成远程视频监控系统建设，对党政网安全和泸州市视频会议系统进行标准化建设与管理。协助政法委完成中共泸县县委政法委网站设计与部署。

【日常工作】每日审编泸县政务信息并上传门户网站，日平均超过20条。精选优秀信息编辑上报市网站图片新闻和泸县信息，

2017年上报市网站并采用图片新闻达615条，位居四县三区第一。及时更新网站其他相关内容，协助处理政务中心网络畅通问题，及时处理各种网络突发事件，保障网上应用不出差错，各机关、乡镇、办事处满意。每日按时巡检机房安全、服务器运行情况，认真记录，确保各种服务能正常运行。经常巡查县委大楼的网络运行情况，做出记载，及时处理用户因操作、病毒等因素引起的各种计算机故障，有被老鼠咬断的网线、恶意扯断墙外的网线等情况都在第一时间做出排查处理，确保用户满意。对各个机关、乡镇、办事处因人员更换出现的业务不熟等情况，耐心细致地加以电话、远程和现场培训，使各单位在第一时间掌握党政网各种应用，更好地服务于党委、政府工作。

【视频会议】按上级主管部门要求管好用好“云视泸州”，加强“云视泸州”视频会议系统管理、开展多次培训、检查，并对村级会场开展“标准化”建设工作。2017年召开视频会议167次。每次会议做到会前仔细调试、会中认真轮巡记录、会后认真总结，从而确保全年没有出现失误。

【安全防护】9月，下发关于开展全县电子政务内网安全检查的通知，同时要求各单位填写泸县电子政务内网接入电脑登记表建档。联合县保密局对全县县级机关及镇（街道）进行党政网安全保密检查，送标签上门，规范党政网使用行为：杜绝党政网和互联网在同一台计算机上交互使用，杜绝在党政网上处理、存储涉密、敏感信息；建立终端杀毒、中心防火墙、服务器防病毒软件三级防护机制，定期请消防、防雷检测中心，电工对机房消防、防雷、用电进行全面检查，定期对杀毒软件进行升级维护。邀请瑞星防病毒专家开展网络安全专题讲座，组织参加中华人民共和国网络安全法培训。选派技术人员参加北京电子科技学院组织的网络安全防护学习，进一步增强管理人员的保密安全意识和技术防范水平。

（撰稿人：陈富先）

纪检监察
Discipline Inspection and Supervision

【概况】县纪委全面压紧压实管党治党政治责任，持之以恒正风肃纪，全力整治“微腐败”，推动全面从严治党向纵深发展，为全县经济社会发展提供坚强的纪律保证，党风廉政建设社会评价工作全省排名39位，较2016年上升15位。

【管党治党】县委率先垂范，带头落实主体责任。纪委认真履行监督责任，从严监督执纪问责。健全党风廉政建设责任体系，各级党组织全覆盖签订责任书，确保责任到人。差异化制定责任清单，分层分类逐一明确责任事项、履责要求、完成时限。深化镇(街道)、县级部门主要负责人向县纪委全委会述责述廉制度，推动主体责任落地落实。靠前监督迎接中央环保督察，分别组建督办组和问责组，跟踪督导环保督察反馈问题整改，追责问责52人次。聚焦脱贫攻坚、校园安全、地灾隐患治理、安全生产等开展监督检查，严肃问责责任不落实、整改不力的单位和个人，推动县委县政府中心工作落地落实。完善责任制考核办法和考核细则，将党风廉政建设责任制列入综合目标考核，实行一票否决，严格结果运用，责任制考核为“三等单位”的5个单位在综合目标考核中被降等次考核。

【巡察工作】聚焦“四个着力”、紧扣“六大纪律”，持续发挥巡察利剑震慑作用，推动全面从严治党向基层延伸。制定《十三届县委五年巡察工作规划》《巡察组工作规则》等规范性文件和制度，指导、规范巡察工作。组建巡察组和巡察人才库，定期开展业务培训，不断增强巡察组织力量和业务水平。将执行党纪党

2月24日，泸县2016年度镇街部门负责人向纪委全委会述责述廉会

规情况作为重要巡察内容，特别聚焦违反政治纪律和中央八项规定精神问题。对3个镇和9个县级部门开展常规巡察，并延伸巡察91个村（社区），向相关主管部门移送办理事项23项，向纪检机关移送问题线索27件，立案查处2件1人。建立问题清单，严格台账管理、对账销号，反馈问题645个，落实整改332个。督促被巡察党组织清退违规发放资金11.3万元、追回利息16万元、收回借款207.5万元、诫勉谈话11人、调整中层干部60余人、新建和修订制度251项。适时开展巡察“回头看”，确保整改落实到位。

【社会评价工作】突出问题导向，回应群众诉求，群众满意度不断提升。围绕从严压实责任、回应群众关切、转变干部作风等5个方面内容，制定68项工作举措。建立领导联系、定期分析报告、分级谈话、督查督办、定期通报、综合考核、问责追责等七项工作机制。并将党风廉政建设社会评价与平安建设、脱贫攻坚等工作统筹推进，形成合力。通过“走服引”、纪检干部“一对一”联系村（社区）、扶贫领域“精准巡访”、电话访问等方式，全面收集群众诉求，不断做好疏导、化解工作。细化对收集问题的分析和甄别，明确问题收集、分类整理、线索提取、统一交办、分类办理等重点环节要求，分别规范咨询类、意见类、问题类的办理要求，坚持定期督查问责，实行随机抽查，进行满意度回访调查，确保件件有落实。扎实开展“微腐败”集中宣传，积极引导广大干部职工、党员、群众参与四川省党风廉政建设社会评价电话调查。

【作风建设】深入推进作风建设，巩固提升中央八项规定精神成果，推动全县党风政风持续好转。紧盯元旦、春节、中秋等重要节点，着力公款购买消费高档白酒、违规发放津补贴、公款旅游、违规大操大办等隐形变异“四风”问题开展监督检查21次，反馈、整改问题137个，查处违反中央八项规定精神问题4起，党政纪处分8人，通报曝光8人。严格廉政审查，取消、暂缓5名拟交流任职干部资格，取消18人次和15个单位推优评先资格。推进科技防腐，督促行权平台网上办件27万余件，按时办结率100%。对4个县级部门8个一级廉政风险岗位实地开展抽查审计。通过学习“两准则三条例”、开设“廉政课堂”、阅读警示教育读本、观看警示教育片、旁听法院庭审等方式，不断筑牢党员干部拒腐防线。对全县副科级以上领导干部开展集体廉政谈话，组织1000余名党员干部到市、县警示教育基地接受警示教育。

【专项整治】聚焦群众关心关切，坚持精准传压、从严惩治、长效治理，着力整治群众身边的不正之风和腐败问题。扎实开展扶贫领域侵害群众利益腐败问题专项整治。组建5个精准巡访组和5个纪律审查协作区，实行挂图作战，全覆盖精准巡访村（社区），收集问题线索 299 条，立案查处 129 件，党政纪处分 129 人，挽回经济损失 51.7 万元，其中《泸县纪委现场清退违纪款》被《中国纪检监察报》头版报道。深入整治群众身边不正之风和腐败问题。针对吃拿卡要、“雁过拔毛”、侵占挪用等突出问题开展集中整治，收集问题线索 328 条，立案 196 件，党政纪处分 195 人，移送司法机关 4 人，点名道姓通报曝光 7 期 33 件 64 人。健全长效治理机制。坚持举一反三、综合施策，强化源头监督，252 个村建立“组财村管”工作机制，对 74 个村开展财务审计，301 个村（社区）建立“当家人”微信群，聘选 912 名村级廉情监督员，上下联动、齐抓共管的监督管理机制不断完善。

【纪律审查】坚持惩贪治腐力度不减、尺度不松、节奏不变，始终保持反腐败高压态势。全年处置问题线索 526 条，立案 320 件，结案 320 件，给予党政纪处分 319 人，其中乡科级干部 29 人。对问题线索实行统一管理、统一处置，清理了近三年行政执法案件中涉及中共党员、财政供养人员的问题线索 397 件次。针对被调查对象，坚持以查促教，进行正面教育、反面警示，深入宣传有关党纪法规，提高纪律意识。针对纪律审查中发现的问题，坚持举一反三，督促建章立制，在县卫计局、石桥镇等单位召开案发地专题民主生活会，增强了纪律审查的社会效果和法纪效果。按照《中国共产党纪律检查机关监督执纪工作规则（试行）》的规定，逐项分解、逐条落实、逐个检查，严格落实各项规定。针对“走读式”谈话可能存在的安全隐患，新建标准化纪律审查谈话室，扎紧执纪审查安全笼子。

【自身建设】强化纪检干部队伍建设，稳步推进监察体制改革，监督执纪问责能力不断提升。深入推进监察体制改革，按照中央、省、市统一部署，制定施工图、倒排工期，推动机构编制划转、人员转隶、办公场所选定等各项改革工作落地，顺利完成县监委挂牌，11 名转隶干部全部到岗履职，监委工作有序推进。认真贯彻落实“两个为主”，推行下级纪委向上级纪委报告工作、述责述廉和上级纪委对下级纪委开展约谈、年终考评等制度。以强化《监督执纪工作规则》学习为主线，多次开展专题培训、讨论，派出 5 名纪检干部到高校培训，42 名新任纪检干部到县纪委跟班学习锻炼，提升业务能力。始终坚持“刀刃向内”，对纪检干部从严要求、从严教育、从严管理、从严监督，严防“灯下黑”，处分违纪纪检干部 1 名。

（撰稿人：雷　浪）

组织工作
Organization Work

【主题教育】创新开展“走进群众、服务群众、引导群众”主题教育。以融洽党群干群关系为着力点，突出为群众办实事为实践载体，推进“两学一做”常态化制度化。推行“三进四解五教育”工作法，帮助群众转变思想，自觉抵歪风、树正气，形成广大群众“爱家乡、感党恩、跟党走”的良好氛围。全年走访群众 21 万人次，召开院坝会 3400 余场，建立“三本台账”321 套，梳理解决群众问题困难 3000 余个。依托农民夜校等，开展感恩奋进等“五大教育”，通过讲村史忆村史、院坝专题讨论等活动，推进“四礼新风进万家”，新风正气得到弘扬。

【干部队伍建设】出台“六个一线”选人用人办法，在经济发展、项目建设、安全稳定、乡镇基层、改革试点、脱贫攻坚一线提拔干部 83 名，其中，脱贫攻坚一线 14 名。分层分类开展全覆盖干部培训，组织全县科级干部、村（社区）党组织书记、贫困村第一书记开展集中培训，16 名县党政领导和人大、政协主要领导登台授课。举办领导干部读书班，通过外出考察、专题讲座、分组讨论，进一步理清发展思路、研究发展办法。强化年轻干部培养锻炼，选拔50名优秀年轻干部通过递进培养，向省、市部门推荐15名年轻干部到省级厅委以上机关锻炼，县内选派27名年轻干部双向挂职，提拔使用选调生任科级领导干部16名。

【基层组织建设】持续抓党建促脱贫攻坚，扎实推进“五个一”党内帮扶，制定驻村第一书记十条纪律，大力扶持党员“三带工程”40个，抓住农村宅改试点契机，拓展“三化五型”壮大集体经济成效明显，经验做法入选《四川省脱贫攻坚工作资料汇编》。开展“集中建党行动”推进两新覆盖，印发党组织建设标准、党建任务清单等文件，扎实开展“党旗飘扬·先锋引领”活动，实现313个非公有制企业和132个社会组织“两个全覆盖”。全县投入2000万元实现社区阵地全达标，新建社区党群服务中心18个、改扩建7个，均规范设置“六站一平台”，有效破解社区阵地狭小陈旧、无活动院坝等问题。

【人才工作】制定出台引聚高层次人才“1+3”政策措施，设立1300万元人才发展基金用于人才引进、培训培养、表扬奖励、科学研究和人才公寓的建设。人才引进取工作得新突破，引进高层次医药类人才18名（其中国家千人计划1名、国家万人计划1名、省千人计划3名），签约聘请医药专家人才52名，培育医药技术人才150余名。以“县校合作”模式培养实用人才成效明显，与四川农业大学开展项目合作，建立实用人才技术服务中心和博士工作站，培育农业类高级职称人才53人；与四川大学、第三军医大、省食品药品学校等院校建立合作关系，送培学生182名，开展企业人才培训1500余人次。

3月27日，泸县“走进群众、服务群众、引导群众”主题教育现场推进会

【正向激励】探索研究“三个区分开来”的具体实施情形和启动程序，制定容错纠错实施细则，激发干部干事创业热情。印发《泸县村社区干部管理办法（试行）》《泸县村干部绩效考核管理办法》《切实关心爱护脱贫攻坚一线干部激发干事创业活力实施办法（试行）》等文件，强化基层干部正向激励和保障。县财政每年划拨633万元，按300～500元/月的标准用于村干部绩效考核，激发村干部干事创业内生动力。县财政资金每年划拨400余万元，落实村社区干部养老保险和离职村社区干部补助。试点开展干部调配“鹊桥计划”，收集统计调配需求，激发基层干部工作热情。

（撰稿人：熊　超）

宣传思想文化

Publicize Ideological and Cultural

【意识形态】县委常委会专题听取意识形态工作情况汇报4次，县委书记对贯彻落实党委（党组）意识形态工作批示3次。印发《泸县意识形态重点工作任务》《泸县意识形态领域信息报送分析研判制度》《泸县涉意识形态讲座报备制度》，将意识形态责任制和网络意识形态责任制纳入综合目标考核，建立完善网络舆情监测、研判、预警、引导和联动处置机制；每季度召开意识形态工作分析研判会，及时全面掌握全县意识形态领域动态动向，及时处置苗头性倾向性问题。4月，邀请北京市人民政府新闻办原主任王惠开展意识形态专题讲座。5月，开展县委中心组意识形态专题学习。6月，县目标办对全县意识形态责任制贯彻落实情况进行督查。

【理论武装】围绕“一条主线、十二个专题”，县委中心组组织集中学习24次。每季度推荐理论学习书目，为78个党组织和近600名中心组成员印制中心组笔记本，编印理论读本1300册，订阅发放理论刊物4万余册，开展“4+N”理论课堂、交叉旁听学习交流会5次，社科课题立项4个，完成2017年度调研成果和创新成果13个，获奖6个。2017年，县委中心组成员集体开展中共十九大精神等宣讲90余场；各镇（街）和县级各部门中心组成员到联系点到群众身边开展宣讲300余场；推荐选送“酒城讲坛”讲师3名，新遴选命名“龙城讲堂”讲师26名，打造“酒城讲坛·龙城讲堂”示范点2个，组织讲座51场；新组建30人左右的文艺小分队，开展巡演20场；选聘21名群众理论“直播员”组成宣讲队伍，开展示范巡回宣讲30场，全县参照组建镇街“直播员”队伍300名，参照跟进宣讲近280场，直接受众1.5万多人。“直播员”楚泽甫、群众理论宣讲稿《英雄从未走远浩气世间永存》被市委宣传部推荐到中宣部。

【对外宣传】全年在中央、省级和海外媒体上共发表外宣稿件6600余件，在《泸州日报》、泸州电视台等市级媒体刊播外宣稿件4000余件。全年策划开展春祈福、夏亲水、秋丰收、冬养生系列文旅活动，组织省级驻泸媒体和市级媒体集中采风5次；大力推动文化走出去，2月，泸县雨坛彩龙亮相香港，参加“2017香港欢乐春节文化庙会—熊猫故里·锦绣四川”；10月，农民演艺团队“廖八演艺公司”率队至香港参加“2017最牛国际旗袍秀·第二季比赛”，获得最佳节目季军、最佳表演奖、最佳服饰奖、最佳编排奖等4个大奖。2017年泸县承办“全国土地制度改革研讨会”等4个大型学术研讨会，邀请《人民日报》、新华社、人民网等国家级和海外媒体参与会议报道，各级媒体共刊发相关稿件近200篇次。精心策划“蔡松松英雄事迹”“土地制度改革”等专题宣传。利用云坛彩龙文化节、潮河龙眼节、龙文化峰会、环保督查氛围营造等重大活动，邀请《四川日报》《泸州日报》等省市主流媒体集中报道10余次。

9月21日，泸县学校德育现场会暨中华优秀传统文化进校园工作会在泸县二中召开

【新闻宣传】围绕“建成四个新区、率先全面小康”工作主题，泸县新闻中心组织记者深入基层采访，在国家、省、市级媒体上用稿1.1万余件。《泸县通讯》、县电视台、泸县人民广播电台、《龙城手机报》、泸县新闻网、泸县发布等县内媒体，不断拓展新

闻宣传的广度和深度，唱响主旋律，发出好声音，传播正能量，为全县干事创业营造浓日厚的氛围，起到加油鼓劲的巨大作用。

【核心价值观建设】印发《泸县社会主义核心价值观工作测评体系（试行）》，着力推进学习实践活动具体化系统化长效化。以“走、服、引”活动为载体，分“个人、家庭、社会”三个层面，整体推进核心价值观落实落地。制定“四礼新风进万家”移风易俗实施方案，规划打造玉蟾街道怡园社区、得胜镇仁和村等4个市级示范点，福集镇李子村等20个县级示范点，将成人礼重办、婚礼新办、寿礼小办、丧事简办写入村规民约，成立红白理事会，制定完善红白理事会章程，引导广大群众自觉抵制陈规陋习。2018年1月，泸县被市委宣传部命名为全市唯一社会主义核心价值观示范县，县人民检察院、得胜镇、县二中外国语实验学校、玉蟾街道怡园社区、县九曲河公园被命名为全市社会主义核心价值观示范单位。

【公共文化服务】以创建全省公共文化服务体系示范县为抓手，年均公共文化服务支出超过3000万元，狠抓“四个落实”，文化服务体系“三个网络”进一步健全完善。全县农民演艺队伍140余支，形成农村演艺全覆盖工作网络。成功组建西南农民演艺联盟，并制定发布农民演艺服务标准化体系。实现20个镇（街）综合文化站全覆盖，建成省级示范综合文化站3个，农家书屋、社区书屋覆盖全县301个行政村（社区）。广播“村村响”工程建成泸州市示范工程，电视“户户通”力争创成全省高清示范县。实行文艺活动免费展演、文化设施免费开放、培训辅导免费提供，进一步丰富公共文化服务供给。2017年7月，泸县成功获得“全省公共文化服务体系示范县”创建资格。

【文化文艺】启动“学英雄、树新风、爱家乡”文艺巡演20场次，覆盖全县所有镇（街道），举办了“三下乡暨新春扶贫惠民文艺演出”等主题活动100余场。成功举办了四川·泸县第五届雨坛彩龙民俗文化活动，参加第六届成都“非遗”节和泸州分会场展销展演活动，开展云锦山梨花节等民俗文化活动周，雨坛彩龙首次出境参加首届香港欢乐春节文化庙会开幕式，并受邀参加2018年全国少数民族春晚节目录制。加强泸县籍历史文化名人董允、熊文灿、屈氏等推送力度，创作原创大型跨界融合舞台剧《龙城宋韵》，被市委宣传部列为2016年文化重点文艺作品扶持项目，依托中国东方文化研究会成立龙文化研究院，积极承办中国龙文化峰会、中国古桥研讨会等重大龙文化研讨活动。2017年，全年文化产业实现营业收入28.57亿元，入库税金1.75亿元，泸县宋代石刻博物馆、泸县屈氏庄园博物馆全面开馆。

【文化惠民工程】实施电视户户通工程、群众文化活动、精神文明创建、基层文化人才队伍建设、新闻宣传舆论引导等五项工程。按照“4331标准”，分批建成全县41个幸福美丽新村文化院坝建设；实施电视户户通，解决了10716户贫困户收看电视问题，完成目标任务的138.5%。建成贫困村文化室、村级广播系统、阅报栏各21个，全面打造提升20个镇街综合文化站（中心），为贫困村放映公益电影252场。各村、社区配备政府购买公益文化岗位302人，举办文化干部人才培训班6期，组织开展文艺演出培训21场次。在《泸县通讯》、泸县电视台、泸县电台、泸县发布、龙城快讯等县级媒体开辟“决战全面小康、全力精准脱贫”专栏进行报道；协调省市主流媒体，宣传泸县脱贫攻坚的重大举措及成就，刊播稿件600余篇。

【文明创建】以创建第五届四川省文明城市为统揽，保质保量完成市创建办交办的工作任务。泸县人民法院和得胜镇仁和村成功创建为全国文明单位（村镇），国网泸州市泸川供电公司、云锦镇花园村等2个村、泸县一中等4个学校分别创建为省级文明单位（村镇、学校）；规划9个单位（村镇）、23个单位（村镇）分别创建市级和县级文明单位（村镇）。推进“四好村”建设，制定《泸县县级“四好村”创建考评试行办法》，推进创建省级“四好村”13个，成功创建市级“四好村”35个、县级“四好村”41个。

【公民道德建设】推报道德模范和身边好人，其中蔡松松和魏文勋分别获评省级、市级道德模范；1人入选“中国好人”、8人次入选“四川好人”、6人入选泸州好人；评选2017年度泸县好人10名。在全市率先设立“善行义举红黑榜”，并实现20个镇（街道）、301个村全覆盖。在县城花园干道设置以“善行人间德润龙城”为主题的好人长廊，开展事迹巡展进村镇、进学校、进公园活动，以文艺巡演、群众宣讲等形式深入城乡宣传以蔡松松为代表的身边好人故事。

【志愿服务】开展“暖冬行·爱传递”“春节—情暖龙城·为幸福加分”“清明节—我为英雄敬个礼”等志愿服务活动150余场。实现镇村志愿服务站全覆盖，打造市级示范站3个，县级示范站6个；1人获评四川省“百名优秀志愿者”，1人获评泸州市“最美志愿者”，2个组织获泸州市“最美志愿服务组织”，1个项目获泸州市“最佳志愿服务项目”；网络文明传播志愿者达508人。

【未成年人思想道德建设】对全县20所乡村学校少年宫运行情况进行督查打分并梯度拨付运转资金。“百和莲枪舞”先后受邀参加2018年全国未成年人网络春晚活动和泸州专场，获全国网络春晚“优秀奖”、泸州专场“文化传承奖”。城北小学教师卢安荣获四川省未成年人思想道德建设先进工作者，8名少年宫辅导员分别获省、市优秀辅导员称号。征集童谣300余首，6名作者作品获市表彰，《醉美酒城》《龙城春色》在省优秀文艺作品评选中获奖。建成泸县未成年人心理辅导中心，招募专职辅导教师11名。组织开展了清明祭英烈等主题活动，学生线上、线下参与率均达100%。举办2017年小学新生“开笔礼”示范活动及高三学生“成人礼”活动。

【互联网管理】坚持网络信息全网巡查制度，督促网站加强内部管理，全面落实网站总编负责等内部管理制度。建立新媒体及其从业人员管理台账，准确把握其动态动向。组织开展《中华人民共和国网络安全法》集中宣传教育活动2次，开展“第四届国家为了安全宣传周”活动。与13家重点新兴媒体签订《网络安全工作责任书》，安装公共场所无线WiFi管控系统604套。网安部门组织开展打击整治黑客攻击和侵犯公民个人信息专项行动，开展互联网站安全隐患自查整改。严厉打击网络谣言，行政拘留7人、刑事拘留2人、批评教育9人、教育训诫4人。扎实开展各类网络专项行动，巡查网络平台6600余家次，约谈整改处理网站7家，上报网络有害信息1600余条，依法关停违规QQ群1个。

【网络舆论引导】组织开展“聚焦两会”“贯彻落实省党代会精神”等网上主题宣传；着眼优化泸县形象，凸显泸县声音，开展脱贫攻坚、项目建设、“微腐败”、民生工程等专题宣传，县级媒体累计发稿2万余件。组织开展“争做中国好网民·泸县在行动”等活动，推进了网络文明志愿服务。网络新闻发布及时，完成网络新闻发布18次（含泸县公众信息网新闻发布15次）。网评引导及时跟进，组织网信队伍评论信息3万余条。网络问政便捷高效，开展泸县公众信息网、泸州新闻网“在线访谈”6次；受理网民问政 1186 件，回复率 100%，满意度 98.2%；办结县公众信息网“我向书记县长写一封信”群众诉求信件 522 件，办结回复 100%。

【舆情管理】严格落实“属地管理、分级负责、涉事为主、部门联动”的网络舆情处置原则，推行“23451”网络舆情管理办法，强化舆情涉事单位责任主体、处置主体，提升网上舆情引导处置效力；实施《泸县网络信息全网巡查制度》等制度，严格落实网络舆情值班制度和网络舆情报送制度，进一步巩固了大舆情工作格局。1—12 月，监测涉及泸县舆情信息 85 万余条，收集各单位报送涉泸舆情信息 240 余条，编辑上报涉泸舆情信息 50 条；收集基层报送社会舆情信息 8539 条，编辑报送市网络舆情中心社会舆情信息 3909 条，被省委宣传部、中宣部采用社会舆情信息 659 条；编发《网络舆情动态报告》《网络舆情快报》《网络舆情专报》632 期、网络舆情处置提示函 1160 件，发出网络舆情链接 1034 条。

【网络队伍建设】实施“网军建设工程”，确认网络发言人 82 名，网络文明传播志愿者 196 名，建立网管员 62 名、网宣员 73 名、舆情信息员 103 名、网络技术员 60 名、网评员 120 名的网军队伍。组织开展多层次、全覆盖的学习培训，上传业务资料 15 篇，个别业务辅导 360 人次，组织集中业务培训 600 余人次。

（撰稿人：秦　操）

统一战线
United Front

【概况】中共泸县县委统战部内设 5 个股室：办公室、综合股、民宗股、新阶股、政研室；下属事业单位 1 个，泸县统战事务服务中心（挂民族宗教服务中心牌子）。机关设部长 1 名（县委常委兼任），常务副部长兼工商联主席 1 名，副部长兼民宗局局长 1 名，副科级纪检员 1 名，民宗局副局长 1 名，统战事务服务中心专职主任 1 名（副科级），工作人员 6 名。

【民主党派工作】有民革、民盟、民建、农工党、致公党、九三学社等基层组织 6 个，成员 200 名。2017 年落实阵地近 600 平方米、经费 30 万元建成泸县党派之家，于 9 月底正式入驻。民主党派工作实现从“三无”到“六有”（有阵地、有经费、有专职人员、有制度、有活动、有特色品牌）的转变。制定实施《2017 年中共泸县县委同各民主党派基层组织政党协商（会议协商）计划》，建立政府部门与民主党派对口联系制度，拓宽民主党派和无党派人士参政议政、建言献策渠道。建立民主监督员制度，推荐 37 名在任民主党派政协委员作为民主监督员到国土等 6 个县级部门参与监督工作，进一步强化参政党民主监督作用。结合各民主党派成员的专业优势、人才特点、资源条件，扎实推进“一党派一品牌”建设，倾力打造致公党“致泸合作”、民盟“同心·博爱”、民建“服务基层卫生事业发展”、九三“九地·合作”、民革“创三好”、农工党“同心农工建设”等品牌。泸县党派之家建设和清平社区“致泸合作”共建项目得到省委统战部副部长刘仁勇和市委常委、组织部部长、统战部部长徐斌的高度评价。

【党外代表人士工作】分层分类建立党外代表人士数据库，适时更新。进一步落实“五共同”工作，做好优秀党外代表人士政治安排和实职安排，全县党外科级以上干部 26 名。建立党外后备干部培养使用制度，向县委推荐 13 名党外正科级后备干部人选和 30 名党外副科级后备干部人选，并推荐 2 名优秀党外干部到省市重要岗位进行挂职锻炼。县委组织部将民主党派主委、副主委纳入正、副科级干部培训，选送 12 名党派干部赴人大、浙大等高校培训；10 月 11—16 日，县委统战

10月17日，省委统战部副部长、省社会主义学院党组书记刘仁勇（后排左四）到泸县调研统战工作

部组织60余名党外后备干部和新的社会阶人士代表赴中国人民大学培训。党外人大代表102名，党外政协委员186名，副科级以上党外干部26名。

【党外知识分子工作】建立党外知识分子交友联谊联系机制，建立完善党外知识分子工作联席会议制度、工作情况定期通报制度、县级党员领导干部及单位党组织负责人联系党外知识分子制度以及党外知识分子工作责任制四项制度。建立党外知识分子数据库，摸清党外知识分子3071人，占全县知识分子总数的65%。在党派之家提供办公及活动场地，划拨工作经费5万元，保障各项活动有序开展。引导党外知识分子开展学习十九大等“合心·学习教育”活动5次，践行“合力·服务社会”五大行动。送教示范活动100余人次；为群众义诊14场，1200余人次；致力脱贫攻坚行动，实施产业帮扶，开展支农种养殖培训28次，受训农户1万余人次；县知联会2位理事到乡城县开展送教活动，不定期选派财务、农技等专家8人次赴乡城县开展业务培训。12月，承办市知联会“同心”学习交流活动，通过联谊交友，汇聚政治共识，发挥知联会优势，服务社会发展。

【新的社会阶层人士工作】落实示范基地建设和场所建设经费60万元，在泸县电商中心打造“新的社会阶层人士统战工作基地”。出台《泸县新的社会阶层人士统战工作实施意见》，并在全县范围内开展“四类”人群摸排工作，建立2万余人新的社会阶层人士数据库，甄选出其中的代表人士42名，于12月7日成立泸县新的社会阶层人士联谊会。在泸县福音医院成立“同心实践基地”，引领泸县新的阶层代表人士建设泸县、服务社会发展，泸县新的阶层人士统战工作进入新台阶。

【非公有制经济人士工作】加强非公有制经济代表人士教育，始终把政治教育放在工作首位，不断凝聚思想共识，在“3+2”产业、新兴企业、自主创业创新企业中遴选新生代企业家75名，实施动态管理，引导他们坚定中国特色社会主义理想信念。推动政企互动，开展构建“亲”“清”新型政商关系座谈会6次，对51户企业产权历史遗留问题提出有针对性的处理意见，20名非公有制企业负责人被聘为特邀监督员，指导企业拓展区域市场，主动参与企业矛盾纠纷调处。着力参政议政，围绕经济社会发展中的热点、难点问题，撰写人大批评建议和政协提案12件。号召全县非公有制企业参与脱贫攻坚，实现“百企联百村”工作全覆盖，非公有制企业88名市县人大代表、政协委员积极投身脱贫攻坚主战场，分别联系贫困户2~3户，累计投入帮扶资金3000余万元。组织开展银企对接活动，积极探索小微企业融资服务新路径，协调转贷3.5亿元、新增融资4000余万元。全力招才引智，实施泸商回归、归雁经济工程，开展联谊活动 20 余次，收集投资资讯 20 余条；协助引进浙江金华泸州商会引进可溶性心脏支架项目，深圳泸州商会、电子机械学校引进光电智能制造项目，万福商贸引进红星美凯龙，恒兴医药引进华润医药集团等投资项目 10 个，投资金额 66 亿元。

【民族工作】泸县有苗族、彝族、壮族等少数民族 31 个，共计 3000 余人。2017 年，将玉蟾街道怡园社区、清平社区创建为民族团结进步示范社区，推动全县城市民族团结工作。开展少数民族贫困户和少数民族干部个人信息摸底，完善贫困少数民族人员信息台账及少数民族干部数据库。大力开展少数民族贫困群众帮扶工作，为 6 户少数民族困难群众发放慰问金 8000 余元，送去猪、羊、鸡苗等扶贫物资。

【宗教工作】泸县有佛教、道教、天主教、基督教等四大宗教，登记开放宗教活动场所 27 处，认定备案教职人员 22 名，信教群众 7 万余人。组织镇（街）分管领导、统战干事、民族宗教干部、宗教教职人员、寺观教堂管委会成员及信教群众代表开展民族宗教政策法规培训，全面贯彻落实全国、全省和全市宗教工作会议精神。开展《宗教事务条例》《宗教活动场所设立审批和登记办法》等宗教政策法规培训 2 次，建立县镇村三级宗教事务管理网络和镇村两级宗教工作责任制，层层签订宗教工作责任书。开展宗教场所安全隐患排查整治工作，深入全县 27 处挂牌宗教活动场所进行安全生产大检查，共排查安全隐患 40 余处，全部完成整改。成立玉蟾寺遗留问题处置领导小组，召开民宗工委会，协调大玉蟾山风景区整体开发。联合依法治县办、司法局出台《2017 年泸县“法律进宗教场所”工作方案》，深化“法律八进”“和谐寺观教堂”创建活动。8 月 25 日，承办泸州市“双五好”活动推进暨第三季度宗教团体例会。

【侨联工作】全县有台属近 400 人，常住台胞 1 人；海外侨胞 31 人，归侨侨眷 65 人，港澳台资企业 2 家、侨资企业 3 家。联合台办、侨联等部门，在全县范围内开展第三轮侨情摸底调查工作，建立完善港澳台及海外代表人士数据库参与由台办牵头组织的第 15 届东盟华商会，推荐泸州产业，推广泸州品牌和泸州产品。同时，协助泸县归国华侨联合会积极向上争取贫困归侨侨眷扶持资金 5000 元，资助困难侨眷 2 名。

【信息宣传工作】建立“龙城统战”公众号，加强对统一战线多党合作、党外代表人士队伍建设、党外知识分子以及新社会阶层人士、港澳台、对口援藏、自身建设等重点工作的宣传。向市委统战部、市民宗局、县电子政务办、县公众信息网报送信息（稿件）222 条，采用 137 条。开设“龙城统战”公众号，推送信息 202 条，提高泸县统战影响力。

（撰稿人：熊　敏）

编制工作
Staffing Work

【职能转变和机构编制改革】深化行政审批制度改革。将行政审批制度改革工作职能明确到机构编制部门，审改领导组办公室在县委编办挂牌，在编办增设审改股。清理、会审、完成行政权力事项认领 5948 项（含行政许可项 660 项）。完成 32 个县级部门（单位）行政权力责任清单 5186 单、责任事项 39877 项的动态调整。推进执法体制改革。将县城乡环境管理局更名为泸县城市管理和行政执法局，调整机关内设机构；将住建、环保、水务、市场和质量监督管理、食药监等部门的有关城市管理行政处罚权划归县城市管理和行政执法局行使，并实施与城市管理和行政执法法律法规规定的行政处罚权有关的行政强制措施；建立农业综合行政执法大队，整合分散在农业系统及其事业单位的涉及农业投入品监管、农业资源保护、农产品

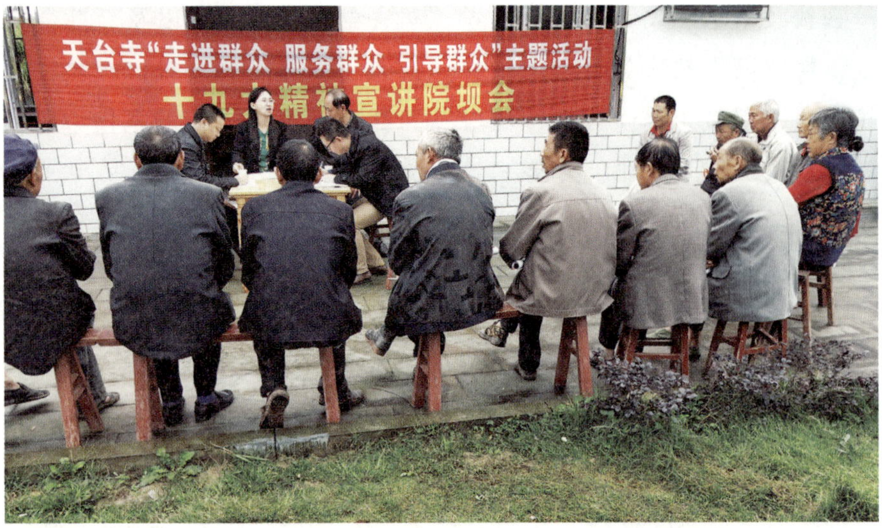

10月26日，县委编办到云锦镇天台寺召开十九大精神宣讲院坝会（陈菁　摄）

质量安全监管、饲料兽药、动物卫生监督、种畜禽经营管理等行政执法职责，交由农业综合行政执法大队承担；整合文化旅游执法队伍，在文化市场综合执法大队加挂泸县旅游行政执法大队牌子，促进文化和旅游执法融合，强化执法力量。推进安全生产监管工作。在县公安局等12个部门（单位）增设内设机构安全生产委员会办公室，在县民族宗教事务局等8个部门（单位）的相关内设机构增挂“安全生产委员会办公室”牌子；设立4个安全生产监察执法中队，调增安全生产监察执法队伍人员编制，不断健全完善基层片区全生产监察执法体制。推进环境保护管理体制改革。调整县环保局内设机构，重新明确其主要职责；设立4个环保监督执法中队，不断健全完善基层环保监督执法体制；在各镇村镇建设服务中心和玉蟾街道城乡建设环境服务中心加挂环保所牌子。推进基层统计管理体制改革试点。将泸县统计局执法监督大队单设为县统计局内设机构，并更名为泸县统计执法监督局，负责相关统计执法工作；设立泸县统计大数据中心，承接“智慧城市”和政府信息化建设相关任务。推进盐业体制改革。明确县经济和信息化局盐业行业管理职能，承担食盐专营管理工作；明确县食品药品监督管理局食盐质量安全管理与监督执法职能；明确盐业管理和食盐质量安全管理与监督执法工作职责。推进新型城镇化试点镇机构改革。根据云龙镇地域发展和管理实际重新制定云龙镇“三定方案”，调整设置综合办事机构7个，新增试点镇行政执法管理办公室和规划建设办公室。

【机构编制保障】为确保打赢脱贫攻坚战，在县人民政府办公室增设2个内设机构：扶贫股、移民股，明确主要职责，调增扶贫工作事业编制2名，在各镇（街道）党政办公室增挂扶贫和移民工作办公室牌子，增加组织、协调全镇扶贫和移民相关工作职责；为创建食品安全城市，加强农产品安全，设立泸县农产品质量安全监督检验检测站，核定事业编制6名；为保障环保工作，在各镇村镇建设服务中心和玉蟾街道城乡建设环境服务中心加挂环保所牌子，增加事业编制23名；设立电子商务服务中心，核定事编5名；设立投资服务中心，核定事编5名；为统计执法体制改革充实行编1名、参公2名、事编5名；调整事业编制2名强化统战和民宗事务工作。实施人才专项编制方案，调剂50名事业编制作为人才专项编制，主要用于引进医药、旅游、建筑、金融等亟须紧缺人才；分别设立4个安全生产、环境监察和城镇监察中队，调增县安全生产监察执法大队参公编制2名、矿山管理站事业编制4名用于强化片区执法；调增城镇监察大队参公编制5名，将部分执法力量重心下移，进行属地管理，确保守土有责，提高安全生产监察执法、环境监察以及城镇监察执法工作效益；全面启用“临时事业编制”，主要用于因工作职能增加、任务加重、年龄结构不合理等结构性缺编情形，有效期三年，到期后每年集中上会研究，根据实际决定收回或延期使用，2017 年下达临时事业编制 25 名。

【事业单位改革】泸县有事业单位 401 个，纳入分类的事业单位 397 个，未纳入分类的事业单位 4 个。经县编委会审定，分类的事业单位 383 个。其中，划入行政类事业单位 5 个、公益一类事业单位 350 个、公益二类事业单位 28 个、暂缓分类事业单位 14 个。

【事业单位登记管理】建成标准化“窗口”，建立首问责任制等 4 项工作制度，制成 7 项业务流程图和 1000 份一卡式告知卡；登记 358 家事业单位，完成网上提交、公示 357 家；按期完成新版“事业单位法人证书”换证率 100% 和机关群团统一社会信用代码赋码发证 100% 目标任务；完成事业单位法人公示信息抽查，在事业单位登记管理系统建立“事业单位名录库”和“执法人员名录库”；按时完成泸县 401 个单位政务和公益中文域名注册续费工作，共预缴运行注册费 5 万元。

【自身建设】2017 年度获得全市机构编制系统最佳单位，行政审批制度改革、事业单位登记管理、机构编制实名制统计、事业单位改革和精细化管理、盐业监管体制改革工作被市委编办评为先进单位；县综合目标绩效考评获党群部门二等奖，安全生产、开放合作、脱贫攻坚获一等奖，党建目标考核获二等奖。被县委评为脱贫攻坚先进帮扶单位。

（撰稿人：郑永丽）

干部教育培训

Cadre Education and Training

【概况】截至 2017 年年底，泸县县委党校有教职工 10 人（其中参公人员 7 人、事业单位人员 3 人）。内设行政办公室、教务股、科研股 3 个股室。

【教学工作】县委党校举办县处级和科级领导干部共 500 余人参加的全县领导干部大培训；承办 2 期乡城县优秀年轻干部人才培养班，其中，县委党校单独培训 1 期，与市委党校共同举办 1 期；协助县委开展领导干部读书班活动；开办新任副科级领导干部及青年干部人才递进培养班、县直机关入党积极分子培训班和机关新任党组织书记培训班等班次。2017 年，县委党校举办各类主体班 8 期，参训学员 1500 余人次；开展清华大学远程教育 10 期，参训学员 500 余人次。党校教师 2 次受聘到市委党校授课，打开了泸县党校教师外出授课新局面。

【科研工作】县委党校参与泸州市委党校“泸州市智库科创”科研组，围绕中国特色小城镇进行调查研究，撰写太伏、兆雅、玄滩、云龙 4 镇的调查研究文章。在市县立项结项、获奖和公开发表文章 5 项：市社科联结项 1 篇；关于“学习中共十九大精神”理论研讨征文，在泸州市党校系统

2 月 6 日，县委书记薛学深主持泸县领导干部培训班开班典礼（陈先宾　摄）

获奖2篇；对农村土地制度改革研讨，在《江阳论坛》发表相关文章1篇；对乡村振兴战略进行研讨，在《川江都市报》发表相关文章1篇。学校内部汇编《泸县党校》调研科研文章集子1本，收集关于农村土地制度改革、扶贫攻坚、特色小城镇建设、乡村振兴战略、公民道德素质提升、网络安全等方面的文章14篇和关于学习十九大的心得体会11篇。与宣传部合编《龙城社科》4期。参与宣传部十九大精神宣讲提纲撰写。

【宣讲工作】 县委党校以“龙城讲坛”“法律讲堂”“道德讲堂”“院坝会”“农民夜校”等特色讲堂和“群众理论直播车”为平台，深入各镇（街道）、机关、村（社区），对中央十八届六中全会以及十九大，省委第十一次党代会、县委第十三次党代会精神，普法守法，社会主义核心价值观，党史国史，家风家训等进行宣讲，对群众做好引导，让群众知党恩、听党话，与党同心，永远跟党走。全年授课100余场次，受众1万余人次。

【党建工作】 县委党校严格贯彻有关文件精神，大力开展从严治校，坚持每周进行政治学习，动态了解国家的大政方针，学习《中国共产党章程》党规及习近平系列讲话；全力落实“三会一课”“两学一做”，利用每月一次的党日活动学习先进典型，开展警示教育、演讲比赛、知识竞赛等活动；齐力协助基层脱贫攻坚，常态化“走进群众、服务群众、引导群众”；扎实推进依法治理、综治维稳工作，加强党风廉政建设、健康机关建设，积极参与社会评价和其他相关活动；持续开展政务公开，顺利通过规范化阵地建设验收并被评为阵地建设县级十五佳单位。

（撰稿人：张碧萍）

机关党建

Party's Construction of Organization

【思想政治建设】 强化思想政治建设，加强政治理论学习。邀请省市县党务专家到机关党组织宣讲十九大、省市县党代会精神36场次，并通过举办培训班、报告会，座谈会、交流会等方式为机关党员搭建学习平台，引导机关党员干部牢固树立“四个意识”，把思想和行动统一到中央、省委、市委、县委决策部署上来。做好新形势下思想政治工作。督促机关党开展思想理论教育、先进典型教育、法纪教育及警示教育等“四项教育”学习，并健全机关党员干部思想政治工作分析报告制度，密切关注机关党员的思想动态，全年对200余名党员做了心理疏导，对70余名党员职工及时约谈、提醒告诫。关心关爱困难党员。设置困难党员帮扶金，让困难党员感受到组织的温暖，全年共慰问困难党员28名，发放帮扶金4.3万元。持续深化“两学一做”学习教育，以“三会一课”为主要载体，组织开展学习廖俊波等先进典型专题讨论600余场次，举办“学习蔡松松精神，争做担当担责模范”大讨论15场次。组织开展“学英雄、颂楷模”演讲比赛，17名从县直机关各党组织层层选拔出的党员代表结合具体事例，从不同角度诠释“蔡松松”精神深刻内涵。定期开展“领导干部讲、支部书记讲、优秀党员讲、普通党员讲”四类微党课，同时推送优秀“微型党课”到镇村两级120场次。指导县直机关党组织做好省市“两学一做”学习教育专项检查，确保了保顺利通过迎检。深化机关文化建设，全面落实意识形态工作责任制，督促县直机关党组织利用LED、橱窗的阵地刊播宣传标语，营造良好氛围。注重家风家训培训，切实践行社会主义核心价值观，协同县文明委开展优秀典型家风家训选树活动。加强机关法治宣传教育，强化“法律进机关”工作落实，引导党员干部强化法治意识，做学法守法用法模范。举办职工羽毛球、金秋篮球赛、迎新年跑步活动等形式多样的文体活动，增强机关党组织的凝聚力和向心力，激发干部职工干事创业激情。深入开展“四创一巩固”工作，积极推动健康机关创建，县直机关实现了健康机关全覆盖。大力开展党员志愿服务活动，积极打造龙城党员志愿者品牌建设。

【基层组织建设】牢牢把握“落实到支部、落实靠支部”工作思路，指导县直机关各党支部落实好“三会一课”等党内基本制度。全面落实《泸县县直机关规范化基层党组织建设标准》，通过召开现场交流会等形式，指导57个县直机关党组织因地制宜全覆盖建立标准化党建阵地。多次研究讨论、牵头制定《关于进一步加强和改进机关党的建设的意见》，明确三级责任主体，全力保障机关党建人财物，开创机关党建新局面。加强机关党员干部队伍建设，严格基层党组织设置和党组织按期换届。2017年批准成立安监局等3个机关党委，发改局等3个党总支部，按期换届党组织38个。严控党员发展质量。全年举办1期入党积极分子培训班，180人参加培训，新发展党员25名，预备党员转正26名。严抓基层党务业务培训。通过邀请省市县党建工作专家到党校授课、组织优秀党务干部到临近县区学习交流、县直机关领导定点联系指导等方式，对161名支部书记和59名基层党务工作者进行培训。提升组织品牌建设，按照“三有办公室”“八有建设标准”，抓好机关党建阵地规范化建设，建成县级“示范阵地”7个、“十五佳阵地”6个。县法院、县中医院被评为市级“十佳阵地”。深化主题当日活动。指导机关党组织结合部门工作实际，做好“支部主题当日+”，丰富党内组织生活内容。推行党员“政治生日”，通过支部书记交心谈心、重温入党誓词、赠送书籍、义工活动等形式，引导党员不忘初心，牢记第一身份，激发党组织和党员队伍内生动力。

【作风建设】深入开展“双联双报到”“走服引”主题教育和“走基层、送温暖”活动，健全县级领导、县级部门联系指导基层制度，30名县级领导联系20个镇（街道），解决困难帮扶资金200万元；87个帮扶部门联系40个贫困村和47个非贫困村，累计开展农业技术培训200余期，党风廉政建设社会评价、学习蔡松松精神、法治感恩教育等各类培训6000余人次，为联系村协调项目资金2000万元以上，为困难群众送去300余万元物资。强化帮扶干部责任落地。1800多名机关干部为结对帮扶贫困户，解决生产生活类问题2000余件次，落实政策类问题600余件次，走访关心慰问2万人次以上。组织机关党员志愿者走进社区农村，开展“四创一巩固”、敬老爱老、关爱服务、文明创建、爱卫宣传等活动。抓好干部驻村帮扶工作，贯彻落实《关于统筹协调“五个一”帮扶力量进一步强化责任落实的工作方案》要求，强化联系领导、帮扶单位、驻村工作队管理，制定工作任务清单，实行每月交账制，确保责任落地。完善制度。对帮扶工作进行清单式管理，对问题台账实行普发和点球式发放，建立健全培训、业务对接、宣传引导和关心关爱脱贫攻坚一线干部工作制度。科学督导。整合督导力量，细化督导内容，强化督导结果运用，减少帮扶力量迎检频率，提高督导工作的针对性和实效性。2017年较好地通过了四川省脱贫攻坚省级交叉检查验收。

【制度建设】落实机关党建工作责任制，牢固树立“把抓好党建作为最大政绩”理念，坚持把党建工作和中心工作同谋划同部署同考核。贯彻落实县委《关于进一步加强和改进机关党的建设意见》，印发《2017年县级部门党组织党建工作目标日常管理考核内容》，完善机关党建责任和考评体系。建立县直机关工委领导联系机关基层党组织工作制度。县直机关工委3名班子成员分片联系县级机关基层党组织制度57个党组织，对党建工作、依法治

4月6日，机关工委到玉蟾街道龙朝村4队走访群众（杨军　摄）

县工作、脱贫攻坚工作、四创一巩固工作进行定期督导，推进工作有序有效开展。持续抓好机关党建述职考评。通过全面书面述职、部分大会口头述职、现场交叉考评等方式职，召开县直机关党组织书记述职评议会，强化考评结果运用，推动机关党建日常管理责任落实。健全“三会一课”管理机制。利用智慧党建、微信公众号等平台，开展微学习、微宣讲，打造“微型党课”品牌。加强和规范党内政治生活，指导机关党组织贯彻落实《关于新形势下党内政治生活的若干准则》《中国共产党党内监督条例》。认真落实“三会一课”、民主生活会、组织生活会、民主评议党员、谈心谈话、请示报告等制度，增强党内组织生活的政治性、时代性、原则性和实践性，推动党内组织生活质量全面提高。指导各党组织结合单位实际，探索开放式、互动式、网络化等活动形式，增强党组织生活的吸引力和实效性。要求县级机关副科级以上党员领导干部均联系1个机关基层党支部（或党小组），作为普通党员参加支部（或党小组）活动，解决双重组织生活问题。建立健全机关党建督导检查制度，机关工委牵头开展机关党建工作督导检查，重点督查县委《关于进一步加强和改进机关党的建设的意见》贯彻落实情况，支部“三会一课”“两学一做”等基础性工作开展情况，督查结果向县委报告，向部门党组（党委）反馈，抄送县委组织部，并以适当方式予以通报。

【党风廉政建设】 抓好党风廉政建设责任制落实，进一步压紧压实管党治党政治责任，推动机关党组（党委）全面监督，纪检机关专责监督，党的工作部门职能监督，党的基层组织日常监督，党员民主监督职责的落实。持之以恒正风肃纪，持续深入贯彻中央八项规定精神和省市县各项规定，坚决防止“四风”反弹回潮。全年会同县纪委、县委督查室、县机关事务办开展正风肃纪专项督查4次，对发现问题进行现场反馈。开展“深化两学一做·喜迎中共十九大”知识竞赛。全县县直机关各党组织分成8个小组，对党史、党章、党纪等党内知识进行比赛，引发机关党组织热烈反响。

【统战、群团工作】 将统战工作纳入机关党建目标绩效日常管理考核重要内容，督导做好党外代表人士发现、推荐、培养及动态服务和管理等工作，发挥党外人士“人才库”“蓄水池”作用。协同组织开展党外知识分子、无党派人士和统战工作人员队伍教育与培训，提升履职尽责能力和水平。协同搭建广泛联系团结党外人士的工作平台，开展党外知识分子联谊活动，发挥汇聚智慧、凝聚力量、服务中心的作用。加强和改进机关群团工作，贯彻落实中央、省市县党的群团工作会议精神，突出政治性、先进性、群众性，积极支持群团机构改革，构建“大群团”工作格局。协同开展“劳动竞赛”　“青春创业”“巾帼建功”等活动，做好工会“四季送”、团工委“青春闪耀扶贫路”等特色工作。持续配合打造金秋助学、送健康、送温暖、困难帮扶等工作品牌。

（撰稿人：杨　军）

信访工作
Petition Work

5月8日，泸县召开信访工作联席（扩大）会议

【概况】全年全县群众信访总量1671批（件）次和2563（件）人次，其中：乡镇走访115批185人次；县级来信223件次，走访605批1223人次；市级致信277件次，走访155批309人次；省级致信110件次，走访47批85人次；国家级致信102件次，走访37批39人次，比2016年度1637批（件）次和2157（件）人次，总量有所上升。从2017年信访形式来看，仍以访为主，全年走访类为959批次，占全年信访总量的57.4%，同比2016年占比稍有上升。信件类为712件次，占全年信访总量的42.6%，同比2016年占比稍有下降。

【矛盾排查】按照“横向到边、纵向到底，全覆盖、全方位、无疏漏”的原则，每月对重点人群、重点问题、重点行业、重点领域矛盾纠纷排查，建立台账，实行精细化动态管理模式，实行“排查常态化、台账常态化、监管常态化、化解常态化”，切实把问题化解在初始、解决在萌芽、控制在当地。全年全县摸排信访矛盾纠纷1969件，化解1875件，化解率95%以上。

【领导接访】建立《泸县信访工作领导干部接访制度》，将县、镇领导干部接访工作纳入制度化管理，进一步明确领导干部接访时间、地点、方式等内容，对接访事项的处理进行了规范。县级领导坚持每个工作日轮流到县群众工作中心接访，从10个重点信访领域的主管部门中每天抽派2名熟悉业务的工作人员到县群众工作中心坐班接访。县群众工作中心全年接访群众522批1313人次。

【业务办理】进一步规范信访事项登记、受理、转送交办、办理、送达、录入、督查督办等方面的规定动作；注重对初信初访的办理，压实首接首办责任，提高一次性办结率。全年办结化解初信初访2091件，按期办结率100%，有效减少信转访、初转重、重转积。

【畅通渠道】一方面大力推进“阳光信访”，拓展信访诉求反映渠道，宣传鼓励群众通过网上信访表达诉求，进一步规范“四川省网上信访信息系统”“人民网地方领导留言”“四川问政”“市委书记市长信箱”“县委书记县长信箱”等网上信访问题的办理。另一方面，结合县委“走进群众、服务群众、引导群众”等活动，要求各级干部主动下沉到群众当中收集问题、解决问题，变被动接访为主动下访，在抓早、抓小、抓苗头上狠下功夫，从源头上抓好防范。

【建章立制】县委、县政府主要领导对信访工作高度重视，县委常委会、县政府常务会研究讨论信访工作7次，听取信访工作汇报10次。完善《泸县信访工作联席会议制度》《初信初访办理制度》《信访事项督查督办制度》《泸县信访工作责任追究制度》，规范管理信访工作。充分发挥县信访联席会议作用，经常性会商研究信访积案、重案、新案的化解稳控工作。建立全县各镇（街）、县级部门的群工办（信访办）主任每季度例会制度，研究部署工作。

【专项治理】在“化解信访矛盾、规范信访秩序”专项治理期间，对市上统一交办的245件信访事项，办结率100%，化解率92.2%。在“系统治理、属地治理”专项活动期间，治理群体性信访事项17件、个体性信访事项28件。积极开展基层信访治理，对16件信访典型案件制定了化解方案，下大力气治理信访突出问题。

【法治信访建设】利用流动车辆、“村村响”、LED显示屏、宣传册、宣传栏、横幅、电视台等，对信访法律法规政策及专项治理活动广泛宣传，采取交心谈心、发放法治宣传单、签订告知书等形式，引导信访人依法逐级走访。对符合依法处置条件的人员，依法收集固定证据、依法打击处置。全年依法处置违法信访行为为13人次。

（撰稿人：吴　倩）

巡察工作

Inspector Work

【概况】泸县巡察工作在县委和县委巡察工作领导小组的坚强领导下，在市委巡察办的精心指导和市委第二巡察组的联系督导下，认真学习贯彻中共十九大精神，坚决落实中央巡视巡察工作方针和省委、市委重大决策部署。始终坚持政治巡察定位，聚焦坚持党的领导、加强党的建设、全面从严治党，充分发挥政治巡察“显微镜”和“探照灯”作用。2017年开展两轮常规巡察，巡察3个镇、9个县直部门，延伸巡察村（社区）党组织91个。

【组织保障】县委成立以县委书记任组长的巡察工作领导小组，把巡察工作纳入经济社会发展和党的建设总体布局，同部署、同检查、同考核。2017年召开县委常委会1次、县委五人小组会和县委巡察工作领导小组会议4次，专题研究巡察工作，推动县委巡察工作向纵深发展。经县委编办批复，县委巡察办作为县委工作部门，设在县纪委，核定行政编制6名，为网络政务与电教中心增加了3名事业编制，由县纪委统筹充实到巡察工作中。巡察办内设综合股、巡察联络股，明确科级领导职数为一正一副，成立3个县委巡察组，每组设组长1名（正科级），副组长1名（副科级）。建立健全县委巡察工作制度体系，汇编成册作为开展县委巡察的工作参考。十三届县委第16次常委会审议通过了《十三届县委五年巡察工作规划》，并以县委办名义印发全县各级党组织。制定《县委2017年巡察工作计划》和《县委巡察办2017年巡察工作方案》《巡察组工作规则》等规范性文件和制度，为稳步推进县委巡察工作打下了坚实基础。

【人才储备】巡察组实行组长负责制，巡察组组长采取“一巡一授权”，并坚持避开同一地域、同一系统人员不参与巡察的原则，保证巡察工作不受人为因素干扰。每轮巡察对象名单确定后，县委巡察机构与县纪委机关、组织部多次沟通协商，以县委组织部名义发文抽调纪检监察、组织人事、财务审计、工程项目等类别人员到巡察组参与巡察工作。更新巡察人员库。把巡察工作作为培养、锻炼干部的平台，从纪检监察、组织人事、政法信访、财务审计、工程项目、招投标等专业领域遴选优秀干部，组建巡察人才库，为巡察顺利开展做好人才储备。各镇（街道）和县级各部门于5

月底共推荐巡察人员156人组建巡察人员库。11月底对巡察人才库进行更新，现有157人，其中纪检监察人员41人，组织人事人员31人，财务审计人员38人，工程建设招投标人员38人，其他9人。

【教育督查】做好引进来，举办巡察业务培训班，邀请市委第二巡察组副组长、市纪委干监室主任等开展巡察业务培训。走出去学习，到市委巡察办、市法纪教育中心、江阳区、合江县进行交流学习，取长补短，提升业务水平。各巡察组对巡察人员进行专门业务培训，增强巡察干部发现问题的能力。做好干部教育监督，全体巡察干部牢记巡察职责使命、敢于坚持原则、敢于较真碰硬，严肃巡察工作纪律，严格政治纪律和政治规矩，自觉做到坚守巡察工作底线，不越党纪政纪“红线”，不碰法律法规“高压线”。

【巡察前期工作】巡前走访调查。向政法、信访、审计、财政等相关单位发函36份，相关单位提供问题线索20个，在巡察前就做足功课，做到心中有数，根据被巡察党组织特点，结合相关单位提供的问题线索，有针对性地研究制定切实可行的巡察工作方案，各巡察组共制定巡察工作方案48个。组内明确工作分工。结合组内人员专业背景和工作经历，进行合理分工，真正做到用其所长，避其所短，强弱互补，以发挥全员个体优势，提升团队整体合力，推动巡察工作有序开展。横向互动交流。召集各巡察组正副组长和联络员，不定期进行座谈交流，通报各组工作进展情况，探讨解决面临的新问题、新困难，总结分享取得的成果和经验，通过互动交流，相互学习取长补短，共同提高。

【问题导向】把准抓实关键环节，紧紧盯住重点对象，增强巡察的针对性和威慑力。抓住“关键少数”。领导班子、特别是“一把手”是贯彻落实全面从严治党主体责任的关键。用谈话、测评等工作方法，深入了解被巡单位领导班子执行民主集中制、抓班子带队伍、党风廉政建设等方面的问题。紧盯机关及下属基层单位党员干部。重点巡察内设机构主要负责人、重要岗位人员在履行岗位职责、执行党的纪律、落实党的政策、效能效率等方面的情况。紧盯村（社区）三委及村民小组干部。重点巡察基层党建、执行扶贫惠农政策、处置集体“三资”等方面的情况，着力发现“四风”“苍蝇式”腐败等问题。

【巡察方法】认真“听”，通过召开动员会、专题汇报会、座谈会和列席被巡察党组织党委（组）会、班子民主生活会等相关会议，实事求是发现领导班子和班子成员个人问题，全年累计召开巡察工作动员会12次。全面“谈”，将个别谈话作为发现问题线索的重要方式，做到个别谈话全覆盖，既注重和被巡察党组织领导班子成员、中层干部、基层单位主要负责人等谈话，还与相关服务对象和两代表一委员进行谈话，并根据需要适时进行约谈，全方位了解被巡察党组织和领导干部存在的突出问题。全年开展个别谈话966人次，收集问题线索29个。重点“查”，坚持全面查与重点查相结合，牢牢盯住重点人、重点事、重点问题，仔细查阅被巡察党组织的文件、资料、财务账簿、会计凭证、档案、会议记录等资料，做到巡察全“覆盖”、全“扫描”，从中发现有价值的问题线索。着力发现被巡察党组织在基层党建、党风廉政建设、资金管理、“三重一大”事项、民主决策等方面存在的问题。共核查各类档案资料、票据账簿等3.2万余份（件、册），收集各类问题线索331余条。突击“访”，坚持群众路线，对发现的问题线索，下沉到底，通过明察或暗访，做到深入挖掘、跟踪锁定、精准发力，把问题摸准摸透、佐证核实。对存有疑点、需要现场查核等问题，通过走访当事人、工作人员、相关领导以及随机调查、突击检查等方式开展调研，掌握第一手材料。围绕重点问题，掌控走访主题，把控工作节奏，紧盯关键部位，对获得的材料第一时间准确核实。干群“评”，向被巡察党组织全体人员发放问卷调查表、民主测评表，全年共发放问卷调查1080余份、民主测评1120人次，收集到90余条意见建议，确保评出群众心声、测出真实问题。

【线索交办】对明显违反规定并且能够及时得到解决的问题即时反馈，力促问题边巡边改，巡察中向被巡察党组织提出立行立改问题76条，督促被巡察党组织迅速整改落实。严格按程序分类处置问题线索，对涉嫌违纪线索及时移送县纪委处理；其他线索移交相关主管部门和被巡察党组织处理。共收到和发现问题线索50件、向纪检监察机关移送问题线索27件，向行业主管部门和被巡察党组织移交办理事项23项。及时处理群众信访件，共受理群众来信来电来访71件，要求必须及时与反映人见面，及时回复信访人；对办理情况不符合要求的，要求限时重办。

【巡察成果运用】巡察结束后，各巡察组撰写巡察报告，向县委五人小组和巡察工作巡察领导小组汇报，经县委巡察工作领导小组审议，研究巡察成果运用，对重点问题、重点线索提出处置意见。各巡察组依据会议要求，认真梳理问题线索，向被巡察党组织反馈问题，共向被巡察党组织反馈问题569个。巡察反馈结束后，向分管或联系被巡察党组织的县领导呈送巡察反馈情况报告，由分管或联系县领导督促被巡察党组织整改落实。被巡察党组织对巡察组反馈的意见和建议制定整改方案、建立问题清单、任务清单、责任清单，严格台账管理、对账销号、明确责任人、责任单位和完成时限，逐条逐项落实。各巡察组督促被巡察党组织落实整改方案，开展巡察回访工作。督促被巡察党组织清退违规发放资金11.3万元、追回利息16万元、收回借款207.5万元、谈话提醒和批评教育252人、诫勉谈话11人、调整中层干部60余人、健全完善相关制度机制251项。

（撰稿人：张丁山）

老干部工作
Veteran Cadre Work

【工作机制】严格执行现行政策，坚持对离退休干部“三个保障机制”的落实情况进行督促检查，坚持老干部工作领导负责制，坚持县委常委联系老干部制度，坚持老干部政治理论学习、情况通报制度、春节、重阳节茶话会制度，坚持老干部生日慰问制度、生病住院看望制度和两年一次的外出参观等。

【政治待遇落实】全年，县委、县政府主要领导向老干部通报全县经济社会事业发展和党建工作情况2次；开展全县老干部春节团拜会1次，重阳节座谈会1次；老干局牵头组织理论学习15次；组织40余名老干部赴西安、延安开展为期6天的参观考察1次；组织老干部参观石桥道林沟建设1次；征集到老干部“我为‘六个突破、四个新区’”建设建言献策文章3篇，意见建议40余条；邀请县委党校常务副校长王湘开展老干部理论培训班1次；县委办公室、县政府办公室联合制定《关于进一步加强和改进离退休干部工作的实施意见》（泸委办发〔2017〕11号），并以密件形式发放到相关单位；制定并报常委会审定通过《关于老干部逝世后治丧活动有关问题的意见》，通过党政网将文件精神传达到全县各镇（街道）和县级部门（单位）；在春节、重阳节等重大节日走访慰问老干部164人次，发放慰问金及慰问品共计11.7万元，其中县委常委走访慰问老干部代表20人次。

【生活待遇保障】协助县目督办、县财政局、县人社局及时做好离退休老干部年终慰问金的发放工作；协助做好离休干部无工作遗孀生活费的调整和发放；积极协调中华人民共和国成立初期参加革命工作退休人员困难补助增长工作；4 月组织全县 30 余名离退休老干部在西南医科大学附属中医院开展健康体检 1 次，并于 10 月邀请县人民医院彭中医生开展老年人糖尿病和高血压的预防和治疗健康讲座 1 次；组织开展适合老年人的钓鱼、棋牌等比赛 3 次；组织开展“喜迎建军九十周年”庆“八一”茶话会 1 次；邀请县医保、人社部门负责人开展医保报销、退休金调整等政策解答 2 次。

【困难帮扶机制】经过向县委、县政府汇报，将老干部困难帮扶基金由 5 万元提升到 10 万元，并纳入财政预算，帮扶长期患病卧床、家庭生活困难、高龄老干部、老党员以及老干部生活困难遗孀 70 余人次，共计发放老干部困难帮扶资金 8 万余元。其中，争取到市级“七一”困难帮扶资金 2000 元，分别帮扶 2 位生病住院老党员。

【关爱机制】全年深入空巢、独居、失能老干部家中实行“一对一”“多对一”关爱帮扶 8 次，与老干部谈心、读书读报、解决老干部及老干部遗孀生活难题 23 个次；深入老干部家中，为老干部庆生 20 余次；在春节、元旦节、重阳节等重大节日发送关爱、祝福短信 200 余个次；利用春节、重阳节对离休干部无工作遗孀进行全面走访慰问，并对离休干部生活困难遗孀进行特殊困难帮扶，全年为离休干部遗孀送去党委、政府的关爱共计 2 万元。

【活动开展】开展助推“决胜全面小康、建成区域中心”系列主题活动。组织开展“我看泸州新蓝图畅想酒城新变化”座谈会 4 场次；征集到老干部“我为‘六个突破、四个新区’”建设建言献策文章 3 篇，意见建议 40 余条，梳理成建言献策文章 10 篇上报市委老干部局；组织 16 名退休干部自编舞蹈《美丽草原我的家》参加“喜迎十九大坚定跟党走”文艺会演；选送 5 幅优秀作品参加“挥毫泼墨写新篇浓墨重彩赞泸州”书画征集活动；评选 5 篇优秀作品参加“区域中心初显现发展变化看泸州”诗词作品征集活动；选送 17 篇优秀作品参加“用脚步丈量美丽泸州用镜头捕捉美好生活”摄影作品征集活动。引导老干部助力脱贫攻坚。与县委组织部联合下发《关于抓好“双联一整合”深入推进离退休干部助力脱贫攻坚志愿服务活动的通知》，通过充分宣传和引导，全县 40 个贫困村和贫困村党总支均有对应离退休干部和离退休党支部进行结对联系，老干部以“传帮带”的正能量助力脱贫攻坚。

【来信来访】严格执行信访接待制度，认真做好老干部来信来访工作。全年共接待和处理老干部来信来访及电话咨询 80 余件次，对老干部反映的问题及时与有关部门协调，做到件件有落实、事事有回音，办结率达 100%。

【老干部评价工作】坚持把“老干部评价老干部工作”纳入全县各单位党建目标考核，把两个待遇、两项建设、老干部进社区等工作成绩作为考核的主要依据，不断改进和提高老干部工作水平。年终对全县 30 余个单位进行测评，综合满意率为 97%。

【自身建设】推进制度规范化建设。修订完善局内工作条例，上挂工作展示栏，明确单位职能职责及干部职工岗位职责；及时更新完善老干部工作台账，做到老干部数量清楚、情况明白；用制度规范办文办会办事流程，用“五必访”（重大节日必访、老干部生病住院必访、家中有事必访、有思想情绪必访、生活有困难必访）的工作高要求提高工作服务效能，老干部信访回复率及满意率达100%；通过积极向县委县政府汇报和多方努力，经县委常委会同意，将县老干部活动中心建设纳入县城建设总体规划。加强调研宣传力度。全年充分利用各级媒体宣传正能量活动，上报信息45篇，其中被省委老干部局网站采用6篇，被川南在线等网站采用12篇，被市委老干部网站采用45篇，被酒城新报采用14篇；编写老干部工作简报5期，编写关心下一代工作简报12期；同时，经过大力宣传和引导，收到玉蟾街道办、立石镇、农林局等单位发来的老干部活动宣传信息12篇。稿件的数量和用稿率都得到了提升，老干部正能量活动宣传氛围更加浓厚。

【关心下一代工作委员会工作】 开展社会主义核心价值观教育。县关工委老同志到中小学校、社区开展以十九大精神、“两史”“三爱”为主要内容的宣讲活动31余场次，举办科普知识竞赛、报告以及“网络安全”教育讲座共13场次，对青少年进行社会主义核心价值观教育。关爱弱势青少年群体。泸县关工委建立的关爱基金，除资助“朝阳工程”项目中品学兼优的150名贫困中小学生外，用2万余元资助殷勇等44名农村“建档立卡”贫困家庭的儿童及“五失”未成年人；6月底，圆满完成全县150名“朝阳工程”受助中小学生22.5万元资助款的发放工作；用2万余元开展春节“暖冬行动”和“六一”儿童节联欢活动。参与创新社会治理。县关工委老同志用9天时间，分片深入到全县数十家经营性网吧开展巡查工作，配合有关部门开展文化市场检查、整顿工作。县关工委老同志到学校、社区宣讲有关法律法规8次，到县看守所、泸州市强制隔离戒毒所、嘉州监狱开展帮教活动4次，为未成年人提供法律援助8件，为司法机关审理未成年人案件当“合适成年人”5次。县关工委老同志到“县关工委怡园社区家长学校”等地作家教报告17次，对农村留守儿童家庭教育现状进行专题调研。

（撰稿人：曾　明）

泸县人民代表大会常务委员会

STANGING COMMITTEE OF LUXIAN PEOPLE'S CONGRESS

工作综述

Work Summarize

【概况】2017年是县第十六届人大常委会履职的第一年。全年召开党组会议16次，就学习宣传贯彻中共十九大精神和习近平新时代中国特色社会主义思想、落实县委重大决策部署、对“一府两院”的工作监督和法律监督、行使重大事项决定权、人事任免权、代表履职监督、加强常委会机关党的建设和党风廉政建设等重大问题进行专题研究和安排部署，确保了常委会工作正确的政治方向。县人大常委会围绕全县工作大局，依法履行职责，为推进全县经济、政治、文化、社会、生态文明建设和“建成四个新区，率先全面小康”贡献了人大力量。

【民主科学决策】围绕常委会审议议题和聚焦发展重点、关注百姓堵点、解决民生难点、纾解社会痛点、守护公平正义等开展调研67次。针对经济发展软环境打造、农村赌博迷信风气抬头、婚丧嫁娶大操大办、“人情消费”不堪重负等涉及加快发展、民生民本的问题，精心策划重点调研课题，形成《泸县经济发展软环境调研报告》和《关于遏制农村陈规陋习的调查报告》，为常委会审议决定相关重大事项提供直接的民智支撑，同时还得到了县委主要领导的充分肯定和高度重视。组织发动全县各级人大代表利用代表活动日、代表接访日、常委会主任接待日、镇（街）代表之家、选区（村、社区）代表工作室等，加强同选民的联系，深入选区和选民的生产生活，听民声、察民情，收集到有关改革发展稳定的建议意见和民生诉求456件，为常委会科学决策奠定广泛的民意基础。2017年，常委会对县政府提请审议的农村土地制度改革三项试点涉及的《泸县农村宅基地使用和管理试行办法》（修订）、《泸县农村村民建房审批管理暂行办法》（修订）、《泸县农村宅基地有偿退出管理暂行办法》（修订）、《泸县农村宅基地有偿退出房屋拆迁补偿安置指导意见》（修订）、《泸县农村集体经营性建设用地入市管理办法（试行）》（修订）、《泸县农村宅基地共建共享暨综合开发的指导意见（试行）》等6项重大事项，在广泛调研、反复对接的基础上，依法及时做出决议，并要求县政府及相关职能部门“立足泸县、放眼全国、勇于探索、大胆实践，努力为国家深化农村土地三项制度改革提供试点经验，为国家相关土地法律法规的修订提供可复制、可推广的制度性成果”。对县政府提请的《关于泸县2016年财政决算的报告》《关于2017年财政收支预算调整变动情况的报告》《关于2017年财政切块资金安排情况的报告》3项重大事项，在认真调查核实、充分交换意见的基础上进行审议，依法及时做出相关决定决议。坚持对拟任命人员落实任前主任会议审议、法律考试、供职发言、常委会集体表决以及颁发任命书、向宪法宣誓等程序，增强被任命国家机关工作人员的公仆意识、法制意识和服务意识。县十六届人大一次会议闭会以后，根据县政府县长的提请，常委会对25名县政府组成部门负责人进行任命。全年任免国家机关工作人员98名，其中：任命55人，免职31人，接受辞职12人，为全县经济社会发展提供了有力的组织保障。

【脱贫攻坚】开展脱贫攻坚工作调研。以贯彻落实《四川省扶贫开发条例》为抓手，组织常委会组成人员对全县脱贫攻坚推进情况开展专题实地调研，摸清实情。在此基础上，常委会专题听取和审议了县政府脱贫攻坚工作专项报告。开展“脱贫攻坚——人大代表再行动”活动。根据省、市人大常委会的要求，结合贯彻县委《关于巩固脱贫攻坚成果助推小康建设的工作意见》，常委会组织全县1710名各级人大代表，通过模范带头、视察调研、结对帮扶、政策宣讲、化解矛盾、建言献策六大活动，结对联系21个贫困村，结对帮扶3420户贫困家庭。据不完全统计，各级人大代表充分发挥独自或联合优势，提供各类就业岗位3000多个，帮助发展特色种养殖业1200余户，政策宣讲12410人次，反映群众诉求265件，化解各种矛盾纠纷105件，开展培训46场，投入各类帮扶资金、物资累计7000余万元。做好联系镇村脱贫攻坚工作。常委会领导分别联系四个镇的脱贫攻坚工作，常委会机关联系两个非贫困村，结对帮扶贫困户41户，全年共有1736人次深入到联系镇、村和结对帮扶户开展脱贫指导、捐资捐款，帮助生产劳动、协调项目资金等帮扶活动。

【环境保护】以《中华人民共和国环境保护法》的执法情况为重点，专题听取和审议了县政府《关于2017年环境状况和环境保护目标完成情况的报告》。全面落实河长制工作，常委会领导分别担任九曲河、太和溪、龙溪河、马溪河、纺线溪“河长”，根据《泸州市沱江水体达标方案》《泸县濑溪河水体达标方案》《沱江泸州段一河一策管理保护方案》的要求，带着问题，深入负责的溪河检查指导水污染防治和水生态保护，累计50余次，解决具体污染问题39个。以迎接中央环保督察为切入点，组织常委会机关干部和常委会组成人员，深入镇街、村社、园区、企业实地开展生态环境保护检查指导；召开人大系统专门会议，要求全县各级人大组织和人大代表发挥监督职能，在督促政府和相关部门严格履职的同时，自身要勇于担当，坚持问题导向，围绕城市生活及工业污水处理，城镇垃圾处理，大气、土壤、水污染防治中的突出问题治理和环境保护长效机制建设出实招谏诤言，解决处理突出环保问题42个，收集到环保长效机制建设的建议26条。

重要会议
Important Meetings

【第十六届人民代表大会常务委员会第三次主任会议】泸县第十六届人民代表大会常务委员会第三次主任会议召开，会议议题2项，会期半天。会议学习《四川省党风廉政建设党委主体责任追究办法（试行）》；讨论常委会2017年工作意见。会议由县人大常委会主任颜习林主持，泸县十六届人大常委会主任、副主任出席会议，县人大各委室主任、副主任参加会议。

【第十六届人民代表大会常务委员会第四次主任会议】 泸县第十六届人民代表大会常务委员会第四次主任会议召开，会议议题11项，会期半天。会议讨论机关财务制度；主任会议议事办法；县人大常委会议事规则；县人大常委会组成人员守则；县人大常委会讨论决定重大事项的规定；关于规范性文件备案审查的规定；县人大常委会审议意见办理办法；县人大常委会任免国家机关工作人员办法；县人大常委会任命国家机关工作人员法律知识考试办法；县人大常委会关于县人大代表闭会期间活动的意见；讨论通过县十六届人大常委会第二次会议方案。会议由县人大常委会主任颜习林主持，泸县十六届人大常委会主任、副主任出席会议，县人大各委室主任、副主任参加会议。

【第十六届人民代表大会常务委员会第二次会议】 泸县第十六届人民代表大会常务委员会第二次会议在县人大常委会会议室召开，会议议题4项，会期半天。会议听取和审议县人大常委会相关工作制度；听取和审议县政府关于高中教育工作的情况报告；听取和审议泸县人民法院执行工作的情况报告；审议人事任免案。会议由县人大常委会主任颜习林主持，县十六届人大常委会组成人员38人出席会议。

11月2日，县人大常委会主任颜习林（左三）调研“脱贫攻坚——人大代表再行动”工作

【第十六届人民代表大会常务委员会第五次主任会议】 泸县第十六届人民代表大会常务委员会第五次主任会议召开，会议议题6项，会期半天。会议听取县人民政府关于农村电子商务建设情况的报告；听取县人民政府关于贯彻实施道路交通安全法情况的报告；研究县人大关于泸县经济发展软环境和农村移风易俗调研课题相关工作；听取县十六届人大一次会议代表批评意见建议办理情况的汇报；听取办公室、内司委、教科文卫委关于县十六届人大常委会第二次会议相关议题的跟踪办理情况；确定县十六届人大常委会第三次会议时间和议题。会议由县人大常委会主任颜习林主持，泸县十六届人大常委会主任、副主任出席会议，县人大各委室主任、副主任参加会议。

【第十六届人民代表大会常务委员会第六次主任会议】 泸县第十六届人民代表大会常务委员会第六次主任会议召开，会议议题4项，会期半天。会议通报县委人事安排；听取机关政务公开和文化建设方案；听取人大机关脱贫攻坚工作汇报；听取泸县第十六届人民代表大会常务委员会第三次会议方案的汇报。会议由县人大常委会主任颜习林主持，泸县十六届人大常委会主任、副主任出席会议，县人大各委室主任、副主任参加会议。

【第十六届人民代表大会常务委员会第三次会议】 泸县第十六届人民代表大会常务委员会第三

次会议在县人大常委会会议室召开，会议议题3项，会期半天。会议听取和审议县人民政府关于贯彻落实《宗教事务条例》以及《宗教活动场所设立审批和登记办法》的情况报告；听取和审议县人民政府关于农村土地制度改革三项试点实施情况的报告；审议人事任免。会议由县人大常委会主任颜习林主持，县十六届人大常委会组成人员40人出席会议。

【第十六届人民代表大会常务委员会第七次主任会议】泸县第十六届人民代表大会常务委员会第七次主任会议召开，会议议题8项，会期半天。听取县政府关于国家健康城市创建工作的情况报告；听取县政府关于推动科技创新改革驱动县域经济转型发展工作的情况报告；听取县政府关于空港园区产业布局规划发展的情况报告；听取关于食品安全监管工作评议方案的汇报；听取关于常委会领导分工联系镇（街）人大工作的汇报；听取关于泸县人大机关会议管理制度的汇报；听取研究室、财经委关于经济发展软环境调研外出学习考察情况的汇报；听取县十六届人大常委会第四次会议方案的汇报。会议由县人大常委会主任颜习林主持，县十六届人大常委会主任、副主任，县人大各委室主任、副主任出席会议。

【第十六届人民代表大会常务委员会第八次主任会议】泸县第十六届人民代表大会常务委员会第八次主任会议召开，会议议题3项，会期半天。会议听取人事任免案的情况汇报；加强新闻宣传工作的意见；通过泸县第十六届人民代表大会常务委员会第四会议方案；会议由县人大常委会主任颜习林主持，泸县十六届人大常委会主任、副主任出席会议，县人大各委室主任、副主任参加会议。

【第十六届人民代表大会常务委员会第四次会议】泸县第十六届人民代表大会常务委员会第四次会议在县人大常委会会议室召开，会议议题6项，会期半天。会议听取和审议县人民政府关于2017年1—6月国民经济和社会发展计划执行的情况报告；听取和审议县人民政府关于2017年1—6月财政收支预算执行情况的报告；听取和审议县人民政府关于2017年切块资金安排情况的报告；听取和审议县人民政府关于办理人大代表议案、批评、意见和建议情况的报告；听取和审议县人民政府贯彻实施《中华人民共和国村民委员会组织法》的情况报告；审议人事任免案。会议由县人大常委会主任颜习林主持，县十五届人大常委会组成人员35人出席会议。

【第十六届人民代表大会常务委员会第九次主任会议】泸县第十六届人民代表大会常务委员会第九次主任会议召开，会议议题1项，会期半天。会议听取县十六届人大常委会第五次会议方案的汇报；会议由县人大常委会主任颜习林主持，县十六届人大常委会主任、副主任，县人大各委室主任、副主任出席会议。

【第十六届人民代表大会常务委员会第五次会议】泸县第十六届人民代表大会常务委员会第五次会议在县人大常委会会议室召开，会议议题1项，会期半天。会议审议人事任免事项，通过表决决定任命先泽平为县人民政府副县长，邝小波为县政府办主任。会议由县人大常委会主任颜习林主持，泸县十六届人大常委会组成人员36人出席会议。

【第十六届人民代表大会常务委员会第十次主任会议】泸县第十六届人民代表大会常务委员会第十次主任会议召开，会议议题9项，会期半天。会议听取全民预防保健工作、2016年财政收支预算和其他财政收支审计、2016年度县本级财政决算、全县全面脱贫工作等常委会议题调研情况；听取代表履职监督工作和“脱贫攻坚——人大代表再行动”工作督查情况，听取市人大代表视察活动筹备情况；听取新设置县人大法制委的情况汇报；听取泸县十六届人大常委会第六次方案的汇报。会议由县人大常委会主任颜习林主持，县十六届人大常委会主任、副主任，县人大各委室主任、副主任出席会议。

【第十六届人民代表大会常务委员会第十一次主任会议】泸县第十六届人民代表大会常务委员会第十一次主任会议召开，会议议题1项，会期半天。会议听取了县政府提请人事任免的情况汇报。会议由县人大常委会主任颜习林主持，县十六届人大常委会主任、副主任，县人大各委室主任、副主任出席会议。

【第十六届人民代表大会常务委员会第六次会议】泸县第十六届人民代表大会常务委员会第六次会议在县人大常委会会议室召开，会议议题7项，会期半天。会议学习《中共中央办公厅国务院办公厅关于腾格里沙漠污染问题处理情况的通报》和《中共中央办公厅国务院办公厅关于甘肃祁连山国家级自然保护区生态问题督查处理情况及其教训的通报》；听取和审议县人民政府关于全民预防保健工作的情况报告；听取和审议县人民政府关于2016年财政收支预算和其他财政收支审计的情况报告；审查2016年度县本级财政决算；听取和审议县人民政府关于脱贫攻坚工作的情况报告；听取和审议设立泸县人民代表大会法制委员会的议案；审议人事任免。会议由县人大常委会主任颜习林主持，泸县十六届人大常委会组成人员37人出席会议。

【第十六届人民代表大会常务委员会第十二次主任会议】泸县第十六届人民代表大会常务委员会第十二次主任会议召开，会议议题5项，会期半天。会议听取县政府贯彻实施《中华人民共和国农产品质量安全法》情况报告；听取县人民检察院队伍建设工作的情况报告；听取全县文旅联动发展情况报告；听取全县社社通公路建设情况报告；听取融入泸州主城区一体化发展道路交通基础设施规划建设情况报告；会议由县人大常委会主任颜习林主持，泸县十六届人大常委会主任、副主任，县人大各委室主任、副主任出席会议。

【第十六届人民代表大会常务委员会第十三次主任会议】泸县第十六届人民代表大会常务委员会第十三次主任会议召开，会议议题1项，会期半天。讨论决定将"一府两院"提请任免人员提交常委会审议。会议由县人大常委会主任颜习林主持，泸县十六届人大常委会主任、副主任，各委室主任、副主任出席会议。

【第十六届人民代表大会常务委员会第七次会议】泸县第十六届人民代表大会常务委员会第七次会议在县人大常委会会议室召开，会议议题7项，会期半天。会议学习中共十九大会议精神；听取和审议县政府关于农村土地制度改革有关制度文件修改的报告；听取和审议县政府关于2017年环境状况和环境保护目标完成的情况报告；听取和审议县政府关于2017年财政收支预算调整变动的情况报告；听取和审议县政府关于2016年财政收支预算和其他财政收支审计整改的情况报告；听取和审议设立县（镇）选举委员会的报告；审议人事任免案。会议由县人大常委会主任颜习林主持，泸县十六届人大常委会组成人员37人出席会议。

【第十六届人民代表大会常务委员会第十四次主任会议】泸县第十六届人民代表大会常务委员会第十四次主任会议在县人大三楼会议室召开，会议议题2项，会期半天。会议听取提请和审议人事任免事项的汇报；听取县十六届人大常委会第八次会议方案汇报。会议由县人大常委会主任颜习林主持，泸县十五届人大常委会主任、副主任，各委室主任、副主任出席会议。

【第十六届人民代表大会常务委员会第九次会议】泸县第十六届人民代表大会常务委员会第九次会议在县人大常委会会议室召开，会议议题3项，会期半天。会议听取和审议县人民政府关于泸县市政及经开区神仙桥临港产业园基础设施PPP项目财政资金收支纳入财政预算管理的报告；听取和审议县人民政府关于修改泸县农村土地征收管理办法（试行）等2个制度文件及配套办法的报告；审议人事任免。会议由县人大常委会主任颜习林主持，县十六届人大常委会组成人员36人出席会议。

（撰稿人：谭　奎　蒋列艳）

依法监督

Supervise of Law

【依法治县】常委会听取和审议县政府关于贯彻落实《宗教事务条例》及《宗教活动场所设立审批和登记办法》情况的报告，关于《中华人民共和国村民委员会组织法》贯彻落实情况的报告并作出具体审议意见，交县政府及相关部门办理；审议修订“一府两院”规范性文件备案审查的规定、任命国家机关工作人员法律知识考试办法等。主任会议听取县政府关于贯彻实施《中华人民共和国道路交通安全法》《中华人民共和国农产品质量安全法》情况的报告并提出工作建议转县政府及相关部门研究办理。高度重视矛盾化解、维护社会稳定工作，坚持把矛盾化解在基层和源头，全年受理涉法涉诉等群众来信来访37件587人次，其中转镇街、部门办理12件，引导司法途径解决2件，法律咨询解答13件，化解息访10件。协助省、市人大开展立法调研10次，向市人大提出立法项目建议3项，被采纳1项。

【工作监督】经济运行监督方面，常委会、主任会议分别听取和审议了县政府关于1—6月国民经济和社会发展计划执行情况、1—6月财政收支预算执行情况、2017年财政收支预算调整变动情况的报告。经济审计监督方面，听取和审议了县政府关于2016年财政收支预算和其他财政收支审计的情况、关于2016年财政收支预算和其他财政收支审计整改情况的报告。重大事项监督方面，听取和审议了关于空港园区产业布局规划发展的情况，关于融入泸州主城区一体化发展道路交通基础设施规划建设情况等一批涉及全县经济社会发展重大事项的报告。民生和社会事业监督方面，听取审议了关于高中教育发展情况、全民预防保健工作开展情况、全国健康城市创建、农村土地制度改革“三项”试点工作情况、社社通公路建设情况的汇报。其他工作监督方面，听取和审议了农村电子商务建设、推动科技创新改革驱动县域经济转型发展工作的情况、加快文旅联动发展工作的情况汇报。

【法律监督】听取和审议县检察院队伍建设情况的报告，听取和审议了县法院执行工作情况的报告，有针对性地做出“努力创新工作方法，提升执行效果”等审议意见。为确保食品安全法的贯彻，保障群众舌尖上的安全，对县政府食品安全监管工作开展了为期半年的调查评议，实地察看食品生产、流通、消费场所56处，召开座谈会议27场，发放调查问卷2221份，征求“两代表一委员”及社会各界人士意见2543人次，梳理监管中存在的问题314条，对县政府及五个主要职能部门进行了满意度测评，评议出急需整改的问题27件，列出整改清单交由县政府及相关部门、镇街落实整改，常委会还将对整改落实情况进行跟踪问效。对县政府提交的《泸县农村自办宴席食品安全实施细则》《泸县长江神仙桥饮用水水源地保护区危险化学品运输管理办法》等6个规范性文件进行了备案审查。

【创新监督】针对人大代表履职缺乏监督的情况，常委会积极探索，建立代表向选民述职、履职情况登记、履职情况公开、履职情况报告和履职评价、考核结果运用等制度机制，全县有 270 名县镇人大代表回原选区开展了向选民述职评议活动，增强了人大代表接受选民监督的约束力，激发了人大代表深入选区，走进选民听民意、办民事、解民忧的动力，让选民有更多获得感、认同感，缩短了选民与代表的情感距离，群众参与民主政治建设的热情不断增长。务实开展建议督办。办理人大代表建议、批评、意见，是“一府两院”和有关部门倾听群众呼声、接受群众监督、虚心改进工作的重要体现。常委会高度重视，年初及时下发通知提出办理工作的明确要求，继续推行人大各委室分工督办制度。7 月中旬，常委会听取和审议了办理情况汇报，针对办理中存在的答复过于原则简单，部门配合不密切，重主办轻协办和代表“被满意”现象，加大督办力度，实行常委会领导领衔督办重点建议制度，有力促进了建议办理。县十六届人大一次会议期间代表所提 136 件建议，连同闭会后常委会主任接待日接收并转交县政府办理的 44 件建议，均全部办结，办结率反馈率 100%，除 1 件基本满意，1 件不满意经二次办理为满意外，其余均为满意。

【服务优化】对全县基层一线的县十六届人大代表、常委会组成人员、镇（街）人大主席（工委主任）等 300 余人进行一次履职能力素质提升大培训。坚持代表通过视察活动履职的制度，组织市八届人大泸县团代表视察酒香大道下穿玉蟾大道隧道工程、龙城大道、川南城际铁路、县城生活垃圾压缩中转站、城东污水处理厂厂外截污干管工程、县城输水复线工程、社社通水泥路工程；组织县人大代表视察调研县城学前教育、义务制教育和全县高中教育。视察调研组通过实地察看、个别走访、会议座谈，均形成了有分析、有见解、有质量的视察调研报告。利用镇（街）“代表之家”、选区（村、社区）“代表工作室”平台，实行代表定期轮班接待选民制度，共接待选民 1200 余人次，收集意见建议 591 条，为群众办好事实事 320 件，参与矛盾纠纷调解 210 件，有力促进了代表履职。以“主任接待日”、代表“六要活动”“双联系”工作等丰富代表履职载体。坚持每季度常委会“主任接待日”制度，全年开展“主任接待日”活动 4 次，共接待基层一线代表 100 余人，收集到各类民生诉求和建议、批评、意见 120 件。深化代表“六要”活动，将其与“脱贫攻坚——人大代表再行动”、迎接中央环保督察等中心工作相结合，为代表履职提供了广阔舞台。进一步推动常委会组成人员联系代表、代表联系选民的“双联系”工作制度化常态化，常委会组成人员联系代表 80 名，县镇人大代表共联系群众 4350 名，代表履职的载体进一步拓展。

【队伍建设】强化高点站位，在思想上、政治上、行动上与党中央保持高度一致。坚持中心组学习。全年集中学习 18 次，把学习宣传贯彻中共十九大精神和习近平新时代中国特色社会主义思想作为首要政治任务，进一步深化对人民代表大会制度、加强和改进人大工作和建设的认识。严格执行民主集中制。全年召开党组会议 16 次，集体讨论决定“三重一大”等重大事项 64 项。强化机关党建。成立人大办机关党委，调整规范党支部、党小组设置，完善机关党建阵地建设。对常委会党组工作规则、常委会议议事规则、主任会议议事规则、常委会组成人员守则、常委会讨论决定重大事项的规定、常委会组成人员联系代表制度、机关上下班制度、请销假制度、财务管理制度等 23 项制度进行修订。新建人大宣传、代表监督、机关党建等制度，促进人大工作宣传迈出新步伐，代表履职约束增添新举措，机关党的建设再上新水平，常委会及其机关工作运行机制、内部管理机制、协调服务机制日臻完善。常委会党组始终保持坚强政治定力，严明政治纪律和政治规矩。落实“两个责任”，完善党风廉政建设主体责任任务清单并对落实情况定期进行监督检查。规范党内政治生活，强化党内监督，组织党员干部学习“两准则三条例”。严格公务用车、“三公”经费使用管理。狠抓预防教育，组织学习党规党纪12次，及时通报发生在身边的腐败和违反中央“八项规定”精神典型案例，邀请检察院领导开展专题辅导，提高拒腐防变能力。贯彻落实中央、省、市加强人大工作一系列文件精神，努力配齐镇（街）人大工作力量。以全面推行代表履职监督为契机，建成20个镇街“人大代表之家”和34个选区（村、社区）“代表工作室”，促进人大工作平台和载体向基层延伸。坚持强基础、补短板、促规范，实行常委会领导和委室联系镇（街）人大制度，通过实地调研、以会代训、组织观摩交流等，切实加强镇（街）人大的工作督促和业务指导。坚持邀请镇（街）人大主席和人大代表列席常委会或参与常委会活动制度。组织镇（街）人大干部参加县和全国人大培训基地培训，增长了知识、提高认识、拓宽了视野，为基层人大工作的顺利开展奠定了基础。

（撰稿人：谭　奎　蒋列艳）

泸县人民政府

LUXIAN PEOPLE'S GOVERNMENT

工作综述

Work Summarize

【概况】泸县辖区面积1532平方千米，辖1个街道办事处、19个镇、50个城镇社区居民委员会，2017年年末户籍人口107.4万人。2017年，实现地区生产总值300.4亿元，比上年增长9.1%，人均国内生产总值34554元。其中，第一产业实现增加值49.3亿元，增长4.1%；第二产业166.5亿元，增长10.1%；第三产业84.6亿元，增长10.1%。全社会固定资产投资367.3亿元，增长22.4%。地方一般公共预算收入14.9亿元，增长13.8%。社会消费品零售总额118.6亿元，增长13.4%。城镇居民人均可支配收入30910元，增长8.6%；农村居民人均可支配收入15146元，增长9.7%。主要经济指标全市排位靠前，成功跻身全省工业强县示范县。

【工业经济】医药产业快速发展。科瑞德化学药、西蜀九锦等项目建成投产，天圣制药加快建设；化学药、生物技术药、中药及保化品、高端医疗器械、医药流通等五大产业板块初步形成。医药产值99.8亿元，比上年（下同）增长33.7%。绿色食品升级发展。基酒优势持续巩固，华夏龙窖白酒产业园纳入中国白酒金三角酒业园区发展规划，“龙窖源”推向市场，陈年窖启动上市。绿色食品产值72.4亿元，增长11.2%。建安总公司、科茂建司加快晋升特级资质，新引进建筑企业72家、劳务企业59家。建筑业产值实现370亿元，增长30%。以华冠智能机器人、佳控仪表为代表的智能产业起步发展，新材料、航空配套等产业兴起。新增规模以上工业企业4家。第二产业实现增加值166.5亿元，增长10.1%。

【农村经济】泸县加快产业基地建设。借力农村承包地“三权分置”，规模化流转土地23.5万亩。建成优质果蔬基地57.6万亩、粮经复合产业基地5万亩、优质稻基地53.2万亩，全县粮食总产53.7万吨，生猪出栏100.2万头。建成喻寺谭坝三产融合发展示范区，泸县北部田园综合体初具规模。新培育农民专合社55家，新发展家庭农场476户，新创建市级龙头企业5家。农特品牌更加响亮。“熟龙”龙眼等3个产品获得国家生态原产地产品保护，“泸县青花椒”“牛滩生姜”列入国家地理标志保护产品。泸县龙眼直销港澳，实现泸州鲜活农产品赴港澳零突破。创建成功省级农产品质量安全监管示范县。全年第一产业实现增加值49.3亿元，同比增长4.1%。

【第三产业】商贸流通提档升级。电商交易额18.5亿元，新增限额以上商贸企业20家、3A级物流企业1家。创成省级商贸流通转型升级示范县、县域电子商务十佳县。文化旅游稳步发展。宋代石刻博物馆建成开馆，体育中心、龙城文化艺术中心加速建设，玉蟾山国家AAAA级景区创建工作全面启动，成功承办中国龙文化峰会。全年接待游客645.8万人次，实现旅游综合收入51.7亿元。金融服务取得突破。农商行改制顺利完成；利用担保资金和过桥贷款基金帮助企业解决“融资难”问题，累计提供发展资金3.5亿元，基础设施建设基金到位4.5亿元，汇兴公司首发企业债10亿元。养老服务、教育培训等产业加快发展。第三产业实现增加值84.6亿元，同比增长10.2%。

【城乡建设】龙城大道、酒香大道建成通车，玉龙隧道、玉蟾大道全线贯通，“四核四区”控制性详细规划编制有序开展，城西片区城市设计、“两河四岸”景观设计顺利完成，环泸州主城区8个镇总体规划、控制性详细规划编制工作陆续启动。川南城际铁路、云龙机场、海潮沱江大桥等向南融入泸州主城区重大项目加快建设，龙城大道、酒香大道建成通车，玉龙隧道、玉蟾大道全线贯通，县城建成区面积达18平方千米。县城及港城大道三角梅景观绿化工程顺利完成，龙湖湿地公园一期建成开放，玉蟾温泉国际度假区、城西商务综合体、建设街棚户区改造等项目建设进展顺利，县城城东、城西片区等骨干路网有序推进，县城生活垃圾压缩中转站竣工投运，城市品质显著提升。“四创一巩固”成效明显，国家卫生县城复审顺利通过，县城城西雨污管网提升工程建成投用，30个新村污水处理设施点建设顺利启动，19个场镇雨污混排口整治全面完成，场镇污水收集处理率达85%。冒口经营等市容乱象有效改善，公共资源利用、环卫一体化等城市创新管理走向市场化。镇域发展各具特色，潮河龙城现代冷链物流项目主体完工，方洞屈氏庄园民俗博物馆开馆运营，海潮湖11千米荔枝观光路贯通，石桥等4个特色镇基金项目累计完成投资1.3亿元，太伏、云龙分别创建省级加工制造型、科技教育型特色小城镇。镇域公共停车场、公共厕所等配套设施逐步完善，玄滩、云龙镇实现场镇全域“白加黑”，云锦被命名为国家级卫生乡镇，喻寺、得胜被命名为省级卫生乡镇，创成省级卫生村37个。建成幸福美丽新村35个，新建民居467户，风貌塑造684户，建成“1+N”村级公共服务中心21个。打造“四礼新风进万家”移风易俗市级示范点4个、县级示范点20个。创建省级“四好村”13个、市级“四好村”35个，打造县级“四好村”41个。

【项目建设与投资】临港污水处理厂、城北10千伏输交电工程建成投运，医药产业园20号线全线贯通；朗润飞依诺、医疗器械孵化器一期、双创孵化器化药区等产业配套设施主体完工。“一园一区”项目承载区达9.5平方千米，实现产值404.7亿元，比上年（下同）增长21.2%。截污干管、电商大厦等20个项目相继建成；临港市政道路、步长生物制药基地等22个项目加快建设；沱江流域江河治理工程、南渝泸高速等59个项目开工建设；渝昆高铁、合牛路等17个项目前期工作加速推进。全年实施重点建设项目118个，完成投资251亿元，增长67.9%。对接国、省政策，动态包装储备项目210个；争取上级资金40.1亿元（争取中央、省预算内投资项目16个，计划总投资3.7亿元，其中中央预算内投资1.4亿元，增长120%），其中新增债券资金8.3亿元，增长60.3%。

【改革创新】31项改革事项、17项改革试点有序推进。农村土地制度改革三项试点工作经验全国交流，敲响宅基地节余指标调整入市全国第一槌。全国农业水价综合改革、国有粮食企业重组改革等6个国省改革试点取得重大进展。供销社综合改革走在全国前列，农田水利设施产权制度改革等重点领域改革取得重大成果，为国家深化改革提供了泸县经验。成功承办全国农村土地制度改革研讨会、四川省药理学会学术年会等国省会议；组织参加"川货全国行"、西博会、酒博会、农博会等重大推介活动，"泸县造"走进一线城市。引进智能光电、雅阁酒店、红星美凯龙等重大项目；新签约3000万元以上项目28个，其中5亿元以上项目14个；国内市外到位资金249亿元，居全市第1位。建成创新创业孵化载体6.3万平方米，入驻双创项目151个，带动就业3000余人。新增高新技术企业4家。新签订校企合作协议13项，联合实施项目22项。四川农业大学新农村发展研究院川南分院、农村产业技术服务中心和博士工作站在泸县设立；西南医科大学·医药产业园科技成果孵化基地、西南医科大学泸县博士（专家）工作站挂牌。获评国内领先成果2项、国内先进成果2项，获得专利授权350件。

【生态环境建设】全力抓好中央环保督察反馈问题整改，查处环境违法案件112件，关闭搬迁禁养区养殖场103户，关停违规矿山企业36家，全面取缔濑溪河经营性趸船，淘汰吉达玻璃、恒华玻璃落后生产线。退出产能114万重箱，节能总量2.3万吨标煤，万元GDP综合能耗下降3.6%。城西雨污管网、县城垃圾填埋场渗滤液处理工程建成投用。全县生活垃圾无害化处理率95%；场镇污水收集处理率85%，提前两年超额完成"十三五"目标任务。落实河长制，编制完成长江、沱江、濑溪河等20条河流"一河一策"管理保护方案，实行上下游、左右岸联防联治，濑溪河出境断面水质达到Ⅲ类标准；沱江非法码头全面取缔，沿岸砂石堆场整治规范，沱江流域综合治理经验全市推广。综合治理水土流失面积30平方千米，巩固退耕还林7.2万亩，新增造林1万亩，森林覆盖率41%，高效节水灌溉、水土保持工作经验全省交流推广。

【民生建设】实施农村"4+1"基础设施升级版工程，改造县乡公路41.1千米，建成"社社通"水泥路2026千米，规划新建公路桥14座、农村便民桥17座；新开通城镇公交线路44条。完成整村农网改造27个、低压台区改造87个，县域用电实现与泸州主城区"同网同价"。延伸饮水管网600千米，依法划定集中式饮用水源保护区15个，农村自来水普及率60.9%，安全饮水全域覆盖。建成投用镇级地埋式垃圾库22个、垃圾房230座；16个中心村污水处理厂、30个新村聚居点污水处理设施加快建设，城镇建成区雨污管网工程建成投运，污水处理厂实现第三方运营。改造农村危房2742户。22个扶贫专项、278个脱贫项目投入资金36亿元。21个贫困村7255户、19921名贫困人口通过脱贫退出验收；纳入"回头帮"的19个贫困村、14695户39353名贫困人口全部达到2017年脱贫标准。农村D级危房动态消除，免费体检政策覆盖全县人民。整县脱贫退出目标实现，转入巩固提升阶段。城镇居民人均可支配收入31020元、同比增长9%；农村居民人均可支配收入15200元、同比增长10%。再次获评全省"三农"工作先进县。

【社会服务】实施校舍改善项目18个；高考本科上线人数突破4000人大关，蝉联泸州市27连冠；泸县二中夺取泸州市高考文理科"双状元"。县人医创成三级乙等医院，全国基层中医药工作先进单位创建通过国家评审；泸州市首个县级公共卫生中心建成投用，镇卫生院"一站一馆三区"全面建成。送文化下乡3500余场次，建成农民健身工程 178 个。发放城乡低保 30.8 万人次，社会保险覆盖 168 万人次，城乡医保参保率 98.1%。转移就业 39 万人，发放就业创业补贴 2521 万元，城镇登记失业率 3.3%。四个片区执法中队挂牌成立，学校“三防”能力明显提升，农村自办群体性宴席规范管理经验全省推广，四川省煤矿安全生产标准化建设示范县成功创建。妥善处置突发事件，分类开展应急处突专题培训，成功承办全市防灾救灾综合应急演练。建成县镇村三级综治中心 322 个，安装“雪亮工程”摄像头 1849 个、“两车卫士”防盗系统 1.5 万台，“一村一辅警”实现全覆盖。

重要会议

Important Meetings

【泸县第十六届人民政府第 5 次常务会议】 1 月 19 日，县长肖刚主持召开泸县第十六届人民政府第 5 次常务会议。会前，县旅游局领学《旅游安全管理办法》。会议研究关于《泸州医药产业园区产业发展扶持办法》修改方案、《跨越五百亿挺进四十强的意见》《2017 年全县经济工作要点》《2017 年工业经济发展实施意见》《关于加快发展绿色食品产业的意见》《泸县培育壮大航空产业的实施意见》《泸县建筑产业发展的实施意见》《泸县文化旅游产业发展的实施意见》等事项。会议听取关于 2016 年镇（街道）、县级部门目标绩效考核结果的汇报、关于 2016 年目标考核奖励办法的汇报、关于 2016 年安全生产目标管理考核结果的汇报、关于解决生猪无害化处理设施建设经费的汇报。

【泸县第十六届人民政府第 6 次常务会议】 3 月 6 日，县长肖刚主持召开泸县第十六届人民政府第 6 次常务会议。会议听取中共泸县人民政府党组关于 2017 年工作重点的汇报。会议要求：要全面加强党对政府的领导，突出法治政府建设，强力推进政府各项工作。会议还听取关于泸州生物医药公共服务平台项目的汇报、关于邻里服务中心项目的情况汇报、关于城西工业园 2017 年市政道路工程建设项目的汇报、关于天圣制药集团泸州制药与物流项目的情况汇报、关于组建泸县龙腾航空有限公司入股泸州航空港发展投资集团有限公司的情况汇报、关于给付泸州嘉亿置业有限公司延迟交地资金占用费的汇报、关于泸县城乡规划展览馆增加工程量有关事项的汇报。会议研究关于医投公司设立医药产业投资基金方案、《2017 年安全生产重点工作》《关于兑现 2016 年安全生产目标管理考核结果建议方案》《关于泸县神仙桥临港产业园污水处理厂及排污管项目实施方案》《关于泸县神仙桥临港产业园供气工程融资担保方案》《关于开放合作突破工作实施意见》《关于全面推行党委政府法律顾问制度实施意见》《关于泸县法治政府建设实施方案（2017—2020）》《关于 2017 年目标绩效管理办法》、关于 2017 年切块资金安排建议方案、关于县镇支出责任调整方案、《关于争取项目资金经费补助办法的修改建议方案》《关于加快现代服务业发展意见》、关于调整和完善泸县经济开发区投资有限公司、泸州医药产业园区投资有限公司组织架构方案、《关于 2017 年濑溪河治理实施方案》《关于 2017 年环境保护工作重点》《关于场镇污水处理厂第三方运行实施方案》等事项。

【泸县第十六届人民政府第 7 次常务会议】 4 月 12 日，县长肖刚主持召开泸县第十六届人民政府第 7 次常务会议。会前，县市场和质量监管局领学《网络商品和服务集中促销活动管理暂行规定》。会议研究《关于贯彻〈中共中央、国务院关于推进安全生产领域改革发展的意见〉的实施意见》《泸县 2017 年度审计项目计划》《全面推行河长制实施方案》、关于社社通水泥路安保设施工程建设方式方案、《调整泸县污水处理费征收标准及有关事项实施方案》等事项。会议还研究关于开展乡镇规划编制工作的方案。会议要求：要以乡镇为主体实施乡镇规划编制工作，规范规划编制工作程序和要求，严格排序，探索国有平台公司参与竞争模式。会议听取科瑞德化药生产线科研大楼等3个项目的情况汇报、关于三大平台公司开展国有企业负责人经营业绩考核与薪酬管理工作的汇报、关于命名玉蟾街道黄金村等82个村为县级“四好村”的汇报、关于县城公共绿地养护作业劳务市场化托管的汇报。

【泸县第十六届人民政府第8次常务会议】 5月9日，县长肖刚主持召开泸县第十六届人民政府第8次常务会议。会前，县应急办领学《突发事件应对相关法律法规》。肖刚强调，要高度重视当前突发事件应对处置工作：要认真学习应急处突政策要求和相关法律法规；要加大制度机制建设，完善应急管理和问责制度；县应急办要统筹开展应急演练，加强应急队伍培训；要严格按照制度要求，做好汛期值班值守和地质灾害防治工作。会议研究《泸县人民政府产业发展扶持办法》《全民参保登记计划试点工作方案》《新建泸县二中实验高中的工作方案》《泸县公共医疗卫生项目、泸县教育系统标准化提升工程实施方案》《县城建设街棚户区建设方案》《酒香大道下穿玉蟾街道隧道和潮河瓦子互通工程方案》《泸县2017年农村危房改造实施方案》等事项。会议听取关于临港园区街道命名和城区街道更名的汇报、关于政府购买服务融资事宜的汇报、关于回购惠民雅苑剩余建构筑物的汇报、关于普及广播电视公共文化服务有关事项的汇报。

【泸县第十六届人民政府第10次常务会议】 6月9日，县长肖刚主持召开泸县第十六届人民政府第10次常务会议。会前，县食药监局领学《四川省食品小作坊、小经营店及摊贩管理条例》。肖刚强调，针对食品小作坊、小经营店及摊贩管理，要加强宣传引导，依法依规进行管理，特别要加强对学校周边的小摊贩管理，食药监局要进一步做好指导、督促和服务工作。会议研究《关于实施各中小学校幼儿园视频监控系统增补建设的方案》《泸县集体土地征收货币还房安置实施方案》《关于泸县龙桥文化生态园AAAA级景区综合提升项目有关事项的建议方案》《关于推进2017年新村污水处理设施项目的工作建议方案》等事项。会议听取关于开展学校安全管理专项治理工作的汇报、关于融资工作情况的汇报、关于调整社会投资土地整理项目新增耕地指标政府收益分配比例的汇报、关于在龙桥文化生态园创建国家级水土保持科技示范园的汇报、关于泸县环保、城市生活垃圾等工作的汇报。

【泸县第十六届人民政府第11次常务会议】 6月29日，县长肖刚主持召开泸县第十六届人民政府第11次常务会议。会议专题研究《泸县基层统计管理体制改革试点工作实施方案》。会议要求：要按照省市文件精神，及时落实改革试点工作，健全完善县镇（街道）统计工作体系，优化明确统计数据生成、统计行政管理、统计执法监督等职能职责，确保各项统计工作责任明确、工作落实。

【泸县第十六届人民政府第13次常务会议】 7月3日，县长肖刚主持召开泸县第十六届人民政府第13次常务会议。会前，县人社局领学《重大劳动保障违法行为社会公布办法》。会议研究《关于年产100万台智能机器人及年产100万台液晶光电产品项目的建议方案》《泸县产业发展投资基金设立方案》《关于补缴改革乡镇卫生院职工医疗保险的方案》《泸县地质灾害隐患排查工作方案》《关于加快推进基层社会治理项目建设的方案》《泸县市容市貌环卫城乡一体化（PPP）项目实施方案》《关于畜禽粪污资源化利用试点县的方案》等事项。会议听取关于县经开区采用工程总承包（EPC）实施小鹿溪河市政工程建设项目的汇报、关于泸县“双过半”工作的汇报、关于泸县上半年安全工作的汇报、关于下放县级土地管理行政执法权的汇报。会议还听取关于环保相关工作的汇报。会议要求：要统一思想、提高认识，与省委省政府、市委市政府保持高度一致，重点抓好环保工作。要明确措施、强力推进。开展大排查，全面排查水、土壤、大气、面源污染，重点企业污染，涉及信访维稳的环境污染；开展大整改，对省督导组反馈的14个问题和市督查组查出的问题进行全面整改，必须取得实际成效；推进大建设，要标本兼治，“治标”的举措要有具体方案和实际行动，“治本”的项目要快速推进，均可按照应急工程迅速实施；开展大督查，各联系县级领导要对照分工方案进行督查，每个县领导都要把环保工作、地质灾害防治、汛期安全工作作为当前重中之重的工作来抓，并开展好督查。要强化保障、问责问效。要切实强化资金、工作力量保障，将环保督查纳入重点督查督办事项。

【泸县第十六届人民政府第14次常务会议】8月1日，县长肖刚主持召开泸县第十六届人民政府第14次常务会议。会前，县住建局领学《泸州市违法建设治理条例》。会议要求：要参照市上成立综合执法部门，加强环保、安全、城市规划建设等方面的法制管理，提升法制意识。会议研究《关于2017年新增债券分配建议方案》《关于2017年加快电子商务发展的实施意见（草案）》《关于泸县创建四川省农产品质量安全监管示范县的方案》等事项。会议还研究《关于泸县2017年濑溪河实施应急管理方案》。会议要求：各级各部门要高度重视濑溪河应急管理工作，全力以赴推进各项治理工作落实落地。要强化工作举措，重点解决直排问题，由汇兴公司牵头加紧推进沿途污水管网建设，做到一污水直排口一方案；加快推进禁养区、限养区养殖场搬迁，依法依规进行关闭、取缔、补偿；创新方式方法加强河流水体流动更新，确保水质达标天数符合规定要求。会议听取关于脱贫攻坚的汇报。会议要求：要加快推进项目建设，确保危房改造等重点保障性项目如期完成。要加快推进产业发展，重点培育发展种植业，切实解决贫困户长效增收难问题。要加快推进迎检工作，做实做细资料、验收、采访等各项工作。要加快推进问题整改，各级各部门要端正态度，主动配合检查，积极沟通协调，正视问题，及时整改。会议听取关于泸县全面推行河长制工作汇报。会议要求：要高度重视、有序推进，按照市上安排和要求全面落实河长制。要彻底有序的解决污水直排问题，特别是河道两侧直排问题，要制定细化工作方案。要做好河道保洁、漂浮物清理、垃圾清扫等工作。要强化宣传，引导群众参与河流保护，坚决打击沿河两岸非法经营。会议听取关于安全生产大检查工作方案及安全生产执法处罚情况的汇报。会议原则同意《安全生产大检查工作方案》。会议要求：要以4个月的安全生产大检查为统揽，抓好当前及今后一段时间的各项安全工作。县安监局、县教育局等相关部门要做好服务工作，定期收集汇总检查中发现的情况和问题并报告相关领导；要制定时间表和具体工作方案，督促提醒相关领导、职能部门尽职履职；要突出重点行业领域，有针对性开展检查。要加大执法力度，挂牌执法，紧盯排查、执法、整改各个环节，将检查执法工作抓紧抓实。要积极推进安全生产标准化建设，为工作开展和各级检查提供标准和依据。要重点抓好汛期安全工作。要加强值班值守，规范突发事件处理操作流程，提升应急处突能力和工作实效；要加强地灾隐患点治理资金保障，强化地灾隐患点排查治理，对不能及时治理的，要落实专人密切监测，确保安全。会议还听取关于泸县城乡公交营运有关事项的情况汇报、关于泸县汽车贸易产业园项目的情况汇报。

【泸县第十六届人民政府第15次常务会议】 8月6日，县长肖刚主持召开泸县第十六届人民政府第15次常务会议。会议研究《关于长、沱两江砂石堆场整治工作的方案》《关于泸县城市生活垃圾填埋场渗滤液处理工程设备采购安装方案》《泸县村干部绩效考核管理办法（试行）》《泸县推进“三位一体”改革试点的实施方案》《深化供销合作社综合改革的实施意见》和《泸县供销合作社合作发展基金的实施方案》等事项。会议听取关于全县工业企业迎检中央环保督察工作的情况汇报。会议要求：要摸清家底、正视问题，客观呈现工作开展情况。在迎接督察过程中，不回避问题，不遮掩问题，端正态度，认真摸排整改。要紧盯问题、坚持标准，未完成整改决不罢休。县环保局要加强与上级部门沟通汇报，要围绕“三大战役”及时制定泸县涉及环保相关工作的要求和标准；要重点加强企业问题整改“回头看”和信访化解“回头看”。明确分工、认真履职，统筹规范工业企业的管理。组织开展环境保护联合执法；行业主管部门要理清思路，强化监管，工作过程要有痕迹台账。会议听取关于泸县“小酒厂环境污染突出”问题整治工作的汇报。会议要求：要高度重视酒类企业排污问题，一企一方案，切实开展问题整改“回头看”。要依法依规查处打击问题突出的企业，要积极引导企业转型，同步推进产业布局调整。要尽快制定出台《泸县酒类企业进驻园区方案》《泸县园区污水集中收集处理方案》和《酒糟等废弃物资源化利用方案》。要按照规范的标准和步骤，通过科学方法对酒类企业污水产生量进行测算，为工作开展提供依据。会议还听取关于玉蟾山风景名胜区内矿山开采处置和煤矿企业整治的汇报、关于农村集中供水水源地保护工作的汇报、关于泸县河长制和入河排污口工作的汇报、关于泸县场镇污水处理厂建设与运行情况的汇报。

【泸县第十六届人民政府第17次常务会议】 8月21日，县长肖刚主持召开泸县第十六届人民政府第17次常务会议。会前，县国土局领学《地质灾害防治条例》；县水务局领学《中华人民共和国防洪法》，传达近期省、市对防汛减灾工作的安排部署；县安监局领学《泸州市安全生产党政同责工作目标绩效管理实施细则（试行）》；县环保局还领学《省迎接中央环境保护督察工作领导小组办公室关于贯彻落实中央第五环境保护督察组座谈会精神的通知》《中共中央办公厅国务院办公厅关于腾格里沙漠污染问题处理情况的通报》和《中共中央办公厅国务院办公厅关于甘肃祁连山国家级自然保护区生态问题督查处理情况及其教训的通报》。会议研究《泸州汇兴公司、医投公司参股工投担保公司方案》《新建泸县天立学校的建议方案》《加快城市发展的决定》《加强城市规划建设管理工作的实施意见》《加快特色小城镇建设的实施意见》等事项。会议听取关于迎接中央环保督察实施应急工作有关事项的汇报。

【泸县第十六届人民政府第18次常务会议】 9月20日，县长肖刚主持召开泸县第十六届人民政府第18次常务会议。会前，县环保局领学《中华人民共和国环境影响评价法》。会议要求：要坚持绿色发展，加强法律法规宣传，切实增强环保意识；要突出工作重点，持续整改环保问题，全力确保整改到位。会议研究《加强食品安全示范创建打造食品药品安全泸县实施方案》和《加强食品安全示范创建打造食品药品安全泸县目标责任书》《关于玉蟾大道照明改造工程的建议方案》《泸县农村危房改造建设的工作方案》《泸县促进农业产业化发展扶持办法》《泸县推进农业水价综合改革实施方案》《关于划拨高中学校教学质量考核资金的方案》等事项。会议还研究《泸县工业企业环保整治项目扶持办法》。会议要求：各级各部门要始终坚持“工业为大、工业为重、工业为先”，加强对工业企业指导、帮助和服务，促进工业企业尽快复工复产、加快发展。会议听取关于农村土地制度改革三项试点工作的汇报、关于规范政府投资工程建设项目招投标和工程变更工作的汇报、关于加强和改进行政应诉工作的汇报、关于农民增收工作县主要领导负责制考核的汇报。

【泸县第十六届人民政府第 19 次常务会议】 10 月 26 日，县长肖刚主持召开泸县第十六届人民政府第 19 次常务会议。会前，县教育局领学《中华人民共和国民办教育促进法》。会议要求：要加强领导，统筹抓好新法贯彻落实工作；要积极宣传，共同营造民办教育社会氛围；要强化落实，全面提升民办教育发展水平。会议研究《2018 年年初预算编制方案》《2018 年城乡居民基本医疗保险参保缴费工作方案》《新型 SMD3225 石英谐振器电子元器件项目合作方案》和《年产 10000 吨四川特色调味品项目合作方案》《推动县属平台公司转型升级规范发展的实施意见》《泸县建立以绿色生态为导向的农业补贴制度改革实施细则》《泸县粮食生产功能区和重要农产品生产保护区划定与建设实施方案》《泸县推进城市执法体制改革改进城市管理工作实施方案》《泸县县级部门责任清单的调整方案》《城西商务综合体项目正式供电方案》和《玉蟾温泉国际度假区正式供电方案》等事项。会议听取关于 2016 年全县行政事业单位资产清查情况的汇报、关于建设泸县刑事诉讼涉案财物集中管理中心的汇报、关于修改土地制度改革有关制度文件的汇报。

【泸县第十六届人民政府第 20 次常务会议】 11 月 27 日，县长肖刚主持召开泸县第十六届人民政府第 20 次常务会议。会前，县发改局领学《中华人民共和国招标投标法》（以下简称《招投标法》）、《中华人民共和国招标投标法实施条例》（以下简称《实施条例》）。会议要求，加强《招投标法》和《实施条例》的学习贯彻，确保学好用好招标投标“一法一条例”，推动招标投标工作依法依规、有效开展，促进项目建设加快落地、高效推进。会议研究《赋智干细胞产业研发基地项目扶持政策》《国康药业泸州生产基地项目扶持政策》《关于泸县市政基础设施及县经开区神仙桥临港产业园基础设施 PPP 项目财政资金收支纳入财政预算管理的方案》《关于命名玉蟾街道龙桥社区等 39 个村（社区）为县级“四好村”的方案》《易地扶贫搬迁全覆盖自查工作方案》《泸县农村土地征收管理办法（试行）》《泸县农村宅基地退出复垦验收暂行办法》《关于泸县驻村辅警（网格员）经费保障机制的方案》《玉蟾山保护与利用实施方案》等事项。会议听取关于云龙镇片区还房综合指导价的汇报、关于脱贫攻坚工作的汇报。

【泸县第十六届人民政府第 21 次常务会议】 12 月 14 日，县长肖刚主持召开泸县第十六届人民政府第 21 次常务会议。会前，县消防大队领学《消防安全责任制实施办法》。会议要求：各级各部门要以宣传贯彻《消防安全责任制实施办法》为统揽，突出抓好重要领域消防安全监督检查和重点隐患排查整治，扎实做好今冬明春消防安全工作；要依法履职，强化责任，形成消防安全齐抓共管的良好工作局面。会议研究《解决老农保遗留问题处理方案》《可溶性心脏支架生产基地项目扶持政策》《美国皮奥喜泸州医疗器械生产基地项目扶持政策》《泸县雅阁酒店项目扶持政策》《2018 年泸县深化统筹农村土地制度改革三项试点工作实施意见》《脱贫攻坚省级交叉考核迎检工作方案》《泸县农村股份经济合作社管理指导和服务的意见》等事项。会议听取关于泸县农村宅基地退出节余指标流转工作的汇报。

法治政府建设
Rule of Law Government Construction

【制度体系】以县委、县政府名义制定下发《泸县法治政府建设实施方案（2017—2020年）》，细化41大项、108小项任务内容。成立以县长为组长，相关部门主要负责人为成员的泸县法治政府建设工作领导小组，明确各镇政府（街道办）、政府部门一把手为法治政府建设的第一责任人，法治政府建设责任层层落实。

【权力清单】根据省市安排，以《四川省权力清单（2016年本）》为模板，县法制办组织各部门对其职权范围内的行权再次进行清理，通过清理、返回核对、修改、再次核对等流程最终形成2017年《泸县行政权力清单目录》。印制《泸县行政权力清单汇本》发放各部门。此次清理，县级共保留行政权力事项5186项，其中行政处罚4417项、行政征收81项、行政强制150项、行政确认31项、行政裁决5项、行政给付10项、行政检查235项、行政奖励104项、其他行政权力153项。

【许可事项取消】根据《国务院关于第三批取消中央指定地方实施行政许可事项的决定》（国发〔2017〕7号）要求，县法制办经认真清理，取消涉及泸县的10项行政许可事项。对取消的行政许可事项，县、镇（街道）政务服务平台要立即停止受理，不得以任何形式保留或者变相审批，确保取消落实到位。开展行政审批改革阶段性“回头看”工作，对2013—2016年以来全县开展的行政审批制度改革进行阶段性“回头看”。

【顾问团工作】牵头制定《全面推行党委政府法律顾问制度的实施意见》并经县委办印发实施。截至2017年年底，县委县政府法律顾问团完成设立，四川省五月花律师事务所进驻法制办坐班办公、四川鼎力律师事务所提供全程服务；全县32个重点行政执法部门和乡镇（街道）全部建立法律顾问制度，其中87%以上的部门和90%的乡镇（街道）聘请专职律师担任法律顾问，全县法律顾问体系基本建成。2017年，法律顾问团共参与行政行为的法律论证27次、代理政府参与涉及的非诉讼民事纠纷案的处理2次，参与政府招商引资、项目投资、政府采购等合同谈判6次，参与、协调、处理县属国有企业或国有控股企业重大法律事务38次，协助法制办指导政府各部门相关法律事务8次。12月底，法制办还将牵头草拟《党委政府法律顾问团管理办法》，为2018年进一步规范法律顾问运行体制建立制度基础。

【“三项制度”试点改革】作为全国行政执法三项制度试点单位之一，法制办不断创新工作思路和工作方法，制定出台行政执法公示制度执法全过程记录制度重大执法决定法制审核制度试点工作方案，印发《泸县行政执法信息公示办法》《泸县行政处罚信息主动公开实施细则》《关于贯彻落实“十个一工作法”全面推进重大行政执法决定法制审核工作的通知》等系列文件，试点工作责任在全县32个重点执法部门和20个乡镇（街道）全面落实，各试点单位权责清单、执法依据、执法流程图、监督救济渠道等信息实现全面公开，“1+1”模式的重大执法决定法制审核机制基本形成，泸县行政执法“三项制度”试点工作得到市级领导高度评价，试点经验在全市推广学习。

【行政执法监督】开展行政执法通用法律资格考试和证件申报工作。组织开展2017年全县行政执法人员通用法律知识考试，此次考试共计638名人员通过资格考试，参考人数是2016年的3倍。指导各镇（街道）及各行政执法单位申报行政执法证件，确保执法人员必须具备执法资格。开展执法案卷评查工作。对18个行政执法单位32宗案卷首次采取执法部门交叉评查、法制办总体评查的方式，使行政执法部门通过相互学习进一步取长补短，提升依法执法意识及案卷办理质量。

【法治培训】 为加强泸县依法行政意识，3月，县法制办组织各镇（街道）及县级各部门一把手、分管领导及行政执法人员旁听涉嫌国家机关人员刑事职务犯罪审理，从彼思己，提高警示及意识。9月，召开全县行政执法培训，邀请行政庭法官、专业律师等专家，从行政审批、败诉风险等角度，提高行政执法办案质量，依法行政、严格办案。12月中旬，召开土地征收、房屋拆迁专题培训会。

【会前学法】 县法制办严格执行《泸县人民政府常务会议学法制度》，制定全年学法课程，收集整理新颁布实施的法律法规、司法解释，结合政府工作实际需要，安排落实领学单位准备领学资料并认真进行审查修改，确保会前学法质量。全年组织10次常务会会前学法，重点对旅游、安全生产、网络商品、突发事件应对、食品小作坊、小经营店及摊贩法律法规进行学习。

【复议应诉】 以解决群众问题为首要目的，针对提起的行政复议及行政诉讼，法制办制发《关于切实加强和改进行政应诉工作的通知》，再次强调了行政应诉工作的重要性，要求政府各部门、各镇（街道）认真履行行政应诉工作职责，严格落实出庭应诉规范、建立健全行政应诉工作制度。加强与法院的紧密合作，制发《泸县行政复议应诉与行政审判工作联系制度》，与法院行政庭建立起了包括信息沟通通报、学习交流、重大案件协调等七大制度，促进了县政府及政府工作部门与县法院之间行政复议应诉与行政审判的有效衔接和配合。正视复议及诉讼中存在的问题，能够解决的协商解决的，涉及政府部门问题的，责令整改，非政府原因不能解决的，依法积极进行复议及应诉，如县住建局因在行政复议应诉过程中不积极不主动，被县政府全县通报批评。法制办全年办受理行政复议案件11件，承办县政府为被申请人的行政复议案件6件，参与行政诉讼4件。

【规范性文件管理】 制定出台《泸县行政规范性文件制定和备案管理办法》，转发规范性文件备案模板、公开征求意见规程、范围界定规程等文件，进一步规范了规范性文件制定和备案程序，全年共计审核备案规范性文件7件。定期开展规范性文件清理，完成2015年年底前的规范性文件清理，累计废止规范性文件12件，修订完善7件。参与市级规范性文件法制论证。2017年，全程参与了《泸州市市容和环境卫生管理条例》《泸州市物业管理条例》《泸州市违章建筑管理条例》等重要规范性文件的合法性论证，并提出建设性意见建议14条，其中12条被采纳写入条例内容。

【法制审核及服务】 全年审查县政府、县政府办涉法文件（公文）178份，提供法律咨询建议书27份；审查县政府常务会议、县委常委会议题136项；积极参与云龙镇特色集镇建设招标问题、鑫杰玻璃劳资纠纷问题、泸县二中与泸二外股权收益问题、卫生院药房托管、石桥马溪中学李俊辉解聘问题等重大（涉稳）事件处置；共审查玉蟾山森林公园合作、市政基础设施PPP项目、年产100万台智能机器人项目、智能光电项目等政府重大合同58件，提出修改意见1000余条；在环保督查期间，牵头处理濑溪河餐饮船只取缔，为违规混凝土搅拌站关停、酒类行业环保专项治理、群煜玻璃环保信访、天兴白岩石材厂关停等整改行动全程提供法制保障；实地参与处理了草街、建设街及老食品厂拆迁，县城原农贸市场D级危房拆迁，兆雅四中校内住户搬迁等征地拆迁工作及太伏临港园区保护性施工合法性论证，在广电公司下岗职工遗留问题、卫生院改制遗留问题、天鑫机械遗留问题、蓝波湾征拆问题中提供合法论证服务。

【执法职能指导】5月，县法制办牵头处理了生猪跨区域销售问题，对近年来出现的生猪及生猪产品跨区域销售的情况进行调查，在结合部门权力职责基础上，明确了食药监部门的监管职责。11月，牵头处理农贸市场内活禽检验检疫问题，在充分调研和论证的基础上，考虑到泸县活禽屠宰实际情况，理清了食药监局、农林局、市场质量监管局、商务局等部门在活禽检验检疫问题上的职能职责，解决了长期以来的监管空白问题。

信息公开
Information Disclosure

【概况】信息公开办2017年紧紧围绕市委、市政府中心工作和决策部署的贯彻落实，积极搜集报送泸县经济建设和社会发展的基本情况重要动态，特别是发展中的新情况、新问题、新思路和新经验，如《泸县坚持“五个原则”深化宅基地改革》信息及时总结了泸县承接国家宅基地改革试点成就的相关举措，被省政府办公厅编辑的《川政晨讯》第228期采用。严格信息审核签发制度。上报信息经过编辑人员—股室负责人—分管领导审核，确保上报信息内容真实、数据准确、表述规范、言简意赅。严格遵守信息约稿制度。按要求完成专题信息约稿报送，报送信息有情况、有分析、有对策建议。1—11月，信息公开办编辑政务信息25期，政务信息增刊4期，向省政府办公室报送政务信息100余条，被省上采用4条；向市政府办公室报送政务信息800余条，被市上采用84条；省上采用量和得分在全市排名第一，市上采用量和得分在全市暂时排名第二。

【政务公开】推进政府信息主动公开。运用政府网站、政务微博、政务微信等新媒体载体，依法、全面、准确、及时公开政府信息，做到决策、执行、管理、服务、结果公开。更新政府信息公开指南、目录，年度报告编制规范、更新及时，严格遵守保密审查和发布登记制度。督导各镇（街道）、县政府各部门在泸县公众信息网上主动发布最新信息，开通公众信息手机版及政务微信，拓展信息公开渠道。对突发事件等信息，通过召开新闻发布会、政府网站等途径，实现及时公开。1—11月通过省政府信息公开目录管理系统在公众信息网公开政府信息1万余条，其中涉及行政审批、公共资源交易、财政预决算及“三公”经费等十大类重点领域信息1000余条。

【行权工作】按照曹俊杰常务副市长关于“继续努力，走在全省前列”的要求，健全考核机制，落实工作责任，做到“清单之内全上网”，所有行政权力全业务全流程网上办理，做到线下和网上同步办件、同步录入、同步运行、同步办结。1—10月全县行权办件量达21万余件，居全市第二，11月全县行权办件量达7万余件。

【“放管服”改革】完成行政权力清单和责任清单动态调整，取消或停征行政事业性收费21项，村（社区）证明事项由103项调减至14项，审批实效大幅提升；所有投资项目审批全部纳入适时监督系统有效监管，限时办结高效落实；在全省率先启动个体工商户全程电子登记试点，“二十证合一”全面推开，企业登记注册时间缩短至1小时，1—11月全县新增市场主体5508户；积极推行“容缺预审”制度，全面完成全省一体化服务平台上线工作；公共资源交易、工程招投标、政府投资工程管理进一步规范。

【全面效能建设】严格考核，采取行为考核和动态考核相结合，以行为发生、形成事实及明察暗访结果作为主要考核认定依据；加强督促，由县效能办、县纪委、县直机关工委、县政务中心、县法制办、县政府信息公开办、县电子政务办组成常态化暗访和明察督查组，不定期对20个镇（街道）和60余个县级机关的效能作风进行明察暗访，将督查结果纳入年终考评。畅通渠道，结合“四风”问题查处，设立投诉热线、书记、县长、部门镇信箱，畅通人民群众的咨询、投诉、举报、求助渠道，以解决事关人民群众切身利益的问题为抓手提升行政效能。

研究工作
Research Work

【概况】年初制定全年政务调研工作计划，并以县政府办公室的名义下发至乡镇和部门，确保全年工作有章可循；高度重视对上衔接工作，落实专人向市政府办公室、研究室报送政务调研，超额完成调研文章的报送任务；建立全县政务调研报送工作评估和考核机制，将政务调研工作纳入乡镇和部门年终目标考核；在文稿质量上下功夫，针对市政府办下发的市政府工作报告征求意见稿，在充分调研论证的基础上，提出合理的书面修改建议，发出泸县声音，展示泸县形象。

【加强学习】县政府研究室坚持“学”在别人前面，“研”在工作前面，做到上接“天线”下接“地气”。深入学习习近平系列重要讲话精神、认真研读中共十九大报告，增强坚持中国特色社会主义的道路自信、理论自信、制度自信。密切关注新华网、川报观察、川江号以及各级政府工作信息公众网、统计网站等的时政热点信息，做到时政县情双结合。注重从中国传统文化典籍中吸取有益于加强修养、做好工作的智慧和营养，增强自强不息的精神追求和厚德载物的人文情怀；集体研学《大手笔是怎样炼成的》系列丛书，从理论、实践、语言和修炼四个方面切实提高文稿实干能力。

【文稿起草】为做好县政府综合性文件和主要领导重要文稿起草工作，牢固树立“领导谋思路、我们强支撑”的以文辅政思想，较好地完成了各类文稿起草工作。高质量完成了《政府工作报告》以及县政府主要领导安排的各类讲话、汇报材料的组稿、起草工作；协助县委、县政府完成城市发展《一决定两意见》《绿色发展决定》等政策性文件的起草工作；根据工作安排，完成了以县政府名义出台的政策性文件的审核把关工作，提出了合理的意见建议；完成市政府研究室10余次临时性约稿。

【调查研究】为了更好地贴近政府中心工作、贴近领导决策需要，研究室紧紧围绕全县经济社会发展中的重点、难点和热点问题，深入调研，提出了切实可行的对策建议，为政府决策提供了政策参考。完成主要领导安排的1项重点课题研究任务；做好了中央和省市有关部门组织的重大调研活动；参加了市人大代表泸县团调研泸县基础设施建设调研并协助撰写《切实关注民生民本提升人民群众幸福感》调研报告；全程参加了县人大牵头的泸县经济发展软环境调研并主笔撰写调研报告；发挥《政务调研》期刊示范引领作用，鼓励各镇（街道）、部门及县长联系人员的积极性参与调研写作投稿，选取优秀作品刊载并呈送、下发至全体县领导和各镇（街道）、部门，实现成功共享、经验分享。截至2017年底，《借钟祥之玉琢龙城之石》登上四川省政府研究室主办的《政务》期刊，《泸县农村路网建设调研报告》《泸县企业发展成本调查报告》先后刊发于市政府研究室主办的《泸州经济》和《政务调研》期刊，《泸县经济发展软环境调研报告》和《借审改破冰优政务服务》两篇被泸县人大收入《泸县人大》首刊中，泸县《政务调研》印发11期。

电子政务工作

E-government Work

【服务平台上线】精心组织，快速推进“全省一体化政务服务平台”上线工作。10月26日，县政府办公室副主任张存勇主持召开工作协调会，进一步明确了各牵头单位的工作职责，对全县一体化政务服务平台上线工作进行安排，由县电子政务办具体组织实施。11月8日，泸县召开工作推进会。县电子政务办对平台相关操作进行现场指导，县政府办副主任张存勇通报前期工作开展情况及存在的问题，副县长先泽平就泸县一体化政务服务上线工作进行再安排再部署。加强指导，10月27日，泸县召开一体化政务服务平台工作培训会，县电子政务办对平台操作进行详细培训，新建泸县一体化政务服务工作QQ群，对各单位在工作开展过程中遇到的问题进行及时解答，回复咨询，确保工作稳步推进。11月22日，再次组织各行权单位经办人员集中培训，对前期工作开展中存在的问题进行针对性指导，对标完成了行政许可、公共服务事项、九大类行权事项的录入上报，各项指标均走在全市前列。确保12月1日，平台顺利上线运行，各行权及窗口单位依托平台开展工作。

【网上应用管理】及时组织20个镇（街）、32个政府部门负责政府信息公开的人员对改版后的政府信息公开目录填报系统进行集中培训。为政府职能部门将一体化平台延伸到镇（街）一级工作阵地提供技术支撑，并通过QQ群、电话咨询、集中辅导等方式，加强业务研讨与指导，分享经验做法，共同提高政务服务水平。牵头完善政务服务大厅数据，方便更多群众通过网络获取政务服务，提高“互联网+政务服务”的社会认知度和群众认同感。增添机房监控设备，配齐环境温、湿度仪器，对政务外网中心机房进行科学管理。定期对服务器进行漏洞修复、病毒查杀、日志查阅、容灾备份，避免服务器被攻击出现系统崩溃，提高各平台、各系统的安全防护能力。

【舆情督办】指定专人每个工作日不间断对“泸州论坛、泸县贴吧、腾讯·大成网报料台”等网络论坛进行监测，及时掌握涉及泸县的网络舆情。特别是十九大召开期间，指定人员每天不定时对县门户网站，各镇、县政府各部门网页进行巡查，严格网站信息把关，定时对中心机房环境温、湿度、各类服务器、网络设备进行巡查，确保全县网上应用正常运行，网上舆论风清气正。认真对市长“12345”热线进行督办，全年共处理来件办理3100余件，做到件件有回复，群众满意度较高。

【网络基础设施建设】配合相关职能部门推进农村地区行政村光纤通达和升级改造，提升现有骨干网络容量和网间互通能力。充分依托现有网络资源，推动政务云集约化建设，为网上政务服务提供支撑和保障。

【网络安全检查】4月、7月，与县网信办对全县互联网进行了联合检查；5月、8月与县信息公开办、县监察局一起对行权部门政务外网应用情况进行拉网式检查。对部分单位网络存在的安全隐患提出限期整改，并开展回头看，务求整改实效。

【政府网站集约化建设】对照全省政府网站绩效评估体系和省委办公厅下发的《关于全面推进政务公开工作的实施意见》文件要求，科学设置栏目、突出县域特色，加强集约化建设，将县政府部门和镇（街）网站集中到市级网站平台统一进行建设，促进条块联通，实现政务信息资源互认共享、多方利用，同时也极大地减轻了基层承担政府网站运维压力。新网站于10月9日正式上线运行。

【网站信息保障】对各类重要会议、重大活动派员现场采集报道，掌握信息发布主动权；分解任务，以两办名义下发文件，将信息任务分解到各镇（街）、县级各部门，确保信息来源全覆盖；与兄弟单位县新闻中心、县电视台对接，建立互助共享信息机制，确保重要信息能及时上网发布。2017年，上载政务要务2060条，部门信息1251条，基层信息1032条，其他固定栏目信息合计4800余条。

【网站信息公开】国务院办公厅从公开内容和形式上对政府信息公开作了重大调整。为适应新要求，及时调整了改版后省政府信息公开平台在网站上的呈现方式；按照重点领域信息公开要求设置专门栏目，分解栏目信息任务，着力办好“五公开”专栏，将政府决策、执行、结果、管理、服务等重要信息及时向广大人民群众进行公开，提高了政府执政透明度，提升了政府公信力。

【栏目打造】做好网上在线访谈节目。按照市委宣传部和市纪律要求，圆满完成县长肖刚做客阳光政务，与广大听众朋友共谈“关注民生民情，共享发展成果”和副县长张文杰与广大网友“共谈龙城发展”在线访谈任务。邀请了政府职能部门“一把手”领导走进泸县新闻会客厅，就老百姓关心、关注的政策进行深度解读，主动回应社会关切，切实提高政府公信力。截至2017年年底，举办4期访谈节目；办好领导信箱。每个工作日指定专人对书记、县长信箱来信进行处理，能回复的立即回复，不能马上回复的严格按照舆情信息要求转相关职能部门和涉及镇（街）及时处理，并及时跟踪督办，让“领导信箱”真正成为一条决策管理层与普通市民之间畅通、互动的桥梁，解决来信群众困难和问题的“贴心服务员”。2017年，办结800余件，成效明显。

【服务深化】按照面向个人、企业、重点服务、场景服务分类，把网上办事服务内容从线下移植到了线上，对“户口办理”“保障性住房”“残疾人服务”“保障性住房”等市民关注度、访问频率高的服务内容进行梳理，通过聚合服务资源、按角色引导等方式，为广大群众提供方便快捷的办事服务。

【政务专题栏目】围绕县委政府中心工作开设专题栏目，对一段时期内的重大政务活动进行持续专题报道。如廉洁泸县、行政执法三项制度、扶贫工作专报、健康泸县、依法治县，增设人大、政协建议提案，公共知识库、数据开放等栏目，为广大群众全方位了解党委、政府执政理念、透明执政起到了积极的宣传作用。

【新媒体应用】为了扩大政府网站的宣传效果，继续做好“两微一端”，即手机APP、政务微博和微信新媒体的宣传作用，坚持每天推送重要新闻，加大对外宣传泸县的力度。2017年年底，政务微博（泸县龙城微博）关注用户达520余个，粉丝1590余位，在县内同行业相比，名列前茅；政务微信（四川·泸县）关注用户1064个，对宣传泸县、推荐泸县起到积极作用。同时，微信公众号二维码还被印入县委书记、县长名片。

【政府网站普查】对照网站普查指标，加大对各单位网页信息维护情况进行督查，实行一季度一通报，对因内容保障不力被连续通报的单位，由县监察局对其分管领导和经办人员进行约谈；将网站建设情况继续列入对政府部门、镇（街）的综合目标考核范畴，实行倒扣分制，确保网站建设工作有序开展。

党风廉政建设
Building Good Conduction Political Integrity

【责任落实】年初制定《2017年党风廉政建设和反腐败工作意

见》及责任分工，同时县政府办公室定期召开主任办公会议和职工大会，分析、研究、部署党风廉政建设和反腐败工作，始终坚持落实好党风廉政建设主体责任和监督责任。把党风廉政建设主体责任以清单形式落实到股室（部门），细化到人头，明确办公室领导班子成员分工，全力推进党风廉政建设主体责任落实。

【作风纪律教育】围绕“忠诚干净担当”要求，以反四风、治理微腐败为重要抓手，突出思想政治学习和警示教育学习，先后举办“书记上党课”和观看《打铁还需自身硬》等活动，开展主题党日、到联系结对贫困村讲党课等活动以及学习习近平总书记系列讲话，并组织机关干部职工到泸州市法纪教育基地参观学习，接受警示教育，全面增强办公室党员干部职工的党性观念和政治意识。强化政策落实、加强纪律检查、抓好惩防教育、落实基层督导。

【服务质量建设】坚持把落实“两个责任”与县政府主要工作结合起来，充分发挥好办公室统筹协调的职能，树立全县机关的“标杆”和“旗帜”引领作用，主动当好领导的参谋助手，服务全县经济社会发展，以优质高效精准的服务助推和检验党风廉政建设工作成效。2017 年以来，协助推进龙城大道建设、泸县二中实验学校建设、城东小学建设以及全省水利工作现场会、全市工业经济流动现场会、全国龙文化峰会等一系列重大工作。完善文件办理和县领导批示、会议纪要议定事项督办制度和流程，定期清理办理情况、督促相关部门按时办理并向分管领导报告批示办理情况。定期收集、协调、办理部门、镇（街道）在日常工作或批示办理中遇到的问题和困难，促进全县各项工作有序健康开展。严格落实发文规范要求，落实下发文件数不超上年度要求，将文号限额到月。狠抓办公室秘书人员的培训学习。2017 年先后组织办公室人员到浙江大学、中国人大、省委党校参加培训。并通过开办“秘书讲堂”互助学习模式提高公文写作水平，办公室下发文件质量大幅提升，数十篇政务信息、政务调研文章先后被《经济内参》（国家级）和省市电子媒体、纸质刊物转用刊发。

秘书工作
Secretary Work

【概况】秘书股围绕“三个服务”，严格按照“文求精品、事创一流、服务高效、督查有力”的要求，按照县政府办年初工作部署，站位全局，自我加压，切实增强“三种意识”，提高“三个质量”，全面提升办文、办事、办会水平。在确保及时办结的前提下，对每份文稿都坚持认真研究，反复修改，既贯彻上级精神、结合泸县实际，又突出工作重点、体现领导风格，精益求精，打造精品。按照“高、新、实”的要求，积极主动，超前谋划，精心做好县长及中心工作的服务。

【内勤接待】精心安排好公务活动，主动与县委办及县级有关部门协调沟通，认真做好服务县领导每月工作活动搜集、整理、上报工作；当好参谋助手，围绕领导关注的重点项目督办推进、安全生产、环境保护等重点工作，及时搜集、梳理、提供相关情况和信息，服务领导决策。同时，当好“连接器”“传令兵”“服务员”，及时上传下达、沟通内外，加强联络协调，提高服务的针对性、实效性；搞好协调配合，较好完成领导交办的临时性任务和兄弟科室要求协办的合作性工作。参与国家有关部委、省市领导、重要客商考察保障工作，较好地完成各项接待任务。

【会务工作】全力做好县长办公会议、县政府常务会议议题的收集、整理和会议组织、会务服务、会议纪要撰写等工作，圆满完成县政府全体会议、大型会议的筹备任务。按照县政府领导对督查工作的新要求，充分发挥督查职能，抓好领导关注事项的落实工作。认真做好服务县领导批示件和县政府常务会、县长办公会、现场办公会重要事项的传递、督办和跟踪问效工作。

应急管理
Emergency Management

【概况】县委值班室、县政府应急办（值班室）2017年接报突发事件382起，事件造成258人死亡，265人受伤。2017年度发生火灾事故（火情）17起，死亡2人；医患纠纷14起，涉及患者死亡12人；溺水事件44起，死亡43人，受伤3人；交通事故89起，死亡57人，受伤98人；群体性（上访）聚集20起，受伤1人；其他突发事件202起，死亡144人，受伤163人。

【预案管理】全面梳理全县25个专项应急预案、34个部门预案和镇（街道）应急预案，修订完善16个专项预案、27个部门预案。

【应急演练】全县开展酒类企业、建筑施工、校园安全、森林防火、地质灾害等不同领域、不同类别演练210余次，承办全市防灾减灾综合应急演练，举办高层建筑消防安全专项应急演练。

【宣传培训】强化专业指导，实施分级培训，特邀国家行政学院应急管理案例研究中心主任、应急管理培训中心（中欧应急管理学院）教授钟开斌，为全县副科级及以上领导干部、重点部门应急办主任约600余人专题培训突发事件应急处置；组织20个镇（街道）和22个县级一类值班部门应急办主任，开展应急值守与突发事件信息报送工作专题培训；组织全县综合应急救援队伍骨干约140人开展为期3天的实战化培训；注重防灾减灾，以“防灾减灾日”为契机，组织公安、国土、卫计等22个县级部门约300人，在县城音乐广场举行防灾减灾集中宣传咨询活动。

【信息报送】建立健全突发事件信息报送审签制度，归口收集、整理、报送突发事件信息，严格落实信息时效、审签流程，有效预防“信息迟报、越级上报、多头报送、信息倒流”等现象，全县20个镇（街道）和24个县级一类值班部门配置“和对讲”应急设备，建立系统指挥管理平台，统一指挥调度。

【队伍与装备】以县综合应急救援大队为标杆，公安、卫计、农林、国土、环保等部门建立40支专业技术救援中队、722名专业救援人员，镇（街道）建立属地先期应急处置队伍2302人。不断完善应急物资装备，并定期组织验收检查，切实做到应急物资装备保障。

规范化服务型政府建设
Construction of Standardizing Service Governments

【概况】全年县级办理办结各类政务服务事项51.94万余件，平均日办件1800余件。镇级便民服务中心办理各类服务事项47.01万件，村（社区）代办站代理各类服务事项20.53万件。办件量继续保持全市首位、全省前列。提前办结率、按时办结率、现场办结率均达100%，群众满意率99%以上。电子政务大厅规范有序运行，办理咨询件、预审件、审批件0.12万件。服务成效实现新提升。

【并联审批】泸县“智慧政务实时跟踪监管系统”6月30日率先在泸州市上线（该系统运行模式在7月11日接受省政府的“放管服”督查时，得到了比较高的评价），依托该系统，按照“一窗受理、一窗出证”的工作模式，切实规范限时办结并联审批行为，解决并联审批质效不高、办事群众多头跑等突出问题，为群众、企业打开办事“便捷之门”。3月试运行以来，系统登记受理1605余件次，一般承诺件1512件次，提速率50%以上，并联审批件93件次，提速率35%以上。

【容缺预审】在审批要件具备的情况下，按照“边受理边审批边完善”的原则，大力推行“容缺预审”机制，清理核实出涉及安监、公安等6个部门12项“容缺预审”事项，建立目录清单并及时公示公开。为申请人在承诺时限内补齐材料的，从快审批，及时发证。到2017年年底，办理容缺预审件0.45万件，现场办结率、群众满意率均达100%。

【三级联审】依据省编联审目录清单，及时取消县级初审环节省市行政审批项目15项，保留县级初审环节省市行政审批项目53项，及时升级四川省行政审批通用软件系统及全省行政效能电子监察系统，为“三级联审”网上审批打通障碍。制定《泸县三级联审实施方案》，梳理县镇村三级联审事项，优化服务流程，制定办事指南，建立健全考核管理运行机制，明确玉街办、云龙镇先行先试，积极推进三级联审服务试点工作。

【项目监管】推进省投资项目监管平台试运行，通过综合窗口，将省投资项目监管平台中的项目信息分发至业务窗口，由业务窗口统一赋码、限时办结，有效推进项目编码化、无纸化，切实强化投资项目事中事后监管。截至年底，受理分发1047件次，总投资975.65亿元。

【商事改革】组织推进“三证合一、多证合一”等商事制度改革，逐步建立部门间互联互通机制，统一社会信用代码，切实降低制度成本，清理统计出工商登记保留前置事项51项，前置调后置152项，“三证合一”办理0.59万件次。

【服务管理】依托“泸县政务”微信平台、泸县政务服务网上办事大厅，开通网络投诉建议、服务评价渠道；将“背对背”第三方评议结果纳入窗口月度、年度考核，倒逼窗口人员转作风提质效。2017年，群众评议1100余人次，收集意见建议23余条。通过短信平台，加强了中心与窗口单位、分中心、便民中心及两大园区的互联互通。通过人脸识别考勤、请销假系统管理、定时定项上网控制，有效杜绝窗口人员溜岗缺岗、网上购物、炒股、看视频、打游戏等行为发生；同时将政务中心、7个分中心、20个镇街便民中心现场办公监控画面循环展示、不定时督查，发现不在状态、着装不规范、未挂牌上岗等15人次，并及时督促整改。

【延伸服务】解决群众关心的焦点和难点，不断改进服务方式，利用“智慧政务”网络，开展延伸服务平台预约服务、延时服务、代办服务活动，着力打造爱心、温馨、全天候政务，解决服务群众时间、距离“最后一公里”问题。2017年，办结预约服务件116件、延时服务件195件。

【队伍建设】以学习教育活动为先，重点以“学习教育、制度管理、值班巡查、一体化监督”四个常态为抓手，深化干部队伍建设。认真开展以践行先锋承诺，争创月度服务明星，争当年度服务标兵为主要内容的“一践双争”评先评优活动，每月评选服务明星6人、红旗窗口8个，通过示范树典型，大力营造你追我赶、争先创优的浓厚氛围。2017年“七一”中心荣获“县级共产党员示范团队”称号，社保局窗口阮红梅、环保局窗口赵刚获评“市级共产党员示范岗”和“县级共产党员示范岗”殊荣。窗口干部队伍看齐意识、服务意识、质量意识、效率意识切实增强。

【作风建设】按照省、市、县委整治群众身边不正之风和微腐败问题要求，紧扣党风廉政建设社会评价结果，在中心开展为期3

个月的"微腐败"整治，通过建好一批载体、突出两大主体、抓实三个层面，大力营造浓厚的宣传氛围（7月7日接受县纪委"微腐败"宣传工作会现场参观学习点）。通过自查自纠、明察暗访、问责曝光等举措，切实加强了效率不高、服务不优等问题的整治，查处9个窗口15名不在状态的工作人员。"微腐败"整治成效明显，窗口作风明显转变。

【专项整治】积极开展政务服务事项"体外循环"清理整治督查，通过自查自纠、整改完善等方式，联合县政府办、县监察局等5部门，对县消防大队、县交通局等5个县级单位的行政审批事项入驻不到位情况，开展专项督查，限期整改，确保53项行政审批事项入驻到位。

【回访倒查】通过实地走访与电话访问、一对一访谈与问卷调查相结合的方式，对园区78个企业和大厅200余名办事群众进行走访，并发放问卷调查300余份，收集意见建议39条，掌握企业对窗口服务态度、办事效率、工作纪律、便捷程度、勤政廉洁等情况的综合评价。发放窗口办事指南500余份，不断提升企业和群众满意度。

【"两学一做"】推进"两学一做"学习教育。通过不断深化学、做、改，推进"两学一做"常态化、制度化，以"喜迎十九大、做合格党员、争当服务明星"为抓手，组织干部职工向蔡松松学习活动，教育引导窗口职工立足岗位创先争优。同时，结合中国共产党建党96周年表扬5名共产党员示范岗，示范带动干部职工向先进看齐的浓厚氛围，全面推动"两学一做"持续深入开展。

【"走服引"活动】组织党员干部深入福集镇小冲子村，宣讲党风廉政建设、脱贫攻坚等工作，召开院坝会3场次、主题教育法制宣传2场次，开展"三访三问"民情大走访，分别到32户联系户家中走访慰问6次，收集群众诉求5条，通过赠送生产物资、生活用品、羊苗等形式，提供帮扶资金4.1万余元，助力贫困群众脱贫致富。

（撰稿人：罗纪芬）

档案工作
Archives Work

【档案馆修建】完成勘察设计、施工图设计和审查、项目预算编制，初步设计通过泸州市档案局和四川省档案局审查，相关资料递交财评，为招投标工作做好准备。向县委县政府申请配套建设资金，建设项目开展土石方平场工程。

【依法治档】开展国家档案局10号令和监察部、人社部、国家档案局30号令宣传贯彻工作。45个单位开展执法检查自查，抽查1个企业、5个县级部门和12个镇。组织全县共400余人参与《中华人民共和国档案法》颁布30周年知识竞赛。

【重点建设项目档案】联合泸州医药园区、泸县经开区管委会、发改局等单位，对重点建设项目档案工作进行指导，全县118个项目，指导省级2个、市级51个、县级55个，指导率为91.5%；督查泸州市一圣鸿包装有限公司、四川泸州步长生物制药有限公司、四川省泸州白云酿酒有限公司等企业的10个重点建设项目。

【服务改革】指导农林局完成机构改革前单位（含原农业局、畜牧局、农机局、林业局）档案的数字化工作。对扶贫移民局和各镇脱贫档案的收集、整理、保管和利用进行指导和督查。做好卫计系统、社保、医保、食品药品档案工作。收集泸县人民政府电子政务办数码照片1.2万余张；为泸顺起义展览馆提供档案资料；为各镇街各部门编写志书提供素材和依据。

12月23日，四川省档案局党组书记、局（馆）长高山（右二）调研泸县档案工作和综合档案馆建设工作，县委副书记、县长肖刚（右三）陪同（王芳摄）

【档案接收】规范档案接收名册，制定完善档案征集、移交、接收制度。做好档案移交接收工作，截至12月底，全年共接收11个单位的档案共计5056卷、32689件，征集泸县特色资料42册、印章1枚。截至2017年12月底，档案馆共保管193个全宗的档案114323卷、117996件，光盘档案157张，照片档案1734张。收集泸县大型原创跨界融合舞台剧《龙城宋韵》纸质及电子档案。

【档案安全管理与馆库建设】聘请专职保安2名，实行全天24小时安全值守；重新修订完善《泸县档案局（馆）自然灾害和突发事件应急处置预案》，开展应急管理培训和模拟演练；加强档案信息安全管理，与江油市档案局（馆）开展数字化档案异质异地备份工作。馆库日常管理工作有序开展，全面清理馆藏各类统计台账，完善档案管理制度，重点落实借查阅制度，九防措施得力，库内温湿度全年达标，全年无安全事故和失泄密事件。

【数字档案馆（室）建设】开展存量档案数字化工作，截至12月，馆藏17个全宗2844卷、25218件、54万余页的档案数字化加工扫描。开展增量档案电子化工作，将天兴镇作为2017年数字档案馆建设示范点，9月完成室藏纸质档案的数字化加工工作；县不动产登记中心、县法院、县公安局、县社保局等档案室有序开展室藏档案数字化加工工作。

【档案宣传与文化建设】组织开展法治宣传月、“6·9”国际档案日宣传、“12·4”档案法制宣传等活动，发放资料3000余份，接受咨询6000余人次。借助档案行业媒体，加强档案宣传。完成1.8万条民国档案文件级目录的初步采集和著录工作。完成《抗日战争在泸县》（上册）的编写工作。

【档案利用服务】积极为档案利用者提供优质服务，全年接待查档群众5178人次，提供档案5568卷、4294件、11119页。其中数字化档案利用者2971人次，提供档案2147卷、632件，复制3370页。进一步深化民生档案异地查档、跨馆服务，与泸州市档案馆、合江县档案馆等开展10次民生档案异地查档服务。

【档案培训】4月召开全县档案工作暨业务培训会1期，190人参训；5月开展牛滩镇村级档案工作培训会，45人参训，开展企业档案业务工作培训会，63人参训；6月8日，泸县召开全县脱贫攻坚档案工作培训会，170余人参训。组织41人参加全市档案业务培训；22人参加全省档案规范化管理和“双套制”接收工作培训。

（撰稿人：刘小燕）

中国人民政治协商会议泸县委员会

LUXIAN COUNTY COMMITTEE OF CHINA PEOPLE'S POLITICAL CONSULTATIVE CONFERENCE

工作综述

Work Summarize

【概况】政协泸县第十届委员会有委员305名，由26个界别组成，其中常委35名。设有六委三室，提案工作委员会、经济工作委员会、社会事业委员会、农村工作委员会、学习文史工作委员会、社会法制工作委员会，政协泸县委员会办公室、研究室、委员联络办公室。

【社情民意信息】深入基层和群众，围绕转变经济发展方式、经济建设、民生保障、社会事业等涉及人民群众切身利益的问题，编辑上报《社情与民意》93期和《泸县政协信息》90期，分别送县委、县政府和市政协参考，其中县领导签批34期，相关部门积极回应，取得较好成效。

【深入基层为民办事】组织46个政协委员企结对帮扶贫困村27个，帮扶建档立卡贫困户557户，开展界别特色活动59次，受益群众达3.4万余人次；政协委员兴办实体企业49个，带动建档立卡贫困户681户，每户均可实现年收益1万以上。积极开政协委培训工作；组织界别联组充分发挥自身优势，开展多形式的界别特色活动；做好政协委员的增补相关工作和市政协委员的视察联络工作；收集汇总上报市政协委员开展“五个一”活动情况等。

【宣传工作】加强对政协履职成果的宣传力度，进一步扩大影响力。全年编发《泸县政协》4期，展示委员风采，彰显政协特色。全年县政协机关被市以上各类媒体刊用稿件600余篇，其中县政协机关市以上刊用400余，推进泸县政协信息宣传工作再上新台阶。

【团结合作】组织荣昌·大足·泸县三区县第13次保护濑溪河流域生态环境助推会；先后接待重庆市荣昌区、贵州省湄潭县、遂宁市安居区等省内外政协来泸县参观考察14批，组织采风活动4次，组织参与“欢庆中共十九大胜利召开”美术作品联展，出版《龙城翰苑》2期。坚持政协党组成员联系党派机制，搭建协商议政平台，积极为民主党派、工商联、无党派和社会各界人士参政议政、发挥作用创造更好的条件、提供更广的机会，充分尊重和保障他们在人民政协的各项工作权利，鼓励支持他们利用政协平台、通过合理方式反映工作诉求，提出批评建议。加强界别交流沟通，引导各界别组织开展形式多样的活动，增进相互之间工作联系，扩大社会各界有序政治参与。全年共开展捐资助学、送医下乡、书画进校园、百企联百村等特色界别活动20余次。

【机关自身建设】深入开展党风廉政建设反腐败工作，履行管党治党主体责任，全面推进从严治党，规范党内政治生活，充分发挥县政协党组政治核心作用，贯彻落实中央、省委、市委和县委改进工作作风密切联系群众的规定，严防“四风”反弹；深入推进“两学一做”学习教育常态化、制度化，扎实开展“不忘初心、牢记使命”主题教育。加强干部队伍管理，提升政协机关干部的政治把握能力和业务知识水平，增强政协机关的执行力，推进政协机关办文、办会、办事规范化和制度化建设。经县委批准，增设委员联络办公室，选齐配强委室主任、副主任，负责委员的服务、联络、管理等工作，健全委员联络机构，完善委员联络制度。加强界别建设，按照便于开展活动的原则，积极探索界别活动新形式，为委员协商议政、建言献策搭建平台，进一步完善县政协委员调整机制，及时统计、了解委员变动，严格按照《委员管理办法》进行考核，及时对委员作出调整增补。建立完善县政协机关公务接待、信息考核、调研视察经费管理等规章制度，并严格执行。

重要会议
Important Meetings

【政协泸县第十届常委会议】1月11日，政协泸县十届一次常委会议在县政协常委会议室召开。会议审议并通过政协泸县委员会2017年工作要点。通过相关人事事宜。6月13日，政协泸县十届二次常委会在县政协常委会议室召开。会议听取县政府关于泸县培育新型农业经营主体工作情况的通报、县政府关于泸县全民预防保健工作情况的通报，协商讨论并通过县政协关于泸县培育新型农业经营主体工作情况的调研报告、县政协关于泸县预防保健工作情况的调研报告。9月6日，政协泸县十届三次常委会在县会议中心三楼会议室召开。会议听取县纪委监察局关于泸县党风廉政建设情况的通报、县政府关于政协泸县十届一次会议以来提案办理情况的通报、县委政法委关于泸县农村平安建设情况的通报，审议设立泸县政协委员联络办公室的有关事项。12月21日，政协泸县十届四次常委会在县政协常委会议室召开。会议学习中共十九大精神，听取县工商联关于发挥商会作用推动经济发展的通报，审议并通过县政协关于发挥商会作用推动经济发展的调研报告。通过相关人事事宜。

1月11日，政协泸县十届委员会第一次常委会议召开（王琦　摄）

【主席会议】全年县政协主席会议召开17次，及时学习贯彻中央、省、市、县和政协的重要会议精神，审议年度工作计划，安排协商活动，决定协商形式和内容，并先后围绕泸县交易中心建设和管理情况、农村义务教育师资队伍建设情况、农村宅基地制度改革试点工作、泸县“社社通”工作情况、泸县全面预防保健工作情况、泸县培养新型农业经营主体工作情况等发展中的热点难点问题开展专题视察协商，针对发展的问题献策献计，积极为县委政府科学决策提供参考。

专委会工作
Professional Committee Work

【提案工作委员会】政协泸县十届一次会议以来共收到委员提案233件，经审查立案208件，其中集体提案47件，占22.6%；委员个人或联名提案161件，占77.4%，分别交由35个部门负责办理。对25件未立案提案，及时通知提案者并转送有关部门研究处理或参考。截至2017年8月，208件立案提案全部办复，办结率、满意率达100%。从办理情况看，所提问题解决或基本解决的42件，占办理件的20.2%；正在解决或列入计划逐步解决的151件，占72.6%；因政策、财力等客观条件所限暂不能解决的15件，占7.2%，向提案者说明情况。

【部分提案成效】提案涉及全县经济、政治、社会、文化、生态等各个方面，涵盖面广，内容丰富，经过办理，成效明显，为推进泸县经济社会发展发挥了积极作用。涉及经济建设类提案41件，如“加快培育新型农业经营主体的建议”，县农林局、财政局等部门加快农村土地交易市场、农村金融市场和电子商务市场建设，加大政府购买社会化服务力度，着力培育服务型新型农业经营主体，将支农惠农政策向新型农业经营主体倾斜。社会建设类提案95件，如“切实采取措施、解决泸县优秀教师流失问题的建议”，县人才工作领导小组出台《泸县教育人才集聚工程实施细则》，建立对优秀教师的引进、培养和激励制度。政治建设类提案16件，如“强化权力监督，推进责任政府建设的建议”，县委、县政府出台《泸县法治政府建设实施方案（2017—2020年）》《泸县问责专项行动工作方案》，县依法治县办等部门制定《泸县完善国家工作人员学法用法制度实施意见》时，充分吸纳相关建议，着力推动泸县法治政府建设进程。文化建设类提案33件，如“关于加强农家书屋建设的建议”，县文体新广局编制《泸县农家书屋管理员实用手册》，举办“书香润农家”大型电视访谈节目、农民读书节等系列宣传活动，提高书屋知晓度和利用率。生态文明类提案23件，如“加强两河河道治理、高标准打造两河四岸的建议”，县住建局、水务局、交通局认真采纳，编制《泸县两河四岸景观规划设计方案》，开工建设濑溪河东段2.56千米河道治理项目，落实濑溪河、九曲河河长制，开展河道垃圾清理集中行动，取缔濑溪河经营性趸船，建立长效清理保洁机制。

【经济工作委员会】组织经济界委员围绕经济建设发展调研视察。4月，组织部门专委会委员视察了天兴镇田坝村、喻寺镇谭坝村农村土地产权制度改革试点工作，完成视察报告。7月，承办主席会成员视察石桥镇银朝村、得胜镇高石塔村的财政体制改革工作，完成的调研报告经常委会协商讨论后送县委政府参考。2月份开始，牵头组织县委组织部、统战部、县投资促进局、工商联（县总商会）等单位组成专门调研组，分别组织召开“建立亲清政商关系、推进泸县经济社会发展”企业家座谈会，并深入到深圳泸州商会、中山泸州商会、成都泸州商会和部分镇（街）实地调研，针对影响商会发挥作用的不明显因素：政商关系不协调、发展环境需改善、商会平台需完善、商会资源有待进一步转化等问题，有针对性地提出了强化治理，着力改善发展软环境，搭建平台，充分发挥商会优势等措施办法，使得招商环境、招商政策有所改变，得到了县委、县政府高度评价和认可。

【社会事业工作委员会】关注社会民生事业中热点难点履职献策。4 月，牵头负责组织政协主席会成员和机关委室负责人视察泸县农村义务教育师资队伍建设情况。5—6 月，组织委室人员和部分政协委员深入镇（街）、村（社区）、医院（卫生室）、学校开展了泸县全民预防保健调研，并在政协常委会上广泛听取意见建议。10 月，组织委室所联系政协委员对泸县农村电网升级改造工作开展情况进行视察。视察调研力求做到选题准、了解多、问题明、报告精。均形成了相应的视察调研报告，送县委、县政府参考，积极为党委、政府倾听民意、集中民智、科学决策提供重要依据。其中《关于泸县农村义务教育师资队伍建设的视察报告》得到了县委领导的批示，引起了县委、县政府的高度重视。

【农村工作委员会】聚焦农业发展深入调研献计。5 月，组织部分县政协委员对新型农业经营主体进行视察，先后实地深入到玄滩、兆雅、云龙、潮河、太伏等镇等地走访视察，并召开座谈会，形成的视察报告获得县委主要领导批示。5—6 月，组织主席会成员视察“社社通”水泥路建设情况，形成了相应调研报告经常委会协商讨论送县委、县政府参考。

【学习文史工作委员会】突出政协文史工作特色，系统收集整理史实资料，编辑出版泸县文史资料第十七辑“千年泸县·宋韵龙城”系列丛书《泸县胜景》，完成《泸县政协志》初稿，发挥“存史、资政、团结、育人”作用，扩大了泸县政协影响力。11 月，组织部分委员对泸县博物馆建设情况进行视察，并召开座谈会，并形成相应视察报告。

【社会法制工作委员会】强化民主监督力度，视察调研献策。3 月，开展《交易中心建设管理情况》的视察；8 月，开展《农村平安建设情况》专题调研；10 月开展《农产品质量安全监督管理情况》视察，并形成相应视察、调研报告。

【委员联络办公室】县政协提案委、经济委、社事委、农委、学习文史委、社法委分别向县国土局、县商务局、县档案局、县水务局、县司法局、县人社局六个部门委派民主监督小组，对其贯彻党的方针政策、落实县委重大决策部署以及政风行风等进行认真负责的监督，广泛收集民意，查找工作中存在的不足，并结合实际提出整改建议。并通过整改和回头看，督促其进一步整政落实。11 月 24 日组织政协常委和委派民主监督员召开民主评议会，对被监督单位进行公开公正测评均为合格。

（撰稿人：余昌龙）

群众团体

MASS ORGANIZATIONS

工会

Trade Union

【概况】深入推进"两个普遍"，全县建立工会组织1501个，会员13.9万人，其中：镇（街道）总工会20个、村（社区）工会301个，机关、事业工会755个，行业工会11个，联合基层工会77个，区域性联合会20个。工会组建率99.1%，全县工会入会率95%，各类法人单位建会率、入会率动态保持在95%以上。县总工会获得市总工会考核一等奖，县综合目标考核、党建工作、安全生产工作、党风廉政建设工作、脱贫攻坚工作等获一等奖。先后获"四川省安康杯竞赛组织优秀单位""泸州市助残工作先进单位""《中国工运》宣传通讯工作先进集"体等称号；泸县惠民帮扶中心获四川省帮扶工作先进单位称号。工会扶贫工作在四川全省工会解困脱困工作会作经验交流并获肯定。

【组织建设】推进"基层组织建设年"活动，切实强化"党建带工建"，开展基层工会组织标准化、示范化建设。率先实现工会安全生产群众监督服务工作网络化，在全国作经验交流并获肯定和推广；率先建成职工服务中心，工会改革创新工作在省委学习贯彻中共十九大推进群团改革工作座谈会上，作为全省区县工会唯一代表作经验交流。率先建成"三级联动"的群团工作中心（站），大群团工作格局走在全省全市前列，吸引江西、吉林等省市前来考察学习。

【经济技术】紧扣重点工程、重大项目、重点领域，以"当好主力军、建功十三五"为主题，扎实开展劳动竞赛。广泛开展"大培训、大比武、大提升"活动。开展技术培训1400人次，技能比赛工种10个，职工参与岗位练兵达2500余人次，涌现劳动标兵2名、创业能手10名，创建"工人先锋号"2个。承办泸州市第十二届职工职业技能大赛，包揽砌筑工比赛前4名。参加全市教育教学技能竞赛获一等奖，卫生应急救援、物流仓储等技能竞赛，均获得较好成绩。举办泸县第二届"劳动者杯"砌筑工技能、脱贫攻坚"五比"、残疾人"量体裁衣"式服务等劳动竞赛，开展了全县煤矿安全知识和"安康杯"安全知识竞赛。培养了一支知识型、技能型、创新型劳动者大军。涌现"五一劳动奖状"1个、"五一劳动奖章"1个。职工林德兴被评为“全国最美家庭”、黄蓉被评为“四川省文明家庭”，泸县人民医院创建为省级妈咪宝贝屋。

【劳模工作】 全县有全国劳模4人、省部级劳模38人、市级劳模95人，建立了劳模联系制度。弘扬劳模精神，组织劳模为经济社会发展建言献策，发放劳模“三金”27.5万元。

【民主管理】 召开“互动话公开·交流促民主”工资集体协商专题座谈会，积极推进以职代会为基本形式的厂务公开民主管理，公有制企业建制率达100%，非公企业建制率达95%。深入开展工资集体协商，签订企业工资集体协商1700份，覆盖企业2637户，覆盖职工13.8万人，建会企业工资集体合同签订率达95%。积极推进劳动关系三方四家协调机制落地见效。

【依法维权】 深入开展推进“七五”普法和法律“八进”等依法治理活动。聘任了20名职工维权法律顾问，全年办理维权案件245件，挽回经济672万元。开展泸县首届“双争”暨争当优秀调解员、争做优秀法律援助工作者竞赛活动，评出了3名优秀调解员和7名优秀法律援助工作者。在涉及职工切身利益的泸县广电网络公司破产、5起安全生产事故等事件中，主动作为，切实维护了职工的合法权益。聘请黄振清等为工会维权律师，组建了法律援助律师团，落实了基层工会法律顾问委派制度，工会职工法律援助机构规范化建设水平大大提升。科瑞德制药被评为全国厂务公开民主管理先进单位。

10月26日，泸县总工会组织送文化进园区活动（张敏　摄）

【困难帮扶】 脱贫攻坚：投入资金110余万元，实施脱贫攻坚劳动竞赛、扶贫解困关爱、创业就业帮扶、“四好”新村创建、职工志愿者扶贫服务五大活动，结对帮扶型家村和古二井村24户，帮助425人脱贫。引入龙城义工实施“助力扶贫·走进型家”项目，开展为期一年的脱贫服务。引入乐邻社工在13个贫困村实施“快乐留守·大爱龙城”暑期夏令营项目，关爱留守儿童1000余人次。联系的贫困户100%实现脱贫。医疗、生活救助：民生工程全面完成，救助建档困难职工780人，完成任务111%；下岗失业人员再就业198人，完成任务110%；资助家庭困难职工子女上学237人，完成任务124%。困难救助全面发力，困难职工（农民工）临时医疗和生活救助132人，金额32.4万元；开展职工互助险参保单位46个，参保金28万元，职工住院赔付106人14.9万元。惠民帮扶：结合群团服务中心建设，推进县帮扶中心提档升级和乡镇、街道、社区职工帮扶服务站规范化建设。健全完善了县、镇、村（社区）三级帮扶网络体系，实现困难职工群众数据互联互通、帮扶信息共建共享。超额完成2017年度民生工程任务。着力实施“四季送”行动：“春送岗位”1397个，达成就业意向1173人。建立创业就业岗位需求联动机制，实行岗位信息每月动态更新，提供岗位信息3540条。“夏送清凉”慰问走访高温高湿岗位108个、一线职工6701人次，送去慰问金和防暑降温物品共计70.4万元。“秋送助学”资助困难职工子女上学237人，发放助学金66.4万元。“冬送温暖”32.6万元，惠及建档困难职工1016人。2017年以来，包装实施“环卫工人休息室”“职工安全保护”“职工医疗互助”“暑期夏令营”“情满夕阳红”“暖冬破网行动”等惠民项目14个，惠及群众15万人次。

【劳动保护】职业病防治：针对重点人群和重点行业多渠道、多形式、全方位开展《中华人民共和国职业病防治法》和职业病防治知识的主题宣传，签订职业病防治专项合同7份。参与安全事故调查7次。安康杯竞赛：组织开展“安康杯”竞赛活动，共有63个企业1001个班组18356名职工参与，切实提高了职工群众的安全意识和操作水平。高温天气为保障职工安全工作，8月县总工会“送清凉”到泸县城区供电所等慰问在高温岗位上的一线职工，为职工们送上毛巾、藿香正气液、十滴水、川府凉茶、水杯等慰问品。

【安全生产】“县有中心、镇街有站、企业有点”的“三级联动”安全生产群众监督成效不断显现，312名安全生产群众监督员共发现安全隐患2960条，督促整改2948条。率先实现安全生产群众监督网络化，全年通过网络上传安全信息2140条，有效处理2140条。安全隐患随手拍手机平台正在开发建设中。继续推行“工会购买服务、专家排查隐患、职工参与推动、部门依法监督、企业整改治理”五位一体市场化排查服务工作模式，聘请煤矿、建筑、交通等专家19名，指导职工排查隐患651条，提出合理化建议148条，督促整改452处。

【女职工工作】宣传动员女职工大病互助保险，女工大病保险参保3.1万人，参保金额380.9万元，赔付33人，赔付金额38万元。加强职工“心灵驿站”建设，重视并做好了女职工特殊权益维护，为女职工提供订单式、专业性心理服务。加强“妈咪宝贝屋”建设，服务女职工“四期”保护，促进母婴健康，困难女职工免费大病体检、女职工专项合同等工作为女职工身心健康、体面劳动起到了保驾护航的作用。

【职工活动】组织开展元旦健身跑步活动、“五一”职工羽毛球赛、龙城金秋职工篮球赛、“万步有约”健身走、“劳动者杯”门球赛、工间操、送文化进园区、职工志愿服务、“520”未婚职工联谊等文体活动，丰富职工精神文化生活，增强工会凝聚力，引导职工听党话、跟党走。

【宣传调研】加强泸县工会网站、微信公众号等网络媒体建设，提升《泸县工运简讯》办刊水平，开展“网聚职工正能量，争做中国好网民”活动，工会信息宣传工作走在全县前列。四川在线、四川新闻网、《四川工人日报》等省级媒体用稿18篇，《泸州日报》、泸州新闻网等市级媒体用稿30余篇，泸县公众信息网30篇，《昨日要情》25篇，《泸县通讯》7篇。

【大群团工作】将群团工作中心设置调整为“四部一园”，即综合部、项目部、服务部、外联部和社会组织孵化园；开设“惠民帮扶、综合服务、项目管理”三个窗口，构建了前台咨询服务、后台统筹办理的“双阵地”模式。作为县委群团工作联席会议办公室，统筹了4次联席会议；统筹承办了2017年全县群团工作会议；积极协助泸县群团工作中心的建设。投入220万元开展了以“点爱火、创幸福、传文明、助发展”为主题的项目集中启动仪式，服务群众31.5万人。围绕脱贫攻坚工作，实施脱贫攻坚劳动竞赛、志愿扶贫服务等五大活动，引入龙城义工实施“助力脱贫·走进型家”项目；引入乐邻社工进驻13个贫困村，组织实施“大爱龙城·留守关爱”暑期夏令营活动。围绕安全生产，组织开展“全县煤矿安全生产知识竞赛”等活动。围绕重点项目建设，对项目征地拆迁工作中，率先拆迁的给予奖励，对拆迁群众中有困难的给予帮扶。围绕四创一巩固工作，实施文明交通、环境保护、健康徒步等项目。镇（街道）群团工作中心结合各自实际，共组织实施52个项目。

【财务管理】继续推行地税代收、财政代扣，提高经费收缴率。加强资产管理，确保工会资产增值不流失。加强预算管理，优化资金支出结构，提高经费使用效益，保证工会重点工作推进。全面推进经审工作规范化建设，配齐配强经审专兼职干部。坚持“全面审计、突出重点”的原则，加强对工会经费预算、专项资金和工会资产的审计监督。协调落实税务代收制度，确保完成了工会经费收缴、管理和使用，2017年完成向市总缴纳会费165万元，超5万元。

【正风肃纪】全年对20个镇（街道）以及部分县级机关单位开展了工会系统正风肃纪督查，进一步规范工会经费的使用和管理。强化经审工作，对县总工会本级、农林局、公安局等10个单位的工会经费收支管理情况开展了审计监督，促进工会经费管理工作步入规范化。

【其他工作】制定《泸县基层工会工作考核细则》，明确细化工会具体工作，有效指导镇（街道）和机关部门的工会工作开展。工会党建理论政策研究、信息、党风廉政建设、脱贫攻坚、保密、双拥、群团、“四创一巩固”、统计、综治、信访、防艾、禁毒、老龄、“走基层”等工作都圆满完成目标并有起色。

（撰稿人：吴东梅）

共青团
Communist Youth League

【概况】2017年，泸县团委按照“凝聚青年、服务大局、当好桥梁、从严治团”四维工作格局，深刻把握新常态下共青团工作方法和路径，工作取得一定成效，团县委就少先队工作到团中央作交流发言。

【青少年思想引领】组织开展“青春喜迎十九大·不忘初心跟党走”“童心喜迎十九大领巾飘扬心向党”等活动。通过“0830青课堂”“三会两制一课”“随堂测试”等组织机关干部职工、基层团干认真学习十九大精神。组织机关干部到基层团组织开展十九大宣讲15场次。组织开展“青年五四奖章”、团员先锋岗（队）创建、“两红两优”等评选表扬活动。开展“泸县‘5·2青空间’公益巡演暖冬行”“千名青年志愿者进万家——我为青少年做件事”“联谊话青春、结对共成长——泸县青年干部职工暖冬关爱计划”等活动。用好微博、微信、“青年之声”等新媒体平台，上传团属网站原创活动信息800余条，发布微博600余条、微信290余条。成立新媒体工作室，推出团团君文创产品3种。

【青少年成长发展】主动对接市青企协到泸县开展招商引资考察调研，并召开招商引资恳谈会，搭建招商引资工作平台。持续开展“青安岗”示范创建、“我在操作一线、我是青春卫士”“安全承诺我敢签”等青年安全生产系列活动，开展煤矿安全知识竞赛。举办“奋斗的青春最美丽”青年典型事迹分享活动。申报创建LYL项目基地，开展青年职业技能培训2场次。好联系村帮扶，帮助解决困难问题23件，送出慰问物资近3万元。组织开展“99公益日·爱心衣橱”活动，通过互联网平台筹集资金15万余元，为全县700余名留守学生购买防

9 月 29 日，泸州市未成年人心理成长中心到泸县开展团辅活动

寒服。开展“我要上大学”活动，争取资金 3 万元，资助贫困大学生 6 名。争取西部计划志愿者 29 名，分配到各镇（街）扶贫一线，助力脱贫攻坚工作。

【青少年群体关爱】举办第七届“青春泸县”校园文化活动，开展全县单身青年联谊活动 6 场。实施“逐梦计划”，为 100 余名暑期社会实践大学生牵线搭桥，提供锻炼岗位。开展全县青少年“心理健康·阳光成长”主题教育志愿大走访活动，大力宣传“12355”、预防蓝鲸、青春期健康知识等，全县 1170 余人参与志愿走访，走访青少年家庭 1460 户，涉及青少年对象 3052 人，解决青少年问题 175 个。开展留守学生“暖冬”关爱专项行动，投入经费近 4 万元，为 400 名学生购买爱心物资。邀请泸州“益生”公益、市未成年人保护中心，到县开展女童自护教育活动 7 场次。争取阵地建设资金 15 万元，打造“5·2 青空间”旗舰型 1 家、标准型 12 家。建成“留守学生之家”50 余个，争取省级标准化少先队活动室建设项目 1 个。

【青年志愿者工作】以关爱农民工子女志愿服务行动、“阳光助残”“三下乡”等载体，开展服务活动 20 余场次；加大对龙城义工、泸县义工的支持力度，义工队伍扩展到 1000 余人；成立泸县城市形象宣传青年志愿者服务队伍，培养一支 60 人的优秀志愿服务队伍，服务县上重大会务、活动 8 次，服务人次 1600 余人；成立西部计划志愿者志愿服务队，开展“流动红领巾课堂”活动，致力于服务关爱留守学生。

【改革攻坚】调整优化部门设置，团县委机关保持“三部一室”的基本格局，调整后的部室为办公室、组织宣传部、青年发展部、学校少年部。在全县遴选 7 名优秀青年团干，聘任为团县委书记助理，成立书记助理团、建立书记助理工作制度、保障制度、奖惩制度。深化团教协作机制，成立了县教育团工委，设委员 19 名，书记 1 名、副书记 2 名，将团、队骨干和学校心理学专家纳入委员席位，在教育局落实专门办公阵地，保障日常经费。细化分解改革具体任务，召开教育局职能股室会议，分线推进共青团、少先队改革任务。制定工作要点，将学校团、队工作纳入党建考核，将共青团、少先队工作经费纳入学校年初经费预算，将团、队干部培训纳入师资培训和继续教育体系，协调联合组成督导小组，对全县学校共青团、少先队改革工作推进情况进行定期督导，注重督导结果运用。打造中学共青团示范点 4 个，小学少先队示范点 3 个，创新开展“十八岁成人礼”“离队入团仪式”“少先队示范课”观摩等。代表四川省作为全国唯一的县级少工委在团中央关于增强少先队员光荣感电视电话会上做经验交流发言。

【从严治团】将直属团干协管考核工作列入县党建和团建双重考核体系，确保团干队伍相对稳定。严格入团程序标准，优化团员队伍结构，联系实际规划团员发展3023名，将初、高中阶段毕业班团青比例分别控制在30%、60%以内。举行离队入团仪式示范活动，组织老团员重温入团誓词，深化“推优入党”“推优入团”工作。团县委机关常态化开展“0830青课堂”“读书交流会”。团县委书记带头到基层组织讲团课8场次。组织开展“两学一做”学习教育和“学习总书记讲话做合格共青团员”教育实践，在以团支部为单位，组织开展“学习总书记讲话·做合格共青团员”专题组织生活会、主题演讲等。认真实施团干部“1+100”制度，推动共青团组织和工作扁平化，开展机关开放日活动4次。

（撰稿人：李　梅）

妇女联合会

Women's Federation

【概况】2017年，泸县妇联围绕“四个建成、一个率先”总体目标，在素质提升、巾帼建功、幸福家庭、巾帼维权、强基固本、妇女民生等六大行动上出实招、见实效。打造“幸福使者微课堂”品牌入选四川省幸福家庭行动优秀案例，承办省市县三级联动反家暴现场宣讲会，妇联区域化组织建设在全省妇联主席读书班上做经验做交流发言，全省8个省级妇女儿童之家落户泸县2个，妇女儿童之家建设在全市做交流发言。全年，获省妇联新闻宣传阵地建设先进单位，获泸州市贯彻实施妇女儿童发展规划先进集体，市妇联目标综合考核一等奖，市妇联系统先进集体，县委、县政府《2011—2015年全县法治宣传教育先进集体》。

1月23日，泸县“贫困母亲‘两癌’救助”发放仪式（赵丽娜　摄）

【创业就业工作】开展种养殖、月嫂、电商等实用技术知识培训14期，培训人员3500人次。举办两届泸县“创响龙城”服务创业项目征集活动及“创响龙城·赢在怡康”2017最美老板娘网络评选暨创业创新大赛，吸引47个创新创业项目报名参加。邀请成都“手汇幸福里”总经理袁阳到泸县开展妇女居家灵活就业培训座谈。

【安全工作】组织实施“安全贤内助”评选活动，评选县级安全贤内助42名，市级安全贤内助11名。到村（社区）组织开展“巾帼助安·家安工程”宣传10次，发放安全宣传资料2万余份。举办煤矿职工家属安全知识竞赛1期。

【巾帼脱贫】对上争取资金188万元，救助患乳腺癌、宫颈癌的农村贫困妇女188人。做大做强巾帼致富带头人武万群为代表的龙眼产业，实现泸县龙眼直销港澳，在龙眼协会建立妇女组织，全县培育“巾帼脱贫”示范基地3个，培育巾帼致富带头人10人。带领联系村两委干部到叙永考察“黑珍珠”鸡养殖技术。落实妇女儿童之家建设项目并补助经费共3万元。

【“三八”节活动】举办“巾帼心向党·扬帆新征程”纪念“三八”国际劳动妇女节107周年典型事迹展示活动，集中展示武万琼、舒兰、刘平等7位先进典型“巾帼不让须眉”立足岗位，勇争一流、敬业奉献、引领发展和践行好家风好家教的女性风采，选塑女性榜样。

【微课品牌教育】开设泸县妇联“幸福使者·父母大课堂”品牌微课堂，结合“走服引”主题教育活动和群众所需，进行线上线下中共十九大精神、家风家教、妇幼健康、生命安全、妇女儿童维权等知识讲座，累计开展44期，受益人数8万余人次。先后被省市县新闻网等多家媒体报道，并入选四川省优秀案例，在全省范围内推广。

【“最美家庭”】全县评选出“孝爱和乐”“亲善教子”“勤俭自强”“扶贫助困”“清廉敬业”“绿色洁美”的“最美家庭”30户，推荐获全国最美家庭1户、省级最美家庭1户、市级“最美家庭”12户。创建“健康家庭”“星级家庭”。在“四创一巩固”中切实做好细胞创建工作，组织评选“健康家庭”135户，其中市级“健康家庭”100户，评选“星级家庭”10403户，其中“五星”级家庭332户，为助力农村基层治理和四好新村建设发挥了积极作用。召开“清廉家风·家庭助廉”座谈会，镇（街道）党政主要领导家属代表参加，以警示领导家属要当好“贤内助”廉内助”，共同维护清新廉洁的家庭环境。

【素质能力培训】组织8名优秀女干部到上海复旦大学学习。举办妇联干部素质拓展、业务培训、家风家教宣讲培训4期，有效提高妇联干部服务妇女工作的能力和本领，增强妇联组织的凝聚力和向心力。率部分镇村妇联主席到成都市温江区岷江村和成都市盐口街道考察学习妇女儿童工作先进经验。

【志愿者工作】加强巾帼志愿者队伍建设，网上注册巾帼志愿者600余名，统一制作巾帼志愿者衣服和旗子600余套分发到各镇站点，全县各镇街开展巾帼志愿服务活动200余场，组织巾帼志愿者培训，切实增强巾帼志愿服务意识。

【维权服务】举办维权服务咨询和宣传活动100余场，发放宣传资料5万余份。在民政局设婚姻家庭纠纷调解室，构建家庭纠纷调解工作网络，建立婚姻家庭纠纷调解室82个、妇女儿童维权工作站116个。结合基层社会治理和“四好”新村建设，举办婚姻家庭法律法规巡回讲座10场。省市“反家庭暴力以案说法”现场宣讲会在泸县召开，泸县潮河镇15个村（社区）共300余名干部群众参加宣讲活动。

【妇女儿童之家建设工作】夯实网下“妇女之家”。继续打造县级妇女儿童之家示范点10个、创建市级示范点6个、省级示范点2个。通过整合资源，妇女儿童阵地功能设施不断完善，整体服务能力明显增强。开展“快乐留守·大爱龙城”助力泸县社会治理暑期夏令营活动13场，累计服务留守儿童4600余人次。构建网上“妇女之家”。建立QQ工作群、龙城妇干微信群，建立县、镇（街）、村（社区）妇联及各妇女小组的四级微信群，覆盖妇女近10万人，最大限度凝聚在妇联组织的周围。

【妇女儿童关爱】开展送温暖活动。利用各种节点和“走服引”活动，对全县200余名困难群众进行慰问，送去米、油等慰问品和现金共计58780元。开展“六一”活动。为43名建档立卡家庭贫困儿童送上节日礼物，全县举办各类庆祝活动120余场，全县累计走访慰问困难、残疾、留守儿童2400余名，送去慰问品慰问金20余万元。组织“心脉相连·

让爱住家”留守儿童关爱项目。爱心家庭结对帮扶45名留守、流动困境儿童。实施“书香满家”亲子阅读项目。建立留守儿童家庭档案240余份，服务儿童及家长1500余人次。

【妇联改革】全面实施并完成村（社区）妇联“会改联”工作，选举产生妇联主席301人，兼职副主席597人。出台《泸县妇联改革方案》，全面完成镇（街）妇联换届选举工作，实现20个镇（街）妇联增选兼职副主席，推动落实妇联联席会和轮值主席制度等。

【宣传工作】强化内外宣传工作力度，打好新媒体与传统媒体相结合的组合拳，借助党政信息平台、内外网站、手机报，妇联网站、微信、新女性QQ群、“妇女（儿童）之家”等宣传阵地、载体，提升妇联工作的知晓度、社会满意度。全年，妇联微信公众号发布信息83条，被各类媒体采用信息216条。

（撰稿人：赵丽娜）

工商联合会

Association of Industry and Commerce

【思想政治工作】组织执委和新生代企业家集中学习习近平总书记“7·26”重要讲话精神、省委第十一次党代会精神、中共十九大精神、全国工商联第十二次代表大会精神，引导广大非公有制经济人士拥护党的领导，听党话、跟党走，自觉当担社会责任。持续开展“实现伟大中国梦、建设美丽繁荣和谐四川”“守法诚信、坚定信心”为重点的理想信念教育实践活动，加强非公有制经济代表人士特别是年轻一代非公有制经济人士教育，力促“两个健康”。

【非公党建工作】坚持党建促会建、促企建，探索创新非公党建模式，夯实党执政的群众基础和社会基础，党建工作实现全覆盖。新建医药行业商会党支部，筹建深圳、中山泸州商会泸县党支部。杏林医疗器械公司党支部被评为先进党支部，攀枝花泸州商会泸县党支部书记胡基元被授予“优秀基层党组织书记”称号。38名非公有制经济人士推荐为县级新的社会阶层代表人士，18名非公有制经济人士推荐为市级新的社会阶层代表人士。

【宣传工作】省工商联采用信息20条，市工商联采用信息14条，《泸县通讯》采用信息2条，龙城手机报采用信息5条，泸县电子政务内网采用信息14条，泸县公众信息网采用信息11条，编辑《工作简讯》10期36条、《龙城商界》2期。“五一”期间，在《泸县电视台》集中宣传非公有制企业家在人才管理、技术创新、回报社会等方面的先进事迹，扩大工商联的影响力。

【脱贫攻坚】持之以恒地引导非公有制经济和非公有制经济人士参与社会建设。汇聚脱贫力量，

县工商联组织非公有制企业帮扶联系村

74户非公有制企业、8个商会结对帮扶贫困村30个，联系帮扶贫困户170户；非公有制企业88名市县人大代表、政协委员分别联系贫困户2—3户；国粹酒业等企业中层以上员工每人联系贫困户1户；累计捐款捐物3000余万元，为打赢脱贫攻坚战贡献了力量。创新扶贫方式，推动以捐款捐物为主的输血式扶贫向以教育扶贫、产业扶贫为主的造血式扶贫转变。科瑞德制药对联系村的贫困户子女从小学到大学每年奖励400元—2000元，投资15万元建立中药材基地；古蜀窖酒业与结对贫困村合作，订单种植高粱250余亩；龙马祠专业合作社采取土地入股、收益保底、按股分红的模式，打造中药材基地2000亩，带动群众脱贫致富。科瑞德制药被评为泸州市扶贫工作先进集体，鑫福集团赖大福被授予泸州酒城好人称号。彰显社会责任，号召民营企业家主动履行社会责任，向困难儿童、困难职工、贫困家庭大学生、栋梁工程捐款、九寨沟地震等捐款捐资近50万元。

【招才引智】完善基础促招商，牵头建立泸县籍在外成功人士数据库，录入泸县籍在外知名人士1000余名，为推动人才优势转变为发展优势奠定基础。强化宣传促招商，利用现代媒介，大张旗鼓宣传泸县投资政策，及时将《投资指南》《招商引资优惠政策》《招商引资奖励办法》等招商引资政策发送有关商会组织，并通过商会组织扩大对外宣传，提升泸县在外的知名度和美誉度。联谊交友促招商，实施泸商回归、归雁经济工程，先后到深圳、中山、成都、北京、重庆、广东泸州商会开展联谊活动20余次，推介投资项目，听取投资意见，收集投资资讯20余条；深圳、厦门、佛山、成都、重庆、金华泸州商会和泸州市青年企业家协会先后组织100多名投资者到泸县投资考察。挖掘内力促招商，鼓励行业商会和会员企业以友情、客户情为纽带，大力开展以商招商。一年来，引进投资项目10个，投资金额66亿元。浙江金华泸州商会引进可溶性心脏支架项目，深圳泸州商会、电子机械学校引进光电智能制造项目，万福商贸引进红星美凯龙，恒兴医药引进华润医药集团。

【服务非公有制企业】举办《新常态下中小企业融资路径选择与风险防范》《预防职务犯罪和经营风险》讲座，选派执委企业参加省市工商联举办的各类培训，不断改善非公有制经济人士知识结构。推动政企互动，开展构建“亲”“清”新型政商关系座谈会6次，对51户企业产权历史遗留问题提出有针对性的处理意见，20名非公企业负责人被聘为特邀监督员，指导企业拓展区域市场，主动参与企业矛盾纠纷调处。推动银企合作，与县域金融保险机构签订合作协议，组织开展银企对接活动，积极探索小微企业融资服务新路径，协调转贷3.5亿元、新增融资4000余万元。推动司法维权，持续开展“七五”普法工作，组织召开法律咨询会4次，解决法律问题10余件。

【建言献策】把建诤言、献良策作为参政议政的重要途径。深入调查研究，广泛听取民营企业的意见建议，及时向县委、县政府反馈合理诉求，撰写《开放创新打造商会经济、包容并蓄助推地方发展》等调研报告2篇，《影响企业扩大再生产六个方面的因素》等社情民意得到县委、县政府领导的批示。着力参政议政，围绕经济社会发展中的热点、难点问题，充分发挥非公经济人大代表、政协委员的聪明才智，撰写人大批评建议和政协提案12件，其中《泸县深度融入泸州主城区一体化发展的建议》在市政协联组会上做发言，《构建财政金融担保保险互动机制的建议》被有关部门采纳。

【机关自身建设】强化队伍建设，新增事业编制1名；优化镇（街道）分会班子结构，镇（街）会长由副书记或组织委员担任，秘书长由统战干事兼任；充实医药行业商会领导班子；注重横向合作，主动争取统战、组织、民政、工商、经信等有关部门的支持，形成了党政重视、部门配合、行业自律的工作格局。狠抓作风建设，深入开展“两学一做”专题教育活动、“走进群众、服务群众、引导群众”主题教育实践活动，切实做好联镇联村工作，召开院坝会4次，走访困难群众80余次。建立县级领导和县级部门联系异地泸州商会制度、异地商会经费补助制度，明确1名县级领导和1名县级部门副科级以上领导干部对口联系1个异地泸州商会（筹备组）；实施部门联动机制，与县投资促进局、县经开区、县医药园区、县扶贫移民局等部门合作，实现信息共享，节约了人力物力。成立以县委常委、统战部部长任组长的创建工作小组，制定《创建“五好”县级工商联建设工作实施方案》《创建“四好”商会建设方案》，县工商联被全国工商联认定为“五好全国工商联”；县医药行业商会示范创建工作基本完成，待有关部门验收。镇（街道）分会换届工作全面完成。新设立医药行业商会医疗管理分会，新发展会员60名。

（撰稿人：周　军）

科学技术协会
Association of Science and Technology

【概况】 泸县科协紧紧围绕县委、县政府的中心工作认真履行“四服务一加强”的职责定位、突出重点、努力创新，各项工作取得了显著的成效，全县有科协所属团体45个，村（社区）科普小组298个，科普员2500名，建成高标准科普画廊70个，举办科普宣传118场次，技术培训900场次，泸县科协被评为“全国科协系统先进集体”、通过市级文明单位复查验收继续保持“市级文明单位”称号，全县目标考核党建工作获得一等奖，综合目标二等奖。

【《纲要》实施工作】 及时调整《全民科学素质行动纲要》（以下简称《纲要》）工作领导组，将《纲要》实施工作纳入县委县政府对镇（街道）、成员单位的目标考核，印发《泸县公民科学素质行动计划纲要实施方案（2016—2020年）》，确保全县《纲要》实施工作有序推进。科协牵头联合《纲要》领导组成员单位大力开展形式多样的科普宣传和培训活动，极大地提高了“五大人群”的科学素质。

【“基层科普行动计划”实施】 争取全国、省、市、县上级“基层科普计划”奖补资金78万元，泸县牛滩生姜专业技术协会、泸县兆雅镇清泉家庭农场、海潮镇尖山村、玉蟾街道怡园社区获得市级“基层科普行动计划”奖补，利用县级项目资金34万元奖补全县农村专业技术协会（农村科普示范基地）3个、科普示范村（社区）10个。海潮镇桂圆技术协会获省“科普惠农兴村计划”先进单位，云龙镇名优水果专业技术协会理事长武万琼获全国农技协先进工作者表彰，太伏镇养鸡大户杨云波获省级农村科普带头人的表彰。县科协会同邮政储蓄银行泸县支行积极开展“银会合作”，发放贷款48笔共计1313万元，获得省级贴息资金19941元。

【科普宣传活动】 县科协重点组织开展泸县2017年科技文化卫生“三下乡”、泸县“科技之春”科普宣传月、“全国科技工作者日”“全国科普日”等重大科普活动，大力宣传科学文化，普及科学知识，累计发放科普宣传单、折页、书籍、挂图等2万余册，全县科普活动覆盖面达95%以上，成功举办“全国科普日”活动启动仪式，并被中国科协表彰为2017年“全国科普日”优秀活动。

【科普设施建设】 围绕脱贫攻坚战略，将科普实施建设重点向贫困村倾斜，利用科普经费19.92万元，新建科普画廊15个，全县城乡科普画廊总数达到70个，向市科协争取科普E站建设资金10万元，用于购置科普屏媒4台，

9月19日，泸县2017年"全国科普日"活动启动仪式（蒋利　摄）

投放到泸县二中、玄滩小学、玄滩镇涂场村、毗卢镇下林村（截至年底全县有科普屏媒13台）；争取市级"星火计划"项目资金15万元，定向用于玄滩石鹅沟村山坪塘建设。

【科普资源开发】坚持每季度更新科普画廊挂图，画图设计精美、实用性强，内容上将科普宣传与党风廉政建设、普法、安全、防邪、禁毒、种养殖技术普及等相关工作有机结合，使画廊得到综合利用，与兆雅镇明德小学联合开发《我们的创新制作》农村青少年科技教育读本，印制6000套发放到全县中小学校，启发青少年的创新思维。

【青少年科普工作】开展泸县33届青少年创新大赛，征集各类创新作品1757件，评出获奖作品797件，其中一等奖203件、二等奖263件、三等奖331件，另评出优秀组织奖30个，优秀科技辅导员30名。推荐76件作品参加市第33届创新大赛，获得一等奖10件、二等奖35件、三等奖19件。泸二外杨波老师获得十佳优秀辅导员奖，县科协获得优秀组织奖。组队参加省第32届青少年科技创新大赛，泸县有28件作品参赛，24件作品获奖，其中一等奖3个、二等奖10个、三等奖11个。1个科幻画作品获得全国二等奖，1个创意作品获得全国"优秀创意奖"，同时县科协获得省级"基层优秀组织奖"。

【科技教育示范学校创建】争取市科技教育示范校能力提升项目补助经费6.6万元；同时县投入5万元，开展科技教育示范校科技教育项目，共奖补县级示范校科技项目7个。泸县五中、海潮镇高寨学校、玄滩镇中心小学顺利通过市级科技教育示范学校验收并授牌。

【学会工作】实施学会能力提升项目，以项目为依托，提升学会活力，投入6万元资金对县老科协等5个县级学会的7个项目进行了奖补。县级各学（协）会围绕全县经济和社会发展战略，组织会员开展多层次、多内容、跨区域的学术交流活动。认真开展优秀学术论文征集评选活动征集到县教育学会、县畜牧兽医学会、县建筑业协会、县老科协、县医学会等12个县级学（协）论文130篇。

【企事业科协工作】县科协积极为园区企业开展专利基础、知识产权、科技信息等知识的培训，组织开展专利信息资源库网络版注册登记工作。2017年注册登记9个企业，有29个企业进行登记注册，积极申报金桥工程项目4个，获得省级优秀"金桥工程"项目奖补3个，获得奖补资金3万元，强化院士（专家）工作站建设，泸州医药园区和四川众鼎中药发展有限公司申报市级院士专家工作站，四川众鼎中药发展有限公司成功创建第三批市级院士（专家）工作站，获建站补助资金20万元。杏林医疗器械有限公司获得院士（专家）工作站维护资金5万元。同时县科协获得四川省科学技术协会表彰为四川省2016年度“科技信息服务企业创新”工作先进集体。

【实施科协系统改革】围绕《泸州市科协系统改革方案》，制定《泸县科协系统改革方案》，待县委常委会通过。方案中进一步明确科协工作思路、工作重点、机构建设、组织建设、党的建设、阵地建设、经费保障等改革内容。按照“五分离、五规范”的原则，实施农技协脱钩试点工作，完成13个农技协脱钩试点改革工作。对4个协会进行法人变更登记手续办理；对青龙中药材种植专业技术协会进行了更名；泸县甜橙协会实行依法注销。与新社会组织党委进行对接，将海潮镇桂圆生产技术协会、牛滩生姜专业技术协会、云龙镇名优水果专业技术协会、泸县农作物良种协会四个党支部纳入泸县新社会组织党委序列。

【自身建设】开展“两学一做”学习教育，狠抓科协党支部思想、作风、纪律建设，党员纪律意识显著，机关作风明显转变，为民服务的意识加强，在全县机关党风廉政建设社会满意度评价工作中科协排名第三。全年为联系贫困村赠送科普读物、种养殖技术、政策法规等宣传资料2万余份，提供政策扶持资金7.5万元。积极开展脱贫攻坚工作，投入资金26.3万元在全县21个贫困村中建设科普画廊19个、科普e站2个。县科协先后被县委评为“双联”工作先进集体和扶贫工作先进单位等荣誉称号。成功召开泸县首届“全国科技工作者日”座谈会，充分调动科技工作者建言献策的积极性和主动性。

（撰稿人：蒋　利）

文学艺术联合会
Association of Arts and Literature

【文艺创作】坚持把出作品放在文联工作的首位。以“深入生活、扎根人民”为主题，组织各协会文艺工作者30余人，100余次深入到贫困村进行采风创作，催生了一大批文艺精品，小品《张二回家》成功参加全国曲艺展演，曲艺串烧《四个老汉夸好人》、金钱板《舍身救人的好警官》等作品参加全县巡演20多场，11个团队参加廉政文化巡演220场；2017年11月举办了泸县、合江、赤水、纳溪川黔四地美术作品联展，此次联展由四地纪委、宣传部、文联、文体新广局、诗书画院主办，四地文化馆、美术馆、美术家协会承办，泸县政协副主席、泸县政协诗书画院院长尹朝勇出席；美协会员陈裕荣作品《龙脑桥》木雕入展四川省首届乡村艺术大展，书协会员黄永康作品获2017国际诗酒文化大会“诗意浓香”铜奖，出版《庆十九大暨脱贫攻坚美术作品集》《中国传统村落立档调查名录（泸县村落一）》等书；围绕蔡松松先进事迹，创作诗歌、散文、书画等作品200余件；组织多件作品参展泸州市文联主办的辉煌五年奋进泸州喜庆十九大书画摄影作品展及清风送爽润酒城书画作品展。

【文艺队伍】在嘉明镇、兆雅镇、云龙镇三个镇试点建立文学艺术界联合会基础上，进一步夯实了文联基层基础，2017年在全县其余17个镇（街道）建立基层文联，实现了全县20个镇街道基层文联全覆盖。泸县10个协会人数增加，会员人数增加至900余人。其中包括多名国家级、省级、市级协会会员。部分会员进入了市文艺家协会领导机构，在文艺家协会中泸县人作为领军人物。

【文艺惠民】全年到20个镇（街）及40个贫困村广场舞开展辅导培训，受训人数达1万余人次；开展免费开放舞蹈、声乐、器乐、书法、绘画等培训2000人次。开展对各镇、各艺术团队和机关的业务辅导60次。举办了“三下乡暨新春扶贫惠民文艺演出”“春节联欢会”“农民演艺大舞台”“龙舞闹元宵”“泸县乡村旅游节”“4·23全民阅读”等主题活动30

余场，参与群众达 10 万人次。到 20 个镇（街道）开展“学英雄·树新风·爱家乡”文艺巡演，参与观众人数达 8 万余人次。成功举办了四川·泸县第五届雨坛彩龙民俗文化活动、参加第六届成都国际非遗节和泸州分会场的展销展演活动、开展全国第十二个文化遗产日活动、云锦山梨花节、玉龙湖端午民俗文化活动周、玉蟾山庙会、花朝节等民俗活动。

【文艺交流】紧紧围绕服务于构建“大外宣”“大外交”格局，积极拓展与省市县外地区的交流渠道，着力搭建区域文艺交流平台。实施文艺“走出去”战略。组织文艺工作者参加江苏仪征市书法作品展、泸州市第七届群众文化艺术节、井冈情·中国心纪念井冈山革命根据地创建 90 周年全国书法美术作品展、援疆全国书画展等展演活动。

（撰稿人：秦　操）

社会科学联合会

Association of Social Science

【社科普及】广泛开展科普活动。联合县科协，统筹开展“三下乡”“科普活动日”“科技活动周”3 项主题活动，累计发放科普资料 8000 余份。坚持“选题系列化、内容大众化、服务基层化、传播多元化”的思路，创新开展“酒城讲坛·龙城讲堂”“六进”活动。采用“2+N”（打造泸县二中外国语实验学校和泸县县委党校两个固定示范点和 N 个流动点）形式组织讲座，全年开展讲座 50 场，着力扩大“酒城讲坛·龙城讲堂”社会影响力，着力将“酒城讲坛·龙城讲堂”打造成为公开性、社会性的人文社科讲座。积极培育打造县级社科基地，按县级特色社科普及基地的建设条件，积极开展社科普及活动。着力将“德馨馆”“宋代石刻博物馆”打造为全县社科普及基地，在机关、学校持续开展“德馨馆”参观活动，倡导中华民族传统美德，培育涵养优良家风，夯实核心价值观基础。

【社科研究】组织开展年度哲学社会科学优秀成果推选工作，健全社科成果运用激励机制，确保社科成果推选公开公平公正，不断推动社科优秀成果推选工作规范化、制度化。向《泸州社会科学》推荐泸县宣传思想文化工作调研文章 14 篇。《龙城社科》出刊 4 期，“领导之声”“市政导读”专栏及时刊载党的理论政策和重大决策部署，“龙城瞭望”专栏刊载理论调研文章 30 余篇，将刊物建成为全县社科界传播理论的重要载体和平台，推动社科成果宣传推广转化。切实加强 13 个调研课题和创新成果的指导、对接、服务，确保形成高质量的课题成果。《农村环境治理的现状调查与思考》《对试点推进不动产登记的研究》2 项社科课题顺利结项，《创新农村宅基地退出机制研究》等 4 个课题获准 2017 年度社科课题立项。11 月 20—21 日，中国（泸县）龙文化峰会暨第七届中国古桥研究与保护学术研讨会隆重开幕。泸县龙桥与龙文化走出盆地，走向世界，助推泸县经济社会全面进步与发展。

【社科组织建设】8 月，各镇（街道）社科联全面成立，实现了镇（街道）社科联的全覆盖，进一步夯实了社科联基层基础。全县镇（街道）社科联全面成立之后，制定《泸县社科联 2017 年工作要点》文件，实施泸县县级社科学会和镇（街道）“四个一”考核办法（申报一个社科课题、组织一次学术研讨、开展一次调研、上报一条信息）。召开社科联常务理事会一次，学会工作会一次，修订《学会管理办法》，清理“不作为”学会，加强对学会工作的督促和激励。积极探索符合社会科学发展规律的社团管理体制和运作机制，积极搭建平台，加强联系，强化管理，不断增强学会及社团的活力和凝聚力，进一步夯实社科联基础，发挥基层社科组织作用。

（撰稿人：秦　操）

残疾人联合会
Federation of Disabled

【概况】泸县残疾人工作以组织实施惠残民生工程为抓手，加快推进残疾人社会保障体系和服务体系建设，积极营造扶残助残的社会氛围，引导和扶助残疾人投身各项社会建设，推动残疾人事业不断迈上新台阶，取得明显的成效。全年获市残联系统县（区）综合绩效考核一等奖第二名，被省残联评为2017年度深化“量服”工作示范县，“量服康复”“量服维权”“量服组联”工作成绩突出单位，党建目标考核获得县级一等奖，脱贫攻坚工作联村帮扶先进单位。

【民生工程】帮助8173名城乡残疾人实现居家灵活就业，扶持2087名农村贫困残疾人发展生产，为962名贫困残疾人适配亟须的基本辅助器具，为8480名重度残疾人发放护理补贴，为56名贫困家庭脑瘫儿童提供康复救助，为13名贫困家庭重度听力残疾儿童提供康复服务，为103户残疾人家庭实施无障碍改造。

【“量服”工作】采取入户调研形式，对残疾人的基础情况和需求情况精准掌握，为39482名残疾人提供个性化服务，更新基

泸县残联开展脱贫攻坚工作

础信息24577人。从康复、教就、宣文、维权、组联等方面共建立20家“机构量服”；分别按照精准实施“一人一策”“精准监督”要求，为3880人残疾人提供服务。入户调研过程中为残疾人安装APP软件，指导残疾人登陆平台，利用平台做到“能看”“能说”“能办”等业务。2017年完成6655人“开放量服”申请录入，残疾人参与率50.36%，残疾人满意度100%。举办深化“量体裁衣”式服务残疾人集中培训和劳动竞赛，以测试县、镇残疾人工作者对“量服”平台掌握的熟练度和对残疾人政策的了解为目的，进一步提高残疾人工作者的业务水平和服务能力。从7月起，每月开展“量服”精准分析会，并通过网络督查、电话督查和现场督查等方式，不断分析和补齐短板，提升“量服”精准度和残疾人满意度。全县301个村（社区）均建立了量服“三公开一公示”栏，主动接受群众监督。

【康复教育】对全县240名贫困肢体残疾人开展康复服务，为4022名精神病患者免费发药，为残疾人发放辅具1170件，救助贫困肢体残疾人安装假肢25人（其中大腿假肢13人、小腿假肢12人），对14名智力残疾儿童和5名自闭症儿童开展康复训练，对全县96名盲人开展定向行走训练，为全县80%的残疾人签订了家庭医生签约服务协议，落实精准康复服务33825人次。为全县在普校随班就读小学、初中、高中的351名残疾学生分别发放200元、300元、500元助学金，共计8.3万元。全面完成全县8名残疾

考生及52名残疾人子女“圆梦助学”资金申报工作。

【社会保障】为8023人发放重度残疾人护理补贴共计529.599万元，为4835人次发放扶贫对象生活费补贴179.457万元，对一、二级重度残疾人及三、四级智力、精神残疾人参加城乡居民基本医疗保险个人保费予以全额补助。对249名符合条件人员发放机动轮椅车燃油补贴9.0885万元。对全县安置残疾人的35家企事业单位进行免征或减征残疾人就业保障金资格确认，在全县对未安置或安置残疾人未达比例的机关企事业单位征收残疾人就业保障金620万元。

【就业创业】开展残疾人养鸭培训20期，发放鸭苗5.5万只，落实经费18.975万元；残疾人养兔培训20期，发放兔苗4170羽，落实经费19.46万元；残疾人桂圆苗种植培训17期，发放桂圆苗1.35万株，落实经费19.17万元。对符合就业创业扶持条件的52名自主创业和发展现代农业残疾人，以及2个残疾人就业扶贫基地，落实就业创业扶持资金补贴70.88万元。为600名就业年龄段残疾人提供30万元居家灵活就业直补资金。

【脱贫攻坚】对贫困户及残疾户开展产业扶持送技术活动，为联系村33户建档立卡贫困户和52户残疾人户发放鸭苗4250羽，落实金额1.5万元。通过宣讲、走访、慰问、院坝会等多种形式到联系村沙土村开展“走进群众、服务群众、引导群众”主题教育活动，每名干部职工对包联的群众建立台账。开展“送温暖”活动，为沙土村贫困户发放慰问金600元/户，为职工联系户中的义务教育阶段的学生进行补助2.95万元。对联系村3名建档立卡贫困户维修自住房资助紧急救助金1.043万元。2017年，泸县残联被泸县脱贫攻坚领导小组评为脱贫攻坚工作联村帮扶先进单位。

【文艺体育】对各镇（街）初、高级中学及大中专院校在校学生进行广泛摸底调查，认真筛查，共推荐14名有运动特长、具备一定运动技能的残疾人参与运动员集中训练。泸县残疾人艺术团成功申创为泸州市残疾人“双创”示范基地，泸州福辉教育服饰厂成功申创为泸州市残疾人“双创”示范基地、四川省残疾人“双创”示范基地。

【组织建设】结合“走进群众、服务群众、引导群众”主题教育活动，6月28日、10月27日到联系村福集镇沙土村开展省委十一届二次全委会精神及中共十九大精神宣讲活动，收集解决群众诉求，帮助农村脱贫奔康，深化“走基层、解难题、办实事、惠民生”活动。11月17日邀请县委党校校长王湘宣讲十九大精神，切实将干部职工的思想行动统一到中共十九大精神上来。12月4日，召开泸县残疾人事业工作会，总结“十二五”时期全县残疾人工作，安排部署“十三五”残疾人工作，同时，通报表扬“十二五”期间泸县“自强模范”和“助残先进个人”30人。12月18日，召开泸县第六次残疾人代表大会，79名代表出席会议，选举产生县残联第六届主席团委员23名和出席市残联第七次残代会代表18名；召开第六届主席团第一次会议，聘请县残联第六届主席团名誉主席；选举县残联第六届主席团主席、副主席；推选县残联第六届执行理事会理事长；通过县残联第六届主席团执行理事会副理事长、理事名单；通过县各专门协会主席名单。

【特色创新】实施统一招聘20名镇（街）残疾人专干，实行双重管理，解决镇（街）人员变动大，工作不能专职问题，有效地解决了各镇（街）在推进残疾人工作的力度。将特困供养人员中的重度残疾人纳入重度残疾人护理补贴发放范围，对全县重度护理补贴实行全覆盖。从第三季度起提高残疾人扶贫对象生活费补贴，一、二级由 150 元/月提高到 210 元/月，三、四级由 120 元/月提高到 180 元/月。对未享受国家听力残疾儿童助听器和人工耳蜗项目的听力残疾儿童进行部分费用的救助。对寄宿制机构和日间照料机构的残疾人，从 2017 年起补助标准为每人每月 300 元。

（撰稿人：言　婷）

红十字会
Red Cross Society

【器官及遗体捐赠】 泸县红十字会在县人民医院开展人体器官捐献志愿登记宣传活动，有 18 人登记成为器官捐献志愿者，有 71 人献血 21500 毫升。12 月 18 日，泸县第二中学退休教师孙守钦老人选择以大爱的方式告别这个世界——捐献遗体，用于医学研究和教学。

【申请基金】 泸县红十字会全年为 6 个先心病患儿申请获得天使阳光基金提供的资助金 14 万元；为 8 个白血病患儿申请获得小天使基金提供的资助金共计 25 万元。

【献血工作】 泸县在各镇（街道）和各部门的共同努力下，截至 12 月 31 日，全县累计献血 143.86 万毫升，计 7193 人次，全县医疗机构临床用血量 3018.5 个单位，献血量满足泸县用血量，并超出了 4175 个单位，完成用血量的 238%。2017 年，泸县为 673 名病人办理用血退费 63.4763 万元。

（撰稿人：罗旭辉）

法　治

RULE OF LAW

政法委及综治

Summary of Political and Legislative System

【概况】泸县政法系统深入学习习近平总书记系列重要讲话精神，认真贯彻落实中共十八届六中全会、中共十九大精神和中央、省、市政法工作会议精神，坚持围绕中心，服务大局，以法治泸县、平安泸县建设为抓手，深入推进社会矛盾化解，扎实开展基层社会治理，积极推动司法体制改革工作，为泸县“建成四个新区，率先全面小康”营造安全稳定的社会环境。

【社会稳定维护】从源头上预防、减少和化解不稳定因素，针对性制定应急突发性子预案17个，先后对G8515泸渝高速公路、泸州市川南民俗文化产业配套建设项目等136项重点工作开展风险评估，一批涉稳隐患得到及时发现与控制。以情报信息引领维稳工作，建立县镇村组四级信息网络，特殊敏感时期实行24小时值班和涉稳信息“零报告”制度，及时获取和研判内幕性、深层次、行动性涉稳信息1150条，化解981条。抓好涉稳人员管控，组建420人的专业性反恐维稳行动队伍和2万余人固定与流动相结合的反恐维稳信息员队伍，成功处置“2·3”福集误食醇基燃料、“4·1”太伏学生死亡等多起引发社会强烈反响的重大案事件，确保中央、省、市、县“两会”、中共十九大等特殊敏感时期社会大局持续稳定。

【基层社会治理】全面推进基层社会治理“131”模式，进一步夯实基层治理基层基础，切实提高群众平安建设满意度水平。建成“综治中心”。建成并投入运行县综治中心1个，镇（街道）综治中心20个、村（社区）综治中心301个。规范“三支队伍”。在全县251个行政村配备268名驻村辅警（网格员）开展工作，收集各类信息2万余条。在20个镇（街道）的50个社区配备专职网格员52名，收集上报信息1.83万条。积极引导志愿者、红袖标队伍等群众力量参与基层社会治理工作，全年各类群防群治力量参与治安巡逻3120余次，化解矛盾纠纷280余件，参与村（居）委会事务管理160余项。强化“一个责任”。将综治、平安建设目标任务下达到各镇（街道）和综治成员单位，层层分解落实，建立健全社会治安综合治理工作实绩档案，对平安建设群众满意度测评工作开展滞后镇（街道）的4名领导进行约谈。实施“四大工程”。大力推进“雪亮工程”建设，全面建设完成20个镇（街道）1783个点位1849个摄像头。大力推广摩托车、电动车GPS定位防盗系统，安装“两车防盗”系统15298套，为群众找回被盗车辆16辆。大力实施“光亮工程”，整治“黑巷子”220余条，新增路灯1612盏。大力推进“公共安全视频监控建设联网应用”工程，将机关、学校等449个摄像机接入社会视频资源中心，对重点区域24小时实时监控。开展“五项整治”。深入开展信访积案专项治理，对排查出的36件信访积案和省联席办交办的3件信访积案全部结案，结案率100%，息诉息访16件。办理562件网上信访件，13件“绿色邮政”来信。深入开展禁毒社会化工作和缉毒执法专项整治，查获吸毒人员344人，强制戒毒95人，破获刑事案件52件，抓获犯罪嫌疑人70人，缴获毒品4087.93克。深入开展“盗抢骗”侵财案件系列专项整治，各类刑事案件立案1393起，同比下降22.18%；受理治安案件1158起，同比下降14.60%；打掉跨区域犯罪团伙6个，破获“盗抢骗”案件377件，全县入室盗窃案件较2016年同期下降20.95%，“两车”盗窃案件下降18.99%，诈骗案件下降43.85%，两抢案件下降88.8%。深入开展校园及周边环境专项整治，全县各级学校安防设备按标准配备升级，开展反校园欺凌法治宣传220余场次，集中开展校园周边食品卫生安全、交通安全专项行动20余次，排查整改隐患95处。深入开展重点行业专项整治，加大对辖区重点行业场所的监管力度，开展专项整治800余次，排查整改隐患60余处。

【法治泸县建设】推进依法执政，强化领导干部学法用法，全年县委常委会会前学法7次、县政府常务会会前学法16次、县委中心组学法8次；全县各机关单位组织各种形式的法律知识测试（考试）33次，开展各类法治专题培训77场次，受教育人员6862人。坚持依法行政，印发《泸县法治政府建设实施方案（2017—2020）》，明确法治政府建设任务、责任分工、完成时限；推进依法行政决策，87%以上的部门和90%的镇（街道）聘请专职律师担任法律顾问，全县法律顾问体系基本建成；清理公布行政权力清单，县级保留行政权力事项5186项，制定《泸县三项制度试点工作任务细则》等文件，试点工作责任在全县32个重点执法部门和20个镇（街道）全面落实。深化公正司法，召开“两法衔接”联席会、协调会7次，查阅行政处罚案卷80余件，发现涉嫌犯罪并建议移送侦查机关立案侦查8件。深化法治宣传教育，组建泸县“七五”普法讲师团，在全县开展“法润泸县·七五普法行”巡回宣讲活动50余场；在全县各镇（街道）开展法治文艺巡演40余场；邀请专家开展企业法治专题培训31场，受众2000多人；创作拍摄普法情景剧5部，公证题材微电影和法治公益广告各1部；编印《法娃故事会》以案说法读本三辑，1.8万册。

【督查督办】化解涉法涉诉信访案件。全年受理各类涉法涉诉信访40余件（包含重复访），办理上级交办件2件，及时将相关信访件交办县级政法各部门，做到件件有落实、件件有回音，并将相关信访件诉求、办理情况等录入省上统一平台，切实解决一批事关群众利益的现实问题，增强群众的信任，密切党群干群关系。做好司法救助工作。根据《四川省国家司法救助实施办法（试行）》（川政法〔2014〕85号）及市、县文件精神，加强对县级政法各部门司法救助的监管，严格按照实施细则的要求，完善报、审、批各个工作流程。全年发放司法救助金33.8万元，救助案件12件，救助人员14人。落实“三项规定”，全年未发现有领导干部干预司法活动、插手具体案件、司法机关内部人员过问案件等情况。开展案件评查工作。进一步规范执法行为，提升办案质量和执法水平，案件评查小组在县政法各部门2016年办结的案件中随机抽取13件案件，从事实认定、法律适用、实体处理以及法律文书等方面进行全面评查。探索建立律师参与化解和代理信访案件机制。制定《实施办法》和律师队伍考核管理评价标准，在县级政法各部门设立“接待窗口”，选派10名优秀律师参与做好信访人释法劝导工作、接谈信访人、评析信访案件，对申请司法救助等问题提出处理意见。全年共接待咨询群众50余人次，涉法涉诉信访咨询25人次，参与化解和代理涉法涉诉信访案件6件，成功化解息访息诉案件4件。推动形成完整的律师参与化解和代理涉法涉诉信访案件工作机制。

【司法体制改革】 推进司法责任制改革，全面落实入额院领导办案，亲自审理重大疑难复杂案件，全年共参与办案535件；建立“基础指标+动态指标+奖惩指标”考核机制，充分发挥目标绩效管理对队伍的激励引领作用；建立专业法官会议制度，组建21名资深专业法官团“把脉”重大、疑难、复杂和新类型案件。统筹推进相关配套改革，积极推进刑事庭审实质化改革，制定《关于推进形式庭审实质化工作方案》《刑事案件繁简分流实施办法》等规范性文件，强力推进法院繁简分流、轻微刑事案件快速办理工作，实现从审判中心环节强化庭审实质；健全完善《泸县刑事诉讼涉案财物管理实施细则》等10余项管理制度，进一步规范刑事诉讼涉案财物管理工作。积极抓好其他改革，不断深化涉法涉诉信访改革，遴选优秀律师积极参与化解和代理涉法涉诉信访案件工作；积极探索信访事项第三方评价机制，建立专班劝（接）返机制，有效治理进京非访、越级访工作；加强派出所勤务创新，合并6个派出所实体，形成区域打击拳头，实施“白+黑”联勤警务，形成区域防范高地；强化政府消防队与巡防大队、城区派出所勤务机制对接，构建分区勤务机制；深入推进司法行政改革，公共法律服务体系进一步完善，律师考核评议工作效果初步凸显，司法所规范化建设有序进行。

【政法队伍建设】 全县政法干警认真学习宣传贯彻中共十九大精神，深入推进“两学一做”学习教育常态化制度化，扎实开展“四对照四提升做忠诚卫士”“千名干警进万家”等专题教育活动，进一步牢固干警“四个意识”，锻造绝对忠诚的政治品格。干警履职能力明显提升，大力实施“抓规范、强管理、练内功、提素质”的工作举措，深入开展系列培训、实岗练兵、技能比武等活动，着力打造正规化专业化职业化的过硬政法队伍，2017年，开展岗位技能练兵50余次，组织政法干警参加各类专题业务培训7000余人次。纪律作风不断优良，全面从严治党，教育干警严守政治规矩和政治纪律，自觉增强法纪意识、践行法治精神、坚守法律底线；建立全县政法系统纪律作风监督员队伍，制定相应管理办法，规范问题办理流程，确保“有错必纠”；深入开展整治“微腐败”“走进群众、服务群众、引导群众”和“千名干警进万家”主题活动，走访、服务群众达2.5万户，查摆群众反映问题1344个，协调解决问题863个。

（撰稿人：杜　鹏）

公　安
Police

【概况】 2017年，县公安局以平安泸县、法治泸县和过硬队伍建设为目标，坚持以市局“市区县公安机关错位发展”的战略为引领，继续“打牢一个基础，驱动四驾马车引领泸县公安发展

4月28日，县公安局党委到嘉明镇复兴村开展“道德讲堂”院坝会（熊烽富 摄）

前进”的总体工作思路，强势推进打击、防范、管理、维稳等各项工作，主动服务泸县经济社会发展大局。全年，县局54个集体、234名个人受到各级表彰，其中集体二等功1个，集体三等功9个，集体嘉奖29个；个人三等功33人，个人嘉奖97人，辅警四等奖16人，辅警五等奖74人。

【维稳安保】 加强网上、涉稳、涉警舆情的监测和预警，针对“4·1”“5·16”“5·29”等学生坠楼事件，县局共监测收集网上舆情信息57.63万条，撰写本地舆情专报76期；收集涉稳涉访、欠薪欠资、工资福利、非正常死亡、网络舆情、高发性案件等各类社会治安风险点341条，制作分析研判报告383期。全力做好春节、国庆、两会及中共十九大等各类重大活动安保维稳和警卫工作，实现任务完成“零差错”。

【案件侦办】 持续开展打侵财、攻黑恶、禁毒品，缉枪爆、治黄赌系列专项行动，专班办理“善心会”“五行币”等部省督办案件。全年打击防范呈现刑事案件立案下降、破案上升，治安案件受理下降的良好趋势。各类刑事案件立案1510起（同比下降22.72%），破案909起（同比上升17.29%）；受理治安案件1255起（同比下降15.37%），查处治安案件1235起；刑事拘留388人，治安拘留467人，移送起诉犯罪嫌疑548人，追逃70人。查处涉黄案73起，处罚126人；查处涉赌案121件，处罚290人，收缴赌博机80余台；查破涉毒案174起，抓获426人，强戒95人，查获毒品缴毒4.87公斤；经济案件立案23件，破案28件，抓获37人，刑拘10人，提请逮捕10人，取保28人，监视居住1人，移送起诉47人，挽回经济损失约200余万元，上缴人民银行假币4万元；互联网主侦办理案件34件，自侦办理案件4件，配侦办理案件22件，抓获CCIC在逃人员14人；巡逻防控方面累计发案128起，抓获97人。

【交通监管】 全年发生交通事故4283起，受伤1062人，死亡71人，直接经济损失782.6万元；查处违法128250起（其中无证驾驶4670起，酒后驾驶782起，客车超员16起、货车超载594起、疲劳驾驶1537起，涉牌涉证180起，违反交通禁令信号38107起），行政拘留39人；全年排查各类车辆4.53万辆次；检查客运企业108家次，货运企业317家次，危运企业92家次，开展约谈4次；落实整改隐患30余处，新增或更换交通标志、标牌等安全设施200余处。交警部门落实“天天上路巡查”工作机制，稳步推进各项交管工作。

【民爆监管】 加大对民爆企业培训工作，组织各类民爆安全知识培训7次，培训人员160余人次；检查寄递物流企业及乡镇网点169家；开展公务用枪单位安全检查62余家次；查处33起非法运输携带烟花爆竹案件，治安行政处罚24人，收缴销毁非法烟花爆竹211件911元；收缴非法持有枪支和群众主动上缴气枪5支、火药枪21支、牙签弩8把、黑火药1瓶、步枪子弹143发、销毁雷管16发，销毁过期炸药6844公斤。在“治爆缉枪”专项行动中，查处涉枪刑事案件13起，行政案件5起，刑事强制措施11人，行政拘留4人，涉案枪支25支。

【消防监管】全县检查单位2643家次，发现火灾隐患4473处，整改4431处，下发责令整改通知书1807份，下发行政处罚决定书109份，下发临时查封决定书36份，责令“三停”34家，罚款60余万元，拘留10人。全年接处警2216起，其中火灾296起，抢险救援78起、便民服务1629起、勤务保障213起，成功扑灭“5·16”朝发皮具厂火灾、“6·20”兆雅江泉酒业酒罐爆炸火灾、“7·26”代桥山火、“8·3”杨寺林场山火、“8·4”工业园鑫禾农业仓库火灾、“8·7”博雅汽车旗舰店火灾。

【监所监管】2017年，拘留所收拘319人，开展对拘留人员个别谈话1200多次，集体教育386次，聘请外聘教官讲课8次，化解矛盾纠纷14件，14件，履行纠纷款项数额22.13万元，接到锦旗4面；看守所累计新收押412人，累计出所360人，为深挖犯罪提供线索流转25条，协助破案51件。通过严格依法管理，完善机制创新，被关押或拘留人员合法权益得到有效保障，监所秩序安全平稳，持续16年无事故发生。

【法治建设】县局重点强化“一场所三中心”建设（“一场所”即执法场所，“三中心”即案件管理中心、涉案财物集中管理中心、证据保管中心）。全年审核各类执法事项8600余项；巡查警情5000余条，发现并纠正问题回访460余项；全面实现案件录入警综平台、网上单轨制办理、案件质量追踪、网上执法考评“四个100%”。涉案财物集中管理中心共清理出案件242件，涉及涉案物品4931件，涉案款项3114.84万元。案件管理中心审核提请逮捕278人，批准逮捕227人，移送审查起诉548人，与2016年同期相比，逮捕率上升5%、退查率下降6%，存疑不起诉案件减少14件、人数减少17人。全年接到各类来信来访153起，打击非法上访人员7人，刑事拘留3人（同时被行政拘留过），行政拘留7人。全局345名民警中，340人通过执法资格基本级考试，176人通过中级资格考试，3人通过高级执法资格考试。

10月14日，县公安局举行十九大安保誓师大会

【项目建设】县局大力推进视频监控、城市防控集群建设、治安管控集群建设、无线采集集群建设、实战应用集群等项目建设。全县天网监控探头2300余个，基本实现城镇全覆盖，全县天网平均完好率90%以上。完成高清视频监控点108个，188路图像，电子警察与红绿灯系统5个，12个

交通测速卡口和1个治安卡口；“雪亮工程”完成全县20个镇共1783个点位1849路监控的建设；“天网工程”建成高清监控325路，在建187路；卡口工程建成31个，在建18个；社会视频资源整合平台接入236路视频资源；接入公安共享平台的社会视频资源有74家，包括学校、KTV、医院及煤矿等重点领域行业；累计视频资源安装“楼宇卫士”25套；完成“两车卫士”定位系统安装1.5万台；完成公共场所无线上网安全管理前端设备1082台。

【公安改革】建立基层警务运行优化机制，51名社区网格员兼职履行辅警职责，全县251个行政村和重点二级场镇，选聘驻村辅警268名，实现全县“一村一辅警”的全覆盖；整合6个值守型派出所，在4个警务片区实施“白+黑”派出所联勤警务。建立社会治安综合防控机制，借力泸县智慧龙城PPP项目和综治中心项目，大力架设县、镇、村三级警务指挥的延伸平台。建立警民共建常态机制，开展“千警进万家”活动，对全县20个乡镇7600户群众进行实地走访，了解群众实际困难和警务需求；创新搭建起县、镇、村三级“微信桥”841个，发挥法律宣传、问题整治、违法举报、便民服务作用，共交互推送信息10354条，使20万群众受益。泸县公安局“平安泸县”微信公众号获四川公安2017年全省公安系统区县微信运维优秀奖和泸州市2017年度十佳（区县）政务新媒体等荣誉。

【服务群众】全年审核受理户籍主项变更、户口审批资料1567人次，接待来人来电查询6423余人次，办理居民身份证85365人，审核、签发省外异地办理证件5453人，受理群众挂失申报2918次；受理公民因私出国出境申请20520人次，办理各类业务33261笔；办理驾驶证业务38591件；受理群众报警106512起；向社会政务公开发布信息261条；回复县长信箱17件，处理市县领导批示件40余件，大调解处理矛盾纠纷194件；被省公安厅采用调研文章15篇；各级纸媒上稿380余件，网站上稿590余件，电视台、电台用稿35件；平安泸县微信公众号推送信息243次384篇，平安泸县微博发布2561条。全年，社会评价工作日常动态测评总事项数为142001条，评价次数62325条，满意次数58811条，一般满意3422条，不满意92条；每个季度在全市排名并列第一。

【队伍管理】党建方面，开展“两学一做”常态化制度化学习教育活动和精准帮扶。教育培训方面，完成省厅战训合一、民警体育达标测试、公务用枪实弹射击训练，完成警务实战模拟训练系统安装调试，培养教官储备人才10人。荣誉建设方面，先后举行退休民警职业荣誉奖章授予仪式、在职民警职业荣誉仪式和辅警行政职务聘任仪式；涌现出公安一级英模、全国公安楷模、烈士、四川省优秀共产党员、中国好人、央视2017年度法治人物蔡松松。日常管理方面，推行《队伍日常管理加扣分制度》和“钉钉”警务平台。监督执纪方面，开展各类现场督察258余次，发出督察通报33期，督察问责97人次；受理和查结信访投诉件21件，问责87人。从优待警方面，继续完善工会慰问、健康体检、关心关爱退休老同志“四三四七”工作制度，着力解决民警职级待遇、福利待遇和民警子女入学等问题。

（撰稿人：周丽娟）

检　察
Procuratorial

【概况】泸县人民检察院全面贯彻中共十八大和十八届三中、四中、五中、六中全会及中共十九大精神，牢牢把握泸县融入泸州主城区一体化发展机遇，坚持“强化法律监督、维护公平正义”的检察工作主题，充分发挥检察职能，维护社会和谐稳定，全面深化司法改革，夯实基层基础工作，各项检察工作取得明显成效。2017年荣获“全国青少年维权岗”“全国检察机关第九届文明接待室”“全国最具影响力检务头条号”以及“四好”领导班子先进集体等11项集体荣誉，2名干警被省检察院荣记个人二等功和全省刑事申诉检察业务能手，15人次获省市表彰奖励。

3月21日，县委书记薛学深（右二）到泸县检察院调研

【刑事检察】 全年批准逮捕209人，提起公诉397人，不批捕56人，不起诉19人。其中，批准逮捕抢劫、强奸、故意杀人等严重暴力案件犯罪嫌疑人36人，提起公诉39人；批准逮捕毒品、抢夺、盗窃、诈骗等多发性案件犯罪嫌疑人135人，提起公诉147人。扎实开展破坏环境资源犯罪和危害食品药品安全犯罪专项立案监督活动，依法提起公诉2人。全年批准逮捕破坏社会主义市场经济秩序犯罪5人，提起公诉9人。依法对社会影响大、涉嫌非法集资8900余万元的犯罪嫌疑人张某某等人批准逮捕、提起公诉，依法打击在“泸县太伏中学学生坠楼死亡事件”中编造、故意传播虚假信息的犯罪嫌疑人唐某某，维护良好社会秩序。

【刑事检察监督】 加强刑事法律监督，顺应人民群众在法治、公平、正义、安全、环境等方面的新期待。强化刑事侦查检察监督，对应当立案而不立案的监督立案1人，对证据不足、不构成犯罪不捕39人，纠正漏捕2人，纠正漏诉12人，书面纠正侦查机关违法活动19件。强化刑事审判检察监督，继续加大对财产刑等附加刑和禁止令的监督，坚决纠正定罪不当、量刑严重失衡、审判程序违法等问题，提出刑事抗诉3件。强化刑罚执行检察监督，抓好集中清理判处实刑罪犯未执行刑罚和财产刑执行检察两个专项活动，全年共检察收押、释放犯罪嫌疑人347人，检察法律文书1200余份，针对管理中存在的问题向监管场所发出书面纠正违法建议2件，对登记在册监外执行罪犯进行检查，向司法行政机关提出纠正违法通知书12份。

【未成年人刑事检察】 建立健全办理未成年人刑事案件机制，切实加强对未成年人犯罪嫌疑人的司法保障。积极应对未成年人犯罪新形势新特点，贯彻“教育、感化、挽救”的方针，全年共受理未成年人犯罪刑事案件30件47人，不批捕4人，不起诉4人。发布《泸县人民检察院未成年人检察工作白皮书（2015—2017）》，开展“法治进校园巡讲活动”，努力护航未成年人健康成长。

【反贪污贿赂】 查办大要案，重拳打击态势不减弱。全年立案查办贪污贿赂案件12件14人，其中涉及民生领域职务犯罪8件10人，大要案8件，涉案金额600余万元，挽回经济损失95.86万元，查处泸县发展和改革局以工代赈办公室原主任、天兴镇财政所原所长王某某涉嫌贪污、挪用公款500余万元等大要案。围绕发生在群众身边的微腐败问题，盯住脱贫攻坚、征地拆迁、招生入学、社会保障、医疗卫生、环境保护、新农村建设等重点领域危害民生民利的微腐败现象，保障国家政策和资金真正惠及人民群众。全年立案查办微腐败案件3件5人，涉案金额6.59万元。

【反渎职侵权检察】下功夫惩治不作为乱作为腐败行为，查办渎职侵权案件5件5人，涉案金额400余万元，有力地促进国家工作人员依法履职、全面履职，正确履职。

【预防职务犯罪】紧密结合查办的职务犯罪案件开展职务犯罪预防，加强对典型案件发案原因、特点的剖析，把握规律和趋势，发出检察建议2件。借助全县56个邮政网点，创新开展“预防职务犯罪邮路”活动，积极构建涉农扶贫精准职务犯罪预防网络。针对脱贫攻坚、重点工程项目、重点行业、重点领域开展预防职务犯罪宣讲9场次，600余人次到“警示教育基地”接受警示教育。充分发挥防控商业贿赂犯罪检察职能，为工程招投标等领域提供行贿犯罪档案查询1001件。

【控告申诉检察】建立检察机关与县法院、公安局、司法局、群众工作局的检调对接机制，推动涉检信访案件早发现早解决。积极探索刑事和解案件的宽缓处理方式，成功办理刑事和解案件10件，有效修复社会关系，取得良好的法律效果和社会效果。畅通信访受理入口，实现“信、访、网、电、视频”全面融合，全年受理举报线索12件，受理控告申诉16件，处理群众来访76件，刑事申诉2件。强化信访接待窗口建设，打造“一站式”服务窗口。充分发挥基层检察室在一线化解矛盾的作用，打造老百姓“家门口的检察院”。坚持“人文关怀”，深入开展国家司法救助工作，给予8名刑事受害人司法救助，发放司法救助金5.5万元。

【民事行政检察】建立多元化民事行政检察监督格局，加强对生效裁判、调解书的监督，加大对虚假诉讼、违法执行、违法调解的监督。办理不服法院民事、行政裁判申诉案件7件，其中市检察院交办6件，提请抗诉2件。稳步推进公益诉讼工作，努力维护人民群众在生态环境和资源保护、食品药品安全等公共领域的权益，办理全市首例行政公益诉讼进入诉前检察建议环节的案件，依法向县农林局和县食品药品监督管理局发出加强活禽检疫监管的检察建议，实现人民群众对食品安全的新期待。

【检务公开】让“阳光检察”理念融入检察工作的每个环节，自觉把检察工作置于县委的领导和人大、政协及其常委会的监督下。2017年，专题向县委常委会、人大常委会、政协常委会等汇报检察工作5次，共走访人大代表、政协委员40余人次，邀请人民监督员、特约检察员60余人次参加法制宣传、拟不起诉案件的公开听证等活动。全年公开法律文书251份，重要案件信息53条，程序性信息631条，发布各类检察信息2200余条。

（撰稿人：魏邦焱）

法　院
Court

【概况】县法院围绕争创“全国文明单位”目标、“为大局服务、为人民司法”工作主题，大力加强自身建设，全面推进审执工作。成功创建成“全国文明单位”、被省高院荣记“集体一等功”、被市中院评为“全市法院系统先进法院”，全年获得48项市级以上集体、个人表彰。全年受理各类案件6959件，结案6635件，结案率95.4%，“两个一流”考核指标名列全市基层法院第一。

【刑事审判】全年受理刑事案件330件，结案323件，结案率97.9%。严厉打击损害人民群众生命、财产安全犯罪，依法审结被告人何宽、星宇学校张世能等一批非法吸收公众存款大案，维护社会和经济秩序稳定。积极推动

11月，县法院成功创建“全国文明单位”，图为打造的党建活动阵地——“爱党爱国”铭记馆

以审判为中心的庭审实质化改革，全年宣告无罪案件1件，检察机关撤诉1件。大力开展“轻刑快审”“类案集中庭审”，50分钟审结10件危险驾驶案件。

【民事审判】全年受理民商事案件4324件，结案4186件，结案率96.8%。成立环境资源审判庭与破产与清算审判小组，积极服务绿色发展；1件破产清算案入选全省十大典型案例。加大对合同纠纷案件、婚姻家庭案件的审理力度，促进家庭和睦、社会和谐。

【行政审判】全年受理各类行政诉讼和非诉案件163件，结案160件，结案率98%。及时审结行政诉讼大要案件，有效化解官民矛盾。与县政府联合制定《行政复议应诉与行政审判工作联系制度》，下发全县各行政机关遵照执行。全力推进征收拆迁等非诉案件的审理工作，顺利执行7件重大疑难、历史遗留案件和司法搬迁案件。

【案件执行】全年受理执行案件2091件，结案1919件，到位标的3.5亿余元。其中917件有财产可供执行案件基本执行完毕，到位标的1.77亿余元，执结率始终保持在95%以上，“基本解决执行难”成效明显。在全市首创悬赏执行保险、与县公安局建立司法拘留社会矛盾化解机制、妥善执结何宽案涉执案件，维护了汉、藏两地社会稳定。

【法院改革】构建“五配套一核心”的集约化审判运行机制，法官人均结案175.2件，与2016年相比，法官数量减少24名，人均结案增加75.5件。制定《推进刑事庭审实质化工作方案》，庭审对抗性增强，庭审实质化发挥实效。组建法官考评委员会和法官权益保障委员会，全面建立考核机制。改革审判管理模式，在全省法院“两个一流”考核中七个审判综合指标均得满分。

【司法为民】全力服务泸县农村土地制度改革试点；对涉何宽系列案所涉诉讼费、执行费149.5万元全部免收；全年为困难当事人减、免、缓诉讼费41.7万元，给予司法救助23.2万元。成立泸县诉调对接中心，实现多元化解效果。档案数字化在全省做经验交流。在全市首家设置智慧法律机器人“法娃”，组建“七色花普法宣讲团”，惠及3000余人次。开展脱贫攻坚、“走服引”“千警进万家”等活动，走访45村1856户，投入帮扶资金50余万元。被表彰为市级“法治宣传教育先进集体”。

【队伍建设】开展学习中共十九大精神、“四对照四提升”等专题教育。成功创建“全国文明单位”，开创全市县区先河。建成爱党爱国铭记馆，5000多人次前来接受熏陶；成功打造“党建+N”品牌，荣获全市法院系统唯一的市级“共产党员示范单位”称号；认真履行党风廉政建设“一岗双责”，全面落实“两个责任”；开展党风廉政建设社会评价及“微腐败”宣传、治理工作，全年对4

名干警及4个内设部门进行通报批评；开展“违规代理案件”“对外业务交流、社会兼职”等专项清理活动，规范队伍管理。

（撰稿人：杨 娟）

司法行政
Judicial Administrative

【概况】县司法局全方位推动司法行政各项工作落地见效，圆满完成各项目标任务。在2017年泸州市区县司法局目标绩效考核中获一等奖；被省司法厅评为“全省司法行政系统改革示范单位”、社区矫正执法大队被评为“四川省社区矫正工作先进集体”。

【法治宣传】以“法律八进”为抓手，推动“谁执法谁普法”责任制有效实施。落实媒体公益普法制度。加强与宣传部、电视台、报社等单位媒体的沟通协调，争取支持合作。推进报刊、电视等传统媒体普法栏目精品化，努力提升新媒体普法质效，形成泸州电视台“给您说法”、法润泸州微平台“法娃故事会”，以及泸县普法网、龙城法娃微博微信等一批特色普法栏目，发布法治内容600余条，播出法治节目100余期。深度挖掘普法题材，创作拍摄普法情景剧5部，公证题材微电影和法治公益广告各1部。加强对法治示范单位开展常态化、动态化管理，

7月21日，泸县法律服务业协会召开培训会（马琴 摄）

确保示范效应长久保持。泸县法治文化广场被评为“全省首批法治教育示范基地”。玉蟾街道清溪社区被命名为省级“法律进社区”示范点，得胜镇罐顶山村被命名为省级“法律进乡村”示范点。

【社区矫正】积极整合资源，广泛动员社会力量参与社区矫正工作，组建“老政法”和青年社区矫正志愿者队伍148人，为强化社区矫正效果起到积极作用。进一步完善并严格落实定期报告、走访、外出审批、居住地变更、计分考核等监管制度，加强日常管理考核，确保了社区服刑人员不脱管失控。为各司法所配备执法记录仪、人脸识别考勤机等科技产品，实现社区矫正从“人防”到“人防”+“技防”相结合的转变，增强管理有效性。坚持每个司法所每月开展1次社区服刑人员集中教育学习，县局每个季度分片区集中开展教育学习，组织社区服刑人员到敬老院、社区公共场所开展公益劳动。进一步加强与法院、检察院、公安机关的协调沟通，建立完善联席会议、情况通报、信息交流等社区矫正信息衔接、工作联动机制，增强管理合力。2017年，全县累计接收社区服刑人员245人，无脱管、漏管情形发生，社区服刑人员再犯罪率控制在0.2%以内，有力维护社会稳定。

【司法所规范化建设】按照“整合规范一批、示范新建一批、改造升级一批”促进“整体提档升级”思路，全面推进司法所规范化建设，打造坚强一线实战单位。完成13个司法所“整合规范”。海潮、云龙、天兴新建司法所竣工投入使用，玄滩司法所完成主体工程，福集司法所进入装饰装修阶段。2个存在旧房安全隐患的司法

所升级改造完工。通过因地制宜、梯次建设，再投入50万元配备办公设备，全力推进业务规范化建设，促进全县司法所整体提档升级。

【信息化建设】整体建成全县20个司法所电子政务外网，全面实现市、县、镇三级电子政务外网互联互通。同步全面完成以社区矫正为主的“三大办案系统”和公共法律服务平台相关设备的采购工作。加大对司法行政信息管理系统应用培训力度，采取机房授课、视频教学、集中学习等多种形式开展培训。除涉密文件，公文流转一律在OA平台运行，同时，派车、请假、通知等全部在平台运行，实现无纸化办公。12月，移动办公设备全部购置完毕，移动办公安装率达100%。

【公共法律服务】积极参与泸县福瓦路建设项目、川南城际铁路临时用地建设项目、泸县玉蟾花园安置房分配等重点工作的公证业务。全年办理各类公证2877件，其中民事2479件、经济300件、涉外98件。制定《泸县律师2017年社会评价工作方案》，加强对律师的社会考核评议。成立协会活动党支部，完成九狮和京泸律师事务所党支部的换届选举，加强阵地建设，建成党员活动室。认真开展“农民工讨薪维权”专项活动。泸县法律援助中心会同泸县总工会组织法律宣讲4次，各镇（街道）法律援助工作站组织宣讲20余次，为农民工免费发放维权宣传资料5000余份，有效地提高农民工法律意识，引导农民工通过合法途径理性表达诉求，避免矛盾升级扩大。全县受理农民工讨薪案件8件，其中群体性案件3件，受援群众达38人，涉及金额579165元，受到群众的广泛好评。2017年共完成法律援助案件622件，完成率177.71%；援助事项2100件，完成率105.00%；援助人次3344人次，完成率123.85%，民生工程各项任务均超额完成。

【人民调解】抓住医疗纠纷、交通事故、校园伤害等重点领域，成立交通事故调委会、医疗纠纷调委会、校园矛盾纠纷调委会等行业性调委会26个，镇（街道）调委会20个、村（社区）调委会301个，人民调解员达3427人。各级人民调解组织调解案件2169件，调解成功21315件，成功率98.3%，排查矛盾1612起。泸县医疗纠纷调解委员会调解医疗纠纷12起，成功调解9起，涉案金额398万元，泸县交通事故损害赔偿纠纷调解委员会15起，调解成功14件，涉案金额1055万元。

【队伍建设】以“两学一做”“走进群众、服务群众、引导群众”主题教育活动、“四对照四提升·做忠诚卫士”主题教育活动、“千名干警进万家”主题活动、党组中心组学习、“三会一课”、党日活动、党性分析评议等为抓手，通过“领导讲、专家讲、职工讲”和“集体学、分组学、实地学、自己学”等形式，不断提升党员干部理论水平和政治素养。组织观看《榜样》《山谷中挺起不倒的脊梁》《李司法的冬暖夏凉》等教育影片5部，开展向蔡松松、黄大年、苏知斌、王绍培等先进典型学习活动7期。组织全系统十九大精神专题学习1期，集中讨论2期。交流下派基层挂职锻炼1名，下派联系村吉祥村1名，援藏干部1名。按照计划开展各类学习培训。鼓励干部职工参加司法考试，落实奖励政策，全局6人参加司法考试。

【司法行政系统改革】县司法局按照年初计划，务实开展改革工作，及时总结经验，工作取得阶段性成果。公共法律服务体系进一步完善，特色法治文化建设不断拓展，诉调对接更加顺畅科学，律师考核评议工作效果初步凸显，司法所规范化建设有序进行，司法行政系统党建工作扎实推进。省厅《司法行政改革与调研工作动态》对泸县司法体制改革工作进行专刊报道，向全省司法行政系统展示工作成效。

（撰稿人：王福强）

军　事

MILITARY

人民武装

People's Armed Forces

【概况】县人武部深入贯彻落实中共十八届四中、五中、六中全会、全军政治工作会议精神和习近平主席一系列重要指示，认真开展“维护核心、听从指挥”主题教育和推进“两学一做”教育常态化制度化，扎实组织十九大精神学习，狠抓以战备工作和安全稳定为中心的各项工作落实，确保年度各项工作稳步推进。

【政治建设】聚焦“三个维护”，确保部队建设坚定正确的政治方向。开展两项重大教育，紧扣上级党委安排部署，认真分析教育形势，制定主题教育和推进“两学一做”常态化制度化具体措施，把学习教育作为从思想根子上解决问题的基础环节，开展“日学一节、周学一章，月学一册”的读书活动，学习习近平主席重要讲话、我党我军最新动态、军地法规等精神，不断打牢干部职工坚定“四个自信”、强化“四个意识”的思想政治基础。广泛收集教育资料编印成册，印发应知应会要点，坚持每周四理论学习日和周五组织生活制度，书记、副书记带头参加党小组会，严格落实定期思想汇报、承诺践诺等制度，党员党章党规意识明显增强。学习中共十九大精神，县人武部党委在十九大召开前，对会议期间的工作进行提前筹划和安排，保证全体干部职工集中精力收听收看大会盛况。中共十九大

10月11日，省军区检查指导战备、训练、安全工作（易遵丽　摄）

结束后，及时制定学习计划，用1周时间进行集中学习。原原本本地学习十九大报告全文和十九大修订的《中国共产党章程》，结合人武部实际，重点学习习近平新时代中国特色社会主义思想和强军思想，认真撰写心得体会，并进行讨论交流，探讨如何用十九大精神指导人武部今后的工作等问题，在解疑释惑中深化对十九大精神的理解。积极营造学习氛围，将会议的基本内容、基本观点、基本精神制作成灯箱、板报，编印应知应会内容，做到干部职工人手一份，不断增强大家学习、理解十九大精神的自觉性、积极性。在军分区集中组织下，参观四渡赤水纪念馆、红军时期的住房旧址，在红军食堂亲尝红米饭南瓜汤，体会老一辈先烈的艰苦环境，深刻感触十九大报告提到的取得的新成就，使大家更进一步坚定贯彻落实十九大精神的信念、信心。彻底肃清郭伯雄、徐才厚流毒影响，按照上级决策指示和统一部署，部党委自觉站在确保绝对忠诚可靠、绝对纯洁巩固的高度，把全面彻底肃清郭徐流毒影响作为看齐追随、维护核心的重中之重，干部职工思想认识与党中央、中央军委保持高度一致，态度端正坚决，政治立场坚定。严格按照“三个到位”“六个肃清”要求，在信息清理上再次对各库房、办公室书籍、信息资料进行地毯式搜查，确保信息清除彻底，坚决不留死角，从根源处真正“肃清”，在思想上和行动上真正划清界限。强化党委班子和干部队伍建设。一年来，部党委立足作风建设，提出“内振精神、外树形象、扎实工作、奋发有为”的奋斗目标，认真贯彻落实中央八项规定和军委十项规定，以“修身、用权、律己、谋事、创业、做人”十二字为标准，突出解决工作上存在的不足。积极发挥一线指挥部战斗堡垒作用，在干部使用调整和兵员征集等敏感问题上加强监督检查，坚持公平、公正、公开的原则，班子风清气正。始终把纪律建设、自律意识作为班子建设和干部教育管理的重心，制定干部教育管理规定措施，狠抓干部“三外四圈”的管理，克服干部重使用轻管理的问题。同时注重干部的教育培养，给干部交任务，压担子，教方法，在急难险重等大项任务中得到锻炼。开展党委民主生活会。部党委在持续深入学习习近平主席系列重要讲话精神的基础上，牢记听党指挥要求，着力看齐追随和维护核心，在军分区李副司令员的指导帮带下，结合自身实际，围绕“三对照三查纠”明确的内容，班子成员之间揭短亮丑不留情面，敢于发现问题、开展批评，各委员深刻剖析自身不足，深入反思存在问题的根源，制定整改措施。进一步增强了班子凝聚力、战斗力，确保民主生活会开出成效，不流于形式。

【主责主业推进】 以习近平主席“能打仗，打胜仗”的指示精神为指导，围绕职能任务，推动国防动员创新发展。及时修订完善应急应战动员方案，严格落实各项战备制度，认真规范各类战备库室秩序，保持部队良好战备状态。结合开训动员周，狠抓了首长机关指挥基础、技能、谋略训练。紧贴实战要求，3月和5月，组织县综合民兵应急连进行了2期专业性训练、1期水上救援分队集训。7月，按照《民兵训练大纲》试训要求，组织民兵参加矿难救援演练，切实提高民兵骨干组织指挥能力和民兵队伍的应急应战能力。针对专武干部调整较大的实际，利用民兵整组时期，组织专武干部开展业务知识集训，进一步规范民兵整组点验程序，不断增强专武干部知武懂武能力。征兵工作中狠抓常态化兵役登记和多种形式征兵宣传，部长、政委组成两个工作组，多次深入各镇（街）现场指导解决实际问题，有力促进征兵工作达到“五率”要求。2017年泸县无一起廉洁征兵问题举报，县征兵工作首次在全市实现了“零退兵”。开展精准扶贫工作，在牛滩镇小学常年资助3名特困学生，解决学生一年所需学费和生活费；为帮扶贫困户挖掘鱼塘，修建羊圈、鸡舍等，帮助解决脱贫致富难的问题。几年来，通过干群的不断努力，逐步使帮扶村达到脱贫标准。

【稳控部队工作】坚持高起点谋划，高质量建设，积极为部队调整改革顺利完成提供坚强后盾。紧抓安全工作，始终把安全工作作为重点，认真贯彻落实国防动员部和省军区安全教育电视会议精神要求，紧盯“17个重点要素”，突出改革期间“十大风险”防范、“十个从严”落实。加强人员的安全常识教育，利用各个敏感时期、重大节日开展安全教育，定期召开安全形势分析会，树牢“人人抓安全，时时想安全，处处保安全”思想。扎实开展“百日安全活动”，切实抓好个人私存枪弹专项清查工作，人人签订安全保密责任书和枪弹零持有承诺书。以上级安全大检查为契机，规范了车辆动用、维护保养、年度审验等制度；定期组织保密室、文印室人员管理教育和政治考核工作，确保关键岗位人员政治可靠；严格落实值班首长每周到军分区武器仓库检查及干部职工住库值班制度；修订完善、演练各类安全预案，保证遇有问题能及时有效处置；整治了营区线缆裸露、零乱等问题，规范了营门进出登记制度，将营区监控系统升级达标列入预算，年底前完成升级改造，确保了营院安全稳定。从严党风廉政建设，深入贯彻中纪委六次、七次全会精神和军委纪委扩大会议、军委国防动员部和省军区纪检工作会议精神，坚持挺纪在前，履行党委、纪委“两个责任”，坚决纠治“微腐败”和不正之风，将正风肃纪反腐压力压势不断向下传导。兵员征集期间，充分利用各种媒体，广泛宣传征兵工作的有关规定和纪律要求，大力倡导廉洁征兵的舆论氛围。组织两期征兵工作人员培训，认真学习《关于8起征兵违规违纪问题的通报》等反面典型，运用典型案例进行警示教育，反复强调廉洁征兵“零容忍”制度，从源头上形成强大震慑。构建了军地参与的廉洁征兵监督机制，聘请了65名廉洁征兵监督员，多种方式公示省、市、县三级廉洁征兵举报电话和廉洁征兵监督员举报电话、信箱，向应征青年发放《廉洁征兵监督卡》《致应征青年及家长的公开信》，确保监督渠道多样、畅通，促进了廉洁征兵工作的落实；重大节假日期间，加强执行政治纪律和政治规矩、贯彻落实中央八项规定和军委“十项规定”以及廉洁自律规定等进行教育引导和督导检查；坚决执行习近平主席“禁酒令”，国庆节前将军委办公厅“十一个严禁”、国防动员部“十个严禁”纳入节前教育，原文传达至每名干部职工，确保不发生违规违纪问题。抓实专项清理整治，严格落实中央八项规定、军委“十项规定”及军队各项财经管理规定，修订完善财务管理制度，执行党委理财制度，积极配合上级审计工作组检查抽查。扎实推进全面停止有偿服务工作，人武部原有7个对外有偿服务项目，2016年12月30日前，合同到期关停了6个项目。最后一个项目因合同未到期，且租户家庭条件困难，部首长和保障科多次与其沟通协调，并采取多种方式，给予其一定优惠条件，最后于2017年9月20日完成所有7个对外有偿服务项目关停任务，且未留下遗留问题。

（撰稿人：郭　锋）

武　警
Armed Police

【概况】中国人民武装警察部队泸县中队驻泸县福集镇官大冲村，主要担负泸县看守所外围武装警戒任务。中队始终怀着对党和人民的无限忠诚，对看守事业的无限热爱，继承和发扬人民军队“听党指挥、能打胜仗、作风优良”的优良传统，认真践行“忠诚于党、热爱人民、报效国家、献身使命、崇尚荣誉”的当代革命军人核心价值观，坚持以科学发展观为指导，以《军队基层建设纲要》为依据，以条令条例和各项规章制度为准绳，大力加强中队全面建设，忠实履行职责使命，出色地完成以看守执勤和武装押解为中心的各项任务，自1996年以来，连续21年被总队以上单位表彰为基层建设先进中队，其中9次被总队表彰为基层建设“标兵中队”，先后3次荣立集体二等功、9次荣立集体三等功，中队党支部2005年被总部表彰为先进基层党组织，2007年7月被泸县县委、县政府授予“‘7·8’特大洪灾抗洪救灾工作先进集体”。2014年，被总队表彰为“执勤标兵中队”。2015年、2016年被总队表彰为“基层建设先进单位”。2017年，中队5名士官被支队评为“优秀士官”，7名战士被支队评为“优秀义务兵”。

【思想教育】思想政治工作在武警泸州支队党委统一部署下，中队按照年度教育计划有序开展。扎实抓好以下几个方面的工作：按照“1+4”模式，扎实有序开展“维护核心，听从指挥”主题教育。突出一个“新”字。紧贴任务实际和时事政治，用最近的典型案例、最新的政治动态、最新的讲话精神更新教育内容；突出一个“红”字。以总队《红色文化教育读本》《英模故事集》等为基本教材，寻找光荣传统与时代楷模“大功三连”的内在联系，增强传统教育的时代感，引起官兵共鸣；突出一个“活”字。一方面，改变以往干部讲、战士听的固定模式，安排班长骨干备课授课，鼓励官兵走上讲台，自己讲自己的故事。另一方面，积极开展知识竞赛、读书交流、“学雷锋”等活动，让官兵在娱乐和劳动中受教育。做好经常性思想工作，推进“四心工程”建设。积极探索部队建设新规律，有计划地开展好各类经常性教育。2017年，中队完成形势任务、法纪、密切内部安全、防间保密等10个方面约120个课时的教育内容。丰富教育途径，把思想工作融入训练、融入生活、融入工作、融入活动。充分运用“三帮一带”“三互”“双四一”等谈心交心载体，做好一人一事思想工作，成功转化重点关注对象5人。渗透官兵生活，营造浓厚文化氛围。借助“龙城卫士—17”微信群，跟进学习习近平主席系列重要讲话，分享好文章，传播正能量。利用黑板报，及时公布中队阶段性工作动态和建设成效，鼓励官兵做“有心人”，寻找身边的好人好事，宣传身边典型。结合学习教育重点，利用展板、手抄报等群众性教育载体，搞好每日一题、应知应会专栏，方便官兵随时看、随时学、随时记。

【军事训练】中队训练场地建设不断完善，各类训练器材配备齐全。坚持按纲施训，科学灵活组训，突出进行固强补弱训练和应急处置技能强化训练，广泛开展五小练兵和一帮一结对补差活动，有效提高官兵的身体素质。针对目标实际、哨位设置和任务特点，在扎实抓好“四哨动作”“情况处置”等基本训练的基础上，把科目设置到哨位上，针对各哨位的不同情况和警戒重点出情况、练处置，切实提高专勤专训效果。坚持每周进行方案演练，定期与看守所进行联合演练，有效地提高了官兵实战化训练水平。组织优秀骨干参加了支队战训法和反恐应急班集训，有力地提高了中队训练水平。应急运兵车配发后，中队严格按上级指示精神落实“三员一兵一组一班”组勤模式，完善了各种处突预案，以应急班为重点进行了训练演练，做好了各种处突准备工作。5月20日至8月16日，中队派10名官兵参加支队举办的预提指挥士官集训，对擒敌术基本技法、基本动作、应用动作、基本训练方法和班（组）战术、射击、防暴器材使用、刺杀、战术手语、体能素质训练等内容进行了系统、规范的训练，结业综合考核中，战士张通伟被评为“优秀学员”。3月3日至5月20日，支队举办4批勤训轮换，中队先后派出30名官兵参加，提高官兵军事水平。

【内部管理】中队实现安全无事故，牢牢把握稳中求进这一发展总基调，牢牢树立“如履薄冰、如临深渊”的安全底线意识。依靠规范抓正规。通过扎实开展条令法规学习、作风纪律整顿、条令知识竞赛等，引导官兵树立“学规范、守规范、用规范”的条令意识。对表新的《正规化管理规定》规范官兵行为、库室设置、内务质量，“五个秩序”正规有序。紧盯隐患抓整改。在支队党委统一部署下，中队结合自身实际，完善安全组织、落实安全责任，以安全大检查为契机，扎实开展执勤安全大检查、枪弹安全专项清查整治等安全活动，紧紧盯住需要中队自查自纠的13个方面，每月进行安全隐患排查治理，常态化打牢中队全面建设的安全基础。营造氛围抓安全。扎实开展群众性创安活动，层层签订安全工作责任书，充分利用展板、集合站队、晚点名等载体和时机，建立每日安全小提示、小常识、小讲评、小总结“四小”机制，培养“人人想安全、事事讲安全、处处保安全”的思想。并以总队安全员培训为契机，组织安全员公开承诺、理论考核、定岗定责，发挥安全员末端触角作用。突出重点抓预防。针对在外人员和手机网络两大管理难点，建立在外人员“三有”管控机制（离队前有教育、休假时有叮嘱。归队后有检查），明确手机使用“五不”要求（不带进执勤一线、不发布涉军资料、不乱拉乱扯关系、不高消费网购、不参与网上赌博）。

【后勤管理】按照上级指示要求，中队重点从严格落实伙食管理制度，做好卫生防病工作、加强后勤队伍建设三个方面入手抓好后勤建设。严格落实伙食管理制度。每周周末利用班务会时间征求官兵对伙食的意见建议，严格落实“1126”和“6211”要求，科学制定每周食谱，搞好伙食调剂、春节会餐，官兵普遍反映，伙食质量有很大提高。坚持每月让司务长、给养员进行一次市场考察，进行价格和质量上的对比，及时掌握市场信息。充分发挥中队地缘优势，持续开展养猪、种菜为主的农副业生产。做好卫生防病工作。重点针对春、夏季节性多发病、H7N9禽流感等现实隐患，把卫生防病常识教育作为经常性教育的重要内容，提高官兵自我保护意识。在此基础上，坚持每周一对营区，特别对菜地、鱼塘、猪圈、鹅圈一线进行清理消毒，对存在较大H7N9风险的鱼塘、鸭鹅等及时进行放水消毒和宰杀，每周三、周五晚对饭堂、操作间、主副食库进行大扫除。加强后勤队伍建设。充分引导后勤人员树牢服务意识，抓好司务长的业务培训，压担子、教方法；持续开展炊事员“周学一菜”活动，后勤人员工作积极性普遍得到提高，两名炊事员自购炊事书籍，主动学习，炊事技术有较大提高。利用周末育才时间，积极开展“技能小培训活动”，让中队“四小工”当师傅，搞好传帮带。2017年支队举行的后勤专业比武中，取得司务长专业第二名、炊事员专业第三名、卫生员专业第一名，单位第三名的良好成绩。

【任务完成】中队完成执勤“五防一体化”设施改造。派人参加总队举办的通信员集训、卫生员集训、驾驶员集训，参加支队举办的军事尖子集训、应急班反恐集训、勤训轮换、士官整训、三级网维护员、军械员、驾驶员培训、预提指挥士官等集训。每月与目标单位看守所进行2次清监察舍和执勤安全大检查，进行默情分析，完善执勤方案和科学编组，严格落实查哨报告制度。参加武装押解、城市武装巡逻、警戒设卡等任务，2017年，中队临时勤务组织严密，派出官兵25人次完成11次长途押解，押解犯人72人，均圆满完成。按照支队和县委县政府及公安局的指示要求，派出官兵90多人次担负泸县高速路口重要节日和敏感时段的设卡警戒任务，确保驻地的社会稳定及安全。

【军民共建】全体官兵始终坚持为人民服务的根本宗旨，把驻地当故乡，视人民为父母，积极参与军民共建活动。元旦期间，中队组织官兵到驻地敬老院开展尊老、爱老、敬老活动。清明节期间，组织官兵到烈士陵园祭扫，用革命先烈的先进事迹教育官兵。9 月 30 日，中队派出 10 名官兵由指导员张翔带队参加泸县公祭日活动，向烈士墓进献花圈。

消 防
Fire Control

【概况】泸县公安消防大队在支队党委、县委县政府和县公安局的坚强领导下，坚持以习近平总书记“四句话、十六字”总要求为指引，切实改进工作作风，以增强思想政治教育和队伍正规化管理为重点，以火灾隐患排查整治为抓手，消防工作和部队建设得到全面健康发展，实现了全县火灾形势总体平稳和部队高度稳定。2017 年，全县共发生火灾 212 起，共接警出动 1798 起，出动消防车辆 1995 辆次，消防官兵 8079 人次，抢救被困人员 78 人，疏散人员 249 人，抢救财产价值达 870 万元，并成功处置了“5·16”朝发皮具有限公司库房火灾、“8·4”鑫禾粮食仓库粉尘爆炸事故、“8·7”博雅汽车旗舰店火灾等一批急难险重任务，全年全县未发生一起重特大火灾事故。连续 9 年保持了全县火灾形势平稳，为泸县经济社会发展创造了良好的消防安全环境。

【防控工作】开展监督执法，各项专项检查和重大节日消防安全保卫工作圆满完成。2017 年，大队结合辖区实际，集中开展了夏季消防安全大检查、消防产品、高层建筑、易燃易爆危险品场所消防安全专项整治活动，共检查单位 2528 家次，发现火灾隐患或违法行为 4414 处。利用消防安全委员会平台联合相关部门开展高层建筑、养老服务机构和酒类企业等安全联合检查 20 余次。依法开展消防行政许可和行政处罚。2017 年，大队共办理消防设计审核 35 件，设计备案 16 件；办理消防验收 21 件，竣工备案 23 件；进行公众聚集场所投入使用、营业前消防安全检查 5 次，有效杜绝了“先天性”火灾隐患的产生，实施行政处罚 108 起，责令“三停”33 家，临时查封 36 家，罚款 59 万元，行政拘留 10 人，办理全市首例消防强制执行案件，对消防违法行为起到了良好的震慑作用。强化重大节日或活动安保任务。大队树立大事年、政治年的高度觉悟，在“五一”、清明、国庆、“两会”、中共十九大等重大节日或活动期间，全体官兵恪尽职守，加强对人员密集场所开展消防检查，并派驻消防车和消防官兵开展驻守巡防，严防火灾事故发生，圆满完成了各项消防保卫工作。

9 月 30 日，市委常委、市总工会主席刘云（左二）到县应急大队调研安全工作（邓玉　摄）

【后勤基础与装备保障】“兵马未动粮草先行”，大队立足灭火救援实战需要，积极向县委、县政府请示汇报，全年共争取经费792.39万元，其中业务经费130.36万元、专项经费662.03万元，相比2016年增长率达227.02%，创历史新高，为大队的各项工作提供了强有力的后勤保障。按照《二〇一七年消防工作目标责任书》要求，政府投入176万元购买了1台城市主战型水罐消防车和1台抢险救援消防车，投入300余万元为政府专职消防队购置各类器材装备100余件（套），投入39万元购买了移动式消防水炮、有毒气体探测仪及灭火药剂等，圆满完成2017年的装备器材购置任务。

【获奖情况】全年大队共有三人分别获得“安全生产先进个人”、优秀政治工作者等市县级表彰，1人参加全省消防产品竞赛荣获第三名，《李顺鞋城火灾调查案卷》被评为全市优秀火灾调查案例，在支队组织的“防火精英”培训结业竞赛中大队荣获集体第三名，在全市政府专职消防队比武竞赛中泸县大队获得团体总分第一名。

综合应急救援
Integrated Emergency Rescue

【概况】县政府专职消防队（综合应急救援大队）以提高管理、作战、保障三大能力，锻炼龙城铁军为目标，以提升队伍战斗力为核心，围绕一队六职开展各项工作，以严格治警、以情暖警打造文明之师为主导，坚持把铁军队伍建设摆到基础性位置，全面提升队伍综合应急救援能力。2017年，政府专职消防队接处警2216起，其中火灾296起、抢险救78起、便民服务1629起、勤务保障213起，出动车辆2428车次，人员9532人次，出色完成了“3·27”高速公路车祸救援、“5·3”大河口车祸救援、“6·21”得胜交通事故救援、“8·24”玄滩镇龙凤村烂田扁水库车祸救援、“8·27”拖挂车侧翻救援等抢险救援；成功扑灭“5·16”朝发皮具厂火灾、“6·20”兆雅江泉酒业酒罐爆炸火灾、“7·26”代桥山火、“8·3”杨寺林场山火、“8·4”工业园鑫禾农业仓库火灾、“8·7”博雅汽车旗舰店火灾；圆满完成“二月二龙抬头”“两会、酒博会”玉蟾“春会”水保会、“4·1”太伏事件、龙眼节、教师节文艺会演、中秋、国庆、中共十九大等重大安保任务。

【比武演练】6月参加泸州市2017年防灾救灾综合应急演练，9月参加全县高层建筑消防安全综合应急演练；11月获得泸州市专职消防队比武竞赛团体第一名，四川省2017年“中航安盟保险杯”全省森林消防技能竞赛获得团体二等奖的好成绩。

【营房建设】根据县委、县政府指示，矿山救护队收编纳入综合应急救援大队统一管理，并于12月进驻综合应急救援大队四中队，消防队严格按照县委县府要求，克服了时间紧、任务重的困难，圆满完成了四中队营房改建、装备器材配置、文化氛围打造等工作，确保了矿山救护队按时进驻，为今后队伍发展及良好运行奠定了基础。

【设备保障】按照城市一级消防站建设标准，政府消防队购买了城市主战车1辆、抢险救援车1辆、进口液压破拆工具组1套、进口阿密浓水泡等先进车辆器材，配齐配强了各中队个人防护装备，为政府消防队更好地完成各类事故救援提供了更好的装备保障，促使消防队不断向现代化应急救援队伍方向迈进。

（撰稿人：郑英建）

人民防空
Civil Air Defense

【人防“结建”工作规范化】通过广泛宣传和多方协调，结合民用建筑修建防空地下室工作实现正规化。继续贯彻落实“以建为主，以收促建”的原则。县委、县政府和县级各有关部门把人民防空（民防防灾）工作和工程建设纳入县城整体建设规划，县城公用基础设施和房屋建筑等的规划和建设，注重开发利用地下空间，兼顾人民防空要求。严格按照省级主管部门调整收费标准后的要求，县人防办负责“结建”工作统筹协调，县规划建设、国土、财政、监察、审计、物价、消防等职能部门共同配合。继续在县政务大厅窗口挂“泸县人民防空办公室”牌子，实行前置审批和验收把关相结合，县规划和建设部门将人防审批纳入建筑项目报建的必备审批要件，即在县人防办未办理人防“结建”审批手续前，县规划和建设部门不得核发建设用地规划许可证和建设工程规划许可证。县财政局负责易地建设费监管，县物价局负责价格监督管理，县工商银行代收人防易地建设费。县监察和审计部门负责人防费征收的监督工作。完善了人防易地建设费征收管理制度，加大了前期因相关部门把关不严没有按照规定前来进行人防“结建”审批建设项目单位的人防易地建设费的追收力度。启动依法追收康桥壹号建设项目易地建设费工作，成功追收195万元。2017年审批“结建”工程49处，共计征收人防易地建设费1714万元，是历史最多的一年。6年征收防空地下室易地建设费累计5229万元。继续友豪新世界“结建”工程1处10343平方米，新启动朝阳锦华城“结建”工程1处9516平方米。经过6年的不懈努力，理顺人防“结建”审批工作，步入正常发展阶段。

【基层人防组织建设】 对全县19个镇的基层人民防空工作机构进行调研，进一步明确镇人防办工作由镇人武部负责，明确镇人防办的工作职责，统一落实19个镇武装干事为兼职镇人防办主任，代表镇政府和镇人武部处理本镇人民防空工作业务；在县人防工作领导小组16个成员单位明确人民防空工作分管领导、分管业务科室和具体经办人员抓人民防空工作；在部分企事业单位（县直属学校）明确人民防空分管领导和具体经办人员抓人民防空工作。确保全县基层人防工作有机构管、有人抓、有人干。

【指挥通信工作】 加强对防空警报设施的日常管理，双月初巡查防空警报设施，对出现问题的3台防空警报设施进行及时维修，更换主板4块、音头12个；重新将6个常住人口1万人以上的人防工作重点集镇新增防空警报器的规划进行了可行性研究，制定计划逐年落实安装；保证了防空警报设施的完好无损、工作正常。9月18日国难日，在玉蟾街道县城区域和嘉明镇街村共9台防空警报100%成功鸣放，防空警报信号通过县电视台综合频道转播全县；人防应急指挥所建设，县人防应急机动指挥所由市人防办统一组织，从投入使用以来，通信设备仍然在市内处于领先的地位。由县人防办和县政府值班室、县公安局、县综合应急救援大队人员组成的操作技术人员，参加县政府和有关部门组织的应急演练数12次、参加省、市组织的应急演练5次，为县委县政府和市处置突发事件提供了可靠的硬件设备支撑。

【应急演练】 结合国防后备力量应急队伍建设和县级综合应急救援队伍建设，在县政府消防队基础上组建了人民防空专业队伍30人。人防专业队作为专业的民防应急救援力量，按照防空防灾“一体化”建设需要，纳入政府应急管理体系，发挥战时应战、急时应急、平时服务的功能，明确由县人防办进行日常管理；人防骨干专业队接受了省人防办应急处领导的检阅，积极开展人防专业队伍建设和演练，得到了省市领导的肯定。

【人防宣教】 在“9·18”纪念日、“12·4”宪法日利用街头集中宣传、广播电视、信息网络等多种形式开展人防知识宣传；

加强社区人民防空知识宣传栏管护，都保存完好继续在社区发挥着宣传作用。各镇人防办深入学校开展人民防空教育宣传活动和社区宣传活动；将宣传栏办到农村去，在3个联系村制作、安装人防结合法制、基层组织、基层政务公开等较长期可以重复使用的宣传专栏12块103平方米；在县直属学校利用开学时间开展国防知识专题讲座。县级机关和企事业单位积极开展国防教育和人防应急救援演练活动，部分单位还利用国防后备力量应急队伍建设和人民防空宣传的机会进行实弹打靶演练。在全县初中二年级开展一年一次的国防人防专题宣传，并进行了书面试卷测试，全部及格，加深了这部分学生的国防人防意识。

【疏散基地建设】 对原来规划的疏散基地进行重新清理，通过到有关镇开展调研，根据新形势特点提出疏散基地的建设规划初步意见。加强兆雅镇、太伏镇与北方公司、692厂共建疏散基地的服务，促进共建活动进一步开展。在玄滩镇开展了县级核心疏散基地的选址工作，力争启动县级核心疏散基地建设项目，为战时指挥系统的疏散和转移创造条件。

【人防规划】 根据省人防办和省住建厅联合发出的川人防办〔2012〕37号文件规定，启动《泸县人民防空建设规划》编制工作，取得县保密局的批文，上报县政府立项。与省、市人防办报备。

城乡建设与管理

URBAN & RURAL CONSTRUCTION AND MANAGMENT

城乡规划建设

Urban & Rural Planning and Construction

【概况】全县城镇建成区面积63平方千米，城镇化率达40.5%，城镇人口45.8万人，其中，县城建成区面积18.5平方千米，人口18.5万人。

【城乡规划】启动县城城西片区、中心片区、城东—城北片区控制性详细规划编制工作，形成总控规的法定规划体系。完成城西片区城市设计和泸县二中新校区选址论证工作，启动县城停车场和垃圾地库改扩建规划、川南城际铁路泸县站站前综合交通规划、泸县“两河四岸”景观规划设计等规划编制工作。指导环泸州中心城区8个镇启动总体规划、控制性详细规划以及特色镇规划编制工作；指导方洞镇、百和镇分别编制宋田村、东林观村传统村落保护发展规划。

【城镇建设】全面实施重点项目19个，计划完成投资27亿元。酒香大道北段及玉龙隧道竣工通车，龙湖湿地公园一期建成开放，玉蟾温泉国际度假区、城西商务综合体、建设街棚户区改造等项目建设进展顺利，县城及港城大道三角梅景观绿化工程、踏水桥

酒香大道、玉蟾大道交会处（李明昆　摄）

桥头公园建设顺利完成，县城城东、城西片区等骨干路网正有序推进，玄滩、云龙实现场镇全域“白加黑”，太伏、云龙分别创建省级加工制造型、科技教育型特色小城镇，城镇品质稳步提升。

【民生工程建设】投入资金16063万元，完成2017年农村危房改造4088户，超额完成1560户。投入资金6000万元，完成公租房500套；投入资金3.2亿元，完成市上下达建设街二期300套目标任务，全部实行货币化安置；发放公共租赁住房租赁补贴390户、40余万元。投资9000余万元，完成县城输水复线工程项目建设，彻底改善城区供水紧张的现状；投资350万元，完成酒香大道至龙城大道连接线5千米159高压天然气管线建设。投资约2000万元，完成城市地下管网提升工程；投资约5000万元，完成城西雨污管网提升工程；投资约4000万元，完成19个乡镇雨污混排口整治；投资约1800万元，启动30个农村污水处理设施点建设工作，场镇污水收集处理率达85%。

【建筑业和劳务输出】完成建筑业总产值370亿元，同比增长率为30%，产值总量排名全市第一，增长率全市第四。完成税收5.22亿元，同比增长74%；建筑劳务收入111亿元，同比增长26%。全年新办和新引进建筑企业112家，建筑企业总数304家，其中年产值超过10亿元的企业10家，龙头骨干企业优势作用突显。

【房地产管理】全年完成房地产开发投资19.45亿元，同比增长11.14%，商品房销售面积82.66万平方米，同比增长50%；办理“商品房预售许可证”31个，预售面积77.16万平方米；验核新开工项目的《房地产开发项目手册》13个，实现全程动态监督管理。

（撰稿人：吕世春）

城乡环境管理
Urban & Rural Environmental Management

【组织机构】1月19日，泸县城乡环境管理局授牌仪式举行，县委书记薛学深为泸县城乡环境管理局授牌。城管局设一室三股，分管两个部门：泸县城镇管理监察队和泸县环境卫生管理所，下属两个全额拨款的事业单位泸县市政工程服务中心和泸县城乡环境综合治理办公室，主要负责县城区清扫保洁、市政维护维修、城管执法和全县城乡环境综合治理、爱国卫生等工作。

【市容市政】2017年，泸县城管局强化县城市政环卫设施建设和维护维修。投资900余万元，完成县城志城路、和平街及创业街实施雨污分流改造工程，彻底解决城市内涝隐患。投资48余万元，对县城城区的27个河道雨污混排口进行整治，极大地改善了县城人居环境。对县城区内排水设施进行逐一清理，疏通管道约8000米。完成九曲河南桥、北桥及九曲河大桥动静载检测工作。更新陈旧配电箱15个，完成白加黑路面修补约1800平方米，人行道维护约1600平方米，维护维修路灯约2260盏及更换陈旧电缆约2800米，更换市政井盖约1750个。县城路灯控制系统实行人工和智能两种控制模式相结合，提高亮灯率，保障了城市的正常运行。投资3250余万元，开展县城玉蟾大道和港城大道玉蟾山隧道以北县城段照明升级改造工作，提升县城城市品质，改善人居环境。

【行政执法】泸县城管局牵头组建联合执法队伍，与城监队相互补充开展市容秩序整治工作。2017年取缔原野市场早市和天立翡翠城临时摊点，清理“牛皮癣”、小广告2.2万余处，拆除违法建筑1.8万余平方米，发现工地扬尘防治方面的问题30余处，发现运输车辆未进行遮挡覆盖、带泥上路等问题70多起，下发《当场处罚决定书》当场处罚决定

12月18日，泸县城管执法局李良彬（中）见义勇为接受群众赠送锦旗

书12份，罚款金额5250元。拆除防护窗约2100个，规范空调外机544个，外墙清洗23467平方米，外墙修补约1万平方米，规范店招店牌约1824平方米。完成人大、政协和卫计局两栋办公楼建筑立面的整治工作，其余19栋将采取滚动施工方式陆续进行。

【清扫保洁】投入约80余万元，新增移动式垃圾收集点6个，新增果皮箱60个，方便市民丢放垃圾；投资1040余万元，建成县城生活垃圾压缩中转站，于3月底试运行，日处理生活垃圾180吨/天，大大降低运行成本；投资1500余万元，新建日处理能力220立方米的渗滤液处理站，配套建设容量为1万立方米的覆盖膜坑式调节池1座。1万立方米的应急调节池于2017年8月15日引流蓄水，部分渗滤液溢流问题彻底解决；渗滤液处理站于11月30日投入试运行；投资500万余元，在全县新建液压地埋式垃圾库22座，投资231.4万元，新增垃圾转运车2台、配套转运管体3个，大大提高城乡的卫生保洁、垃圾清运处理工作效率。

【综合治理】开展城乡环境综合治理和爱国卫生运动工作。6月23日，云锦镇被全国爱卫会命名2014—2016年创建的国家卫生乡镇，且是泸州市第一个国家卫生乡镇，全国爱卫会再次命名泸县为国家卫生县城；深入推进农村生活垃圾治理，继续巩固完善农村生活垃圾“户分类、村收集、镇转运、县处理”清运模式，有效治理农村生活垃圾，完成石桥镇红斗山非正规垃圾填埋场治理工作。

【执法体制改革】12月4日，出台执法体制改革方案，推进“三项制度”试点工作。公示公开权力清单和责任清单，告知办事流程，公开执法人员信息，方便群众办事，接受办事群众监督。开展行政执法全过程记录，配备执法记录仪24台、相机12台、摄像机4台等硬件设施，设置专门的行政执法询问室，配备专门的案卷档案室，落实专人专门负责执法案卷文书的立卷归档和保存工作。执行重大执法决定法制审核制度，制定法制审核实施细则，明确岗位职责，刻制法制审核印章，制定法制审核文书模板、存档目录和工作台账，截至年底，开展重大执法决定法制审核5件。

（撰稿人：李慧珊）

政府投资建设工程管理
Government Investment and Construction Project Management

【概况】县建管中心规范建设工程监督管理，有效推进政府投资项目建设，实现“投资、质量、安全、进度”四大控制目标，转变观念、开拓创新、真抓实干，坚持落实全年重点工作目标任务不动摇，狠抓落实，成效明显。全年累计代建项目44个，其中，其中新开工建设项目23个，16个项目竣工验收交付使用，完成建设面积40268.15平方米，占开工总面积的34.3%。代建项目完成招投标23个，项目财政预算资金11559.70万元，实际完成投资总额9773.42万元，为政府节约投资总额1786.28万元，节约率15.45%。

【平台建设】制定《泸县政府投资建设工程管理中心〈关于进一步加强行政效能建设工作督察督办的实施方案〉的通知》，明确各个科室的工作职责，提出2017年度的工作目标和任务，并通过设立门户网站、举报电话等方式，公开接受社会各界的咨询和监督。重新修订完善工作制度，完善《临聘人员考核办法》《业务用车管理办法》《内部控制制度》《目标绩效考核办法》。严格执行上下班签到、挂牌上岗、去向告知、请销假制度，进一步加强中心管理，提高工作效率。强化施工现场人员履职考勤制度，重点是完善单位的绩效考评制度，进一步优化行政工作流程，转变工作作风，将单位干部职工的工作绩效与党风廉政建设责任制考核、治庸问责优化发展环境相结合，有效改进机关的工作效率，提高工作效能。

【代建模式】针对中心代建工程项目小而多、分布散、管理难度大的特点，面对施工队伍素质普遍偏低、中心技术人员不足的现状，创新采用“三级管控，工程巡查”，即“现场代表——片区负责——工程督导”和领导带队巡查的管理办法和“三条腿”走路的监管方式，构建项目管理“横向到边、纵向到底、覆盖全过程”的新格局，以建筑工地为主战场，以项目管理为抓手，以履职监督为突破口，强化组织领导，细化人员分工，明确责任落实，狠抓质量安全，高效服务协调，逐步形成独具特色的代建管理模式和比较完善的监督管理体系。严格执行基本建设程序，严格按照设计图纸施工，强化人员履职和施工管理，实现质量安全报监率100%、施工许可执行率100%和质量验收合格率100%，安全零事故。

【工作方式创新】规范政府投资项目建设程序，优化行政流程。力争当日办结率达到90%以上，按期办结率和群众满意率分别达到100%。规范前置中介服务行为，防止政府投资“三超”现象发生。督查机制到位，强化动态监管。每月对项目建设进行一次拉网式督查，侧重人员到位和到位履职情况检查，及时全面掌握全中心项目进展情况，对进展缓慢的项目进行跟踪督查，并及时通报。建立和完善项目建设公开制度，对公开的时间、形式、具体内容做出明确规定，主动接受公众和新闻媒体的监督。建立廉政责任制度，强化效能监察惩处和行政问责机制建设，督促施工单位与县建管中心签订《工程廉政责任书》。建立信息公开平台，逐步实行失信惩戒制度，并配合相关部门深入开展工程建设领域打非治违工作。兑现对社会公开承诺的廉政“五不准”规定（不准吃施工企业的饭；不准收施工企业的红包；不准指定购买建筑材料；不准参与分包工程项目；不准入股工程项目），使廉洁自律成为每位职工的自觉行为。

（撰稿人：宋锡洪）

信息化建设
Information Construction

【信息化基础建设】全县251个行政村实现100%通达光网宽带，城镇社区100兆光网宽带全覆盖。建成3G+4G基站700余个，有宽带用户数17万户，固定电话用户数8.8万户，移动电话用户数73万户。

【智慧城市项目】持续推进智慧城管、公安应急指挥中心、天地一张图三个项目，完成智慧城管、公安应急指挥中心、天地泸县一张图财评等前期准备工作。完善大数据中心实际应用功能，天地泸县一张图地理信息处理完成80%，并在2017年泸州市防灾救灾综合演练等中投入使用。公

8月9日，县委书记薛学深主持召开智慧城市项目推进会（罗映　摄）

安应急指挥平台成功签订项目合同。

（撰稿人：周宗润）

“四创一巩固”工作

Four Create One Consolidation Work

【概况】泸县“四创一巩固”工作以中共十九大精神为指引，紧紧围绕健康城市健康村镇建设试点工作要求，因地制宜，优势优先，突出重点，稳步推进，较好地完成了试点工作任务；坚持两条腿走路，全力配合泸州市创建全国文明城市的同时，全方位做好四川省文明城市的申报准备工作；根据时间节点安排，有条不紊地推进四川省宜居县城、国家园林县城创建工作；以城市执法体制改革为契机，将各项创建活动与国卫成果巩固工作有机融合，积极开展“街长制”试点工作和县城环境、卫生、秩序治理暨市民素养提升工作，切实做到城市管起来、社会动起来、行为文起来，努力实现城市秩序明显好转、城市环境明显改善、市民素养明显提升。

【健康城市（村镇）建设】泸县健康城市健康村镇建设试点工作以《“健康中国2030年”规划纲要》为指引，坚持“实事求是，因地制宜；优势优先，重点突破。政策相融，软硬并重；探索推进，形成特色”的工作原则，紧密结合泸县实际，扎实推进各项工作，“八大工程”主要指标任务圆满完成，经市健康城市建设指挥部半年综合考评，试点工作综合得分、获评市级示范点位数量、获得的以奖代补资金均位列全市第一。在6月20日全市健康泸州建设推进会上，肖刚县长代表泸县作题为《营造健康支持环境普及健康生活方式》的经验交流发言。11月16日，全市健康城市健康村镇建设推进会现场参观了泸县云龙镇杨高村，刘强市长充分肯定了泸县试点工作并现场进行了点评。根据泸州市健康城市建设指挥部办公室年终考核和北京协和医学院第三方评估，按得分高低排名，泸县健康城市健康村镇建设试点工作位居全市第一。县卫计局作为全市唯一一个区县单位受到省爱卫办全省通报表扬。

【文明城市创建】2017年是泸州市创建全国文明城市“决胜年”，也是泸县创建四川省文明城市的“基础年”。在同步泸州市创建全国文明城市工作中，泸县狠抓工作任务落实，细化责任分工，对标报送资料，确保审查过关，圆满完成市创建办交办的工作任务。同时，大力推进第五届四川省文明城市申报创建工作。主要从以下几个方面着手开展工作。做细方案，统筹推进。对工作进行细化分工，成立省级文明城市创建指挥部，设置创建指挥部办公室与九个推进组，对考核细则进行细化分解，层层落实工作责任。对标自查，摸清家底。先后组织召开8次推进会，九大推进组牵头各部门分别进行自查分析，查找问题，提出解决方案，形成问题台账，确保各单位对创建工作家底清、情况明。自加压力，升级标准。创文办及时学习《四川省文明城市测评体系》，调整责任分工，制定下发实施方案，针对城市治理中公共设施、公共环境和公共秩序存在的突出问题进行了暗访和曝光，通过持续开展创文知识普及宣传，督促各项工作落细落小落实。示范创建，不断突破。深入推进“我推荐我评议身边好人活动”和文明单位、文明村镇、文明校园等细胞创建工作。专项整治，提升素养。在春节前集中开展城区环境卫生秩序综合治理暨市民素养提升工程。多元化，长时间地进行创文宣传，为申报创建省级文明城市打下坚实的群众基础。

【宜居县城建设】泸县深入贯彻落实中央城市工作会议、省经济工作暨城市工作会议精神，牢固树立“创新、协调、绿色、开放、共享”的五大发展理念，坚持以提高城市宜居性为核心，以创建国家级园林城市和海绵城市试点建设为抓手，通过市政公用设施建设和公共服务设施配套、城市生态保护和修复、居民居住条件改善、创新城市治理方式等措施，着力解决城市病等突出问题，有力推动泸县海绵型宜居县城建设，提升城市综合承载力和人民群众的幸福感。主要从七个方面开展工作。加快控规编制，完成《县城城西中心片区控制性详细规划》编制，加快《县城中心片区控制性详细规划》和建设街片区城市设计，科学指导项目建设。狠抓项目建设，完成酒香大道、加快玉蟾大道东段建设，构建了25平方千米城市主骨架；完善城市路网结构。加快推进公共服务项目、县城教育项目、商业服务设施项目建设；大力打造龙城文化，彰显城市特色。突出民生保障，加快推进棚户区改造项目，加快公租房建设进度和配套完善。着力绿色发展，全面推进城市生态修护，全面落实河长制，实施重点行业污染限期治理计划，综合治理，集中整治。创新管理方式，启动城市管理行政执法体制改革，以智慧城市建设为载体，积极推进数字化城管平台建设，实现城市管理的数字化、精细化、全天候、全覆盖。持续开展违法建设，建筑立面，市容乱象。车辆乱停乱放等专项治理工作。强化公共安全，提升城市防灾减灾能力，完善市政公用设施的防灾设置，健全城市抗震、防洪、排涝、消防、交通、应对地质灾害等应急指挥体系和处置机制。科学使用奖补资金，利用2017年省级宜居县城专项资金2000万元完成了金月湾、踏水桥、清溪市场等6座公厕及清溪市场停车场建设。切实解决老百姓关心的公厕少、停车难等宜居问题。

【国家园林县城创建】2017年是继2013年泸县成功建成省级园林县城后，创建国家园林城市新目标的“起点年”。泸县围绕“人文生态县、绿色产业城”的城市发展理念，对照创建指标体系，组建成立专业的创园工作队伍；印发《泸县创建国家园林县城工作实施方案》，明确责任单位、工作任务和创园工作实施步骤；完成创园初步申报、宣传主题确认、宣传片拍摄、申报资料初步编纂、初步验审等工作；完成九曲河中心公园一期工程、各市政道路及节点附属绿地景观、龙湖湿地公园入口景观、酒香大道附属绿地等项目；开展园林单位、园林小区、园林乡镇、园林村庄等园林细胞创建工作。为国家园林县城创建打下了坚实基础。

【国家卫生县城成果巩固】泸县在2016年顺利通过国家卫生县城第一次复审后，以迎接中央环保督察为契机，狠抓设施完善、秩序整治和卫生管理，不断深化爱国卫生和城乡环境综合治理工作。开展专项治理。集中力量开展市容环境、扬尘污染、集贸市场、违法建设、茶摊烧烤等专项治理；积极开展噪声扰民专项整治行动，有效缓解了县城噪声污染问题。开展病媒生物防制。坚持以环境治理为主，药物防制为辅，完善“三防”设施建设。积极开展滋生地治理。顺利通过了病媒生物防制省级单位达标验收。拓展卫生创建。积极开展卫生乡镇、卫生村（社区）和卫生先进单位创建活动，推进爱国工作向基层延伸。创建卫生乡镇3个，省级卫生村36个，省级卫生单位14个，省级无烟单位19个。多种形式开展舆论宣传。4月，开展第29个爱国卫生月集中宣传活动；6月，开展世界无烟日集中宣传活动；10月，组织开展“全球洗手日”和“世界厕所日”宣传活动；11月，组织健康泸县建设讲座，进一步扩大爱国卫生运动的公众知晓度和社会影响力。完善长效机制，为进一步巩固泸县创卫成果，结合泸县实际，制定《泸县巩固国家卫生县城成果实施方案》，分别建立健康教育、市容环境卫生、环境保护、食品安全等十三项长效管理机制。

（泸县四创一巩固领导组办公室供稿）

经济管理与监督

ECONOMIC MANAGEMENT AND SUPERVISION

发展和改革

Development and Reform

【经济发展】围绕“建成四个新区，率先全面小康”奋斗目标，以深度融入泸州主城区一体化发展为工作主线，大力实施“创新驱动、产城融合、文旅联动、富民强县”发展战略，凝心聚力抓落实，攻坚克难稳增长，助推了县域经济平稳较快发展。2017 年，全县实现国内生产总值 300.4 亿元，比上年（下同）增长 9.1%，其中：一、二、三产业实现增加值 49.3 亿元、166.5 亿元、84.6 亿元。三次产业结构由上年的 17.0：58.6：24.4 调整到 16.4：55.4：28.2，“二三一型”经济结构得到保持和提升。投资消费同步拉动，实现全社会固定资产投资 367.3 亿元，增长 22.4%；社会消费品零售总额 118.6 亿元，增长 13.4%；城镇居民人均可支配收入 30910 元，增长 8.6%；农村居民人均可支配收入 15146 元，增长 9.7%。地方一般公共预算收入 14.9 亿元，增长 13.8%。地区生产总值、规上工业企业万元增加值综合能耗下降 3.6%。

3 月 18 日，省发改委产业发改处调研泸县产业发展

【规划发展】贯彻执行国民经济和社会发展的战略方针和政策，深入研究经济发展态势，牢牢把握宏观发展机遇；突出资金争取、开放合作、项目建设、工业经济、服务业发展五大举措稳增长，确保经济稳中有进。扎实推进区域合作，开展《泸县加快融入重庆大都市区助推川渝合作（泸州）示范区建设战略研究》，推动泸县融入成渝城市群一体化发展；编

制《泸县融入泸州主城区一体化发展规划》，提出《泸县关于泸州空港产业园区泸县片规划的建议》；起草《泸县跨越五百亿挺进四十强的意见》《泸县推进航空产业发展的实施意见》《2017年泸县经济工作要点》，积极争定位、争盘子、争项目、争政策，借力加快泸县发展。

【固定资产投资】争取到中央、省预算内资金补助1.59亿元（其中中央预算内投资1.39亿元、省级资金0.2亿元），同比增长150%，超2016年9600万元。实施PPP项目3个，总投资31亿元；新申报PPP项目4个（公共医疗卫生、教育系统标准化提升、两河四岸景观打造和城乡环卫一体化PPP项目），总投资43.6亿元。

【重点项目建设】全年计划完成投资248.7亿元，实际完成年度投资250.29亿元，占年度投资计划的100.6%。其中，龙城大道建设工程、酒香大道北段及酒香大道下穿隧道建设、瓦楞纸及纸箱生产线建设等20个竣工类重点项目完成投资15.29亿元；泸州步长生物基地及新药产业化基地、泸州高新区医药产业园建设等22个加快建设类重点项目完成投资134.16亿元；泸州沱江液压件有限公司整体搬迁、朗润飞依诺医疗器械产业化基地、湿地旅游景区基础设施一期工程——入口景观建设等59个新开工类重点项目完成投资100.84亿元；四川绿叶宝光药业迁建、儿科掩味口服制剂技术平台项目等17个前期类重点项目正在加快推进前期工作。

【铁路机场建设】川南城际铁路建设取得重大进展，在泸县境内全面开工建设，圆满完成全年征地拆迁任务，工程进度加速推进，完成投资11.36亿元，完成年度目标任务的168%。全力推进渝昆铁路前期工作，主动会同市级有关部门向国家发改委、中国铁路总公司、省发改委、中铁二院等上级单位积极争取在泸县境内设立泸县东站，获得省、市各级的支持，泸县东站设定方案纳入初步设计，同时配合有关单位完成渝昆铁路前期各项工作。加快推进云龙机场建设工作，倒排工期，制定方案，积极协调县级各部门、云龙镇、机场建设公司完成征地拆迁及建设任务。

【招投标监管】按照“严监管、优服务”的原则，严格审核各类招标工程项目，提高招投标备案办理时效，有效地促进政府投资建设项目尽快落地实施。全年完成政府投资建设工程公开招标项目98个，中标金额97734.18万元，节约资金16073.15万元，节资率14.12%；完成比选项目114个，中选金额11349.42万元，节约资金1866.23万元，节资率14.12%。

【行政审批】深入推进简政放权放管结合优化服务改革试点工作，精减审批程序，优化政务服务环境；大力推行并联审批和县级代办制度，实现网上审批、企业投资备案无纸化，提高项目审批、核准、备案效率。2017年，完成项目备案、核准、审批339件，总投资172.22亿元，完成项目节能审查80件，实现了项目审批零投诉、零误差，按时办结率、群众满意度两个100%。

【价格收费管理】建立社会保障救助和保障标准与物价上涨挂钩联动机制，按规定的对象、标准发放2017年1月价格临时补贴66.64万元。全年CPI同比上涨0.7%，实现省、市下达3%以内的调控目标。调整污水处理费收费标准，落实非居民用天然气价格下调政策，实现居民生活用电全省同网同价和居民生活用气“一县一价”，积极配合市发改委、泸县水务局开展农业水价综合改革工作。2016年度泸县行政事业性收费审核收费单位78个，审核率达100%，审核收费总额为11064.84万元，圆满完成市上组织的2016年收费交叉审核工作。落实取消、停征或减免一批中央设立的行政事业性收费，其中取消涉企行政事业性收费12项，涉及个人等行政事业性收费4项；停征涉企行政事业性收费23项，涉及个人等行政事业性收费2项，共41项，并将商标注册收费标准降低50%，清理完善公布2016年《泸县经营服务性收费和涉企经营服务性收费目录清单》等4个清单。

【价格成本监审】 开展泸县梁才学校学历教育和公寓住宿定价成本监审；配合市上全面开展了2017年农业水价综合改革任务，完成艾大桥水库管理所农业供水定价成本监审和艾大桥末级渠系百和镇用水户协会农业用水价格和朱梅滩水库末级渠系云龙用水户协会农业用水定价成本测算工作。共计开展调定价成本监审3个单位4项，成本测算2个单位2项，经营者申报总成本11236万元，核定总成本9765万元，核减总成本1470万元，核减比例达13%，切实维护经营者和消费者合法权益，为政府确定价格提供真实可靠的决策依据。

【价格监督检查】 开展食盐、旅游、电力、药品、医用耗材、建材、粮食、商品房、煤炭价格和学校后勤服务、涉企收费等专项检查，检查单位104个；开展市场检查13次，检查商场、超市、餐饮旅店及门市、摊点等802个次。共查处民营医院、医保定点药店和商品房销售价格违法案件43件，违法金额3.12万元。实施经济制裁5.55万元；共办结价格咨询、举报投诉127件，其中涉及电商职业投诉举报11件。

【价格认定认证】 针对涉嫌违纪、刑事案件、行政诉讼、复议及处罚案件、行政征收、征用及执法活动、国家赔偿、补偿事项开展价格认定和价格认证共173件，价格认定、认证总金额为224万元，其中，涉嫌刑事案件167件，行政诉讼、复议及处罚案件5件，国家赔偿、补偿案件1件。结合泸县实际，深入关系民生发展及社会和谐稳定的价格争议纠纷易发、频发、多发领域，找准切入口，创新工作方法，积极推进全省价格争议纠纷调解处理试点工作。

（撰稿人：熊宗涛）

公共资源交易
Public Resource Transactions

【概况】 泸县公共资源交易中心（以下简称中心）以“打造阳光交易平台、提升增收节支效益”为目标，遵循“公平交易、诚信守法、廉洁高效”服务宗旨，加强内部管理，提高服务质量，改进工作作风，各项工作任务顺利开展，呈现出良好发展态势。全年平台交易项目325个，项目资金总额55.94亿元，其中工程代理机构比选项目项目资金53.69亿元，工程施工项目中标总额1.67亿元，增收节支总额1995.48万元。政府采购项目96个，其中政府集中采购项目47个，分散采购项目49个。政府集中采购预算总额1326.82万元，中标金额1183.77万元，节约资金143.05万元，资金节约率为10.78%。国有建设用地使用权出让交易8宗，出让起始价总额5218.8万元，成交价款5828.6万元，增值609.8万元；采矿权出让成交6宗，成交价款665.32万元；集体土地使用权协议出让3宗，起始价687万元，成交价款687万元；农村宅基地退出节余建设用地指标流转4宗，起始价581万元，成交金额643.1万元，增值62.1万元。国有资产交易40件，起始价662.08万元，成交金额852.08万元，增值190万元。建设工程比选项目74件，预算7834.25万元，中标价6843.72万元，节约资金990.53万元；建设工程自愿入场交易项目31个，项目预算5815.4万元；建设工程代理机构比选项目项目资金53.69亿元。

【制度建设】 中心制定《泸县公共资源交易中心工作手册》，手册按地矿交易、政府采购、工程比选、国资交易、现场管理分类制定工作要求、工作流程、服务要求，细化环节时限、信息发布、责任岗位、工作要求、工作流程、监督管理等内容。制定《泸县农村集体经营性建设用地入市流程》及《泸县农村宅基地复垦节余指标流转流程》，促进各项业务工作的进一步规范。拟定《政府采购评审人员管理制度》，明确评审管理中的分工和职责，对加强业务人员行为约束和规范评审专家行为起到了积极作用。进一步修改完善《中心目标绩效管理考核办法》《财务管理制度》《物资采购管理制度》等中心内部管理制度40余个，不断健全中心长效管理机制。

【交易程序】政府采购采取提前会诊的方式，从采购政策和技术方面，对采购单位申请的政府采购项目技术参数、时间要求、预算金额等进行分析，较以前逐级审核相比，提高服务质量，提升服务效率。资产交易集体经营性建设用地入市、宅基地复垦节余指标流转相继进入交易平台，针对性质相同的多个标的项目，保证金不再与具体标的绑定，保证金数额只与竞得个数相关，提高竞买人的参与度，增加标的选择灵活性，有效遏制串标行为。工程建设在做好四川政府投资工程建设项目比选平台基础上，增加公共资源交易平台服务内容，鼓励村、社公共设施、公益项目从田间地头进入公共资源交易平台，允许国有企业项目入场交易，引导村、社项目公开公平公正交易，项目业主做到信息发布全面规范，竞争过程合理有序，组织过程公开透明，项目在阳光下操作，主动接受社会监督，提升规范交易公信度。

6月13日，县委副书记、县长肖刚（前排右二）到交易中心考察工作（杨虹　摄）

【廉政监督】着力巡察整改，6月，县委第一巡察组对中心开展为期一个月的常规巡察，提出39项问题，中心经过两个月的集中攻坚，问题全部整改完成，取得阶段性成效。注重学习教育，中心党组专题学习反腐倡廉，开展党风党纪教育，与各股室人员签订了党风廉政建设工作责任书，有效提高中心干部职工的反腐倡廉意识。深化风险防控，对3个一级风险股室和2个二级风险股室，分等定级地制定廉政风险防控措施。突出熏陶教育，结合党风廉政建设社会评价工作、“微腐败”整治、“四风问题”和违规收送礼金问题开展专项整治，对发现的问题及时进行诫勉谈话，党风廉政建设得到扎实推进。

（撰稿人：邓　晴）

国有资产管理

State-owned Assets Management

【概况】开展政府资产清查，编制政府资产报告。截至2017年年底，全县政府资产总额为198.52亿元。其中：行政事业单位占有使用资产数为59.2亿元，经管资产62.08亿元，企业资产总额69.46亿元，行政事业单位受托代理资产7.78亿元，全县文物资产5606处（件、套）。开展地方政府性债务投资项目资产清查登记工作。2017年年底，政府性债务投资项目形成资产62.7亿元，为县政府偿还到期债务提供科学依据。推动完善资产配置与政府采购的联动。严格按标准审核新增资产，确保配置科学合理，避免重复配置和超标配置，各单位报送审核政府采购248项次，其中：审核后退回不符合规定条件采购35批次，涉及金额238.3万元，审核退回采购所占比13.44%。

【国有资产监管】对县级行政事业单位固定资产进行进一步甄别，按照平衡发展、重点支持的原则，制定资产整合重组方案，纳入三大县属国企进行集中管理，实现集团化、规模化发展。推动县属国企“实体化”“市场化”“产业化”转型。对三大县属企业优质子公司、优质资产、核心业务进行重组整合，推动资金、资产等资源要素向优势行业、主营业务集中，形成金融担保、实业投资、文化旅游、现代农业、公共服务、基建城投等业务板块，实现整个集团产业链延伸。

【转变部门职能】明确权利义务，进一步对县国有资产行政主管部门监管职责进行明确，对两个园区、三大国有企业职能职责及服务范围进行定位；同时对国有企业项目建设的权责进行明确。完善法人结构，强化内控管理。建立“党委会抓统筹、把方向，董事会做决策、定目标，经营层抓落实、促发展”科学有序的决策体系；明确对人才引进、薪酬管理、业绩考核、投资管理、融资管理、债务管理、担保管理、借款管理、支出管理、经营预算等主要措施。

（撰稿人：李　源）

审　计
Audit

【概况】泸县审计局人员编制30人，实有28人。设有办公室、法规股、财政金融审计股、行政事业审计股、农业外资经贸审计股、固定资产投资审计股、经济责任审计分局；下设泸县固定资产投资审计中心（加挂信息中心牌子）。2017年，泸县审计机关完成审计单位（审计项目）17个，出具审计报告和专项审计调查报告21篇。查出主要问题金额29601.62万元，其中违规金额639.81万元、管理不规范金额28961.8万元；审计发现非金额计量问题28个；损益（收支）不实金额13.75万元。审计处理处罚金额693.39万元，其中应上缴财政3.97万元、应减少财政拨款或补贴547.54万元、应归还原渠道资金36.57万元、应缴纳其他资金70.67万元、应调账处理金额34.62万元。移送司法机关、纪检监察机关和有关部门处理事项3件，移送处理人员2人，移送处理金额162.69万元，移送处理落实事项3件。审计促进整改落实有关问题金额100.72万元；审计挽回（避免）损失650.36万元；核减投资额547.54万元。审计提出建议36条，被采纳36条；提交审计信息75篇，被批示、采用6篇。向社会公告审计结果10篇。

7月6日，泸县审计局召集玄滩镇龙凤村村民召开产业扶贫工作院坝会（陈媛　摄）

【财政审计】共完成审计和审计调查项目 6 个，其中财政预算执行审计 3 个，部门预算执行审计（行政事业单位审计）3 个，查出主要问题金额 19384.62 万元。

【经济责任审计】对 4 个单位的 5 名党政主要领导干部开展经济责任审计，查出问题金额 10217 万元，其中：承担主管责任金额 2193.55 万元，承担领导责任金额 8023.45 万元。

【固定资产投资审计】完成计划内投资审计项目 6 个，核减工程投资额 547.54 万元。

【信息化建设】继续加快审计信息化建设步伐，在固定资产投资审计中心加挂信息中心牌子，金审工程投资 63 万元，配备电脑、打印机等设备 80 余台；继续加大联网审计力度，采集各镇（街道）财务账套 300 余个。

【内部审计】出台《泸县人民政府办公室关于加强和改进内部内审工作的通知》和《中共泸县县委机构编制委员会关于进一步加强内部审计机构建设的通知》，进一步加强内部审计机构建设，指导全县各内审单位完成内审项目 30 余个，组织财政、农林、教育、卫计系统开展内审培训 4 期次，参训人员 400 余人。

【计划外审计】积极完成署定项目重大政策措施落实情况跟踪审计，2016 年度地税审计；组成审计组对古蔺县 2016 年保障安居工程、龙马潭区扶贫资金开展交叉审计；抽调 2 人分别参加市委巡察和市纪委办案；先后参加检查组对全县镇（街）财务票据、“三公经费”“工会经费”管理使用情况等开展监督检查，参加对部分村（社区）的财务检查。

【“两学一做”】按规定完成党建示范点建设，坚持“三会一课”常态开展，认真落实中心组学习和职工讨论学习制度，开展党性教育；聘请县有关领导做专题辅导，局党组成员先后为职工作主题为《共产党的发展历程》《红船精神》的专题党课；开展警示教育，组织全局干部职工、中介机构审计人员赴嘉州监狱开展党风廉政警示教育，组织职工家属开展家庭助廉活动。

【党风廉政建设】狠抓责任制落实，认真落实“三重一大”民主决策制度，局全体干部职工签订《党风廉政建设责任书》，发放“廉政风险提醒卡”，向职工家属发放“落实全面从严治党廉内助学习资料”，把廉政教育贯穿到干部职工的工作和生活中，坚持依法、文明、廉洁审计。

【精准帮扶】局党组多次到联系村开展“精准帮扶”活动，组织全局干部职工到贫困户家中开展“一对一”帮扶，建立帮扶台账，精准规划、精准落实，确保扶贫过程实实在在，不走过场，2017 年实现全村脱贫。

（撰稿人：陈　媛）

统　计
Statistics

【概况】泸县统计局深入学习贯彻中共十九大精神，以泸县建成四个新区率先全面小康为总揽，紧紧围绕全县中心工作和统计重点工作，加强单位党风廉政建设，改进机关工作作风，以提升统计能力、提高统计数据质量、树立统计公信力为主线，以服务全县经济工作为宗旨，不断推动县域经济发展。全年，获市统计局区（县）统计业务工作综合考评一等奖、获县委县政府综合绩效目标考核一等奖，规下工业抽样调查、建筑业小微企业抽样调查、小微企业跟踪调查等工作获国家统计局泸州调查队考核一等奖。

【统计基础工作】顺利完成综合、核算、农业及乡镇信息、工业、固定资产投资、劳动工资统计、城乡居民可支配收入、妇女儿童“两纲”监测、物价监测、普查、法制、统计从业资格、继

10月20日，县统计局到联系村开展“走进群众、服务群众、引导群众”主题教育院坝会（赵婷 摄）

续教育等十多个专业统计报表任务。抓好人口变动抽样、劳动力抽样、规模以下工业、商业抽样、旅游监测等抽样调查工作。按时公布《统计月报》；完成《2016年领导干部手册》《统计年鉴》的编印；撰写统计分析报告52篇，预警分析报告10期，9篇获得县级领导批示；组织参加统计从业岗位知识培训的人员110人，参加统计继续教育348人，参加统计职称培训考试30人。11月29日，泸州市统计基础规范化建设现场会在泸县召开。

【“三农普”工作】根据国家、省、市农普办的要求，泸县统计局精心组织、周密部署，切实加强组织领导，全面完成三农普各阶段工作任务。全县入户登记普通农户25.99万户，规模户612户，农业生产经营单位772个，填报镇表20户、村表265户。获国务院第三次全国农业普查领导小组办公室第三次全国农业普查工作先进集体称号。

【统计信息建设】建成视频会议室、新购入深信服防火墙等进一步加强信息化硬件建设。先后完成广域网10M扩容，MSTP4M数字内网专线光纤建设，镇级光纤架线工作，进一步提高县镇内部联网的稳定性和联网速率。全年通过全县统计员综合业务培训、每月举行的基层统计员例会、“四上”企业年报会等形式对计算机网络技术进行培训和指导，提升基层信息化水平。明确兼职计算机管理人员，配置专用消防设施和山特不间断电源，能在断电后为机房供电9小时。定期进行信息安全保密的教育和培训，将安全工作防患于未然，全年无信息安全事故发生。

【统计法制】2017年，泸县统计局有14人具有行政执法检查证，2人通过国家统计局执法资格考试，相应的公务车、相机、录音等统计执法设备配备齐全。《中华人民共和国统计法》纳入泸县“七五”普法规划，建立县级领导干部集体学法制度，10月11日，县纪委书记喻斌在县委常委会上领学《统计违纪违法责任人处分处理建议办法》。2017年在全县开展镇级和“四上”企业县级统计基础规范化达标验收工作，对部分规范化不达标的单位进行督促整改，维护和强化统计工作秩序。常规执法检查共检查18个企业单位，对2家企业进行立案查处，并对这2家企业进行警告的行政处罚，责令限期整改，并全部结案。

【体制改革】落实中央全面深化改革领导小组第二十八次会议精神，按照国家统计局、省统计局部署，以及市委办、市政府办《关于印发〈泸州市基层统计管理体制改革试点工作方案〉的通知》要求，泸县统计局成立镇街统计管理办公室、统计执法监督局、泸县统计大数据中心；增配行编1名、参公编制2名、事业编制5名；20个镇街、2个园区全部配备统计站站长，其个人年度考核、统计业务、人事任免等由县统计局负责管理，管理升级。

【社情民意调查】泸县社情民意调查中心开展2次党风廉政建设社会评价民意调查，全年拨打电话58919个，成功调查13125人，访问成功率22.28%，收集到群众意见建议1121条。其中，镇（街道）党风廉政建设拨打电话44734个，成功调查9982人，访问成功率22.31%；县级部门党风廉政建设拨打电话14185个，成功调查3143人，访问成功率22.16%。初步调查后，再次组织实施群众意见处理情况回访调查，成功回访456个样本。2017年，创新引入监听审核工作机制。首次全程引入监听审核机制，每个镇（街道）派殖。支持培养养殖大户贫困户罗永红发展肉兔养殖基地，发展种兔150只，肉兔约1万余只；先后出资4.2万元为坳田村21户贫困户送去仔猪、鸡苗、鸭苗等，鼓励其养殖致富。送温暖。利用春节、“七一”等重大节日期间，向40户贫困群众和困难党员送去价值8000元慰问品、慰问金；开展夏季送清凉活动，为42户贫困户送去防暑药、清凉油、板蓝根、绿豆等防暑降温物品约3360元。结合2017年栋梁工程扶贫助学活动和扶贫日活动，募集现金捐款4700元。为贫困村捐赠总价值1万元的电脑2台，支持村务工作。

【党建工作】结合“两学一做”，集中学习“蔡松松”“廖俊波”“黄大年”等先进人物、学习十九大系列讲话精神，党组书记带头参加学习，上党课。全年共开展集中学习12次，讲党课2次，组织理论测试1次，撰写学习心得14份；全年组织开展“职工讲堂”活动11次。抓党风廉政建设。按照股、室、中心工作范围和职责，将党风廉政建设目标任务分解落实到每个班子成员和各股、室、中心，逐级订党风廉政目标责任书，形成一级抓一级、层层抓落实的工作格局。积极开展“微腐败”专项整治工作，切实转变工作作风。结合“走进群众、服务群众、服务群众”主题教育活动，开展城乡党建结对共建助力脱贫攻坚活动。组织结对共建活动2次，签订结对共建协议书，参观泸县城乡规划建设馆、德馨馆、怡园社区家风示范街，开展“家风、民风”专题讨论等活动，划拨结对共建经费6000元。开展民情大走访，全年累积入户约28次，收集群众建议意见9条，解决群众困难15件。

（撰稿人：赵　婷）

安全生产监督管理

Security Production Supervision and Management

【概况】全年全县发生安全事故10起（其中道路交通2起、煤矿1起、建筑施工3起、其他工贸企业4起），死亡8人，受伤4人，占全年控制指标28.57%，与上年同比事故起数下降28.6%，死亡人数下降38.5%。坚持“24小时入库、7天上报、30天确认”的事故直报要求，在非煤矿山、危化、烟花爆竹、水上交通、特种设备、农机、消防等重点行业领域安全生产实现零死亡，未发生较大以上生产安全事故，全县安全生产形势总体稳定，实现历史最好水平。2017年，泸县被评为“全省煤矿安全标准化建设示范县”“工贸行业标准化建设样板地区”“煤矿机械化改造示范县”，县安监局获评泸州市“安全监管工作先进单位”、县级文明单位，全市安全目标考核一等奖等，并且在国务院、省、市多轮督查中，受到领导的充分肯定，为县委县政府、市委市政府增光添彩。

【队伍建设】各镇（街道）、园区单设安办，共配备专职安全监管人员104人，每个村（社区）都明确有交通协管员、安全监督员，有效延伸监管触角。县委编办发文明确在20个负有监管责任的县级行业部门单设或挂牌安办，重点行业部门安办均落实2名以上专职人员，充分发挥各级安办的指导协调、监督检查、督促考核职能，县安监局新增编制7个，总编制人数81人，在岗执法人员增加到60人。9个县级部门监管人员办理安全生产执法证，20个镇（街道）监管人员全部办理安全生产委托执法证，全县安全生产执法力量进一步增强。2017年10月，泸县成立4个片区安监执法中队，各中队配备2至3名执法人员，县政府投入150余万元为各中队统一配备执法车辆和执法装备，进一步实现安全监管“关口前移、重心下移”，着力解决基层安全生产执法力度不够的问题。

【责任体系建设】 明确政府监管责任和企业主体责任，推动政府行政首长和企业法定代表人两个负责制落实到位，在年初召开的安全生产工作大会上，县政府与20个镇（街道）、2个园区管委会、31个县安全生产一类责任单位、39个二类责任单位，分类签订安全生产工作目标责任书92份，各镇（街道）、各园区管委会又与所辖企业签订安全生产职责责任书，建立横向到边、纵向到底的指标控制体系和责任制网络体系，全县20个镇（街道）、2个园区所属企业均实现100%全覆盖。

【会议传达】 召开4次县委常委会，7次县政府常务会，及时传达学习习近平总书记、李克强总理等各级领导关于安全生产的重要指示批示，专题听取重点时段安全生产工作汇报，及时研究解决安全生产重点突出问题；以县委名义印发《泸县2017年安全生产工作意见》《泸县2017年安全生产目标管理考核奖惩办法》等纲领性文件，统揽全县安全生产工作；及时调整县政府安委会成员，1名县委副书记联系安全生产，做到安全生产工作无缝对接；召开全县性安全生产工作会议28次，根据时段特点及时分析安全生产形势，安排部署安全生产重点工作。

8月23日，国家煤矿安监局技装司司长张文杰（左二）带队督导泸县安全生产大检查工作

【《意见》宣贯】《中共中央国务院关于推进安全生产领域改革发展的意见》（以下简称《意见》）出台后，泸县迅速行动，及时贯彻落实。县委常委会、县政府常务会对《意见》进行专题学习，全县发放《意见学习读本》400册，邀请省上专家开展专题讲座2场，组织开展进部门、村社、企业宣讲50余场。4月，泸县在全省县级层面率先出台《实施意见》，在贯彻执行上级决策部署的同时，将泸县以往有效的经验做法进行总结推广，并对各项任务进行责任分解，落实责任单位，明确完成时限。在贯彻落实过程中，全县着力织密“安全责任、监管体系、监管执法、风险防控、基础保障”五张工作网，有效推动泸县各项改革措施落地见效。

【社会服务】 实施政府购买安全生产技术服务，明确在煤矿、危化、非煤矿山、冶金等高危行业每年至少组织一次专家隐患会诊，其他行业领域按照主管部门申报开展，所需经费由县财政承担。2017年在煤矿、非煤矿山、危化品、冶金、白酒、敬老院等领域开展专家排查隐患，投入经费近200万元，有效解决基层安全监管人员和企业安全管理人员专业技术欠缺的问题，形成“政府抓监管、专家抓指导、企业抓整改”的互动共赢发展模式。

【专项行动】2月至5月，全县开展为期3个月的安全生产集中行动，集中行动期间，县级领导带队安全检查65次；县目督办、县纪委、县安监等部门联合开展4期集中行动专项督查，印发4期督查通报，通报21个单位113个隐患和问题；县安办组织各镇街、县级一类责任单位开展了交叉检查、专项督查；全县组织检查5690次，检查单位19677个次，排查隐患4879条，实施行政处罚23777个次，罚款460万元。根据国务院、省、市总体安排部署，7—10月全县全面开展安全生产大检查。安全生产大检查期间，县委常委会、县政府常务会2次专题听取大检查工作汇报，县政府4次召开安全生产大检查工作推进会；县安委会组织7个督查组，对各镇（街道）、园区、县级有关部门每月开展大检查督查，另外组织安全生产专项督查3次，对各类督查情况收集汇总，发出通报5期，督办整改隐患问题140条，对大检查工作不落实的6个镇进行通报批评；大检查期间，组织检查组1918个次，检查企业8174家次，排查隐患7037个，整治6785个，整改率98.9%，投入落实整改资金1080万元。停产整顿82家，暂扣证照2家，关闭取缔8家，罚款163万元，追究刑事责任3人。

【隐患排查整治】全年召开7次安全生产县长督办会，确定7个督办主题，对51个督办事项和83条具体隐患或问题进行督办，对市长督办会涉及泸县的69个隐患全部进行责任分解，实行定时、定责挂牌督办，严格落实跟踪问效，做到市、县督办事项事事有落实、件件有回音；利用四川省隐患排查治理系统，督促企业进入系统自查自报自改隐患，完善线上线下监管制度。全县进入系统企业710家，2017年录入并整改安全隐患9852个。实行重大隐患挂牌督办和分级管控，对2017年确定的13个市、县级重大隐患逐一实行责任分解、限时整改、跟踪督办，投入隐患整治资金414.45万元，市县级重大安全隐患全部整改到位。

【规范执法】扎实开展安全生产行政执法公示制度、执法全过程记录制度、重大执法决定法制审核制度等三项制度的试点工作，对所有安全生产检查执法行为录入行权平台，网上公开，强化社会监督、舆论监督和内部监管，规范安全监管执法行为。

【构建预防机制】县安办组织专家对全县重点行业领域的风险点、类型、防控措施进行辨识分析，制定《泸县重点行业领域风险辨识与防控手册》，印发3000册到镇街、部门和企业。在原有安全监控平台基础上，再投入30余万建立完善泸县安全生产预警系统，将安全生产预警体系、重大危险源监控、安全监管综合信息等整合到一个平台、一套系统，实现数据共享。要求全县所有煤矿在完善人员定位系统和井口视频系统等“六大系统”基础上，在各煤矿井口增设热成像红外线人员流量统计系统和应急广播系统；要求全县所有客运车辆强制安装发动机自动灭火装置；全县所有客运车辆、危险品运输车辆、码头、重点企业均实现3G视频全覆盖；全县中小学2017年投入经费3200万元用于“三防”（人防、物防、技防）建设。

【安全宣传】全国第十六个“安全生产月”活动期间，全县紧扣“全面落实企业安全生产主体责任”活动主题，扎实开展好5类主题活动和举办2场知识竞赛。同时，还利用泸县农民演艺事业发达的特点，号召各演出单位编排一些安全类节目，用群众喜闻乐见的方式传播安全知识，宣扬安全文化；以“走进群众、引导群众、服务群众”和“千名教师进万家、千名警察进万家、千名医生进万家”活动为载体，全面开展“安全知识走基层活动”，将8万册《泸县全民安全教育知识读本》《泸县道路交通安全知识》免费送进千家万户；利用微信公众号“泸县安监”“泸县道路交通安全微信桥”、学校安全课堂、安全社区和体验中心建设等形式，大力开展安全宣传教育和安全警示教育活动，着力提高全民安全素质。

【教育培训】制定年度安全生产培训计划，将全县煤矿、非煤矿山、危化、烟花爆竹等重点行业企业主要负责人和安全管理人员、特种作业人员作为培训重点对象，并加强对全县重点企业的从业人员开展全员培训，帮助企业建立健全培训档案。完善并落实高危企业从业人员准入制度、“三项岗位”人员持证上岗制度、师傅带徒弟制度、企业职工先培训后上岗制度、安全监管监察人员持证上岗和继续教育制度等。一年来，县安监局组织培训各类人员5479人次，其中煤矿3600人次，非煤矿山300人次、危险化学品299人次、烟花爆竹1000人次、职业卫生280人次。

【信息报送】全县上报安全生产工作信息343条，其中被国家安监总局采用1条，四川新闻网采用290条，省安监局网站采用39条，市安监局网站采用232条，县公众信息网采用118条，编发安全生产简报34期，并抄送县委、县政府、县纪委、县委组织部等领导。

【活动开展】县安监局、县总工会、县妇联、团县委联合组织开展“安全之盾”金点子征集活动、“安康杯”安全知识竞赛活动，“巾帼助安·家安工程”活动、“青安岗”创建活动、“千名矿工矿嫂谈心对话”活动，提高全社会安全生产意识、营造良好安全生产氛围。

【煤矿监管】制定煤矿春节后复产复工安全生产方案，严格执行复工复产程序，聘请专家对煤矿进行复产复工验收，督促企业严格执行“五落实五到位”，坚决禁止“带病”复工复产。通过煤矿标准化示范县建设、购买专家服务、安全体检、专项检查等工作措施，进一步强化监管力度。通过严管重罚，督促企业主体责任；通过“千名旷工、矿嫂谈心对话”“5·11煤矿警示教育”和“安全知识竞赛”等活动，进一步提高从业人员安全防范意识，努力实现煤矿安全生产工作长治久安。

【非煤矿山监管】通过邀请专家对非煤矿山企业组织“专家会诊”风险分级，帮助非煤矿山企业找准危险源、定位风险级别，进一步贯彻落实“三项监管”政策；督促企业建立安全隐患排查治理指南及有关配套设施、进一步规范行业秩序，保障企业合法权益。6—12月，以开展安全生产大检查和汛期安全监管相结合的安全监管行动为抓手，加大对非煤矿山的专项整治力度，期间立案查处违章违规企业2家，整治矿山企业地质灾害隐患点2处，确保企业安全度汛，保障了非煤矿山的安全生产形势。

【危化品监管】结合“国家法定假日”“特殊作业专项治理”“百日攻坚”“集中行动”“安全生产月”“安全生产大检查”等活动，切实督促企业落实安全生产主体责任，加强危险化学品生产经营企业隐患排查治理工作。2017年，安监局危化股对危化企业组织检查组至少168个，组织检查人员360人次，检查企业307个次，查出各类安全事故隐患580条，下发安全检查执法文书250份，经复查，企业安全事故隐患基本整改完成。处罚罚款8.71万元，对有违法违规行为的5家企业停业整顿。

【烟花爆竹监管】以深化专项整治为着力点，深入开展烟花爆竹安全生产集中行动专项工作和安全生产大检查工作，全覆盖检查全县所有零售网点3471个次，查处违规经营零售网点 11 起，处罚金 10500 元。查处非法经营 12 起、非法储存 6 起、非法运输 33 起。1—12 月共收缴非法烟花爆竹产品 646 件，移送公安机关行政拘留 15 人，有效打击非法生产、经营、运输、储存、燃放烟花爆竹的行为，维护县内烟花爆竹市场经营秩序。

【职业卫生监管】以《泸县职业卫生与安全生产一体化监管实施方案的通知》等相关文件为抓手，做好职业病防治“一体化监管”、职业病危害现状评价、职业危害因素检测、建设项目职业卫生“三同时”等工作，全年开展职业病危害现状评价企业 75 家、开展职业病危害因素检测企业 28 家、作业场所职业病危害申报企业 372 家。

【事故查处】按照“科学严谨、依法依规、实事求是、注重实效”原则。全年办理行政处罚案件 25 件，其中，隐患案件 14 件，事故案件 11 件（死亡案件 4 件、重伤事故 5 起、无人员伤亡事故 2 起）；移送其他机关办理 1 起，移送司法机关追究刑事责任 2 人；共实施行政处罚款 122.47 万元，其中隐患案件罚款金额 13.43 万元，事故案件罚款金额 109.04 万元，有力打击了安全生产违法行为。

（撰稿人：廖　科）

市场和质量监督管理
Market & Quality Supervision and Management

【概况】泸县市场和质量监督管理局由原泸县工商行政管理局和原泸县质量技术监督管理局合并而成，其主要职能是：依法负责市场主体准入、市场和网络交易行为监管执法、产品质量监管、计量、标准化管理和特种设备安全监察、查处违法直销和传销、消费者权益保护等职能。内设“十二股两室”：人事教育股、行政审批股、法制股、标准化股、计量股、质监股、特监股、市场股、消保股、商广股、计财股、非公党建股、办公室、安办，派出机构 10 个：1 个经检大队和城区、园区、牛滩、嘉明、喻寺、云龙、玄滩、兆雅、云锦 9 个监管所，派驻监察室 1 个；下属事业单位泸县计量质量服务中心和泸州市泸县保护消费者权益委员会秘书组。泸县民营经济办公室、泸县非公有制经济党委办公室设在该局。

【准入服务】企业无区划名称、全程电子化登记、“多证合一”改革全面推行，手机 APP 登记和电子营业执照全面实施，全省个体工商户全程电子化登记改革试点在泸县率先启动，围绕“全流程、零见面、无纸化”和“最多跑一次”目标，对接全市“五通”工程建设，服务便利化举措取得新突破，市场活力进一步激发。试点改革中，全县企业通过全程电子化登记办照 31 个、个体办照 93 个，签发电子营业执照 676 个。截至 2017 年年底，全县核发多证整合企业营业执照 2265 张、个体营业执照 4319 张；新登记各类市场主体 5945 户，比上年增长 11.08%；注册资本 126.98 亿元，同比增长 4.76%。

【质量管理】深入实施品牌、标准化和质量管理“三大战略”，全力推进质量提升、质量强县进程，刘氏泡菜、晚熟龙眼、“牛滩”牌生姜获国家生态原产地产品保护，泸县青花椒、牛滩生姜获国家地理标志产品保护，实现泸县两个“零”的突破。泸县生态原产地保护示范区通过国家级专家组现场评审，陈年窖、石海洞天系列酒等进入国家质检总局终评，龙城演艺中心推荐为省和国家级公共文化服务标准化试点；科瑞德制药获首届“市政府质量奖”，王跃洪获第二届“酒城工匠”。评选首届“泸县质量奖”，阿斯特医疗器械获首届“泸县质量奖”，另两个公司获得首届个人奖。至 2017 年年底，泸县有“四川名牌”12 个、知名商标 17 件、著名商标 11 件、驰名商标 6 件。

【特种设备监管】对全县特种

设备实施网络动态监管，实行“一企一档”管理，完成全县特种设备检验工作，定期检验率96%。以“三大行动”为抓手，对医院、酒店、小区的电梯和液化气站等单位进行专项整治，开展电梯安全知识进校园和特种设备应急演练，全年检查特种设备使用单位150余家，抽查电梯、锅炉、压力容器、压力管道、起重机械和气瓶等945台（件），发现安全隐患70处，下达《安全监察指令书》53份，现场督促整改17处，立案查处特种设备违法案件8起。

3月15日，泸县举行“3·15”假冒伪劣商品集中销毁活动（黄荣　摄）

【广告管理】实施广告发展战略，促进广告产业提质发展。加强投资理财、医疗、房地产、酒类、农资、保健食品、药品、化妆品等虚假广告的治理，强化网络打假平台的构建、广告日常监测和适用新《中华人民共和国广告法》的执法办案。整治中监测各类广告6000多条，立案查处网络虚假违法广告案3件，案值1.8万元；全年查办各类广告违法和虚假宣传案36件，案值4.65万元。网络平台经营主体建档95户，其中72户通过电子标识审核。

【维权服务】整合“12315”“12365”举报投诉平台，开通“12315”网络远程调解，规范化建设维权服务站，新增移动分公司、万福商业广场、美佳乐超市等27个维权服务站，提高消保工作信息化水平。全年受理处置消费者申诉156件，办理“诉转案”7件，抽检商品85个批次，为消费者挽回经济损失27.61万元。开展强制性认证产品专项检查，现场整改“CCC”认证生产企业6家次，抽查摩托车销售店面18家，检查70多个型号的儿童玩具30余种。

【计量管理】利用质量月、世界计量日等开展形式多样宣传活动，提升社会各界对计量工作认知度，发放宣传资料600份。加大市场计量监管，检查集贸市场、商场（超市）、加油（气）站等计量器具1000余台（件），抽查合格率99%，查处计量违法案件13起，有效增强经营户安全计量、法制计量、诚信计量意识。全面落实强检计量器具免费检定，全年免费检定强检计量器具6000余台次，免征检定费110余万元。

【队伍建设】抓好市场准入、市场监管、执法办案、特种设备等重点培训，制定分级分类教育培训方案，不断拓展培训内容，增强干部职工运用新知识解决新问题的能力。组织两批共54名干部参加省局举办的质监业务专题培训，加强新《中华人民共和国标准化法》《中华人民共和国反不正当竞争法》《中华人民共和国消费者权益保护法》《中华人民共和国商标法》《中华人民共和国广告法》《中华人民共和国特种设备安全法》和登记后续监管办法等的学习，全年共组织各类专项培训20余次、1100余人次参加。

【法治建设】推进“七五”普法工作，做好相关普法规划和培训计划；开展责任清单梳理，重新确认部门主要职责22项、具体工作事项516项、职责边界事项12项、事中事后监督管理制度27项、公共服务事项8项。办理行政权力事项12990件，网上运行12990件。加强案件核审和执法质量检查，提升行政处罚的规范化和程序化水平，全年办理一般程序案件227件，结案194件，无一例行政诉讼发生。

【廉政建设】推进“两学一做”学习教育常态化制度化，创新网络“学习群”、手机APP等，建立党建交流QQ群和微信群，用活用好党员组织生活日等载体。开展治理“微腐败”和党风廉政社会评价宣传，印发宣传单、标语3.5万张，制作易拉宝宣传10个。持之以恒推进正风肃纪，强化作风建设和廉政教育，开展工作督查18次，发放黄色提醒卡107张、橙色警示卡2张，制作家庭助廉提醒卡、办公走廊廉政文化牌260块。

【行政执法】充分强化合并后的职能，加强市场监管、综合执法、协同共治和事中事后监管。开展服装、手机、钢材、电线电缆、成品油、加油站、格式合同、商标专用权保护、旅游市场等专项执法检查，加大对产品质量、商标侵权、虚假宣传、商业贿赂等违法行为的查处力度，有效规范生产经营秩序。开展防范打击非法集资专项工作，对民间投资理财类公司再次进行全面清理。全年共立案查办各类违法案件227件，案值100余万元，移送司法机关1件。“红盾春雷行动”再次荣获全省先进集体。

（撰稿人：黄　荣　王长伟）

食品药品监督管理
Food & drug Supervision and Management

【概况】全县有食品监管对象7652家，其中食品生产企业和小作坊372家、食品销售单位4759家、餐饮服务单位2521家。药械化监管对象2305家，其中药械化生产8家，药械化流通2297家。2017年，县食药监局按照“重预防、夯基础、强监管、保安全”的工作思路，以“创建国家食品安全示范城市打造食品药品安全泸县”为载体，坚持源头防控、过程严管、风险严控，强化监管能力建设，创新监管方式，不断提升食品药品安全监管水平和群众满意度，有效保障人民群众饮食用药安全。

【执法能力建设】县食药监局有各类执法人员共计78人，其中公务员编制34人、参公编制27人、事业编制15人、工勤编制2人。20个基层食品药品监管所完成标准化阵地建设，配备了电脑、打印机、便携式农药残留速测箱、录音笔、执法记录仪等行政执法装备。每个监管所配备了3～4名监管人员，同时聘请村（社区）食品安全协管员301人，实现村（社区）全覆盖。组织开展34场次食品药品安全监管执法人员、检验检测技术人员和食品安全协管员业务技能培训，不断提升监管队伍的法治意识、专业技术水平和依法行政能力。

【行政权力】县食药监局现有行政权力365项，其中行政许可2项、行政处罚353项、行政强制2项、行政检查4项、行政奖励1项、其他行政权力3项。2017年办理行政许可2046件，其中餐饮服务许可793件、食品流通许可1253件、蛋白同化制剂、肽类激素行政审批2件，二类医疗器械备案23件。

【主体责任落实】督促食品生产经营单位严格落实质量安全主体责任，规范内部质量管理，建立健全以法定代表人负首要责任、食品安全主管人员负直接责任、从业人员负岗位责任为主要内容的食品安全责任制度。明确食品生产经营者是食品安全第一责任人，对其生产经营食品的安全负责，承担食品安全主体责任。督促食品生产经营单位加大食品生产安全投入，建立食品安全制度，指导企业完善质量管理体系，食品生产经营场地、设备设施、卫生条件、从业人员等符合法律法规要求，并按要求做好各类台账记录。

【监督检查】加强日常监督检查，及时消除安全隐患。食品药品各环节根据食品生产经营日常监督管理办法及2017年药械化监管重点任务要求，结合食品药品类别、企业规模、管理水平、食品药品安全状况、信用档案记录等因素，制定了年度日常监督检查计划并实施检查。对于日常监督检查中发现的问题，下发监督意见书。2017年下发监督意见书3895次，要求相关责任单位及时整改，并做好问题整改情况的回访，形成监管“闭环”。扎实开展药品、医疗器械、化妆品不良反应上报，全年上报药品不良反应645例、器械不良反应165例、化妆品不良反应60例。对县内企业按25%比例开展飞行检查，药品跟踪检查85次。

【专项整治】坚持“严”字当头，有重点、有针对性地开展各类专项整治行动。从群众生活必需的食品入手，从影响食品质量安全的环节入手，重点针对中秋、春节等重要时段，农村家宴、“三小”、校园及周边等重点环节，散装白酒、调味品等重点产品，开展“地沟油”“散装白酒”“校园及周边”等各类专项整治43次。大力开展医疗器械生产质量管理规范专项检查，利用网络监测发现并处理1起涉嫌未经备案从事第一类医疗器械生产活动的违法案件。

【质量抽检】根据国家、省、市的抽检要求，结合全县食品安全现状及群众关心的食品安全问题，制定2017年度抽检计划，统筹推进抽检工作。同时，充分利用技术手段，加强快检初筛工作，全县共建快检室24个，完善快检设备和试剂配备，全面提高食品快速检测品种的覆盖率。坚持问题导向，重点突出对日常消费量大、风险隐患高等品种进行抽检，全年抽检食品1400批次，合格率93.43%。对抽检不合格产品及时开展上下游溯源追查，产品召回、处置等后处理工作。

【稽查执法】严格落实习近平总书记“四个最严”要求，对食品药品生产经营中发现的违规行为，露头就打，绝不姑息。强化行政处罚力度，严厉打击违法犯罪，全年食品药品案件立案查处188件（其中简易程序案件23件），结案157件，结案率89.5%；涉案金额43.42万元，罚没款181.91万元。健全投诉举报机制，完善食品安全投诉举报奖励制度，公开“12331”投诉举报电话，发挥媒体监督作用。全年受理食品药品相关投诉举报81件，全部依法办理并回复（其中立案查处6件），奖励投诉举报2人次，投诉举报人满意率100%。狠抓行刑衔接，制定行刑衔接工作办法，建立联席会议制度，对涉嫌犯罪或重大行政处罚案件共同研究，2017年办理食品刑事案件5件，配合公安机关抓获犯罪嫌疑人3人次。

【农村家宴管理】印发《泸县农村自办群体性宴席食品安全管理实施细则（试行）》，进一步明确职责，落实责任，细化措施。对农村自办群体性宴席实行举办者和承办者双备案管理，同时加强现场检查和指导。全县聘请村（社区）食品安全协管员301名，将协管员考核奖励按每人每月500元的标准纳入市、县财政预算，同时每起农村家宴给予40元现场指导交通补助。2017年农村自办宴席备案25885起，备案宴席现场指导率100%。组织开展26场次农村厨工、食品安全协管员、信息员的食品安全知识集中培训。同时，组织召开全县农村自办宴席安全管理现场会及农村自办宴席食品安全事故应急演练，提升应急处置能力。2017年全县未发生农村自办群体性宴席食品安全事故。泸县农村自办群体性宴席监管经验获全省推广。

【校园及周边食品安全管理】全县在校就餐学生10余万人。县食药监局一直将学校及周边食品安全监管作为重中之重来抓，不断加大对学校食堂、校内及周边食品经营单位的监督检查力度，重点加大对“五毛食品”的抽检力度，大力开展春秋期学校食品安全专项整治、联合执法检查。加强食品安全知识培训，推行食品安全上课堂，将食品安全纳入全县学校安全课程内容，通过教育培训，不断提高广大师生的食品安全意识，共筑学校及周边食品安全防线。同时，在学校食堂全面推行“明厨亮灶”“量化分级”管理，食品采购登记使用统一印制的格式化合同文本，规范台账记录。全县学校食堂“明厨亮灶”覆盖率100%。

【宣传培训】宣传方面：积极开展形式多样的科普宣传活动，加大信息发布力度。利用科普宣传月、法制宣传月，“12331”、食品安全宣传周等主体宣传活动，通过电话彩铃、短信平台、LED屏播、宣传栏等形式，向广大群众普及食品安全知识，提升食品生产经营者的法律意识、责任意识和诚信意识，同时提升群众对食品安全的自我保护意识。广泛开展食品安全进机关、进社区、进学校、进企业、进农村等科普宣传活动。通过知识竞赛、漫画比赛、征文大赛、“小手拉大手”“食品安全与我同行”等活动，在全社会营造食品安全浓厚氛围。全年，印制野生毒蘑菇、亚硝酸盐、醇基液体燃料等易误食中毒宣传资料3万余份，制作打击“地沟油”及创建知识展板20余块，进行全覆盖发放张贴，有效提升群众食品安全知识知晓度与参与度。培训方面：召开食品药品生产经营从业人员培训会，增强生产经营企业主体责任意识。全年共举办各类培训41次，培训食品药品从业人员9000余人次。

【酒类小作坊环保整治】2017年中央环境保护督察工作组到泸州督察。县食药监局高度重视，多次召开会议安排部署酒类小作坊环保整治工作，印发《配合做好“小酒厂环境污染突出”等问题专项整治方案》《关于酒类小作坊环境污染突出问题专项整治方案的通知》等文件，成立专项整治领导小组，实行局领导联片包干负责制，分成9个工作组，由各组组长带队，深入各镇（街道）开展整治工作。统一印制废水和酒糟处理台账记录本，指导酒类小作坊完善台账记录，并督促其建立环保管理制度，规范废水废渣处理行为。整治期间共计排查423家次，发现环保突出问题小作坊17个，提出整改措施91条，发放环保宣传资料1000份，签订环保承诺书99份。

【示范创建】围绕“创建国家食品安全示范城市、省级食品安全示范县、打造食品药品安全泸县”这一中心，研究细化方案，以县政府名义印发《加强食品安全示范创建打造食品药品安全泸县实施方案》，按照“清单式”“项目式”管理模式，细化工作目标和责任分工。统筹各领域资源要素共同发力，通过召开动员会、协调会等将具体目标任务再细化、再分解、再落实。大力营造创建氛围，采用群众喜闻乐见的形式，发动全县群众和社会各界积极参与支持创建工作，有效提升人民群众的知晓率和对食品安全工作的满意度。

【招商引资】泸县食药监局秉持“一手抓监管、一手抓发展”的工作理念，强化服务，多措并举，为医药企业发展营造了宽松、有序的发展环境，助推医药产业健康快速发展。通过协调汇报，协助指导四川奇格曼药业有限公司办理“药品生产许可证”、四川西蜀九锦现代中药有限公司办理“药品GMP证书”、四川维思达医疗器械有限公司注册医疗器械产品、四川科瑞德制药股份有限公司变更颗粒剂生产地址、开展药品一致性评价等；通过牵线搭桥，协助园区和百和镇新签约3000万元以上项目3个，引进创税企业2家，提供有效信息3件。

（撰稿人：石秀英）

农业·水利

AGRICULTURE & Water Resources

工作综述

Work Summarize

【概况】泸县按照“增单产稳粮，夯基础增效，调结构增收，转型态发展”的工作思路，以“三产融合”“三权分置”“三农转型”“三项试点”为重点，全面推进农业供给侧结构性调整，全县农业综合效益和竞争力进一步提高。成功创建全国水利文明单位、畜禽污染资源化利用重点县、全省县级农田水利基本建设先进单位、省级农产品安全监管示范县、绿色植保示范县、新产业新业态示范县等荣誉称号。2017年，全年实现农业增加值49.89亿元，同比增长4.08%。全年粮食种植面积108.35万亩，总产量54.5万吨。水果种植面积37.6万亩，产量8.98万吨。全县发展优质蔬菜20万亩，建设粮经复合产业基地5万亩，打造2万亩的泡菜基地，发展沿江早春蔬菜基地12万亩。发展食用菌种植基地，种植平菇、秀珍菇等800万袋。出栏生猪106.2万头，牛0.27万头，羊13.6万只；出栏家禽1323.53万羽。农村人均可支配收入15146元，同比增长9.7%。泸县被评为全省2017年度三农工作先进县、农民增收工作先进县。

【重点项目建设】泸县现代农业融合发展示范园区投资1.62亿元，完成新村农房新建、风貌塑造、环境整治300户；建成康养中心、乐耕农场、村级产业园3个新型业态产业区；基本完成产业基地路、水、沟渠等基础设施配套。病死畜无害化处理中心建成，8个收集点投入使用。泸州鑫禾农业发展公司投资1000万元，日产200吨大米加工生产线建成投产；泸县开元粮食有限责任公司投资825万元，完成4万吨粮食低温储备库项目建设。泸县电子商务产业园即将建成投运，泸州市龙城现代物流农产品冷链物流项目完成一期工程。优化和完善1个放心粮油配送中心、34个“川粮便民店”、1770个放心粮油供应网点建设，强化粮油质量监管，努力打造“泸县放心粮油”品牌。土地整理项目有序推进，验收土地整理项目新增耕地13329亩，改造完善了高标准基本农田26085.9亩。实施征地项目36个，征地面积9623.0349亩，其中：新启动征地项目15个，征地面积6979.04亩。

【农村改革发展】喻寺镇谭坝村、天兴镇田坝村、玉蟾街道玉蟾村和龙桥社区启动农村集体经

11月16日，川农—泸县县校合作签约仪式暨四川农业大学新农村发展研究院川南分院授牌仪式在泸县举行

济股份改革试点工作，确认农村集体成员身份13032名，向集体经济组织成员发放股权证书3590本。2017年成功向农业部、省农业厅汇交数据。完成了100个村档案资料，颁证21.86万本，颁证率达90.52%。2017年累计流转土地达23.5万亩，新增土地流转面积2.17万亩，其中新增规模以上流转面积1.68万亩。启动村集体经济发展试点，争取省财政项目资金1000万元在天兴镇田坝村、喻寺镇谭坝村等10个村进行试点工作；创新农业社会化服务体系，培育9个农机服务合作社和12个植保服务合作社，基层农业公益性服务体系在全县20个镇（街道）实现全覆盖。梳理完善三项改革的制度体系，研究制定和修订完善13个农村宅基地制度改革配套政策以及9个入市和征地制度改革配套政策；县、乡、村土地规划编制并修改完善，省厅评审通过；不动产登记有序推进，颁发不动产权利证书25656本，不动产登记证明28580份；三项试点统筹推进，宅基地退出签订协议17570户，实施7500余户，复垦面积6000余亩，并通过验收。实现宅基地抵押贷款63笔，贷款金额1169万元，宅基地退出结余指标流转4宗，面积83亩；推进集体经营性建设用地入市，至年底入市4宗，面积36.1亩；缩小征地范围，选择3宗土地积极探索征地改革。探索出“供销社+新型农业经营主体”的“1+N”发展模式，组建新型基层供销社6个。启动“三位一体”农合联改革试点，出台实施意见。积极推进农业水价试点改革，并在项目试点区进行了探索，成功承办全省农业水价综合改革现场会；全面启动河长制，编制长江、沱江、濑溪河、龙溪河的“一河一策”管理保护方案；完成“全国农田水利设施产权制度改革和创新运行管护机制试点县”等七个课题试点工作任务。

【幸福美丽新村建设】坚持“业兴、家富、人和、村美”四大理念，以“住上好房子、过上好日子、养成好习惯、形成好风气”为目标，大力实施扶贫解困、产业提升、旧村改造、环境整治和文化传承“五大行动”，全面推进幸福美丽新村建设和“四好村”创建。海潮镇流滩坝村、喻寺镇谭坝村等17个镇21个省级财政幸福美丽新村基础设施项目全面完成，成功创建太伏镇渔湾村、云龙镇朱梅滩村、石桥镇永定村等市级四好村36个，得胜镇接官坝村、喻寺镇谭坝村、玄滩镇刁河村等省级四好村13个。

（撰稿人：刘晓萍）

农林生产
Agriculture and Forestry Production

【粮食生产】2017年，全县粮食播种面积108.35万亩，总产量54.5万吨。小春粮食播种面积21.76万亩，产量4.16万吨。大春粮食播种面积86.59万亩，产量50.34万吨，同比增长2.15%。各类种粮大户、专业合作社和家庭农场水稻规模化种植面积3.55

万亩，同比增长7.9%。全县完成水稻、玉米、高粱规范化栽培面积68.2万亩，其中水稻56.7万亩。大力发展订单农业，与“开源”“金土地”等公司签订优质稻订单收购合同面积21万亩。

【果蔬生产】全县水果种植面积37.6万亩，产量8.98万吨，产值6.5亿元，名优水果面积23.8万亩，其中：特色水果龙眼总面积18.2万亩，产量5.1万吨，产值4.08亿元，新发展面积0.6万亩。茶叶面积0.5万亩，产量0.069万吨，产值0.182亿元；中药材3万亩，产值1.87亿元，在太伏、得胜、天兴等7个镇新发展0.5万亩；泸县现代农业融合示范园区中完成优质柑橘定植600亩。2017年在方洞、嘉明、福集、牛滩、得胜、云龙、兆雅、太伏、玄滩、海潮等镇发展优质蔬菜20万亩。其中：粮经复合产业基地5万亩，刘氏泡菜加工蔬菜基地2万亩、沿江早春蔬菜基地12万亩、水生蔬菜基地0.5万亩、食用菌种植800万袋。

【畜牧业】2017年生猪期末存栏73万头，同比增加2.61%，牛期末存栏9893头，同比下降22.6%，羊期末存栏96152头，同比下降8.06%。2017年生猪出栏106.2万头，同比增长3.9%，猪肉产量76893吨，同比增长3.97%，肉牛出栏2679头，同比下降0.8%，羊出栏13.6万只，同比增长0.07%。全年肉类总产量107342吨，同比增加3.56%。

【林业产业】实现林业总产值17.6亿元，其中林业旅游和休闲服务产业8.1亿元；农民人均从林业上获得收入1280元；新建短周期工业原料林0.2万亩；核桃、油茶木本油料林0.1万亩，新建枳壳、花椒等特色经果林0.3万亩，苗木花卉0.1万亩；引进落户项目市外方投资总额3000万元，引进林业项目2个。

【水产业】2017年水产品总产量3.63万吨，比上年增加1900吨，增长5.5%；渔业经济总产值5.01亿元，比上年增长11.3%，生产水花鱼苗1.85亿尾，投放鱼种3430吨；全县有水库1.65万亩，山坪塘2.54万亩，稻田蓄水养鱼5.04万亩，2017年新发展稻田蓄水养鱼2500亩，养鱼面积比上年增长4.9%，农民人均渔业增收实现46.7元目标。培育50亩以上产业示范业主296个，养殖面积达2万亩，重点发展斑点叉尾鮰、乌鳢、泥鳅、匙吻鲟等名优产品；泥鳅、小龙虾、青蛙等特色水产养殖基地达14处，养殖规模近1万亩；以方洞镇稻鳅、立石镇稻虾、福集镇稻蛙稻田立体种养为典型，发展稻田立体种养面积2500亩。

农业机械
Agricultural Machinery

【农机化发展】新建、改造机耕便民道300千米，投资3920万元，完成计划的100%；维修各类提灌机械3160台次/16800千瓦，新增提水控灌设备584台/1488千瓦，新建和改造提灌站18座/642千瓦，全年提灌站建设投入资金360万元。当年新建成“物联网+提灌站”8座，全县有“物联网+提灌站”建成21座。全县农机总动力实现56.5万千瓦，比上年增加2.2万千瓦。全县主要农作物耕种收全程机械化水平达到58.4%，比上年提升7.4%。

【购机补贴】完成农机购置补贴补贴资金263.96万元，其中，中央补贴资金169.3万元，县级补贴资金94.66万元，补贴各类农机具2604台，2432户农民直接受益，农机购置补贴中央资金结算进度达100%。

生态民生事业
Ecological Livelihood

【生态建设与保护】完成营造林3.3万亩；完成2016年中央造林补贴0.5万亩，兑现造林补贴资金100万元；完成义务植树113万株，完成全年计划的113%；新建义务植树示范基地1个，面积60亩；净增森林面积0.45万亩，新增森林蓄积2.34万立方米，新增森林覆盖率0.2%。严格执行森林采伐限额管理和凭证采伐，消耗蓄积2.5675万立方米，占年森林采伐限额的57.54%。通过中央环保督查，对全县养殖场进行摸底排查，对环保存在问题养殖场下达整改通知，限期完成整改；对禁养区养殖场进行关闭搬迁，当年完成101家养殖场关闭。深入推进全县渔业环保，撤除濑溪河网箱38口，撤除三溪口水库网箱239口，解除水库肥水养鱼承包合同3个。狠抓长江上游珍稀特有鱼类国家级自然保护区问题整改，取缔非法码头2个，关闭堆沙场2个。

【民生工程】巩固退耕还林成果7.2万亩，兑现退耕还林政策补助615.12万元；实施森林管护面积10.89万亩（其中国有林管护3.34万亩、集体生态公益林管护面积7.55万亩）；完成天保工程森林管护项目和森林生态效益补偿项目，补偿资金256.6万元。

农林管理
Agriculture and Forestry Management

【农林改革】发展农民合作社491个，新增55个，其中国家级示范社5个，省级示范社20个，市级示范社34个，新申报市级示范社6个；发展家庭农场793家，新增476家，其中省级示范场9家、新增4家，市级示范场4家，新申报市级示范场7家。在喻寺镇谭坝村、天兴镇田坝村、玉蟾街道玉蟾村和龙桥社区启动农村集体经济股份改革试点工作，确认农村集体成员身份13032名，向集体经济组织成员发放股权证书3590本。2017年成功向农业部、省农业厅汇交数据。完成100个村档案资料，颁证21.86万本，颁证率90.52%。2017年累计流转土地23.5万亩，新增土地流转面积2.17万亩，其中新增规模以上流转面积1.68万亩。在泸县农村产权流转交易服务中心基础上，采购并完成安装农村产权流转交易平台，依托此平台，泸县建立有形的农村产权流转交易市场。国营泸县林场更名为“泸县国有林场”，改革为公益性一类事业单位。

【农业产业扶贫】2017年实现依靠农业产业实现脱贫人数9753人。实现依靠产业技术使贫困村年度村集体经济经营性收入累计人均9.9元。全力推进水稻绿色高产高效创建，以玉蟾街道、福集、天兴、嘉明、喻寺、方洞、得胜、云龙、兆雅、太伏等10个镇28个村3万亩百里示范长廊核心区和20个镇（街道）的386个种粮大户为重点，全县20个镇（街道）总创建规模为30个万亩示范片，建成水稻高产示范片20万亩，辐射带动水稻整县绿色高产高效创建工作。以嘉明、得胜、喻寺、云锦、玉蟾街道办为核心，培育新型经营主体，新建产业园、龙头引领发展蔬菜4500亩。在太伏、得胜、天兴等7个镇新建和

10月12日，中国科学院院士谢华安（左二）一行到泸县考察再生稻生产（余翔　摄）

改造中药材基地0.5万亩。以巨星30万头生猪产业化项目为依托，建成投产兆雅PIC父母代种猪场1个，建设规模猪场31个，规模羊场10个。

【农业招商引资】完成“双争一汇”项目40个，到位资金21212.45万元，完成目标任务1.7亿元124.78%，其中林业项目13个，项目资金1623.86万元，比上年增长1.9%。加大农业招商引资力度，引进泸州厚德农业有限公司在泸县潮河镇龙眼主题田园综合体项目，计划投资3亿元；泸县喻寺谭坝大地飞歌现代农业产业园项目，计划投资达2.5亿元。

【农产品质量安全监管】2017年泸县创建农产品质量安全监管示范县工作通过省级核查并通过验收，泸县农产品质量安全监督检验检测站通过了“双认证”考核。完成国家食品安全城市创建农产品样品抽检400个，通过招标委托第三方检测机构监督抽检，合格率99.5%。2017年省、市各级农产品质量安全例行监测任务完成率100%，样品检测合格率99.8%。品牌创建方面，“三品一标”农产品新申请（复查换证）任务6个，完成12个；生产经营主体入驻省级追溯管理平台增加任务数5个，实际完成30个。全年出动执法人员1200余人次，出动车辆180余辆次，立案20件，当年结案17件，确保无重大农产品安全事件发生。

农业重点项目
Key Agricultural Projects

【泸县现代农业产业融合示范园】2017年完成投资1.62亿元，建成高标准农田1500亩，播种观赏油菜1000余亩、水果基地1000余亩、特色水产基地500余亩。村级企业集中区建设年内完成标准扶贫厂房建设11045平方米，包括建设冷藏库600吨、通风库100吨、烘干房2组。休闲旅游区建设：完成谭坝山顶景观平台廊亭建设3个、栈道330米、步游道米600米、广场3022平方米及绿化工程建设。在园区内建设完成占地120亩，集生产、娱乐、休闲为一体的乐耕农场一个。建设内容包括旅游综合服务中心560平方米、乐耕家园房屋1400平方米以及生态停车场500平方米、生态鱼塘20余亩及沿河湿地景观、步游廊道、亭台等附属设施建设。

【现代畜牧业重点县项目】以巨星30万头生猪产业化项目为依托，建成兆雅存栏3000头的PIC祖代种猪场1个、生猪寄养户60组，全年新增投资9000万元。

【枳壳中药材GAP种植基地】该项目在太伏镇王湾村实施建设，2017年建设枳实枳壳2000亩，肥水一体化工程建设完毕，完成投资3500万元。

【高标准农田建设】泸县2016—2017年度高标准农田建设在方洞、太伏、喻寺、牛滩、毗卢等镇实施，整合农业综合开发、土地整理、财政现代农业、小农水等项目共计建成高标准农田5.74万亩，累计投入项目建设资金10165万元，新增耕地面积1913.16亩，调整田形2.00万亩，地力培肥1.93万亩，灌渠116.6千米，排渠11.08千米，小型水源工程222处，机耕道36.92千米，生产道53.95千米，农机下田通道30处。

【杂交水稻制种基地建设项目】项目在海潮、太伏、奇峰、牛滩等镇实施，总投资2505万元（其中中央投资1837万元），2017年项目全面启动。

（撰稿人：柯西贵）

林业研究
Forestry Research

【林业科研业务】川南林业研究所全年实施科研项目6个，其中新列项目2项：四川红花油茶野生资源调查及种苗繁育技术研究、森林火灾智能监测技术研究。在研项目2项：川南丘陵区乡土油茶良种丰产栽培示范推广、四川省油茶遗传资源调查编目。合作项目2项：用材香椿良种繁育及高效培育技术示范推广、桢楠高效培育技术研究。所有科研项目均按照任务书和实施计划顺利完成。参与鉴定科技成果“桢楠遗传资源及高效培育研究”。发表论文3篇。分别为“红花油茶无性繁育技术研究进展”“早期林火地面红外探测图像采集与识别研究”“桢楠优良家系选择研究”。

【林业科技服务】技术服务主要围绕可研报告编制、林业调查规划设计、影响评价等开展工作。完成泸县等9个县的林业有害生物成果资料整理，其中8个县通过省厅委托市州林业局组织的验收，1个县（夹江县）形成资料并通过川大初审，正在等待市林业局组织验收，同时新签1个县的林业有害生物普查（井研县）。承担了仁寿县国有林场林权勘界工作、乐山市市中区名木古树调查等新领域的调查项目。林木种质资源普查开局良好，顺利中标眉山市彭山区、东坡区林木种质资源普查。除上述调查类项目外，还开展了丹巴牦牛谷森林公园可研报告编制、彭山区油茶产业发展可行性研究等可研报告编制以及乐山市市中区道路景观方案设计、丹巴县梭坡乡左比片区城乡庭院及节点绿化项目作业设计等设计类项目以及攀枝花电业局输电线路对二滩森林公园、鸟类保护区影响评价等影响评价类项目。

【园林绿化业务】全面完成酒城名邸二期项目施工和竣工验收，养护和款项催收工作。完成酒城御景一期项目验收和结算以及酒城御景二期项目施工。做好苗圃除草、施肥，病虫害防治等管护工作，继续加强苗木营销工作。同时利用森科公司园林绿化资质，积极开展对外合作。

（撰稿人：刘　屹　叶伟平）

水　利
Water Resources

【概况】泸县水务工作围绕县委、县政府中心工作，狠抓落实，扎实做好水利规划、建设及管理各项工作，水务工作取得了显著成效，完成水利投资3亿余元，解决和改善农村12万人口饮水安全，争取中央和省级资金1.7亿元。

【水利规划】认真开展前期工作，牛滩土公庙水库前期工作，完成水库规划建设范围内的实物调查；九曲河系统治理工程立项。

【项目建设】加强项目监管，新建三星桥小（一）型水库工程，整治病险水库8座；节水型社会建设、高效节水等项目全面建成，2017年龙渔谭项目区坡耕地水土流失综合治理项目、三溪口水库杨九灌区和艾大桥水库灌区渠系配套工程、沱江流域江河治理和濑溪河牛滩堤防、九曲河连通工程加快建设。4月，泸县成功承办全省高效节水现场会暨农业水价综合改革工作推进会、全省水土保持现场工作会；并作为典型县代表参加水利部组织的南方地区节水减排技术交流。推进村镇供水改造工程建设，喻寺、嘉明等20个镇（街道）饮水安全巩固提升工程加快建设，延伸管网600千米，喻寺水厂改造工程加快建设，16处饮用水源地全面加强，12万农村居民饮水有效改善，40个贫困村到社支管全覆盖，265个村（社区）用上自来水。

【河长制及生态环保工作】完成河长制体系建设，落实县镇两级河长；建立河长制相关工作制度，编制县内20条河流的“一河一策”管理保护方案，编制7条河流“四张清单”。加强水资源管理，通过市级最严格水资源验收。完成入河排污口清理与建档等工作，配合县政府取缔县城内濑溪河营业船只4艘；取缔沙石堆场1个，规范整治5个。水源“还清工程”持续推进，新终止8座水库的水产养殖承包合同，取缔三溪口水库网箱240口。加强河道护岸保洁工作，流域综合治理成效明显。9月代表四川接受国家河长办检查，10月泸州市沱江流域综合治理暨沱江河长制工作现场会在泸县召开。12月，泸县被四川省确定为河长制信息化建设试点县。

【防汛抗旱】加强水库运行管理。完成12座小（一）型水库和2座中型水库视频监控系统安装，实施水库全天候监控；建立“四本”日常管理记录台账。开展了水库安全管理培训。开展水库安全检查80次，消除隐患46处。完善了22座小（一）型水库大坝安全管理应急预案和度汛方案；印发了水库安全避险明白卡和防灾减灾工作卡8万多张。强化日常安全监管。完善安全生产责任防控体系，继续加大隐患治理力度，组织安全隐患排查556人次，整改隐患33处；整治水利工程老化病险严重问题拆除水厂老旧水塔2个，修缮问题水塔3个，保障水利系统安全稳定。做好防汛减灾工作。完成了7月防汛减灾专项行动，8月以来防汛减灾调度工作，确保了汛期无防汛责任事故。

【水务改革】完成全国小型水利产权制度改革试点工作。从2014年起，循序推进全国小型水利产权制度和创新管护机制改革试点，水务局成立了产改办，县政府落实工作经费240万元，开展了县、镇（街道）、村三级培训48场，全面完成了建管一体化、产权确权和移交、搞活经营权等七个课题试点改革任务，经验做法在全省确权颁证工作培训会上做了交流发言。探索推进农业水价综合改革。2017年率先启动农业水价综合改革，分步实施，在方洞、喻寺等5个镇31个小型灌区，装配计量设施1076个，加强农水定额管理和水费征收。

（撰稿人：夏廷贵）

工　业

INDUSTRY

工作综述

Summary of Work

【概况】全县工业企业789家，从业人员7.02万人。实现工业总产值538亿元，比上年（下同）增长16.5%；利润31亿元，增长12.3%；入库税金5亿元，增长20.5%。主营业务收入上亿元的企业70家。

【规模工业】规模工业企业126家，实现工业产值337.8亿元，增长比上年（下同）17.8%，占全县工业产值62.8%；增加值增长10.8%；销售收入334.4亿元，增长16.8%；利润17.8亿元，增长13.8%。

【酿酒工业】依托固态发酵基酒优势，以“华夏龙窖白酒产业园”为载体，大力发展白酒产业。全县93家酒类企业白酒产量达30万千升，销售收入70亿元，利税5.5亿元，税收1.44亿元。

【医药业】全县有科瑞德制药、阿斯特医疗器械等32家医药企业，初步形成以中药、化学医药、医药中间体、医疗器械为主的生产体系，泸州医药产业园正在加快建设，医药业实现产值22.44亿元。

【化工业】全县拥有以宝利沥青、凯达化工为代表的化工企业8家，主要以医药化工、精细化工、日用化工为主，产品主要有沥青、四氢双环戊二烯、金刚烷等。实现产值15.2亿元，利税0.3亿元。

【新材料】以泸州天蜀玻纤有限公司为龙头，延长玻璃纤维上下游产业链，新材料业实现产值4.1亿元，实现利税1600万元。

【机械制造业】全县机械制造业企业28户，主要产品为柴油机活塞、活塞环、液压配件、摩托车配件等。实现产值13.5亿元，利税9840万元。

【玻璃制品业】有玻璃制品企业16户，从业人员7681人，实现产值46.6亿元，利税3.85亿元。

【成品油】全县有成品油供应企业40户，从业人员210余人。2017年销售柴油2.1万吨，汽油2万吨。

【电力】全县售电量9.1亿千瓦时。其中，工业用电量4.2亿千瓦时。

（撰稿人：周宗润）

泸县经济开发区
Luxian County Economic Development Zone

【概况】泸县经济开发围绕“四亿工程”（亿元项目、十亿企业、百亿产业、千亿园区），以党的建设为引领，以招商引资为重点，项目建设为基础，管理服务为保障，深度融入泸州一体化发展，全力打造千亿产业园，争创省级经济开发区。截至年底，园区入驻企业297户，建成运行288户，其中工业企业212户，规模以上工业企业99户；实现主营业务收入300亿元，同比增长16.1%；实现工业产值285亿元，同比增长16.3%；实现利润22亿元，同比增长18.2%；入库税收4亿元，同比增长81%；99户规模以上工业企业实现主营业务收入275亿元，同比增长18.2%；“3+2”产业共实现产值274.4亿元，同比增长21.12%，占园区总产值的91.5%，占全县工业产值71.2%；解决就业2.1万人，实现工资性收入8亿元。

2017年泸县经济开发区主要经济指标完成情况统计表

表1　　　　单位：亿元、%

指标名称	目标任务	1—12月完成数	同比增长	完成比例
总产值	300	300	16.3	100
规模以上工业总产值	80	80	11.6	100
入库税收	4	4	81	100
固定资产投资	50	50	20.5	100
其中：基础设施建设投资	8	8	433	100
企业固定资产投资额	42	42	8.5	100

【开发区规划】泸县经济开发区是泸州长江北岸经济发展的重要引擎和长江经济带上游重要的产业集聚地，以打造示范性省级经济开发区为工作目标，强力推进“两城两港”主体产业园建设，城西产业园规划区面积10平方千米，建成区面积5平方千米，立足现有产业，突出提档升级，重点发展绿色食品、智能制造、新材料等产业；城北产业园结合泸隆路升级改造，配套完善园区基础设施，提升发展玻璃、陶瓷等传统优势产业，配套发展商贸物流业；临港产业园园区规划区面积10平方千米，建成区面积1.5平方千米，依托港口条件和环境优势，重点发展仓储物流、医药化工等产业；空港产业园规划区面积20平方千米，突出空港优势，重点发展临空物流、通用航空等产业。

【招商引资】按照“外筑渠道、内筑配套”的招商思路，整合扶持政策、配套设施、孵化平台、管理服务等投资要素，重点突出“以商招商”“产业链招商”“产业组团招商”“存量企业招商”，成功签约年产100万台智能机器人及年产100万台液晶光电产品、自控仪表生产线、新型SMD 3225石英谐振器电子元器件、深圳市巨源光电科技产业、智能光电科技产业、国家战略物资冷链储运基地川南（泸州）储运中心、红星美凯龙集团星艺佳、年产5000万件高端皮具生产线劳动密集型产业等项目15个，总投资66亿元。其中，引进智能制造产业项目占项目总数的34%，投资额占总投资额的42%，是推动产业转型升级的重要一年。

【项目建设】园区新开工项目

2月22日，市委第三督导组组长马超美（前排左二）到泸县经开区督查重点项目推进工作（李林芩　摄）

9个，续建项目3个，竣工投产项目4个。新开工项目：极速智能科技项目完成地勘和平场，进行车间基础施工；自控仪表生产线项目完成施工图设计，进行办公楼主体建设；恒茂能源完成征地、清表及初设方案，进行土石方平场；格润能源完成可行性研究报告编制、国土预审手续、项目核准，进行初步方案设计；四川奇格曼药业完成综合楼和库房施工图审查和库房基础施工，进行综合楼主体建设；标准化厂房完成可研和方案设计，进行平场。续建项目：泸州市汉唐酒业完成办公楼主体和厂区大门建设，进行7号五粮型车间主体、罐区建设；酱久王完成办公综合楼、食堂、车间主体建设及粉碎房主体施工；小鹿溪市政工程完成了16、18号线436.3亩地的青苗附作物、房屋丈量、集体财产及分户面积等的清理及招标工作；临港污水处理厂进行试运行。竣工项目：泸州刘氏食品、泸州市一圣鸿包装、泸州沱江液压件、乔霖瓷砖4个项目竣工投产。

【管理服务】重点跟踪泸州刘氏食品、泸州市一圣鸿包装、泸州沱江液压件、极速智能科技等8个新开工项目，积极完善了各类手续的办理；与中行、工行、建行等多家金融机构开展银企座谈，配合经投公司融资2.6亿元，帮助企业融资7300万元；积极配合科协、科知局，为泸州拓力源塑胶制品有限公司等4家科研、技改企业成功申报了项目资金130万元；专利申报总量目标为170件，实际完成195件；积极搭建双创服务平台，入驻大学生创新创业孵化园14家；泸州众邦医药有限公司、四川兴利制衣、泸州国之酿酒有限公司、泸州新兴立平市政设施有限公司4家企业成功升规。

【组织建设】经开区党工委有党员146名，党组织23个，其中机关党支部1个、国企党支部1个、企业党组织19个、联合党支部2个。建立“两学一做”常态化学习教育机制，开展“走进群众、引导群众、服务群众”及学习蔡松松先进事迹主题教育；在庆祝中国共产党建党96周年暨“七一”之际表彰一批先进：四川杏林医疗器械有限公司党支部等3个先进基层党组织，朱跃彬、何模志等22优秀个人获表彰；选派机关26名党员干部到企业党组织指导开展党建工作。采取“请进来，走出去”的方式，邀请天寿集团、县委党校为园区基层党组织书记讲解如何抓好非公有制企业党建工作，宣讲中共十九大精神、省第十一次党代会精神；组织非公有制企业党组织到重庆沙坪坝区、纳溪区、太伏镇考察学习。2017年，泸县经开区和华夏龙窖白酒产业园获得县级“共产党员示范单位”称号；四川景宏医疗器械有限公司党支部被评为泸州市“十佳”规范化党建阵地，经开区机关党建阵地、四川科瑞德制药股份有限公司党委和四川杏林医疗器械有限公司党支部获得县级“十五佳”单位。

【脱贫攻坚】截至年底，太伏镇照南山村141户388人建档立卡贫困户全部脱贫。协助完成村村通、社社通道路建设16.2千米；动员和组织贫困户发展朝天椒种植100亩，发展枳壳、佛手、吴茱萸中药材种植150亩，养殖小龙虾20亩、山地鸡3000余只，为贫困户带来收入50余万元，带动100余户贫困户增收；完成36户D级危房改造，72户接通自来水；投入走访慰问、村服务中心改造、争取集体经济发展等资金30余万元；帮助贫困户完成农村小额信贷130万元。通过结对帮扶，照南山村基础设施、村容村貌得到极大改善，人均收入水平显著提高。

（撰稿人：龙　琳）

泸州国家高新区医药产业园

Luzhou High-tech Zone Medical Industry Park

【概况】园区于2013年成立，位于泸县城西新区酒香大道1号，规划面积21.3平方千米，距成都230千米、重庆130千米、泸州云龙机场16千米、泸州国际集装箱码头39千米，交通便利，区位优势明显。2017年，泸州国家高新区医药产业园深入贯彻落实县委、县政府“创新驱动、产城融合、文旅联动、富民强县”工作战略，坚持“统筹发展、集群发展、绿色发展”原则，以“多级引领、创新驱动、金融支撑”为导向，按照“招引一批、开工一批、落地一批”的总体要求，推动各项工作顺利进行，确保园区“项目招引、落地质量、承载能力”全面提升。全年完成主营业务收入99.79亿元，同比增长36.77%；工业总产值93.89亿元，同比增长33.69%；入库税金3.08亿元，同比增长177.20%；固定资产投资27.84亿元，同比增长46.45%。

【招商引资】园区围绕主导产业实施精准招商，制定出台《泸州医药产业园区产业发展扶持办法》《泸州医药产业园区产业发展扶持办法实施细则》，集聚效应初步显现。一批优质项目签约落地。成都赋智未来干细胞项目、天圣制药集团泸州制药与物流项目、步长制药集团新迈康医疗器械项目等16个项目签约落地，完成签约资金52.76亿元。一批深度对接项目即将签约。美国圣湖膳食补充剂生产基地、化学药物注射剂一致性评价成果转化中试平台等项目完善签约前期手续。

【开放合作】成功举办四川省药学会药剂专业委员会2017年学术年会，活跃了药剂专业学术气氛，促进泸县医药产业科学、规范、持续、健康发展。成功举办中华中医药学术中成药分会2017年学术年会暨四川省药理学会年会2017年学术年会，这是在泸县举办的一场医药行业大型学术年会活动，对于推动泸县医药事业的发展具有十分重要的意义。对接熊波等4名“千人计划”专家，不断完善专家库，专家入库人数增至76名；稳步推进产业人才建设，圆满完成2017年产业人才招生工作；积极申报四川省专家服务基地，成功申报2017年四川省“千人计划”1名。

【重点项目】园区24个省、市、县、园区重点项目稳步实施，其中9个项目实现年内开工；10个续建或竣工项目顺利推进；5个待建项目正有序推进前期手续办理。另外，泸州（长江）生物医药公共服务平台、西蜀九锦现代中药生产基地建设、电商中心、大学科技园、龙城怡康项目、泸州食品药品检验检测中心竣工投用；绿叶迁建、科瑞德制剂生产线项目、驼人集团医疗器械生产及药械第三方物流平台、新迈康（由智联新康更名）、上海裕隆生物生物医学集团等项目加快推进前期工作。

【投融资工作】医投公司各项工作取得跨越式发展，融资工作取得新突破，企业综合实力明显增强，基础设施建设取得新进展。转型升级初见成效。遵循“股权运作、价值管理、有序进退”，帮助企业更快落地及投产达效的同时，按期获得稳定的现金分红收益。对外融资取得突破。获得融资金额6.92亿元，包括银行贷款2.42亿元、基金融资4.5亿元。项目建设全面铺开。全年实施基础设施项目3个，产业项目8个，配套项目2个。股权投资力量增强。投资项目6个，合计完成对外投资金额1.308亿元。

【平台建设】园区全年包装泸州国家高新区生物医药产业公共服务平台建设项目、泸州医药产业园区公共服务配套项目医疗器械二期标准厂房等项目9个。其中，四川维思达医疗器械有限公司骨科人工关节脊柱等医疗器械设备研发生产建设项目申报2017年新兴产业及高端成长型产业项目，获批资金710万元。

【提档升级】园区着眼新发展新常态，多角度推进产业提档升级。完善基础设施，提升承载力。全年累计完成市政道路3.039千米，铺设雨污管网约10.89千米。其中，8号线西延线0.611千米；15号线二段0.894千米；20号线1.534千米，累计完成投资1.22亿元。17号线完成总工程量的64%，基础设施进一步配套完善。优化政务服务，提升吸引力。开展“上门取件，全程协办”服务，指定专人协助企业办理行政审批手续；收集整理泸县发改、国土、社保等19个部门的办事指南，编制完成《注册审批事项服务手册》；完成泸州天圣药业有限公司、四川天祥质量技术服务有限公司、泸州新迈康医疗科技有限公司等11家企业的工商注册；协助朗润飞依诺、维思达取得第三类医疗器械经营许可证，景宏和驼人取得第三类医疗器械经营许可证及第三方物流资质，西蜀九锦现代中药有限公司获得GMP证书。培育存量企业，提升发展力。根据政策和合同约定，累计拨付产业扶持资金3000余万元，圆满完成2017年资金争取任务。密切跟踪自行申报情况，正密切跟踪8个项目申报情况。

9月5日，市级流动现场会走进泸州医药产业园（梁玲　摄）

【安全生产】园区共组织企业安全生产检查110人次，其中，在建项目施工现场安全生产检查70人次，发现安全隐患64例，全部完成整改；组织生产经营企业安全生产检查40人次，发现安全隐患38例，完成整改。修订《泸州医药产业园区安全生产应急预案》，调整园区安全生产管理体系，细化安全生产管理责任，分别与生产企业和在建施工单位签订《安全生产目标责任书》13份。组织开展园区安全教育培训150人次，发放安全宣传资料80余份。组织开展安全生产、消防、环保等综合应急演练1次。

【环保工作】园区印发《环境监管网格划分方案》《突发环境事件应急预案》《环境保护工作职责》等一系列管理制度，明确园区各部门职责和分工，配备兼职环保管理人员，组建安全环保应急救援队伍，切实做好园区各项环保工作。在招引项目上，注重入驻项目的筛选，建立完整的项目评审体系，成立由60位国内医药行业著名专家组成的评审组，严格审查其物耗、能耗、品种优劣、工艺技术、科技含量、污染物排放、环境效益、社会效益和经济效益等，通过项目评审，有效杜绝一大批品种单一、技术含量不高、工艺落后、经济和环境效益较差的医药项目入驻园区，转变了从单一招商为综合选商的传统引资模式。全年组织专家评审项目近30个，择优拟签约项目16个，其中正式签约项目9个。

【脱贫攻坚】2017年园区被市委授予脱贫攻坚先进帮扶单位，成效显著。建立台账。建立健全得胜镇高石塔村202户729人帮扶台账，完善“一户一册”帮扶手册202本，及时采集更新信息数据，实现有进有出的动态管理，记录帮扶成效。精准施策。完成危房改造93户，安装自来水19户，打井1户；建立贫困户医疗档案729人，完成实际购买729份；建立贫困户和低保户家庭学生教育资助体系，动员园区企业实行“结对帮扶”，全年发放贫困助学金4万元，资助贫困学生20人；改善生活生产设施条件，争取企业捐资10万元，完成人畜饮水问题项目整改8个，并建立了良性机制。成效显著。高石塔村建档立卡贫困户202户729人，脱贫110户398人。

【党建工作】深入开展“两学一做”、中心组学习、党课学习、交心谈心、支部活动，举办“书记讲党课”与领导干部读书班，开展“周六课堂（职工夜校）”，全体党员干部撰写学习心得及学习笔记20余篇。高标准打造党建示范基地，成立非公党建服务中心并完成阵地建设，成立党群工作部，牵头完成泸州医药产业园区投资有限公司党支部、四川维思达医疗器械有限公司党支部和四川泸州步长生物制药有限公司党支部建立。连续两年组织国有企业和非公企业对联系帮扶村实行爱心助学，资助学生20人，金额4万元。到结对的东皇殿村、林坎社区、门斗山村、高石塔村走访慰问困难党员15名；发展党员2名，其中预备党员1名，确定发展对象1名。

【作风建设】分解细化目标任务和重点工作到部门和具体责任人，确保党风廉政建设“两个责任”工作任务推进落实。把党风廉政建设宣传教育列入“三会一课”重要内容，组织开展知识竞赛活动，组织职工参加警示教育活动2次。开展微腐败整治，口头诫勉谈话1人，谈话提醒1人，约谈提醒40多人次。围绕专项整治工作，印制宣传单500份，制作宣传标语40幅、易拉宝5个，喷绘制作20余幅，开展督查2次。

（撰稿人：沈遇洁）

国网四川省电力公司泸县供电分公司
State Grid Sichuan Electric Power Company Luxian Power Supply Branch Company

【概况】国网四川省电力公司泸县供电分公司始建于1996年8月，是国网泸州供电公司唯一直属供电公司，担负泸县喻寺、玄滩、石桥、云龙、海潮、方洞、毗卢7个乡镇供电任务，供电范围515平方千米，供电人口37.01万人；用电客户90702户，其中：10千伏用户168户。公司下设5个部门、3个班组，5个农村供电所和北辰泸县分公司。截至2017年12月底，全公司共有职工191人。管辖110千伏变电站2座，35千伏变电站4座，主变容量：15.465万千伏安，10千伏配电线路25条，长度695.37千米；配电变压器887台，配变总容量4.18万千伏安。

【业绩指标】全年完成售电量1.67亿千瓦时，同比增长10.6%；售电均价534.29元/千千瓦时；售电收入9553.45万元；电费回收率100%。2017年泸县电网投入改造资金2900余万元，重点治理10千伏和配网卡脖子问题。公司安全生产形势稳定，未发生影响企业形象的党风廉政建设、稳定、优质服务和舆情事件。

【安全生产】按照年初确定的目标任务，“抓管理、强基础、重执行”，深入开展安全管理提升，有力推进本质安全实践，切实增强事故风险预防和抵御能力，安全生产态势总体平稳。2017年以提升本质安全为主线，层层签订安全目标责任书，强化电网运行、生产作业、工程施工风险预警全过程闭环管控，系统梳理、全面管控春（秋）检、迎峰度夏（冬）、重要保电等各阶段安全工作，安全管控各类风险120项。持续推进“两排查一整治”“电力建设工程施工安全年”等安全专项行动，排查隐患211项，有力防范不安全事件。深刻吸取事故教训，采取果断措施，扎实开展现场反违章，严格“到岗到位”安全履责，805个各类作业现场做到精准日管控，排查整治突出问题42项。截至2017年12月31日，公司实现连续安全生产5439天。

【电网建设】通过35千伏洞纸线降压、10千伏玄财线及10千伏峰大线联络线建设，解决玄滩、云龙、海潮片区10千伏线路长期重载及过载问题，提高了电网供电能力及供电质量。结合大修技改，更换老旧配电箱160余台，新建及改造绝缘化线路31.83千米，对2017年迎峰度夏期间52个低电压台区进行增容改造和重新布点，解决57个村社低电压问题。利用农维费397万元（占公司2017年907万元农维费的43.8%），新建配变台区37个，增容改造配变台区41个，新增配电容量13600千伏安，保障居民可靠用电。

国网泸县供电公司开展安全用电宣传

【营销管理】高效完成D级危房500户的通电任务和基层社会治理雪亮工程近500个点位的通电任务，脱贫攻坚、维护公共安全得到县委政府高度肯定。全面走访供区内78名“两代一委”和35户大客户，随访客户130名，收集意见，及时沟通整改。严格执行台区经理公示制，为客户量身印制“连心便民服务卡”。制作87个公示牌安装到各村委会、社区办公地点。大力推广手机APP和支付宝交费业务，试点推行停送电信息精准发布。加大农村电力安全宣传，提升用户安全用电意识。

【党建工作】以“我学十九大”为主题，部署“六个一”活动，深化“三个文明”建设，公司市级文明单位通过复查验收。通过党委中心组、基层专题学习、开展“廉洁文化进企业”、整治“微腐败”活动、邀请县检察院领导进行廉洁讲座等多种形式开展专项警示教育，受教育干部员工

200余人次，发放宣传教育资料3000余份。优化党支部设置，完成供电党支部改选和喻寺供电所党支部组建工作。

国网四川省电力公司泸州市泸川供电分公司
State Grid Sichuan Electric Power Company Luzhou Luchuan Power Supply Branch Company

【概况】国网四川省电力公司泸州市泸川供电分公司前身是和益电力股份有限公司。省电力公司于2008年代管；于2012年12月改制为泸县供电有限责任公司；于2016年12月改制为四川省电力公司全资子公司；于2017年4月7日改制为四川省电力公司的分公司，国网四川省电力公司泸州市泸川供电分公司于6月1日正式运行，原国网四川泸县供电有限责任公司于6月2日注销，公司的改制长跑终于结束。原国网四川泸县供电有限责任公司的债权债务、人员及生产经营业务由国网四川省电力公司泸州市泸川供电分公司负责承接。泸川供电公司设置8个职能部门，3个业务支撑机构，直接管辖运检分公司、检修分公司、客户中心、电费中心、计量中心、物流中心、物业中心、培训中心、退管中心。下设11个供电所，1个集体企业（北辰和益分公司）。截至2017年12月，公司有全口径用工933人，全民职工604人（女职工192人），其中：在岗职工546人、内部退养人员58人。全民员工平均年龄46.1岁。人才当量密度0.9763。全口径劳动生产率：89699元/人。大专及以上学历503人（其中硕士研究生1人，本科381人，大专121人），中专技校高中学历60人，初中及以下41人。三新公司农电工251人；业务外包人员78人（主要从事门卫、驾驶、炊事、保洁等工作）；退休（职）人员306人。

【供电基本情况】国网四川省电力公司泸州市泸川供电分公司主要担负着泸县县城、泸县15个镇和龙马潭区5个乡镇工农业生产及人民生活用电，供电面积1156平方千米，供电总人口85.6万人，供电户数277196户。公司共有220千伏变电站1座，主变2台，主变总容量36万千伏安；110千伏变电站3座，主变6台，主变总容量30万千伏安；35千伏变电站12座，35千伏开关站1座，10千伏开关站1座，35千伏主变总容量19.63万千伏安。110千伏线路5条，总长77.372千米；35千伏线路23条，总长217.5494千米；10千伏线路93条（其中：公用线路81条，用户专线12条），总长1866.83千米。10千伏公用配变2772台，容量30.4011万千伏安。低压线路总长12218.52千米。

【企业文化】泸川供电公司践行国家电网公司“努力超越追求卓越”的企业精神，公司通过创建“四室一堂”努力提升员工的素质能力，丰富职工的业余生活；通过举办职工运动会，健康员工的身心，增进员工的团结，提升公司的凝聚力。泸川供电公司还积极奉献社会，不定期到管辖区域内的中小学，关爱留守儿童，为他们送去学习用品和安全用电知识。开展“活力青春—微信H5创新作品秀”以及摄影等5个业余团队活动，丰富职工文化生活。

【公司形象】近年来，泸川供电公司不断深化安全管理，狠抓电网建设，提升内部管理，工作得到各级领导的认可。公司2012年荣获泸州电业局“新闻工作先进集体”称号；荣获“泸州市劳动关系和谐企业”称号；荣获泸县人民政府“安全生产工作先进单位”称号。2013年荣获泸县“安全生产工作先进集体”称号；荣获泸州供电公司“‘第三只眼看安全’标准化作业现场DV大赛二等奖”；荣获泸县“工业企业发展贡献奖”“年度纳税大户”“信息化建设示范奖”称号；荣获四川省电力公司“五四红旗团支部”称号。2014年荣获“全国工会职工书屋示范点”称号；荣获泸州供电公司“学习型党组织先进集体”称号；荣获共青团省委“五四红旗团支部”称号。2015年荣获四川省电力公司创建和谐劳动关系先进集体、泸州供电公司安全生产工作先进集体、工会标准化建设一等奖、五好基层党组织、文明单位、先进基层团组织；荣获泸县总工会模范职工之家、工会工作目标考核一等奖。2016年荣获省级最佳文明单位、泸州市厂务公开民主管理示范单位、泸州供电公司新闻工作先进集体、泸县工会工作目标管理一等奖。

（撰稿人：余　萍）

重点企业
Key Enterprises

【四川科瑞德制药股份有限公司】四川科瑞德制药股份有限公司成立于2004年，注册资本3300万元，是一家集研发、生产、销售于一体的高新技术企业。公司位于四川省泸州市国家高新区医药产业园酒香大道8号，占地面积128亩，拥有胶囊、片剂、冻干粉针剂、水针剂、抗肿瘤固体制剂、中药提取生产线各一条。

公司专注于中枢神经系统疾病用药的研发、生产和销售。公司下辖四川科瑞德凯华制药有限公司、四川泓济医药科技有限公司和成都百药通健康咨询有限公司以及四川科瑞德制药有限公司成都研发中心四个分子公司（机构）。

2007年7月，公司与美国凯华合资成立四川科瑞德凯华制药有限公司，专注于原料药的研发生产和销售，2010年12月，科瑞德凯华首次通过美国FDA认证，产品出口欧美市场，成为四川省首家向欧美市场出口人用原料药的企业。

【泸州陈年窖酒厂】泸州陈年窖（史称“江南正店”），位于泸县玉蟾山脚下九曲河湾龙脑桥畔，发源于北宋时期。是中国一家蒸馏白酒，为《泸州志》一笔酒业文字记载，史称“大酒”。因宋太祖赵匡胤以之“杯酒释兵权”而成名，兴盛于南北宋朝，毁于元代战火，重续于明清，发展壮大于新中国。其传统技艺迄今传承1054年，董事长陈太均先生为该技艺第38代传人。

新中国成立后，泸州陈年窖进入高速发展期。经全国糖酒会办公室、中国酒业流通协会2013年评定，泸州陈年窖是全国八大金牌供应商、全国散酒产销较大规模企业之一。占地面积15万平方米，建筑面积7.2万平方米，生产窖池2500余口，年产酒3万吨，大型仓储中心库存容积量达2万余吨，拥有全自动化包装生产线6条38头，年包装成品酒生产能力达10万吨，职工600余人，其中，国家级酿酒大师3人，国家级品酒师3人，各种专业技术人才65人，固定资产6亿元，资产总值9亿元。经历史沉淀，自有百年品牌陈年窖、泸圣、五纯坊酒等4大系列，30多个品种，产品销售覆盖全国，与各地区建立起牢固的销售渠道和公共关系。

【泸州天蜀玻纤有限公司】泸州天蜀玻纤有限公司公司成立于2009年，位于泸县福集镇工矿区，主要从事玻璃纤维纱的生产和销售。占地30亩，职工355人，注册资本2000万元。该公司生产的玻璃纤维纱主要销往沿海一带，逐步取代金属材料，成为医疗、航天、电子设备、汽车工业等领域的首选材料，产品技术含量高，具有竞争优势。

【泸州沱江液压有限公司】泸州沱江液压有限公司成立于2005年，位于泸县牛滩镇，主要从事生产、加工、销售各类液压油缸，泵、阀体液压件。占地25亩，建筑面积2300平方米，职工80人，拥有固定资产5000万元。从只有20万元的厂房和机械设备，发展到拥有5000万元的机械加工企业，年可创产值收入2万元，上缴利税千万元，利润可达千万元。

【泸州世家酒业有限公司】泸州世家酒业有限公司成立于2005

年，是主要从事浓香型白酒生产酿造、原酒销售、OEM代加工的企业。总投资5000万元，占地32.5亩，拥有员工400人。酿酒基地位于泸县城北工业园区，始建于1957年，前身为泸江曲酒厂，拥有窖池500口，其中30年窖龄以上的窖池200口。以优质糯红高粱、大米、糯米、小麦和玉米五种粮食为原料酿造浓香型白酒。

【四川刘氏食品有限公司】泸州刘氏食品有限公司于2014年12月24日成立，位于泸县福集镇，是集食品加工和流通为一体的民营企业。注册资本2000万元，其中固定资产2100万元。获得了“市龙头企业”“泸州名小吃”“质量稳定示范企业”“2015年度农业现代化先进集体”“农业产业化经营先进龙头企业”等荣誉称号。公司现有在职员工150人，其中拥有科技研发人员数量10人，科技推广人员20人。公司自建基地种植面积5000亩，订单种植面积3000亩，分别位于泸县得胜镇、嘉明镇、古蔺县和江阳区。生产主要原料为萝卜、豇豆、榨菜、青菜、大头菜等。得胜镇建有生产车间7个，发酵车间土坛达1.5万个，年产量2万吨；在泸县城西工业园区一期规划建设生产车间及综合楼约2.6万平方米，购置生产设备119台，建设包装生产线10条，总投资1亿元。该项目于2015年11月动工建设，项目建成后预计年生产10万吨豇豆系列泡菜，可实现年产值约2亿元，上缴税收约800万元，解决就业800余人。采摘期解决就业1000余人，贫困人口400余人。

【泸州大洲化工有限公司】公司成立于2005年9月，占地面积30亩，注册资金500万元，是一家致力于医药中间体研发、生产和销售的高新技术企业，被评为四川省创新企业、四川省建设创新型企业培育企业。主要从事四氢双环戊二烯、金刚烷及其衍生产品的生产、销售和进出口，三氯化铝（无水）、三氯化铝溶液、二聚环戊二烯、盐酸的销售和进出口，机械产品、钢材建筑材料、技术开发、技术转让、技术咨询、技术服务的销售和进出口。年产四氢双环戊二烯300吨、金刚烷1000吨、衍生物500吨，产品销往国内外。公司现有员工190人，拥有大专以上学历科技人员27人，具有较强的自主开发产品新技术、新工艺的能力，两步一循环法生产新工艺、2-金刚烷酮生产方法、2-取代-2-金刚烷醇类化合物制备方法、一种金刚烷醇类化合物制备方法获得国家专利。

【四川奥盾门业有限公司】四川奥盾门业有限公司位于泸县工业园C区，紧临泸隆高速公路，占地面积38552.87平方米，现有厂房4栋，其中：1号厂房，建筑面积3026.04平方米，2号厂房，建筑面积3026.04平方米，3号厂房，建筑面积3209.35平方米，4号厂房，建筑面积14688.87平方米。公司主要经营范围：生产、销售、进出口：防盗门、防火门、钢质门、安全门、室内门、智能门、工艺门、卷帘门等。公司自2010年开始建设，2011年2月投入试生产。2017年公司有员工148人，其中生产员工120人、技术人员12人、销售人员8人，其他员工8人。公司产品质量和企业信誉得到广大客户认同，建立以重庆、云南、四川、贵州和西安为中心辐射全国的销售网点。企业发展前景良好。

【四川省泸州白云酿酒有限公司】四川省泸州白云酿酒有限公司始建于1981年，现位于泸县城西工业园，主要从事白酒生产及销售，主导产品是浓香型白酒及五粮型白酒。公司占地面积34577平方米，现有大型生产窖池330口、1个7000吨储酒罐区及污水处理站等配套设施，年产固态发酵酒1000吨以上。2016年实现产值2800万元，税收150万元。

【泸州观宇玻璃制品有限公司】泸州观宇玻璃制品有限公司

成立于2010年，注册资本1666万元，是一家专业生产、销售高、中档玻璃酒瓶、陶瓷酒瓶及民用玻璃、陶瓷制品的中大型企业。公司位于泸县嘉明镇，占地面积163亩，下辖泸州中京制瓶有限公司、四川隆昌美术陶瓷发展有限公司、泸县唯泰玻璃工艺有限公司。

公司拥有先进的技术，具备较强的自主研发能力；建有玻璃、陶瓷窑炉5座，烤花、喷釉等后加工生产线12条、丝印、热转印等成套先进生产线共16条，日产各类玻璃制品52余万只。其中高档乳白玻璃窑炉1座，日产量达16余万只。

公司产品系列有：晶白料瓶、高白料瓶、乳白瓶、烤花瓶、磜砂瓶、彩釉瓶、陶瓷瓶及民用玻璃制品，是茅台生态酒、五粮液集团、泸州老窖、郎酒集团、古井贡集团、汾酒集团、沱牌集团等国内知名企业的战略或重要供应商，公司产品销往全国各地及一带一路部分国家。

观宇玻璃通过多年的奋进，是泸州市规模企业、纳税大户，是省、市、县领导观摩样板单位。公司通过了ISO 9001质量体系、ISO 14001环境管理体系、ISO 18001职业健康安全管理体系、ISO 22000食品安全管理体系，本着倾心打造最适合客户的产品，用服务、服好务的理念，秉承“挚信、和谐、共赢”的宗旨，向着为员工谋求福利，为社会承担责任的方向，正努力成为行业最具先进管理和成长型的企业。

商业贸易

COMMERCIAL TRADE

商贸综述

Business Summarize

【经济指标】全年全县实现社消零 118.6 亿元，增速 13.4%；服务业增加值 84.6 亿元，增速 10.1%；外贸进出口总额 5472 万美元；实际利用外资 4006 万美元；实现白酒入库税金 1.44 亿元人民币，增长 27%。

【重点项目】着力推进万福大都汇、电商大厦、冷链物流等重点项目建设，成功招引红星美凯龙入驻泸县，玉蟾温泉度假区列入全省服务业“三百工程”。45 个服务业重点项目完成投资 28 亿元，完成投资计划的 112%。向上争取项目资金 733 万元，完成目标任务数的 244%。

【电子商务】巩固省级电商进农村综合示范县成果，引入镇村级电商服务网点考核机制，对 251 个网点实行优胜劣汰。注重电商实操人才培养，全年开展专题培训 6 期达 800 余人次。聚力打造电商大厦，正在进行内装和全面招商，建成后将作为泸县电商对外展示、项目承载、农产品上行的“桥头堡”。积极开展电商专项扶贫，推进“五个一工程”，提升贫困群众创业增收能力。经网上海选和专家评审，泸县获全省“十佳电商示范县”殊荣。

【服务业发展】依托省级服务业集聚区——医药产业园，积极扩大辐射半径，以科技为核心的园区服务业成效逐步显现；依托县城核心圈、大玉蟾山综合开发，带动商贸、旅游等服务业集聚发展，温泉龙街人气商气逐步形成。全力推进“泸县造”产品提档升级、出省进京，先后组织 70 余家企业参加“川货全国行”“万企出国门”“全国年货购物节”等会展活动。龙眼直销港澳，实现“泸县造”农特产品走向国际市场零的突破。成功举办首届龙城美食节，评选出“十大名厨”“十大名菜”，为打造地方特色餐饮品牌跨出了重要一步。

【酒业发展】组建“泸州龙窖源酒业股份有限公司”，致力打造“龙窖源”品牌，产品成功投放市场。组织酒类企业与原酒基金、川酒集团、环球佳酿等深度合作，签订合作协议 64 家。组织 47 家企业参加“酒博会”“秋交会”“川酒全国行”等全国性商品交易会，设立展位 32 个，参展产品 482 个。利用担保资金和过桥贷款基金帮助企业解决“融资难”问题，累

9月21日，泸县获评四川电商十佳县（刘益　摄）

计提供发展资金3.5亿元。

【市场体系】成功创建省级商贸流通转型升级示范县，争取项目资金500万元。创成省级现代服务业集聚区1个，省级商贸示范镇1个、市级商贸示范镇2个。在建大型商业综合体3个、新开业商业街2条。投资6000余万元，新建玉街城西和玄滩新汇金2个农贸市场；升级改造福集等3个农贸市场。通过示范带动，全县拥有限额以上商贸企业112家，规模以上服务业企业62家，A级物流企业6家，电商企业35家。

【安全环保】聘请专家对46家规上酒类企业安全环保隐患进行全面排查，向企业下发整改通知书并限期整改。利用春节、国庆和“两会”、汛期等重点时段，开展大规模联合检查。对20个镇（街道）商贸（酒类）企业安全监管实施网格化管理，确保全覆盖无死角零容忍。全年组织专题培训和应急演练6场次达1000余人，有效提高了从业人员安全环保意识和应急处置能力。

（撰稿人：马茂林）

粮　油
Grain and Oil

【概况】泸县粮食局以创新发展为核心，以粮食安全责任制考核为抓手，以深入推进粮食行业供给侧结构性改革为主线，确保粮食安全，增强企业活力，统筹推进粮食流通各项工作，奋力开创全县粮食流通工作新局面。被评为市2017年度粮食流通工作绩效管理考核“优秀单位”、获得县2017年度综合目标绩效考核二等奖、安全生产党政同责暨目标管理二等奖、党风廉政建设责任制考核一等奖、党建目标考核二等奖、开放合作突破工作二等奖、工会工作目标考核一等奖、舆情工作先进集体。顺利通过国家粮食局“全国粮食流通监督检查示范单位”复审；泸县开元粮食有限责任公司作为四川省唯一一个基层国有粮食企业代表，在全国粮食政策法规工作会上就国有粮食企业改革作先进经验交流发言。

【粮安责任】成立由分管副县长任组长的粮食安全责任考核工作领导小组，制定《泸县人民政府贯彻落实粮食安全责任制的意见》和《泸县2017年度粮食安全责任制考核工作方案》。将粮食安全责任纳入县政府目标考核体系，列入部门考核。同时县政府与各镇（街）签订粮食安全责任书，以考核推进责任落实和工作落实，切实增强粮食安全责任感和使命感。

【深化粮改】深化国有企业改革重组，有效盘活存量资产，降低管理运行成本，加快形成企业核心竞争力，推进粮食企业向集团化、规模化方向发展，形成“一县一企，一企多点”的经营模式。2017年泸县粮食现代物流产业园区进一步提升功能，完成智能粮库和浅层地能低温储藏项目建设，实现利润102万元，全面完成上级下达的各项工作目标任务，取得较好的经济效益。

【宏观调控】开展对县域内30户城镇居民、120户农户的社会粮油供需平衡调查；落实41个粮油价格监测网点，为政府宏观调控、保供稳价提供决策依据；制定《泸县粮油应急预案》，在全县建成应急供应点33个，应急加工企业5家，落实县级储备应急小包装大米200吨、食用油50吨。

【粮油购销】全年粮食收购664843吨、油料收购350吨，分别完成目标任务的102.28%、117%；全年粮食销售91679.5吨、油脂销售912吨，分别完成目标任务的107.86%、130%。

【粮油仓储】成功申报总投资777万元的泸县粮库智能化示范库、储备库、收纳库建设项目，大力推进泸县粮库智能化升级，粮库信息化管理、数据采集利用和业务协同能力进一步增强，粮食流通工作效率和综合管理水得到提高，新型仓储监管方式在粮库经营管理过程中发挥重要作用；推进浅层地能低温储粮新技术的运用，形成功能完善、效果显著、效益明显的绿色低温储粮体系；成功申报了总投资702万元的泸县粮食质检体系建设项目。

3月24日，县粮食局在粮食物流园区开展储粮安全应急演练

【行政许可】执行粮食收购市场准入制度，依法办理粮食企业收购许可证和年审工作，核查粮食经营企业收购资格19家，新办粮食企业收购许可证1家，延续3家，变更3家。

【质量安全】开展库存粮食质量安全专项检查，坚持源头严防、过程严管、风险严控，强化隐患排查和风险防范；投资81万元购置粮食质量检验设施设备，开展新收获粮食质量安全监测和质量会检；开展库存粮食质量检测，完成省、市下达的库存粮食质量监测检查任务；执行国家粮油质量标准，加强对各级储备粮油质量监管，确保库存粮油储藏安全，完成产新油菜籽质量抽检5批次，送检稻谷32批次、高粱10批次。

【监督检查】通过全国粮食流通监督检查示范单位复核验收；开展“粮食安全隐患大排查、快整治、严执法”集中行动；组织开展粮食流通执法检查活动160次，出动执法人员431人次，检查国有粮食企业、粮食经营企业120个次。

【产业发展】成功申报并启动总投资720.4万元的四川省2018年“优质粮食工程”粮食产后服务体系建设项目，集烘干、除杂、仓储、加工、质检为一体的产后服务体系初步形成，在服务三农中发挥了积极作用。以泸州鑫禾农业发展有限公司、泸州笃蔚商贸有限公司等骨干企业为支撑，优化和完善1个放心粮油配送中心、39个“川粮便民店”、2210个粮油供应网点建设，努力打造“泸县放心粮油”品牌。发展优质、专用粮油订单面积26万亩。

【安全生产】落实安全生产“五个抓”，突出抓好“点（库点）、线（生产一线）、段（重要时段）、面（技改面）、层（技能层）”等粮食系统安全生产工作重点，依照安全隐患排查的通用标准，编制符合实际的隐患排查清单，针对清单排查隐患，进行逐一建立台账，逐一督促整改，形成“一企一清单、一车间一表格、一岗位一对照卡”，降低安全风险。顺利完成老库区2万吨储备粮移库转储工作，确保了储粮安全。

【惠民工程】在春节、“八一”建军节等节日，到嘉明部队、武警中队、消防大队开展走访慰问活动；结合“走进群众、服务群众、引导群众”活动，到得胜镇桐乐村开展结对帮扶户慰问，结成帮扶对子44个，收集群众意见77个，解决困难4个，为群众办实事25件，投入39958元（其中现金14400元、实物折价25558元），惠及群众550人次。

（撰稿人：李 筱）

烟草
Tobacco

【概况】四川省泸县烟草专卖局、泸州市烟草公司泸县分公司［以下简称县局（分公司）］在县委、县政府和市局（公司）的正确领导下，顺利完成各项目标任务。2017年全年实现卷烟销售收入47093.04万元（不含税），单箱销售收入26227元（含税），比2016年同期的25079元增加1148元，增长率4.58%。2017年全年实现利润总额16030.95万元，比2016年同期的11909.37万元增加4121.58万元，增长率34.6%，被县人民政府授予“纳税大户”称号。

【卷烟销售】全年县局（分公司）卷烟销量21008.27箱。其中销售娇子系列（含三类以上雪茄烟，下同）1686.7箱，销售地产烟3004.29箱，销售四五类地产烟1297.88箱。

【营销网络建设】网建痕迹化资料不断规范和完善，入网销售零售户电子结算面100%；网上及手机订货工作全面推开，网上订货（含手机订货）率达84.42%，12月网上订货成功率75.31%以上，在2018年争取实现网上订货率达到100%，网上订货成功率达到85%；全面推进终端建设工作，实现170户现代零售终端建档、扫码规范销售；烟草易付进一步扩展，发展在线支付客户671户。需求预测工作扎实推进，客户盈利水平保持在10%以上，客户满意度90%以上。自主品牌培育跟进终端建设，拓展销售渠道。加强自主培育品牌的市场培育，开展“元春活动”“娇子永相随”“暖冬送情，娇子同行”等活动。开展的地产烟零售标杆终端建设工作，泸县选取重点标杆客户175户，按照“6+1”的原则进行地产烟陈列，每月开展检查并评选出优秀陈列客户给予奖励。开展“消费者在哪里，我们就到哪里”专项社会库存摸底调查，机关、专卖、销售人员对零售户样本进行入户摸底，及时填写反馈表，并汇总调查情况进行深入分析。对泸县常住人口和吸烟人口进行调查，得出实际常住人口约61万，平均消费卷烟9.32条，摸清了市场的实际情况。针对外出人口吸烟率进行调查，得出外出人口整体吸烟率35%，大于留守人群的22.5%。为2018年元春销售计划的制定提供了依据。

【专卖管理】县局（分公司）继续保持高压态势，对假、私、非卷烟进行重点打击，对新型物流快递涉烟违法案件加大打击力度，成功查获物流寄递环节卷烟案件71起，比2016年同期增加32起，案值74万元，卷烟43.764万支，有效的遏制利用物流寄递渠道非法运输烟草专卖品违法活动。2017年，县局查办查获案件250起，查获卷烟380.18万支，案值达258.00万元，罚款30.5万元，其中非渠道案件136起，无证经营5起，无证运输82起，其他27起（无主假烟案）。

【队伍建设】县局（分公司）年初拟定教育培训计划，以专卖、营销岗位技能鉴定为抓手，通过多种形式培养专卖、营销员工敬业的职业心态，更好地支撑现代专卖营销建设；倡导并鼓励员工积极参与技能鉴定考试，鼓励有初、中级证书的员工报考更高一级职称，2017年专卖技能鉴定专卖高级通过1人，中级通过1人，初级通过3人，营销初级通过2人。

【安全生产】狠抓安全生产工作，实现安全生产平稳运行。健全安全生产责任体系，严格落实目标管理和指标控制，年初县局（分公司）组织各岗位人员学习危险源辨识方法，开展岗位危险源自我辨识，汇总形成县局（分公司）危险源辨识清单和风险控制措施；全员签订各类安全生产责任书96份，有效落实安全监管责任，把安全责任落实到岗位、落实到人头；重点组织中层干部观看学习了《安全生产的行动纲领》，解读《中共中央国务院关于推进安全生产领域改革发展的意见》，组织驾驶员观看交通警示教育片《血路之殇》，有效地帮助了员工增强安全意识；同时相继开展了消防培训暨应急演练和暴力抗法演练，增强全体员工应对突发事件处理的能力和反应速度，不断提高预案的可行性。

【党建工作】党建工作有序开展。组织全体党员利用网络学院进行中共十九大会议精神专题学习，认真学习贯彻学习习总书记的十九大讲话精神。严格按照市局（公司）党组要求，进一步深入开展“六有支部”活动、“两学一做”学习教育，坚持学习教育与主营业务相结合；落实了党风廉政建设“两个责任”，开展党风廉政建设宣传教育活动，组织观看《扭曲的人生》等警示教育片，围绕“践行《准则》《条例》，做遵规守矩党员”主题召开专题党课，不断增强党员干部廉洁自律意识。另外，县局（分公司）完成党支部、离退休支部换届选举，支部委员分工明确，党员发展有序进行，发展预备党员5名，入党积极分子3名，不断增强党员队伍活力；2017年，县局（分公司）党总支被市局（公司）党组评为“先进基层党组织”称号，1人被市局（公司）党组评为优秀共产党员，1人被市局（公司）党组评为先进党务工作者。

【企业文化】严格按QC以及精益管理培训计划开展培训工作，并分别于5月、12月开展相应培训，通过以点带面的学习形式，在全公司上下范围内营造企管学习氛围；2017年成功开展QC课题1个，精益课题1个；积极响应市局（公司）“精益改善月”要求，通过改善活动提高干部职工的凝聚力、向心力；形成5S现场管理日常检查机制，督促现场整改，促进工作环境持续改进；坚持收集员工合理化建议，全年共计收集建议75条，对提出切实可行的公司级建议的员工进行奖励，激励大家主动发现周边可改进的问题，主动作为，为企业良性发展贡献力量。在重大节日组织开展专题活动，多次拜访离退休职工、困难职工、重病职工，积极解决职工困难和诉求，做好宣传解释工作。狠抓财务预算管理，严格控制成本费用。年末对2017年度的各项费用、资产、资金收入支出进行逐项预算，半年对年度预算做适当调整，月度、年度对预算执行情况进行检查，将预算执行控制在2万元以内，保证了预算的准确性和严肃性；严格执行财务相关法律法规和行业规定，本着厉行节约的原则开支各项费用、严格审核把关，严格控制成本费用，2017年接待费、差旅费等费用与上年相比都有不同程度的下降，“三公”经费得到严格控制，精细化水平不断提高；完善报账制度，加强票据管理，按时向相关部门申报上缴各项税利。7月县局（分公司）财务人员代表市局参加省局财务竞赛取得二等奖。

（撰稿人：郑婵娟）

供销合作经济
Supply and Marketing Cooperation Economy

【概况】 泸县供销社系统认真贯彻落实中央、省、市、县关于深化供销合作社综合改革的一系列文件和中共十九大精神，坚持为农服务宗旨，充分发挥供销合作社在农村社会化服务、农村现代流通、农村电子商务发展、农民专业合作经济组织建设中的重要作用，实现稳中有进、转型发展。全县供销社系统实现商品销售达 12.05 亿元，农副产品购进总额达 8.54 亿元，系统汇总利润总额 1391 万元。泸县供销社被省供销社评为 2017 年度“基层组织建设先进单位”“会计、统计基础工作先进单位”“监事会建设先进单位” “信息宣传先进单位” 和“安全稳定工作先进单位”。

【综合改革】 出台《中共泸县县委泸县人民政府关于深化供销合作社综合改革的实施意见》《中共泸县县委泸县人民政府关于印发〈泸县推进新型农村合作经济组织联合会“三位一体”改革试点实施方案〉的通知》《泸县人民政府办公室关于印发〈泸县供销合作社合作发展基金的实施方案〉的

6 月 27 日，省供销社总会计师郭云（左一）到泸县督导深化供销合作社综合改革工作（张小凤　摄）

通知》。在省供销社召开的“农合联”试点工作座谈会上，县委常委、县政府副县长赵斌作《抢抓机遇整合资源切实推进“农合联”试点工作》的经验交流。县供销社召开第七届社员代表大会，在全市率先恢复建立“三会制度”，推动全县供销合作社健康快速发展。

【农资储备供应】 开展农资市场需求调查，加强农资市场信息动态监测，强化农资储备供应，提供优质服务，确保全县农资供应不断档、不脱销，保证全县农业生产供应。全年组织供应各类化肥 4 万吨以上，其中：尿素 0.8 万吨，碳铵 1 万吨，复合肥 1.2 万吨、磷肥 1 万吨；供应农药 60 吨，农地膜 80 吨，中小型农机具 3500 余套（件），实现农资销售总额 9000 万元。

【新型基层社发展】 新发展天兴镇供销合作社、海潮镇供销合作社和泸州市第一家村级供销合作社——喻寺镇谭坝供销合作社 3 个，使全县新型基层供销合作社达到 8 个，依托新型镇村级供销合作社，同步建设镇村级新型农村合作经济联合会，实行“两块牌子、一套班子、合署办公”。云锦镇供销合作社探索“党建带社建、村社共建”的建社模式得到省、市供销社的充分肯定。

【农村专业合作经济组织建设】 全年指导发展农民专业合作社 6 个，农民专业合作社承担实施国家农业综合开发项目 3 个、省级 1 个。泸县科裕果业专业合作社承担的“泸县特晚熟龙眼科技扶贫示范基地建设项目”和“泸县 800 亩龙眼生产基地扩建项目”、潮河镇州圆龙眼专业合作社承担的“泸县潮河镇600亩有机龙眼标准化生产基地建设完善项目”启动实施。专业合作社开展有机产品认证基地13个。泸县熟龙龙眼专业合作社联合社参与主办，潮河后湾、海潮、太伏龙眼专业合作社承办的泸县第六届金秋龙眼采摘活动圆满成功。泸县晚熟龙眼供港澳专车首发仪式在海潮镇举行，第一批优质新鲜龙眼5吨产自联合社。指导县供销社主管的8个县级行业协会完成社会团体的年检和换发新证工作。

【农村电子商务】到2017年年末，实现全县20个镇（街）、251个行政村电子商务服务网络全覆盖，电子商务销售额比上年增长16.23%。泸州供销电子商务有限公司获“四川省农村电子商务示范企业”称号，该企业承担建设的“泸县电子商务产业园”项目，总投资5000万元，建设面积约2.2万平方米，一期工程的电商大夏项目通过竣工验收，吸引电商人才和专业电商运营团队入驻，推动“互联网+农业”“互联网+酒业”“互联网+医药产业”电商集聚发展，泸县获“2017四川县域电子商务十佳县”称号。

【农业品牌创建】泸县成功创建为全省农产品质量安全监管示范县，重点是加强农资商品质量监管，从源头上杜绝假冒伪劣农资商品进入市场，确保农产品安全生产。2017年6月，国家标准委下发《关于第八批全国农业综合标准化示范项目目标考核合格的通知》，确定泸县实施的“国家龙眼栽培综合标准化示范区”示范项目考核合格。组织编制《泸县有机产品发展规划（初稿）》，申报“四川省有机产品认证示范创建县”获得成功。指导泸州龙城粮油购销有限公司、泸州幸福田园生态农业有限公司、泸县熟龙龙眼专业合作社联合社等6个企业通过有机产品认证获得证书。泸县“刘氏泡菜”牌泡菜、“熟龙”牌泸县晚熟龙眼、泸县“牛滩”牌生姜获国家生态原产地保护产品，“泸县青花椒”“牛滩生姜”获国家地理标志保护产品，使泸县实现国家生态原产地保护产品和国家地理标志保护产品“零”的突破。

【农产品产销对接】县供销社牵头制定泸县2017年龙眼营销方案，代县政府起草《关于切实做好2017年龙眼销售工作的通知》，并以泸县府办发〔2017〕212号印发。搭建“泸县造”产品产销对接平台，依托泸州供销电子商务有限公司建立的“川帮网”泸县电子商务综合平台推销特色农产品。组织龙头企业、农民专业合作社特色农产品参加泸州首届美食节暨迎春购物月、“2017年中国旅游日庆祝活动（泸州）暨泸县乡村旅游文化季开幕式”、泸县第六届金秋龙眼节名优农产品展示展销、绵阳市举办的“2017中国（四川）电子商务发展峰会”、成都举办的第五届四川农业博览会、渝西川东经济社会发展协作会暨第九届名特优产品展销会、中国（泸州）第二届农产品交易博览会等各类展示展销会、洽谈会、产品发布会等活动12次，让“泸县造”产品走出泸县，走向省市内外大市场。

【教育培训】依托直属社有企业、主管行业协会、领办的农民专业合作社举办各类培训人员2956人次，其中：农资商品连锁配送经营培训280人次，农村电子商务创业、英才及从业人员培训6期1200人次，烟花爆竹安全经营法规知识培训910人次，再生资源回收经营从业人员156人次，国家龙眼栽培综合标准化示范区建设培训200人次，有机农产品生产培训210人次。同时，选派参加省、市、县供销社组织承担农业综合开发项目、农村电子商务和会计、统计人员继续教育等培训人员65人次。

（撰稿人：洪代富　宁顺光　谢冬冬）

交通·邮电

Transportation & Post and Telegram

交通运输

Transportation

【交通基础工程建设】泸县交通运输局坚持“稳中求进”工作总基调，着力“三抓三主动”，统筹推进项目建设、行业管理、运输服务、依法行政等各项工作，交通事业发展总体上实现稳步提升，交通基础设施不断夯实。泸县融入泸州一体化发展进程不断加速。协助市上建设G8515南渝泸高速公路；开展潮河至海潮至胡市公路、泸永高速公路、G246泸永路泸县段、G321泸县县城至隆昌段项目前期工作；开展S438合牛路泸县段、奇峰至云锦公路项目前期工作；建成龙城大道。续建海潮沱江大桥、直滩大桥、先坝大桥；开工建设14座公路桥。全年完成县乡道改善提升工程37.9千米。大力推进社社通水泥路建设，民生工程深得人心。全县规划通社水泥路2142千米，完成路基2026千米、路面1834千米，137个社实现“户户通”。2017年12月5日，93辆新型一线品牌公交车正式投运，44条城镇公交线路年底前陆续开通，基本实现行政村全覆盖，实现40个贫困村社社通全覆盖。

【公路养护】养护段结合紧紧围绕构建“畅、安、舒、美”的行车环境，紧扣“创新、发展、规范、勤俭”工作主题，更新养护管理观念，以标准化养护管理为手段，以年初制定的养护工作目标为出发点，创新工作理念，理清工作思路，养护工作开展扎实而有成效。清扫路面33280千米、疏通水沟2573.5千米，整治公路边坡16处，清理塌方12550立方米，水沟清理整治5678米，疏通涵洞50道，路面预防性养护灌缝190千米，修复破损路面面积5166平方米。清洗波形护栏202千米，安装波形护栏364米，凸透镜10面，标志标牌34块、养护公示牌28块；增设管养路段缺失里程碑32块。清理行道树276株，粉刷行道树198千米，绿化修枝7千米。管养公路路况评定指数MQI达到76。

【运输业发展】全年全县客运量1392.699万人，旅客周转量85830.72万人千米；货运量2447.815万吨，货物周转量429569.535万吨千米，客货运总量总体趋稳。圆满完成“春运”“十一”黄金周运输保障任务；道路客运网络体系不断优化。139辆城乡公交车覆盖20个镇街的主要干道，覆盖率100%。新开通城镇

3月29日，县委书记薛学深（右三）到龙城大道施工现场调研建设情况

公交线路36条，实现公交覆盖行政村达213个，覆盖率85%，实现客车（含城镇公交）覆盖行政村达238个，覆盖率95%。群众乘坐上了安全便捷价优的城乡公交车，有效解决赶集、上（放）学等农村客流高峰期群众出行难的问题。

【运政、路政管理】 路政、运政两个执法单位，始终坚持以科学发展观为指导，深入推进全县道路运输的监管和治理，实现稳定、协调、安全发展目标。2017年度出动执法人员5419余人次，出动执法车辆889余辆次，检查客货运车辆15700余辆次，查获涉嫌非法营运车辆144辆次、不按线路运行26辆次、不使用计价器7辆次、客车不撕票7辆次、不带从业资格证4次、改型车辆1辆次、使用无道路运输证的车辆参加道路运输营运的2辆次，处罚86.5万元。开展道路交通管理"五统一、五联动"联合执法，累计投入治超人员9658人次，开展专项流动治超77次，检查车辆169463车次，其中处罚180台次，卸载重量3319.82吨，抄告超限车辆180台次，罚款192800元。泸县路政管理大队荣获由四川省交通运输厅公路局授予的，全省2017年度"规范公路治超执法专项整治行动"先进单位。

【安全生产】 全县水上交通、交通建设工程均未发生属考核范围的安全事故，道路运输行业未发生较大及以上安全生产责任事故，全年发生6起道路运输行车事故，死亡1人，伤7人。事故率及伤亡人数与2016年同期相比：事故起数下降44%，受伤人数下降58.8%，死亡人数下降83%，县内无上报事故，总体看来全县道路运输行业安全生产形势较为平稳，死亡人数呈明显下降趋势，总体看来，泸县道路运输驾驶从业人员的安全意识得到了进一步提高，安全监管工作逐步到位，安全生产主体责任进一步落实，科技兴安效果明显。

（撰稿人：万建敏）

邮　政
Postal

【概况】 中国邮政集团公司四川省泸县分公司地址位于玉蟾街道龙脑大道577号。泸县邮政分公司内设六部一室：综合办公室、市场营销部、金融业务部、集邮与文化传媒部、包裹快递部、渠道平台部、运营管理部，下设邮政营业网点60个，覆盖全县19个乡镇和街道。其中：城区网点4个（含1个非金融网点），乡镇网点56个（含2个非金融网点），从业人员304人。2017年，泸县邮政分公司共实现业务收入14096万元，较2016年同期增加1558万元，同比增长12%。全年新增储蓄余额5.94亿元，余额规模达到71.18亿元，列全市邮政公司第一位。

【普遍服务】 营业窗口服务水平普遍提升：2017年公司含集团级金融网点3个（龙脑、玄滩、云龙），标准版金融网点3个（建设街、立石、海潮），简化版金融网点51个，转型覆盖面达到100%。从环境卫生、工作着装、服务用语、“举手招引”、微笑服务等方面着手开展了营业窗口转型工作，网点服务升级，服务环境进一步改善。邮政普遍服务工作进一步落实：泸县邮政切实践行“情系万家，信达天下”的普遍服务理念，使邮政普遍服务进村驻乡，满足了全县108万人口的基本通信需求，将信件、党报党刊、普通包裹传递到千家万户。

【快包业务】快包业务转型，人员配置优化。组建专职营揽投队伍，新建的分拣中心投入使用，并新增2条邮路，全面提升网运速度和效率。全县设置97名委托代办人员，邮政代办所实现全乡镇覆盖。投递窗口服务方面：重点开展跟踪检查工作；在服务质量上，邮件全程时限达到新修订《邮政普遍服务》标准，邮政服务质量用户满意度达88.7分，包裹快递当日妥投率城市92%，农村90%。

【农村电商】深入开展邮政综合便民服务平台建设和农村电商“邮乐购”站点建设工作，“邮掌柜”系统安装应用进一步落实规范。充分发挥独有的“三流合一”优势，积极探索“农村电商+精准扶贫”之路，打通工业制成品下乡和农产品进城的双向流通渠道，有效服务农村生产经营活动和农民生活。全年建设“邮掌柜”有效站点215个，乡镇覆盖率100%，所有掌柜全面叠加邮政便民服务项目，并试点助农取款、快递收投、分销配送等业务。

9月12日，泸县邮政分公司到潮河镇就桂圆项目进行果品监督验收（朱茂瑶　摄）

【文化建设】泸县邮政分公司以“人民邮政为人民”为服务宗旨，秉承“创新、协同、诚信、担当”的企业精神，坚持“以人为本，客户至上”的核心价值观，践行邮政企业使命责任，坚守国有企业社会责任担当。对内，全面建设职工小家，按季提供粮油补助；组织开展丰富多彩的工会活动，丰富员工业余生活，增强团队凝聚力；组织开展岗位培训、技能鉴定、任职资格考试，着力提高员工素质。对外，全面落实邮政普遍服务工作，使邮政普遍服务惠及万家；积极响应县委号召，全面开展志愿服务；助力全县脱贫攻坚，对口帮扶潮河镇天才村，开展脱贫帮扶和走访慰问工作，利用农村电商平台资源，助力桂圆项目，探索出“电商扶贫之路”，实现助农增收。

（撰稿人：郑小兰）

电　信
Telecom Communication

【概况】中国电信股份有限公司泸县分公司设一中心、六分局、一工作组（即：综合组、渠道分局、政商分局、校园分局、龙城分局、玉蟾分局、网运分局、农村营销中心），员工69名，业务、维护代理点100多个。

多年来，依托先进的通信手段、强大的网络优势、稳定的通信能力、丰富的维护能力和卓越的服务管理，在泸县承担着党和国家的应急通信和重点时期特殊通信的保障重任。2017年，泸县分公司获集团和省公司先进基层党组织；连续三年被评为市级优秀管理团队，市级“两学一做共产党员示范单位”。

【党风廉政】党建统领，通过“建阵地、强堡垒、树标杆、抓作风”等方式，团队成员“讲规矩、重服务、强协作、求实效”的工作氛围逐渐形成，党建工作融入公司工作得到持续强化和进一步规范。共产党员把握原则，严格按照资源配置原则、内控流程及安全生产等要求，始终把党性、纪律挺在前面，严控风险，保障生产安全。

【网络建设】提升大网安全性和服务提供能力。在常态化实施网络预警优化的基础上，重点推进“市县中继清理优化、二维码专项推进、叙永波分设备搬迁割接、大颗粒电路在光/电平面交叉保护、IPRAN网络成环清理优化、动力设备专项整治”等专项工作。优化大网络专业协同支撑发展经营服务体系，组织梳理优化“网络规划优化需求流程、后向派单流程、工程验收流程、跨专业大数据整合运用”等，初步建立起以“市场指引、客户至上、建维联动”为核心的后端横向协作、虚拟团队运作的支撑模式雏形。

【电信服务】贯彻“顾客至上，服务第一”的工作思路，重视服务基础工作，加强服务短板的针对性改进和培训，不断提升客户接触点的全业务服务能力，全年有效杜绝越级投诉的发生。渠道服务更加专业化、技术化，电信市场营销精细化、精确化、个性化的发展方向，以及中国电信转型业务的迅速发展，对营销渠道的服务要求更加专业，更加有技术含量。量质并重，颠覆格局。

【精神文化建设】公司精神文化建设呈现出多元化、开放化的特点，以创建活动为契机，丰富员工日常文化生活，营造良好的工作氛围。铸造关怀服务职工的“四小”建设品牌，食堂优化就餐制，增添部分设施，为有需要的分支局和新进员工员增添部分家居家电设备。构建关心关爱体系，强化扶危济困职能，全年关心慰问职工17人次，严格落实“五必访、五必贺”制度。开展形式多样的文体活动，全年开展工会活动5次，并成立3类兴趣小组。泸县分公司工会于2017年被评为“集团模范职工小家”荣誉称号。

（撰稿人：宋　焱）

移　动
Mobile Communication

【概况】中国移动通信集团四川有限公司泸县分公司是中国移动通信集团在泸县的分支机构，主要负责泸县范围内移动通信客户的发展、网络、维护等经营活动。泸县移动自2000年成立以来，建立了一批具有知识化、专业化、年轻化的员工队伍。截至2017年年底，有干部职工近80人，其中中共党员30人，职工队伍全部具备大专及以上文凭。公司共设立5个中心和7个营业部，渠道商家多达400余家，商家队伍建设规模达2000余人，成功构建了遍布城乡的营销和服务体系，打造了一个拥有网络技术优势、服务质量上乘、员工整体素质较高的通信企业。截至2017年年底，多次获“县级最佳文明单位”、泸县互联网协会“常务副会长单位”“消费者满意单位”“诚信维权单位”等县级荣誉。同时也获四川移动公司“模范区县分公司”“泸州移动先进分公司”等荣誉称号。

【通信网络业务】截至2017年年底，小区宽带覆盖全县城区及19个乡镇、251个行政村，完成小区宽带城区全覆盖、乡镇全覆盖、行政村全覆盖。2017年泸县移动公司紧紧把握发展要点，践行社会责任，推进信息化建设、网络建设、渠道建设，设置营业厅160余个，通信业务覆盖泸县各级政府机关、教育、卫生、园区、乡村建设等多方面。泸县移动逐步建设完善了质量卓越的移动通信网，实现全县的网络覆盖，网络运行质量持续保持业内领先。

【移动信息化服务】泸县移动公司积极响应政府号召，全力推进智慧城市建设。在已有的政务、企业、民生业务基础上全面拓展政务管理信息化、企业管理信息化、民生应用智慧化相关业务。泸县移动不断的加快智慧城市建设，提升社会管理效率，促进信息消费规模，以其更大带宽、更加安全、更强数据传输能力为公安、交通、气象、国土、金融、教育等多个领域提供了信息化服务需求。其中建设云视泸州、泸县公安局交警卡口、泸县农林局农提灌溉，泸县校园安全卫士等重大项目，着力解决了泸县智慧城市信息化建设遇到的难题。同时，泸县移动也进一步强化技术，为建设好泸县“智慧城市”做好日常维护和管理。

【党建引领发展】泸县移动落实党建基础工作，切实将党建同生产经营相结合，实现两条腿走路。通过落实“三会一课”。展思想政治教育工作，党员先锋岗评选活动，党支部活动室建立，主题党日活动，班子成员党建工作调研等一系列的工作，充分发挥党组织的政治核心作用，发挥政治优势，宣传教育职工正确认识当前形势，坚定业务发挥的信心；充分发挥党支部的战斗堡垒作用，积极参与安全、生产和经营活动，为各项工作任务圆满完成保驾护航；充分发挥党员的先锋模范作用，团结带领广大职工克服困难、顽强进取，啃掉硬骨头。泸县移动党支部切实推进嵌入式廉洁风险防控机制建设，按月进行常态检查，不定时抽查，营造公司不敢腐、不想腐、不能腐的风清气正的氛围，成功的实现泸县移动的健康发展和员工队伍的清正廉洁。

【企业文化建设】泸县移动企业文化倡导以奋斗者为本理念，重视员工关爱、激励机制建立。2017年，通过组织开展兴趣小组、“三八”节“六一”节等活动；走访关爱困难员工；建立完善“职工小家”“职工小小家”的软硬件设施等多项举措，提升了员工对企业文化认同感、认知感，建立了员工间关爱互助的氛围。同时，泸县移动还积极践行社会责任，传播正面企业文化，对奇峰镇长林村、红木村，云锦镇龙井村贫困户进行帮扶慰问，倾情回报社会。

（撰稿人：先清银）

联　通

Unicom Communication

【概况】2017年，面对发展新常态，按照集团公司聚焦、创新、合作战略牵引，中国联合网络通信有限公司泸县分公司在资源布局、渠道布局和队伍布局上取得阶段性成果。综合改革整合后公司在职员工30人，下设综合职能部门1个和建设维护中心1个，市场营销中心1个，集团营销中心1个。根据公司发展和营销资源整合需要，公司4个网格整合为城区网格、乡镇网格两个综合业务营销单元开展网格精细化营销管理和客户服务。公司经营范围为固定通信业务、移动通信业务、宽带业务、通信设施服务业务，智慧城市行业应用服务业务、数据通信业务、网络接入业务和各类电信增值业务等为一体的综合电信业务。

【综合业务拓展】不断优化“销售模式、产品业务、支撑模式、服务模式、运营管理模式和商业模式”六大转型，与泸县政府签约“互联网+”战略合作协议。按照网络为本，渠道为王，产品为纲，经营为细，服务为根的相关要求，坚持增存并举、效益优先发展模式，全面增强公司综合竞争力和可持续发展能力。

2017年移网累计发展26613户；固网累计发展968户；以4G+数据流量职能化应用和大数据分析处理为重点，智慧龙城WiFi，数字化城市管理和泸县法院指挥中心及监控平台等智慧城市信息化项目成为公司综合业务拓展新亮点；公司全业务收入完成99.95%，位居全市第二。

【渠道建设】 以“扩渠道、提效能”为抓手，渠道建设与现有渠道效能提升双管齐下，各类渠道在“互联网+”平台运营中走向互联网化，社会渠道销售模式走向多元化，现有厅店业务拓展走向全面化。2017年新建合作营业厅3个、专营店8个、代理店8个，老店精品化改造4个。按照电话用户实名制登记管理要求，线上线下协同，全力打造社会实体渠道销售和集团渠道销售为主导，互联网项目制渠道为辅助的营销渠道网。

【网络体系建设】 加快4G网络建设全覆盖步伐，完成宽带网络全光纤改造，稳步推进固定宽带面向农村，4G网络面向智能化应用普及的同时，4G匠心网络正紧锣密鼓地建设。2016年新建4G基站43个，形成4G匠心网络全覆盖。县城区域全面完成FTTH光纤网络升级改造，光纤宽带接入行政村社增加至156个。

【企业文化建设】 与公司“聚焦、创新、合作”核心理念保持高度统一，建设“学习、创新、执行、绩效、服务、合作、阳光、诚信”的企业文化，继续助力智慧龙城打造成为公司努力实践伟大中国梦的必修课。公司每月定期组织员工进行行业应用知识和企业文化培训，月月开展先进技术、先进文化和优秀员工对话交流会，不断通过各类竞赛活动和素质提升活动，组织全体员工参与到企业文化建设中来，确保团队凝聚力得到持续提升。

（撰稿人：邱　剑　呙利萍）

财政与税收

FINANCE AND TAXATION

财　政

Finance

【概况】泸县财政运行总体平稳，为全县经济社会平稳健康发展提供了坚实的财力支撑。全县一般公共预算收入完成14.9亿元，同口径增长13.8%；全县一般公共预算支出完成52.9亿元，同口径增长20.8%；全县政府性基金收入完成3.5亿元，下降64.2%；全县政府性基金支出完成4.1亿元，下降73.2%。争取上级资金40.1亿元，其中新增债券资金8.3亿元，增长60.3%。

【地方公共财政收支】全县地方一般公共预算收入完成14.9亿元，完成预算数的105.2%，比上年增长13.8%。争取上级转移支付27.59亿元，新增一般债券8.32亿元，置换一般债券3.69亿元，上级补助基金收入0.52亿元，调入预算稳定调节基金0.31亿元，调入资金4.58亿元，可安排一般公共预算收入58.03亿元。全县一般公共预算支出实现52.91亿元，一般债券还本支出2.85亿元，上解上级支出0.52亿元，结转下年1亿元，补充预算稳定调节基金0.73亿元，实现收支平衡。

【重点项目财政投入】保障重点项目资金需求。全年筹集各项资金43亿元，保障基础设施建设、园区建设、交通建设等重点项目资金需求，有力促进全县重点建设项目落地。探索创新PPP等投融资模式。引导社会资本投入全县重点项目建设，发挥财政资金杠杆作用，不断扩大投资总量，有效拉动经济增长。2017年申报PPP项目7个，总投资73.53亿元，其中，进入项目管理库的项目2个，总投资23.49亿元，进入储备清单的项目3个，总投资38.58亿元。

【民生工程财政投入】2017年全县实现民生支出39.07亿元，占一般公共预算支出的73.8%，民生占比全市排名第三。脱贫攻坚共投入财政资金7.7亿元，专项用于农村危房改造、农村安全饮水、村社道路及配套基础设施、产业发展等22个扶贫项目。其中，投入财政资金1.05亿元，成立了教育扶贫救助、卫生扶贫救助、贫困村产业扶持和扶贫小额信贷分险“四项基金”，解决贫困群众现实困难和长远生计。社会保障和就业支出7.07亿元，医疗卫生和计划生育支出5.6亿元，共发放城乡低保30.8万人次，社会保险覆盖168万人次，城乡医保参保率达98.4%。通过“一卡通”发放耕地力保护、退耕还林、农机购置等各项惠农补贴1.1亿元。教育支出9.9亿万，较2016年增长7.9%，其中，义务教育投入6.5亿元。环境保护支出0.35亿元，同比增长64.3%，主要用于场镇污垃处理、重点流域生态修复，加强环境保护综合监管、环境监测、环境执法能力建设等。农村“4+1”基础设施升级版工程投入资金5.7亿元，用于镇村交通、电网、安全饮水、环境治理、住房安全等修建改造工程，镇村基础设施全面提档升级，发展成果惠及全县人民。

【财政体制机制改革创新】完善县镇财政管理体制。代县政府起草《关于县镇财税体制调整的通知》，进一步加大对镇（街）支持力度，切实减轻镇级财政压力，2017年新增对镇（街）转移支付2.3亿元。加强政府债务管理，政府债务严格执行限额管理，债务总额严格控制在省政府核定的限额内；债券资金纳入预算管理，制定明确偿债计划，债券资金还本付息纳入财政年初预算；除转贷债券外，严禁各部门、镇（街）以任何方式新增政府债务或为其他单位和个人债务提供担保、承诺。强化预算绩效管理，对农业产业园建设、供水管网、路面改造工程等10个项目及2个部门的预算绩效管理开展了绩效考评，涉及财政资金3561万元，建立支出绩效与预算安排结合机制，强化绩效评价结果应用，提高财政资金使用绩效。

【财政监督管理】强化国库管理，严格执行国库集中支付制度，强化用款计划管理，规范财政专户管理，完善预算执行动态监控机制，确保财政资金安全。强化公务卡使用管理，2017年，全县办公务卡4570张，使用公务卡消费1367万元，较上年增加294万元。强化投资项目管理，编制政府投资项目年度投资计划，建立重大项目台账，对项目建设全程跟踪监管。强化财政资金监管，组织开展对非税收入征收管理、财政票据使用、民生工程资金、会计信息质量监督、镇（街）财政规范化管理及资金安全等专项监督检查30余次，配合完成各类审计和检查3次。强化财政投资评审管理，全县财评送审项目427个，送审金额28.9亿元，审减率17.2%，节约财政资金4.9亿元。强化政府采购监管，规范政府采购秩序，扩大政府采购规模，全县政府采购完成1.7亿元，同比增长15%，节约财政资金1630万元，资金节约率8.7%。

（撰稿人：李　源）

国税征收

National Tax Levy

【组织收入】全年泸县国税局组织税收收入10.44亿元（其中四大行业税收入库2.75亿元），完成市局下达的税收任务的130.52%。其中，所得税1.25亿元；增值税8.5亿元；消费税3622万元；车购税3166万元。全年累计实现地方一般公共预算收入2.9亿元。

【征收管理】顺利完成机构改革。全面完成对全县14996户税源的全部重新整合划分和所有岗位人员的优化配置，全面实现税源管理从按属地、划片管户的单一方式向按行业、规模分类的专业化方式的转变。全面落实税收优惠政策。全年小规模纳税人共计享受税收优惠5429.75万元，共计落实企业所得税优惠572.4万元。大力开展欠税清理。在全市率先与公安局协作，将长期拖欠不缴的42户欠税企业法人名单提请泸县公安局出入境管理中心，依法阻止其出境，督促及时清缴欠税，获得市局高度肯定。同时，对8户欠税企业进行清查；对29户有欠税的纳税人分别在县局、市局、省局等进行不同层次的公告；对3户欠税企业采取停止增值税发票发售、冻结银行账户。共清缴入库陈欠2431.41万元，新欠 3372.62 万元。持续深化国地税合作。县局委托地方税务局代收增值税税款 857 万余元。共同开展金税三期税收数据质量清理专项工作，共清理国地税不一致数据 5953 条；共同开展漏征漏管户清理，督促 1211 户纳税人到税务机关进行登记；共同为 12064 户个体工商户进行个体定额；共同为纳税人办理税务登记、变更、注销等共计 26406 户次。定期传递征管基础数据，共传递外出经营证明 9 期 3401 条，联合采集财务报表 9540 份。继续深化合作，推开“一窗一人”联合办税。

11 月 15 日，泸县国税局开展医疗教育行业纳税人约谈会

【纳税服务】推进“便民办税春风行动”，2016 年度、2017 年上半年纳税人满意度评价调查中泸县居全市县区局的第一。开展纳税信用等级评定。与地税联合完成对辖区 1052 户参评企业的信用等级联合评价工作，评定 A 级纳税人 107 户。全面推行实名办税。购买设备 11 台，完成实名采集 8183 户，采集率为 49.25%。落实“非接触式”办税。新增发票自助领用一体机 1 台，实现网上购票、网上代开发票。全年办理自助发票领用 4499 件，网上代开发票 1791 件，签订《国税发票邮寄协议》78 份，受到广大纳税人的欢迎。强化税收宣传、培训和辅导。开展“问需求、送服务”走访纳税人 30 户，发放宣传资料 40 余份，解答问题 20 余条；开展“青春、春风”结对活动，签订结对服务协议 12 份；以第 26 个税宣月为契机，成立青年税收宣传队，组织开展“6+1”系列宣传活动。依托纳税人学堂，组织 6 次 500 余纳税人营改增政策大辅导、120 家建筑业和房地产开发企业集中培训等。与泸县邮政局携手合作，借力全县 57 个邮政网点的 LED、电视、宣传栏等扩大税收宣传覆盖面。

【依法治税】全年完成风险核查和纳税评估任务 107 户次，评估查补入库税收收入 5379.04 万元。规范行政审批，全年受理行政许可 367 户次；审理重大税务案件 1 件。对 479 户纳税人进行行政处罚，罚款 70.66 万元。稽查查补入库税收收入 2080.90 万元。

【队伍建设】引进新鲜力量，2017 年招录新进公务员 12 名，接收转业干部 1 名、系统内调动干部 1 名。全局 35 岁以下青年税务干部 37 人，占全局总人数 1/3，全局队伍结构逐渐向年轻化转变。培养中坚力量，重视专业能力培养，全年组织参加各类培训 35 人次；狠抓“岗位大练兵、业务大比武”活动，组织开展纳税服务类大练兵考试；重视综合素质提升，积极组织青年干部参与“青春飞扬 · 论道”辩论赛；重视青年干部选拔任用，2017 年考察提拔分局长 1 名、选拔任用正股级干部 4 名、副股级干部 7 名，其中，35 岁以下青年干部 5 名，青年干部逐渐成长为县局中坚力量。集聚文化力量，坚持党建引领，深入开展中共十九大精神宣讲和学习；充分发挥党支部战斗堡垒作用，将党支部拓展为 5 个；坚持文明创建，大力开展乡村少年宫共建、双拥等活动；坚持氛围营造，以工青妇和团支部为平台，开展一系列干部职工喜爱和凝聚团队力量的工会活动，如元旦跑步、“三八妇女节”登山、羽毛球比赛、演讲比赛、征文活动、青年志愿者活动等，取得不错的成绩。加强管理力量，以绩效管理为抓手，强化过程管控和结果运用；强化编外临时人员管理，转换聘用方式；改进考勤办法，强化劳动纪律管理。同时，大力开展精准扶贫，主动发起“微心愿”活动，重新选拔2名第一书记继续开展帮扶工作，县局2017年度脱贫攻坚半年考核居泸县第二名，并获得“全市优秀驻村帮扶单位”“全省系统脱贫攻坚先进单位”和“全县优秀第一书记”等荣誉。

【党风廉政】强化管控监督，整合纪检监察干部、兼职监察员力量，主动亮剑重点领域、重点环节、重点对象，在财务科设立兼职监察员岗位，并由纪检监察按季对本级财务开展预审计，把监督落实到重要环节、重要岗位，落实到中央八项规定精神上，并针对检查的情况及时要求整改。用好约谈机制，以风险提醒约谈为平台，以问题为导向，将风险防控约谈植入到税收执法督察整改问责环节，从个别谈话、对点谈话进行延伸，在相关部门开展全面“体检”，以点带面，开展集体约谈，举一反三、引以为戒，提升干部对的过错认识。严肃问责追究，对涉及的5大类，44项，145条具体执法问题进行执法过错责任认定，问责追责60人次，其中批评教育51人次、责令做出书面检查9人次（包括1名副科级中层干部、4名股级干部），给征管科出具监察建议一份。抓牢廉政教育，认真贯彻落实党风廉政建设社会评价工作；围绕县局“智慧龙城、活力国税”的税务文化主题，积极开展廉政文化建设；组织纪检监察干部参观泸县“家风馆”，以典型模范为榜样树立廉洁之风；与兄弟单位开展党风廉政建设工作学习交流；邀请县纪委第二巡查组给干部职工讲廉政课，抓好警示教育。

【荣誉奖项】岗位大练兵业务大比武集体三等奖、2016年度开放合作突破工作目标考核二等奖、2016年度综合目标绩效考评二等奖、2011—2015年全市法治宣传教育先进集体、2016年度安全生产目标考核二等奖、2016年度党建目标考核一等奖、泸州市脱贫攻坚先进帮扶单位、全省国税系统脱贫攻坚先进集体。

（撰稿人：曹莞路）

地税征收
Local Tax Levy

【组织收入】2017年组织地税总收入94202万元，剔除“营改增”因素，同口径增收6543万元，增长7.5%。其中：组织税收收入88463万元，同口径增收4758万元，增长5.7%；组织其他收入5739万元，增收1785万元，增长45.1%。在全省扩权县中地税总收入规模第五，税收规模第三。组织一般公共预算收入66030万元，完成县政府调整目标任务66000万元的100%。同口径增收5768万元，增长9.6%。

【服务征管】为促进纳税服务进一步便捷普惠，提升纳税服务和税收征管质量，2017年，泸县地税局多措并举，提升税务工作质效。加强国地税合作。泸县国地税召开联席会议3次、培训会8次，培训人数700余人。联合开展数据清理、核实、修正，问题反馈数据5500余条，达到年初目标的95%以上；有序推进“一窗一人一机双系统”联合办税服务，国税局征收增值的同时运用发票管控等手段，同时把关地方税收及时足额征收入库。在资源共享、服务联合、执法协调、办税一体、征管稽查互动等方面积极探索，统筹整合双方资源，提升税收服务质量。开展纳税辅导。逐步推进纳税评估，及时发现问题，帮助纳税人防范纳税风险，促进税收及时解缴，全年评估纳税人16户。其中，1户推送为低风险；完

泸县地税局开展“3·15”税法宣传（殷锐　摄）

成12户纳税评估工作，入库294万元，加收滞纳金12万元；3户建筑企业处于自查阶段。有针对性地开展纳税辅导，解决纳税人在土地增值税清算、企业所得税汇算等方面的政策理解问题，全年完成土地增值税清算项目5个，确认销售收入121191.01万元，应缴土地增值税税额9323.43万元，预征税款入库数9185.33万元，清算审核后应补土地增值税138.1万元。搞好协调配合。按照省市统一部署安排，与财政、水务、环保密切配合，做好水资源税和环保税开征前准备工作，制定《水资源税改革试点工作方案》和《环境保护税改革工作方案》，与水务、环保部门座谈4次，为2个新税种在泸县顺利开征奠定基础。

【队伍建设】加强教育培训，本着“走出去、请进来”的原则，每个年度安排培训计划，委托专业培训机构进行培训，请专家到本单位做专题讲座（报告），选派人员参加上级机构组织的培训，年度内基本实现人员培训全覆盖。组织岗位练兵，选择优秀人才参加省市业务大比武和岗位能手竞争，不断促进、提高干部职工的综合素质提升。截至2017年年底，县地税局有省级人才库人员1人、省级岗位能手3人、市级人才库人员13人、县级人才库人员20人。

【党风廉政】狠抓廉政教育，筑牢思想防线。着力加强惩防体系建设，把预防腐败教育放在首位。通过党组中心组学习会、“一把手”上廉政党课、纪检组组长作形势分析等形式，狠抓日常教育。2017年，通过召开院坝会、党员大会，开展“微党课”活动等，宣传并学习贯彻中共十九大精神。领导班子成员分别到联系的基层党支部讲党课12次，各党支部书记上党课4次，局领导与干部职工交心谈心33次。在中国共产党建党96周年之际，组织开展“喜迎十九大·永远跟党走”知识竞赛活动，对18名优秀党员进行了通报表彰。开展廉政文化建设，营造崇廉风尚。向省市局、县纪委上报廉政信息39篇，廉政文化作品15篇，征文8篇。向全系统干部职工开展“微腐败”专项整治宣讲432人次，到企业、村社上门宣传1283人次，发放宣传资料6420余份，发放清风送廉“廉情连心卡”150余张；向市局和县纪委推送信息9条；开展督查5次；向纳税人和干部职工微信、短信宣传190余条，2340余人次；发放廉政短信260余条。加强日常监督，严格责任追究。外聘特邀监察员10名开展社会监督。开展党风廉政建设社会评价宣讲48人次，“一对一”约谈157人次。共发放宣传册4500余份，通过微信、税企QQ群发送宣传信息7920余条，向自然人、企业进行宣讲8340余人次。

【精准扶贫】泸县地税局帮扶对象是泸县兆雅镇型家村——泸县40个贫困村之一。2017年投入型家村经费共7.2万元，县局主要领导先后12次，其他班子成员先后45次，党员干部先后479人次深入到对口帮扶村开展精准帮扶工作。结合县委“走进群众、服务群众、引导群众”工作安排，开展季度院坝会，近距离与群众接触，面对面了解怕贫困户需求，宣传党的帮扶政策。县局全体帮扶责任人结合“走、服、引”活动开展脱贫攻坚、送温暖等工作，与群众同吃同住同劳动，共为困难群众送去现金5000余元，其他衣物、粮油、肉类约3500余元，用实际行动表达对困难群众的关心和关注。截至2015年，型家村脱贫43户、116人。经过2017年6月“回头看”精准识别，型家村现有建档立卡贫困户121户307人。在村级项目上，2017年小龙虾养殖形成160亩左右的示范规模，上半年完成机耕道硬化公路8条16千米，5月完成低压网改造，完成田间道、坡改梯、山坪塘、蓄水池等全部项目建设。

（撰稿人：殷　锐）

金融机构

FINANCIAL INSTITUTIONS

中国银行股份有限公司泸县支行

Luxian Branch of Bank of China

【概况】中国银行泸县支行于2011年12月开立，支行位于泸县福集镇玉蟾大道179号（烟草公司底楼）。人员情况：员工10人，其中负责人、内控副职、大堂经理、事中监督、客户经理各1人，柜员4人，大堂引领员1人，设对公柜兼VIP柜台1个、综合柜台2个。截至2017年12月31日，中国银行泸县支行实现税后利润393.43万元，比2016年同期增加25.42万元；截至12月31日，泸县支行存款总额19827万元，贷款总额18240万元，贷存比91.99%。各项资产质量优良。

【优质服务】打造干净舒适的服务环境，至2017年年末，建成网点1个，离行式自助网点1个。加强员工业务技能培训和业务知识的学习，不断提高业务办理水平及工作效率。定期进行反假货币宣传、防范电信诈骗宣传，加强客户对自身资金安全的保护，多举措将网点服务工作落到实处。大力发展消费类贷款，积极支持民生工程；积极参与政府组织的扶贫工作，将扶贫工作落到实处。

【内部管理】严格落实《中国银行股份有限公司员工违规处理办法》和《中国银行股份有限公司管理问责办法》，贯彻“五十个严禁”和“双十禁”开展内控与案件制度各项排查，对重点环节，重点区域以及重点节假日全面大检查。开展员工思想排查、业务风险排查，同时组织每季度对员工进行“警示教育”学习，秉承业务发展与案件管控同样重要的原则，实现2017年无案件、无违规、无责任事故的目标。

（撰稿人：罗蔺飞）

中国工商银行股份有限公司泸县支行

Luxian Branch of Industrial Commercial Bank of China

【概况】2017年，中国工商银行股份有限公司泸县支行员工40人，所辖对外网点3个、离行式自助银行5个。2017年各项存款余额17.14亿元，各项贷款余额15.96亿元，实现净利润6451万元，中间业务收入2739万元。

【业务经营】树立“存款立行”思想，全力做好负债业务。以“拆迁金融”项目为重点抓手，加大市场攻坚力度，挖掘储蓄存款。分析客户资金流动规律，深入企业挖掘需求，做好“两个园区”拓展新客户，抓住重点客户上下游客户，利用资金体内循环稳定法人存款。加大贷款营销力度，优化信贷结构。加大对按揭贷款和个人消费贷款等低风险贷款的投放力度，发挥优势力量集中争取优质楼盘，2017 年累计发放个贷 535 笔 1.37 亿元；公积金委贷 239 笔 6660 万元。加大对政府引进优质客户的贷款营销，针对重点企业主动拓展市场营销贷款。加强与担保公司的合作，大力推进小微企业贷款的发展，完成 5 笔专业担保公司保证贷款 2099 万元。加大对适合票据业务开展的公司进行一对一上门指导和讲解，全年完成票据贴现 1052 万元，增强客户的黏性和体验度。创新拓展理财质押融资业务。支行加强法人融资业务的学习和培训工作，拓展理财质押融资业务，在全市发放首笔法人理财质押融资贷款，开辟法人拓户的新途径，全年质押票据 1316 万元。

【风险防控】加强清收压降，有效控制资产质量。支行审时度势，加强客户经理的防控风险意识和工作责任心，强化信贷管理薄弱环节，有效降低信贷风险。围绕业务发展，不断加强风险管理。支行遵循严管强控的观念，坚持把防范操作风险、细化内控案防工作同支行的发展目标结合起来同安排、同检查、同考核，强化管理，从严治行，实行精细化管理，积极做好内控案防水平的提升，确保支行各项工作的健康有序发展。

【优质服务与企业文化】泸县工商银行秉持“以客户为中心”的服务理念开展服务提升工作，不断增强服务意识，转变服务观点，强化服务措施，从服务的质量、手段、内容、态度、环境上入手，加快综合化网点转型，优化人员结构和提升客户满意度。2017 年度支行积极参与地方脱贫攻坚工作，多次对贫困户、留守儿童、困难教师、困难党员等进行慰问，认真履行企业社会责任，树立良好社会形象。支行先后举办春游、“三八”节、徒步登山、迎春游园等活动，丰富员工的文体生活，增强企业员工凝聚力和向心力。

（撰稿人：周　燕）

中国建设银行泸县支行
Luxian Branch of Construction Bank of China

【概况】建行泸县支行位于泸县玉蟾街道花园路 11 号，有员工 16 人，设有营业网点 1 个、自助银行服务点 3 个。截至 2017 年年末存款余额 109723 万元，各项贷款余额 61487 万元。

【业务经营】建行泸县支行始终秉承“立足县域、服务社会民众，积极支持县域经济发展”的理念。支持地方经济，积极挖掘优质企业和项目，加强信贷投放。结合县域具体情况，服务中小企业，按照大数据管理原则，创新推行低利率、纯信用的小微快 E 贷、云税贷等小微企业贷种，切实为小微企业解决融资难融资贵的问题。服务地方民众，大力拓展个人金融业务。强化优质服务，走访企业、行政企事业单位、乡镇学校等上门办理公务卡、高速过关免停车 ETC 卡等；积极推行分期通、装修分期和汽车分期等个人贷款业务；在乡镇、社区设置 65 个 POS 缴交网点、在支行开设绿色通道为居民提供养老保险缴交服务。优化服务渠道，延伸服务范围。加快电子银行、自助银行的建设，截至 2017 年年底，建行泸县支行设自助银行网点 3 个、自助服务终端 6 台，自助存取款设备 10 台、POS 机 128 台，在乡镇设立“裕龙通”助农取款点 1 个；免费为客户开通手机银行支付、龙支付等新功能。响应县委、县政府号召，心系扶贫工作。号召全体员工伸出援助之手，多次对对口扶贫村立石镇天堂村捐款捐物，并与镇上、村上干部一起分析每户贫困户致贫原因，研究脱贫措施，实施“精准扶贫”，提高困难群众经济收入，取得良好效果。

【内控案防】全面落实内控案防各项措施。加强员工的警示教育，增强员工的风险防范意识和合规操作的自觉性；加强业务检查监督，有效防范案件风险；加强对消防、安保等案防实施的日常检查。实现全年“五无”（无案件，无重大违规违纪事件，无重大责任事故，无一起违反党纪政纪事件，无一例信访事件）目标。

【优质服务】秉持“客户至上”的服务理念，通过打造“优质服务星级网点”、加快移动金融转型工作，不断提升服务环境、服务技能、服务效率，为客户提供热情、周到、满意的综合化金融服务。保持了“四川省银行业文明规范服务百佳示范单位”、市级“文明单位”、县级“文明示范窗口”等称号。多次组织员工利用休息时间到学校、乡镇宣传金融知识，开展了送金融进校园、送金融服务下乡等活动。为回乡务工人员专属定制“惠福龙卡”等创新系列服务；为拆迁居民提供最快捷、最优惠、最放心的专享金融服务。

（撰稿人：许宏图）

农业银行泸县支行

Luxian Branch of Agriculture Bank of China

【概况】中国农业银行股份有限公司泸县支行位于泸县福集镇，是国有四家商业银行之一。泸县支行在职员工155人，内设部室5个，下辖营业机构14个，遍布泸县城区及主要乡镇，形成便利的结算汇兑金融网络。该行主要提供存取现金、转账结算、消费、理财、贷款、电子银行、代发代付等金融服务，在泸县金融市场中占主导地位。作为一家城乡并举、联通国际、功能齐备的大型国有商业银行，中国农业银行泸县支行一贯秉承以客户为中心的经营理念，坚持审慎稳健经营、可持续发展，立足县域和城市两大市场，实施差异化竞争策略，着力打造“伴你成长”服务品牌，依托覆盖全国的分支机构、庞大的电子化网络和多元化的金融产品，致力为广大客户提供优质的金融服务，与广大客户共创价值、共同成长。

【资产业务】泸县农行作为服务“三农”试点行、中小企业优先发展重点行、电子渠道建设整体推进行、省级新农村建设示范片之一，立足县域经济，积极支持社会主义新农村建设，支持中小企业发展，支持教育行业基础设施建设。充分利用县域信贷政策和市场资源，大力拓展法人和个人优质客户，实施信贷结构调整，促使资产结构更加合理。截至2017年12月31日，泸县支行各项贷款余额175296万元，比年初净增31615万元，其中法人贷款余额96707万元，个人贷款余额78589万元。

【负债业务】扎实做好旺季筹资各项准备工作，继续保持储蓄存款稳定增长。全年深入推进网点的二次转型，强化考核，加快打造“标杆”网点示范群，加强优质客户的维护，个人优质客户稳步增长，由单一业务营销服务型向以客户为中心的综合服务型转变。年末各项存款余额669447万元，比年初净增61299万元，其中个人存款余额561426万元、对公存款余额108021万元。

【服务“三农”与实体经济】2017年上半年，发放棚户区改造项目贷款4.2亿元。2017年年末发放宅基地二期项目贷款5000万。全年三农贷款净增2442万元，完成全年计划的325.6%。落实金融精准扶贫主体责任，全力以赴为泸县实现脱贫攻坚目标添砖加瓦。2017年累计投放建档立卡贫困户贷款3246.7万元，户数2028户，贷款覆盖率36.77%，户均余额1.6万元，发放39笔其他个人精准扶贫贷款1049.6万元，发放了4笔产业精准扶贫贷款2300万元，发放1笔项目精准扶贫贷款5000万元。将精准扶贫和农行大数据相结合，定制“惠农E贷-便捷贷产品”，贷款对象为建档立卡精准扶贫户，纳入白名单1235户，金额约865万元，实现投放10户，金额76万元。

【内控与风险防范】泸县农行坚持依法合规经营，建立健全内部控制领导组，加强对工作的领导和指导。截至2017年年底，不良贷款余额988万元，信用卡173万元，总体较年初下降17万元，完成计划的101.21%。不良贷款率0.56%，比年初下降0.14%。内控评价保持连续4年保持一类行水平，内部控制考核四个季度均保持全市农行第一名。开展财会、运营、信贷等条线培训，推进“三化三铁”创建和后台中心集中建设，落实安全生产责任，信息系统稳定运行。加强信访维稳和舆情管理，风险、案件、员工行为排查等成效显著，合规文化“六个一”活动持续开展，法律事务和反洗钱工作力度加大。全年无重大案件和重大责任事故发生。

（撰稿人：岳　源　温　旭）

中国农业发展银行泸县支行

Luxian Branch of Agriculture Development Bank of China

【概况】中国农业发展银行泸县支行认真履行农业政策性银行职能，充分发挥政策性金融在“稳增长，调结构，惠民生”中的作用。年末各项贷款余额57013万元，较年初上升4113万元；重点建设基金项目投资余额74100万元；全年累计实现信贷投放34594.6万元；各项存款余额为68494万元，比年初下降6667万元；继续保持不良贷款零余额和“四无”工作目标；实现中间业务收入10.2万元；实现利润2955万元，创历史最好水平。

【信贷支农】全年发放贷款34594.6万元，其中：省、县专储粮食储备贷款2054.6万元，未发生区域性“卖粮难”和收购“打白条”现象；产业化龙头企业贷款14080万元，农村流通体系建设短期贷款4800万元，龙头加工粮食购销流动资金贷款1150万元，非经营性县级公路建设固定资产贷款10000万元，易地扶贫项目过桥贷款2510万元；为支持泸县农业农村发展提供积极的金融支持。

【脱贫攻坚】作为当地异地扶贫搬迁贷款主办行，泸县支行积极配合发改、财政、扶贫移民局做好易地扶贫搬迁项目有关资金监管拨付工作。截至12月末，支行账户累计到位中央预算内投资、省级地方政府筹集债务资金、专项建设基金、国农公司贷款2848万元，拨付2826万元。新申报扶贫过桥项目贷款2个，金额6亿元，为泸县脱贫攻坚工作的深入推进提供积极的支持。

（撰稿人：张　弧）

交通银行股份有限公司泸州泸县支行

Luxian Branch of Communication Bank

【概况】交通银行泸县支行于2013年1月22日营业，2017年12月末在编人员9人，具有大学本科及以上学历的人员占比为100%。五年多来，全行工作积极稳健推进。经营管理进入新的发展平台，经营效益持续向好，业务基础稳步夯实；渠道建设有效扩展，网点延伸服务功能逐渐放大；渠道性产品不断提升，产品业务覆盖面和影响力的规模效应放大显现；业务收入途径增多，业务范围扩大；优质服务成效显著，内控管理日趋完善；干部员工队伍稳定，企业文化认同感增强；党建、案防、安保工作实现平安运行。截至2017年12月31日，各项存款余额99379万元，人民币各项贷款余额36092万元。

【支持地方建设】落实交行作为国有股份制银行的政治责任和社会责任，坚持以链条式营销，源头式营销为发展手段，依托县区经济发展，狠抓重点项目，贸易融资不放松。将政府、行政事业单位、酒业、物流等作为客户营销的重中之重，同时积极服务小微企业和个人客户，积极主动向县委、县政府汇报，重点突破一批在当地市场有影响力的项目，展开与烟草公司和水务公司的合作。

【服务小微】加强小微企业金融服务，积极探索运用专业化方法解决小微企业融资难题，建立区别于公司信贷与个人信贷的独立授信流程，使小微企业客户受益群体趋向最大化，取得良好成效。小微企业业务范围包括汽车运输、煤炭贸易、酒类制造销售、农业生产经营等行业，有效带动扶持一批有市场发展前景的小微企业，为泸县经济建设培育新鲜动力血液。

【支持县域经济】加强对县域经济的金融支持力度，进一步将金融服务辐射到县域区域。泸县支行积极配合县民政局开展泸县2017年贫困对象退出验收工作，于2017年参加由县政府组织召开的2017年贫困退出县级验收督查工作培训会。对喻寺镇齐心村、陈陀村80户贫困户进行验收。落实地方政府和监管机关要求，着力做好对“三农”的金融支持工作，加大对县域经济的支持力度。

【渠道建设】至2017年末建成在行式自助银行1个，包括自助存取款一体机3台、离行式自助银行1个、网点智能机具2台、自助查询机2台，持续发展网银、手机银行客户，初步形成分布合理、功能齐全、实施齐备的服务渠道网络，增强金融服务功能，提高客户体验度。

【廉政案防】内部相关组织架构持续完善，根据业务发展及内控管理需要组建成立相应的职能机构和领导小组，配套建立相应制度和管理办法，并签订目标责任书。支部以强化管理为手段，努力抓好党员思想政治建设，加强个成员自身道德品质修养，积极推进“两学一做”“三会一课”等党建活动。泸县党支部还积极参与投身公益行动，先后派出党员参与“县级脱贫攻坚督查全覆盖”“脱贫攻坚专项调研”“脱贫攻坚县级验收督查”“打击治理通信网络新型违法犯罪宣传活动”“开展征信宣传日活动”等公益性工作，极大程度地发挥党员投身一线的先锋模范作用。

【服务提升】交通银行泸县支行作为泸州地区的后来者，始终坚持以优质服务尽快树立良好市场口碑并抢占业务阵地，坚持“一个交行、一个客户”的服务理念，以客户为中心，进一步提升客户服务水平。实施服务提升工程，将服务工作纳入日常化、动态化进行量化管理。加强员工业务技能培训和业务知识学习，不断提高业务流程办理水平，提高服务效率。完善服务质量提升长效工作机制，以服务工作规范化、标准化为要求，全面强化日常管理，围绕星级网点创建做好优质服务工作。加大硬件设施投入，美化服务环境，加大宣传力度，强化品牌效应推广。积极参与政府和职能管理部门组织的各类形象宣传展示，履行社会责任。

（撰稿人：秦　莹）

四川泸县农村商业银行股份有限公司

Sichuan Luxian Rural Commercial Bank Limited

【概况】5月16日，四川泸县农村商业银行股份有限公司（以下简称泸县农商银行）开业申请获得四川省银监局批复。泸县农商银行辖53个网点，其中营业部1个、支行28个、分理处24个，本部设综合保障部等9个部门，在编在岗员工383人。截至2017年12月末，存款余额1165489万元，贷款余额640854万元，比年初净增62191万元，不良贷款余额27089万元，全年无案件事故发生。

【支持县域经济】2017年，泸县农商银行树立“立足县域、服务县域、经营县域、引领县域”的经营发展理念，服务“三农”，支持实体经济、中小微企业，支持政府重点项目、民生工程、基础设施建设。做好农村农民金融服务工作。根据泸县是劳务输出大县、建筑，农民是基础客群特点，通过村委和金融联络员把客户抓牢，切实满足农户资金需求；缓解小微企业融资难。牵线园区管委会，营销优质企业，支持实体经济发展；积极开展续贷业务，为经营正常、因流动资金一时短缺企业提供无还本续贷，着力解决客户融资贵难题；持续做好县域内民生、消费类信贷产品推广。继续加强对“放心贷”“安居贷”“卡贷通”等信贷产品营销，截至2017年12月末，发放“放心贷”736户、贷款余额41370万元，安居贷1674户、贷款余额41370万元，卡贷通3406户、贷款余额20189万元；支持重点项目。积极与政府衔接，重点支持政府项目、民生工程、基础设施建设；做好试点工作，2017年，泸县农商银行承担农村集体经营性建设用地抵押贷款试点以及农民住房财产权抵押贷款试点工作，成功发放全省农信系统第一笔农村集体经营性建设用地抵押贷款，发放农民住房财产权抵押贷款近1000万元，为农村“三权”改革积累了经验。

【精准扶贫】助力金融精准扶贫。截至2017年12月底，累计发放扶贫小额信用信贷2617户金额4077.16万元，发放产业扶贫贷款5901万元，支持扶贫项目贷款2000万元，支持辖内近3000余户贫困户脱贫奔小康。继续做好精准扶贫对口帮扶工作。继续做好精准扶贫对口帮扶工作，继续帮扶海潮镇尖山村脱贫致富，派驻第一书记，落实“五个一”帮扶措施。2017年，捐赠资金18万元，改善公路及幼儿园等基础设施，帮扶尖山村33户贫困户脱贫，获得泸县2017年度脱贫攻坚工作联村帮扶先进单位。

（撰稿人：杜　亮）

泸县中国邮政储蓄银行股份有限公司泸县支行

Luxian Branch of China Postal Savings Bank Limited

【概况】中国邮政储蓄银行股份有限公司泸县支行（以下简称邮储银行泸县支行）于2008年5月23日成立，内设综合管理部、综合业务部2个部门，自营网点在岗员工60人。全县有61个全国联网营业网点（4个自营网点、57个代理网点），数量居泸县金融机构之首。开办个人、公司、信贷等多项业务，是全功能的国有商业银行。2017年，全行各项存款余额85.25亿元，比年初增加6.13亿元；公司业务存款余额5.45亿元。全年共投放信贷资金6.63亿元，与上年同期相比增长22.1%；全年新增贷款2.30亿元，结存贷款余额为7.96亿元，结存贷款余额与上年末相比增长40.64%。

【经营管理】邮储银行泸县支行结合当前经济金融形势，以推动转型发展为中心，转变经营思路，创新管理模式，大力倡导“投入讲产出、经营讲效益、管理讲成本”的管理理念，强化财务管理，实现增收减支，强化不良贷款清收，提高资产质量。发展新兴业务，创新人才管理，优化岗位配置。

【服务“三农”】坚持服务社区、服务中小企业、服务“三农”的战略定位，支持地方经济发展，服务社会民生，走出一条可持续的“普惠金融”发展之路。加大网点改造力度，拓宽服务渠道。对服务网点进行全面优化升级，发展POS机、手机银行、优友宝等线上产品，极大地方便广大客户办理银行业务。加大信贷投放，信贷规模稳健增长。2017年年末，信贷规模为7.96亿元。创新经营，鼎力支持中小企业发展。立足县域经济，重点解决企业融资问题，全年发放小企业贷款32笔，金额1.37亿元。关注民生，积极做好再就业工作。2017年发放再就业贷款97笔，金额922万元，为人民群众就业、创业提供金融支撑。创新“扶贫小额”贷款产品，认真开展金融扶贫工作。2017年累计发放扶贫小额贷款1291笔，金额1400.4万元。全力支持民营经济发展，重点解决个体工商户、微小企业融资难问题。全年发放个人商务贷款585笔，金额2.13亿元。大力支持县域经济发展。刺激消费，拉动内需，全年累计发放一手房、二手房等消费类贷款956笔，金额2.13亿元。重点支持“三农”业务发展。坚持市场定位，积极做好三农业务发展，全年发放小额贷款1667笔，金额7754.4万元。

【惠民工程】2017年累计代收社保、医保、非税约21.97万笔，金额1亿元，笔均455.17元；累计代付社保、新农保、低保、财政补贴、助学金等311.18万笔，金额8.59亿元，笔均276.05元，其中新农保215.23万笔，金额1.78亿元，笔均82.70元。邮储银行泸县支行成为全县“新农保”服务参与度最高的金融机构。

【内控管理】规范财务收支核算，防范财务风险。加强对账工作管理，提高对账回收率。认真贯彻落实反洗钱规定，及时准确报送可疑交易报告，强化廉洁风险防控措施，加强对关键风险点的监控。认真落实党风廉政建设责任制和“一岗双责”要求。全行各级层层签订《案件防控工作责任书》，认真履职，确保支行全年无案件和风险事件的发生。

【企业文化】开展丰富多彩的文体活动，丰富职工的业余生活。结合“学习贯彻十九大精神”和各种主题党日活动，深入开展“两学一做”学习教育实践活动，努力深化“市场乱象”整治排查、巩固和拓展党的群众路线，严格落实中央八项规定和集团公司党组20条实施意见等有关要求。积极履行企业社会责任，关注社会特殊群体。在精准扶贫领域，对帮扶村进行力所能及的支撑和帮扶，认真开展脱贫攻坚，履行社会责任；在教师节对寿尊小学全体教师进行慰问，为广大师生送去关怀；在捐资助学方面，主动捐款为偏远山区贫困高中生实现大学梦，持续为构建和谐社会做出了企业应有的贡献。

（撰稿人：吴　军）

泸州市商业银行泸县支行
Luxian Branch of Luzhou Commercial Bank

【概况】泸州市商业银行泸县支行（以下简称泸县支行）于2014年12月18日对外营业。作为地方性城市商业银行的县域分支机构泸县支行，主要为泸县的各机关事业单位、国有企业、个体工商户、小微企业的发展以及全县人民的金融需求提供优质金融服务，更好的推进县域经济的发展。泸县支行内设营业室、营销科和综合科3个部门。2017年支行在编人员15人。

【业务经营情况】泸县支行坚持“立足地方，服务中小，关注民生，贴心市民”的经营宗旨，秉承“先你所想，融通有道”的经营理念，根据县域情况针对性地进行产品创新、制度创新、流程创新，为客户量身定制金融产品和金融服务。泸县支行积极与各级政府对接，将信贷资源投入到泸县医药园区建设、泸县经开园区建设、泸县汇兴集团重点项目建设、市政融资建设、小微企业发展，积极支持泸县地方经济建设；积极响应民生号召，制作和发放社保卡4万余张；积极推行“酒城卡”零费用惠民行动，异地异行取款转账全免费，把更多实惠让渡给泸县企业和泸县人民。2017年，泸县支行存款余额为13.94亿元，贷款余额为14.74亿元。

【内控案防】支行重视风险管理，及时传达总行相关文件和要求，落实关键环节和薄弱部位的风险管控，扎实开展员工合规教育，加强问题的落实和整改。坚持“案防工作要月月讲、天天讲、时时讲，常讲常新”的工作要求，认真贯彻执行总部关于纪律作风、操作风险的文件精神。通过晨会、周会、月会、案防工作会以及业务讨论、学习考试等方式，形式多样的开展内控学习，有效防范案件事故的发生，确保实现支行全年“零”案发。

【党建工作】2017 年 10 月，根据商行党委要求，泸县支行成立第十六党支部。通过党支部选举由胡珊担任党支部书记。她在担任党支部书记期间全面推进党的思想、组织、作风和制度建设，不断提升党员理论水平和服务意识，转变党员干部工作作风，充分发挥党支部的战斗堡垒作用和党员的先锋模范作用。

【精准扶贫】2017 年，泸县支行对嘉明镇扶松村进行扶贫工作。不仅仅局限于财物等普通支持，更深入基层，了解当地村民的投融资需求，积极向当地村民宣传普惠金融政策，介绍金融产品，提供适当的金融服务，2017 年，支行发放农民住房财产抵押贷款 22 笔，金额共达 479 万元；既展现泸商行人良好的社会形象，也践行党支部的社会责任，得到广泛认可。

（撰稿人：张　雨）

中国人寿保险股份有限公司泸县支公司

Luxian Branch of China Life Insurance co. LTD

【概况】中国人寿保险股份有限公司泸县支公司为国有绝对控股上市公司。内设经理室、综合管理部、客户服务部、团险销售部、银行保险部、个险销售部；在 19 个镇分别设立营销服务部，营业网点遍布全县各镇，在岗职工 17 名，个险及团险、银保营销人员 400 余名。公司主要经营各类人身保险、健康险、意外险等。公司秉承“诚实守信，客户至上”的服务理念和“依法合规，创新驱动”的经营理念，不断创新，规范运作。2017 年总保费收入 1.145 亿元，新增保费收入 5400 余万元，各类满期给付 6489 万元，理赔金额近 1004 余万元。上缴税款各类税款 98.42 万元。

中国人寿保险泸县支公司

【社会责任】2017 年承保农村小额人身保险和泸县城镇居民和农村居民的大病补充医疗保险，为全县人民提供全面的死亡、伤残和医疗保险保障，为减轻人民群众负担，为泸县的全面脱贫攻坚工作做出一定贡献。泸县国寿在努力发展保险业务的同时，公司通过各种方式和途径，积极吸纳社会无业人员达 300 余人。“撒播爱心，造福社会”是中国人寿永恒的价值理念，县支公司积极参与“送温暖帮民困慈善”“栋梁工程”一日捐等社会公益捐助活动；助养汶川大地震孤儿。

（撰稿人：王小洪）

中国人民财产保险股份有限公司泸县支公司

Luxian Branch of China People's Property Insurance co. LTD

【概况】中国人民财产保险股

份有限公司泸县支公司（以下简称公司）是一家国有控股公司，公司坚持“忠诚服务，笃守信誉”和“人民保险服务人民”的宗旨。公司内设经理室、综合部、业务一部、二部、三部、四部，农村保险事业部/农村普惠金融事业部，并分别在潮河、喻寺、玄滩、兆雅设立4个营销服务部；2017年公司有合同制员工35人，营销人员400多人。公司主要经营：各类机动车辆保险、企业财产保险、家庭财产保险、各类责任保险、短期人身保险、学生平安保险、信用保险、保证保险、政策性农业保险、电（网）销车险等等200多个险种的保险业务，拥有财险市场上最完备的产品体系，在泸县辖内财产保险市场上处于主导地位。

【业务情况】2017年实现保险费收入8378.20万元，其中商业险保费收入5680万元，农险实现保费收入2697万元（扣除划出业务同比增长18%）。赔付支出3801元，其中商业险赔付支出2803万元，同比增长11%，农险赔付支出998万元，同比增长7%。公司在不断拓展业务的同时，不断提升和完善自身的服务能力和服务水平，为客户提供协作修理厂和住院治疗协作医院；同时继续完善各类伤人案件伤残评定、大额医疗费用跟踪处理和提前预

人保财险泸县公司办公大厅

付等措施；开通“95518”全国服务专线，“4001234567”电话车险直通车专线业务，积极开展“同城通保通赔”和实施绿色通道救助服务等，成立人保之友客户俱乐部为广大客户投保和索赔提供了方便快捷的服务。

【企业文化建设】公司以各种文明创建为契机，深入开展党风廉政建设和行风建设，完善企业文化，提高服务质量。大力倡导“以市场为导向，以客户为中心”的经营理念，强化以人为本，努力做到内强素质，外塑形象，强化内部管理以提高员工服务水平；并积极开展社会公益事业，资助联系乡镇的孤残儿童和镇敬老院、乡村学校少年宫、帮扶“三结合”户，多次为受灾地区和群众捐款捐物等，较好地树立起了泸县人保财险公司的优质企业形象。公司在狠抓业务发展的同时，也十分重视文明创建工作，公司也连续多年保持“省级文明单位”“泸州市文明示范窗口”和“省一级档案工作达标单位”等荣誉称号。2015年、2016年连续两年被四川文明消费宣传活动组委会评为“重文明、守信誉、诚信经营示范单位”。

【重大赔付】2017年公司车险支付赔款2136万元，其中6月4日的发生的罐车在高速路翻车的交通事故，单笔赔付金额30万元。非车险支付赔款667万元，其中监责任险（单件赔付在10万元以上）的有13件，赔款金额高达130万元，校方险赔付金额高达40万元，建工意外险赔付金额高达80万元。政策性农业保险赔付998万元，其中种植业保险理

赔410万元，养殖业保险理赔490万元，森林保险理赔1万元，鱼塘保险理赔80万元，水果保险理赔17万元，公司各项赔款及时支付到户，为企业、农户恢复生产，维护社会稳定，保障人民群众的生命财产安全起到积极作用。

（撰稿人：张江兰）

中国平安财产保险股份有限公司泸县支公司

Luxian Branch of China PINGAN Property Insurance co. LTD

【概况】2017年，中国平安财产保险股份有限公司泸县支公司（以下简称泸县支公司）实现保费收入4752万元，同比增长15.63%，在泸县产险市场份额排名第二。平安产险经营业务范围涵盖车险、企财险、工程险、责任险、货运险、短期意外及健康险等一切法定产险业务。近年来，平安产险推出安全生产责任险、诉讼财产保全责任险、环境污染责任险、食品安全责任险、银行卡盗刷保险、家庭综合保障等产品，有效助力社会风险管理和保障体系建设，推动实体经济快速发展，提高服务民生的保险供给质量。

【依法合规与诚信经营】泸县支公司成立8年来，通过不断的努力，在泸县财产保险市场占有相当的份额，对泸县经济的稳定发展、构建和谐社会起到了积极作用。公司历来注重引进科学先进的管理机制，提高服务品质，通过严格的内部管理和依法合规的经营方针，不断优化业务结构，提高综合竞争力。

【专业服务】平安产险始终坚持客户导向，利用创新科技提升服务体验。2017年，平安产险业内率先推出车险理赔爆款服务“510极速查勘”及“车险理赔一键包办”。其中极速查勘覆盖率达80%，43%的案件线上远程查勘完成，37%的案件10分钟内到达现场；一键包办服务可包办三者车损及小额人伤理赔、车辆维修及事故车接送、事故救援等六类服务。

【支农行动】2017年，泸县支公司负责兆雅镇、太伏镇、百合镇、立石镇和云锦镇的农业保险。泸县支公司对农户进行承保和理赔的大力宣传，保障农户利益。接到报案电话，第一时间安排人员查勘灾情，安抚农户情绪，2017年农险理赔金额992万元。泸县支公司响应政府扶贫攻坚的号召，为兆雅镇323户建档贫困户赠送复合化肥。泸县支公司为泸县扶贫驻村第一书记、扶贫移民局编制内扶贫工作人员597人赠送意外身故或伤残保险，总保额5970万元。

（撰稿人：张　岚）

中华联合财保险股份有限公司泸县支公司

Luxian Branch of China United Wealth Insurance co. LTD

【概况】中华财险泸州市泸县支公司成立于2004年。2017年保费收入1998万元；同比增加140万，其中车险：1103万元，财险：85万元，人险：154万元，农险：655万元。其中政策性农业保险共收入保费655万元，同比增加保费160万元，全年处理赔案4608件，结案率98.67%，共计赔款519万元，受益农户7647户。税收完成127.9万元，其中增值税54.9万元、车船税65万元、其他税收8万元。

【社会责任】中华财险泸州市泸县支公司坚持保险姓保，重合同、守信用，各类灾害事故应赔尽赔、快处快赔，累计支付赔款1458万元。作为国有保险公司，中华财险泸州市泸县支公司把自身经营发展置身于地方党委、政府中心工作中谋划推进，立足农险特色优势，深耕“三农”领域，公司农房巨灾保险、土地流转履约保证保险等产品属全国首创，在对接服务精准扶贫、供给侧改革、社会治理、民生改善、社会公益等多领域有为有位。2017年，泸县支公司客户服务评级为A，成功创建“四川保险业放心舒心消费示范企业”。

资源与环境保护

RESOURCES AND ENNVIRONMENTAL PROTECTION

国土资源管理

Land and Resources Management

【土地制度改革】围绕改革目标和改革任务，大胆创新，全力推进。农村土地制度改革三项试点进一步深化统筹，以宅基地退出撬动农村土地资源配置优化，农村产权的财产性、市场化价值逐步显化，改革叠加推动三农发展的综合效应日益凸显。“宅改”试出成熟经验。成功探索出打破区域限制“就地异地取得宅基地模式”、宅基地有偿退出“五路径两套餐模式”、宅基地价值“盘活模式”和宅基地“层级管理使用模式”。试点村基本完成宅基地退出复垦面积1万亩；实现宅基地抵押贷款89笔、1429万元。“入市”取得基本样本。成功探索出调整入市，宅基地退出复垦节余建设用地指标调整入市的路径，入市面积198亩；谭坝村扶贫厂房等6宗131亩入市地块。“征改”实现初步破题。以城西湿地二期征地项目、喻寺水厂等为样本，前置征地协商和安置补偿环节，开展风险评估、联合调处纠纷，落实政策性刚性安置、创新扶助性柔性安置，切实增强被征地农民的获得感。

【不动产登记】加快推进不动产统一登记工作，全年业务累计受理83390件，办结不动产权证书和证明57320件，其中农村集体经营性建设用地入市登记1件，办结率68.7%；颁发不动产权证书26653本，其中农村不动产登记223本，颁发不动产登记证明30667份，其中农村不动产登记证明94份，涉及抵押金额1523.5万元。

【耕地保护】严守耕地“红线”，实行耕地保护“一把手”负责制，层层落实耕地保护责任。全县划定基本农田74240公顷，比上级下达任务74170公顷多划定70公顷，成果通过省厅验收确认。全县实有耕地面积127.3万亩，比市上下达121.4万亩多5.9万亩，全面完成2017年度耕地和基本农田保护责任目标任务。强化征地报批，充分利用农村宅基地退出节余指标，按照项目用地需求，分起轻重缓急和调规情况，应保尽保。

【土地资产管理】为加强农村宅基地审批和管理，市县联合研究开发农村宅基地管理信息系统，将宅基地权属、退出前后对比、复垦指标使用等信息录入系统，并与不动产、“一张图”以及手机信息平台相对接，及时准确掌握全县土地动态信息，实现土地管理精准、高效。

【矿产资源管理】摸清全县矿山地质环境问题，建立矿山“一矿一档”资料；对全县矿山进行停产整顿，制定严格复工复产方案；对关闭的49家矿山地质环境恢复治理和矿山建设占地情况进行调查和清理。通过规范管理，严格矿山复工复产准入条件，对“小、乱、差”的矿山进行关停整改，极大改善矿山生态环境。

【用地保障】本着“有保有压，确保重点”的原则，精准投放建设用地指标，重点保障基础设施、民生项目和“创新创业”用地需求。2017年实施征地项目30个，征地面积1.2万亩。土地一级市场出让土地31宗，土地一级市场划拨27宗，有力地保障城市基础设施和公益事业项目用地。

【规划保障】为保障园区建设、产业发展、基础设施建设及民生工程建设，结合农村宅基地改革政策，调整完善了泸县县乡两级土地规划，调整划定重点区域重点部位及全县永久基本农田的划定工作，全县划定基本农田74240公顷。

【执法监察】结合宅基地审批权限的下放，将监管责任和执法

12月25日，泸县召开深化统筹推进农村土地制度改革试点工作会议

重心下移，建立村民小组巡查通报、村民委员会快速处置和镇政府联合执法的工作机制，把好执法的第一道关口，实现及时发现、及时治理、及时处置。加强动态巡查，及时有效制止、查处违法行为。开展土地矿产资源动态巡查694次，巡查人员1559人次，上报巡查月报9期。强化打非治违，开展打非治违专项巡查458次，巡查人员1011人次，参与全县矿山复工复产验收，完成煤矿超层越界专项整治行动实测工作。加大案件查办工作，查办违法用地行为20件，及时制止20件，自行整改11件，立案处理9件，结案9件。案件办理质量较高，送省厅评查案件1个，被评为全省优秀卷宗。

【地质环境保护与灾害防治】全县完成搬迁安置36户107人，应急排危30处，消除隐患点66处，投入资金770余万元。全面开展地灾动态巡查和安全隐患检查，并请113地质队开展应急调查40次，发布预警信息10万余条，发放宣传资料2500余份，确保全县地灾隐患点连续18年零死亡。

【土地供应】进一步完善供地程序，2017年度土地一级市场出让土地31宗，总成交价款12432万元。土地一级市场划拨27宗，面积575亩，有力地保障了城市基础设施和公益事业项目用地。土地二级市场办理土地划转出、续期222宗，价款252万元。办理改变用途、容积率等土地使用条件6宗，补缴土地出让价款5121万元。

【土地整治工作】2017年，全县实施土地整理项目13个，共整治田间道路86.52千米，山坪塘

148 口，修建蓄水池 123 口，建生产路 41.45 千米，整治沟、渠 38.82 千米，新增耕地 15722.7 亩。

【脱贫攻坚】通过“回头看、回头帮”，主动查摆问题，分析原因，采取措施，积极营造共建共享脱贫攻坚氛围。2017 年帮扶的 22 户贫困户全部脱贫，联系的伏龙村摘掉贫困村的帽子。基础设施大力改善，入户公路达 90%以上，农网改造基本完成，创建“四好”村通过市级验收。

（撰稿人：苏永海）

环境保护
Environmental Protection

【大气污染防治】启动开展机动车环保检测，开展重点行业（砖瓦、玻璃、陶瓷）大气污染治理设施专项治理整治工作；开展挥发性有机物（VOCs）调查工作，2017 年有 160 家企业完成网上填报，其中 113 家通过省上审核，通过率 70.6%。印发工作方案、加强督查，全面控制秸秆焚烧乱象；落实扬尘污染综合整改工作；修订完成重污染天气应急预案，建立完善污染源管控清单；完成泸州市江阳钢铁有限公司脱硫除尘升级改造工作。2017 年，可吸入颗粒物（PM_{10}）平均浓度为 88 微克/立方米，细颗粒物（$PM_{2.5}$）平均浓度为 65 微克/立方米。同比 2016 年 PM_{10} 平均浓度 92 微克/立方米、$PM_{2.5}$ 平均浓度 67 微克/立方米有所改善。城区环境空气质量优良天数为 236 天，优良天数率为 66.1%。

【水污染防治】投入资金约 4.5 亿元，全方位开展水污染防治行动，实现濑溪河出境断面达Ⅲ类水质，完成省政府交办重大民生实事。加快推进河长制，分级分段落实河长，建立河道保洁长效机制。快速完成 28 千米泸县至石洞截污干管工程，建两个提升泵站，设计日最大输送污水 7.8 万吨。2017 年 8 月建成投运，日平均输送污水 1.3 万吨。率先完成 5 个污水处理厂提标改造工程，设计排放标准为《四川省岷江沱江流域水污染物排放标准》。完成县城垃圾填埋场渗滤液处理工程，建成投运 1 万立方米事故调节池 1 座，220 立方米的垃圾填埋场渗滤液处理站 1 个。城镇建成区雨污管网均建成投用。全面取缔县城濑溪河 4 艘营业船只，全面整改小酒厂污染、沿岸砂石堆场，禁养区 17 户养殖户全部关闭。

【土壤污染防治】贯彻落实《土壤污染防治规划四川省工作方案》，编制完成《土壤污染防治规划泸县工作方案》；完成自然保护区（牛滩白鹤林自然保护区）建设项目清理上报工作，落实管理机构和编制人员，编制完成《牛滩白鹤林自然保护区建设保护规划》。完成危险废物申报登记管理工作，规范转移处置危废 200 吨，督查危险废物规范化建设 27 家。加强面源污染防治，推广测土配方施肥面积 105 万亩。

【环境监测】泸县环境监测站出具各类型报告 308 份，获得大气监测有效数据 1980 个、地表水

5 月 11 日，市委常委、市总工会主席刘云（左二）到泸县调研濑溪河河长制工作（张永　摄）

1925个、饮用水928个、噪声1814个。获得重点源监测有效数据236个，出具一般污染源监测报告183份，提供有效数据3900余个，为环境管理提供科学依据，助力环境监管工作有序开展。

【环境监管监察执法】强化环境风险隐患排查。对重点行业、敏感区域、敏感流域做实环境风险隐患排查，2017年排查整改环境风险隐患109家。严查环境违法行为。采取错时查、突击执法监测等方式，严格执行“双随机”抽查制度，全年立案查处环境违法行为112起，处罚金额1088万元，其中按日计罚3件、查封扣押3件、限产停产17件、拘留移送7件。高度重视信访工作，受理投诉316件，其中“12369”环保热线投诉106件、来人来电来信投131件、转办件79件，办结率100%。切实开展打击“散乱污”环境违法违规企业专项行动，对141家“散乱污”企业实施强制断电，30家企业完成整改并通电复产。

【环评审批与建设项目管理】提前介入，优化服务。对符合环保要求，涉及民生工程、基础设施、生态环境建设等有利于扩大内需的项目，实行全过程跟踪服务，实现最快捷的审批服务。2017年办理行政许可339项，建设项目环评审批103个，其中省上审批的重点项目有太伏镇神仙桥临港园区、临港园区污水处理厂、奇格曼制药规划环评等，竣工环保验收项目120个，核发排污许可证116个。完成违法违规建设项目清理整改任务，对18个符合产业政策及规划，污染物达标排放，重点污染物排放符合总量要求且环境风险可控的项目，补办环评手续。对198个不符合产业政策及相关规划，经评审符合环保临时备案要求的项目报市政府纳入临时备案管理。

【央督迎检工作】迎督工作启动后，泸县迅速制定工作方案，成立迎督领导小组，下设10个专项工作组，高效办理各类文件75件，编发简报70期，督察专报25期，累计办会55场，收集归档资料439盒，上报补充资料36批，确保各项工作落地落实。以央督为契机，泸县针对小酒厂污染、农村面源污染、禁养区畜禽养殖污染、“散乱污”等突出环境问题开展专项整治，着实解决了一批“老大难”问题。中央环保督察组交办泸县信访件33批次，其中泸县被登记36件，剔除重复件实际27件，完成整改26件。省环境保护督察反馈的17个问题、市级挂牌督办的8个问题、市大排查反馈的14个问题，剔除重复后的22个全部完成整改。

【环境突发事件应急】高度重视环境应急工作，加大企业环境应急管理，指导277家企业按新标准修订完善应急预案并完成备案，对重点风险源企业，督促落实应急信息员队伍，确保企业突发事件应急信息报送。参加泸州市防灾救灾应急演练，举办大洲化工、园区突发环境事件应急演练，有效提升突发环境事件应急处置能力。

【宣传教育】开展环保专题宣传活动，“6·5”环境日承办泸州市“保护濑溪河从我做起”主题宣传活动，累计发放环保知识手册、法律法规等3000余份，环保袋200余个，环保书签2000余个。县级各部门积极参与环保宣传工作，LED标语、灯箱、广告牌、高速路T型牌等宣传形式全面开花。加强信息公开工作，县政府门户网站设置专栏，及时面向社会公开环境质量、环境监管、行政审批、环保服务等各类政务信息。

气象服务
Meteorological Services

【概况】2017年汛期泸县气象台准确预报出多次强降雨天气过程，通过电话及手机短信向县领导、相关部门领导、乡镇领导、气象信息员、地灾责任人等发送预报预警信息和雨情通报100余条40多万人次，为抗灾救灾争取了主动。2017年泸县中央财政“三农”气象服务专项建设项目进展顺利，并通过省气象部门验收，圆满完成了建设工作。泸县气象部门在重大气象保障服务上，始终秉承准确、及时、贴心的服务理念，为全市防灾救灾综合应急演练、中（高）考、烈士纪念日纪念活动、“12·4”国家宪法日法治宣传教育活动、“迈进新时代·建设新龙城”跑步迎新年活动等重大社会活动提供精准的气象保障服务。

【人工影响天气作业】县人影办针对干旱、大气污染，积极开展人工影响天气作业，分别于2月20日、5月20日、10月29日、11月14日、12月29日开展人工增雨缓解干旱和消减雾霾科学实验作业5次，共发射火箭弹22枚，对增加土壤含水量和改善空气质量起到积极作用。

（撰稿人：徐　强）

对外开放与合作

OPEN AND COOPERATION OUTSIDE

招商引资

Investment Promotion and Capital Introduction

【概况】2017 年，全县新签约项目 125 个，项目总投资 289 亿元，新增引资创税企业 210 家。签约入园项目 29 个，其中 5 亿元以上项目 14 个。引进国内市外到位资金 249.01 亿元，增长率为 19.06%。引进国内市外到位资金居全市第一。

【招优引强】坚持把医药产业作为主攻方向，大力发展医药、医疗、医养多头并进的大健康产业，重点对接 POCT 荧光检测试剂生产线等项目，成功签约天圣制药生产及物流基地等 14 个医药项目。着力对接以白酒为核心的食品及其配套产业、智能高科技创新型产业，深入对接湖北裕国菇业等企业，成功签约华冠机器人智能机器人生产线等 11 个项目。围绕县委“四个新区”建设目标，分析一、三产业发展情况，有的放矢，成功签约奥斯特泸县雅阁酒店等 4 个项目。

【领导带队】两位园区“一把手”带队组团招商，2017 年以来，县主要领导、分管领导分别带队赴北京、上海、广州、深圳、珠海、武汉等地，开展“小分队”招商活动 60 余次，重点对接步长九州通西南医药物流基地、国康药业、印度皮奥喜医疗器械、厦门宏发股份、泉州凯鹰集团、天

9 月 13—16 日，县委副书记、县长肖刚率队到湖北省武汉、钟祥等地考察学习园区招商引资工作（罗杰　摄）

科股份催化剂项目、亚联高科纳米碳项目、成都晶宝时频石英晶体谐振器项目等。

【联动招商】通过以商招商、产业链招商方式取得突破，医药园区柔性引进高端人才梅其炳等教授担任医药产业发展顾问，县经济开发区积极引进泸州电子机械校长朱国良、厦门模具协会副会长王平等担任产业发展评审专家和招商代理人，充分发挥专家顾问团队人脉优势引进天圣制药、厦门华科精密模具、福建三净环保新型设备生产基地等项目。围绕智能机器人项目产业链延伸引进深圳虹霞智能光电、智能医疗科技产业项目等。

【盘活存量】促进园区白云酿酒、陈年窖酒业、芦台春酒业、东方红郎等企业与西凤酒业、稻花香酒业、北京红星二锅头、肆特酒业等二线酒类品牌企业合作；托管泸荣酒业生产、包装，恢复生产；利用劲牛机械、德康模具、拓力源等企业闲置厂房引进温州金杰镀膜、广东创艺佳、雅姿彩包材、福建华科模具、华拓模具等入驻；利用蜀南春闲置资产，引进玉蝉酒业建设年产5000吨保健酒项目；深度对接泸牌老窖等项目。

（撰稿人：章斌杰）

援藏工作

Aid Tibet Work

【概况】泸县有34名援藏干部和专业技术人才，秉承“艰苦不怕吃苦，缺氧不缺精神”的援藏信念，肩负援授双方重托，全方位援建甘孜州乡城县。对乡城县脱贫攻坚、产业发展、教育医疗、人才培养等方面进行帮扶，县本级投入援藏工作经费300余万元。

【项目投资】协助编制乡城县第二个五年（2017—2021）援建规划，实施援建项目23个，总投资17760万元，计划投入援藏资金15100万元，全力推进23个项目建设。投资150万元打造浪冲新村，改善贫困群众生产配套设施和住房条件；投资250万元改造打绕古聚居点公共设施，为虫草采挖季群众提供安置环境；投资700万元建设太阳能提灌站两座，解决洞松、白依乡群众生产生活用水困难问题。组成精准卫生对口支援工作队，为9个贫困村村民开展全民免费健康体检，开展“健康知识宣讲到群众”活动。

【人才培养】选派15名优秀骨干教师进藏开展培训、交流示范活动6批次；每年选送15名教师到泸州市挂职锻炼、短期培训和跟班学习；设立150万元教育人才培养援助基金，设立100万元贫困学生教育扶贫专项基金，投入310万元新建正斗二完小教学及辅助用房，投入90万元完善道路硬化、绿化工程等附属设施。帮助乡城县干部到泸县机关、乡镇递进培养、考察学习共4批次，120余人。

（撰稿人：熊　敏）

外事侨务

Foreign & Overseas Chinese Affairs

【因公出国（境）管理】严格执行中央八项规定和省市有关文件精神，严格因公出国（境）计划报批、因事定人、限量管理、信息公开等规定和制度，提高出访质量。因2017年省市收紧出国（境）审批权限，泸县领导干部出国（境）均由省市带队，省市审批。全年为因公出访的领导干部提供咨询等服务17次。

【经济文化交流】会同公安、投促、医药产业园等部门，为德国北威州投资促进署代表团考察泸县医药产业搞好服务工作。多渠道参与经济部门“走出去”活动，2017年6月，和投促局、经开区、医药产业园一道，参加第十五届东盟华商会，全面推荐泸县的投资和政务服务环境。努力协调做好2017年香港“欢乐春节文化庙会”参演工作。积极协调文化、旅游等部门，为香港市民带去了精彩的“雨坛彩龙”表演，提高了泸县的对外知名度和美誉度。

【服务工作】以服务慰问为抓手，将知侨之所难，解侨之所困，呼侨之所需作为工作的出发点和责任，采取多种方式对老年归侨和困难侨眷进行慰问，积极向上争取贫困归侨侨眷扶持资金，困难侨眷王银洲、古洪忠获得资助4000元；匹配资金，在春节前夕开展慰问活动，对困难侨眷罗太清、刘远富等9人送去慰问金9000元。

文化·体育·传媒·旅游

CULTURAL SPORT MEDIA TOURISM

文 化

Cultural

【制度建设】相继出台《关于加快构建现代公共文化服务体系的实施意见》、关于印发《2017年镇（街道）综合文化站绩效考核评估实施办法》的通知、《泸县文化产业“十三五”发展规划》等扶持发展文件，在人、财、物等方面给予充分保障。

【文化执法】全年出动执法人员2602人次，检查经营单位1003家次；受理举报3件，完结率100%；开展联合执法专项行动8次，协同县关工委开展未成年人思想道德建设调研活动1次；警告28家，口头警告18家，立案查处33家，取缔黑网吧7家，收缴电脑54台，取缔无照无证经营户28家，处罚金额共计78622元，开展安全集中整治6次，口头警告76处，发现一般安全隐患并下达责令改正通知书111处，其中：发现限期整改的安全隐患50处，年底前全部整改到位。

【新闻出版】全年开展新闻出版日常巡查22天，出动检查人员153人次，检查经营户70余家；开展“扫黄打非”校园周边环境治理专项行动8次，立案并结办案件1个，查缴非法出版物8000册、盗版音像制品1600多张，打击游商17个。深入贯彻落实“扫黄打非”进基层网格管理工作，对全县43个社区、251个行政村网格管理员进行培训，实现“扫黄打非”工作纵向到底，横向到边的格局，极大地净化泸县的新闻出版和版权市场。

【文化大事记】1月，泸州雨坛彩龙首次出境赴港演出成功，是泸县对外宣传的亮丽名片。5月县文化馆、玄滩镇综合文化站参加了山东曲阜公共文化实验基地工作推进会。6月，以全省第一的排名获得四川省首批7个现代公共文化服务体系示范县创建资格，并在8月初创建工作启动会上做交流发言。7月，四川省农民演艺标准化体系在泸县发布。西南农民演艺联盟在泸县成功组建，四川省艺术创作中心县级创作基地落户泸县。9月中旬联合四川省演出娱乐行业协会组织了四川省演员水平能力（泸县考点）测试，500余名农民演员通过了测试。11月中国（泸县）龙文化峰会暨第七届中国古桥研究与保护学术研讨会的成功举办，近200名专家学者齐聚泸县支着龙文化传承发展和文旅融合。

9月13日，省文化厅厅长周思源（右一）调研龙桥文化生态园（肖鹏 摄）

【节庆文化活动】春节期间，开展“三下乡暨新春扶贫惠民文艺演出”“春节联欢会”“农民演艺大舞台”“龙舞闹元宵”等活动，举办“二月二龙抬头民俗文化活动”“泸县乡村旅游节”“玉龙湖端午诗会”“4·23书香龙城全民阅读”等主题活动30余场，参与群众达10万人次。

【群众文化活动】到20个镇（街）开展“学英雄·树新风·爱家乡”文艺巡演，参与观众人数8万余人次。“喜迎十九大·共筑中国梦”激情广场大家乐文艺巡演，参与群众上万人次。积极开展“百姓乐坛”、广场舞培训等群众文化活动，丰富广大群众的文化生活。得胜花灯艺术节、方洞二月二龙抬头、云锦镇梨花节、立石镇玉龙湖端午诗会、潮河镇龙眼节、玉蟾山庙会、花朝节等一系列主题大型活动，受到了社区居民的热情参与和高度评价，激发了广大群众热爱社区情感，为构建和谐、温馨社区发挥了重要作用。全年送文化下乡80余场。

【文艺创作】打造音乐小品《暖冬》、舞蹈《龙桥忆事》等文艺精品，音乐小品《暖冬》入围“四川省第十六届戏剧小品（小戏）比赛”决赛。舞蹈《龙桥忆事》荣获泸州市第七届群众文化旅游艺术展示活动舞蹈大赛二等奖。原创舞蹈《采莲舞》入围四川省舞蹈新作大赛决赛。原创歌曲《烛》《人间天河》获泸州市第七届群众文化旅游艺术展示活动原创歌曲大赛三等奖。小品《张三回家》参加“岳池杯”中国曲艺之乡展演获得国家级专家好评。雨坛彩龙首次出境参加香港春节文化庙会。成功组织四川省469名演员在泸县开展能力水平测试。

【“非遗”保护】加大四级“非遗”保护项目的传习活动，方洞镇举办“四川·泸县第五届雨坛彩龙民俗文化活动”；雨坛彩龙、玄滩狮舞、泸县轻吹参加2017年龙桥文化生态园“乡村旅游文化节”活动；6月举办泸县“全国第十二个‘文化与自然遗产日’宣传文化活动”同时参加第六届成都国际“非遗”节和泸州分会场的展销展演活动；8月举行泸县“非遗”储备项目论证会，邀请省、市“非遗”专家对申报四川省第六批“非遗”保护名录的“天兴草龙”“潮河葬俗”“牛滩木刻”“名豪古法天锅酿酒技艺”和申报国家级保护名录的“牛滩马儿灯”“玄滩薅秧歌”“仁和釉药制作技艺”进行论证。洪门武功、云锦木偶等5个“非遗”项目列入第六批市级“非遗”保护项目名录。

文物工作
Archaeological Work

【文物保护工作】全面检查各镇“四有”工作落实情况，并对个别镇补立标志碑。组织申报第八批全国重点文物保护单位工作，申报7处第九批省级文物保护单位。完成全国重点文物保护单位泸县龙桥群的保护规划、屈氏庄园的保护规划。完成玉蟾山保护规划和抢救修缮的方案等工作。

【文物安全工作】全年对各级文物保护单位安全巡查200余次。检查全国重点文物保护单位31处，计50次，省级文物保护单位8处，计69次，市县级文物保护单位19处，计21次；文物库房及新溪子古街6次，宋代石刻博物馆工地6次。县政府与各镇（街道办事处）签订《文物保护安全工作责任书》，泸县文物局与各股室签订《安全工作和消防工作责任书》。

【博物馆工作】启动馆藏281件珍贵文物修复项目。完成对281件文物的前期数据采集，分析并根据数据制定对应方案，待四川文物局批复；四川泸县玉蟾街道办白龙塔村尖山坡抢救性发掘项目历时1个月圆满完成。对现场进行3D扫描、绘图、拓片、映像录制，为异地复原墓室提供原有的数据和依据；上报第三批馆藏珍贵石刻文物保护修复项目，待国家文物局批复，预估申请资金267万元；屈氏庄园博物馆各项工作进程顺利，完成博物馆备案、权属划拨、安消防招标、水电气安装及入户、方洞政府字画移交等，为顺利开馆奠定基础。

体　育
Sport

【体育荣誉】成功承办四川省三十一届老年门球赛、四川省第三届城际篮球联赛等重大体育赛事。四川省第三十一届老年人门球赛，办会质量成为标杆予以推广，获得“四川省门球之乡”荣誉称号。组织雨坛彩龙参加第三届全国老年人体育健身大会获“最佳组织奖”。积极参加国家、省、市体育赛事活动，2月，泸州市人民政府授予泸县人民政府“全市体育事业贡献奖”。

【学校体育竞技】定期举办全县性的中小学生田径、篮球、足球比赛，联合教育局先后举办泸县第二十一届中小学生田径运动会、泸县第十五届中小学生篮球运动会、泸县第二届校园足球联赛等体育竞技比赛；组队参加全省性田径、篮球锦标赛，其中泸县二中组队参加省田径比赛获得全省第三、篮球比赛获得全省第五的好成绩。

【群众体育活动】组织举办迎新年长跑活动、庆“五一”机关职工羽毛球比赛、泸县业余篮球联赛、泸县篮球秋季业余联赛、第十三届龙城金秋篮球赛、泸县中小学生篮球赛等一系列群众性体育活动。组织开展第八个全民健身日系列活动，健身日期间开展篮球、网球、羽毛球、钓鱼、自行车、游泳、健身气功等一系列的赛事活动。羽毛球运动协会、游泳协会、钓鱼协会、自行车协会等体育社团积极开展各类活动，丰富泸县老百姓业余文化生活。

【设施建设】完成泸县体育场的招标工作，即将开工修建。强化全民健身基础设施建设，新建农民健身工程6个、全民健身路径15条，截至2017年年底，泸县有农民健身工程178个、健身路径78个，全县251个行政村体育健身器材覆盖率70%以上。

【体育产业】改善县体彩管理站办公条件，慰问体彩销售业主，新发展体彩销售网点2个；以会代训，对60余人次的体彩销售业主进行业务培训；开展春节、“五一”大型户外即开型销售活动；加强体彩销售网点的维权服务和宣传促销工作，确保全县体彩销售安全运行；全年销售体彩580万元。

【免费开放】全年免费开放时间360天以上，开放18万人次以上，较上年增长10%，周一至周五训练、培训，周末各类业余联赛，举办全县性的赛事活动15次，小型赛事活动30余次，开办体育三级社会指导员和三级裁判员培训15次，其他文体活动、表演、展览、讲座10次以上，体育培训3500人次以上。

图书事业
Book Business

【考评定级】泸县图书馆在第六次全国公共图书馆考评定级中，被文化部评为“国家二级图书馆”。

【图书共建】与泸县嘉明中学签订馆校共建协议，联合开展主题为“最美中国梦·悦读伴成长”的读书会演活动。与泸县财政局、泸县残疾人联合会两个机关事业单位签订图书共建协议，指导两个单位建设、管理图书室，并在两个单位设立泸县图书馆流动图书服务点。截至年底，泸县图书馆先后与20个单位签订图书共建协议。

【农家书屋】开展第十一、十二期农家书屋管理员培训，培训内容是泸州市“一卡通”系统操作，每位管理员必须熟练掌握，独立进行相关操作，参培人员达300多人次。

【免费开放】全年新增藏书6700册。新发展读者1850人，全年接待读者54362人。外借图书52430册次。地方文献收集200余册；为县委宣传部、县文物局提供30余册资料查询。

【读者活动】迎春活动：2017年春节来临之际，开展“同筑中国梦，共度书香年”读书迎春活动。活动内容丰富，形式多样。有书签制作与展示、谜语讲座与竞猜、新年祝福心愿墙。暑期活动：开展“义务小馆员”志愿者活动、泸县民间故事讲座、环保手抄报比赛、走进旅游胜地玉蟾山等活动，参加青少年读者200多人。

【文化扶贫】聘请四川省农科院曾正明博士到太伏镇青桥村开展农技培训活动。培训的内容是《水稻病虫害防治》和《杂交高粱栽培技术》。“六一”节慰问青桥村小学全体师生，并赠送书包、图书等学习用品。到太伏镇石龙井村开展党支部结对帮扶，为基层党员上党课3次。

【全民阅读】4月21日，由县委宣传部、县文明办、县文体新广局主办，县图书馆、县文化馆承办的“书香润龙城·悦读扬家风”全民阅读启动仪式在泸县人民广场隆重举行。县委常委、宣传部部长陈佳为活动致辞，副县长叶仕良宣读全民阅读倡议书。泸县全民阅读各成员单位进行了精彩的诵读节目表演。

广播电视
Telecast

【内宣工作】全力开展好日常宣传报道，通过及时、深度、全面、详尽的报道，充分展现泸县各个时间段所做的工作。同时，精心策划，努力创新，认真做好系列报道，力求让新闻报道达到面广量身，实现立体传播的效果。先后推出“回眸2016”“这五年”“春耕进行时”“努力实现开门红”“全力实现双过半”“党旗飘飘”“走基层看泸县”“脱贫攻坚进行时”“绿色泸县·美丽龙城”“环保督察整改进行时”“人民教师风采”“喜迎十九大——砥砺前行的五年”“百姓话发展”等大型系列报道，全年播出系列报道98期。

【外宣工作】以宣传泸县经济社会发展成就、报道泸县各项事业发展特色为主线，严格落实外宣目标管理责任制，将重点选题落实到人。积极加大与中央台和省、市、主流媒体宣传展示泸县的新形象，提升泸县对外知名度和影响力。全年在中央电视台播出新闻10条，其中央视“新闻联播”1条，在四川电视台播出新闻49条，在泸州电视台播出新闻173条。

【作品创新】为结合县委县政府提出的“文旅联动”战略的全

面实施，泸县广播电视台与泸县图书馆合作，推出一档社教类新节目——《泸县读书会》，至年底完成录播节目15期。

【专题系列】先后制作全省水利工作现场会汇报片、全省水土保持工作现场会汇报片、泸县青花椒地理标志保护申报片、全国基层中医药创建片、经开区泸县宣传片、玉蟾山景区资源汇报片、全市农村生活垃圾治理现场会等行业专题片。在宣传学习蔡松松精神时，除及时报道社会各界缅怀蔡松松、学习蔡松松的动态新闻，还专门组织精干力量，辗转上千千米，到蔡松松曾经学习生活过的地方蹲点采访，深度挖掘，推出十五集系列报道《寻着英雄的足迹》；录制专题节目《当代罗盛教——蔡松松》。专题片《蔡松松》获得第五届“全国市县电视台推优活动”专题类一等奖，电视栏目《焦点》之《地下天堂》获得第五届“全国市县电视台推优活动”栏目类一等奖。

【“户户通”工程】2017年泸县需完成7737户贫困户（后调整为7352户）收看广播电视，加上动态管理新增3364户总共需要实施10716户贫困户电视“户户通”工程。6月底省级“户户通”财政资金20万下拨后，由市文体广局统一招标采购了户户通设备，用于解决年初下达任务的贫困户，并于9月底全部解决有广播电视信号。对于动态调整新增的3364户贫困户，于10月初自筹资金34万元再次进行设备补充采购，有针对性地对有广播电视未达标贫困户进行补充安装，并于10月底全面完成贫困户电视“户户通”工程，保证贫困户收看、收听广播电视节目。

【事业建设】在全县251个行政村安装广播村村响2400组，50个社区安装村村响297组。全县范围内建设村级体育健身设施260套，村级农家书屋251个，社区书屋50个，使22010户贫困户能收看、收听好广播电视节目。按照每村每月放映一场电影的要求，电影放映队提前与各镇、村联系和对接，安排电影放映工作。全年放映公益电影3212场，任务完成率106.6%。

旅　游
Travel

【概况】全县接待国内外游客645.75万人次，同比增长31.32%，实现旅游综合收入51.7亿元，同比增长33.76%。

【旅游品牌创建】玉蟾山景区创建国家AAAA级景区工作顺利启动，并成功列入省2017年AAAA级景区创建计划。玉蟾街道龙桥社区创建为省级旅游精品村寨；龙腾山庄创建为四星级农家乐、龙韵山庄创建为三星级农家乐、城北山庄创建为二星级农家乐和乡村旅游特色业态、玉蟾山庄创建为乡村旅游精品特色业态；古家鱼塘创建为民宿达标户；通过创建，增加旅游收入500万元，带动就业100余人。

7月25日，第一届黄金村百年荔枝品鉴会

【旅游项目建设】玉蟾温泉国际度假区投资1亿元，建成高端温泉泡池和商业街二期工程，并开业营运；玉蟾山创国家AAAA级景区项目可研、选址定点、用地预审等工作有序推进。龙桥文化生态园景区投入资金586万元，完成景区规范改造和龙脑桥文物保护工程。道林沟景区投入资金1000万元，改造景区公路6.3千米，新建旅游公路9.8千米。启动7千米景区环湖栈道建设。固定建筑送财评，游客中心、停车场等拆迁赔偿工作正在开展。太伏沙田坝投入资金2000万元，完成对乡村旅游点风貌升级改造。

【旅游节庆活动】深入开展“月月有活动·季季有主题”系列活动，举办“二月二·龙抬头”民俗文化活动、“5·19”中国旅游日、玉龙湖端午诗会、金秋龙眼节、玉蟾温泉养生节等系列活动。出台并实施“两日游”政策，“两日游”接待外地游客32万人次，实现旅游收入0.288亿元，带动相关产业收入1.44亿元。节庆活动期间，接待来自成都、重庆及周边区县游客8.5万人次，实现旅游收入0.006亿元，带动餐饮、交通、农业、物流等相关产业收入0.25亿元。全年举办各类文体活动130余场次，打响泸县旅游活动品牌，获得“中国最具影响力文化旅游名县”命名。

（撰稿人：黎　超）

科　技
SCIENCE AND TECHNOLOGY

科技工作
Science and Technology Work

【概况】全县立项各类科技项目37项，安排项目资金6591万元，其中财政资金793万元，推广新品种42个、新技术36项。创建国家高新技术企业4家，高企复审1家，泸州市科技型企业31家。全县高新技术企业产业实现总产值36.2亿元。全社会R&D科技研发投入1.38亿元，占全县GDP的0.45%。通过科技成果评价4项，获得市政府科学技术奖励5项。获得省级众创空间备案1家，市级众创空间认定3家，全县孵化载体面积达2.6万平方米。成立四川农业大学新农村研究院川南分院，设立博士工作站，与西南医科大学签订战略合作协议，设立博士（专家）工作站。泸县科学技术和知识产权局被四川省人社厅、省科技厅评为先进集体，被中共泸县县委评为脱贫攻坚先进帮扶单位。

【科技调研】组织机关干部职工到太伏、云龙、福集等12个镇(街道)，四川科瑞德制药股份有限公司、泸州瑞兴生物工程有限公司等72家市级科技型开展调研、座谈、指导，收集企业需求21条，宣传政策和业务知识72次。组织开展全县中药材种植基本情况调查，有针对性地对泸县太伏镇龙马祠种养殖专业合作社、四川众鼎中药发展有限公司等企业（专合社）实施研发能力、技术需求等情况调研。

【科技宣传】抓好科技之春、科技文化卫生“三下乡”、科技活动周活动，加大科技宣传力度。解答政策咨询540人次，悬挂宣传横幅6幅，发放宣传资料1.8万份。泸州“酒城科创航”采用信息163条，泸县科知局官网新上载科技信息186条。

【科技培训】推荐科技管理干部参加众创空间、新型孵化器从业人才暨盈利点打造实战案例培训班，建设国家知识产权试点城市专题培训班，提升科技管理人员的业务能力。组织企事业单位人员参加2017年高新技术企业认定培训会、企业研发费用税前加计扣除政策专题培训会，邀请省市专家到泸县开展知识产权、科技项目财务核算、加计扣除内容的专题培训，组织县级相关部门分管领导和部分企事业单位赴成都市考察学习众创空间和科技企业孵化器运营管理，提高企业管理人员对新政策、新观念、新举

县科学技术和知识产权局到朱梅滩村召开院坝会（朱兆焱　摄）

措的理解能力。

【创新创业】制定《泸县科技型中小企业技术创新资金项目管理办法》《泸县科技成果转化项目管理办法》《泸县创新型科研机构认定管理办法》《泸县创新型科研机构认定补助管理办法》等改革性政策文件，全年安排“双创”科技经费500万元，兑现小微企业研发检验测试费补助、高新技术企业创建奖励等双创奖补资金175万元。

【省市科技项目】组织企业申报省、市科技计划项目29项，其中申报2017年第二批省科技计划项目3项，2017年生物医药重大专项课题3项，2017年四川大学—泸州市人民政府战略合作项目9项，2018年省中小企业发展专项资金项目2项，2018年科技计划项目10项，2018年省科技服务业项目2项。获得省、市科技计划项目立项12项，安排项目资金4385万元，其中省市财政项目财政资金495万元。

【县级科技项目】受理泸州高新区医药产业园企业孵化管理有限公司、泸县太伏镇龙马祠种养殖专业合作社等企业提交的县应用技术研究与开发、中小企业技术创新资金、科技成果转化、专利实施与促进项目申报30项，立项实施24项，安排项目资金1726万元，其中县级财政项目财政资金233万元。

【科技型企业】泸州瑞兴生物工程有限公司、泸州合成液压件有限公司、迪邦（泸州）化工有限公司、四川索斯特电子有限公司新认定为2017年高新技术企业，四川科瑞德制药股份有限公司通过高新技术企业复审。四川省新康意新材料科技有限公司、泸县永青家庭农场等31家企业被市科知局成功认定为泸州市科技型企业。

【高新技术产值】四川科瑞德制药有限公司、四川科瑞德凯华制药有限公司、四川宝利沥青有限公司、迪邦泸州化工有限公司等19家科技型企业1—12月实现高新技术产业产值36.8亿元。

【科技孵化载体】泸县购电商众创空间成功获得省级众创空间备案。建立方众创空间、天宇众创空间等3家单位认定为市级众创空间，认定创想龙城创客空间、火星人众创空间等5家单位认定为县级众创空间。

【科技创新战略联盟】四川维思达医疗器械有限公司牵头，联合西南医科大学（泸州）科技园发展有限公司、西南交通大学材料科学与工程学院等单位，共建全县首家市级科技创新战略联盟——泸州市医疗器械科技创新战略联盟。

【创新型科研机构】泸州宇龙枳壳枳实研究院、泸县荣庆水果研究所、泸县科兴水果研究所等3家企业认定为泸县第一批创新型科研机构。泸州宇龙枳壳枳实研究院、泸县科兴水果研究所申报泸州市第一批创新型科研机构认定。

【技术合同成交】泸县新药评价中心与昆明贝克诺顿制药有限公司、陕西乾佑禾农业科技有限公司，四川维思达医疗器械有限公司与四川大学华西医院签订技术服务合同，技术合同成交额776.2万元。

【科技成果评价】泸州川西化玻璃钢有限公司、迪邦（泸州）化工有限公司、四川索斯特电子有限公司、四川科瑞德凯华制药有限公司完成创新科技成果4项，其中获评“国内领先”成果2项、“国内先进”成果2项。

【科技进步奖励】泸州瑞兴生物工程有限公司、四川阿斯特医疗器械有限公司、泸县吉祥墙材厂、四川科瑞德凯华制药有限公司、四川泸州派克斯液压机械有限公司获得市政府2016年科学技术奖励，其中，二等奖2项，三等奖3项。泸县农林局获得2016年度科学技术进步管理奖三等奖。

【政产学研合作】泸县人民政府与四川农业大学正式签订《新农村发展研究院川南分院合作协议书》，设立农村产业技术服务中心、博士工作站。西南医科大学与泸县人民政府正式签约，共建西南医科大学大学科技园科技成果基地和泸县博士（专家）工作站。

【县政府特殊津贴和十佳科技人才】组织开展泸县第四批享受县政府特殊津贴人员和十佳科技人才推荐评选工作，经过组织推荐、资格审查、组织考察、公示等程序，对梅其炳等8名享受县政府特殊津贴人员颁发“泸县人民政府特殊津贴证书”，一次性发放政府特殊津贴5000元，陶建林等10名荣获十佳科技人才颁发“泸县十佳科技人才证书”，一次性发放奖金1200元，此次受表扬人员涉及医药、化工、建筑、教育、卫生等多个行业，有效激发广大科技型企业、科技人才的创新创业热情，促进科技人才与县域经济融合发展。

【科技扶贫】制定《科技扶贫2017年工作计划》，争取省级科技扶贫项目资金1个，安排县级科技扶贫项目2个，实现贫困村的良种应用率和实用技术普及率达65%以上。全县共举办各类技术培训83期，参训人员9264人次，技术指导276场次，发放技术资料2.5万余份，建立50亩以上的丰产示范园21个，培育科技示范户168户，建立水稻绿色高产高效百里示范长廊3万亩，在12个贫困村推广生猪寄养等新型养殖模式，帮助贫困村贫困户人均增收686元。泸县科学技术和知识产权局派驻云龙镇朱梅滩村第一书记游富坤被中共泸县县委评为优秀第一书记。

【科技特派员】创新科技特派员选派管理，选派39名科技特派员组建种植业、养殖业和教育卫生三大团队，到40个贫困村对口帮扶，实行县科技特派员办公室统一管理和考核，严格实行产业团队团长负责制，明确三年的工作目标和年度工作任务，有效强化服务村两委和镇党委政府对科技特派员的日常考勤和工作监督。组织召开科技特派员工作座谈会，开展选派科技特派员车前草种植现场观摩活动、组织召开种植技术培训会。

【国家粮丰工程】完成国家粮食丰产科技工程第三期“川南杂交中稻集雨抗旱节肥技术集成与示范”项目年度工作任务。2017年，完成示范面积1.1万亩，平均亩产697.4公斤，比非示范区增产51.8公斤，核心区平均亩产711.5公斤，比非示范区增产65.9公斤。

（撰稿人：朱兆焱）

知识产权
Intellectual Property

【概况】组织申报市级知识产

权试点示范企业5家；专利申请682件，其中发明专利申请187件，专利授权329件，其中发明专利授权12件；申报省知识产权项目4项，获得立项1项，县级专利实施与促进项目立项4项；通过知识产权贯标认证的企业1家；组织泸县第二届专利奖评选工作，共有4个项目获得奖励；2项专利产品获得泸县专利产业化补助；86家企业（个人）获得专利受理和专利授权资助；开展大型知识产权宣传1次，组织知识产权培训3期。

【知识产权企业】指导迪邦（泸州）化工有限公司、泸州瑞兴生物工程有限公司等5家企业申报泸州首批知识产权试点示范企业。

【专利申请】四川科瑞德制药股份有限公司、四川阿斯特医疗器械有限公司等企业（个人）申请专利682件，其中，泸州齐力康生态农牧有限公司、四川索斯特电子有限公司等企业申请发明专利187件。

【专利授权】泸州合成液压件有限公司、四川长城电缆厂等企业（个人）专利授权329件，其中，四川为天建设工程检测有限公司、泸州醇窖酒厂等企业发明专利授权12件。

【专利项目】推荐申报2017年省专利项目4项，四川科瑞德制药股份有限公司的“一种丙戊酸钠的新晶型及其制备方法和用途专利（ZL201110038689.3）转化项目”获得立项，立项财政资金30万元。组织开展了县级专利实施与促进项目申报和评审，四川科瑞德制药有限公司的“一种枸橼酸坦度螺酮化合物的晶型及其制备方法和用途”等4个项目获得立项，其中实施类项目3项，促进类项目1项，立项财政资金35万元。全县新增专利实施项目63项，新增产值7.6亿元。

【知识产权贯标】四川科瑞德制药股份有限公司贯彻实施《企业知识产权管理规范》国家标准，成功通过知识产权管理体系认证，这是泸县首家通过知识产权贯标认证的企业。

【专利奖励】组织泸县第二届专利奖评选工作，共有4个项目获得奖励，其中一等奖1项、二等奖1项、三等奖2项，四川科瑞德制药股份有限公司申报的“一种枸橼酸坦度螺酮化合物的晶型及其制备方法和用途”专利荣获一等奖，泸州大洲化工有限公司的“两步一循环法生产金刚烷新工艺”专利二等奖，兑现专利奖励资金18万元。

【专利产业化】开展专利产业化补助，四川科瑞德制药有限公司的“枸橼酸坦度螺酮胶囊”、泸州瑞兴生物工程有限公司的“单唾液酸四己糖神经节苷脂钠”两项专利产品获得补助，兑现补助资金40万元。

【专利资助】组织开展2017年专利受理、授权资助金申报工作，泸州开士乐工程技术有限责任公司、泸州正发新材料有限公司等86家企业（个人）获得专利受理和专利授权资助资金79万元。

【专利宣传】开展“4·26”知识产权宣传周集中宣传巡展活动，在泸县人民广场设立知识产权宣传台18个，制作宣传展板20块，发放宣传资料5000余份。利用县科知局网站、泸县通讯、龙城手机报、泸县电视台、QQ工作群等媒体加强知识产权法律法规宣传教育。

【专利培训】邀请西南交通大学公共管理与政治法学院副院长陈家宏到泸县作“知识产权”专题报告；邀请成都行之专利代理事务所王记明所长为经开区企业作“全面认识知识产权”专题培训；邀请成都泰合道知识产权代理有限公司总经理魏常巍为全县30余家科技型企业作“培育省级知识产权试点示范企业”专题讲座。

（撰稿人：朱兆焱）

教 育

EDUCATION

工作综述

Summary of Work

【概况】全县有各级各类校点531个（含民办、村校和培训机构），中小学95所，其中普通高中5所（省一级1所、省二级3所、市重1所），中等职业技术学校3所（国重、省重各1所，含民办2所），单设初中23所（含民办1所），单设小学36所（含民办1所，另有村级校点123个），幼儿园99所（其中民办76所），九年一贯制学校26所，进修校1所，特殊学校1所。全县有中小学生近16万人，在园幼儿近3万人，在职教职工7800余人、退休教职工近3000人。

【学前教育】深入推进学前教育体制机制改革，制定“泸县第三期学前教育行动计划”，接受教育部委派专家组对国家学前教育改革发展实验区调研，开展省第二轮教育体制机制改革试点项目（学前教育）的申报工作。2017年，争取省学前教育专项债券资金1.2亿元，规划建设7个公办幼儿园。强化常规管理，实施科学保教，深化创建工作，规范办园行为，提升办园品质。新认定普惠性民办园10个，全县普惠园达58个，占全县民办幼儿园的79%；落实普惠性民办幼儿园综合奖补22万元和购买学前教育服务资金近180万元；复检县级示范幼儿园8个，评估验收县级示范幼儿园1个、环境创设先进幼儿园9个。10月10日，《中国教育报》以题为《泸县：学前教育改革发展的破局龙头专题》报道泸县学前教育发展举措。

【义务教育】2017年，农村九年义务教育巩固率100%；农村义务教育残疾儿童入学率95.03%，其中三残儿童入学率94.93%；农村转移人口随迁适龄子女义务教育入学率100%；严格按《消除义务教育阶段大班额专项规划》逐步消除超大班额和大班额，减少超大班额121个、大班额221个，2017年秋期起始年级未新增56人以上大班额。

【普高教育】坚持“控制规模、调整结构、整合资源、突出品牌”的高中发展思路，做大做强泸县二中以及泸县高中品牌，加快推进泸县二中实验学校建设，确保2018年秋期如期开学，推进泸县高中优质发展。通过与四川尚领国际教育集团及陕西省宜川中学合作，分享全国优秀专家资源、课改实战经验以及教育教研

6 月 28 日，教育部专家组调研泸县国家级培训计划项目（2015）工作情况

成果，全面推进高中“自主管理与自主课堂”课改专项活动，整体提升泸县高中教育品质。泸县高考本科上线连续 27 年居泸州首位，泸县二中蝉联泸州 28 连冠。泸县二中学生冯洁和罗苑艺分获泸州市高考文、理科第一名，同时勇夺川南地区高考文、理科第一名，其中，冯洁排名全省文科第二，刷新泸州高考历史。

【职业教育】创新机制，深化改革，努力构建融通、共享的职成教育新格局。统筹普职发展，调整高中教育阶段招生比例，推进泸县九中综合高中改革。以泸县建校为代表，全力推进教学诊断与改进工作，优化中职学校年度质量报告，狠抓中职学校内涵建设，促进全县职业教育稳步提升。2017 年全县中职招生 3517 人，完成市上下达任务的 106.6%；职教高考上线 771 人，比 2016 年增长 51%，其中本科上线 33 人。

【社区教育】社区教育突显“一镇一品、一村一特色，非遗进社区”的泸县特色，健全以县社区教育学院为龙头、镇（街）社区教育学校为骨干村级社区教育工作站为基础的三级模式，实现全县社区教育培训服务全覆盖。2017 年，“百和莲枪”和“兆雅创客阁”获四川省“终身学习品牌项目”，泸县 2016 年全民终身学习活动周被中国成人教育协会评为全国成功组织奖。国家级农村职成教育示范县合格认定检查受到省教育厅专家组的赞誉。

【民办教育】2017 年，全县新增设民办学校 7 所，其中民办幼儿园 2 所、民办培训机构 5 所。全县有各级各类民办学校共 115 所，其中民办幼儿园 77 所、民办培训机构 34 所、民办初中 1 所、民办小学 1 所、民办职业学校 2 所。建立管理网络，明确管理职责，形成直属学校县管、辖区内学校镇（街道）管、相关部门配合管的三级民办教育管理网络。鼓励、支持民办教育发展，2017 年，向民办幼儿园购买学位 5000 余个，补助普惠性幼儿园 58 个。开展以“打非治违”和“规范民办培训机构办学行为”的专项整治行动。查处违规办学点 17 处，违规办学行为 42 起。

【教育改革】课堂教学结构改革持续深化。选拔 10 所学校参加全国“基于数据的课堂教学改进”创新实践活动，探索推进基于信息技术的课堂教学改革；选派优秀校长外出学习交流，召开泸县教学结构改革现场会，推进全县中小学教学结构改革科学健康发展；组织开展群文阅读监测评估解读会，推动“群文阅读”活动纵深发展。泸县城北小学被评为全国群文阅读十大示范基地。素质教育综合改革有效落实。开展体育教师教材培训暨技能大赛，实施体育学科教育质量监测工作，形成科学规范、导向明确、诚信可靠、保障有力的学生体质健康监测评价制度；深化阳光体育大课间和课外体育活动，形成“人人有项目、班班有团队、校校有特色”的校园群体活动格局；教育科研成果丰硕，获省政府教学成果奖两项、市政府教学成果奖22项；近20所学校特色打造受到表彰、奖励，教师优质课竞赛获奖人数与等级均居全市前茅；学生综合实践创新能力提升，参加泸州市33届青少年科技创新大赛，获一等奖6个、二等奖25个，三等奖8个；三开工作重全科开考，坚持实施小学科学实验操作抽考并纳入评估考核。通过省、市实验教学示范校和“教育名校”的创建，提升学校实验室建设和管理水平。

【教育人事】严把教师入口关：面向社会招聘补充教师437名，通过直接考核引进免费师范生、研究生以及中级以上职称人员51名，政策性安置退伍士官4名。严把教师资格质量关：面向社会认定教师资格315名，其中县教育局认定幼儿园、小学、初级中学教师资格人员245名，报市教育局认定通过70名。继续做好中小学教师职称制度改革试点工作，推荐上报拟评正高级教师2名，推荐至市高评委评审高级教师197名，评审认定中初级教师797名。加大支教力度，选派14名教师支教乡城，选派25名教师到木里县、合江县支教，选派县内9个学校与稻城县开展结对帮扶。常态化组织开展送教到偏远学校、村小“走教”活动。加强人才激励机制建设，出台《泸县县级教科研课题评审办法（试行）》，制定《泸县教育人才集聚工程实施细则（试行）》，每年设立县教科研课题专项经费200万元。实施知名教师、知名校长培养工程，完成“国培计划”和省、市各类培训4326人，县级培训2618人，其中“国培计划”中西部和幼师国培项目获四川省项目区县绩效考评第一名。积极实施“乡村教师支持计划”，划拨50万专项经费，培训乡村骨干教师1481名。成功举办泸县第四届“龙城校长论坛”。积极开展校本研修工作，新创建县校本研修合格校、先进校、示范校41所。加强教育研修工作室建设，充分发挥59个研修工作室在解决问题、提升质量、专业发展等方面的综合引领作用。2017年，推荐评选四川省特级教师3名；推荐评选市知名校长1人，知名教师8人；推荐评选市优秀教师、市优秀班主任、市先进教育工作者共58名；推荐评选市“最美文明友善好教师”6名；评选表扬县优秀教师、县优秀班主任、县先进教育工作者、县师德标兵、县教坛新秀共398名。

【教育民生工程】全面完成市、县教育重点项目建设目标任务，全年基建项目投资37040万元，开工建设项目53个，竣工项目44个；新建的城东小学、泸县二中实验学校全面开工；教育系统标准化提升工程进入识别库，项目共计27个，涉及11个镇（街道），直属学校7所，新建学校16所，改扩建学校10所，拟投资9亿元，为每个镇打造一所标杆式的幼儿园、小学和初中。加快推进北大附属实验幼儿园、泸县天立小学项目建设。

【党建帮扶】全面落实责任，与各学校签订党建责任书，落实督查考核制度。完成20个镇（街）中小学校党组织关系收归教育局管理。11月对全县中小学党建工作进行拉网式检查；加强阵地建设，打造机关党建阵地，开展直属学校阵地标准化建设。泸县梁才学校被推荐为市级示范点，泸县九中、实验校被评为县级示范点。二中外国语实验校被命名为市级“廉洁文化进校园”示范点；加强队伍建设，严格程序培养和发展党员近20人，严格考察选配校级干部34人。强化党风廉政建设，开展违规收送红包礼金、正风肃纪、规范教育收费、项目验收和工程审计、教育扶贫领域侵害群众利益突出问题专项监督检查行动等专项整治，发现并纠正问题10余起，开展约谈19人次。邀请县纪委作《加强党性修养》专题讲座。开展“两学一做”示范创建，评选表扬85个先进集体和优秀个人。与牛滩镇新嘉村结对帮扶，落实帮扶资金20余万元，解决老年活动中心、村小便民路建设，党员干部结对贫困户60户。助学贷款资助学生7129人，发放国家贴息贷款5662万元，居全省第三。利用教育扶贫救助基金300余万元，资助学生9923人。深化“走服引”主题教育，创新开展“千名教师进万家”，关注帮扶“五类特异学生”，推进学生家庭走访全覆盖，营造家校共育社会氛围，受到《教育导报》等各级各类新闻媒体关注报道。

【教育宣传】构建“1+N”联动（教育宣传领衔人+全县通讯员）、三级协同［县域+镇（街）+学校］、高效运转的宣传机制。全年开展各类宣传培训9次，培养市、县级骨干宣传通讯员35人，莫道江被四川省教育厅评为全省教育宣传工作先进个人。与泸县电视台合作，牵头策划、播出电视专题节目《泸县教育》14期，专题2个；建设泸县公众信息网泸县教育板块电脑版和手机端，发布信息1689条。全方位推送泸县教育，实现“广播有声、电视有影、报刊有文、网络有言”大宣传格局。由教育局主导撰写的《泸县：“五有”工程让教师留下来》《好学校就在家门口》《泸县：学前教育改革发展的破局龙头》《促进县域基础教育均衡发展》《泸县：勾勒教育跨越发展的全景长卷》《泸县：千名教师进万家》《兴学惠民 一所品牌职校的办学情怀》等12篇深度特稿，在《教育导报》《中国教育报》《四川日报》《中国教师》、中国教育新闻网、中国网、搜狐、腾讯、新浪等国家级、省级主流重要媒体刊发。成功推出第33个教师节优秀教师系列报道25篇（次）；学前教育改革内宣信息以及调研文章被市政府、省教育厅专题刊发5次。全年全县在各级各类媒体发表新闻信息1645件次，泸县教育局被四川省教育厅评为教育宣传工作先进单位。年终考核，在全市7个区县考核中名列第三。

（撰稿人：莫道江）

泸县教师进修学校

Luxian County Teacher Training School

【概况】泸县教师进修学校建于1956年，2005年6月创建为“省级示范性县级教师培训机构”，2013年4月创建为“国家级示范性县级教师培训机构”。泸县教师进修学校是集教师进修学校、教研室、社区教育学院、普通话培训检测站、泸州电大泸县工作站、市级专业技术人员继续教育基地等多能一体、服务教育的县直属学校。学校以习近平新时代中国特色社会主义思想为指导，落实立德树人为根本任务，深化教育改革，聚焦教研、科研、师培、社区教育等重点工作，为一线学校教师专业发展提供智力支撑服务，为教育行政部门提供决策服务。2017年，学校有教职工41人，其中正高级教师2人，特级教师1人，副高级教师20人，全国教育系统先进工作者1人，省级名师2人，省级骨干教师17人，市级名师5人。

【教研工作】构建县—镇—校三级研修体系，大力开展自主研修、校本研修、区域大教研、网络研修、立体式研修等多元化研修活动。调整教研片区，聘任新一批义务教育和学前教育片区教研员150人；组建新一届高中学科中心联组，加强联组工作力度。深入推进教学结构改革，初步构建具有县域特色的以生为本的思维型课堂教学教改模式。开展县级教学结构改革合格学校、先进学校、示范学校的评选活动；组织开展初中毕业班工作暨教学结构改革现场会，指导高中学校继续整体推进“两自主改革”工作、义务教育学校“思维型生本课堂”建构，初步形成学校有教改模式、学科有教改变式、教师有教改风格的格局。

6月28日，教育部调研泸县“国培计划（2015）”实施情况（胡志伟摄）

【教学视导】全年集体视导45校次，覆盖全县各层次学校。普通高中视导，主要围绕市教科所的各次联考成绩分析，进行调研和指导；义务段视导，主要选择在教育局学年综合评估中名次靠后的单位，协同教育局相关部门发现问题，及时提出整改建议，促进全县义务教育的均衡发展；幼儿园视导，主要以发现幼儿园在落实《幼儿教育指导纲要（试行）》和《3～6岁儿童学习与发展指南》中存在的问题为主，重点指导学校通过校本培训，全面提升幼儿教师的教育教学技能；中等职业技术学校视导，重点关注学校的教育教学常规落实情况，指导教师根据不同层次学生的不同需求，努力提高职高学生的文化课水平和专业技能。

【教研测评】实施教师素质提升工程，开展形式多样的教师技能竞赛。组织开展高中教师命题能力竞赛和高三备考优秀微成果评选活动，开展35个学科的课堂教学展评活动，组织开展所有学科教师参加的微课制作大赛，开展艺体教师基本教学技能大赛，组织开展“一师一优课”活动，全县教师全员参与晒课活动，评审36个学科推荐申报的“优课”600余节，评选出一等奖72名、二等奖133名、三等奖389名。开展现代信息技术优化学科课堂教学结构的教学竞赛，促进教师业务素质提升。组织参加市级学科竞赛25科次，全县教师获市级一等奖35项、省级奖26项、国家级奖8项。

【科研工作】改革科研课题的结题验收及鉴定组织方式，指导各课题组提炼研究成果，对69项课题组织了结题鉴定。评审2017年泸县教育科研资助金申报课题40余项，确定县级立项30项（其中重点课题20项、一般课题10项），获得市级立项11项，省级立项3项。组织开展第六届普教教育教学成果奖评审活动。泸县推荐申报的教学成果获四川省第六届普教教育教学成果二等奖1项、三等奖1项；获得获泸州市第六届普教教育教学成果一等奖3项、二等奖7项、三等奖12项；评选出泸县第六届普教教育教学成果一等奖10项、二等奖16项、三等奖26项。评选中小学教师论文1240篇，评出一等奖132篇、二等奖234篇、三等奖323篇；向市推荐论文130篇，获得市一等奖9篇、二等奖20篇、三等奖49篇。

【师资培训工作】全面完成“国培计划”和省级、市级等各级各类培训任务4326人（其中，国培计划2015中西部骨干教师和幼儿园教师项目县培训共4223人；国培计划2017示范性培训69人；中等职业技术学校校长教师省级培训11人；初中校长任职资格市级培训23人）。积极实施县级“乡村教师支持计划”。应用县财政拨发专项经费举办以专（兼）

职心理健康教育教师、班主任、教科研主任、安办主任、德育主任等为对象的安全、心理健康教育、教科研能力提升等5个专项培训班，共计培训1421名乡村骨干教师。围绕市县中心工作和重点改革项目，开展县级专项培训新任校（园）长、教管中心干事、新聘教师、乡村教师等县级培训2618人。指导学校开展校本研修工作，协助教育局开展了校本研修合格校、先进校、示范校调研和评估。

【信息中心工作】完善教师培训网络报名系统和学时管理系统，录入学时8万多人次。组织全县1100名继教学时不足教师参加网络培训。对全县近8000名教师的专业技术人员继续教育登记卡进行审核验证。组织100多人次的电大网络考试。完成大型活动的摄录、编辑、压缩、上传120多个课堂教学视频。组织5次教师培训电子问卷调查，并导出调查结果进行统计。加强“泸县教师研修网”运行管理工作，对网站内容的安全性与合法性随时进行监督与审查。进一步完善成绩收集与统计的软件系统，对全县义务教育统考学科学生、全县初中毕业生和中小学抽考学科学生的成绩进行收集、统计和分析。

【社区学院】以“全民怡学，智慧泸县”为目标，“智慧发展，需求引导，服务社区，助力民生”为理念，创新社区教育智慧模式，助推泸县学习型城镇和新农村平安建设。打造一支以专职人员为骨干，兼职人员为主体，志愿者队伍为补充的管理队伍和师资队伍。组织“社区工作者心理健康教育能力培训”和“社区安全技能及应急救护技能”等培训；联合九曲河社区举办“社区家风展活动”；与农工办举办“幸福美丽新村建设培训”；与老年大学合作“老人智能生活课堂”。组织乡镇社区教育工作者到成都龙泉驿、蒲江等地观摩学习，接待省内广元、绵阳、资阳等社区教育同仁参观。11月，泸县电视台专门录制并播放一期社区教育专题节目。

【全民终身学习周】组织泸县第二届全民终身学习周活动，将学习周启动仪式和孝德天下宣讲、学校文化中国行、龙城校长论坛相融合。为20个镇（街道）社区学校和41个村（社区）社区教育工作站挂牌。评选出终身学习品牌项目6个，百姓学习之星6人，民间达人6人。其中，百和镇“百和莲枪非遗传承”和兆雅镇“农村学校创客阁”被确定为2017年四川省“终身学习品牌项目”。“农村学校青少年科技创新教育乡土读本开发”“农村‘智妈妈，智生活’实验项目”“百和莲枪传习基地建设”“玄滩镇老年人教育”4个项目被列入市“一校一品”项目。“百和莲枪”作为泸县的展示节目参加泸州市全民学习周启动仪式。

【总务工作】对财务工作进行规范化管理，厉行节约，反对浪费。织2017年度全县中小学期末检测试卷的征订、汇总、统计和制卷工作，协助教研室不断提高各类试卷的印刷质量。加强食堂和招待所的管理，承接各类培训班、会议、抽考阅卷及高考体检近7000人次的食宿任务。配合“三创”工作，在门卫室安装安全监控器，各楼道、校园内、食堂等及消防通道增设红外线探头。校园内及消防通道路面进行了沥青路面改造，划好停车位，增设门进系统，规范校园内车辆出入及自行车、摩托车的停放位置。

【党建工作】进一步规范和完善“三会一课”制度，2017年度开展专题政治学习12次。建军节前夕，开展寻访“红军长征在川南”教育实践活动。围绕党建工作新目标，完成党支部标准化阵地建设工作，开展了“两学一做”学习教育活动、学习“红船精神”、学习贯彻十九大精神，通过学习提高了教职工的服务水平和思想政治素质。曾莉莉被县教育局党委表彰为“优秀共产党员”，刘朝贵被评为县“优秀教育工作者”，师培部被评为县级“共产党员示范团队”，陈婵、胡志伟评为县级“优秀教师”，退休党员张自伦从长江勇救落水儿童的英勇事迹受到社会的广泛赞誉。泸县教师进修校党支部被评为县“先进基层党组织”，在2017年度县直属学校党建目标考核中获“一等奖”。

【办公室工作】组织了每月至少一次的业务学习活动，形成外出培训交流汇报制度，全年31位外出学习的教研员均在全校做交流汇报。修订完善《泸县教师进修学校考勤管理制度》，制定实施《泸县教师进修学校安全工作一岗双责规定》《泸县教师进修学校教师岗位职责书》，认真学习贯彻《泸州市市级行政事业单位差旅费管理办法》，修订完善《公务用车管理规定》，制定《泸县教师进修学校章程》。坚持依法依规从研，从严从研，规范教职工职务行为，公正履职。孙成刚老师受聘担任“法润泸县·七五普法”巡回宣讲团讲师，受聘担任四川省地方课程《家庭·社会与法治》编委。

（撰稿人：魏晋丹）

泸县一中
No. 1 Middle School of Luxian County

【概况】四川省泸县第一中学（以下简称泸县一中）有104个教学班，学生6178人，初中部1914人，高中部4264人。有教职工354人，其中专任教师334人。中、高级教师220余人，有省市县级名师、骨干教师、学科带头人126人。学校继续围绕“学生有成绩、学校有发展、社会有声誉、教师有尊严”的愿景，创办优质的省二级示范普通高中，不断深化教育改革，健全各项管理制度，扎实抓好各项常规，强化三支队伍建设，加强和改进党的建设，开展丰富多彩的活动，努力开创学校内涵强校发展的新局面。2017年度被评为四川省文明校园，全国青少年足球特色学校，泸县心智教育特色项目学校。

【党建工作】2017年有党员154人，分属6个支部（其中退休支部12人）。按照县委、县教育局的安排部署，继续开展“两学一做”活动。党建活动标准化阵地建设达标。党建有4个团队被评为县“两学一做”示范团队，1人获县共产党员示范岗，1人获县基层优秀党支部书记，5人获县教育系统共产党员示范岗，2017年度学校继续深入开展“四爱五爱”教育活动。“最美教师”评选并表彰教师4人，并刊登宣传专栏；评选出四爱教师12人、五爱学生15人；开展关工委活动2次；开展泸县一中—云龙学校结对共建乡村学校少年宫系列活动；组织党员进行红色实地教育；组织师生员工收看中共十九大在线直播及《榜样》等重大意义影片。

【工会工作】工会审议通过《泸县一中奖励性绩效工资修订方案》和《学校章程》。全年组织了各类教职工活动：参加县老年人钓鱼比赛、参加县教职工男子篮球赛、校教职工趣味运动会、教职工“三八节”等文体活动20余项，评选出“三八红旗手”“五一劳模”、校级优秀教师、校级优秀班主任、优秀备课组长等220余人次，各级各类赛课获奖70余人次。组织了“满十”教职工集体生日，教职工看望慰问，单月8日离退休教职工聚会。

【社团工作】团委获年度县团委考核一等奖，泸州市“五四”红旗团委荣誉称号。先后举行高2014级百日誓师大会、东皋诗社“初春时分”现场作文比赛、“学习雷锋”月系列活动、组织参加第七届“青春泸县”校园文化活动、第八届“阳光风筝节”、欢送毕业班暨校友捐赠仪式文艺会演、高2014级成人仪式、青年教师风采大赛、2014级毕业班壮行会、初中年级部庆“六一”活动、第四届语言节、泸县美夕阳老年公寓慰问活动、金秋艺术节等。

【教育教学质量】学校以“正心、启智、增识、善考”的心智教育理念为指引，带领教师不断革新教育教学方法，优化集体备课，向课堂要效益。进一步探究和完善班级过程管理性方案，强化分层教学。规定学生作业量，减轻课业负担。进一步添置完善多媒体教室。高考成绩（不计古叙、艺体等）稳居泸县第二，重本上线81人，本科上线467人。初中部连续六年被评为泸州市初中教育质量综合评价“优秀学校”。

【艺体工作】2017年先后获得：县中小学生田径运动会初中第二名、高中第三名其中初中女子4×400米打破县记录；市田径运动会初中第二名、高中第四名，王籍峰、何运羽打破初中组泸州市400米栏记录；省中学生田径运动会甲组第五名，市校园足球联赛第五名，省青少年摔跤比赛贾其昌获全省第三名9月承办泸县中学生篮球分赛，县篮球运动会高中女子第二名，初中女子第二名，高中男子四名，初中男子第五名，县大课间操视频评比泸县一等奖，市中学生篮球运动会，高中女子获第四名，高中男子获第六名，举办了文艺节目、现场书法、绘画展，市校园足球联赛，高中男子第三名。

【德育工作】学校重点夯实学生自主管理教育。以培养学生自主管理为主题的德育成果展示节；开展了学生干部从学校到年级部不同层面的自主管理经验交流活动；对各班级自主德育课进行了评比展示并评选了“学习之星”“诚信之星”“文明之星”“管理之星”等。举办了班级文化建设布置与评比、德育课课件制作等活动，完善各种考核机制：德育课安排与考核、学校大课间考核、学校卫生考核，启动了自主管理研修工作室的工作。

2月27日，泸县一中成人仪式（黄磊　摄）

【科研师培】2017年继续推进“三环六步”思维性课堂课改模式，以工作室建设为引领，带动科研师培发展。完成了教师研究展示课、优质课110节（其中市级8节、县级46节、校级56节），获市奖8人次、县奖46人次。教师外出交流发言共45人次（省级4人次、市级11人次、县级30人次）。至2017年年底，学校有省级课题1个（《中学学科思维可视化教学实践研究》）；市级课题4个；县级课题5个；校级结题10个，立项课题13项。教科研成果获市级一等奖2个、二等奖4个、三等奖7个，县级奖23个；论文获奖（发表）国家级8人次，省级10人次，县级102人次。科技创新作品也获省奖2人次，市奖5人次，县奖11人次。

【学生活动】全年开展丰富多彩的学生活动：初中部“华音流韶”经典诵读表演赛、英语舞台剧表演比赛；校田径运动会，入场式内容丰富，形式多样，展现一中学子风采；泸县一中“大水河杯”校园足球班级联赛，气氛热烈；元旦晚会，师生同台演出，第一次现场直播，第一次家长、老师、学生现场互动；艺术节，文艺节目、现场书法、绘画展异彩纷呈。

（撰稿人：张雪平）

泸县二中
No. 2 Middle School of Luxian County

8月16日，泸县二中2017年考入清华北大学生颁奖仪式

【概况】 四川省泸县第二中学（以下简称泸县二中）继续推进“四个三”理念，贯彻“12345”学校发展理念，落实“139”学年工作思路，各项工作顺利开展，获“空军招飞工作先进学校、清华大学生源中学、省级应急教育示范学校”等殊荣。2017年，泸县二中有应届125个教学班，学生7437人；往届12个班，学生850人；教职工526人，其中专业技术人员499人（研究生91人，本科395人，专科11人，中专2人；高级职称175人，中级职称156人，初级职称116人，其他52人）。

【队伍建设】 推进落实领导干部《六大行为准则》和《领导干部述职公示制》，执行良好。以深化“两学一做”学习教育为载体，以常规工作为主线，以精细为重点，开展《“两学一做”学习教育中教职工正风肃纪纪律作风自查》对照督查内容列出了自查清单并认真整改。继续强化“年级主任论坛”和“班主任论坛”管理，加强学科中心主任和年级教研组长队伍建设。有序推进教师队伍“三三制”建设，二次聘任与升级聘任制得到良好落实。持续践行集智备课、二次教研“三必须”，教案“八有”，备课“四步”“六备”，高考备考“六策略”，全国考卷“六个研”；持续践行1513课堂评价标准、教师培养“六个三”（“三军”“三师”“三人”“三干”“三有”“三力”），教师专业发展“六个法”。启动校级干部分管学科中心组；启动三年轮训计划，首批教师接受清华大学培训反映良好；承办四川省高中数学青年教师优秀课展评活动、四川省教学成果推广会现场会、四川省2017年高考备考研讨，取得圆满成功；组织开展第三批课改先锋的评选，新教师引进、培训、考核和培养工作，“青蓝工程”富有成效；成功举办第二届青年教师风采大赛、班主任风采大赛和博喻讲坛。各级赛课活动成绩优秀：国家级一等奖1人次；省级奖10人次；市级25人次；专题讲座省级3人次，市级7人次，县级23人次。2人评为四川省特级教师；泸州市知名教师3人，优秀教师2人，优秀教育工作者1人，“立德树人、文明友善”好老师1人；县优秀教师14人，优秀班主任7人，先进教育工作者、师德标兵各1人，教坛新秀2人。

【硬件建设】 学校硬件建设按计划有序实施。协助汇鑫集团做好泸县二中实验高中校区的选址、规划、设计、环评工作。严格执行“凡是符合招标条件的，必须实行招标，招标程序合法合规”，完成学校田径场灯光工程的设计、预算、财评、招标、安装、验收等工作；配合相关部门做好新建学生宿舍前期的基础工作；完成化粪池、自来水管道、地下排污管道抢修抢险工作，暑假校园维修改造工程的设计、预算、立项、财评、招标、合同等基础工作，全校安全防护网及楼道栏杆加高，增设水清、木华公寓供水增压系统，补习培训学校变压器增容改造，新增自来水主管道，洗墨池排水沟、静远湖透水混凝土等维修改造工程。定期或不定期开展了对建筑物、构筑物、防雷设施、地质及水电气设备设施等安全隐患排查。遵循政府采购规定，按时完成课桌凳、空调、电脑、打印机等物资采购。

【教育教学质量】 2017 年高考，泸县二中高 2014 级勇夺泸州市高考 28 连冠：重本上线 1447 人，本科上线 2764 人，均居泸州第一，川南第一，均创校史记录。其中，应届重本上线 1249 人，上线率接近 60%，本科上线 2060 人，上线率 90%。冯喆以 664 分勇夺泸州文科第一，川南第一，全省第二；罗苑艺以 689 分勇夺泸州理科第一，川南第一。弘毅学堂重本上线率 100%。应届钟晓倩同学保送清华大学。应届刘璇同学考入新加坡国立大学（公费）。应届胡航瑞同学考入中科大少年创新班。补习培训中心重本上线 198 人，本科上线 704 人，均居泸州第一，本科上线率达 90%。学科奥赛 70 人获国家级奖，其中，全国二等奖 43 人，以绝对优势居泸州第一，另有 189 人获省级奖；首届北京大学“燕园杯”历史写作大赛上，获得了 2 个全国二等奖、1 个全国三等奖；北京大学第四届“北大培文杯”创意写作大赛（中文）决赛上，获得 2 个全国二等奖、1 个全国三等奖；第十二届全国中小学生创新作文大赛上，获得 1 个全国二等奖、2 个全国三等奖；泸州市第 26 届“屈原魂”中小学生传统诗词创作大赛上，获得 1 个一等奖、3 个二等奖、5 个三等奖；泸州市第 13 届中小学生楹联大赛上，获得 1 个一等奖、2 个三等奖。泸县二中学生电视台获“四川省优秀学生电视台”，选送节目在四川省校园评比中省一等奖 1 个，获省三等奖 3 个。2017 年四川省中学生男子篮球比赛联赛第四名，女子篮球比赛联赛第六名；男子篮球队荣获 2016—2017“阿迪达斯”中国高中男子三人制篮球联赛（四川赛区）第三名，张恒同学夺得扣篮大赛冠军；2017 年四川省中学生田径锦标赛中超组团体总分第三名；2017—2018 中国初、高中篮球联赛（四川赛区）上，男子篮球队夺得联赛第四名，女子篮球队获得联赛第五名；2017 年泸州市中小学生田径运动会获高中组团体总分第一名；2017 年泸州市青少年三人制篮球比赛男、女篮球队分别夺得冠军。

【安保工作】 全面落实“党政同责、一岗双责、失职追责”，坚持“安全第一、预防为主、综合治理”和“五级五覆盖”“五落实五到位”。安全工作机制化。新编《学校安全教育管理指南》，班级法治安全委员自主宣传教育管理的方式常态化，安全隐患检查、整改公示，校长、分管副校长安全检查台账进一步完善。校园安全、学生违纪、周边警情每月通报，校园交通、车辆规范停放规范有序。电梯、小区电梯和高层地下消防设施、食堂充气锅灶等特种设备按规定维护保养。实验危险化学药品每月检查，按规定储存与保管，食品留样每周检查，确保师生食品安全。一年来，向教职工发送法治安全短信 115 条，向学生家长发 56 条，制定校园安全管理的行政文件 68 个、安保处常规文件 75 个，接收处理上级教育行政部门文件 402 个，共计制作和处理文件 545 个，向学生家长和教职工发送法治安全短信 171 条。安全教育系列化。逐步形成泸县二中教育集团安全联合预警机制。组织安全保卫人员安全理论、实际操作培训，在泸县公安局治安大队指导，学校设置辅警执法机制，严格遵守法律法规开展巡逻执法。

【教育科研】践行“四个三”发展思路，围绕高效“大课堂”建设，突出“课堂改革”和“教师培养”两大重点，打造“勇于探索、强力执行”工作作风，推进提升学校的教学竞争力。普教科研资助金项目2017年结题并在申奖中的课题有：省级课题2个，市级1个，县级6个；2017年泸州市普教科研资助金项目新立项2项，其中《高中生法治教育的实施途径及实效性研究》为市级重点课题，数学组《培养高中生数学数据分析能力的实践研究》是市级一般课题、省级课题的子课题。申报了24项泸州市2017年市级课题，申报了28项县级课题成功16项。教师论文在县级以上刊物发表文章11篇，县级以上获奖文章34篇，其中国家级1篇、省级获奖6篇、市级获奖5篇、县级23篇。

【党群建设】泸县二中党委2017年度党员教职工324人，分属12个支部。按照县委、县教育局党委的安排部署，“两学一做”教育活动常态化，基层党组织标准化阵地建设合格。1人评为县共产党员示范岗，3个团队评为县教育系统共产党员示范团队，8人评为县教育系统共产党员示范岗，1人获评县教育系统十佳基层党组织书记。校党委获县直属学校党建目标考核一等奖。党建经验在《德育报》《泸州日报》《泸州教育通讯》相继发表。工会充分发挥民主管理、监督职能。顺利完成教代会换届，选举正式代表91名，列席代表6名；召开九届一次教代会，听取2015年学校工作报告和学校财经工作报告，审议通过《高考学科教师卓越绩效考核方案》《关于规范教师流动管理的实施意见》《学校章程》修正意见；收提案5件，落实上届会议提案6件。表彰校“三八红旗手”、模范丈夫、“工会工作先进个人”，组织开展教职工登山比赛、篮球比赛、定向越野赛、“六一”教职工子女游园活动等，坚持了一年一次女教工去县医院妇检和教职工的常规体检；春、秋期两次为“满十”教职工过集体生日，校职工婚丧及重病住院坚持慰问看望，每月10日组织离退休教职工聚会；坚持慰问困难教职工，设教职工女子升学奖。林德兴、文礼书家庭评为“四川省最美家庭”。团队工作坚持“抓基层、抓实事、抓落实”，成功举办“青年教师风采大赛”；成立学生社团联合会，规范学生社团管理；积极开展主题班团队活动和实践教育活动、“学雷锋、树新风”青年志愿者系列活动、“校园十佳歌手”大赛、“歌声响彻校园”等活动；组织全校玉蟾之春诗歌演诵赛、纪念五四运动大型文艺晚会；举行国旗班交接仪式；组织开展旧书交易、校园涂鸦和社团活动；评选“十佳”团支部书记，“十佳”班长，“十佳”优秀学生。1人获评四川省优秀志愿者，1人评为市青年“五四”奖章获得者。高2015级40班胡颖同学评为泸州市2016年度“立德树人、文明友善”好学生。“四川省第十二届中小学校园电视评选活动”中，泸县二中团委选送的四个节目均获优异成绩：《高二大咖秀》校园专题类一等奖，泸州市唯一；《泸县二中五四晚会新闻特刊》校园专题类三等奖、《ZTV2017年春期第二中期月刊》校园栏目类三等奖、《一切都还来得及》校园微电影类三等奖。

【对外交流】拓展留学途径，创新对外交流，开启互访模式。学校先后与加拿大伦敦国际学院、美国加州南麓私立学校、美国芝加哥希望高中、美国Avila大学结为友好学校，新开通了德国、新西兰、马来西亚留学线路。2016年11月，学校选派3位老师和4学生访问了美国芝加哥希望高中、费斯高中和东西大学，从而开启了国际交流的互访模式。成功举办2017年国际交流活动周，同时和四川大学留学预备学院、智能达国际教育有限公司、成都锐智美国直通车项目举行签约及授牌仪式。成立了泸县二中雅思教学中心。刘璇、陈泓宇新加坡公费留学选拔，拿到全额奖学金。成功举办外语新年晚会。

【爱心扶助】加强学生资助中心建设，完善学生资助管理，及时完成贫困学生资助金发放。2017年，学生资助金532.172万元（春期3588人、秋期33586人受资助）；6位校级领导每期为高2017届33班残疾生喻永波、1班车祸双腿截肢女生黄欢捐款2400元，每月食堂为2人各补贴生活费300元，两人均考入理想大学；喜迎新年慰问退休校级干部和困难教职工。

【宣传工作】把握正确舆论导向。全年学校在各级媒体发表宣传文稿550余篇，其中国家级22篇、省级182篇。《德育报》特色文化版推出：四川省泸县第二中学“诗教之花”香满园；《华西都市报》《四川电视台》《教育导报》报道泸县二中身残志坚的正能量黄欢、喻永波事迹；《川江都市报》19版报道泸县二中：成长路上，用责任为青春加冕；《泸州日报》《川江都市报》同时报道“身边的榜样、岗位学雷锋——泸县二中童建树先进事迹”；《华西都市报》：以素质之道，奏生命华章——泸县二中素质教育小记。学校被评为县教育信息宣传工作先进集体，1人评为市教育宣传先进个人，1人评为县教育信息宣传工作先进工作者，1人评为县教育信息宣传工作优秀通讯员。

（撰稿人：傅启毅　付六全）

泸县四中
No. 4 Middle School of Luxian County

【概况】四川省泸县第四中学（以下简称泸县四中）有77个教学班，在校学生4621人，在岗教职工280人，其中特级教师1人、高级教师79人、中级教师92人。2017年工作以“让每位学生获得理想发展”为理念，一方面抓教育教学质量的提升，另一方面抓学生素质教育的全面发展。不断提升教育内涵，竭力彰显学校教育特色，坚持走精品高中发展到道路。为进一步推进素质教育，发挥各位教师的潜能，促进学生全面而有个性的发展，彰显学校办学特色，提出“一生一爱好，一师一专长，一人一社团”的特色办学思想。坚持“深入班级抓研究，立足课堂抓效能，关注评价抓导向，督查过程抓到位”的工作思路，切实转变工作方式，扎实工作作风，提高工作效率；进一步推进课程改革，优化课堂教学模式，抓好教师队伍建设，加强常规管理和教研工作，努力塑造内涵丰富，特色鲜明的校园文化，全面提高学校高中和初中的教育教学质量。

【党建工作】纪委工作：10月1日，“中共泸县四中纪律检查委员会”成立，满向前任首任纪委副书记（主持工作）。泸县四中纪委按照上级部署，深入学习科学发展观，将纪检监察工作融入学校工作，落实党风廉政建设，加强师风师德建设，提高教师队伍的整体素质，推动学校的各项工作顺利开展。10月8日起，学校纪委根据县教育局纪委的安排，持续宣传接听“028—12340”党风廉政建设社会评价调查电话的工作。10月11—18日，纪委监督学校2017年度整个职评工作过程，受理学校职评工作中部分教职工的意见并做相应回复。12月29日，学校纪委向全校教职工转发和学习中共泸县纪委“关于严明2018年元旦春节期间纪律要求的通知”。

党委工作：泸县四中党委获“2017年度直属学校党建目标考核”一等奖、“2017年度直属学校党的阵地标准化建设”评选为“达标单位”“2017年度泸县教育信息宣传先进集体”，其中石半丁被县教育局评为“教育宣传先进工作者”。3月18日，党委办安排何良成、唐芳群两位教师到县党校参加“入党积极分子”培训。5月18日，党委办完成《泸县四中关于教育扶贫领域侵害群众利益专项自查报告》和《泸县四中关于贯彻落实〈两个意见〉的自查报告》。10 月 26 日，学校通过“泸州市文明校园”检查评估。11 月 22 日，党委实行“60 周年校庆暨校园艺术节文艺会演”的网络直播工作。

【班子建设】加强学校管理队伍建设，通过公开竞聘选拔，顺利完成中层干部的换届。2017 年学校班子校长 1 人，党委副书记 1 人，副校长 2 人，校务会成员共 36 人。结合学校实际，调整领导分工，继续完善年级部管理体制。

【教育教学】教学常规管理做到精、细、实。继续实施精细化目标管理、分层次教学和质量监控。完善教师教学绩效月考核常态化。每月公示个人考核情况，健全考核机制。创新教学常规管理的手段。监控室专人值班记录，加强全程听课。狠抓教学纪律，确保教学零事故。在教务处各位领导和老师的共同努力下，圆满完成了以下工作。2 月 28 日，县人大常委会副主任蔡辉主任一行到校调研。3 月 27 日，安排义务教育均衡发展“回头看”专项督导检查资料准备。3 月 28 日，泸县高三生物学科课堂教学展评活动在学校举行。3 月 28—31 日，石光明毛希华到上海学习新高考改革及教务处课程设置、排课。4 月 7—9 日，徐志华参加成都标准化考场设置培训。5 月 12 日，泸县高三历史学科复习研讨会及三诊成绩分析会在学校举行。12 月 22 日，泸州市地理学会年会在学校召开。12 月 27—30 日，曹文忠主任和教务员张勇到成都双流学习“选课走班”和排课等新高考操作。

【德育工作】学校的德育工作以《加强和改进未成年人思想道德建设的若干意见》为指导，确立一种意识——德育为先，管理制胜，抓住两条主线——习惯养成教育、德育主题教育，搞好三个结合——主题教育与常规教育相结合、学校教育与家庭教育相结合、教师管理与学生自治相结合。紧紧围绕八项德育工作目标“加强德育队伍建设、德育工作制度化、安全工作三讲七查、抓好行为规范教育，注重过程管理与终极评价相结合、继续抓好环境卫生的整治、家校联动共同育人、开展德育节活动、推进德育工作序列化教育的实施”开展德育活动。2 月 28 日，德育处主任李化南在行政院会议室参加“泸县人大调研工作汇报会”。4 月 8 日，副校长俞洋和德育主任李化南主持召开“泸县四中关于立即开展学生全面家访加强学生关爱行动的紧急会议”。5 月 26 日，德育处组织协调并成功举办“泸县中小学学生心理危机干预”主题巡回培训。10 月 11 日，德育处主主持召开的“泸县四中 2017 年秋期特异学生关爱工作推进会”。10 月 13 日，兆雅镇防保站到校进行传染病和艾滋病防治知识讲座。10 月 30 日，何淑清校长主讲“泸县四中做现代‘绅士淑女’讲坛开课仪式”。12 月 21 日，德育处全体干部到泸县一中参加合江中学与泸县一、四、五中的德育管理交流会。

【安全工作】泸县四中在泸县教育局关于 2017 年度学校安全工作目标考核中获“一等奖”。2 月 13 日，安办组织各班利用德育课进行“安全和法治第一课”教育。2 月 20 日，安办组织各班观看火灾警示教育电影《119 对你说》。3 月 29 日，泸县四中心理咨询室心理咨询活动启动。4 月 12 日，泸州市安监局、泸县教育局分别对学校进行了安全工作检查。4 月 18 日，泸州市教育局、泸县教育局先后对学校进行了安全检查。5 月 21 日，泸县纪委和泸县教育局对学校进行了安全工作大检查。5 月 26 日上午，县教育局、县安监局、县食药监局、县文体新广局、县市场质量监督局对学校进行安全检查；下午，县委副书记、县长肖刚到学校督查安全工作。5 月 30 日，县教育局局长朱大清、副局长唐明友到学校检查安全工作。5月31日，县国土局对学校进行校园地灾安全检查，为中考工作做准备。6月2日，泸州市纪委、教育局、治安大队对学校进行安全检查。6月30日下午，泸县县委常委、县纪委书记喻斌带领县教育局、安监局、食药监局、文物局、公安局相关人员到学校检查安全工作。8月28—29日，安办组织全校校务会成员、班主任进行“泸县四中2017年暑期校园安全管理与预防学生意外事件培训会”。9月15日，泸州市防灾减灾督查组对学校的防灾减灾工作开展情况进行检查。10月9日，安办组织各班利用德育课观看毒品预防教育片《噩梦》和交通安全教育片《超载冤魂》。11月6—10日，安办选派李利君到西南大学参加“泸州市心理健康教育能力培训”。

【科研交流】教师培训：不完全统计，教师外出培训862人次，校内培训13315人次。在研课题：省级部门课题1个，市级2个，县级3个，校级38个。教育局人事部门课题，市级1个，县级5个。教师论文获奖（发表）：省级以上13篇，市级53篇，县级20篇。教师展示课：市级6人次，县级23人次，校级826人次。学科竞赛：王敏参加泸州市高中语文决赛，获得二等奖；黄玲参加泸州市高中历史决赛，获得一等奖。学生活动：组织学生进行“推广普通话”系列活动；组织全校学生进行“规范汉字书写”大赛；团委一道承办“青春泸县”中小学生风采大赛。

【技装工作】泸县四中技装处主要负责管理现代教育技术中心、负责学校实验室、微机室管理工作、校园网站建设及管理、学校网阅系统的正常运行。2017年主要工作：组织学生参加信息技术上机操作与考试；组织初中生进行中考实验操作考试；组织高二学生参加实验操作考查；负责学校多媒体、电脑、网站的维修与维护；完成上级部门布置的相关任务；协助学校其他部门活动开展提供音响设备，进行录音录像；做好泸州市中小学实验教学评估迎检工作。

【艺体工作】努力创建校园足球特色学校，加强艺体特色建设。2月，参加省中学生篮球比赛获得省第十二名。11月，参加泸州市、县中小学生篮球赛，学校男篮获县高中组第二名、初中第四名、初中女篮获第四名。10月30日至11月2日泸县第二届中小学生足球联赛（小学组）在四中举行，副县长先泽平、教育局局长赵德伦、文体广新局副局长杨华春主持开幕式，泸县四中获泸县初中直属校第二名。12月6日，迎接泸州市校园足球特色学校检查工作。

【群团工作】泸县四中工会、团委是学校重要群众组织，是学校党委、行政联系教职工的有效途径。2017年，在充分发挥民主基础上，选拔年轻有为、富有朝气的青年教师担任群团工作领导，推动学校群团发展。加强学校党委对群团工作的组织领导，支持工会的工作，进一步深化校务公开和财务公开，提高教职工的民主管理、民主监督水平，维护教职工的权益，保障民主渠道畅通。关心青年教师的成长，关心青年教师的工作学习生活，通过座谈会等形式主动为青年教师搭建平台，引导青年教师健康成长。团委通过实施“一生一爱好，一师一专长，一人一社团”等活动提高青年教师和学生团员的内在素质。10月1—15日，团委开展做“现代绅士、淑女”特色活动。11月20—21日，开展泸县四中2017年秋期“国学文化展”活动。

（撰稿人：文国华）

泸县五中

No. 5 Middle School of Luxian County

【概况】四川省泸县第五中学（以下简称泸县五中）创建于1958年6月，是四川省二级示范性普

5 月 31 日，县委副书记、县长肖刚（左二）考察泸县五中工作

通高中（省重点中学），占地面积 191 亩，有教学班 86 个，学生 4700 多名，教职工 300 余名。自 20 世纪 90 年代以来，学校先后获得“全国农村教育综合改革先进单位”“全国基础教育名校”“全国十佳育人先进集体”“中国西部名校”“四川省教育工作先进集体”“四川省阳光体育示范校”等 50 多项国家级、省级荣誉称号。2017 年，泸县五中被评为第一批“四川省文明校园”。泸县五中秉承“立足厚道，求真求上”办学理念，坚持“以人为本，依法治校”的管理思想，坚持“德才并举，知行合一”育人目标，确立“建法治平安学校；建内涵丰富学校；建质量一流学校；建学生喜爱学校；建人民满意学校；建社会美誉学校”的办学目标，形成“敬业、乐教、善教”的教风，“勤学、乐学、会学”的学风和“团结、求实、开拓、创新”的校风。2017 年，泸县五中教育教学质量持续稳健发展，连续六年获泸州市普通高中（A 类学校）毕业班教学质量评估一等奖、泸州市初中教育质量综合评价“优秀学校”两项荣誉；连续九年获泸县普通高中教育质量综合评价一等奖。

【党建工作】 学校党委全面履行党建主体责任，坚持一个引领（即思想政治建设引领）、围绕一个中心（即以教育教学质量提升为中心）、确立六大办学目标（即建法治平安学校；建内涵丰富学校；建质量一流学校；建学生喜爱学校；建人民满意学校；建社会美誉学校），重点抓好师生思想政治教育、党建工作标准化建设、党风廉政建设及反腐败、“三型”党组织建设、依法治校综治安全信访维稳禁毒防邪、四川省文明校园创建、群团科协关心下一代、信息安全及网舆监管等九个方面具体工作（以下简称泸县五中“1169”党建工作），为推动学校协调发展、开放发展、科学发展、创新发展注入强大动能，促进了教育教学质量的稳步提升。2017 年泸县五中党建工作再次荣获泸县教育系统直属学校党建工作目标考核一等奖。

【教学改革】 泸县五中将教育教学质量作为学校发展的“生命线”，围绕教育改革开展活动：先后派队到上海等地学习先进课改经验；迎来重庆第 32 中学、甘孜州乡城县中学等地的学校上门交流课改经验；持续开展“课改课大比拼”活动；实施青蓝工程，加强对新教师的全方位培训；加强对老教师的教学技能培训；开展教师解题大赛；加大教学常规检查力度。在“先学后教，以学定教”教学理念的引领下，推行自主学习，学生“学、练、展、悟”、教师“编、验、点、校”，形成了师生互动、生生互动的高效课堂教学新模式；开展学生自编试题新尝试，有效提升学生思维的广度和深度。

【德育、安全工作】 2017 年，泸县五中德育工作持续稳健发展。学校提出“德育为先，德智并重”

的德育目标，与党和国家“立德树人”的教育总要求相得益彰。以“三·三”主体教育实践活动为主轴，泸县五中大胆创新出自主管理的新模式：学生层面实行“学生停课轮值管理制度”，年级层面实行“年级、班级值周管理制度”；开展吃、穿、住、行、学“五项德育行为修炼”，形成了学生主动参与、学生自主管理、学生全面发展的新型德育生态。泸县五中通过加强师生日常安全教育、编订各类安全预案、建立健全安全制度机制、完善安全设施建设和维护、全员排处身边安全隐患、开展防震防火等应急演练、邀请消防专家进行安全知识讲座等，全面实施闭环管理，全年实现了安全工作“零责任事故”的目标。

【教育科研工作】泸县五中一直推进科研育师和科研兴校。从四川省第一届普教科研教学成果颁奖至四川省第五届普教科研教学成果颁奖，泸县五中获得国家级奖1项、省级奖7项、市级奖5项、县级奖3项。五中成为“全国优秀科研单位”“全国教育科研联合体常务理事学校”“全国教育科学重点研究课题《尝试教育理论研究》实验基地”“泸州市科研先进学校”。2017年，泸县五中教育科研取得优异成绩：泸县五中教师在2016—2017年度“泸县一师一优课、一课一名师”活动中获得一等奖2名、二等奖16名、三等奖9名。在泸县2017年县级教科研课题立项评选中，初中部有3项课题立项，高中部有10项课题立项（高中全县立项课题仅40项），课题立项居于全县同类学校前列。学校顺利通过“泸州市青少年科技创新示范学校”复检。

【艺体工作】泸县五中以艺体教育为特色，建设学生成才立交。近年来泸县五中获四川省国家级青少年体育俱乐部、四川省阳光体育示范学校、四川省体育传统项目示范学校，四川省贯彻《学校体育工作条例》先进单位，四川省贯彻《中学生体育合格标准》先进单位，泸州市体育传统项目学校，泸州市体育后备人才培训基地，泸州市射箭项目培训基地，泸州市推行《全民健身计划纲要》先进单位、泸州市艺术特色学、四川省优秀国家级青少年体育俱乐部等荣誉称号。2017年，泸县五中学生运动员在各级田径运动会上都获得喜人成绩。在4月举行的四川省中学生田径运动会上获中甲组团体总分第一名，成功晋级中超组。11月，举行学校第十七届体育健身节暨第四十一节综合性田径运动会，开幕式搭上“互联网+”快车，视频点击量突破200万，提高了学校的社会美誉度。

【工会、团委工作】泸县五中工会关注教职工生活状态，丰富教职工业余生活，弘扬传统美德，传播正能量。组织了内容丰富并具有教育意义的“三八妇女节”“五一”国际劳动节、端午节、教师节、中秋节、重阳节、春节庆祝活动；开展了系列道德讲堂活动；定期组织召开教代会，教师代表建言献策助力学校发展；通过评选“最美五中人”等活动，激励教职员工做力争上游的人。积极开展慰问困难职工活动，对教师工作餐实施全程监督，切实维护教职工的合法权益。泸县五中团委获2017年泸县共青团团务工作目标考核特等奖，被授予“泸县五·四红旗团委”荣誉称号。五中团委从学生团支部和教工团支部两个方面入手，狠抓学生会、团委会两支队伍建设，以丰富多彩的活动为载体，提升学生的综合素质，推动校园文化建设取得新进展。

【高校招生、宣传工作】2016—2017年度泸县五中普通高校招生工作成效显著，获泸县普通高校招生工作量化考评一等奖。2017年泸县五中宣传工作得到上级主管部门肯定，被评为“泸县教育信息宣传先进集体”。

【后勤服务工作】2017年，泸县五中全面完成学生食堂改扩建，操作间达到学校食堂建设规范新标准，实现了“明厨亮灶”管理；教职工食堂提供一日三餐，方便教职员工的工作和生活；学校停车场建成，有效解决教职工停车难的问题；更换教师办公桌椅，改善教职员工的办公条件；新安装六百多个监控摄像头，实现校园全覆盖。后勤保障服务能力的再提升，增强全校师生员工的获得感、安全感、幸福感。

（撰稿人：毛　平）

泸县六中
No. 6 Middle School of Luxian County

【概况】 四川省泸县第六中学（以下简称泸县六中）位于泸北重镇——喻寺镇。2017 年，泸县六中有学生 1103 人，教职员工 79 人，其中高级教师 25 人、一级教师 31 人，有市县各学科骨干教师 12 人（市级 6 人、县级 6 人），专技老师中本科以上学历 50 人，专科 21 人，市级优秀教师 9 人，县级优秀教师 21 人。教师队伍老、中、青结合，教师平均年龄约 46.9 岁。全年教育教学科研论文发表或获奖 28 篇。泸县六中坚持“健康体魄、健全人格、全面发展”的育人目标，立足“对每一个学生成长负责、为每一个学生成才奠基”的办学宗旨，本着“立德立行　求实求真”的办学理念，形成“律己育人、严谨求索”的教风和“进取守纪、刻苦思变”的学风，铸造“自强不息，拼搏创新”的学校精神，步入“打造泸县精品初中”的轨道。学校为泸州市示范性普通高中、全国素质教育先进示范校、全国心理健康教育示范校四川省体育先进学校、泸县文明单位、泸州市校风示范校、泸州市德育工作先进集体，2017 年度全校共获得各级颁发的集体奖项有：“校本研修合格学校”（县级）、“教育信息宣传先进集体”（县级）、“党建工作”一等奖（县级）、第 33 届科技创新“优秀组织奖”、县足球、篮球运动会“优秀组织奖”；泸县阳光大课间三等奖。

【安全工作】 加强隐患的排查与整治。进行安全演练和过程考核，强化安全教育和管理，全期无责任性安全事故发生；高度重视教职工舆论引导。充分发挥工会、教代会的疏导与监督作用，及时化解矛盾纠纷，多次召开教代会讨论和修改学校绩效评估方案及进行校务公开；持续开展“千师进万家”活动。对特殊学生进行多次摸排，建立“六类”学生档案进行跟踪，对全校 1100 名学生进行走访帮扶；落实违纪学生的教育与引导。全年对违纪性质比较严重学生 10 余人进行教育处理；落实防溺水工作，实行“巡护”制度。无溺水事故发生；对校园安全隐患进行大面积的整改。利用校舍维修改造资金 100 余万元，改造学生寝室和学校“天网”工程，新增监控摄像头 120 余个，实现校园无死角监控全覆盖。对消防设备、交通安全等进行集中整改，保障学生安全。安全检查常态化。各班坚持“晨检”，各年级、部门、处室坚持安全月报制度，建立了安全台账，保障了师生员工的安全。加强了网络舆情监测，2017 年发现“关于‘巡护的 QQ 舆情’”和“关于教师的打油诗”两起网络舆情并及时进行的处理。

【教育教学】 开展第四届教学展评活动活教育活动，陈文华、黄烈杨、朱飞琴等 11 名教师获奖。将教学工作和学科组捆绑考核，采用随机抽查方式，做到落实基础，突出实效。侯焱华、杨光英等在泸县教育局举办的优秀教育论文比赛中获奖；谢世军、刘勇涛、熊学良等 12 人获泸县“一师一优课，一课一名师”微课竞赛奖。艺体组承办第四十届田径运动会和第九届校园文化艺术节，激发学生学习激情，丰富学生的知识面，促进学习风气的转变。通过经典文学文化墙、启动“中华经典诗文”诵读、打造书香校园、课题《农村中学国学教育渗透“诚信、友善”道德品质教育策略研究》的研究等活动，引领学生走进经典，品味经典。并于12月29日上午举行传统文化进校园汇报演出活动。学校举办第40届田径运动会，30人次和8个班级打破校记录。自主设计并成功举办第八届古榕之声校园文化艺术节。学生体育达标率90%以上，体育课成绩及格率96%以上。学校排球队参加泸州市学生排球比赛获得男子组一等奖和女子组二等奖的成绩。开展阳光体育活动，学生中开展跳绳、跑操、韵律操等活动，增强学生体质，丰富课外生活。学校为泸州市科技教育示范学校，每年举办科技创新节作为师生创新交流的平台。2017年在泸州市33届科技创新大赛中，多名学生获奖，学校获泸县第三十三届青少年科技创新大赛优秀组织奖。2017年初三毕业人数215人，135人参加中考，升入泸县二中9人、泸县一中10人、泸县四中14人、泸县五中18人、泸县九中30人、职高63人。

【德育工作】围绕德育工作中心，继续开展常规检查与考核，开展感恩、诚信为主题的教育实践活动，改进升旗仪式和国旗下讲话的模式，改进大课间活动，学校大课间比赛获县三等奖，开展优秀小组、优秀寝室、优秀学生和管理之星的评选活动，学生的文明礼貌、综合素质和自主管理能力得到进一步的提升。精心办好“读书节”“科技节”“艺术节”“体育节”“德育节”等五大节会，让学生在接参与中受到锻炼，陶冶情提影显德育的特色。

【教研师培】顺利完成继教师培任务。2017年全员参与“国培”，合格率100%，其中谢腾荣等老师被评为“优秀学员”，学校被教育局评为“校本研修合格学校”；2017年全校教师立项校级小课题30余项。通过完善改革教研机制，搭建好教学研究的有效平台。紧扣教学一线重点难点，丰富教学研究内容；创新教师培养机制，促进教师专业成长。深化课题研究，提高课堂教学效率。强化内部常规管理，构建生态、人性、阳光的管理模式。强化对考查科目的监督管理，规范义务教育课程开设。促进远程教育、图书资料、实验器材的使用，实现教学手段的现代高效等办法和途径来完善教研、师培工作。

（撰稿人：陈文华）

泸县六中第十届校园文化艺术节

泸县九中
No. 9 Middle School of Luxian County

【概况】四川省泸县第九中学（以下简称泸县九中）始建于1958年，学校占地215亩，设备设施省内先进。2017年有教职工236人，教学班69个，学生近4000名。泸县九中立足校情，深化教育转型探索，努力构建适合学生发展的综合高中办学模式，提倡“多元办学，差异成才”，倾力打造普高、职教、艺体三驾马车。坚持过程考核与综合考核相结合，优化评价手段，激发师生内驱力，增强师生幸福感，积极引导教师务实从教、敬业乐业，打造专家型教师队伍，提高教育教学效率，教师职业尊荣感和幸福感明显提升，学生高考成活率居泸州市前列。2017 年，学校党建、安全、宣传、招生等多项工作获县一等奖。

【队伍建设】学校通过梯队培养和遴选制度培养和选拔干部。按照发布公告、个人申报、年级组考察、学校审核、签订责任书等程序，精心选拔教育教学经验丰富、责任心强、有能力、善管理的优秀教师担任班主任。坚持以老带新，以新促老，老少共进的原则，构建结构合理的班主任团队。学校通过送培学习、典型引领、经验交流、班主任节等形式丰富班主任生活，开阔班主任视野，创新工作方法，提高工作能力。完善《班主任工作手册》《班主任工作规程》和《班主任考核细则》，通过《班主任考核细则》杠杆，促进班主任工作落实，提高工作实效。完善自主管理体系建设，大力推进全程式学生自主管理，改革过去班主任“训、压、管”封闭管理模式，构建“导、帮、励”学生自主管理为主的开放模式，减轻班主任负担，提高管理效率。从思想、专业、能力、心理方面提升骨干教师的基本素质，确定骨干教师评选条件、享受的待遇和义务，以及具体的考核措施，从中遴选出一大批想干事、能干事、会干事的人员进入人才库，进行锻炼培养。

泸县九中元旦晚会

【德育工作】以社会主义核心价值观为切入点，以养成教育为基石，以常规管理为载体，构建具有九中特色的德育模式。学校坚持以《中学生守则》《中学生日常行为规范》为抓手，夯实德育常规管理，提升学生常规意识；培育自管会干部，抓好自管会常规工作，提升学生自治能力；以活动为依托，丰富德育教育内容，“德育节”“读书节”“校园文化艺术节”等大型文化活动，培养了学生道德情操；以国学教育为辅助，创造特色德育。整合优化社会德育资源，充分利用微信群、家长会等方式构建家校共育模式，邀请派出所、社会育人机构等辅助教育，构建学校、家庭和社会的育人立交桥。

【教学工作】着力课程体系建设、课堂教学模式、综合评价方式等方面改革与探索，大力提倡“两自主”高中课堂教育教学改革，根据学校教师结构和生源质量，学校教科处教务处组织教师在小组建设、课堂教学模式、学生评价体系和教师考核机制等方面深入研究，务实开展，探索符合九中特点的发展路子。全体教师在教育教学改革中，结合市教育局提出的“四分两促进一提高”和“两增两减一提高”的管理指导思想，尊重教育规律，回归本真教育，小梯度推进教育教学改革，实实在在做好教学工作，教学质量稳步提升。

【特色艺体】学校艺体教育在泸州市独树一帜。学校把艺体教育常规工作作为基础工作来抓，坚持课内与课外相结合，普及与提高相结合，兴趣与升学相结合，升学与就业相结合的原则狠抓管理。依托第二课堂，做到活动经常化、多样化。武术队、合唱团、器乐团等20多个兴趣小组极具特色。2017年高考艺体双上线音乐、美术、体育双上线148人，上线率达90%，获泸州市一等奖。学校艺术团有多个节目入选泸县春晚。

【科研工作】学校从微课题研究着手，创新科研管理。加强对课题组工作和科技创新工作的领导、指导，积极鼓励教师重视本学科的教学研究，提高教师的科研能力。学校加大对生源素质、教学过程、学生升学、艺体特色、职业教育等课题研究，以研促教，减负增效。重视教师继续教育和培养工作，按要求及时送培，鼓励教师自觉参加教学竞赛、教具制作、课件设计、论文评比、杂志投稿等，促进教师观念更新和能力提高。充分发挥教研组、备课组作用，加强沟通与联系，共商技艺，共享成果，促进共同提高。

【安全工作】树立“安全无小事”的思想，把安全作为事关学校发展和稳定大局的事。严格按照《泸县九中安全风险点及防控措施》的要求，构建学校安全网络，抓好每一项安全常规的落实，实现安全管理的“四个转变”：从学生日常管理向学生自护自救的转变，从内部管理向内外结合的转变，从安全常规向安全文化的转变，从被动抓安全向主动预防安全转变。

【党建群团】从党组织标准化建设着手，夯基础，树形象，强管理。规范党组织机构、党委班子、党员队伍、党内组织生活、活动阵地等“六项”标准化建设，夯实党建基础；着力“三有办公室”“八有综合党建活动室”和党建文化墙和楼道文化阵地打造，树立党建形象。落实制度、经费和服务“三个保障”，提升党建活力。加强学校职工之家建设，建立职工俱乐部，充分利用节日（纪念日），积极组织文明健康的文化体育活动，为教职工创造宽松和谐的生活工作环境。充分发挥教代会的功能，增强教职工的主人翁意识，积极为学校发展献言献策；及时准确反映教职工的思想、生活情况，随时关心教职工的疾苦，尽最大努力为教职工办好事、办实事，推进和谐幸福学校建设。切实搞好共青团组织建设，做好学生的思想政治教育工作，定期向学生宣传团的知识，积极做好团组织发展工作；积极组织开展丰富多彩的团队活动；充分发挥好学生会、团委会的功能，提高学生自主管理能力。定期召开离退休教职工座谈会，及时向他们通报学校重大事宜及学校发展情况，听取离退休职工意见，经常关心慰问离退休教职工，切实为他们排忧解难。

【后勤工作】以《泸县九中后勤风险点及防控措施》为依托，建立公益后勤新常态，坚持贯彻“公益性”服务原则，坚持规范服务性收费行为，坚持提高精细化、人性化服务水平；建立服务育人新常态，坚持办“开放食堂”，自我加压，形成群众倒逼机制，坚持提升后勤文化品位，引导后勤服务内涵拓展，坚持推进个性化服务，走“居家式后勤”发展之路，切实做深、做细、做实、做透学校后勤工作。

（撰稿人：曾逢灿）

泸县建筑职业中专学校
Luxian Build Vocational School

【概况】四川省泸县建筑职业中专学校（以下简称泸县建校）是泸县教育局直属公办学校、泸县职教中心。学校是国家级重点职业中专、国家中等职业教育改革发展示范校。学校以“创名牌职校、建特色专业、育实用人才、立一流业绩”的办学目标，深化“长技能、宽基础、高素质”立体育人体系，建立“全员参与、项目负责、成果导向、过程监控”

10 月 19 日，四川省依法治校示范校评估专家到泸县建校开展创建工作现场评估（袁佳翔　摄）

管理机制，制定系列管理制度，做到组织管理分级化、过程管理常规化、经费管理专门化、成果管理特色化。学校占地面积 76203 平方米（折合 113.30 亩），生均占地面积 18.77 平方米；校舍建筑面积 72802 平方米，生均校舍建筑面积 17.94 平方米。在校生 4059 人（折合），专任教师 216 人（其中外聘 33 人）。

【教学诊改】2016 年 5 月，学校被教育部确定为“全国教学诊断与改进试点学校”，全国 27 所。2017 年，学校不断修改《教学诊断与改进制度建设与运行方案》，在全国诊改培训会议上汇报交流。3 月，四川省教学诊改专委会专家到校现场调研，全国诊改专委会专家到校培训，全市中职学校到校观摩。学校教学诊改目标链的打造基本成型。

【基础设施建设】新建科创楼并全部投入使用，建设众创空间，内设茶艺、书法、园艺等工作室。改建技训楼为女生宿舍，升级改造六艺楼宿舍，升级翠竹苑宿舍室内设施，迁建广播室，改建教学综合楼五楼空顶为教室。迁建技训楼机房到实训综合楼，建设园林绿化、楼宇智能化专业实训基地。新增全站仪、计算机、投影仪等设备，维修钢琴、测仪器、车床等设备。完成全校监控网络建设，建成监控中心，新增摄像头 305 个，全校共达 648 个，实现全校监控无死角，为教学、安全、德育等管理提供技术手段和依据。完成新一届食堂、超市、邮政代办点、充电房、理发店、洗衣房等相关的后勤服务公开招标。新增自助充值机、自助取款机。新增 400 千伏安变压器及供电线路工程。

【教育教学质量】2017 年高考，参考学生 472 人，本专科上线 465 人，上线率 98.5%，其中本科 25 人。2016 级文化课参加泸州市中职学校 2017 年文化课统一检测，平均分指标全市排名：德育第一名，语文第三。先后获 2017 年全国文明风采大赛优秀组织奖、第二届全国青少年学生法治知识网络大赛杰出组织奖、2017 年度泸州市对口升学一等奖、全国职业院校建筑装饰技能竞赛三等奖、全国高等职业院校建筑软件技能认证大赛 BIM 算量大赛三等奖、四川省技能竞赛中建筑 CAD 项目一等奖 2 个、工程测量三等奖 1 个、车加工三等奖 1 个、泸州市中职生技能竞赛信息、学前教育 2 个项目团体一等奖。

【专业建设】新申报市政工程施工专业，2017 年开始招生。至此，学校专业发展为建筑工程施工、工程造价、建筑装饰、道路与桥梁工程施工、楼宇智能化设备安装与运行、园林绿化、计算机应用、客户信息服务、学前教育、机械加工技术 11 个专业。各专业按照诊改理念，制订“十三五”建设规划，确定专业发展目标并实施建设。计算机应用、客户信息服务、机械加工技术专业与企业、高职学校实施定向培养合作，多形式多渠道培养技术技能人才。

【队伍建设】重视师资队伍建设，关注后备干部培养，加大走出去培训力度。先后参加省级及以上培训 303 人次。继续实施师资分类培养策略，尤其是抓实新教师和专业带头人的培养。在各级各类比赛中，有 65 人次获县级及以上表彰、教学技能竞赛奖、指导奖、教学成果奖等。教学管理团队和德育管理团队获泸县教育系统“示范团队”称号。

【社会服务】2017 年累计开展社会培训 579 人。包括退伍士兵培训 139 人、技能培训 65 人、品牌培训 128 人、创业培训 247 人。叙永、古蔺、泸县等地技能鉴定 15 次，包括对外鉴定 648 人、退役士兵鉴定 94 人、校内鉴定 1433 人。组织普通话考试 716 人。对口援建甘孜州乡城县然乌乡，对 64 名精准扶贫人员开展餐饮服务与管理技能培训。

【对外合作】与泸县建筑业协会、泸州市建筑业协会深度沟通，为省级现代学徒制试点班开展企业实践课程奠定基础。与金达公司等达成合作意向，为客服专业实施产教融合提供条件。与武汉惠通名匠智能科技有限公司达成合作意向，为机械加工技术专业融进 3D 打印技术提供设备和师资保障。实施中高职衔接，与泸州职业技术学院开展“3+2”、四川西南航空职业学院开展“3+2”贯通式人才培养。

【创建工作】10 月，学校顺利通过四川省依法治校示范学校、泸州市文明校园创建工作和泸州市现代学校制度试点工作的现场评估。8 月，学校成功申报泸州市众创空间、泸县众创空间。9 月，学校被确定为“泸县学生申诉制试点学校”。

（撰稿人：魏祥群）

泸州市电子机械学校
Luzhou Electronic Machinery School

【概况】泸州市电子机械学校（以下简称学校）位于泸县城西工业园 B 区，占地面积 4 万平方米，建筑面积 3.6 万多平方米，在校师生 3500 余人。2007 年 4 月，学校经泸州市人力资源和社会保障局批准的“国家职业技能鉴定站”成立，5 月被泸州市教育局评估为“泸州市优秀民办中等职业学校”，11 月被泸州市人民政府命名为“泸州市文化先进单位”，12 月被泸州市教育局评为“泸州市重点中等职业学校”。2008 年 10 月，学校“电子技术应用”和“机械加工技术”专业创建成为“泸州市重点专业”。2009 年 5 月，学校获“泸州市依法治校示范学校”称号，6 月被泸州市教育局评为“泸州市校风示范校”。2010 年 10 月，学校创建为“四川省重点中等职业学校”。

【宗旨理念】办学宗旨：德育教育为主体，技能培养为主线，就业升学为主导，服务地方经济发展为根本。办学思想：以人为本，自强不息，和谐发展。办学目标：办现代化特色职校，育创新性优秀人才。管理观念：科学化教育，技能化培养，亲情化服务，人性化管理。

【工作成果】完成中等职业教育诊断与改革工作。完成《中等职业教育质量年度报告》的编制发布。完成学校《办学章程》的修订工作。持续发展精准扶贫和学生资助工作，全校教师走访调研全校贫困学生家庭，组织全校师生为贫困学生助学捐款等。学校严格按照教育法律法规办学，以教育部、省教育厅和市、县教育局关于“规范中职学校办学行为”的文件精神和指示进行自查自纠，坚持依法办学、规范办学，全年无违法违纪违规行为。

【特色工作】学校于 2016 年与成都工业学院、内江师范学院、电子科技大学联合举办学生自学助考工作，各专业自考过关率较高，汽车运用与维修专业统考和省考过关率居于全省前列。教学科研取得新突破，泸州市承担的四

泸州市电子机械学校

川省省级中高职一体化教育教学改革课题，学校承担子课题电子技术应用专业《电工技术基础与技能》中高职一体化人才培养模式改革教材开发和编写研究项目，于2017年7月结题，该课题获四川省一等奖。罗正华和熊艳老师撰写的科研论文《如何突破中等职业学校对口升学高考技能》获省级三等奖。同课异构促进教师的专业成长，专业部和基础部每学期都坚持组织组内教师进行同课异构，组内指定相同教学章节内容，所有学科教师按自己的教学思路进行授课展示，课后进行述课、评课和评奖。而激发教师追求上进的激情，促进全校教学质量的整体提升。学校各项工作成绩显著，分别获泸州市教育局、泸县教育局职业教育综合评估一等奖，泸州市教育局年检优秀学校。

【校企合作】 学校一直致力探索校企合作模式，积极建立学生校外实训基地。学校和重庆市綦江区就业服务管理局、重庆市万盛经济技术开发区就业服务管理局、旭硕科技（重庆）公司、广达（重庆）公司、深圳风向标汽车科技有限公司、东风汽车公司等多家政府部门和大型企业签订了校企合作或合作培养协议。另外，学校与泸州高新区医药产业园内多家单位签订了合作培训订单。校企合作确保学生实习就业渠道的畅通，同时可以让学校更直接地接触到社会一线的人才培养需求和标准，从而推动教学的进一步改革和发展，促进学校工作全面提升。

（撰稿人：杨建明）

天宇学校
Tianyu School

【概况】 2017年，天宇学校（以下简称学校）坚持正确的办学方向，以全面推进素质教育为导向，以全面提高教学质量为中心，严格规范学校管理，确保学校朝着健康有序前行。2017年毕业学生328人，对口升学考试和全国统考被录取比例84%。其余学生基本成功就业。

【教学管理】 按要求开足课程，在加强教育教学管理的同时，指导学科的教研组积极开展合作探讨，以课题的高效促进高质。教研组创新管理，规范活动，每一次活动必须做到目标明确，形式多样，人人参与，讲求实效。提高课堂效率的应对措施，以构建学生喜欢的课堂为抓手，优化课堂教学。每位教师每周必须听一节课。强化教育教学管理，扎实推行月考制，使学生养成爱学习的习惯。

【德育工作】加强德育工作的班子建设，建立健全德育工作的管理制度和考评细则，明确德育工作重点。坚持日常行为规范常态化，确立学生言行举止规范，仪容仪表规范。德育活动多样化。有计划有针对性地对学生进行爱国主义、集体主义、法制、安全、环保、心理健康等教育，感恩教育和礼仪教育。建立家庭、社会、学校三结合教育体系，加大社会参与学校德育教育的力度，在教学中有机渗透德育教育。创新德育工作，促进学生发展。开足德育课程，坚持每周一节班会课。进一步积淀校园文化。学校通过各种途径，加强“三风”建设，逐步形成良好的校风、教风、学风；引入企业文化，使企业文化融入校园；扎实开展“抓小事工程”，推进“细节文化”建设，使全校师生在追求精致的基础上不断超越自我。开展德育主题活动、志愿服务活动等各类活动精彩纷呈，每月一主题，每周一重点，以主题引领活动，用活动渲染主题。举办一年一度的校田径运动会、专业技能比赛、元旦主题文艺会演、社团活动丰富多彩，有篮球之星、手工、舞蹈等多个社团。举行常规管理教育月系列活动、法制教育月系列活动、入团宣誓活动。学校秉持客户思维理念，建立层次化、规范化、亲情化的学生教育管理模式，校级领导、中层干部带头做好对学生的关心、关爱、照顾，每个党员、教师走进村居，将学生管理教育与扶贫帮困工作连在一起，每年分期分批进行家访，了解学生家庭的实际情况，对于病灾户、留守户、单亲户、涉法户的孩子开展精准教育，实施精准扶贫。

【党建工作】学校党支部紧紧围绕改革发展这一中心和育人的根本任务，充分发挥政治核心和战斗堡垒作用，全面贯彻党的教育方针，积极探索党建和教育教学工作有机结合的有效途径，提高党组织的创造力、凝聚力和战斗力，取得显著的育人效益和办学效益。学校以其校风正、师资高、管理严、质量好步入“学生满意、家长放心、社会认可”的学校行列。以“两学一做”为指导，开展全校性政治理论学校活动。发挥党员先进性，通过党员的带头与辐射，提高全校教职工特别是党员群众的素质。以亲民服务为宗旨，培养学生练好技能。服务企业，输送人才，主动融入企业，帮助企业生产产品，指导学生提升技能，彰显骨干党员教师风采。

【安全工作】加强安全管理，互动联防的责任管理体系，落实安全工作管理体系。建立安全工作制度和措施，对存在安全隐患及时排除。利用每周一次的安全课和每月一次的消防演练，对师生进行交通安全、食品卫生应对火灾、地震等安全知识教育与培训，增强自护自救的安全意识。

【后勤保障】严格校物登记、保管、使用赔偿制度；严格财务制度，按标准收费，做到合理开支，账目清楚；食堂食品卫生安全及餐具消毒处理必须按要求执行；组织好学生的年度体检及疾病预防控制工作。2017 年，学校投入 30 余万元资金对校舍、食堂进行改扩建修缮；另投入 9.5 万元新建 90 平方米垃圾库，3.6 万元改建会议室 500 平方米。

【校企合作】学校有集实验、实训、演示、交流、比赛于一体面积达 4314 多平方米的多功能能根据实施性教学计划，科学合理地安排实训教学内容与顶岗实习任务，校企双方结合产品加工与实践操作共同完成实训教学案例多个，产教对接共同完成实训教学任务。学校选择了多家企业作为学校的校外实习基地，并签订了学生实习（实训）协议，各实习基地都能提供充足的岗位满足学生实习需要。2017 年，学校投入近200万元对教学实施设备、实验实训设备及教学工作环境进行改善，使学校教学软、硬件达到一定程度的标准要求。在此基础上，学校与企业紧密合作，互兼互聘，共同制定人才培养计划，结合企业用工与人才需求，以订单形式与学生签订用工协议，通过产品实际加工和虚拟仿真等手段充分体现企业真实情境，结合企业产品开发实训项目案例，企业产品加工营造真实生产场景。实现学生技能培养与企业用工零对接要求，基本达到企业用工标准要求。

【招生工作】 2015—2016学年，在校生数1470人，当年招生数562人，毕业生人数399人；2016—2017学年，学校全日制在校学生1526人，同比上一年增长56人，在校生同比上一学年增幅3.81%，当年招生636人，毕业生328人，2017—2018学年，学校有全日制在校学生1860人，较上一年增加学生数334人，在校生人数同比上一学年增幅21.89%；2017年招生数662人，学校连续2年招生规模稳定在600人以上，学生规模近2000人，生源主要来自本县及泸州市的其他区县。学校开设有加工制造类、信息技术类、财经商贸类、教育类学前教育、轻纺食品类的服装制作与生产管理等5个专业，学生巩固率在92%以上。

（撰稿人：唐明芳）

泸县二中外国语实验学校
Foreign Language Experimental School of Luxian No. 2 High School

【概况】 泸县二中外国语实验学校（以下简称学校或泸二外），前身是国家级示范性普通高中四川省泸县第二中学的初中部，始创于1941年秋。学校占地面积近150亩，标准规模78个班（其中14个班级进行智慧课堂教学），380余名教职工。学校建有400米塑胶运动场、室内体育馆、数字化图书馆、学生食堂、学生公寓，所有教室和公寓均安装空调，班班配置交互式电视。学校传承泸县二中厚重的文化积淀，形成“为学生成人负责，为学生成才奠基，为学生幸福人生导航”的办学宗旨与“民办精办，民办心办”的学校精神，形成“见贤思齐，学而不厌”的校训与“爱学校做主人，爱事业做能人，爱学生做贵人”的核心价值观，打造形成“导航教育”品牌。2017年学校获得荣誉：全国国防教育特色学校、四川省文明校园、四川省示范性标准化学生食堂、四川省五四红旗团委、四川智慧教育联盟成员学校、四川省艺术特色教育学校、四川K12教育联盟成员、泸州市2017年初中教育质量综合评价优秀学校、泸州市文明校园、泸州市安全常规管理标杆学校暨市级消防安全标准化管理学校、泸州市首批健康学校、泸州市健康学校示范点、泸州市廉洁文化进校园示范点、泸州市语文“群文阅读”特色课程优秀实验学校、泸县教育工作督导评估一等奖、泸县特色示范学校、泸县“导航教育”特色学校、泸县家风示范学校、2017年度学校安全工作目标考核一等奖、2017年度直属学校党建目标考核一等奖、校长唐国成当选四川省中学校长协会初中工作部副理事长。

【教育教学】 2017年，学校获得泸州市中考十一连冠，囊括泸州市中考前三名，泸州市前10名，泸二外占7人，分别是第1、2、2、5、5、5、10名。2017年学生艺体获得荣誉：泸州市中小学生乒乓球比赛（初中组）第一名、泸州市中小学生篮球比赛（初中女子组）第二名、泸州市中小学乒乓球比赛（初中组）第二名、泸州市中小学生羽毛球比赛（初中组）第二名、泸州市青少年校园足球（秋季）联赛（初中男子组）第三名、泸州市中学生田径比赛初中组第三名、泸县第十五届中小学生篮球运动会（县属初中女子组）第一名、泸县第十五届中小学生篮球运动会（县属初中男子组）第一名、泸县第二届校园足球联赛（直属初中组）一等奖、泸县第二十一届中小学田径运动会（县属初中组）第三名。

【科技创新】 创新力即生命

力。学校非常重视科技创新，参加第十五届四川省青少年机器人创新实践活动泸州赛场暨泸州市“乐博杯”极速搬运机器人竞赛，获团体二等奖，单项一等奖5项、二等奖3项、三等奖1项。参加泸州市第三十三届青少年科技创新大赛，学校获得基层优秀组织奖，学生获得一等奖3项、二等奖32项、三等奖1项，石敏老师获泸州市“十佳科技辅导员”称号。学校举办了第十四届“科技节”暨参加泸县第三十三届青少年科技创新大赛，活动内容包括教师项目和学生项目两个系列共八个项目。学校组织参加泸县第三十四届青少年科技创新大赛，获得优秀组织奖，教师获得一等奖7项，学生获一等奖19项、二等奖10项、三等奖4项，三位老师获得优秀科技辅导员称号。

12月17日，泸县二中外国语实验学校举行教职工“玉蟾之秋”综合文艺晚会（王漫 摄）

【教育科研】为了实施科研兴校的战略，提升教师科研、教育、教学、管理能力。学校积极开展校级课题研究活动，课题分为4类研究：教研类、课程类、德育类、管理类。学校有在研市级课题1个，县级课题2个，校级课题34个。学校课题《初中数学框架式教学三三五模式》《初中历史课堂基于案例教学的亮点呈现策略》分别获得泸州市第六届普教教学成果一等奖和二等奖。2017年，学校教师参加泸县优质课竞赛，9个学科均获一等奖，8位教师代表泸县参加泸州市决赛；泸州市优质课决赛中，8个学科获得一等奖、1个学科获得二等奖。泸县“一师一优课、一课一名师”活动，13个学科均获得一等奖；四川省“一师一优课、一课一名师”活动中斩获7个一等奖、2个二等奖、3个三等奖，其中，泸县初中阶段共8名教师获一等奖，泸二外占7人。

【安全工作】学校采取多种措施确保校园安全，构建平安泸二外，获得2017年度学校安全工作目标考核一等奖。人人强化安全意识：把安全感当成一种需要，把安全意识当成一种素养，把生命安全、生涯规划做成一门重要课程。落实安全职责：“党政同责”“一岗双责”；校长是安全的第一责任人；管行业必须管安全，管业务必须管安全；层层签订安全责任书，明确安全责任、强化问责。学习安全法规：利用德育课等时间进行安全法规教育，坚持每天放学前3分钟安全教育。制定应急预案：制定治安事件、交通安全、消防安全、公共卫生与食品安全、突发安全事故等安全预案。强化日常检查：监控检查、实验室检查、消防检查、体育器材检查、信息安全检查、校园生活及教学安全检查、运动安全检查、饮食安全检查、公共卫生检查、校园暴力排查。

【党建工作】学校现有党员125名，其中教师党员117名，女党员77名。设有三个年级党支部和后勤保障党支部。学校网站建立“党建之声”栏目；党员活动室设置廉政文化书架，加强廉政文化学习；建立了学校党员QQ群；定期开展“三会一课”，践行“两学一做”，争做优秀党员活动，积极开展“千名教师进万家”活动。学校党总支构建了“1234”党建体系，即“一引领二保障三建设四驱动”，打造和形成了“导航先锋”党建品牌，引动学校党建工作上新台阶，增强党组织的凝聚力、战斗力。2017 届、2018 届党支部被评为共产党员示范团队，唐国成被评为泸县教育系统十佳基层党组织书记，4 位党员成为泸县共产党员示范岗。

（撰稿人：王乾平　廖远华　周　娇）

泸县二中城北分校

Chengbei Primary School of Luxian Second Middle School

【概况】泸县二中城北分校（以下简称学校）位于泸县玉蟾街道草街北段 3 号，临靠 321 国道和厦蓉高速公路，交通便利，环境优美。学校成立于 2001 年 6 月，前身是“泸县福集镇初级中学校”。学校有 48 个教学班，3000 余名学生。在编在职教职工 168 名，其中，高级教师 48 人、中级教师 62 人、初级教师 46 人，12 名新教师；省、市、县级“学科带头人”“骨干教师”“名师”近 50 人。学校建有 200 米环形跑道运动场两个，行政大楼一幢，教学大楼三幢，实验综合楼一幢，学生公寓两幢，标准教室 50 间（均装一体机或电子白板），机房 5 间，理化生实验室 5 间，美术室 1 间，音乐室兼练功房 1 间，图书阅览室 2 间，以及一幢可容纳 1200 人同时就餐的学生食堂。校园占地面积 58 亩，总建筑面积近 2 万平方米；图书总量 7 万余册。计算机近 300 台。泸县二中城北分校是泸县二中初中部，与国重泸县二中实行一脉相承的管理。

【学生自主管理】学校从 2015 年起推行“三级六部”制学生自主管理模式。在班级、年级和学校三级分别设立“生活部”“阳光体育部”“纪检部”“环保部”“学习部”“安全部”等进行自主管理。2017 年秋期增加“班级停课值日制”，即在全校以班级为单位，每天一个班级停课 2 节课，负责全校各班公区的卫生打扫、校门口礼仪、学生用餐秩序的维护等工作。2017 年，是学校推行学生自主管理的第三年，该项工作的管理模式逐渐成熟。校园环境干净整洁，学生行为习惯不断得到规范，学生自我管理意识不断增强。

【校本课程】按照国家要求的三级课程管理原则，学校积极推动校本课程建设。在前期多次调研、选课和教师培训的基础上，学校在初一、初二全面实施校本课程，2017 年开设“中国象棋”“数据处理”“名著阅读”“葫芦丝”“糕点制作”“电子琴”等九大类共 35 门课程。校本课程根据学生意愿实行自主选班，自主选课，走班制教学。每学期进行校本课程的汇报展演，为学生的发展搭建平台。

【大课间活动】学校是四川省阳光体育示范校。大课间活动由学校体育组策划，各年级组协助完成。在传统广播体操的基础上，不断翻新花样让学生参与阳光体育，每天的大课间，分年级组织，

泸县二中春季城北分校大课间活动（胡远朋　摄）

自己编排手语操、韵律操、武术操、体能训练以及激情跑操等。学生身体素质不断得到加强。2017年秋期，学校在全县的大课间活动比赛中获得第一名。

【德育模式】学校通过对人文素质教育内涵的探讨，打破原有的以第一课堂为主的人文教育形式，创造性提出“五节育人”的育人体系，总结形成以艺术节、健身节、读书节、语言节、德育节为主体的第二课堂人文素质教育模式。2017年，在全县“网络安全知识竞赛”、科技创新制作比赛、泸州市田径运动会、县直属学校田径运动会、青春泸县、法娃杯手操报比赛作文比赛等比赛中近800人次获奖；在丰富的活动中塑造学生健全的人格。

【队伍建设】学校为新分教师安排指导教师，为新班主任指定帮扶教师，不定期安排教师外出学习进修，请专家或骨干教师到校培训，学校组织教师风采大赛、班主任风采大赛、定向越野比赛、爬山比赛、教职工健身节、年级德育主任论坛、集体庆生活动、拓展培训、慰问困难职工等一系列活动。教职工在各种活动中提升业务技能，凝聚团队人心，提升工作和生活的幸福指数。2017年全校教师文章发表或获奖近100篇，全县组织的学科教师优质课竞赛，学校有7名教师获得9个学科中的一等奖；“一师一优”课3名教师获县一等奖；生物实验技能大赛1名教师获市二等奖；信息化教学大赛1人获市一等奖。

【学校荣誉】学校连续16年获得“泸县公立学校教育教学综合质量评估一等奖”，获得“四川省阳光体育示范校”“泸州市初中素质教育评估优秀学校”“泸州市现代教育示范校”“泸州市实验教学三开先进集体”“泸州市校本研修示范学校”“泸州市中小学教学结构改革先进学校”“泸县知名校”“泸县教育科研先进集体”“泸县教育宣传工作先进集体”“泸县校本研修示范校”“控辍先进集体”“绿化先进学校”“师德建设先进集体”“教育宣传先进集体”“综治先进单位”“群文阅读实验学校联盟”“巾帼文明岗”“泸县‘十二五’教育科研先进集体”“县级园林式单位”等一系列荣誉称号。学校中考成绩逐年攀升，稳居泸县公立学校第一名。

（撰稿人：胡远朋）

泸县梁才学校

Luxian Liangcai School

【概况】四川省泸县梁才学校暨泸县二中城西学校（以下简称学校），是一所集幼儿园、小学、初中教育于一体的民办公助学校，是国家重点示范性高中泸县二中教育集团学校之一。学校占地120亩，总投资2.5亿元，2017年有教学班78个，教师212人，学生3493人。2017年是学校完成“转型·升级”的发力之年，先后获评四川省首届“文明校园”、2017年“泸州市教育质量优秀学校”，学校党支部被评为泸州市“共产党员示范单位”，学校团委会被授予“泸州市先进学生会”荣誉称号。

【队伍建设】继续完善、深化教师队伍建设。继续推行条块式管理模式并着力完善年级组管理制度，改进《中层干部量化考核实施细则》强化干部管理，优化《教师年终考核方案》和《职称评聘量化考核方案》。分学部进行升旗仪式，丰富教师“国旗下的演讲”和“师德演讲”内容，提升教师职业操守。继续推行教师结对“青蓝工程”，坚持“请进来，走出去”教师培养原则，提升教师核心素养。先后外派教师86人次到西安、深圳、重庆、成都、遂宁、达州等地考察学习。2月23—24日，校长熊兴权一行4人受香港马鞍山循道卫理小学陈锦辉校长邀请，到香港访问学习。

【教学教研】高举“探索课程改革，提高课堂效率”大旗，小学部积极打造“和乐”课堂，提出“有活力的课堂，有效度的课堂，有深度的课堂”三条标准。初中部大力继续倡导“和师乐友”合作学习模式，以学生自主合作学习新形式提高课堂效率，建立集体备课、备题机制，实行新课“四备法”，共享教师集体智慧。全年承办市县各类教研活动12次。2月16日，泸州市教科所、泸县教研室对学校教学工作进行了联合视导。学校与合江甘雨镇中学“结对帮扶”，并先后与泸县雨坛学校、顺河学校进行联合教研。11月2日，泸县2017年特色学校创建工作现场会、泸县2017年校本课程研讨活动在学校召开。11月23日，首届“梁才教育论坛”成功举办，来自泸县梁才学校、泸县实验学校、泸县城北小学、牛滩小学、玄滩小学的近20名教师和领导围绕“小学六年级毕业班后期管理”这一主题进行探讨和交流。

【德育工作】学校以学生“美习”培养为抓手，以“八大经典活动”为主阵地，以大队委、自管会为依托，夯实德育常规管理，提升学生常规素养。打造每月“最美学生”，“十佳美习少年”，“十佳和美家庭”等优秀学生评选活动，树立学生学习榜样，引领学生健康成长。实施社会、家庭、学校“三育共举”策略，邀请泸县二中唐远琼、唐莉莉等心理教育专家进行专题讲座，开展“家长开放日”活动，实现家校共育。充分利用班团（队）课对学生进行思想教育，责任、感恩、自立等主题班会给学生深深触动。开展了慰问敬老院老人、穿越丛林、爱心义卖、为学前班失去双亲的李翼欣小朋友义捐。艺术节歌唱比赛、校园歌手大赛、风筝节、现场书法大赛、亲子运动会、假期作业展评等活动，积极贯彻“活动育人”教育方针。

【调研考察】学校以“和乐”为核心建构校园文化，引领教育教学。优美的校园环境、先进的教育设施、特色独具的教育形式，为各地教育发展提供了借鉴。5月10日，四川省政协委员考察团到校考察调研。6月20日，省委组织部副部长蒋天宝到校调研党建工作。内江、宜宾、隆昌等地教育考察团也先后到校调研考察。

【首届中考】学校首届初中毕业班2017年泸州市中考创造辉煌，蔡阕君同学以718分获得泸州市中考第三名；全年级上泸县二中录取线223人，占年级总人数的51.6%，上省重录取线424人，占年级总人数的98%。

【师生获奖】孙方利和陈佳凤老师分获“第二届全国初中群文阅读教学设计大赛”国家级二、三等奖，温玉婷老师在“鑫钰珠宝杯”四川省首届女子书法大赛中荣获一等奖，周志华老师在“四川省义务教育阶段优质课展评活动”获信息技术展评课省级二等奖，唐兴熠同学获得“第32届全国青少年科技创新大赛”少儿科幻画国家级二等奖，彭兴永同学获得第一届“笔墨先锋”杯全国硬笔书法大赛小学组银奖。学校教师参加市县各学科赛课，共获市级奖4个、县级奖15个，全年有近200人次在论文、教学设计等各级各类比赛中获奖。小学足球队蝉联泸州市校园足球联赛冠军，梁才学子参加全国中小学生创新作文大赛、2017年第十四届“外研社杯”全国中小学生英语大赛、第15届四川省青少年机器人创新实践活动、“第32届四川省青少年科技创新大赛”“四川省美丽中国第三届少儿绘地图大赛”“第二届川南武术套路邀请赛”、第七届“青春泸县”校园文化活动才艺比赛、泸县中小学生田径运动会、泸县中小学生篮球赛等各级各类比赛，共获奖700余人次。

泸县实验学校
Luxian Experimental School

【概况】2017年，泸县实验学校以开展“有效教学年”为契机，立足课堂改革教学方式、提高课堂教学质量为重点，强化教学常规管理，落实校本教研，扎实推进课程改革。有两个教学区（本校区、西校区），67个教学班，3862名学生，在职教职工 174 人。2017 年荣获泸县“家风示范校”、市级首批试点“健康学校”殊荣。

【教育教学】泸县实验学校在泸县教育局组织的各类教学检测中均名列全县前茅，学生综合素质培养效果显著。学校在文字学科成绩稳中有升的前提下，艺术体育学科教学成绩也较为突出，美术等学科尤为突出。学校打造足球特色，创办龙韵足球，开展足球校本课程，编排足球操进入学校大课间，学生学习兴趣浓厚，效果显著，学校在 2017 年泸县中小学生大课间活动中获一等奖。

【德育教育】泸县实验学校德育工作以“培养谦谦君子”为指导思想，坚持学校教育、家庭教育、社会教育三结合模式，以健全的制度为保障，以丰富多彩的主题活动为育人载体，以充满浓郁书香文化的校园为育人阵地，将传统教育和现代素质教育相结合。（1）强化德育常规管理。以养成教育为主要内容，坚持搞好“四讲一穿戴”活动；加强中华传统文化教育和礼仪教育，坚持开展经典诵读、开笔礼、毕业礼等活动；深入开展爱国主义教育、感恩教育、环保教育、社会主义核心价值观等主题教育活动。（2）强化活动育人。深入开展“重孝德，传家风”主题活动、“环保教育·美丽我的龙城”主题活动、“时刻跟党走”故事演讲比赛、“颂英雄·学楷模”系列活动；积极参加“雏鹰练翅大赛”“青少年科技创新大赛”；成功举办“放飞梦想，龙翔万里”“六一”艺术节、第四届家长开放日等大型德育活动。（3）强化学生心理健康教育。建立五类特异儿童台账和帮扶制度，开展“千师进万家”走访活动；完善学校心理咨询室相应配套设施，加强对专兼职心理教师和心理咨询室教师的培训和指导，切实解决师生心理健康问题。

【教育科研】深化校本教研，升华课程改革，扎实推进科研课题的研究，充分发挥教研工作在教育改革中的灵魂作用。2017 年学校立项的市级课题 5 个，县级课题 5 个，校级课题 13 个，其中结题 2 个，获市级教学成果奖 1 个。教师参加县级以上各类教学竞赛有 34 人次获奖（国家级 1 人次、省级 8 人次、市级 12 人次），25 篇论文参加县级论文竞赛获奖，9 篇市级获奖。承办市、县级各学科教研活动 14 次，获得了上级领导和参会教师的一致好评。

【安全工作】泸县实验学校始终把安全工作放在重中之重的位置，坚持“安全第一，预防为主”的原则，切实加强安全防范工作。利用电子滚动屏、板报、安全宣传展示板、晨会、班队课等，宣传安全知识，做到“安全天天讲，安全时时记”。将生命教育有机地渗透在各门学科、各种形式的专题教育和课外活动之中，全年组织 2 次安全疏散演练。将食堂安全、交通安全放在安全工作首位，

11 月，泸县实验学校各年级开展“家长开放日活动”（程瑜　摄）

落到实处，严格监管，重点排查，为师生营造安全、和谐校园氛围。

（撰稿人：曾　艳）

泸县中宏特殊教育学校
LuXian Zhonghong Special Education School

【概况】泸县中宏特殊教育学校（以下简称学校）原名“泸县初级特殊教育学校”，于2009年正式冠名为“泸县中宏特殊教育学校”，是一所集盲、聋、培智、脑瘫、自闭症特殊学生为一体的综合性九年一贯制义务教育寄宿制学校，因师资与生源不足，暂未开办盲班。学校位于泸县福集镇清溪横街45号，占地15.5亩。2017年春期有教学班10个，其中5个聋教学班，5个培智班，共有学生136名；秋期有教学班9个，其中4个聋班，5个培智班，共有学生130人。教职工春期32人，秋期36人，其中教师29人。在29名教师中，具有本科及以上学历25人。副高级教师7人，一级教师9人；市县级骨干教师4人，市县级优秀教师2人。2017年，学校认真贯彻各级各类指导精神，积极开展各项工作，于年终荣获直属学校教育综合督导评估一等奖、综治安全工作一等奖、党建工作一等奖。

【管理工作】学校以“一切为了学生的人生幸福和人生发展”办学宗旨，以“办人民满意的特殊教育，为社会培养自食其力之才”办学目标，沿着“重视基教，强化职教，突出艺教，语训康复，功能补偿”的办学思路，不断深化“替学生生存着想，为学生自立奠基”的办学理念，坚持特殊教育课堂教学改革，大力改善办学条件；以“严谨、善导、敬业、爱生”的教风要求教师，促进“好学、会用、有志、自强”学风的形成，努力营造“博爱、和谐、勤勉、成才”的校园风貌，不断提高教师素质，逐步建设一支高素质的特教队伍。学校坚持“制度+人文”的管理策略，学校各项管理制度都提交教职工大会讨论，表决通过后执行，并坚持校务公开。

【大事记】3月23日，四川省关工委及西南儿童医院工作人员到泸县中宏特殊教育学校对学校残疾儿童进行疾病防预知识培训和身体检查；5月8日，泸县教育局副局长熊娅梅一行到泸县中宏特殊教育学校指导工作，分别对学校食堂的食品卫生管理、学生公寓安全、课堂教学等工作进行了督查；6月22日上午，县委常委李高和率交通、教育、文体新广、安监、食药监、公安等部门到泸县中宏特殊教育学校进行安全工作督查；10月17日，泸县中宏特殊教育学校“现代学校制度建设改革试点”评估验收通过。11月30日上午，泸县中宏特殊教育学校举办了“重孝德、晒家风”活动；12月14日下午，泸县中宏特殊教育学校全体师生、部分家长乘公交车到泸县城乡规划展览馆参观。

【教育教研】2017年，学校坚持以“科研强师，康教结合”为指导思想，以课堂教学为主阵地，以课题研究为载体，开展多种形式、多个层面的教育科研活动。组织教师上“见面课”“研究课”，开展教师“三笔字”基本功大赛，提高教师专业水平。积极筹备市级课题《县域内重度脑瘫儿童送教上门实践研究》的开题工作。

【师培工作】组织教师参加县教研室的各类培训与优质课竞赛；派教师到重庆江津向阳儿童康复中心学习脑瘫儿童动作康复训练技能；外出学习教师对学校教师进行专业知识二次培训等，通过多种途径的培训，学校教师专业素养得到很大的提高。

【艺体活动】学校始终将艺体工作摆在重要的地位：3月5日，学校师生参加了“泸县青春雷锋行阳光助残”公益演出活动；5月19日，参加泸县残联组织的第27次全国助残日演出活动；6月举办庆“六一”活动；11月，召开第十届师生运动会。

（撰稿人：张小丹）

居民生活与社会保障

RESIDENT LIVES AND SOCIAL SECURITY

卫生与计划生育

Health and Family Planning

【人口状况】 全年出生人口11420人，出生率10.62‰，人口自然增长率3.41‰，出生人口性别比104.37，符合政策生育率98.14%，各项数据指标全面完成。

【卫生资源】 2017年，全县医疗卫生机构1241个，其中公立医疗机构20家、民营医院34家、综合门诊部11家、个体105家、医务室9家、村卫生室1060家。床位3801张，卫生专业技术人员5468人，其中执业医师1295人、执业助理医师652人、注册护士2252人、乡村医生1269人。

【行权公开与政务中心窗口服务】 办理各项卫生行政许可事项4139件；麻醉药品、第一类精神药品专用卡换证与多证合一42件。

【医药卫生体制改革】 泸县人民医院、泸县第二人民医院、泸县中医院继续推进全面取消县级公立医院药品加成政策，县财政按2012年药品加成的20%进行补助，补助资金204.39万元全部到位。

【医疗卫生服务】 县级医疗机构2017年门诊42.18万人次，门诊增幅达5.87%；住院人次5.46万人次，住院诊疗量增幅8.76%；床位使用率96.63%。镇（中心）卫生院、社区卫生服务中心2017年门诊61.52万人次，门诊量增幅1.92%；住院人次6.86万人次，住院诊疗量增幅22.79%。县域内就诊率90%，县级医院开展远程会诊占院外会诊比70%。医师多点执业119人，较上年有较大幅度提升。加强转诊管理，形成相对稳定、紧密衔接的双向转诊渠道。2017年，医联体内上转10488人次，下转1211人次。辖区内门诊均费用总增长率9.13%，住院次均费用总增长率1.75%。二级公立医院药占比27.85%。个人卫生支出占卫生总费用的比例为34.5%。公立医疗机构100%参加医疗责任保险。2017年受理信访案90件，涉医违法1件、医院管理8件、政策咨询43件、服务态度6件、其中市上转办阳光问政2件、其他30件。2017年，共受理医疗纠纷16起，调解成功率96.7%（其中2例还在调解过程中），赔偿金额177.48万元，未发生群体性聚集的“医闹”。

【医疗扶贫】 对全县2017年

10月19日，泸州市全民预防保健工作推进会在泸县召开

建档立卡农村贫困人口61302人进行精准健康评估，全县建档立卡农村贫困人口患病9377人。其中一次性能治愈的疾病人数为382人、需要维持治疗的疾病人数为2666人、需长期治疗和康复人数为6329人。2017年，泸县建档立卡贫困人口继续实行县域内就医“零支付”政策。2017年1—12月，建档立卡农村贫困人员住院43920人次，住院医疗总费用11783.5448万元，免收一般诊疗费105.0650万元，院内会诊费41569.6元，医疗机构减免个人自付部分5%，医疗机构减免金额为175.9937万元。

【城乡医院对口支援】3所县级医疗机构共派遣125人次分片区对口支援基层医疗机构；3所县级医院共派遣11名医务人员对口支援乡城县医疗卫生工作；派遣1名中心卫生院业务副院长对口支援普格县乡镇卫生院。2017年，对口支援补助资金30万元全部划拨支援单位。

【中医药服务】泸县有国家二级甲等中医医院1个，县级综合医院2个，均设置中医临床科室，县级妇幼健康服务机构1个，按标准设置中医妇科、中医儿科门诊，能开展中医药服务的社区卫生服务机构4个，标准设置中医科、中药房、中医馆的镇（中心）卫生院19个，设置中医科的民营医院32个，设置中医科的门诊部11个，中医诊所45个，设置中医科的医务室3个，能提供中医药服务并配备中医诊疗设备的村卫生室828个，占全县村卫生室的80.31%。各镇（中心）卫生院、社区卫生服务中心均能为老百姓提供10种以上中医药技术方法，全县中医服务量超过45%。全县现有卫生技术人员5468人，其中：注册执业（助理）医师1947人，中医类别注册执业（助理）医师662人，占全县注册执业（助理）医师总数的33.48%。全县镇（中心）卫生院医师435人，其中：中医类别医师152人，占医师总数的34.94%；全科医师66人，其中：中医类别全科医师696人，占全科医师总数的45.45%，占中医类别医师总数的19.73%。全县乡村医生1212人，具有中医资质或能中会西的乡村医生998人，占全县乡村医生总数的82.34%。全县对65岁以上老年人、0~36个月儿童、高血压及2型糖尿病患者开展中医药健康管理工作。全年中医药健康管理目标人群覆盖率89.49%，均达到国家要求。2017年省财政厅、省中管局拨款145万元，用于泸县中医医院“县中医院综合服务能力提升”“县级中医医院省级中医重点专科建设项目”，喻寺中心卫生院、立石中心卫生院、嘉明镇卫生院、天兴镇卫生院中医馆建设项目。

【健康教育】全县举办健康教育专栏6000余刊，制发健康教育知识手册30万本、健康教育提醒卡10类200万张。县级医疗卫生机构开展“健康下乡”活动50余场次。全县各镇、村开展健康教育讲座活动2091场次、公众咨询活动633场次，惠及群众近17万人次。

【继续医学教育与专科培训】全县举办中医适宜技术运用推广、基层防盲相关因素分析和脑卒中的现代诊治新进展及基层实践培训，获县科协能力提升项目申报奖励资金1万元；举办《医疗安全暨医疗质量管理办法》培训班，邀请上海资深医疗专家陈宏勋专家授课；组织医务人员参加省、市级相关业务培训1200余人次；派出1名医务人员参加儿科医生转岗培训、36名医务人员参加执业（助理）全科医师培训；开展继续医学教育学分校验工作，组织近4000名卫计专业技术人员参与继续医学教育。

【安全生产与应急管理】局领导带领相关人员对下属单位开展安全检查323次，下达隐患整改任务25条，完成18条，其余7条均制定中长期整改方案。受理举报投诉案件18起，调查处理18起，办结率100%；组织96个检查组开展安全检查，检查人员600余人次，受检单位426户次，警告21次，责令改正、限期整改、停止违法行为82起，打击非法违法、治理纠正违规违章行为71起，处罚金7万余元，取缔无证游医摊点43个，没收非法行医药品5箱，医疗器械120余件，收缴15张宣传治疗效果的标牌标语。立案查处无证行医案件11件，超范围执业和使用非卫生技术人员案件19件，其他案件42件。

【疾病预防控制】全年有效处置14起聚集性疫情，1起未分级突发公共卫生事件，报告处置乙丙类传染病16种1868例，完成艾滋病自愿咨询检测442人，检出HIV抗体阳性31例，艾滋病初筛检测87561人次，检出HIV抗体阳性513人次。查治结核病453例。完成碘盐随机抽样监测，检测居民户盐样300个；完成全县生活饮用水水碘含量调查工作。

【民生工程】泸县人民医院、泸县第二人民医院、泸县中医医院共同承担泸县贫困白内障患者复明工程的筛查与手术工作。截至12月31日，完成200例，超额完成市上分配的80例目标任务。其中建档立卡贫困人口139例，全部实现医疗扶贫救治“零支付”。全县常规免疫规划疫苗建卡、建证率均达到100%，全县免疫规划一类疫苗报告接种147319针次，报告接种率99.99%（147319/147332），二类疫苗报告接种92477针次；含麻成分疫苗查漏补种：其中麻风疫苗补种率96.06%（414/431），麻腮风疫苗补种率90.77%（649/715）。全县累计管理高血压病患者70287人，患者管理率39.48%（18岁以上人口比例80.88%，患病率25.2%），患者规范管理率71.58%（年终考核抽查结果）；累计管理糖尿病患者21045人，患者管理率30.71%（18岁以上人口比例80.88%，患病率9.7%），患者规范管理率为72.11%（年终考核抽查结果）；严重精神障碍患者3829人，检出率4.42‰，管理人数3615人，严重精神障碍患者管理率94.41%；报告死亡数7702例，报告死亡率为902.63/10万；肿瘤报告发病数2532例，报告发病率为235.90/10万；心脑血管疾病事件报告数为7382例，报告发生率为687.76/10万，报告死亡数1327例，报告死亡率为123.63/10万。

【妇幼卫生】孕产妇健康管理9419人，健康管理率98.39%；住院分娩率为99.95%，孕产妇死亡2人，死亡率为20.44/10万；0～6岁儿童健康管理61544人，健康管理率97.15%，5岁以下儿童死亡率为6.44‰，婴儿死亡率为4.29‰，新生儿死亡率为2.35‰，新生儿疾病筛查率为94.82%，听力筛查率为83.71%，出生缺陷率为42.24/万；农村待孕妇女新增叶酸服用人数15538人，服用率为99.52%；农村孕产妇住院分娩补助5545人（2017年8月与医保并轨）；孕期接受艾滋病、梅毒和乙肝检测产妇7065人次，孕产妇孕期检测率99.94%。；农村妇女宫颈癌检查人数20148人，完成100.74%；乳腺癌检查人数8049人，完成105.91%；接受免费婚检5057.5对，婚检率88.03%；孕前优生健康检查3626对，目标人群覆盖率106.05%；《出生医学证明》签发4960份，废证率0.05%；免费计划生育技术服务69554人次，新增使用药具人数为6097人；组织计划生育手术并发症鉴定复查557人，复查后符合计划生育手术并发症人数378人，符合率为67.9%；有5人申请病残儿医学鉴定，鉴定4人，其中符合再生育3人、不符合1人。

【基层卫生及全民预防保健工作】全县894人次参加基层卫生知识培训。9月28日，组织2017年四川省乡村医生执业注册考试，25人报名，23人参加考试，16人通过考试。近3年，全县362人取得乡村医生资格证书。2017年全县新增申请享受超龄乡村医生领取生活困难补助38人，退出42人。全县享受超龄乡村医生领取生活困难补助1062人，全年补助116.90万元。成功创建4所国家级“建设群众满意的乡镇卫生院”和1所国家级“优质服务示范社区卫生服务中心”，成功创建9所国家级“建设群众满意的乡镇卫生院”。截至12月31日，全县累计完成健康体检443002人，其中：0～6岁人群开展体检55585人，7～64岁人群体检291413人，65岁以上人群体检96004人。建立纸质健康档案443002份、电子健康档案443002人；体检结果反馈443002人；新发现慢病患者按基本公共卫生要求实施精准管理。

【奖扶、特扶政策落实】2017年全县享受计划生育奖励扶助50877人（其中国扶47145人、省扶3732人），计划生育特别扶助2817人（其中伤残468人、死亡1185人、手术并发症1164人）。2017年全县奖、特扶享受总人数为53694人，发放资金总量6100.524万元，其中：中央和省级补助资金5265.814万元、县级配套资金834.71万元。对取得“独生子女父母光荣证”的0～18周岁独生子女父母，按每年120元/户的标准，共计对40780人发放奖励金244.68万元。将34户计划生育特殊困难家庭纳入D级危房改造工程，按6万元/户的标准共计补助169.5万元。对97户新增大龄独生子女死亡家庭按2万元/户的标准共计给予困难救助194万元。为39406名参加城乡养老保险的农村年满60周岁以上的独生子女父母增发养老补助金2171.665万元。

【流动人口服务管理】全面开展全员流动人口信息采集，清理全县流出人口317932人，清理出流入人口2342人。完成现居地流入人口信息采集率达92%，户籍地流出人口信息采集率达92%，采集信息入库率达92%，流动人口成年育龄妇女电子婚育证明建档率达90%，流入人口婚育证明验率100%。开展流动人口健康示范企业、学校、家庭创建活动，创建流动人口健康示范企业1个，流动人口健康示范家庭和学校各20个。开展流动人口均等化服务，确保流入泸县的外籍人口享受同户籍人口同等服务。

【资金争取】向上争取项目资金19003.85万元，完成126.69%，下拨公共卫生专项资金7891.98万元。

【项目建设】全县20个乡镇（街道）中心村卫生室项目全部动工，县中医医院住院大楼项目、泸县公共卫生中心项目建成投入使用。县人民医院门诊医技大楼项目、县第二人民医院外科大楼项目、石桥卫生院项目、潮河卫生院项目正有序推进。重点民生项目：县中医医院住院大楼项目，建筑面积12800平方米，总投资2900万元，其中中央资金2000万元、自筹900万元，2015年12月开工建设，2016年8月主体竣工，2017年6月完工，2017年10月投入使用；泸县公共卫生中心项目，建筑面积12900平方米，总投资3924万元，其中中央资金1466万元、自筹2458万元，2016年5月开工建设，2016年11月主体完工，2017年10月竣工并投入使用。

【人才培养、队伍建设】 泸县第二人民医院、泸县中医医院的领导班子纳入县管，拔任命11人为领导职务，乡镇卫生院提拔任命9人，交流院长、副院长9人；公开招聘录用卫生事业人员113人。卫生专业技术人员2865人(其中在编1783人、临聘1082人)。

【信息化建设】 新建远程视频会诊系统，全县建立3个视频会诊中心，19个镇级会诊室，275个村级远程视频会诊点。镇级区域远程影像系统由8家增加到12家乡镇卫生院。远程诊疗系统通道打通，实现远程视频会诊、区域心电、区域影像系统信息的融合共享。泸县第二人民医院接入县级人口健康信息平台，3个二级以上县级医院全部实现与县级平台的对接。继续开展数字化医院创建，泸县第二人民医院成功创建2星数字化医院，3个二级以上县级医院均完成数字化医院的创建工作。医院惠民应用的建设，泸县人民医院实现就医移动手机支付、预约挂号，泸县第二人民医院和泸县中医院实现手机APP预约挂号。建设健康档案信息网上查询系统，居民可通过计算机和手机终端查询个人健康档案信息。

【卫生计生执法及监管】 出动执法人员426余人次，出动检查车辆135车次，取缔无证行医诊所4个，无证游医摊点64个，没收医疗器械260余件，没收药品5箱，查处非法执业案件47起，行政罚没141895元。公共场所及生活饮用水违法案件6件，罚没款11800元。

（撰稿人：罗旭辉）

泸县人民医院

Luxian People's Hospital

【概况】 泸县人民医院是一所三级乙等综合医院，医院占地面积38686平方米，有外科大楼、内科大楼、门诊大楼、120急救中心、感染病区等5处医用建筑大楼。2017年医院有编制床位550张，职能科室20个，临床科室21个，医技科室10个，在职职工552人，其中中级职称121人，高级职称36人。

【党建工作】 3月，经中共泸县卫生和计划生育委员会批准医院党总支升格为党委，经中共泸县纪委批准医院成立纪律检查委员会，并选举产生了第一届党委委员和纪律检查委员会委员，党委书记由李东霞担任，纪委书记由谢伟担任，支部由原来的4个支部拆分为5个支部。

【行政管理】 医院秉承“厚德精医、止于至善”的办院宗旨，实行院长负责制，并坚持院科两级管理制度，院领导、职能部门以及各科室主任的管理职责明确；全院职工遵守国家法律法规和各项规章制度，围绕“以患者为中心”的服务理念认真履行岗位职责。

【业务管理】 修订《质量与安全管理实施方案》，各管理委员会定期按实施方案对医疗、护理、院感开展质量检查、评价工作。完成急诊六大病种诊治流程的制定和科室前十位病种诊疗指南的修订。继续深化优质护理服务，落实责任制整体护理，优质病房覆盖率达100%，患者平均满意度由2016年的91.7%上升到2017年的92.4%。

【三级医院创建】 按照政府区域规划，医院于2017年7月接受由四川省医院评审办公室组织的“三级乙等综合医院”现场评审工作，并成功创建为“三级乙等综合医院”。按照创建进度，医院门

11月2日，泸县人民医院"千医进万家"活动到喻寺潭坝村义诊（林光平摄）

诊医技大楼项目在2017年完成规划、设计、可研、环评、水保、财评等前期工作。

【药品集中配送】3月，通过公开招标，确定四川九州通医药有限公司为医院药品集中配送公司，从9月1日起，医院药品由四川九州通医药有限公司集中配送。

【人才队伍建设】2017年通过招聘、人才引进等方式增加职工111名，其中中级以上职称医生2名，临床研究生1名，临床规培生6名。通过科室推荐、选举产生中层干部8名。全年派出9名医护人员到省内三甲医院进修，派出2名医务人员能加住院医师规范化培训，6名护士参加专科护士培训；派出412余人次参加各种短期培训。

【设备投入】2017年，GE64排CT、全自动血凝仪、全自动生化分析仪、血液透析（滤过）机、冰冻切片机、妇产科手术能量系统、双极宫腔电切镜、脑外科手术显微镜、眼科手术显微镜、高清鼻窦镜系统、射频控温热凝器、低温等离子多功能手术系统、双能骨密度仪、CBCT、电子胃肠镜系统、体外冲击波碎石机、电切镜等一批高新设备投入使用。

【基础设施建设】为迎接三级乙等综合医院的评审，对院内各科室的流程、外科楼地皮、标识标牌等进行了改造；搭建放射科周转房、门诊板房，原门诊楼各科室顺利完成搬迁。

【信息化建设】开启微信平台公众号，患者可以公众号上进行挂号和缴费；完成全院无线WIFI的铺设，实现院内免费网络全覆盖；对全院网络主干线进行改道，确保了网络安全。

【院内教学工作】11月，医院成功申报成为泸州市县级全科医生转岗培训基地，并接收20人进行全科医生培训；同期，医院与四川三河职业学院签订教学医院协议，成为其实习基地；医院全年共接收医护进修生22人，接收实习生83名。医院举办了四川省继续教育项目暨"脑卒中的现代诊治新进展及基层实践培训班"，并承办了"西南医科大学附属医院胸痛中心基层医院培训——泸县站"两次大型学术会。并组织了供全县医护人员参加的院内讲座53次、培训1次。

【学科建设与发展】2017年，医院新成立疼痛科和临床营养科。医院有四川省医学重点专科建设项目1个：神经内科；泸州市临床重点专科2个：神经内科和泌尿外科；泸州市临床重点专科在建项目1个：普外科；呼吸内科、骨科接受泸州市临床重点专科验收。医院神经内科、肿瘤科、眼科、内分泌代谢科和康复科加入西南医科大学附属医院专科联盟；同时，眼科加入四川省眼科联盟，康复科加入西南医科大学附属中医院专科联盟。妇产科为泸县危重孕产妇救治中心。医院还与西南医科大学附属医院签订医联体协议，西南医科大学附属医院派遣专家医院进行教学查房、技术指导等。

【科研建设】2017 年，医院申报新技术新项目 22 项，开展“肌电图、诱发电位与神经传导测定”“胎儿四维彩超”“经鼻同步间歇指令同期联合枸橼酸咖啡因治疗新生儿呼吸暂停”“血液灌流”“体腔热灌注治疗”“肿瘤深部热疗术”“纤维支气管镜代胸腔镜检查”“强直性脊柱炎局部治疗术”“颈 2 背根神经节阻滞治疗术”“癌性疼痛选择性神经阻滞治疗术”“术中快速冰冻切片”“颅内动脉瘤夹闭术”等 18 个项目。发表科研论文 17 篇。

【基本公共卫生服务】妇幼工作上，严格按照上级妇幼健康服务要求完成产前检查、新生儿出生缺陷的监测等工作；同时，积极开展两癌筛查病理检查工作，活检 1004 例。在传染病防控上，开展手足口病例采样 22 例，疟疾病人采样 543 例，进行 HIV 筛查 20518 例，诊治和报告传染病例 959 例；在慢病管理方面，共报告死亡报卡 225 例，心血脑管报卡 1282 例，肿瘤报卡 975 例，35 岁以上居民首诊测血压 40474 人次。

【对口支援工作】医院派出 23 名医务人员进行对口支援工作。其中：派遣 1 名医务人员前往东帝汶完成援非任务，派遣 1 名医务人员前往稻城县完成援藏任务，派遣 21 名医务人员支援泸县 9 所乡镇卫生院（社区卫生服务中心）。

【健康扶贫】收治建档立卡住院贫困患者 3691 人次，减免住院费用 427968 元，免收院内会诊费 22215 元；诊治建档立卡门诊贫困患者 7287 人次，免收一般诊疗费 44793 元，减免门诊检查费 8017 元。

【社会公益性服务】2017 年，医院服务门急诊患者 23.4 万人次，服务住院患者 2.85 万人次。承担医疗保障性服务 40 次；开展“三下乡”“120 急救日”“艾滋病防控日”“合理使用抗菌药物宣传日”“全国义诊周”“千医进万家”等义诊和健康宣教活动。组织全体职工开展“送温暖一日捐”“栋梁工程”等捐款活动，募集捐款金额 2.5 万元。完成贫困白内障患者免费手术 36 例；开展残疾人评定工作 4061 人次；完成大中专生体检 8245 人次；完成征兵体检 1187 人次；完成 1088 名医师的定期考核工作。

（撰稿人：何莉红　杜永丹）

泸县第二人民医院
Luxian No. 2 People's Hospital

【概况】泸县第二人民医院，始建于 1984 年，前身是泸州医学院附属玄滩医院，是集医疗、预防、保健、教学为一体的二级乙等综合医院，是省级文明单位、国家爱婴医院、四川大学华西医院远程会诊远程教学定点医院、西南医科大学附属医院医联体医院、泸州市 120 急救站、城镇职工医保、城乡居民医保、工伤保险、生育保险、多家商业保险公司定点医疗机构。医院占地面积 40 余亩，2017 年有建筑面积 1.8 万余平方米，在职职工 300 余人，其中主治医师及以上职称专业技术人员 70 余人。医院平均开放床位 300 张，开设有急诊科、内一科、内二科、外科、妇产科、儿科、骨科、五官科、中医科、口腔科、血液透析室等临床科室，其中骨科系泸州市市级临床重点专科，五官科系泸州市临床重点专科建设科室。医院有朗润 1.5T 核磁共振、美国 GE64 排 128 层 CT、美国 GE 数字化 X 光机（DR）、美国 GE 数字胃肠机、美国 GE 数字平板（RFDR）、CR、50mA 床旁 X 光机、贝克曼全自动生化分析仪、希森美康五分类全自动血液分析仪、费森尤斯血液透析机、爱尔康白内障超声乳化仪、腹腔镜、关节镜、电子胃镜、前列腺汽化电切镜、飞利浦彩超机、GE 多普勒彩超机、电子鼻咽喉镜、膀胱镜、气压弹道碎石机、体外冲击波碎石机、经颅多普勒等先进医疗设备。现能开展普外科、脑外科、泌尿外科、肝胆外科、骨伤科、妇产科、五官科、口腔科、痔瘘科等上千余种大、中、小型手术。2017 年，医院门急诊总量 105851 人次（其中门诊 93431 人次、急诊 8017 人次、出诊 1253 人次；健康检查 3150 人次），比 2016 年同期增长 18.8%；入院 16805 人次，出院总数 16739 人次，同期比分别增长 24.5% 和 23.9%；住院手术 4645 台次；抢救危重病人 135 人次；平均住院日 7.5 天，床位使用率 104.8%（300 张）。

4 月 9 日，副县长余静（右四）到泸县第二人民医院检查安全工作

【人才队伍建设】2017 年 4 月 19 日，泸县第二人民医院和泸县玄滩镇卫生院正式整合。医院全年通过占编招聘和自主招聘方式引进人才 54 名，其中中级职称 4 名。54 名新进人员中，有医师 12 名，护士 27 名，检验人员 1 名。2017 年，安排 11 名业务骨干前往四川省人民医院、西南医科大学附属医院、西南医科大学附属中医院等三甲医院进修学习，安排院内继续教育学习讲座 26 次，选派年轻骨干、专技人员等外出参加短期培训学习共计 180 人次，提供经费约 15 万元，3 名医务人员送西南医科大学附属医院进行医师规范化培训，7 名护士参加专科护士培训。

【承办学术会议】2017 年，医院承办“ACTIVE 中国心血管疾病基层医生培训”，并邀请西南医科大学附属医院心内、神内、骨科专家到院举办“心脏及其周围血管的 CT 造影扫描技图像后处理、肾病综合征的治疗原则、脑出血的治疗原则、心脏骤停急诊处理原则、全身多发性损伤的急救”等专题讲座。

【学科建设】2017 年，医院学科建设进一步细化，完成内科分科、中医科病区组建、外科二级学科分组工作。在重点专科建设方面，医院有泸州市临床重点专科两个：骨科和五官科。医院于 2013 年确定将骨科创建为市级重点专科建设学科，2014 年通过初评，2016 年达到泸州市重点专科建设标准并通过验收。骨科经过多年的创新发展，逐渐形成以手法复位小夹板外固定技术、微创内固定技术、人工关节置换技术、脊柱前后路内固定技术、关节镜治疗技术、慢性颈肩腰腿疼痛肺手术微创、开放手术“一体化”治疗技术，骨伤康复治疗为特色的专科技术服务体系，支撑了重点专科的发展。2013 年五官科确定创建为市级重点专科建设学科，2014 年通过初评，正式进入市级临床重点专科建设周期。2017 年达到泸州市重点专科建设标准，于 2017 年 12 月通过验收。

【科研建设】2017 年，医院全年新开展技术新项目 5 个：腹腔镜下阑尾切除术、动静脉内瘘成形术、开颅动脉瘤夹闭术、小针刀治疗技术、头颈部 CTA。2017 年 7 月医院外科申报的科研课题《基层医院外科技能教育质量保障体系的标准化研究》被泸州市卫计委评为二类科研项目，填补医院科研领域的空白。

【药物专项整治】制定基本药物考核细则，完善处方点评制度，开展抗菌药物专项整治行动。按照国家有关规定对基本药物管理目标进行学习培训，定期进行考核监管。加强合理用药监测，规范抗菌药物临床应用管理和强化基本药物使用，抗菌药物目录严格控制在 35 种以内，未违规采购抗菌药物。2017 年，医院住院患者抗菌药物使用率由 2016 年的 59.02%下降到 57.26%，使用强度由 2016 年的 46.45DDD 下降到 41.42DDD；基本药物使用比例由 2016 年的 66%上升为 67%药占比由 2016 年的 29.86% 下降到 27.38%。医院于 2013 年 10 月 1 日取消药品加成，2017 年因此让利于患者 344 万元。

【临床路径与单病种管理】2017 年，纳入临床路径病种数 11 个，入径 417 例（完成 374 例），完成率 89.68%，较 2016 年同期 359 例上升 4.17%，全院实施临床路径管理的病例数（417 例）占医院出院病例数（16739 例）的百分比为 2.41%。医院加强临床路径管理，规范医疗行为，要求医务人员严格执行相关病种的诊疗护理规范、常规，实行单病种治疗同质化，有效降低病人平均住院日和平均住院费用。

【优质护理】按国家卫生计生委“进一步深化优质护理改善护理服务”要求，医院继续加大对优质护理的建设和投入。2017 年扩大优质护理服务覆盖面，新增 5 个优质护理服务病房，全院优护病房数达 8 个，覆盖率由 2016 年的 43%上升到 100%，患者满意度得以提升，护理服务质量明显提高。

【基本公共卫生服务】2017 年，在各级政府、各村委会妇女主任的积极配合下顺利完成宫颈癌初筛检查 1202 人；完成染色阅片及 TBS 报告描述 3805 人；完成阴道镜检查 380 人；取病检 190 人份，为妇女常见病、多发病的早发现、早治疗及预防工作提供了便利。开展手足口病例采样 53 例，疟疾病人采样 465 例，HIV 筛查 14260 例，全年诊治和报告传染病病例 346 例，在泸州市传染病网络直报检查中获得专家的好评。慢性病监测方面，报告死亡卡 113 例，心脑血管事件报卡 1152 例，肿瘤报卡 472 例，35 岁以上居民首诊测血压 29068 人次（首诊居民 30068 人次），首诊居民测血压达 96.67%。

【对口支援工作】2017 年，医院先后派驻 3 名医务人员对口支援凉山州喜德县冕山镇中心卫生院、凉山州两河口镇中心卫生院、甘孜州乡城县妇幼保健计划生育中心对口帮扶工作，并派出 6 名医务人员对口支援泸县石桥镇卫生院、毗卢镇卫生院、奇峰中心卫生院、云龙中心卫生院，帮助基层医院提高专业技术水平和管理水平。

【二甲医院创建】2017 年 9 月，医院成立创建二级甲等综合医院领导组、医院等级创建办公室和创建工作小组，并召开创建工作动员大会，正式启动二级甲等综合医院创建工作；其间，医院先后多次召开创建工作协调会、推进会和培训会，部署和推进医院创建工作；同时，还多次邀请上级医院管理专家来院，现场指导医院管理和创建工作。

【白内障复明工程】2017 年医院按照县民政局、县残联等部门的要求，开展白内障患者救治工作，积极开展白内障患者复明工程。全年筛查白内障患者 845 人，148 名患者重获光明，其中免费为 27 名贫困白内障患者手术治疗。

【义诊和公益活动】全年派出医务人员165人次，出动车辆59台次，开展“科技、文化、卫生三下乡”“科技之春”科普活动、健康扶贫“冬季暖心”服务活动、120急救日、艾滋病防控日、世界麻风病日、全国义诊周等义诊活动，服务群众2600人次，发放宣传资料5000余份，宣传各类疾病的防控知识，同时为群众提供各项健康检查及医疗服务。

【城镇职工城乡居民医疗保险】2017年城镇职工医保病人住院总金额196.9万元，报销金额139.4万元，报销比例70.2%；2017年城乡居民保险病人住院总金额5641.8万元，报销金额2784.9万元，报销比例49.9%，2017年收治建档立卡贫困病人3824人次，医院减免住院费用40.5万元，医院垫付贫困病人自付费用2.5万元。

【基础设施建设】医院新采购朗润核磁共振（MRI）、血液透析（滤过）机、产科康复治疗仪、除颤仪、转运监护仪等一批设备共计873.88万，有效保障医疗服务需求；12月完成全院旧病床护栏加装。

【信息化建设】2017年完成双活存储中心建设，官方网站上线运行，三医监管数据对接，顺利通过数字化医院评审，医院获得二星数字化医院等级。

泸县中医医院
Luxian Hospital of Traditional Chinese Medicine

【概况】泸县中医医院为国家二级甲等中医医院，是一所具有67年历史文化传承，集医疗、急救、康复、科研及教学为一体的现代化医院，是泸州市城镇职工医保、城乡居民医保、交通事故就诊定点医院。医院占地面积38.4亩，现有门诊/急诊楼、康复楼、住院楼等医用建筑大楼。在职职工300余人，开放床位400张，开设20余个临床、行政后勤科室、5个医技科室，并拟新成立ICU、血液透析等新兴科室。医院现拥有MRI、16排螺旋CT、钬激光及内窥镜系统、高频移动式C型臂X射线机等70余台先进医疗设备以及医疗会诊、中医药适宜技术推广视频网络平台，能熟练开展前列腺、胆囊、妇科微创手术以及骨科、泌尿外科、肝胆外科、眼科、耳鼻咽喉科、肛肠科等各类手术和常见病、多发病、危重病人的诊治。

【学科建设】2017年，医院新成立康复科，在重点专科建设方面2013年6月，医院推拿科、眼耳鼻喉科被评为市级重点中医专科；2014年6月，肺病科成为省级重点中医专科建设单位，其余科室也积极打造自身科室特色，在区域形成较强影响力。

【人才队伍】2017年先后引进专业技术人才53人，其中本科及以上学历的11名，硕士研究生1名。全年选拔任命中层干部10人，竞聘选拔中层干部3人，调整中层干部职务19人。医院先后

12月6日，泸县中医医院首批青年志愿者服务队举行授旗仪式（袁瑶　摄）

有2名中医医师分别与6位学术继承人签订《师徒教学协议书》，不断继承和推广应用名老中医学术经验，有效提高中医临床诊疗及技术水平。2017年，肺病科主任、副主任医师伍小红被评为泸州市“十大名中医”。

【基础设施建设】住院楼于2017年11月11日正式搬迁投入运行，病区条件及职工工作环境得到大幅度改善，患者舒适度及安全更加有保障；同时外科顺利分科，手术室、门诊、急诊科、推拿科、医技科室等将陆续新（改）建完成；停车场建成改善了医院环境，解决了停车难问题；通过政府公开招标，采购设备、住院楼信息系统以及保洁、洗涤服务等项目1800余次，投入金额1568万元。

【社会公益活动】2017年，医院充分发挥社会公益性，扎实开展“走进群众、服务群众、引导群众”实践活动：全年开展健康体检2979人次，完成大病申报体检工作1005人次，从业人员健康体检2189人，驾驶证体检2078人，孕前优生检查1711人次，婚前医学检查1232人次；免费为云锦、立石、百和、兆雅、太伏镇35～59岁农村育龄妇女“两癌”筛查2600余人次，积极开展各种主题的“三下乡”义诊活动10余次，服务群众2000余人次；免费筛查白内障患者1000余人，免费手术400余人，惠及群众60余万元。全面开展“千医进万家”主题活动：医护人员深入云锦、兆雅、立石、百和、太伏等镇村民家中入户调查、走访，宣讲中共十九大精神、国家医保、医改、扶贫政策等，并结合群众需求开展送医送药、义诊、体检、健康教育、健康指导等活动。走访慰问村民842户，开展义诊、健康教育活动8场，惠及群众2000余人。

（撰稿人：袁　瑶）

人力资源与社会保障
Human Resources and Social Security

【就业创业】2017年全县城镇新增就业7269人，完成目标任务的129%；失业人员再就业1667人，完成目标任务的128%；就业困难人员就业574人，完成目标任务的127%；城镇登记失业率3.32%，控制在目标任务4%以内；青年劳动者技能培训2162人，完成目标任务的120%；品牌培训237人，完成目标任务的105%。全县建成创新创业孵化载体7.6万平方米，吸引139个创新创业项目入驻，带动就业3216人，其中2017年新入驻创业孵化项目21个，带动就业385人。为创业者提供项目开发、开业指导、融资服务、跟踪扶持等服务8216人次，促进成功创业1789人，带动就业3416人，扩大了创业政策的宣传面，激发了创业热情。全年开展各类技能培训4196人，培训合格率90%以上。2017年泸县被市政府评为创新创业工作先进县。

【人事人才】全年录（聘）用公务员（参公人员）121人、事业单位工作人员645人、新招募“三支一扶”人员4人。开展机关事业单位公开考调，公开考调事业单位人员122人，公务员（参公人员）81人。直接考核引进法律、金融、医疗等行业人才114人，其中，通过急需紧缺人才岗位引进39人，达到招才引智的目的。全面推行职称制度改革，使职称评审工作进入常态化，280名专业技术人员获得高级职称，同比增长81%，自主评审中级职称人员1973名，极大提升泸县高层次人才数量和质量。顺利完成泸县行政区域内121个学校单位，6511名职称过渡确认审批和换（补）发职称资格证书办理，抓好教育职称评审工作，全年晋升初中高级教师职称资格1217名，其中1名教师获得正高级职称，304名教师晋升为一级教师职称，同比增长169%。指导行业部门对教育、水利水电、建筑、矿山等专业技术人员专业知识培训1万余人次。

10 月 25 日，省人社厅到喻寺镇谭坝村调研泸县基层人社平台建设

【社会保险】全县城镇职工医保参保 43913 人，完成目标任务的 112.6%，征收基金 1.2 亿元，城乡居民医保参保缴费人数 969910 人，参保率 98.39%，居全市第三，征收保费总额 13673.36 万元。全县企业养老保险参保职工人数 79219 人；工伤保险参保人数 31897 人；生育保险参保人数 30957 人；城乡居民社会养老保险覆盖人数 448312 人，其中，缴费人数 182597 人。全县企业职工养老保险享受待遇人数 5.3454 万人；城乡居民养老保险享受待遇人数 19.5629 万人。全县企业养老保险征缴收入 136871.89 万元；工伤保险征缴收入 1440.33 万元；生育保险征缴收入 657.37 万元；城乡居民养老保险征缴收入 3406.7 万元。

【基金监督管理】严格执行死亡零报告制度、面对面资格认证制度、待遇公示制度。同时加强相关部门协作，定期比对数据，从而有效杜绝死亡冒领现象的发生。完成全县 2017 年离退休人员领取基本养老金资格认证工作。2017 年，全县企业职工基本养老保险领取资格认证率 99%，城乡居民养老保险领取资格认证率达 100%。做好工伤人员住院登记和备案工作，严控工伤生育保险基金不合理支付；督导重复待遇人员和死亡人员待遇清理工作，确保基金安全。2017 年，全县企业职工养老保险基金总支出 97371 万元；城乡居民养老保险基金支出 17850 万元。

【和谐劳动关系构建】加大主动监察和专项检查力度。主动监察各类用人单位的达 436 户，涉及劳动者 23563 人；补签劳动合同 526 份，督促用人单位为 136 名劳动者办理社会保险登记，补缴社会保险 210 万元。接待劳动保障监察各类日常政策咨询 1123 件次，举报投诉立案 120 件，结案件 120 件，结案率 100%，为 5640 名劳动者追讨工资待遇 6989.6 万元；及时参与和协助处置因劳动关系引发的突发群体性事件 6 起，涉及劳动者 1020 人。开展“季度农民工工资专项排查和社会保险专项检查”“农民工工资支付”等专项检查，累计检查各类用人单位 1253 户次，涉及劳动者 3.62 万余人次。全年受理劳动争议 298 件，其中，十人以上集体劳动争议 4 起。涉案金额 1350 余万元，涉案当事劳动者 373 人，结案 298 件，结案率达到 100%。7 月，泸县人社局劳动人事争议仲裁院被省人社厅授予“省级示范仲裁院”荣誉称号，成为全市唯一获得该项殊荣的县区单位。全年受理群众来信来访 190 件，认真及时办理信访事项，做到了件件落实，没有发生积压不办的现象。

【公共服务】围绕“服务平台标准化、服务基础信息化、服务机制协同化、服务行为专业化”四大建设，基本建成全县统筹、标准统一、智慧融通、方便快捷的人社公共服务体系。全县 20 个镇（街道）人社阵地面积基本能达标准化要求且能满足业务经办需要；50 个社区 251 个行政村，90%以上进行了阵地新建或改扩建。镇（街道）、村（社区）金保专网连通率达 100%，实现金保工程全覆盖。50 个社区建立了 EPOS 银行存取款平台。全县村（社区）人社平台共配备 304 名专职劳保协理员。每年经办机构组织各条块经办人员集中 1 天以上的学习不少于 2 次，镇（街道）劳保所组织协理员开展半天以上的集中专项业务培训不少于 5 次。全面清理人社工作业务，制定风险防控措施，建立健全待遇领取人员资格认证、每月死亡零报告等制度，强化风险防控。2017 年以来，共开展培训 18 次，培训干部职工 389 人次，送出培训 64 人次。不断优化政风行风建设，规范窗口服务规范，明确“二十个禁止”纪律要求，畅通监督投诉渠道，对群众反映效能低下、办事拖拉、态度不好等突出问题，要严肃查处、定期通报，跟进督导、限期整改。完善激励考评机制，评选星级服务股室 12 个，星级服务标兵 24 个，纳入年终目标加分，提高办事创业热情。强化与移动公司信息化合作，继续推行 OA 无纸化办公系统，每年实现节省办公经费约 50 万元；利用 MAS 短信服务平台，发送 100 万条宣传短信；升级推广微信公众号，发展用户 1.2 万人，所推送信息月均阅读量 2.5 万人次，基本实现掌上人社便捷服务；强力开展社保卡发行应用工作，新制卡 9 万张，完成市局目标任务的 126%，累计制卡 78.7 万张，持卡人数位居全市前列。

（撰稿人：陈　卓）

民政工作
Civil Affairs Work

【救灾救济】 完善应急管理制度，强化值班值守，修订完善局机关应急管理预案、突发事件信息审签制度。明确局机关应急管理人员职能职责，强化应急队伍建设，组织开展灾害信息员培训，培训人数 50 人。不断增强防灾减灾能力，制订出台《“十三五”防灾减灾规划》，强化救灾物资管理，对棉衣被、帐篷、折叠床等救灾物资实现再清理再登记，并纳入政府资产管理。开展“5·12 防灾减灾日”宣传，做好全市防灾减灾综合应急演练中灾民转移安置工作。规范救灾资金的管理使用。对全县 2016 年救灾资金情况进行全面清理，确保资金使用安全规范，专款专用。

【慈善福利】 持续开展《中华人民共和国慈善法》宣传活动，慈善事业稳步上升。加强慈善文化宣传和慈善资金的劝募和接收，全年共接收 174 万捐赠资金。积极支持、指导福利彩票的销售工作，全年福彩销售突破 2000 万元，科学规范福彩公益金的管理使用。

【城乡低保】 主动肩负兜底扶贫重任，精准施策，及时将城乡低保标准提高到每人每月 500 元和每人每年 3400 元，及时落实社会救助和保障标准与物价上涨挂

4 月 6 日，省民政厅厅长益西达瓦（右二）督查泸县康复医院

钩联动机制。常态化推进低保精准识别“回头看”工作，实现按户施保、按标补差、应保尽保、动态管理。全年，救助城乡低保30万余人次，发放低保金6782万元。累计发放城乡低保对象中困难残疾人生活补贴10.5万人次，累计支出补贴资金720万元。

【医疗救助】提高城乡低保、特困人员住院救助标准，加快建立城乡医疗救助与城乡居民基本医疗保险、大病补充保险、商业保险同步结算信息平台，实现医疗救助费用“一站式”即时结算服务。2017年，共救助70662人次，支出救助金2857.2万元。

【双拥工作】以庆祝“建军90周年”为契机，召开军地联席会，成功举办建军90周年“龙城军魂颂”军地联谊晚会，开展“三个慰问”，表扬一批拥军典型，形成“军爱民、民拥军、文化繁荣、社会和谐”军民团结和谐局面。积极助力部队困难排解，落实军地协调，协助项目推进。

【优抚安置】完成退役士兵的接收报到和安置。及时兑现优抚待遇，全面落实优抚对象医疗保障。举办各镇社事办经办人培训班和退役士兵安置培训班，开展退役士兵培训宣传。落实自主就业退役士兵就业创业扶持政策。实施退役士兵培训考评和奖惩，表彰两所培训机构优秀学员16名。提升涉军服务质量，完成退役士兵信息采集工作，完善优抚对象数据库。认真组织接待群众祭扫和“9·30”公祭活动，完成蔡松松评烈相关工作。加强优抚事业单位管理，配齐军休所管理人员，落实军休干部（士官）“两个”待遇政策，组织军休管理人员培训学习，逐步提高服务管理水平。

【基层政权建设】2017年1月，全面完成村（居）委会选举工作，先后组织开展社区干部代表座谈、村（居）民委员会主任培训班和村（居）务监督委员会主任培训。将村组务公开纳入镇（街道）党风廉政建设责任制考核，将村务公开工作列入重点督查内容，每季度对村务公开的内容、规范程度进行督查，并联合监察、农林、财政等部门开展专项督查3次。进一步规范村规民约（居民公约），在全县开展为期两个月的村规民约整改活动。积极开展“微腐败”整治工作，着力整治村霸，规范村（居）民委员会印章管理。强化村（社区）管理。新建社区阵地16个，完成改扩建6个。对全县301个村（居）民委员会进行信息采集登记，推进村（居）民委员会赋予统一信用代码工作。推进示范创建，成功创建省级法律进村（社区）2个、市级法律进村（社区）1个、省级法治村（社区）示范点1个、市级依法治村（社区）示范点2个。强化社会风气治理，推进“四礼新风进万家”，全县营造积善向好、和谐有序的良好氛围。“三社联动”强势发力，通过“社工日”“儿童节”“重阳节”等重要节点，开展了“社区+义工”进社区等一系列活动。利用政府购买形式继续引进社工机构在玉蟾街道怡园社区、祥和社区、喻寺镇潭坝村对留守儿童、特殊困难老人开展关爱服务近2万次。

【社会组织管理】加强社会组织管理，强化社会组织年检。完善脱钩试点的制度建设，稳步推进脱钩工作。充分发挥社会组织党建的示范引领作用，强化社会组织党建管理，引领社会组织参与公共服务、脱贫攻坚中。

【社会事务】区划地名实现新突破。撤县设区工作进展顺利。“二普”工作先后顺利通过市级核查、省级数据库验收和省级监理组检查，普查工作基本完成。对各镇（街道）街路牌实现重新设置。完成对重庆市永川区、内江市隆昌市边界年检的工作。未成年人关爱保护取得进展。制定泸县农村留守儿童关爱保护专项行动工作方案，动态管理留守儿童信息。加强部门协作，形成各部门合理监护的制度，有效保障农村留守儿童的合法权益。扎实做好孤儿保护工作，按时足额发放孤儿基本生活费。殡葬改革、婚姻收养登记等工作取得了新进展。

（撰稿人：刘朝俊）

脱贫攻坚工作
Poverty Alleviation Work

【概况】泸县属扶贫开发工作任务县。经动态管理调整确认2017年贫困户22010户59441人，2014年至2016年实际脱贫户14965户39353名贫困人口退出。2017年，按照市上统一安排部署，泸县目标任务是完成7255户19921名贫困人口脱贫，21个贫困村摘帽退出。全县确定18个专项扶贫计划，278个脱贫项目，投资36亿元，其中政府性投入8.06亿元。至2017年年底，全年目标任务全部完成。

【聚力打好“八个攻坚战”】聚力打好产业扶贫攻坚战，突出利益联结、实现抱团发展。全县落实产业扶持基金8266万元，注入小额信贷分险基金917万元，发放扶贫小额贷8863万元、项目贷7000万元、产业贷5901万元，撬动社会资本投入6亿元，共同推动扶贫产业发展；建成万亩现代农业产业融合发展示范园、6个万亩农业产业基地、169个特色经作园；建成村级电子商务服务网点251个，实现县镇村电商网点全覆盖，解决农产品进城“最后一公里”物流配送问题，促进贫困户增收致富。聚力打好就业扶贫攻坚战，突出转移就业、实现稳定增收。发动20家建筑企业、15家工业企业、5家服务性企业，定向联系40个贫困村，定向转移贫困家庭劳动力到企业工作，实现658人定向就业；开发公益性岗位，兜底安置贫困劳动力1849人；搭建就业创业培训平台、岗位供求信息平台，促进贫困家庭劳动力转移就业9265人，实现创业42人；实现有就业意愿的贫困劳动力就业率达99.7%。聚力打好危房改造攻坚战，突出全面改造、实现住有所居。争取上级资金4139万元，县级配套6628万元，完成2700户危改，解决“回头帮”1388户贫困户升级改造住房；投入3960万元，实施改厨、改厕、改圈、改水、风貌塑造工程，配套建设农民文化活动广场、生活污水处理等设施，新建成幸福美丽新村21个。聚力打好健康扶贫攻坚战，突出政策扶持、实现免费医疗。全面落实“十免四补助”医疗扶贫政策。实现在家贫困人口体检率、家庭医生签约服务率100%；县财政全额补助参保，实现贫困人口基本医疗保险参保率、商业附加险参保率100%。实行“先诊疗后结算”制度，贫困户凭身份证或户口簿即可住院。全年报销门诊、住院费用1.16亿元、救助21万人次，发放卫生扶贫救助基金1028万元、救助14万人次，实现贫困户县内医疗“零支付”。聚力打好教育扶贫攻坚战，突出精准扶助、实现应帮尽帮。全面完善从学前教育到高等教育的学生资助体系，坚持实施“雨露计划”“栋梁工程”“助学贷款”等教育扶贫政策，全年资助学生15万人次、发放资助资金1.7亿元，其中贫困家庭学生8827人、资助资金1200万元；注重贫困学生“志智”同扶，教师学生“一对一”帮带；建立控辍保学机制，落实残疾学生随班就读和送教上门，贫困家庭学生无一人因贫失学、辍学。聚力打好低保扶贫攻坚战，突出扩面提标、实现兜底脱贫。完善农村低保制度与扶贫开发政策有效衔接机制，实现低保线与扶贫线“两线合一”。将低保线从3200元提高到3400元；8704户贫困户纳入农村低保，发放低保救助金2350万元；2709名贫困户纳入特困人员（五保户）供养范围，发放供养金1170万元。将残疾人贫困户（享受低保待遇除外）生活补贴标准提高到210元/月，三四级补助提高到180元/月，发放生活补贴751万元；给予8480人重度残疾护理费用补助，发放补贴503万元；出台泸县特有政策，对有2人以上的重病或重度残疾人家庭，在应享尽享现行兜底政策基础上，每户每年另行补助5000元。聚力打好设施扶贫攻坚战，突出城乡统筹、实现共建共享。公路基本实现“社社通”。在水泥公路“村村通”的基础上实施是“社社通”工程，新建水泥公路1834千米，86%的社通达水泥路，40个贫困村全部实现“社社通”；新开通城乡公交线路44条，实现中心村公交全覆盖；累计投入2.5亿元，建成集中供水站2座，中、东、西、北“四线”供水体系延伸管网2800余千米，分散打井4200余口，安装净水器300余台，40个贫困村实现自来水干支管网到社全覆盖；投入1.3亿元，在27个行政村，整村实施农网改造工程，完成低压台区改造1147个；投入2600万元，在21个贫困村实施“光网”工程，宽带入户近7000户；实施文化惠民纵深推进，实现电视信号“户户通”、广播“村村响”、图书室和文化活动室“村村有”、文化下乡“月月有”；镇级卫生院全部达到甲等水平，村级卫生室全部实现标准配备；教育标准化提升、党群服务中心规范化建设等工程持续推进，城乡公共服务日趋均等化。聚力打好改革扶贫攻坚战，突出创新驱动、实现强村富民。统筹实施农村宅基地制度改革、集体经营性建设用地入市、土地征收制度改革，放活农村产权，盘活闲置资产。宅基地退出户户均补偿超过4万元，部分贫困户实现以地换房，试点村集体经济组织通过土地制度改革平均收入超过100万元；成立村级集体资产经营管理股份合作社，助推土地规模流转，加快农业招商引资，携手共进，共享收益，1.8万人实现就地就近务工，其中贫困劳动力就业4000余人；对财政投入形成的固定资产进行股份量化，入股龙头企业或专合社，按股分红。股份量化资产3500万元，清华村、谭坝村贫困户户均增收达8000元。2017年退出的21个贫困村，村集体经济收入远超退出标准。

（县扶贫移民局）

移民后扶工作
Resettlement Support Work

【概况】泸县有三溪口、艾大桥水库、流滩坝电站大中型水利水电工程3座。核定登记水库移民人口为15131人，占泸州市移民总数的74.8%。分布在立石、毗卢、海潮等19个镇（街道）131个村，其中：三溪口水库移民13547人，艾大桥水库移民557人，流滩坝电站移民686人，三峡移民300人，省外迁入移民18人，省内市外迁入移民28人，县外市内移民1人。截至2017年12月底，全县移民14985人。2014年以来全县建档立卡贫困移民1296人，按照年度减贫任务在前两年全部脱贫。

【移民后期扶持投入】2017年发放移民后扶直发直补899.1万元，计划投入2786万元用于移民安置区、库区的发展，以实施基础设施建设带动产业发展为抓手，坚持以移民增收为核心。

（县扶贫移民局）

街道·镇

SUBDISTRICT AND TOWN

玉蟾街道

Yuchan Subdistrict

【概况】泸县玉蟾街道是泸县县城所在地，东邻得胜镇，西、北与福集镇相连，南与天兴镇、牛滩镇接壤，辖区面积79.5平方千米，辖10个社区、12个行政村，人口9.6468万人；境内濑溪河、九曲河、马溪河三河环绕，厦蓉高速公路、川黔铁路、国道321线贯穿全境，地理区位优势明显；辖区内有国家AAAA级旅游景区龙桥文化生态园、全国重点文物保护单位龙脑桥，国家AAA级旅游景区“川南明珠”玉蟾山、玉蟾温泉国际度假区、宋代石刻博物馆等旅游资源；是国家生态乡镇、国家卫生县城、全国小城镇建设重点镇、全国休闲农业与乡村旅游示范点、全国美丽乡村、全国残疾人之家、全国综合减灾示范社区、四川省先进基层党组织。

7月29日，市委副书记、市长刘强（左三）到泸县督导环境保护突出问题整改（曾利　摄）

【党建工作】2017年，玉蟾街道党政领导班子及成员认真履行党风廉政建设主体责任，严格落实“一岗双责”，全年发放提醒卡239张、警示卡9张、纠错卡5张。开展工作督查30余次，发出督查通报19期。扎实推进“走服引”主题教育，夯实基层党建基础，抓实固定党日、双重组织生活会、“三会一课”载体应用，开展“季度院坝会”工作，收集群众问题诉求1862条。建立起12个农民夜校，培养积极分子 65 名，发展党员 36 名，新建村（社区）党群服务中心 6 个，新成立社会组织党支部 7 个，整顿转化软弱涣散党组织 1 个。党政主要领导上党课 4 次，开展会议学习 16 次，短信学习 5 次，学习读本 3 本，观看廉政影片 3 部，邀请省市县宣讲团成员开展省第十一次党代会精神、中共十九大等宣讲 4 次。

【社会经济】2017 年，玉蟾街道完成地区生产总值（GDP）39.27 亿元；其中第一产业增加值完成 2.39 亿元；第二产业增加值完成 18.36 亿元，规模以上工业增加值完成 10.92 亿元；第三产业增加值完成 18.68 亿元；全社会固定资产投资 75.49 亿元；社会消费品零售总额完成 15.77 亿元；农民人均纯收入 16255 元；城镇居民人均可支配收入 35082 元。财政税收 1.72 亿元（其中地方财政一般预算收入 8138 万元）。新培育 1 个规模工业企业：泸州国之酿酒业有限责任公司；2 个限额以上商贸企业：泸州梁氏汽车贸易有限责任公司和泸县锦腾汽车贸易有限责任公司；2 个规模以上服务业：泸县桂宁医院、泸县福音肾病专科医院。新签约 6 个 3000 万元以上的项目；推出包装项目 2 个；社会经济发展持续向好。

10 月 18 日，省国土资源厅厅长杨冬生（右三）到玉蟾街道调研农村土地制度改革（曾利　摄）

【农业工作】2017 年，种植大春粮食播种面积 3.53 万亩；完成退耕还林验收 4974 亩，保护林地 5.3 万亩；机插秧面积 1000 亩，整治提灌站 8 座，新增农机动力 340 瓦，新建农机化生产道路 19000 米，水稻机收面积达 8000 亩；新增稻鱼工程 150 亩，全年渔业水产养殖 1130 吨。

【劳动保障】2017 年，玉蟾街道城镇新增就业 2011 人；城镇失业人员再就业 588 人；就业困难人员再就业 291 人；就业登记 21954 人；开展送岗位就业服务活动 15 场次；促进高校毕业生实现创业 20 人。青年劳动者技能培训 261 人；创业培训 28 人；建档立卡农村贫困户人员技能培训 32 人；促进成功创业人数 305 人；带动就业人数 585 人；组织创业项目参加创业大赛 4 场次；贫困劳动力转移就业 154 人；技能培训后就业人数 32 人；创业培训后创业人数 28 人；组织专场招聘活动 15 场次；为贫困劳动者推荐就业 589 人；成功创业 427 人。城乡居民医疗保险参保 76342 人，参保率 99.36%；城乡居民社会养老保险参保率 100%。

【社会事务】2017 年，玉蟾街道在册城乡低保对象 1286 户，1517 人，全年发放低保金 445 万元；提供网上救助 462 人次，医疗救助 55 人次，救助金额 15.15 万元；通过街道民政专项经费救济（助）临时困难家庭 505 户，救济（助）金额 35.32 万元；发放重点优抚对象抚恤金和生活补助金 299 名 521.39 万元；发放高龄老人补贴 62.21 万元，五保老人 387 名保障金 219.12 万元。完成残疾人危房改造 14 户，安置残疾人就业14人；完成白内障患者复明手术34人，为290名精神病患者提供免费服药；为残疾人配发用品用具160余件；重度残疾人护理补贴763人，补助金额为480670元，残疾人扶贫对象生活补贴105人，补助金额为13.41万元，阳光家园计划残疾人托养为其服务（家庭）资助完成16人，城乡残疾人居家灵活就业280人，农村贫困残疾人改善生产生活106人，精神病关爱行动290人，助残助学60人，脑瘫儿童康复8人，养殖业培训106人次。

【公共服务】开展辖区内棚户区的房屋征收工作，建设街一、二期棚改664户，签订协议590户；全年公共租赁住房申请家庭279户，符合条件入住186户。完成易地扶贫搬迁项目，配套基础设施建设，46户搬迁户全部搬迁入住。大力发展水利发展项目，新建提灌站2处，整治提灌站3处，PE管道安装20.5千米，整治山坪塘17口。社社通公路建设完成路基85千米，硬化总计70.50千米。玉蟾街道宅基地改革试点村6个，宅基地拟退出复垦面积689.4亩，拆除农房615户，修建新村点4个，解决1400人住房问题，宅基地退出复垦实现农民增收2460万元。入市地块3块，入市面积36.5亩，增加集体经济组织收入365万元。深入开展农村生活垃圾专项治理工作。农村生活垃圾收集设施增加至250余个，再生资源回收站点增加至25个；统筹推进农村改厕，共完成厕所改造户数355户，群众2000余人。

【脱贫攻坚】街道党工委、办事处高度重视脱贫攻坚任务，强化“五个一”“三个一”驻村帮扶，建立分片包村联系机制，将街道承担的重点扶贫专项建设任务分解落实到人，严格督查问责。2017年，街道现有建档立卡贫困户816户2376人，2017年脱贫280户780人。白龙塔、龙朝两个贫困村于2016年完成摘帽。贫困户实现全面脱贫，脱贫的1632人无一人返贫，白龙塔、玉蟾、马溪河、黄金四个点46户136人易地扶贫搬迁入住；建档立卡贫困户农村危房改造任务215户全面完成，其中，D级任务151户、C级任务64户；减免幼儿保教费57人，实施雨露计划20名，栋梁工程资助贫困学生30名，完成助学贷款申请300名；全面落实贫困人口“八免五补助”，开展医疗救助490人次，发放残疾人辅助用具108件，免费提供白内障康复手术7例。

【环境保护】玉蟾街道狠抓环境污染防治监管工作，通过对城乡环境硬件设施的升级改造，改造垃圾设施28个；维修垃圾坑98处。整改河流污水直排口18个；关停禁养区养殖场30家；打捞街道辖区内河流漂浮物46.7千米，共清运119车；设立阻拦上游漂浮物的拦河网11道；改建污水管1500米，新建一体化污水处理站1个；关闭畜禽养殖专业户养殖场22家，搬迁生猪2616头、禽1942羽、羊165只，拆除畜禽养殖设施8149平方米。对企业实施锅炉煤改气、改电，减少污染排放，办理煤改气4个，煤改电2个。

【文化旅游】玉蟾街道以龙桥文化生态园为发展龙头，倾力打造旅游形象名片，着力提升旅游服务水平。积极配合开展大玉蟾山开发项目相关工作，争取打造玉蟾山为国家AAAA级旅游景区。在推进旅游产业建设的同时，以开展多元化的文化节目为契机，有效与旅游产业发展相结合，协同发展，利用玉蟾春会、龙桥文化生态园的荷花节、花园干道的元宵舞龙、百年黄金荔枝品鉴会等特色节日，积极弘扬地方特色文化，并与旅游项目结对发展，有效地彰显文旅融合的独特魅力，同时也吸引游客130余万人，极大促进地方经济发展。

【社会稳定】配备村（社区）专、兼职网格员65名，全面完成模块内容录入和各类数据认领工作；按照“属地管理”和“谁主管，谁负责”的原则，做好信访维稳工作，全年办理各类信访件169件，开展禁毒、防邪宣传10次；新建1个社区戒毒康复中心；开展5次法制宣传教育和社会服务管理活动；完成“雪亮工程”建设，辖区内57个点位全部投入使用；组织调解矛盾纠纷298余件，成功化解283件，成功率95%；实施“学法中心户”“法律明白人”活动，培养法律明白人800余个；开展街头法治宣传活动10场次、法治讲座43场次，解答法律咨询200余人次，散发宣传资料6000余份。通过法治宣传教育，进一步提高公民的法律意识。

（撰稿人：李　磊　邱　梦）

福集镇
Fuji Town

【概况】福集镇东邻方洞镇，西接富顺县，北与嘉明镇、喻寺镇相连，南与天兴镇、玉蟾街道办事处接壤。全镇辖区面积82.4平方千米，辖3个社区、16个行政村、160个村（居）民小组，总人口5.68万人。福集镇交通体系成熟，隆纳高速公路、隆叙铁路、国道321线、省道437线、福清路、福永路、福代路、绍大路贯穿全境、辐射八方，川南城际铁路、泸州城市轻轨在沙土村建站设点，距离云龙机场21.7千米、泸州市区36.5千米，是泸县北部综合交通枢纽。2017年，国内生产总值9.9亿元，固定资产投资15.1亿元，社会消费品零售总额4.3亿元，地方财政一般预算收入2018万元，城镇居民可支配收入34060元，农村居民可支配收入14711元。

6月30日，市委副书记、市长刘强（中）到福集镇督查群煜玻璃厂（曹原　摄）

【党建工作】召开党委会12次，与各村（社区）签订党建目标责任书，听取党建工作专题汇报6次；开展中心组学习16次，理论宣讲120余次，镇村干部集中培训12次；成立非公有制企业联建党支部1个，新建标准化党群服务中心2个；部署意识形态工作5次，落实“三会一课”“民主评议党员”等制度，全年讲党课122次，专题讨论37场，实现党员全覆盖；开展“四礼新风进万家”“福集好家风”等主题宣传活动50余次，19个村（社区）实现农民夜校、家风榜、红黑榜全覆盖；强化执纪问责，共发放廉政风险提醒卡134张，警示卡26张，纠错卡14张，党纪处分12人，行政处分2人，诫勉谈话8人，约谈提醒6人，批评教育8人。

【农村经济】以发展高产、优质、高效、生态、安全农业为目标，科学化开展农业生产。全年粮食播种面积4.99万亩，产量3.1万吨；水稻、油茶、中药材等16个标准化示范基地完成建设，示范种植规模1.2万亩；新培育农民专业合作社等新型农业经营主体20个，成功创建省级示范家庭农场2个；投资3000万元的泸县龙城康养中心项目成功落地，投资1.2亿元的年出栏30万头的PIC优质仔猪扩繁场开工，鱼目村

300亩标准化砂糖橘基地完成建设，投资460万元的高效节水灌溉项目有序推进；投资1250万元的水土保持项目即将完工；佛老寺病险水库整治全面启动；团仓、鱼目等8个村宅基地退出工作全面完成，新增耕地411.6亩；李子、大桥等9个村的“双挂钩”项目完成市政验收；川南城际铁路（福集段）完成征地493亩。

【工业经济】经济发展取得新突破，工业规模明显扩大，各项经济指标位居全县前列。地区生产总值逼近10亿元大关（99626万元），比上年（下同）增长12%；规模以上工业增加值3.2亿元，增长9.3%；社会固定资产投资突破15.1亿元，增长26.6%；社会消费品零售总额4.3亿元，增长9.4%。大力实施“工业强镇”和“双提升”发展战略，“双争一汇”到位资金1.5亿元，新引进企业38家，其中规模以上企业1家，酒类企业5家，三级建筑企业7家；泸县北部农业综合项目、泸县畜禽粪污资源化综合利用等重大项目成功落地；群煜玻璃、天洋金峰硅砂、土酿酒业等完成技改扩能。

【第三产业】围绕打造“城郊生态田园小镇”目标，在鱼目村凭借山体形貌、自然风光，布局景点与服务设施，形成山水相依、功能互动的农业经济生态观光多功能的田园综合体，至2017年年底，完成人工湖、廊亭、步游道等基础设施建设，配套的粮油轮作基地、果蔬套作基地、生猪寄养基地相继建成，全镇以鱼目、团仓村、李子村为节点，集观光、旅游、娱乐、餐饮、健身为一体的农业观光示范带初具规模。推动电子商务进农村，以“农产品进城”和“网络商品下乡”为核心，坚持规划先行，打通农村电子商务双向流通渠道，全镇建成镇村级电商服务站20个，实现镇村电子商务服务站（店）全覆盖。

【基础设施】“4+1”工程提档升级，场镇功能更加完善。“社社通”公路三年建设目标一年半完成，151个村民小组实现社社通，5000余户实现户户通；新增3条城乡公交线路，金钱村大林口桥、茂盛村富民桥投入使用；改饮长江水工程深入推进，14个村安全饮水工程全面竣工；投入200万元，完成大田、太和、天洋社区污水管网改造，全镇污水收集率达95%以上；配合建设35千伏天洋输变电工程建设；修缮福洋线天洋支线、嘉福线清华支线电路7.8千米；投入287万元，实现全镇132户D级危房动态消除；投资200万元，完成大田社区亮化工程升级改造，新建标准化垃圾库29座、地埋式垃圾库1座、标准化卫生公厕1座，新增停车场4处、停车位368个。

【社会民生】镇卫生院完成规划设计及选址，鱼目、清华标准化村卫生室完建投用，13689人参与全民预防保健体检；持续开展

福集镇综合农贸市场（曹原 摄）

低保“再回头”清理工作，发放低保、五保、残疾人生活补贴各类困难救助帮扶资金623.7万元，救助2436人；社会保险覆盖5.8万人次，城乡医保参保率98.6%；开展就业创业培训200人次，新增就业760人，实现再就业320人，发放就业补贴12.5万元，城镇失业率3.3%；投资700万元完成龙脑桥小学综合楼、金银幼儿园综合楼建设并投入使用；投资30万元，全面落实校园“三防”建设；投入500万元；开展科技文化卫生“三下乡”68场、“四礼新风”进万家和移风易俗活动34场，免费放映农村公益电影192场次。

【脱贫攻坚】全力落实“22个扶贫专项”和“五大脱贫行动”。全镇132户D级危房和贫困户完成电力改造；对草坝、大桥等村156户贫困户实现安全饮水保障；投入415万元财政资金，改造农村危房132户，27名五保贫困户实现集中安置；发放各类产业扶持基金300余万元，支持贫困户发展种养殖业；完成小额信贷281户516万元，实现对有意愿进行产业发展贫困对象扶持全覆盖；449户543名建档立卡贫困户纳入农村低保，实现“兜底”保障；861户贫困户县内个人住院费用实现“零支付”；321名贫困学生纳入教育救助，无一人因贫失学。2017年剩余的296户818名贫困人员实现全部脱贫，565户1427人“回头帮”巩固脱贫户全部达标，贫困村全部摘帽，脱贫攻坚转入巩固提升阶段。

【社会治理】牢固树立安全新发展理念，严格落实“党政同责、一岗双责”要求，举行森林防火、地灾防汛等应急演练38次，联动开展安全生产大检查200余次，整治重大隐患52处，治理违法行为123起；严格落实环保督查整治，加强秸秆禁烧宣传、巡查力度，秸秆综合利用率40%；强力整顿污染企业，关停“散乱污”企业7个，关闭禁养区内畜禽养殖场8个，督促群煜玻璃、泸特酒业等13家企业停工停产整改，协调处理环保信访问题23件，投入200万元，对濑溪河、九曲河等4条河流进行河道清理；强化食品药品安全监管，开展农村家宴检查1459次，妥善处置茂盛“2·3”误食醇基液体燃料事件，在全县范围内推广福集镇农村自办群体性宴席管理办法；深入开展信访矛盾化解，全年接待群众120余次，走访群众3000余户，信访总量155件，化解矛盾纠纷140起，群众满意率达98%，实现到市到省到京“零上访”；新建镇村综治中心20个，安装雪亮工程监控摄像头112个、“两车卫士”防盗系统850台，实现“一村一辅警”全覆盖，全镇基层治理环境极大改善。

（撰稿人：蒋昌灵　曾茂妮）

嘉明镇
Jiaming Town

【概况】嘉明镇地处泸县北大门，东与喻寺镇相接，西与富顺县毗邻，南与福集镇接壤，北接隆昌市山川镇，政府驻地距隆昌、泸县县城均为12千米。全镇辖区面积46平方千米，辖10个行政村、1个社区、92个村（居）民小组，总人口4.2万人。交通便利，隆叙铁路、隆纳高速、321国道穿境而过；经济社会发展良好，先后被评为全国群众体育先进镇、农机推广先进镇，四川省工业型重点小城镇建设镇、中小企业创业园、文化先进镇，泸州市普九先进镇、工业经济大镇。2018年年初，嘉明镇工业园区成功升级为泸县经开区城北产业园区。

【经济发展】2017年，全镇实现地区生产总值26.4亿元，比上年（下同）增长18.2%；工业总产值50.62亿元，增长22.21%；规模以上工业增加值18.35亿元，增长21%；全社会固定资产投资17.1亿元；社会消费品零售总额4.5亿元，增长16%。财政一般预算收入完成2877万元，创历史新高；城镇居民可支

6月20日，嘉明镇开展2017年"安全生产月"集中宣传活动（陈雪　摄）

配收入34276元，增长12%。农村居民可支配收入15688元，增长11%。

【农业经济】围绕"一村一品"，发展复兴村食用菌8亩、双河口柠檬820亩。做实大同、葛林湾、护松、罗桥、狮子村蔬菜品牌，巩固"刘氏泡菜"1000余亩。全年流转土地2160亩，土地资源逐步盘活。新培育农民专合社1家，发展家庭农场7家；年出栏生猪4.53万头，外销仔猪5.4万头，成鱼起水2634吨。新建年出栏1万只山地鸡养殖场1个。狮子等8个村共完成445户295.9亩宅基地有偿退出，进一步激发村集体经济发展活力。

【工业经济】积极应对经济新常态，以企业为中心，抓职能，强服务。指导4家企业复工复产。完成兴业玻璃、宇森玻陶等6家企业技术改造。成功招引企业23户，其中建筑企业15户，实现税收500万元。引进投资商，对企业生产线进行升级改造。紧抓"互联网+"发展契机，支持电商做大做强，积极培育新的消费热点和经济增长点，建成农村电子商务网点10个，电商交易额达100余万元。全年新增规模以上服务业企业1家，商贸企业1家。

【基础设施建设】完善园区污水管网2.7千米、完成农贸市场排涝治理工程、正大街棚户区改造项目加快推进。新建工业污水处理厂1座、提泵站5个，场镇污水处理厂完成升级改造，实现雨污分流；开展水厂"两权"回收工作；安装路灯130盏，新建停车场2个；持续推进"4+1"基础设施工程建设，投资3075万元，建设社社通水泥路61.5千米；新改建便民桥2座、县乡道路5.4千米；完成福集至嘉明长江水管网延伸工作，复兴村自来水管网实现全覆盖。投资150万元，完成团山堡村社会型节水灌溉工程建设，整治电灌站1座、新建蓄水池2口、整治山坪塘3口、安装输水管道5千米。完成嘉草线农网改造工程。大同、复兴、葛林湾村新村点新建民居房53户、文化活动广场2个，新增绿化面积3000平方米、新建村卫生室2个，铺设"白+黑"道路1.5千米、安装路灯70余盏；复兴村建成一体化污水处理站1个，完善配套管网800米；完成罗桥村新村规划编制工作。创建县级"四好村"2个，打造"四礼新风进万家"移风易俗示范村1个。

【环保治理】集中对三无企业、治理不达标、环保手续不齐备等30余家企业进行整治，关闭罗桥保温建材厂、大同大理石加工厂等8家落后产能企业。关闭禁养区养殖场4家，关停搅拌站4家，督促各企业环保技术改造投入约1200余万元，取缔水产肥鱼养殖水库1个，石燕砂厂完成矿山地质环境恢复治理；接受环境保护投诉6件，处理6件。新建公厕1座。投资92万元，新建垃圾库155座，农村垃圾收集体系进一步完善。巩固退耕还林1490

亩，新增造林500亩，森林覆盖率达39.6%。全面落实“河长制”，编制“一河一策”方案，落实巡河员、保洁员33名。投资50余万元，对全镇9条河流的漂浮物进行清理打捞。投资12万元，新建洞沟水库隔离防护网1200米。

【脱贫攻坚】制定镇脱贫攻坚工作计划，统筹安排脱贫攻坚项目42个。依托“两园”和专合社，解决就业岗位48个，推荐贫困人员就业149人次；补助260万元，安置公益性岗位273人；补助540万元，完成农村C、D级危房改造188户；实施贫困户安全饮水207户；实施产业扶持基金贷款260余万元，扶贫小额贷款980万元，贫困户县域内个人住院治疗“零支付”，建档立卡贫困家庭学生全部纳入教育救助，无一人因贫辍学。286户774名贫困人口实现脱贫，929户巩固脱贫。

【教育医疗】积极做好学校标准化建设，投资280万元，完成罗桥小学综合楼改建；投资800余万元，完成嘉明小学综合楼新建工程主体建设；镇域内各类教育均获得县一等奖。嘉明镇卫生院成功完成搬迁工作；率先完成全国中医药先进单位试点工作，完成全民预防保健体检19178人。

7月7日，市委常委、总工会主席刘云（前排右一）督导嘉明镇地灾防治工作（陈雪　摄）

【社会保障】发放城乡低保767户、985人，特困人员306人；全年发放困难生活救助资金29.87万元；实施网上医疗救助406人次，补助资金3.7万元；发放优抚对象补助31.86万元，退伍人员安置补助27.2万元，退役士兵创业补助42.5万元；为残疾人提供量体裁衣式个性化服务1123人次。发放计生补助210余万元。城乡居民参保人数38697人，参保率达98%。全年实现城镇新增就业人员267人，失业再就业人员66人，帮助70人成功创业，带动130人就业，提供小额担保贷款10人，贷款金额80万元，城镇失业登记率控制在3%以内，开展各类培训205人次，市级和谐劳动关系镇创建成果不断巩固。

【治安综治】投资100余万元，完成各学校“三防设施”建设；深入推进“双创”工作，切实加强食品药品安全监管；农产品质量安全监管示范县创建顺利通过省级验收；消除地灾隐患点1个。建成镇村两级综治中心12个，“一村一辅警”实现全覆盖，安装“雪亮工程”监控摄像头96个、“两车卫士”防盗系统824台，全年化解信访事项32件。安装公路护栏12千米，新增安全生产标准化企业2家，成功通过省级安全社区复评。深入推进基层依法治理标准化建设，成功调解矛盾纠纷125起，成功创建法治示范镇，开展法治宣传34次，建设镇级公共法律服务站1个，打造法治文化长廊1个。

【党建工作】突出班子成员带，厘清班子职责清单，建立抓党建“一岗双责”联系村（社区）责任制，全年召开镇党委专题会研究部署意识形态、基层党建等工作12次，带头讲党课3次，督促班子成员讲党课30次；突出痕迹管理，成立专项督导组定期进行明察暗访，印发督查督办通报32期，约谈党建督查排名靠后党组织书记3名。深入推进“两学一做”常态化制度化，全年开展主题党日活动12次、中共十九大和省第十一次党代会、省委十一届二次全会专题学习6次、宣讲28次，蔡松松先进事迹学习6次；开展职工例会会前学习12次、青年论坛6次，新发展党员15名，全年开展村干部培训462人次。投资200余万元，新建秀水社区党群服务中心，落实社区干部基本报酬和养老保险，落实村（社区）干部报酬等工作经费近300万元，发放在职村（社区）干部养老保险和离职村（社区）干部生活补助经费16.5万元，实行村干部工作届期+村民数上浮制度。选派2名优秀干部到村级班子，选拔村后备干部22名，配齐一村一辅警。深入开展“走服引”主题教育活动、入户走访4350人次，召开院坝会集中走访17230人次，收集问题建议230件，落实解决228件；通过党员“三带工程”发展食用菌养殖2万袋，发展示范户6户，带动群众300余人。

【党风廉政建设】与各党组织签订《党风廉政建设主体责任书》27份，组织学习新《党风廉政自律准则》《中国共产党纪律处分条例》43场，集体约谈2次，开展党风廉政社会评价宣传院坝会192场次，查摆问题31个，漫画巡展12场次，发放廉政警示卡135张，社会评价调查问卷模拟测评200余人次。着力整治微腐败，围绕扶贫领域等开展巡察工作，查处违纪案件5件。

（撰稿人：朱　云）

喻寺镇
Yusi Town

【概况】喻寺镇地处泸县北部，紧邻内江市隆昌市和重庆市荣昌区，距隆纳高速公路仅9千米，面积76.5平方千米，耕地面积3.6万亩，人口4.9万人。全镇辖11个行政村、101个农业社和2个社区、6个居民小组。是“四川省小城镇建设试点镇”“四川省文化先进镇”“四川省卫生乡镇”“泸州市社会治安综合治理模范镇”“泸州市义务教育示范镇”“泸州市生态乡镇”、首批县级“平安镇”和“泸县教育名镇”。2017年，全镇实现地区生产总值9.98亿元，同比增长13.2%，其中，第一产业增加值2.08亿元，第二产业增加值4.80亿元，第三产业增加值3.10亿元；规模以上工业增加值2.77亿元，同比增长13.0%；全社会固定资产投资13.52亿元，同比增长8.07%；社会消费品零售总额5.96亿元，同比增长13.0%；一般公共预算收入1888万元，同比增长18.07%；农民人均可支配收入14981元，同比增长9.01%；城镇居民人均可支配收入32684元，同比增长9.12%。

【党建工作】全镇有党组织56个。其中党委1个，党总支13个，党支部42个。2017年在册党员1275名，新发展党员9名，其中妇女党员4名，35岁以下年轻党员4名，全年培训入党积极分子46名。围绕班子建设，结合换届选举工作，严格按照程序，调整镇党委领导班子成员3名。认真开展“两学一做”学习教育等专题活动，镇机关组织讲党课2次，村（社区）组织讲党课14次，召开座谈会10场次，切实转变作风推动基层党建工作。2017年办结违纪案件6件，完成4个村的村级财务监督审计工作。全面加强服务型党组织建设，严格执行班子成员定期开门接访和进村下访制度，全年收集到群众诉求64件，均妥善处理，社会满意度进一步提升。

【工业经济】按照“重抓特色、重抓龙头、重抓集群”的思路，打捆整合项目资源，合理规划产业布局，完善基础设施建设，

9月6日，县委书记薛学深（左四）到喻寺镇督导脱贫攻坚工作（李旭东　摄）

引进和培育农业新型经营主体。建成粮油基地800亩，果蔬基地1000亩，水产基地200亩，刘氏泡菜、天蜀农机专合社、蜀汉天府种粮专合社等成功入驻，大力发展订单农业；建成标准厂房4间共1万多平方米，多家企业积极洽谈入驻，农产品加销产业链逐步完善；成立谭坝村集体经济管理公司，公司年收入突破100万元。2017年，对农业农村累计投入资金7000余万元，现代农业融合发展模式效果初显，农业农村工作走在全县镇街前列。

【农业经济】抓住泸县北部田园综合体项目建设的发展机遇，结合农村土地制度改革“三项试点”和农业供给侧结构性改革，试点推动现代农业融合发展模式。以谭坝村为中心，辐射周边、联通北部，通过建设“一平台、两环线、三新村、四基地、五小区”，进一步完善产业布局，实现整村致富奔康。投资350万元完成500户农房的环境整治及风貌塑造；投资2011万元绿化观景平台及景观节点共1.4万平方米，公路绿化12.2千米；投资300万元建成八角亭3座，配套石板路、廊道1千米，2000平方米中心广场1个，有零散游客前往观光休闲；在450万元的项目资金撬动下，拥有100个床位的康养中心启动建设；成功流转土地120亩，投入资金587.7万元启动代耕农场建设；投资1314万元，建成众创园区标准厂房4个约1.2万平方米。

【社会事务】全年发放低保金145余万元，优抚对象补助金80余万元，困难残疾人生活补贴21余万元；投资55万元完成胡楼敬老院维修改造，投资35余万元完成桐兴敬老院维修改造；投资31余万元完成桐远社区日间照料中心建设；完成各类创业和技能培训148人次，组织专场招聘活动5场次，为贫困劳动者推荐就业岗位58个，城镇新增就业113人，贫困劳动力转移就业254人，公益性岗位安置59人。争取项目资金100万元完成胡楼小学校园文化建设、喻寺小学校园维修改造和桐兴小学公厕改建；推进教育质量综合评价改革，深化义务教育课程改革，全面推进素质教育，坚持图书室、计算机房、体育器材室向学生“三开放”，积极开展学生“大课间阳光体育运动”；投资30余万元，对校园安全隐患进行全面整治，确保校园安全。全民预防保健完成健康体检16850人。医保参保率98%。

【基础设施建设】投资1500万元的北部自来水厂启动建设，铺设管网4.3千米。投资3000多万元的水土保持项目启动建设，通过修建蓄水池、排水沟、塘堰整治、机耕道等，综合治理坡耕地水土流失面积3500亩，其中谭坝村1500亩，新桥村、雷坝村2000亩。总投资2700万元的两个土地整理项目开工建设，将进行坡改梯400余亩，格田整理近4000亩，旱地整理8000余亩，水田整理1.3万亩；新建排水管沟

7.9千米，蓄水池13口，整治山坪塘10座；整治生产便道30多千米。农村土地制度改革协调推进，宅基地制度改革全域覆盖，第一批300多亩复垦地块通过验收；在谭坝村产业园试点征地制度改革，工业小区276亩土地征收工作进展顺利；集体经营性土地入市全面启动，首批40亩土地用于园区标准厂房建设。根据县委、县政府提出的打造“4+1”升级版目标，正视全镇仅有73千米水泥路的短板，突出“三个在前”，坚持“三个严格”，聚焦“三个着力”，全镇召开社社通动员会、推进会、院坝会90余场次，筹集资金60余万元，争取县级补助资金4305万元，有力推动社社通水泥路建设。2017年，全镇建成社社通水泥路134条117.9千米，涉及86个村民小组，社社通水泥路建设走在全县镇街前列。

【脱贫攻坚】坚持“五个一批”分类扶持，一手抓退出，一手抓巩固。争取财政专项扶贫项目资金22.85万元，帮扶295户贫困户发展种养殖业。引导贫困户小额信贷贷款444户140.5万元。设立产业扶持基金，累计规模130.2万元，借出用于产业发展47.04万元。建立贫困户“一库五名单”909人，公益性岗位兜底安置68人，通过“订单培训”“技能专班”免费培训30人，指导成功创业1人，转移就业303人，组织公共就业服务活动5场次，服务贫困户200余人次，促进企业就业41人。2017年，全镇380户1011人脱贫、省级贫困村谭坝村摘帽。至此，全镇完成贫困人口945户2512人脱贫、两个省级贫困村摘帽的任务，实现全面脱贫。

（撰稿人：朱中成）

10月10日，县委副书记、县长肖刚（右二）到喻寺镇督导农业重点项目建设（李旭东　摄）

方洞镇
Fangdong Town

【概况】方洞镇位于泸县东北部，与重庆市荣昌区安富街道、清江镇、清升镇相邻，与内江隆昌市李市镇接壤，距泸县县城14千米。全镇辖区面积73.15平方千米，耕地面积3930公顷；人口4.9万人；辖12个村、2个社区、146个村民小组，6个居民小组。文化底蕴深厚，旅游资源丰富，拥有“国家级非物质文化遗产——雨坛彩龙，国家级文物保护单位——‘屈氏庄园’，国家级传统村落——石牌坊村、宋田村”四张国家级名片。方洞镇属浅丘地貌，盛产水稻、小麦、玉米、大豆等农作物，历来是泸县的“粮仓”。濑溪河穿境而过，水源丰富，地势平坦，平均海拔249米，日照时间长，光、热、水充足，四季分明，土地宜种性广，是典型的农业镇。交通便捷，交织成公路网，成渝铁路、成渝公路擦境而过，新的出川公路“福清路”穿境而过。物产丰富，生猪养殖历史悠久。雨坛牌仔猪、雨坛牌种鸭蛋为方洞特产，花椒、肉鸭、甲鱼、稻鳅、大雁成为泸州独具特色的旅游产品。

【党建群团】成立以党委书记

为第一责任人，副书记为直接责任人，组、纪、宣等相关部门负责人为具体责任人的党建工作责任体系，层层签订《党建目标责任书》，村“三委”负责人开展换届后谈心谈话70人次，分类开展换届后专题培训，召开离职村干部座谈会。印发《重大事项督查督办制度》，明确班子成员“一岗双责”职责，全面推行项目负责制。镇党委中心组集中学习16次，邀请县委宣讲团、专家专题宣讲5次。全面落实意识形态工作责任制要求，把意识形态工作纳入民主生活会和班子成员述职报告的重要内容，纳入对村社检查督促的重要内容。全面开展“走服引”主题教育活动，召开季度院坝会206场次，收集社情民意89条，“三本台账”建立完善，落实帮扶资金30余万元，解决民生难题136件，教育引导群众感党恩、听党话、跟党走。“四礼新风进万家”“龙城好家风”系列活动与“四好村”创建有机结合，优秀家风家训评选全面开展，农村新风正气逐步形成。印发《关于在镇一级开展谈话提醒工作的实施方案》《村组干部管理办法》等制度，全年收信访案件27件，办结27件，立案5件，党纪处分5人。全面排查整治群众身边“微腐败”突出问题，切实解决好“四风”方面的突出问题，对全镇14个村（社区）开展财务审计和党、村组务公开检查。基层战斗堡垒巩固筑牢，农村党支部改建为党总支6个，新建幼儿园党支部1个、非公有制企业联建党支部1个，改建三界村党群服务中心。抓好队伍锻造，全面培养入党积极分子23名，发展党员32名，慰问困难党员12名。培养选拔4名机关优秀干部担任中层，选拔28名村级后备干部驻村锻炼，配齐驻村辅警12名和社区专职网格员2名，并纳入村干部考核，配齐非贫困村第一书记10名。党建经费、党员干部待遇落实到位，完善对村干部绩效考核制度，落实在职村干部基本养老保险补助23万元。

6月2日，“学英雄、树新风、爱家乡”文艺巡演走进方洞（陈路生 摄）

【主要经济指标】2017年实现生产总值122861万元。其中：规上工业增加值40943万元，全社会固定投资156220万元，社会消费品零售总额38535万元。农村人均纯收入15213元，城镇居民人均可支配收入30531万元。地方财政一般公共预算收入完成1894万元，其中国税738万元、地税1156万元。

【农业和农村经济】总投资9204万元的财政现代农业（水稻）项目实现农业村全覆盖，建设发展水稻高产高效基地17600亩，新建和改善灌溉面2.1万亩，新建和整治排灌渠3.711千米，技术改造提灌站12座（其中新建4座），新建PE管道78千米，新建田间生产路112.85千米，下田设施32处，全面提高全镇农业基础设施水平。创建6500亩水稻高产创建示范片，产量0.42万吨。发展红粮、杂交高粱、常规高粱7500亩，突出建设酿酒高粱基地和“粮经基地”工程。青花椒代

7月14日，县政协主席李镇（右一）督导河长制工作（陈路生　摄）

表泸县成功申报为“三品一标”国家地理标志产品保护。全镇机收面积2.5万亩，全镇耕种收机械化水平达到58.4%。畜牧业总产值达3.1亿元，占农业总产值的64%。生猪出栏5.64万头，优质仔猪外销14.2635万头，占全县的12%。稻鳅产业年销售收入784余万元，实现纯利润400余万元。大雁、甲鱼、白鹅、龙虾等特色农业稳步发展。转移农村剩余劳动力1.82万人，劳务收入4.368亿元，占农民人均纯收入的65%。全面完成第三次全国农业普查工作，创建成省级“四好村”1个、市级“四好村”3个、县级“四好村”4个，成立村集体资产管理公司12个。

【工业经济】圣弘建设股份有限公司全年入库税金2300余万元，鼎盛通达建筑公司入库税金755.15万元，大洲化工入库税金656.86万元。全镇有企业52家，其中建筑类企业9家，建筑业不断发展壮大，逐步成长为全镇支柱产业。2017年新引进四川彰彩建筑工程有限公司、四川锦城垣建筑工程有限公司、四川德隆建筑工程有限公司泸州分公司、四川中泰冠华工程技术有限公司等4家建筑公司。

【教育建设】投入10万元对方洞中心幼儿园进行校园文化建设，投资170万元新建雨坛幼儿园教学楼，投入近50万元完善全镇学校“三防”建设，投入45万元添置村级学校触摸屏一体机30台，投资32万元完成屈湾小学加固工程。沟通协调天宝粮站划归学校使用，并投入300万元进行对天宝小学教学用房和运动场进行扩建，投资20万元用于方洞中心幼儿园提档升级。方洞中学和方洞小学校园建设PPP项目有序推进，方洞镇中心幼儿园列入泸县学前教育改革试验区改革示范点，迎接教育部专家组、学前教育研究管理委员两次调研。方洞中学、方洞小学被评为泸州市实验教学示范校，雨坛中学被评为泸州市教育质量优秀初中。方洞镇小学荣获全国青少年校园足球特色学校称号。全镇中考再获佳绩，二中录取人数完成目标任务106.2%，普高完成254.4%。

【民生工程】全民预防保健健康体检试点工作全面推进，全镇完成体检人数17760人，其中65岁以上3695人，贫困人口1656人。投资100万元，在建邹寺村、石牌坊村200平方米中心卫生室各1个。举办“三下乡”“龙舞闹元宵”等主题活动，公益电影放映178场，农家书屋实现“一卡通”全覆盖。

【基础设施】公路建设方面，G8515高速公路方洞镇境内段8千米全县首个动工。全镇现有镇道12千米，村组水泥路158千米，县城至清江城乡公交车开通。投入资金32万元完成方雨路路面整治，落实120万元完成7千米波形护栏建设。2017年社社通水泥路建设71.5千米，通过验收水稳层71.5千米，路面完工52千米，安保设施完工3.2千米，全镇142个社初步实现社社通公路。农村电网改造方面，完成喻方线、喻雨线14条支线大修，宋田九社台区，塘湾台区，高山台区电压改造。投资72万元，变更换迎峰度低压台区配变18台。投资12万元，完成喻方、喻雨10个台区农村电网维护调相工程。投资52万元，对喻雨线派出所台区、酒厂台区、屠宰场台区10千伏农村电网低压线路进行绝缘化改造。

【社会保障】新增城镇就业210人，城镇失业人员再就业52人，就业困难人员再就业10人，促进高校毕业生实现创业2人，创业培训完成63人。城乡劳动力实名制登记入库及动态管理完成21580人，完成领取养企业职工和城乡居民老金人员资格认证10286人。城乡居民养老保险参保缴费13618人，城乡居民医疗保险参保缴费45533人。严格五保户调查审批工作，全年重新认定特困供养人员466人，发放特困供养金121.53万元，走访慰问优抚对象80多人次，发放物资2万余元。政府周转房主体完工。

【计划生育】全年出生人口539人，符合政策生育率97.58%，全镇奖励扶助对象2286人，发放补助资金219.456万元。全面完成免费孕前优生健康检查及婚检工作，2017年孕优检查完成率141%，婚检率93%。

【场镇建设】争取上级部门补助20余万元，新建绿化5亩。投资25余万元，安装路灯32盏，满足城镇夜晚照明需求。投资30余万元，新建休闲文化广场1个、1700平方米，停车场1个、1950平方米。投资50余万元，改善向阳社区、龙洞山社区污水处理设施，方洞污水处理厂完成提标升级，场镇排水排污问题得到改善。启动雨坛场镇修编工作。

【文旅产业】投资300万元的石牌坊传统村落周边环境整治项目完工。屈氏庄园完成第一期修缮工程，升级为泸县民俗博物馆并对外开放。传承龙舞文化，建立龙舞传习基地4个，雨坛彩龙“非遗”传习基地成功申报“市级非遗传习基地”；立足庄园之乡，屈垣子、大坝庄园申报省级文物保护单位报省专家评审。成功举办四川泸县第五届“二月二·龙抬头”民俗文化活动，活动由最初的单一演出嬗变为独特的系列文化活动品牌。

【脱贫攻坚】全面完成“回头看”“回头帮”和脱贫攻坚全覆盖交叉自查工作，完善“五个一”“三个一”帮扶机制，集合人大代表、政协委员力量参与帮扶，充实非贫困村第一书记，强化第一书记管理，助力各村党组织党员干部带头、带领脱贫致富。解决59户安全饮用水问题，完成危房改造102户，对生猪、花椒等重点脱贫项目投入产业发展财政扶贫资金26.275万元，落实产业扶贫周转金249万元，小额信贷311.75万元。全镇通过产业、就业等方式，实现全部建档立卡户和贫困村通过退出验收。

【环境保护】狠抓环境治理，成功迎接中央环保督查。落实镇级河长3名、巡河员10名、保洁员10名，河长制工作有序推进。投入经费40万元，发放救生衣60件，积极开展河道全面清理工作。全面完成生猪寄养场环保设施提标升级，完成两批11家禁养区养殖场关闭工作。成立以镇村社三级干部组成的秸秆禁烧监督队伍，常态化开展巡查处置。开展“散乱污”企业治理，停产整改砖厂2家，酒作坊2家，停产整改、关闭搅拌站和自拌料场5家。

【改革试点】农业经营体制机制和经营方式探索创新，村集体经济改革有序推进，突出农业、文旅产业等方面差异化招商。宅基地退出试点迎接复垦验收2次，验收面积为583.16亩，931户。其中空闲宅基地741户，城镇购房124户，中心村建房70户。增湾村马道子聚居点一期验收投入使用，新联村濑溪河畔聚居点一期主体竣工，陈田村龙源社区聚居点一期完成第一层圈梁浇筑。

【综治维稳】 “七五普法”“法律八进”全面有序开展。平安建设不断加强，镇村两级综治中心全覆盖，安装“雪亮工程”监控点位88个，配齐驻村辅警12名和社区专职网格员2名，推行“全天候治安防控模式”。完善人民调解，坚持领导包案、干部下访制度。全年排查矛盾纠纷96件，调处成功93件，调处成功率96.9%。打黑除恶、道路交通安全整治专项行动成效突出。

（撰稿人：陈路生）

得胜镇
Desheng Town

【概况】 得胜镇位于泸县南郊，毗邻龙马潭区，距泸县县城10千米，距离泸州市主城区25千米，境内321国道纵贯南北，合牛路横跨东西，港城大道贯穿全境，素有泸县南大门之称。辖区面积88平方千米，辖14个农业行政村、3个社区、141个村民小组和5个居民小组，总人口58899人，其中城镇人口1.04万人。得胜镇是省级生态镇、省级卫生镇、小城镇试点镇、四川省民间文化艺术之乡，市级敬老模范镇、科普示范镇。2017年，实现地区生产总值10.51亿元，比上年（下同）增长16.1%；规模以上工业增加值2.05亿元，增长22.5%；全社会固定资产投资21.03亿元，增长17.8%；社会消费品零售总额5.72亿元，增长14.5%；地方一般公共预算收入1106万元；城镇居民可支配收入31393元，增长12%；农民人均纯收入15348元，增长12%。

【党建工作】 全镇有14个农村党总（支）部、3个社区支部、3个机关党支部、7个非公有制企业党支部、1个卫生系统支部，共有党员1307名。2017年，狠抓党建工作谋划、部署、推进、督促、问责五个关键环节，重点解决基层党建具化落地问题。专题听取党建工作汇报24次，每季度带队开展基层全覆盖调研，解决“走服引”、脱贫攻坚、社社通、村干部待遇等问题17个。村（社区）实行“季度述职+季度考评”，对排名靠后村和排名靠后村干部约谈。投入400万元，落实村（社区）公共运行、干部保险、补贴、绩效考核及非公党建经费。采取“上级项目+本级投入+基层自筹”方式投入300万元，成功创建全国文明村仁和村，打造“四好”新村接官坝村、市级农民夜校示范点大水坝村、市级党建示范点高石塔村和林坎社区。通过每月党委中心组固定学习日、片区党委中心组学习示范课、到联系村示范宣讲等形式，班子成员带头学习贯彻中共十九大、省十一次党代会等中央、省市县党代会精神，树牢“四种意识”。建立完善廉情监督网，大力推进“微腐败”

1月14日，四川·泸县第三届“得胜花灯”艺术节在得胜镇仁和村文化广场举行（曾佐然 摄）

整治，收集群众诉求136个，反映问题11个，处理干部5人。制定镇村干部教育培训规划，实行镇村干部每月例会制，开展产业发展、新村建设、招商引税、财务审计等实地调研和业务培训12次。大力转化村风民风，发动村民修订村规民约、家风家训，发布红黑榜，倡导文明新风。

【工业经济】全年组织外省招商7次，新招商企业18家（其中建筑企业4家、商贸企业10家、养殖业1家）。新引进入驻园区企业2家，投资5000万元的泸县金杰真空镀膜工艺厂成功运行，投资10.3亿元的四川极速智能科技有限公司液晶光电与人工智能产品研发制造中心项目顺利落户。得胜建司成功晋升一级建司，新成立劳务公司1家。

【农业经济】新发展小龙虾养殖基地4个，面积180亩；新建标准化养殖小区4个；新成立农民专合社2家、家庭农场27家。大春粮食播种面积4.81万亩，产量2.74万吨。水稻高产示范片1000亩。发展蔬菜、水果、经济作物种植3000亩，苗木种植2000亩。发展生猪寄养户2户4组、肉鸭规模户4户、林下鸡规模户8户。年出栏肉牛63头，肉羊4137头，生猪4.14万头，小家禽29万羽。小龙虾、兔、奶牛等养殖业稳步发展。

3月2日，省纪委网络与政务电教中心到得胜镇仁和村调研家风家训工作（李昂　摄）

【基础设施建设】农田水利方面，实现自来水主管网17个村（社区）全覆盖，保障林坎等7个村（社区）5500户11000人供水总体稳定和安全；全镇3座小（一）型水库、4座小（二）型水库和588口山坪塘等小型农田水利工程总体正常运行；新增加节水灌溉面积650亩，水土保持生态治理0.68平方千米；投资670万元，启动顺民、上顶山土地整理项目1.1万亩。道路建设方面，筹集资金6855万元，完成“社社通”公路路基141.1千米，路面121千米。新村建设方面，投入资金792.16万元建设幸福美丽新村2个，新建民居25户、风貌塑造55户，活动广场1060平方米，完善了道路、水利、路灯等配套设施。完成宅基地退出161户136亩，实施工矿废弃地复垦项目4个90余亩。

【社会事务】全民保健工作规范化电子档案建档率100%，完成体检人数23924人。城乡低保实现精准识别，发放城乡低保18907人次400.6万元；开展临时救助“大病救助一站式服务”，救助27人次、51000元；城镇新增就业199人，完成城镇失业人员再就业44人，发放社保补贴91127元。城乡居民基本医疗保险覆盖率98.15%。投资近200万元建成集休闲、健身、停车为一体的得胜综合广场，新建公厕1座、安装垃圾桶65个、完成场镇路灯安装工程规划设计，得胜镇的场镇面貌焕然一新。完成10个村（社区）文化院坝建设4000平方米，增添乒乓台4张及健身路径、篮球场等体育设施。为449名学生落实教育资助经费28.87万元，为407人发放助学贷款322.5万元，办学质量进一步提升。

【脱贫攻坚】组织县镇村干部175人结对帮扶1460户贫困户，选派农技、卫生等专业技术人员联村贫困村、贫困户，负责帮助贫困户发展葡萄、血橙、生猪产业以及贫困户保健等工作，通过全域走访、院坝会召开、监委会主任定期接访等方式开展“五必问”，统筹推进“千名教师进万家”“千名医生进万家”“千名干警进万家”等活动，全镇走访贫困户5万余人次，整合解决群众困难诉求732个。实施安全饮水155户、危房改造300户、落实教育补助33.87万元、低保五保政策兜底728人，贫困户实现县内免费就医。落实401户产业脱贫规划，开展农技培训5000余人次，发放种苗及家禽养殖补助27.4万元，采用入股形式投入资金700余万元带动贫困户土地入股近1000亩发展紫秋葡萄、血橙、花椒、中药材等产业。开展脱贫奋进思想集中宣传45场次和扶贫政策宣讲20场次，让贫困户总思想上富也起来。

（撰稿人：杜　勇）

天兴镇
Tianxing Town

【概况】天兴镇地处泸县西北部，东邻牛滩，南接潮河，西通富顺，北连玉蟾，隆纳高速、龙城大道穿境而过，距县城13千米、距泸州32千米、距成自泸赤高速瓦子出口3千米，交通便利，区位优势明显。全镇面积48平方千米，辖8个行政村、74个社和1个社区、3个居民小组，总人口28900人。天兴镇是省“文化先进乡镇”“农村中医药工作先进镇”，市“敬老模范乡镇”“科技进步示范乡镇”。镇内环境优美、民风淳朴，拥有泸县第二高峰佛教名山龙贯山（587米）、龙贯寺、龙迹岩、卧佛、十七口古井等名胜古迹，其中传承千年的天兴龙贯山草龙于2010年被泸州市列入第三批非物质文化遗产保护名录。

1月13日，天兴镇开展科技文化卫生“三下乡”集中宣传活动（任志国　摄）

【党的建设】2017年，天兴镇党政班子带头履行一岗双责，分别与村（社区）、学校、企业签订20份《党建目标责任书》，签订28份党风廉政建设责任书。依托农民夜校、“村村响”广播“善行义举红黑榜”，深入开展社会主义核心价值观宣传活动。成立机关退休党支部1个，非公有制企业联建党支部1个。村、社区工作经费分别提高到10.6万元、13.2万元，落实村（社区）干部基本养老保险和离职村（社区）干部生活补助23.44万元。新建曹湾村、场口村、中兴社区3个党群服务中心。通过下派第一书记、成立帮扶小组、落实整改经费等方式，对软弱涣散党组织曹湾村进行了整顿脱帽。新提拔年轻干部3名，公开招录公务员3名，考调吸收公务员、事业人员3名，干部队伍进一步优化。投入近10万元，提档升级干部职工周转房。开展“走进群众、服务群众、引导群众”为主题教育，召开院坝会221场，收集问题意见572个，解决村级阵地、社社通、脱贫攻坚等重点领域问题23个，干部作风得到锤炼。

【财政金融】2017年，天兴镇深入实施“经济强镇、产业富民、绿色宜居”发展战略，立足建设泸县西部绿色舒适型精品小城镇规划，振奋精神、大胆探索、真抓实干，经济形势持续有效好转，实现地区生产总值11.9亿元，较上年（下同）增长13.9%；规模以上工业增加值5.01亿元，增长17.5%；全社会固定资产投资11.3亿元，增长24.9%；社会消费品零售总额2.9亿元，增长15%；地方一般公共预算收入2223万元，是2015年的5倍，同比增长41.9%；城镇居民人均可支配收入30591元，增长9.1%，农村居民人均纯收入15124元，增长10%。

【工业发展】2017年，天兴镇建筑、玻纤、制药、物流等行业不断发展壮大，逐步成长为全镇支柱产业。天兴镇企业达120家，其中规模以上工业6家、建筑类企业达36家。2017年，实现工业入库税金1600余万元，其中天蜀、天兴玻纤公司入库税金超过1000万元，建筑企业共实现税收1500余万元。成功包装推出项目2个、促进新签约项目2个，在经开区新签约5亿的智能光电项目集群、药业园区新签约2亿元项目。积极引进企业注册，全年成功引进新注册企业24个，其中建筑业14个、商贸业6个、农业项目1个、服务业1个、工业2个。

【农业经济】2017年，天兴镇完成粮食播种面积3.55万亩，粮食总产量达14916吨。新发展田坝村600亩水稻高产核心示范片，协助泸县金丰收家庭农场搞好土地流转，项目补助基本走上正轨，“媳妇儿田”牌无花果成功进入汇通超市。扶持种粮大户发展，免费提供种子220公斤、化肥2.2万公斤。新成立水产专业合作社1家，新增稻鱼工程250亩，年产成鱼1040吨，实现渔业增加值700余万元。扩大特色家禽、家畜养殖规模，集中发展规模养殖场13个，全年生猪出栏2.4万头、家禽24.8万羽、山羊2586只、肉兔6.5万只，实现产值6500万元。积极引进荔枝、茵红李、无花果等优质水果，扩大种植规模，建立生态采摘园，打造田园式村庄，发展周末经济，积极发展订单种养殖业。

【基础设施】2017年，天兴镇完成“社社通”规划建设57.7千米，基本完成天兴至回龙瓦厂道路升级改造项目，龙城大道建成通车，畅通连接成自泸赤高速、酒香大道和港城大道，交通路网建设内通外畅。投入930多万元，新安装自来水管网64.4千米，为920户农村群众提供自来水。整治病险水库1座、山坪塘5口、渠道2千米，新建蓄水池1口、清水池1口、微型水利工程40亩。投资1230余万元，新增柴油提灌设备20台，硬化田间道路35千米，新建便民路1千米，维修杨斯坳、灌上、河高寺、石塔山、梧桐寺等11座提灌站，完成机收水稻1.1万亩，大幅减少农业生产成本支出160余万元。完成宅基地退出复垦763户551亩，原天兴粮站6000平方米棚户区改造基本完成，新建城镇居民化粪池1座、新型垃圾压缩处理站1座，完成污水管道改造工程400余米，推动田坝新村建设提档升级，完成曹湾、场口、社区党群服务中心建设，完成垣山党群服务中心主体建设，完成22户C级危房修缮、65户D级危房改造工作。

【社会事务】2017年，天兴镇实现城镇新增就业80人，城镇失业人员再就业16人，就业登记1934人，促进成功创业39人，带动就业87人，为各类求职者和外出返乡人员提供用工岗位100余个，城乡居民养老保险参保缴费15101人，城乡居民医疗保险参保缴费26394人。全年发放临时救助10.2万元，精准识别低保对象户577户742人，切实开展全民预防保健工作，体检10257人。拨付教育事业费932.3万元，投入130万元在天兴中学新建综合楼，完成校门、围墙升级改造，加快推进天兴小学和幼儿园的整体搬迁工作，1100平方米的一心学校教学楼新建工程动工。成功开展中医药卫生先进镇的创建工作。组织参加龙舞闹元宵活动，举办龙贯春会，开展“学英雄·树新风·爱家乡”文艺巡演等惠民演出，免费开放文化站文化室9个，免费放映电影56场，成功举办“寻梦千年龙贯·邂逅天养天兴”的主题春会，吸引了近3万名游客齐聚龙贯山踏春郊游、祈福纳祥。

【脱贫攻坚】2017年，天兴镇清退建档立卡贫困户125户442人，新增贫困户16户47人，新增五保贫困户62户62人。调整省级贫困村志城村第一书记，选派6名年轻干部担任非贫困村第一书记，壮大“三个一”“五个一”帮扶力量，同时争取人大代表、政协委员、企业人士结对帮扶103户贫困户，实现全镇全覆盖。全年投入8000余万元发展扶贫项目，发放355名贫困学生寄宿生生活补助费24万元，完成8个村产业扶持扶贫资金的规划与实施。在省级贫困村板栗村、志城村发展小龙虾养殖200亩，枳壳种植400亩，稻田鸡养殖1.2万只，实施荔枝种植200亩，贫困户户均增收2500元。全年共为742户2059人贫困人口购买医疗保险，实现贫困人口医保全覆盖，县内就医门诊住院零支付，两个贫困村硬化公路达50余千米，生产生活条件明显改善，贫困村全部成功摘帽。

9月16日，县委书记薛学深（左一）到天兴镇督导脱贫攻坚工作（任志国 摄）

【环境改善】2017年，天兴镇争取60万元补助资金，新建绿化景观5000平方米。投资20万元，新安装路灯12盏，场镇LED路灯改造48盏。投资120万元，新建停车场1个、公共厕所1个。投资200万元，新建场镇污水管网1.8千米，完善相关配套设施。投资16万元，完成天兴农贸市场和场口村停车场升级改造工程。拆除搅拌站2家、非煤矿山2家，对10家存在环保问题的企业停产整改。新建农村小型污水处理站4座。制定森林防火专职巡山员制度和森林防火预案，落实专兼职巡山人员110人，挂牌值班村民人数110人，群众扑救队伍数量4个、140人。积极推进环境治理，城乡面貌得到改善。

【平安天兴】2017年，天兴镇与各村（社区）、安委会各成员单位及各企业建立完善的安全生产责任体系，全年召开安全工作会14次。借助安全生产月、安全生产集中行动等，通过悬挂宣传标语、发放宣传资料、录制“村村响”宣传广播强化宣传。同时，广泛使用QQ、微信等社交平台进行安全知识宣传普及，开展各类安全培训7次，发放安全资料2万余份。通过专项行动与日常检查相结合，进行全行业、全区域覆盖，开展拉网式排查，组织安全检查组1167个次，参与检查人员

4375人次，涉及检查对象2072个次，排查各类隐患55处，整改53处，有力地保障了全镇安全形势稳定。全年调处纠纷55件，对12名社区矫正人员严格管理，无脱管、漏管和重新犯罪的现象发生。全年接受各类法律咨询50余起。建成田坝村法治文化广场、天兴小学法治文化墙，打造板栗新村和曹湾村法治文化长廊。投入40余万元新建综治中心阵地，在9个村（社区）成立村（社区）综治中心，营造了和谐的发展环境。全面加强社会治理和治安防控体系建设，安装“雪亮工程”探头40个。设立“两车卫士”防盗设备安装点2个，安装544辆车，招聘8名驻村辅警、1名专职网格员，社会治安形势良好，营造了和谐平安的发展环境。

（撰稿人：杨蒲渊）

海潮镇
Haichao Town

【概况】泸县海潮镇位于沱江之滨，地处泸县西部，毗邻富顺县、江阳区、龙马潭区，距县城28千米，泸州市区18千米，辖区面积54平方千米，辖7个行政村和1个社区，69个村民小组。境内有流滩坝电航工程建设所形成的川南唯一活水湖、市级风景名胜区——海潮湖。镇内交通便捷，泸（州）富（顺）公路横贯东西，距隆纳高速公路9千米，沱江流经镇域21千米，水路运输发达。镇内气候温和，物产丰富。盛产水稻、玉米、大豆、高粱、甘蔗等，建成无公害蔬菜生产基地1000亩，泸州老窖高粱基地3400亩，形成龙眼基地3.5万亩。拥有国家级名优水果——“海潮香桂圆”，市级知名特色品牌“李花生”“海潮糯米豆瓣”“海潮虫子蛋”等。

12月26日，海潮镇对海潮沱江大桥施工区域进行安全生产大检查（周阳　摄）

【镇域经济】坚持“工业物流强镇，区域融入兴镇、产业突破富民”发展战略，抓住融入泸州一体化发展的大好机遇，推动现代农业建设迈上新台阶，寻求现代服务业发展新突破，加速重大项目建设增税收。构建城乡一体化发展新格局，地区生产总值（GDP）比上年（下同）增长9.7%，达8.21亿元；地方公共财政收入增长35.6%，达5718万元；地方一般公共预算收入增长45.6%，达1512万元；固定资产投资增长20%，达6.92亿元；社会消费品零售总额增长13%，达2.17亿元；城镇居民人均可支配收入增长11%，达30607元；农村居民人均可支配收入增长12%，达14936元，总体指标完成情况全县靠前。

【党建工作】全镇有7个农村党总支，1个社区党支部，2个机关党支部，1个“两新”综合党支部，1个卫生院党支部，2个协会党支部，2017年有党员800余名。深入推进学习型党组织建设，不断强化理论武装，全年中心组集中学习12次，邀请市、县专家专题辅导3次，领导班子到村（社区）宣讲16场，全镇干部职工开展“弘扬蔡松松精神、争当干事创业先锋”演讲比赛，提高党员干部学习实效，强化基层组织建设，强化党员干部教育，党的建设不断加强。突出党员先进性和示范带头作用。大力宣传优秀党员先进事迹，营造出学先进、当先进的良好氛围，深化和巩固党的群众路线教育实践活动成果，不断提高社会满意度，党群关系、干群关系更加融洽。

【经济发展】 以商贸物流、特色农业、乡村旅游为主的产业发展模式基本形成，新兴产业不断涌现。立足海潮“香桂圆”“李花生”“梁豆瓣”“虫子蛋”等特色优势产业，以促进农民增收为核心，狠抓农业特色产业发展，巩固桂圆基地、泸州老窖有机原粮基地、沿江蔬菜种植基地、水稻制种基地发展成果，在巩固3.5万亩桂圆基地、3210亩泸州老窖原粮基地、700亩杂交水稻制种基地、1000亩蔬菜基地、400亩百果园的基础上，新发展广安青花椒基地500亩，成立农业发展公司2家，农民专合社2家、家庭农场20家、粮食种植大户1户。电子商务、物流快递、特色餐饮等现代服务业不断涌现，观光农业、特色餐饮、邮电通信、仓储物流等现代服务业正蓬勃发展，2017年海潮镇新注册企业22家，主要涉及建筑、商贸等公司，从县外迁入三级建司企业3家、二级建司企业1家。泸州新盛纸业有限公司通过法院拍卖成功，项目正式进入重启阶段。

【城乡面貌】 交通运输：社社通水泥路建成74.2千米，平均每个村新增水泥路10.6千米，部分区域实现户户通，其中流滩坝长11千米宽5.5米的荔枝观光公路顺利贯通；完成海潮沱江大桥建设项目征地拆迁补偿安置工作，征收土地42.1138亩，项目稳步推进；瓦子至胡市一级公路（胡瓦路）列入建设项目规划。总投入1350余万元项目资金的象鼻河堤防工程入场施工；建成场镇污水管网约3千米，提升泵站两个；新建垃圾房38个，集中开展城乡垃圾收集转运；场镇停车场建成投入使用，可容纳90个车辆停放；新建2个中心村卫生室（红合村、小白村）；海潮学校校舍重建工程建成投用，兴盛社区党群服务中心、司法所顺利竣工，派出所及职工周转房建设基本完工。

12月26日，沱江流域泸县江河治理建设项目海潮段施工现场（周阳　摄）

【安全稳定】 扎实开展“安全集中攻坚”行动。加强对企业、在建工程、学校安全生产隐患排查，突出抓好重点行业、重点领域、重点区域的安全监管。开展安全专项检查行动14次，检查安全点位553个，排查整改问题49个，确保食品安全、道路交通安全、校园安全，突出抓好重点行业、重点领域、重点区域的安全监管，道路交通安全工作成效显著，镇内未发生一起较大安全生产事故。成立食品安全工作委员会，配备食品安全协管员，健全镇、村两级食品安全工作的监管网络体系。

【社会民生】全镇489户590人的最低生活得到有效保障，促进社会稳定；全面落实优抚政策和60岁退役士兵生活补贴工作。全镇126个重点优抚对象优抚政策全部落实到位；落实各类计划生育奖励扶助资金219.197万元；城乡居民养老保险全镇参保覆盖人数达15896人，完成率100.98%，居全县前列；全年通过民政专项经费救济临时困难家庭121户，救济金额66700元；贯彻落实兵役登记和征兵工作，应征入伍10人。

【脱贫攻坚】以脱贫攻坚为中心，逐级立下军令状，层层落实帮扶责任，各级干部步调一致、协同作战、履职尽责。全年危房改造112户，补助资金225.3万元，68户贫困户安全饮水问题得到解决，200户贫困户电视信号问题得到解决；借出产业周转金和小额信贷近800万元，财政投入9.184万元发展到户养殖项目；对30余户贫困家庭进行了专业技术培训；选定公益性岗位人员38人，就业辅导培训60人；免除205名义务教育在读阶段的贫困学生的教辅资料费、午餐费、商业保险、校服费；对经济困难寄宿生发放生活补助278人；落实贫困户医疗保障2657人。截至2017年年底，1055户2654人，实现贫困户整体脱贫，2个贫困村如期摘帽。

【特色工作】全镇建成电子商务镇级服务店1家，村级服务店6家。其中尖山村的“云下尖山”电商平台，依托电子商务和信用联社的销售网络，汇聚全村优势资源，提供线上营销与推广、线下活动策划与执行、线上直播营销、线下论坛展销等线上与线下相结合服务。采用印有“云下尖山”的特色纸盒包装，采取网上销售、送货上门以及公司团购等多种模式，出售桂圆鲜果1000余盒，实现销售收入4万余元。泸县海潮镇是泸县桂圆的优质产区，海潮镇全镇种植桂圆面积约3.5万亩，桂圆树密集成林，且多毗邻海潮湖，海潮桂圆品种丰富、肉质细嫩、口味纯正。2017年9月18日10时，泸县晚熟龙眼供港澳专车首发仪式在泸县海潮镇流滩坝龙眼基地举行。首批检疫合格的海潮桂圆经公路运输2天时间运抵澳门，这是泸县，也是泸州历史上本地鲜果首次直供港澳。海潮镇流滩坝村根据地势条件，财政投资385万元，村民融资121万元，打造一条长11千米、宽5.5米的沿江公路，将沱江河和荔枝林结合，打造出一条荔枝观光公路，不仅解决周围村民的交通问题，为村民提供休闲娱乐的好去处，丰富群众业余生活，还为发展乡村旅游产业奠定基础。

（撰稿人：廖　庆）

潮河镇
Chaohe Town

【概况】潮河镇地处泸州北部、泸县西部，东与牛滩镇相连，

9月2日，县委副书记、县长肖刚（前排中）参加在潮河镇后湾村举行的“泸县第六届金秋龙眼节”（陈传敏　摄）

南与海潮镇贴近，西倚龙贯山与富顺县接壤，北与天兴镇毗邻，距县城21千米，距市区33千米。全镇气候温和，年均温18.2℃，雨量充沛，年降雨量991.2毫米，无霜期长。全镇地势西北高，东南低，属南亚热带湿润性气候，境内多为浅丘地形，土壤类型以沙溪庙组为主，深丘区、中丘区以自流井组为主。潮河是泸（县）富（顺）边境物资集散中心，被列为四川省无公害优质水果生产基地，农业部南亚热作名优水果基地，素有“川南龙眼镇”“中国晚熟龙眼之乡”的美誉，是泸县农业大镇之一。全镇辖区面积82.5平方千米，辖13个农业行政村，119个农业生产合作社，2个社区，5个居民小组，人口6.2万人，总耕地面积3.86万亩。主要农产品有水稻、小麦、高粱、玉米、大豆等，龙眼为本地特色产品。

【党建工作】做好队伍、阵地建设。结合“三会一课”“固定党日”等活动，邀请市、县专家讲党课5次，组织学习贯彻省第十一次党代会、中共十九大精神培训20余场，培养村（社区）后备干部30名；新改建王坪村等党群服务中心5个，制订完善《关于党委书记抓意识形态工作责任制的实施办法》等10余项制度，村（社区）全覆盖成立红白理事会，大力推进“四礼新风进万家”。落实党风廉政主体责任。专题研究党风廉政重点、难点问题8次。建设廉政文化茶园和廉洁文化校园3个，开展提升群众满意度巡展6场。认真贯彻《党风廉政自律准则》和《中国共产党纪律处分条例》，签订党风廉政建设责任书42份，开展督查20次，发出通报20期。狠抓“三个在前”教育和“微腐败”整治，发放“三早三卡”98张，收集线索19条，约谈提醒47人，立案8起，查处8人。

【工业经济】全镇实现生产总值9.23亿元，同比增长13.89%；规模以上工业增加值1.88亿元，同比增长20.16%；社会消费品零售总额6.05亿元，同比增长12.02%；全社会固定资产投资13.43亿元，同比增长42.24%；地方财政一般预算收入1630万元，同比增长42.36%；农民人均纯收入达15009元，城镇居民人均纯收入达30356元，主要经济指标全部超额完成县级下达任务。

【农业经济】全镇粮食总产量2.2万吨，生猪出栏5.87万头。特色种植逐步扩面，砂仁种植达1000余亩，产量130余吨；桢楠种植达400余亩，数量8万余株；水稻制种360余亩，产量3万余公斤；优质高粱种植1万亩，产量4550吨。龙江峡生态农业发展园区初具雏形，水产养殖区基本建成，桃子、李子、樱桃园完成定植，园区路网建成投用；厚德农业田园综合体项目开始土地流转，规划设计基本完成，有效助推山地走廊和龙眼长廊产业布局。

【社会事务】教学设施不断改善，双龙村小改造、潮河学校教师公租房和学生公寓建成投用，潮河学校中学教学楼及清和幼儿园加快建设，瓦子小学迁建工程完成征地测绘和方案设计，学校“三防”标准化建设全面完成；教学质量不断提高，全镇中考学生省重以上高中录取率位居全县乡镇前列。全年出生人口650人，自然增长率7.22‰，性别比106.67；全民预防保健全面铺开，健康城市创建有序推进，全民健康水平稳步提升。全年发放特困、低保、优抚、医疗救助金1100多万元，惠及群众4900余人次。城乡居民养老保险参保10851人，发放保险金700余万元；城乡居民医疗保险参保5.4万人，完成城镇新增就业133人，城镇失业率控制在4%以内。

【脱贫攻坚】2017年全镇新增建档立卡贫困户186户218人，清退38户162人，截至年底共1009户2634人。调整2个贫困村第一书记，选派11名非贫困村第一书记，全面动员社会各界力量，

11 月 20 日，潮河镇建设通过省级安全社区验收（陈松　摄）

投入各类帮扶资金 1800 余万元；筹资 25 万余元为 394 户发展果树、养猪等项目，完成两个生猪养殖场建设，为 173 户 495 人贫困人口分红 4.95 万元。为所有贫困人口购买医疗保险，完成危房改造 308 户、安全饮水提升 181 户，提供公益性岗位 65 个，实现建档立卡贫困户用电全覆盖、电视信号全覆盖；为 2 个贫困村硬化公路 19.8 千米，改善基本生产条件；为建档立卡贫困学生减免相关商业费用、生活费及学前教育保教费；全年 462 户 1301 人贫困人口全部脱贫，唐寺村摘帽目标圆满实现，高质量通过省级交叉考核验收。

【基础设施建设】“社社通”完成 70 余千米路面硬化；潮河至云龙寺道路提升改造完成建设，绍大路竣工验收，接龙至清和岔路口道路完成审计，天兴至回龙瓦厂道路加宽改造开工建设，新桥和陈洞桥建设进场施工，城乡公交开通县城至潮河班线；新装自来水管网 18.6 千米，新增自来水用户 510 余户，全镇总户数达 7600 余户；唐寺农网改造全面完成，王坪农网改造加快实施，贫困村供电质量进一步提升；农村危房改造任务全面完成，改造 D 级危房 214 户，加固维修 C 级危房 25 户，建档立卡贫困户危房动态消除；建成新村污水处理设施 4 个，瓦子污水处理厂进入调试运行，清和污水处理厂完成规划选址，场镇污水管网改造完成 4 千米，场镇生活污水处理率提升至 90%。

【基层社会治理】深入开展“七五”普法。采取传统平台与新媒体相结合的方式，推动“法律七进”工作，举行 6 次大型集中法制宣传活动，覆盖群众 3.3 万人次；排查调解矛盾纠纷。全年排查调处各项矛盾纠纷 101 起，调解成功 101 起，成功率 100%。规范信访秩序。实行领导接访、包案制度，提高办结率，全年受理各类信访 37 件，办结 34 件，3 件正在办理之中。加强“三防”建设。新增监控平台 80 余个，安装监控摄像头 600 余个；安装“两车卫士”560 台，“一村一警辅”全部到位，综治中心、“雪亮工程”按期完成。提升禁毒、防邪能力。应急处突能力大幅增强，治安案件、刑事案件发案率下降，破案率提升，全镇社会治安形势持续稳定。

（撰稿人：陈　松　王孝荣）

牛滩镇
Niutan Town

【概况】泸县牛滩镇位于泸州北大门，泸县西南部，距县城福集 9 千米，距泸州 27 千米，隆泸铁路、厦蓉高速公路、成自泸赤高速公路横贯全境，厦蓉高速公路在牛滩场设有互通式口子，濑溪河流域穿境而过，交通十分便捷，区位优势突出。2017 年，全镇面积 76 平方千米，辖 2 个社区、16 个农业村、147 个村民小组。总人口 4.7 万人，其中农业人口 42652 人、非农业人口 4821 人，耕地面积29478亩。牛滩镇是国家“群众体育先进单位”，省“综治模范镇”“文化先进乡镇”，市“小集镇建设试点镇”、拥军优属模范镇、科普示范镇、敬老模范镇。2017年有农民专业合作社15个，家庭农场20个，建成以万亩甜橙基地、生姜基地、优质龙眼荔枝基地、杂交水稻制种基地等“四大基地”为龙头的农业特色产业。

【党建工作】提出“环境建设年”主题，以净化党风政风、乡风民风、社会风气为抓手，着力增强党建工作引领力；制定《2017年组织工作要点》《基层党建工作要点》，细化了党建责任清单；层层签订目标责任书，逐级传导工作压力；持续推行班子成员周例会制，支书主任季度工作例会制。持续扎实推进“走服引”主题教育；亲自带队深入18个村（社区）调研“两委”班子运行情况，全面研判各村（社区）班子运行、重点工作推进、党员后备干部培养、村社干部管理等情况，收集意见建议28条；探索推进村级干部递进培养计划，启用3名后备干部进入村“三委”班子；进一步完善村社干部绩效考核，规范村干部坐班制度；持续推进党建促脱贫攻坚工作，调整配强非贫困村第一书记（平均年龄34岁，大专以上学历）。党政班子牵头，充分发挥院坝会平台，全覆盖宣讲“习总书记来川讲话精神”“治理大操大办”移风易俗，宣传土坯房政策、脱贫攻坚分类扶持政策等144场，利用当家人微信群等新媒体向在外人群宣讲，乡风民风明显改善。层层压实责任，强化入户宣传、坝坝宣传，提高群众知晓率、参与率；强化正风肃纪，狠抓机关工作纪律、会议纪律，半月一次通报；开展扶贫领域腐败问题专项整治，专项督查12次。

10月27日，县委书记薛学深（前排中）到牛滩镇调研目标任务完成情况

【工业经济】坚持“稳中求发展，进中增效益”的总体要求，进一步抓实党政领导联系企业制度，努力为企业营造良好投资环境，切实帮助企业解决好发展中存在的困难和问题。通过进一步完善支持政策，引导企业在危机中抢抓机遇，在困难中实现产业发展。金海建司与央企实现深度融合。沱江液压迁建园区顺利完成。天沛建司泸县分公司、星河电子、德睿水电等新兴企业持续发力。茂源陶瓷、景智玻璃等6家企业技改全面完成，累计投入技改资金2.9亿元。实现工业增加值7.7亿元。第二产业实现增加值8.8亿元，同比增长25.6%。

【农业经济】第三次全国农业普查工作全面完成。“牛滩生姜”成功列入国家地理标志保护产品名录，“牛滩牌”生姜荣获“国家生态原产地产品保护”称号。牛滩甜橙、牛滩生姜顺利通过国家有机产品认证。以生姜、猕猴桃、柠檬、青花椒为核心产业的3200亩观斗山生态产业园建成开园，新林农产品冷冻贮藏库建成投运，营山优质晚熟龙眼基地改扩建项目提前完成，建设、八甲水稻制种基地建设项目全面完成，农产品质量安全监管中心建成投用。积极深化“公司+专业合作社+农户”发展模式，鼓励引导农民转变传统经营方式，新引进3000万元以上农业企业1家，新增农民专业合作社4个、家庭农场26个，种粮大户2户。第一产业实现增加值1.94亿元，同比增长6%。

11月17日，牛滩镇坳田村致富带头人罗永红接受采访

【服务业经济】主动对接泸州医药产业园下游产业链发展，通过提供优质服务和政策支持，积极发展医疗器械、医药服务等新兴行业，先后引进医疗器械企业1家、医药服务中心3家。依托区位和交通优势，积极强化宣传引导，努力提升服务生产和生活档次，新增限额以上商贸服务企业1家。加快乡村信息建设，继续实施“宽带乡村”工程，农村电商网点、益农信息社实现村级网点全覆盖。金融服务业平稳发展，驻镇金融机构实现存款余额9.94亿元，贷款余额0.79亿元，同比分别增长9.5%和25.5%。第三产业实现增加值3.1亿元，同比增长14.2%。

【民生事业】精准扶贫计划深入实施，“八大扶贫攻坚行动”扎实开展。22个扶贫专项（涉及牛滩15个专项）累计投入资金2423万元，实施危房改造222户，安全饮水巩固提升95户，安全用电安装163户，电视接收器安装、医疗救助实现全覆盖，全镇无一因贫辍学学生。新嘉、坳田2个省级贫困村和457户、1343名贫困人口顺利通过脱贫退出验收。全镇1208户、3361名贫困人口脱贫退出目标全面实现，脱贫攻坚取得决定性成效，成功转入巩固提升阶段。牛滩小学迁建工程加紧实施，玉峰中学校舍改善项目加快推进。扎实推进健康泸县创建工作，完成全民预防保健体检1.7万人，发放各类计划生育奖340万元。牛滩中心卫生院“一站一馆三区”全面建成，新林、营山中心村卫生站建成待用。牛滩综合文化站完成改造，开展送文化下乡4场次。深入开展全民参保登记工作，全镇参加城乡居民养老保险10274人，覆盖20278人，发放养老金900余万元。继续实施城乡居民大病医疗保险，城乡居民医疗保险参保43678人，占户籍人数的98%。红旗供养点完成撤并，金山敬老院改扩建工程即将完工，金牛社区日间照料中心建成投运。严格落实城乡居民最低生活保障、特困人员供养、社会临时救助制度，全年发放各类救助金、城乡低保金、五保金644.6万元。充分发挥公益性岗位积极作用，实现新增就业309人，82名建档立卡人员和16名“4050”下岗失业人员实现重新就业，城镇登记失业率控制在3%以内。

【安全工作】从严落实安全生产责任制，扎实开展安全生产领域“十大专项整治行动”，切实加强安全隐患排查治理力度。牛滩片区安全执法中队挂牌成立，执法式检查震慑有力。开展校园“三防”标准化建设专项行动，全镇共配置专兼职校园安保人员36名，安装视频摄像头243个，所有校园及教学点实现了监控视频全覆盖。坚持交通五联动、三联动执法行动，村（社区）交通劝导工作成效明显。食品安全“双安双创”工作深入开展。地灾点治理加快推进，完成应急工程治理4个、避险搬迁1个，地质灾害实现“零伤亡”。全镇安全生产形势总体平稳。基层社会治理和基层治理工作向纵深推进，牛滩镇综治中心建成投用，“一村一辅警”全面落实。安装“雪亮工程”摄像头89个、“两车卫士”防盗系统400台。“法律七进”和“七五”普法深入实施，信访化解扎实开展，社会总体保持和谐稳定。

【基础设施建设】围绕项目攻坚主线，集中会战重大项目。全年实施各类项目23个，争取各类项目资金1.4亿元。新建“社社通”公路92.4千米，新增道路波形防护栏40千米，牛（滩）白（洋）路乡道提升工程正式实施，先坝和直滩渡改桥项目加快推进，新加陈幺石危旧桥修复工程全面完成。牛滩濑溪河防洪堤工程全面启动。潮河（里程滩水库）至牛滩农村饮水安全巩固提升工程建成供水，延伸供水管网10千米。完成提灌站技改项目1个，整治山坪塘4口。完成坳田、新嘉低电压改造，改造低压台区12台，完成10千伏严暗线大修改造工程，新增变压器7台。土公庙水库库区实物调查工作顺利完成，农村小型水利工程产权制度改革全面完成。新加、坳田、红旗土地整理项目全面完成，新增耕地1100余亩。完成团结、寿尊等13个村宅基地有偿退出改革，退出复垦宅基地324.25亩。实施农村“四类重点”对象危房改造222户，农村住房安全得到进一步保障。场镇建设持续优化。牛滩自来水厂“两权”回收工作有序推进，牛滩污水处理厂升级改造工程全面完成，新改建场镇污水收集管网2100米、污水收集池16个、污水收集泵站4个。牛滩停车场、玉峰停车场建成投用，新增小车停车位100个，摩托车停车位50个。完成场镇街道整治1200平方米，实施滨河路景观打造近1000平方米。完成牛滩场、玉峰场公共变压器增容改造，累计增容250千伏安。实施场镇老旧电线路改造1200米，维修安装各种路灯100余盏。棚户区改造项目有序推进，下横街棚户区改造工程正式启动。新村建设加快发展。新林“幸福美丽乡村”建设初具规模，新嘉、坳田“幸福美丽新村”建设全面完成，八甲党群服务中心建成投用。打造“四礼新风进万家”移风易俗市级示范点1个（新林村）。创建省级“四好村”2个（新林村、天全村），市级“四好村”1个（营山村）。

【生态建设】以迎接中央环保督查为契机，集中开展扬尘污染治理、秸秆禁烧、农村“三边”治理等专项行动，天全村粪污循环系统项目建成投运，泸州动物无害化处理厂建成投用，完成凤凰桥、大岩框水库饮用水源隔离网设置2861米、关闭搬迁禁（限）养区各类养殖场5户，关停违规搅拌点4家。加强生活垃圾和污水处理，牛滩场垃圾中转站建成投用，新建营山村、新嘉村垃圾房16个，16个村新增改建垃圾坑60个，年生活垃圾清运量和处理量达2500余吨。创建省级卫生村2个（寿尊村、新嘉村）。牛滩污水处理厂实现第三方运营，新嘉、营山两个中心村污水处理站建成待用，实施场镇污水管网整治工程，场镇污水收集处理率达85%以上。河长制全面落实，由镇领导分别担任镇内濑溪河、仁和溪、盐水溪、海潮河河长，配备巡河员、保洁员，上下游、左右岸实现了联防共治。巩固退耕还林成果5100亩，保护公益林1万亩，病虫害综合损失率控制在3%以内。

（撰稿人：李　勇）

毗卢镇
Pilu Town

【概况】毗卢镇地处四川省泸

县东北角，与重庆市永川区、荣昌区接壤，辖区面积 72 平方千米，人口 42183 人，辖 12 个农业行政村、3 个社区、94 个村民小组、9 个居民小组，年末总人口为 42563 人，其中城镇人口 3875 人。耕地 25300 亩。是四川省“文化先进乡镇”“小城镇建设试点镇”、中国“曲艺之乡”，泸州市委、市政府首批命名的“小康镇”。境内有有“泸县第一峰”的万寿山，省级风景名胜区玉龙湖，万寿山九道寨门，明代遗址佛教圣地五明寺、东汉墓群洞子山墓群，还有高阁龙桥、万寿山龙桥、杨湾龙桥、白鹤龙桥等省级重点文物保护单位。旅游资源丰富，交通便利。2017 年地区生产总值达到 7.43 亿元，同比增长 16.1%；全社会固定资产投资完成 15.15 亿元，同比增长 21.8%；社会消费品零售总额完成 4.71 亿元，同比增长 15.4%；规模以上工业增加值全年完成 3075 万元，同比增长 19.5%；地方一般公共预算收入 1758 万元，同比增长 10.8%；城镇居民可支配收入 31027 元，同比增长 8.58%，农村居民人均可支配收入 15172 元，同比增长 10.27%。主要经济指标全县排位靠前。

9 月 4 日，县人大常委会主任颜习林（右二）检查毗卢镇学校食品安全（阿木石布 摄）

【招商引资】进一步建立完善招商引资政策，着力构建全员招商引资工作格局，招商引资成果丰硕。包装推出项目 2 个，协助签约入驻医药园区项目 1 个，新签约引进四川大方广和劳务有限公司、泸州翔安酒类销售有限公司、泸州善财汽车贸易有限公司、泸县富升混凝土工程有限公司等 19 家企业。

【农业经济】新型经营主体发展迅猛。新培育农民专合社 1 家，新成立家庭农场 21 户，培育农业科技示范户 13 家，为秋桂圆林专合社争取项目资金 56 万元，新栽种成品桂圆林 360 亩。农业规模化发展成为趋势。借力农村土地承包经营“三权分置”红利，流转土地 700 余亩，发展名优水果 1060 余亩，花椒种植面积达 600 余亩；雄峰村古坟坝种养殖基地初步形成，新建 3000 平方米标准化养猪场 1 个，栽种茶花等经济作物 300 余亩。渔业经济稳中有进。做大做强健康渔业，新增稻鱼轮作 250 亩，规模化养殖户 102 户，全镇养鱼面积达 6613.2 亩，成鱼年产量 4380 吨。第一产业实现增加值 2.26 亿元，同比增长 3%。

【工业发展】骨干企业成长壮大。泸州正发新材料有限公司、银坤矸砖厂完成技改，新引进建筑企业 4 家，劳务企业 4 家，建筑业产值 1.06 亿元，同比增长 84.8%。商贸物流稳定增长。泸县鹏晟运输公司升级为限额以上服务企业，华生药房升级为规模以上商贸企业，12 个行政村电子商务全覆盖，交通运输业、通信服务业、金融保险业、公共管理和社会组织等快速发展，第三产业生产总值 2.29 亿元，同比增长 12.5%，比重逐步提高。

【基础设施建设】道路建设突飞猛进。完成水泥路建设113.15千米，其中：投资5982万元完成“社社通”水泥路119条，99.7千米，三年建设目标一年内完成，雄峰村1社、下林村6社等社基本实现“户户通”；投资298.67万元完成移民后扶项目6条，6.45千米；投资245万元完成“一事一议”项目7条，7千米；投资368万元完成仙佛—断石龙4.6千米村道加宽工程；投资75万元改造王河坎桥、观音桥等便民桥。防汛抗旱保障有力。争取投入55万元整治马鞍山水库排洪沟和维修山坪塘。供水管网不断延伸。实施毗卢—中峰—坳丘连线安全供水管网项目，建成供水管网10千米，新增自来水用户510余户。农村垃圾有效治理。投入35余万元新建垃圾房28个、垃圾池104个，村级污水处理站2个。公交出行落地惠民。开通城乡公交5条，基本实现中心村全覆盖，群众出行更加便捷。场镇设施日益完善。投入10万元修整黄桷树社区南街过境路。投入资金30万元，完成黄桷树社区日间照料中心建设。3个社区场镇新增太阳能路灯42盏，全面消除黑巷子。毗卢世纪花园、中峰丽华三期等房地产开发项目新增商品房50套，北街棚户区开发前期准备工作完成。3个场镇污水处理厂全面交付泸天化汇兴麦王公司运行维护，整治场镇污水直排口，新修沉淀池10口，新建化粪池13口，新建污水管网3千米，基本完成臭水沟整改消除。引进康安建筑有限公司建成毗卢文化广场，新增停车位210个，文化广场面积达3000余平方米，解决毗卢场镇无大型活动广场、无规范停车场问题，场镇居民生活品质进一步提高。

12月20日，县镇人大代表以及政协委员视察阳河坝产业园（阿木石布　摄）

【新村建设】全面开展农村“三项制度”改革试点，农村宅基地退出321亩，消除农村危房65处。打造雄峰村、下林村两个幸福美丽新村，建成村级综合文化活动中心1500平方米，风貌塑造38户，绿化面积25亩。启动荞子坡村幸福美丽新村项目。深入开展“四好村”创建，下林村、坳丘村成功创建为省级“四好村”。

【脱贫攻坚】五个一批巩固提升，大力扶持生产和就业。财政补贴12.5万元，扶持建档立卡贫困户170户486人发展种养殖业；落实产业扶持无息贷款基金99.2万元，帮助103户贫困户发展产业；协助办理小额扶贫信用贷款174户；安全饮水巩固提升项目惠及57户。实施移民搬迁安置和危房改造工程。完成D级危房改造60户，易地扶贫搬迁24户享受搬迁后续相关政策。加大教育帮扶力度。全面落实“三免一补”减免政策，减免商业性费用，保障建档立卡贫困户子女295人在校就读。实施低保政策兜底。贫困户低保及五保政策性兜底459户583人。推进医疗救助工作。医疗救助政策落实到位，620户建档立卡贫困户实现医疗费用零支付。脱贫目标稳步实现，整合村级集体资源，发展村级集体经济。倾力打造“一村一品”，12个村集体经济收入达到44万元。巩固下林村、雄峰村两个贫困村脱贫成果，全面达到“一低、五有”标准。2017年完成脱贫205户578人，巩固脱贫414户1081人，如期完成脱贫目标。顺利通过省、市、县脱贫验收，成功转入巩固提升阶段。

【社会事务】科教文卫提速发展。教育事业再攀新高。毗卢镇中心幼儿园成功创建“市级示范幼儿园”“县级园本研修示范校”“县级环境建设示范校”，毗卢学校顺利通过“素质教育督导”“文明校园创建”评估验收，仙佛学校成功创建“县级校本研修合格校”“县级教学结构改革合格校”。教学条件不断改善。投入300余万元改扩建毗卢学校学生宿舍及食堂，投入343万元新建仙佛学校初中教学综合楼。传统文化得到传承。毗卢、中峰、仙佛三所学校建立少儿曲艺传承基地，115名学生接受唢呐等传统乐器培训。卫计事业巩固提升。积极开展“食品安全城市”“健康城市”创建活动，率先在毗卢学校、仙佛学校、中峰学校、中心幼儿园完成明厨亮灶工程改造；超额完成全民健康体检任务；完成国家免费孕前优生健康检查167对，新增奖励扶助276人，特别扶助8人；启动沙子坪村、白合村标准化村级卫生室建设，下林村卫生室提档升级。社会保障持续增强。民生指标全面完成。新增低保147户207人，新增特困51户，累计发放低保金、特困金、临时困难救助金、残疾人补贴、高龄补贴等民政项目资金488余万元，惠及困难群众3000余户；大病医疗救助、网上医疗救助资金108万元惠及2162人；发放优抚金240余万元，惠及320人；新型农村医疗保险参保率达98.2%。就业扶持不断加强。拓宽困难群体创业、就业渠道，开展残疾人种养殖、就业培训13次，提升残疾人自主择业和就业能力；争取公益性岗位61个。养老体系不断深化。投入资金24万元，向800余名困难老人提供居家养老服务；加强敬老院规范化管理，全面推广集中供养。

【安全工作】安全监管力度不减。严格落实“党政同责”“一岗双责”“五级五覆盖”等职责、制度，实行检查执法互动监管机制，现场处罚4次，罚金2.4万元，排查并整治各类安全隐患453处，增设道路安全防护栏24千米，完成沙子坪村烂庙子至牛老桥公路危险路段整治；全面开展地灾隐患排查，投入13万元，完成高楼湾村、莲花村共2处重大地质灾害隐患整治，地灾点房屋搬迁2处；立高丝厂、正发胶粉厂安全标准化建设通过市级专家组验收；推进道路交通安全“五联动、五统一”联合执法，查处交通违章1780起，其中：无证驾驶145起，酒后驾驶18起，车辆超员36起；开展“警校共育”，专项治理“黑车”非法接送学生；全面规范管理农村自办群体宴席。应急处突能力大幅提升。开展地质灾害、防汛抢险、森林防火、山洪等演练16起；维修加固应急物资室，增加应急物资储备。基层治理全面加强。建成镇村综治中心16个，推进“两车卫士”防盗系统安装406台；落实“一村一辅警”，建立“红袖标”治安巡逻队15支；重点场所和单位新增视频监控431组，实现“雪亮工程”和“天网工程”全覆盖。信访化解扎实开展，社会总体保持稳定。

【环境治理】开展“散乱污”问题整治。依法关闭玉龙湖周边养殖场4家；银坤矸砖厂增设脱硫环保设施，正发胶粉厂增设隔音及防尘设施；对19家未办理环评手续的生产单位进行停产整改和规范完善；严格对在建项目、施工场地进行扬尘治理；开展禁烧宣传巡查，全面禁止焚烧垃圾、秸秆等；全面取缔肥水养鱼；农药化肥使用量持续降低。全面落实河长制工作，配齐巡河员和保洁员，对镇域内河道开展常态化治理。加强饮用水源地保护。常态化巡查王河坎水库，完善标识标牌，安装2.5千米隔离网，水质达到饮用水Ⅲ类水质。综合治理水土流失。巩固退耕还林成果3800亩，对1.8万亩的天然林进行落界管护。

（撰稿人：阿木石布）

石桥镇
Shiqiao Town

【概况】泸县石桥镇位于泸州市北部，泸县东北部，东临毗卢镇，西临方洞镇，南临玄滩镇，距泸州城区44千米，北临重庆市荣昌区双河街道，离重庆市荣昌城区24千米。境内有泸州市自然风景名胜区道林沟。辖区面积87平方千米，辖12个农业行政村和2个社区，总人口43889人，其中城镇人口4901人。

【经济发展】2017年全镇实现地区生产总值8.98亿元，同比增长10%；规模以上工业增加值1.85亿元，同比增长9%；全社会固定资产投资14.1亿元，增长22%；社会消费品零售总额3.71亿元，同比增长14.2%；地方一般公共预算收入1531万元，同比增长69.36%；城镇居民可支配收入33286元，同比增长8.9%；农村居民可支配收入15767元，同比增长10.7%。长宏煤业集团公司扩能技改持续推进，煤炭市场越冬回春，煤企产能进一步提升，全镇煤炭产业实现产值2.85亿元。实现服务业增加值2.84亿元，同比增长12.5%，限额以上商贸企业商品销售总额2.3亿元，同比增长33.7%。

11月6日，县委副书记、县长肖刚（左二）到石桥镇督导扶贫人口退出验收工作（王普亮　摄）

【农业经济】泸县大王山项目区水土流失综合治理坡改梯工程建设项目总投资1500万元，整治坡地4500余亩，整治山坪塘10口，修建道路30余千米，新建蓄水池54口，项目区农业生产条件显著改善。该工程作为全省水土流失综合治理示范工程现场进行推广。新增连片流转土地100亩以上的种养大户3户，分别是黄荆湾中药材（莪术）种植，银朝村优质水果种植，新屋咀龙虾养殖。实现村级电商服务网点全覆盖，签订优质稻销售协议3份，面积1.2万亩，实现销售量60万千克。全镇新发展家庭农场28家，农民专合社2家。在吉祥、永定、银朝村完成1200亩优质水果基地建设。优质稻种植面积达1.96万亩。完成优质蔬菜（保障性蔬菜）种植面积0.75万亩。完成水产品总产量1460吨。

【招商引资】2017年，全镇收集招商引资信息91条，信息数量为2016年的2.3倍，注册落地企业38家，比2016年增加31家，接待企业家考察道林沟等项目23次。向上报送重点工作信息3条，项目投资有效信息2条，提前完成全年开放合作突破目标任务。与安捷环保、京发茂生态农业种养殖等重点项目签订投资合作意向协议，实现总投资2.9亿元。

【基础设施建设】倾力打造“4+1”基础设施升级版。全镇实施社社通水泥路154.5千米，两年任务一年完成的目标提前实现，超过“十二五”期间村社公路建设总里程，得到群众和上级的一致好评。“一事一议”项目建设公路7.1千米。秦家坝断头桥和君子口桥有序推进，双石桥至元通公路扩宽、岚风坳至治安升级改造工程迅速开展。持续推进农村危房改造，动态消除D级危房，努力完成C级危房加固，完成377户危房改造，占全县总任务数的9%，贫困户住房安全得到有力保障。加快电力设施建设，完成农村电网升级改造7.6千米，实现贫困户用电全保障。改善生态环境，完成老石桥场镇污水管网建设，启动元通场污水处理厂建设。持续推进工业节能减排，加强大气污染防治，深化企业污染和农村面源污染治理，大力开展农村生活垃圾处理。加强饮用水源保护，玄滩至马溪场自来水管道即将完成，将有效解决洪安桥村、大堰村、马溪场共1000余户3500余人生产生活用水困难问题。

石桥镇“社社通”水泥路（王普亮 摄）

【脱贫攻坚】对建档立卡贫困户“回头帮回头看”，建成精准扶贫定案名册，对贫困户实行动态管理。严格贫困户准入机制，多次深入摸底排查，清退不符合贫困户准入条件、有硬伤的266户885人，确保贫困对象识别精准、再精准。产业上再扶持。第一、二批产业到户项目共计受惠贫困户184户631人，扶持产业发展资金14.9万元。产业扶持基金、小额信贷实现12个村全覆盖，户均无息信贷3000元，贷款率达96.78%。项目上再给力。建档立卡贫困户“扶贫保”镇级全覆盖，政府出资为贫困户购买新农合一档保险每人180元。安全饮水工程打水井19口，管网延伸58处解决全镇11个村77户贫困户饮水问题。兜底扶持低保386户568人，共计119.2万元。解决残疾人生活补差203户213人，共计17.9万元。安装广播电视信号250户。全镇教育扶贫学生269人，减免费用18.5万元。吉祥村通过省级验收，成功摘帽贫困村，全镇1209户3458人顺利实现脱贫。

【社会事务】石桥、马溪两处教师公租房全部建成投用，校园安全有效加强，教育扶贫深入落实，教学成绩显著提升。启动镇卫生院迁建，提档升级村卫生室，夯实基层医疗卫生基础；全面落实二孩和计生奖励扶助政策；完成全民健康预防保健体检1.46万人。“唢呐之乡”打造初见成效，板凳龙等镇域特色影响扩大，川剧“变脸”成功申请为县级非遗项目。群众文化活动更加丰富，社会文明素质稳步提高。村级公共文化服务体系更加完善，村文化活动室、农家书屋建设和管理不断加强。完成吉祥村农民健身工程项目；吉祥村、新屋咀村文化院坝建设通过验收；文化市场监督管理日益强化，社会演艺团体逐步壮大。

【安全工作】牢固树立“以人为本、生命至上”的理念，强化和落实生产经营单位安全生产的主体责任、党委政府的领导责任、部门的监管责任，深入开展“安全生产集中行动”“安全生产大检查”“道路交通安全大整治百日行动”“安全生产执法”“安全生产隐患排查治理”“打非治违”“食品安全示范创建、打造食品药品安全石桥”“创建四川省农产品质量安全监管示范镇”等专项行动。道路交通、危险化学品、建筑施工、消防、旅游、工贸企业、食品药品、森林防火、防灾减灾及水利安全等得到有效监管，通过省安全社区专家组现场复评。组织开展安全检查、督查682次，参加检查人员3278人次，被检查单位1265个次，查出各类安全隐患或问题1041条，整改1021条，投入安全隐患整改资金600余万元。打击非法违法行为1起，关停企业3家，处罚款1.08万元。安全生产实现“零”死亡，轻伤事故14起，伤14人，同比减少6起，下降30%；经济损失3.6万元，下降28%。

【综治维稳】完成镇综治中心建设，配备2名人员；完成14个村（社区）综治中心建设，各配备1名工作人员。制度建设有序跟进。建立信访维稳联席会议制度，协调解决疑难问题；坚持“属地管理、分级负责，谁主管、谁负责”的原则，依法将信访案件交由事权单位，对于重难点案件，列入领导包案。完成14个村（社区）86个摄像头安装和视频接入，实现重要路口视频监控全覆盖。完成黑巷子清理和改造，“两车卫士”防盗系统安装近千台。治安突出问题和毒品社会化治理有序开展，校园及周边环境整治和特殊人群服务管理有效加强，重点行业场所与寄递物流的行业监督实现常态化。持续关注群众关心的热点和难点问题，积极化解社会矛盾，维护信访、法治社会秩序。化解群众矛盾，解决群众纠纷，高度关注群众反映问题，立足实际予以解决。落实领导包案、领导接访和干部下访，倾听群众心声，化解信访难点问题，把信访问题、群众反映诉求化解在基层、解决在当地。落实系统治理和属地治理，主要领导参与协调和化解信访难题，切实做好重要时期和关键节点信访维稳工作，未出现越级上访事件。加大宣传引导，着力规范信访秩序。排查调解矛盾纠纷94件，调解成功92件，成功率97.8%。受理上级交办信访件20件，办结18件；镇领导接访信访件10件，化解8件；干部专题接访、带案下访等88次。

【环保工作】全力推进大气、水、土壤污染防治“三大战役”。切实加强畜禽养殖污染源治理。开展检查380余人次，下达责令整改通知书32份，禁养区关闭养殖场4个。加强秸秆禁烧宣传和治理，处罚违规野外用火行为16起，罚款2000余元，批评教育40人。切实加强水体环境治理和保护，落实河长制，清理河道39千米，小（一）型水库1座，小（二）型水库1座，打捞水葫芦等漂浮物600余吨，竹木100余吨。加强道林沟水源地保护，安装隔离护栏1000米，新增各类标识标牌8块，责令整改养鱼场所5处，农药经营户4户。切实加强散乱污企业治理工作。督促3家煤矿进行粉尘污染治理；责令9家散乱污企业停业整改，完善环评手续，增设厂区除尘降噪去味等设施；督促13家搅拌站整改，落实拆除水泥立罐，场地打围以及沙石覆盖等措施；责令19个无“道路运输经营许可证”或环保不达标的机动车维修点停业整改；督促11家餐饮单位签订餐厨废弃物处置协议备案，5家景区农家乐停业申请备案；督促36家卫生医疗机构开展医疗危险废弃物自查和整改。

（撰稿人：王普亮）

玄滩镇
Yunlong Town

【概况】玄滩镇是位处泸州市北部的全国重点镇，场镇常住人口3.5万人，东距重庆永川区30千米，南离泸州港40千米、泸州机场50千米，西距县城玉蟾街道28千米，北接重庆荣昌市20千米。全镇辖5个社区，20个行政村，境内拥有省级文物保护单位延福寺和济众桥、省级非物质文化遗产玄滩狮舞和玄滩薅秧歌以及市级非物质文化遗产玄滩乾坤龙舞。玄滩镇城镇功能齐全、基础设施完善，境内有四川省重点示范高中泸县五中，二级乙等综合医院泸县第二人民医院，省内著名超长客运企业泸州玄滩运业公司。作为省级商贸流通试点示范镇，玄滩是川渝接壤部重要的物资集散地和商贸中心，辖区内建成镇级电子商务10家，限额以上商贸企业发展到7家，注册物流企业10户。作为泸县重要的医疗卫生区域，拥有二级乙等综合医院泸县第二人民医院，镇域村级卫生室82个，其中甲级标准23个、乙级标准59个。作为泸县重要的教育文化区域玄滩镇成功创建为泸州市义务教育示范镇，有各类中小学校、幼儿园9所。湖畔尚城、瑞福华庭、科茂锦苑、老城新印一期等高端住宅小区建成。集吃、喝、玩、乐、购、住、医为一体的商住综合体万福商业街全面开街。

1月18日，玄滩镇开展“小手拉大手　共建幸福美丽新玄滩”主题活动

【党建工作】全镇形成一级抓一级，层层抓党建的齐抓共管体制。深入党建联系点、村开展调查研究10余次，讲党课4次，先后6次召开党委会深入学习贯彻习近平新时代中国特色社会主义思想、中共十九大精神和省市县党代会精神，研究部署党建工作，着力破解党建工作难题，帮助解决党建问题7个。制定《泸县玄滩镇基层组织经费保障实施办法（试行）》，保障基层组织经费和村干部待遇。新建村（社区）阵地两个。开展“走服引”主题教育和“走基层”活动，召开院坝会350余场次，收集解决问题207个。2017年培养入党积极分子59名，新发展党员27名，预备党员转正12名。全年培训村（社区）干部700余人次，组织党组织书记外出参观学习1次、片区交流学习6次，并建立党组织书记例会制度；全年选派3人上挂锻炼、17人到村（社区）任职、部门间交流12人，推荐提拔使用2人，选配6名优秀后备干部进入村级班子。强化警示教育，发放警示卡5张，提醒卡265张，开展村（社区）集体廉政谈话2次，党委书记上廉政课3次；加强信访问题调查力度，办结信访件7件；重点整治“微腐败”，2017年立案并结案10件，给予10人党纪处分。

【工业经济】全年引进企业28家，引资创税1780万元。新签约亿元以上项目1个，新引进四川泸商劳务公司、四川泽瑞建筑工程有限公司、四川润馨商贸有限公司等企业。科茂建司加快晋升特级资质，新引进建筑企业7家。酱久王、永恒玻璃等企业加快建设。第二产业实现增加值6.43亿元，同比增长27%。

【农业经济】全镇耕种收农机化水平60%，规模化流转土地2000亩，建成优质果蔬基地3000亩、粮经复合产业基地15000亩、优质稻基地3.8万亩，稻鱼工程1000亩，全镇粮食总产量超过4万吨，生猪出栏8.9万头，仔猪外销超过11万头。全年新增专业合作社2个、家庭农场14个；实施老油房、金龙寺、通山、玄丰村省级土地整理项目，新增耕地1788亩。第一产业实现增加值4.36亿元，同比增长7.68%。

【社会事务】全镇中考普职高统招升学率83.2%，玄滩小学获得市级健康学校、科技示范校荣誉。组织开展“构建幸福美丽新玄滩”大型系列活动，全镇文艺演出团队15家，完成省级文物保护单位延福寺抢修工作。全年发放低保金479.63万元，临时困难救助和自然灾害金25.05万元，80岁以上高龄补贴79.13万元，五保金307万元，医疗救助21.5万元，优抚金526.3万元，重度残疾人护理补贴56.88万元，扶持150名残疾人发展生产，2017年被评为四川省深化量服工作示范乡镇。全年城乡居民养老保险缴费人数15008人，城乡居民医疗保险参保81385人，均超额完成任务。涂场、石鹅沟村中心卫生站主体建设完工，完成全民预防保健体检人数3.8万余人。培训各类人员3万人次，城镇新增就业548人。

【基础设施建设】完成玉河至宝藏公路升级改造，涂场、喻坪绕场路公路硬化。建成“社社通”公路150余千米。开通通村公交

5月26日，玄滩镇“建设四川百强特色重镇，打造泸县副中心，构建幸福美丽新玄滩”主题教育启动仪式

线路11条，新建标准化公交站台17处，实现村村通公交。涂场村在全县率先实现村域水泥路“户户通”。新增变压器13台，新建10千伏线路3.68千米，低压线路5.8千米。长江自来水覆盖全部二级场镇，新增贫困户农村分散打井127户、管线延伸246户，改造农村危房286户。启动玄滩片区大型垃圾中转站建设，新建小型垃圾中转站6个、分类垃圾房16座、垃圾收集坑310个、可再生资源回收网点20个，年生活垃圾清运量和处理量5500吨。全镇3个污水处理厂正常运行。20个行政村、5个社区生活垃圾得到有效处理。铺设“白+黑”道路6.5千米，改造人行道8万平方米，完成强电下地2千米、弱电下地5.5千米，安装雨污管网4千米，新建大型停车场2个，广场2个，公厕4座，升级改造路灯100盏；科学设置道路标识标线和停车位，高升桥红绿灯投入使用。新增绿化面积1.2万平方米，建成湖滨广场2万平方米，改造垃圾库4座。拆除大型违规广告100余个，治理店招店牌40余处，整治乱停乱放车辆5000余次，治理违规摊位800余个。

云龙镇
Yunjin Town

【概况】云龙镇位于泸州北部，泸县南部，辖区面积60平方千米，南与龙马潭区石洞镇接壤，东、西、北分别与泸县兆雅镇、得胜镇、奇峰镇相连，距酒城泸州城区20千米，距泸县县城18千米，省道泸荣公路和县道万得公路呈十字交叉贯穿全镇，区位优势明显，交通便捷、基础设施完

8月9日，G8515泸渝高速路云龙段开工

善、商气旺盛、企业发达。全镇辖13个农业行政村和1个社区，107个农业合作社和8个居民小组，总人口51549人。全镇拥有各类大小企业214个，其中规模以上工业企业10个。2017年，全镇实现国内生产总值25.9亿元，同比增长19.3%，第一产业2.7亿元，第二产业19.6亿元，第三产业3.6亿元，全社会固定资产投资19.5亿元，城镇居民人均可支配收入34101元，农民人均纯收入15792元。

【党建群团工作】全镇13个农村党总支部，1个社区党总支部，1个机关党总支部，1个教育系统党总支部（4个学校支部），4个非公有制企业党支部，3个非公有制企业联建党支部，2个驻镇单位党支部，共22个党（总）支部，党员1356名，其中新发展党员9名。2017年，云龙镇开展以“走基层、解难题、办实事、惠民生”活动和“在全镇党员中开展学党章党规、学系列讲话，做合格党员”等活动。以抓好党建为首任，认真履行党建第一责任；以优化队伍为目标，着力加强班子队伍建设；以强化落实为突破，夯实基层组织保障；以服务群众为导向，切实提升基层党建工作水平；以风清气正为保障，全面深化党风廉政建设。通过以上举措，先后组织党员干部走访慰问群众1350余人次，收集意见建议200余条，解决机场建设征地等问题112个，化解矛盾纠纷78条，制定发展规划52项。推进重点项目21个，为云龙镇加快建设川南经济强镇和空港商贸特色镇奠定坚实基础。

【精神文明建设】组织开展道德讲堂4期；召开向蔡松松、黄大年、廖俊波、汤洪林等先进模范专项学习会共计5场。在各村（社区）开展“四礼新风进万家”活动，结合扶贫攻坚推动移风易俗工作进程；将“走进群众、服务群众、引导群众”主题教育活动贯穿始终，以“学习贯彻中共十九大精神、党的十八届六中全会、省委十届九次全会、市第八次党代会和县第十三次党代会精神”“群众理论暨省第十一次党代会精神”“党风廉政建设社会评价”“社会主义核心价值观”“提升群众满意度”和“环境保护”等为主题开展群众宣讲2轮，召开各类院坝会百余场。深入开展“讲文明、树新风”活动，充分发挥道德模范的榜样作用，组织干部志愿者队伍近百人次，多次开展禁毒宣传、关爱老年人等系列主题活动。积极开展“家风家训”实践活动，举办廉政家风座谈会、清明话家风等活动，进一步以党员率先行动带动全社会参与，以个人品德、家庭美德推动普及道德规范。全年先后在国家、省、市级等传统、网络媒体上刊登新闻稿件300余篇，报送网络舆情数十篇，处理舆情信息5起。通过播放视频、LED字幕、“村村响”广播，悬挂横幅、制作灯牌、喷绘，发放传单等方式积极营造中央、省、市、县各级会议精神，市、县现场会及各类创建工作的

9 月 23 日，市委副书记、市长刘强（右五）调研云龙镇全民预防保健工作

宣传氛围，增强社会反响。

【普法与综治】健全机制，不断夯实普法基础；突出对象，扎实推进“法律八进”；依托阵地，积极营造法治氛围；普治结合，有效提升基层法治。创新社会管理，深化网格化服务，深入开展矛盾纠纷和不稳定因素排查，即时办理来信来访，全镇信访维稳向好发展。创新社会化管理，发挥网格化作用；大力开展群防群治，深入开展平安创建活动，确保群众满意；加大投入，完善雪亮工程；加大人民调解员的培训，深入开展矛盾纠纷和不稳定因素排查；完善驻村辅警队伍建设，促进社会长治久安。

【财政金融】镇内有财政所 1 个，地税所 1 个。有农村信用社 1 个，邮政储蓄所 1 个，中国农业银行储蓄分行 1 个，泸县元通村镇银行 1 个。2017 年，云龙镇财政收入 7596 万元，其中地方财政一般预算收入 3204 万元。

【工业经济】建立完善领导联系企业制度，强化项目要素保障，以创新思路和扎实举措破解发展难题，引导企业主动对接政策，积极应对市场，全镇工业企业实现稳定增长。2017 年，全镇扶持企业生产发展资金达 1254 万元；实现工业总产值 59.3 亿元，同比增长 3.5%；工业税收 3408 万元，其中酒类税收 2122 万元。

【招商引资】按照县委、县政府“招大引强，提质增效，促进产业集聚升级”思路，充分发挥自身优势，积极整合招商资源，优化招商环境，重点围绕酒业、医药、新材料、乡村旅游、物流运输、商贸服务、现代农业等产业开展招商引资。2017 年，成功引进了泸县云龙川泸驾驶有限公司等企业 25 家；实现引资创税 600 多万元，完成项目信息 2 条，提供项目投资有效信息 1 条，完成项目包装 2 个，皆超额完成任务。

【农村经济】投入 48 万元，完成龙滩子村安全饮水工程，安装供水主管 10 千米；投入 100 万元，完成云龙镇安全饮水工程，在葛藤湾村、云丰村、大水河村、伏耳村安装供水主管 17 千米；投入 15 万元，完成大中型库区移民项目，在高家咀村整治山坪塘一口，整治电灌站 1 座；启动云龙河防洪堤建设，项目投资 1700 万元。粮食生产稳固提升，全镇粮食播种面积达 5.51 万亩，实现总产量 2.78 万吨；现代农业积极推进，推广机械耕作，水稻机械耕作 2.8 万亩，农机化水平 59%；开展水稻高产创建项目 1200 亩，建成优质高产水稻生产基地 303 万亩；强化畜牧发展，畜产品收入占农业总收入的 48%；实施天保工程，有效管护天然林 1690 亩，巩固退耕还林成果 5300 亩；开展全国基层农技推广示范工程，科技入户率达 100%，农户普及率达 96%；培育新型农业经营主体，新增农业专合组织 17 个、家庭农场 52 个，获市级优质果品 2 个，建成农产品集配中心1个、电商平台1个。农村产权制度改革、山坪塘水利使用产权制度改革、农村宅基地制度改革、农村确权登记等工作有序推进。

【安全工作】落实“五级五覆盖”“五落实五到位”安全生产责任体系建设，狠抓安全排查，重抓隐患整改，共组织检查组178个次，检查企事业单位381个次，排查出一般隐患134个，整治134个；村级层面，组织检查组169个次，检查企事业单位383个次，排查出一般隐患172个，整治161个；关停“三无”砖瓦厂6家、玻璃厂1家，停产整顿生产经营单位24家，发放停业整顿通知书54份；行政处罚石材厂2个、酒厂2家、工程项目1个、购物超市2家、棉絮加工厂1家；查获各类交通违法行为3429起，饮酒驾驶20起，货车超载39起，面包车超员35起，共查处交通安全违法行为近3700余人次，罚款35万余元，有效保障了春节、“两会”、中共十九大期间的安全稳定，全镇未发生一起安全生产责任事故。

【卫计工作】两孩政策有序推进，奖扶政策全面落实，主体指标有效控制。符合政策生育率96.28%，人口自然增长率为4.73‰，全年兑现各种奖扶资金482万元，发放计生困难家庭慰问金2万元，人均计生支出4元；云龙卫生院代表泸县接受省级免疫规划示范县验收检查，获得成功通过；云龙卫生院通过泸州市“一级甲等”综合医院评审。云龙镇成功创建泸州市首批健康城市健康村镇建设示范镇。

【武装工作】紧跟军事改革方向，完成民兵整组和兵役预备役登记统计工作，对调整后的营、连、班干部和基干民兵实施点验，并开展军事素养训练，点训率占基干民兵总数的100%。完成民兵预备役人员“当代军人核心价值观”的专题教育和全民国防教育。2017年，全镇民兵应急出勤892人次，圆满完成机场安置房分房、G8515高速路征地维稳、场镇道路交通秩序应急维护等出勤任务。“八一”建军节对全镇民兵、复员军人代表进行国防知识教育培训，并召开复员军人座谈会。2017年夏秋征兵，足额完成上级下达的任务。

【科教文体工作】教育“两争一汇”工作成效突出。教育事业优先发展。办学条件持续改善，投入240万元，完成上坪学校校园改造，建成茅坝幼儿园；投入600万元，新建教师公租房96套；争取到联合国儿童基金4万美元，完成茅坝学校、李湾村校改厕项目。教学质量稳步提升，中考优生率、高中录取率均居全县前列，云龙学校创成全市文明校园、健康学校。云龙幼儿园成功创建为市级示范园；“四礼新风进万家”“龙城好家风”等活动深入开展，文化惠民工程深入实施，广播村村响、电视网络户户通全面完成，农家书屋实现村级全覆盖；投入90万元，建成文化综合服务站1个；投入72万元，建成朱梅滩村省级文化院坝，朱梅滩村顺利通过市级文化新村验收。积极组织云龙镇老体协成员参加泸县“第四届老年运动会”比赛；积极组织开展机关“庆国庆”职工活动、“三下乡”“民间民俗文化”“农民演艺”“闹元宵”等活动；自办村村响广播42期，为精准脱贫户安装地面无线数字电视678户；免费放映农村公益电影160余场次。

【民生工程】“就业促进、扶贫解困、教育助学、社会保障、医疗卫生、百姓安居、民生设施、生态环境、文化体育”9项民生任务全面完成；整合县级资金、社会捐赠、民众自筹等资金8100余万元，修建“社社通”公路100.1千米，机场还建路16千米，入户公路16千米。通村、通社公路网日渐完善，开通城乡公交路线1条。城乡居民养老保险参保人数达46226人；城乡居民医疗保险参保率达99.6%，全镇缴纳医保资金581万元，报账资金达1621万元；发放农村低保金219.91万元，城镇低保金75.4万元；发放救灾救助优抚资金174.8万元。

【村镇建设】坚持“城乡一体化、区域一体化、产城一体化”原则，明确“一心、三区、三带”的产业空间布局；依托“水陆铁空”多式联运潜力优势，综合统筹土地利用总体规划、城镇总体规划、产业发展规划、生态环境保护规划、新农村建设规划，谋划区域性全域规划编制，迈出推行“多规合一”的第一步；投资5500万元，完成白加黑路面改造10.5千米、新建雨污管网各5千米、新建四个停车场共1.5万余平方米、新建桥梁一座扩建桥梁三座，极大的改造了场镇基础设施；投资120万元，改造了上坪老街；通过对场镇绿化进行升级改造，换、新植绿化树1000棵、新增绿地1000平方米，即将新建一处占地25亩的市民公园。2017年，集镇建成区面积由2.2平方千米增加到2.3平方千米，常住人口由2.2万人增加到2.3万人，城镇化率45%，较上年提高3个百分点，城镇综合承载能力大幅提升。

【人居环境】制定和完善《全民参与共建机制》《生态建设投入机制》《镇容镇貌管理办法》《清洁卫生考核办法》《集镇卫生公约》《集镇文明公约》等制度，实现让地更净，让水更清，让山更绿，让天更蓝；严把企业环保关，坚持发展生态工业，绿色农业，鼓励产业“退二进三”。2017年，云龙镇以整治“五乱”为重点，按照“三个延伸”要求，狠抓城乡环境综合治理工作；进一步理顺关系，成功将集镇卫生管理交予达康社区，既提高了管理效率，又降低了运行成本；全年关闭砖瓦加工厂6个、关闭石材厂1家、养殖场5个。

【基础设施建设】电力设施不断改善，成功启动了计划投资1156万元的35千伏变电站建设项目；争取资金300万元，建成云龙35千伏变电站至玻璃大道10千伏双回线路，新建改造配电变压器15台，全镇用电质量明显改善；危房改造扎实推进，完成农村D级危房改造143户，农村危房改造强力推进；投入250万元，新建河道垃圾坑14个；中东线供水工程云龙段和云龙加压站全面建成，由政府补贴平衡水价，让近3万群众喝上清洁、卫生、安全的自来水。

【交通运输、邮政】云龙镇交通发达，境内泸荣公路10.6千米，万得公路9.4千米，有交通运输企业32个；道路交通明显改观，投资8100万元，新建水泥路132.1千米，新建整治机耕道16千米，新增减速梗20米，累计投入资金300万元；镇内有邮政代办所1个，职工7人。

（撰稿人：袁　利　王蔺平）

奇峰镇
Qifeng Town

【概况】奇峰镇位于泸州北部、泸县中部，距县城福集28千米，距泸州30千米。全镇面积68平方千米，辖12个农业村、3个社区、114个村民小组，有耕地面积3.58万亩，人口4.85万人。奇峰镇文化旅游资源丰富，胜利渡槽和华丰渡槽是省级保护文物，镇域内为数众多的龙桥、宋墓也是奇峰的重要旅游资源。奇峰镇是省级“文化先进镇”、市级“村镇建设先进镇”、市级“招商引资先进镇”、市级“敬老模范镇”、市级“万亩甜橙先进镇”、市级文明单位、市级“脱贫攻坚工作先进镇”。

【党建工作】全镇设党总支14个，党支部47个，党员1279人。2017年，奇峰镇健全党建工作运行机制，扎实开展党的群众路线教育实践活动，全年发展党员10名，培训入党积极分子40名。严格实行上班签到制，干部职工上班挂牌制，外出办事去向告知制，

2月27日，县政协主席李镇（左二）到奇峰镇调研“社社通”公路建设情况（宋丹 摄）

着力强化监督管理。全年开展效能督查34次，通报18期，并将处理结果计入年终考核。培育和践行社会主义核心价值观，全年开展道德讲堂、酒城讲坛龙城讲堂6次，中心组学习12次，干部职工政治理论知识学习16次。2017年在《泸州日报》《泸州晚报》《泸县通讯》《泸县信息》《政务信息》《四川新闻网》《泸州新闻网》、泸县电视台等省市县报纸、杂志、电台、电视台、网络发表稿件420余篇（条）。

【工业经济】实现地区生产总值9.8亿元，比上年（下同）增长12.6%；规模以上工业增加值3.1亿元，增长17.4%；全社会固定资产投资15.4亿元，增长16.4%；社会消费品零售总额5.9亿元，增长14.5%；地方一般公共预算收入1558万元，增长33.4%；城镇居民可支配收入33195元，增长12%，农村居民人均可支配收入15871元，增长13%。2017年全年包装引资项目2个，洽谈投资项目56个，成功引进商贸企业13家，建筑企业21家，总投资3.5亿元，其中投资超过1亿元的企业2家，均入驻泸县工业园区，招商引资工作超额完成县上下达的目标任务，排名全县前列。

【农业经济】2017年，奇峰镇创新发展成片特色种植业、养殖业。2017年大春播种4.6万余亩，总产量2.5万余吨；小春种植1.5万余亩，总产量3600余吨；晚秋种植3.8万亩，总产量4600余吨；金鱼村、柿子村、华通村有机高粱成片种植3500亩；长林村、石城村、玉田村优质稻种植1200亩，共和村、长林村、渔庆村杂交水稻制种1500亩。培育种粮大户5户，新发展专业合作社2家，家庭农场23家，新增土地流转100亩以上3户。配合县上成功创建“农产品质量安全监管示范县”；实施完成长林“国家杂交水稻制种基地建设”项目；“四好村”创建工作扎实推进，成功完成2个省级、1个市级、1个县级“四好村”验收；完成宅基地有偿退出480亩。

【基础设施建设】“4+1”工程扎实推进。镇村交通跨步提升，完成“社社通”水泥路93.3千米，12个村实现“社社通”，21个社实现“户户通”；开通6条城镇公交线路，实现中心村通公交。电网改造逐步完善，改造线路124.45千米，改配变压器25台，完成2个整村农网改造，农村供电质量极大提升。安全饮水有力保障，投资18万元，完成贫困户安全饮水93户；投资450余万元，完成自来水管网延伸，惠及1160户。水利基础设施得到改善，投资280余万元，实施东风、黑石包2座病险水库整治，维修整治山坪塘7口。环境治理扎实推进，完善12个村农村生活垃圾收集设施，新投入使用垃圾房28座；宝藏场镇污水处理厂投入使用；扎实开展秸秆禁烧和“河长制”工作。住房条件较大改善，投入资金255万元，完成农村危房改造

12月，奇峰镇首个大型停车场建成投入使用（刘静　摄）

96户，D级危房动态消除。

【社会事务】“五险统征持续加强”，城乡养老保险覆盖20082人，城乡医保参保率达98.06%；全年累计发放城乡低保6684人次，73.9万元。开展就业创业培训260人次；申请公益性岗位安置就业困难人员就业60名；城镇新增就业221人，登记失业率控制在4%以内。全民预防保健成效显著，孕检19979人，免费婚检完成率90%以上，免费孕前优生健康检查381人，“两癌”筛查800人。

【民生事业】全力实施“22个专项扶贫计划”和“五大脱贫行动”，巩固脱贫户562户，1514人；退出贫困户201户，492人；2个贫困村（渔庆村和宝丰村）全部达到脱贫标准，实现整镇脱贫退出目标，顺利通过省级交叉检查验收，被县脱贫攻坚领导小组推荐为泸州市脱贫攻坚先进镇，脱贫攻坚转入全面巩固提升阶段。全年免费放映农村公益电影144场；建成标准篮球场2个，健身路径3条。

（撰稿人：刘　静）

百和镇

Baihe Town

【概况】百和镇位于泸县东部，辖区面积81平方千米，现有人口5万余人，辖11个行政村和2个社区。东接重庆市永川区朱沱镇，南临泸州合江县参宝镇，距县城福集60千米，距泸州市区43千米，距永川城区45千米，距重庆永川朱沱深水港码头20千米，泸县神仙桥码头16千米，是泸州市实施“融入重庆”发展战略的桥头堡。百和镇地貌以丘陵为主，海拔高度280～400米，属亚热带气候，四季分明，气候温和。大鹿溪河由北向南横贯全镇，有丰富的天然气资源和富含各种矿物质的温泉，有落差达77米的高洞瀑布，有被中央统战部、国家宗教事务局授予“第二届全国创建和谐寺观教堂先进集体”的川南道教圣地东林观，有四川省第一批省级非物质文化遗产“百和莲枪舞”。百和镇是农业大镇，主导产业除传统的种养殖业外，还大力发展花木、中药材等产业。

【党建工作】有11个农村党总支，2个社区党支部，10个企事业党支部，2个机关党支部，1个退休党支部，共1343名党员。2017年，领导班子专题研究党建工作12次，组织专题学习讨论8次，深入村（社区）、学校、企业调研党建工作20次。组织机关干部、村（社区）干部认真学习十九大精神、省第十一次党代会精神和市第八次党代会精神，采取中心组学习、支部“三会一课”等形式开展专题讨论8场，收集意见建议22条。分层分类宣讲中共十九大精神，其中党委班子成员带头到村（社区）、学校、企业宣讲中共十九大精神12场。认真落实党委意识形态工作责任制，组织党委中心组学习12场。新建土主社区党群服务中心和居民活

6月2日，百和镇开展精准扶贫残疾人种植培训

动广场，完成四合村、朱巷村党群服务中心改扩建工程，累计投入资金400万元。培训入党积极分子54名，发展预备党员18名；培养副科级后备干部3人，村级后备干部26名，一对一帮带机关年轻同志15名。表彰各类先进61个，专题研究党风廉政建设工作12次，全年督办案件10件，给予党纪处分10人。

【工业经济】2017年，全镇地区生产总值实现8.94亿元，比上年（下同）增长16.3%；全社会固定资产投资10.036亿元，增长23.7%；规模以上工业增加值2.49亿元，增长19.1%；社会消费品零售总额6.54亿元，增长25.3%；地方财政一般预算收入1502万元，增长70.68%。全年招商入驻企业34家，其中：建筑工程、路桥建设、建筑劳务等建筑企业8家，建筑商贸企业4家，引进入驻经开区商贸平台商贸公司4家，引进西南医科大附属中医院、泸州爱瑞眼科医院等4家医疗机构入驻龙城怡康健康产业园，引进固定投资3000万元以上医药项目“四川德鑫康药业有限公司”入驻医药产业园，注册资本金达3200万元，实现在外建筑税收1700万元。

【农业经济】新发展家庭农场24户；新建东林观、东岳生猪寄养场2个，年出栏生猪6000余头。加快特色农业发展，采用订单式种植模式，巩固白芷种植800余亩；利用土地整改项目优势，招商引进土地流转项目脆皮李子种植基地300亩，至2017年年底，基础设施建设完成；四合村发展养殖“黑斑蛙”50余亩，投入种蛙7000余只。完成楼方咀、朱巷土地整理项目，农村宅基地改革有偿退出项目竣工验收，面积400余亩。泸州振声生态农场完成2.5千米观光道路和景区山体护坡作业工程。楼方咀“四好”新村建设全面完成，并实施改厨改厕等项目，村民居住环境显著改善。

【社会事务】落实低保1582户1800人，特困供养人员588人，医疗救助66人13万元；按季度向80岁以上高龄老人发放生活补贴3000余人次47万元。城镇新增就业255人，再就业86人，开发农村公益性岗位安置建档立卡贫困人口77人。城乡居民养老保险领取待遇9229人830万元养老保险金；城乡居民医疗保险参保率98%。建成并投入使用百和中学教学楼3400平方米，百和小学教师公租房810平方米建成投用，恢复土主学校教师周转房建设。楼方咀、土主社区日间照料中心现建成并投入使用。东林观成功创建市级“双五好”道观。完成东林观村、排楼村卫生室规范化建设，全面推进全民健康体检，免费提供国家基本公共卫生服务，2017年为2万名群众免费提供健康体检。

【脱贫攻坚】2017年完成贫困户危房改造279户，实施安全饮水工程巩固提升190户，为贫困户免费安装卫星电视接收器194

7月12日，市委统战部到百和镇调研民宗工作

台，实现“六有”全覆盖。在产业发展上重点扶持发展见效快的养殖业、种植业，促进贫困户增收，发放产业扶持金90万元，小额信贷135.9万元。完成东林观村、四合村农网改造。“栋梁工程”“金秋助学”共帮19名学子重圆大学梦，社会扶贫捐助50万元，其中36万元用于修建土主大石桥加宽工程。调整、充实贫困村驻村工作队，非贫困村配备第一书记，切实提高贫困户满意度。

【环保工作】全面建立环保监管体系，率先落实专职环保员，依法划定生态保护红线。坚决打击环境违法行为，3家酒类企业、2家化工厂、1家采石场按有关规定补办环评备案和环评手续。构建河长制工作机制，完成百和镇污水处理厂升级改造，落实鹿溪河、喻家河、鹤鸣沟等河流的镇级河长、巡查员、保洁员，投资80余万元打捞水葫芦约54千米。关闭非法搅拌站2家，加大对迪邦化工、瑞兴生物、金顺科技的大气监测力度，三家企业环保投资达100余万元；加大秸秆禁烧宣传力度，组织镇村干部秸秆巡防180余次，入户发放秸秆禁烧宣传单1200份，共同改善大气环境；关闭养殖场2家，整改3家，督促养猪场、养鸭场等按要求建设污水收集系统、污染治理设施、暂存设施、废弃物综合利用设施等。

【基础设施建设】2017年全镇“社社通”公路硬化完成100千米，安保设施完工10.6千米，设立标牌标识334块；五通到万定、凉坪到大磨县乡道升级改造工程完成路基加宽，其中凉坪到大磨进入路面施工阶段；泸州永康劳务建筑公司捐建的土主大石桥加宽工程启动建设。新增农村公交客运线路2条，20个班次。2017年断头桥项目朱巷黄荆桥完成工程设计。2017年新建垃圾房（坑）11个，地埋式垃圾库1座，修缮25个；清理五通、百和、土主三个场镇卫生死角垃圾110吨，清理河道水面漂浮物和河道沿岸垃圾1300余吨；投入资金24万元修建化粪池、沉沙井、污水管道等，解决236户，742人的排水排污问题。

（撰稿人：李远霞）

立石镇

Lishi Town

【概况】立石镇位于四川和重庆的接合部，是川南地区的东大门。分别距泸州、泸县和永川城区38千米、53千米和40千米。省道307线纵贯全境，交通、通信便捷，水产、矿产资源丰富，文化底蕴深厚。2017年，立石镇党委、政府围绕“工业强镇、产城兴镇、商旅活镇”发展战略，致力打造“生态旅游特色镇，宜居宜业示范镇”。国内生产总值实现17.74亿元，同比增长19.6%；一般公共预算收入2100万元，同比增长44.03%；全社会固定资产投资10.41亿元，同比增长15.3%；社会消费品零售总额6.15亿元，同比增长18.4%。城

5月27日，立石镇举办“玉龙湖端午文化活动周”系列活动（秦小军　摄）

镇居民人均可支配收入30303元，同比增长11%，农民人均纯收入14108元，同比增长12%。贫困人口退出1326人。

【农业经济】按照“农业增效、农民增收和农村稳定”的基本思路，在稳定粮食生产的基础上，狠抓农业经济提质增效。全年粮食生产总产量20230吨，完成任务的106.8%。积极培育农村经营主体，全镇发展农村经营主体40个。推广高产优质杂交种子26余吨；大小春测土配方施肥3.1万亩；再生稻1.7万亩；完成农业机械总作业量5.1万亩，机械化播种0.9万余亩、机械耕地2.32万亩，机械收获面积1.88万亩。生猪出栏45511头，完成任务的102.73%；禽类出栏501295羽，完成任务110.7%；普照村发展青花椒产业320亩，葡萄、荔枝等采摘产业200余亩。

【工业经济】全年引资企业28家，入驻立石镇8家，入驻泸县园区20家。加大项目扶持力度，精心培育扶持优势企业，突出抓好规模工业企业，重点扶持联源、名泉、圣山圣水等有一定竞争力的企业做好技术改造等项目建设。签约泸州名泉酒业有限公司万吨存酒库房建设项目、泸州刘沁果酒有限公司生产厂房建设项目。产业结构得到进一步优化，企业从单一的以酒为主，转变为以含商贸、旅游服务等多行业发展的格局。

【第三产业】充分利用资源优势和区域环境，邀请优秀规划团队，抓好项目策划。积极做好玉龙湖风景名胜区总体规划和详规，调整城镇总体规划和土地利用总体规划，做到多规合一、项目优先。发展区域特色，积极谋划水上运动、主题公园、康养小镇、休闲采摘等文化旅游项目。先后接洽中新房集团、内江孝德投资有限公司等10余家投资商考察座谈。成功举办“泸州玉龙湖端午文化旅游节”活动，接待游客2.7万余人。

【基础设施建设】村镇管理力度加大，场镇规划正在修编，全年升级改造垃圾房20个，建设污水收集管网2600余米，新购买安装仿古金属雕花板移动公厕1个，开展场镇商户违章搭建清理100余家，冒口经营治理300余家，清理人行道5000余米，归并流动摊位经营点2个，场镇秩序得到有效整治。农村宅基地改造743户，完成466.68亩，“两违”整治取得新进展。玉龙村成功评选为省级“四好村”。下湾、艾大桥村申报市级“四好村”。投资1100余万元完成普照、柏杨村农网改造，整改艾大桥村3台低电压变压器，完成变压器增容10台。完成柏杨、三溪村土地整理项目20164.8亩，受益群众7300余人。农业基础设施建设完成5项，总投资916万元。投资134.38万元用于农田水利维修养护，其中管道建设8.4千米，安装计量设施570个，新建蓄水池3个。投资355.64万元实施艾大桥灌区渠系配套与节水改造工程，干渠整治1.5千米，岩口上提灌站管网延伸5.485千米，倒流沟管网延伸5.155千米。道路交通建设步伐加快。启动南宇大道扩建项目征地27.07亩，新建派出所征地4.75亩。投资4140万元完成"社社通"公路水稳层建设92千米，路面硬化82千米。

【环境保护】环境治理坚决有力，环保迎督扎实推进，全力抓好中央环保督察反馈问题整改，生态保护切实提升，积极落实镇村社三级环保网格化监管体系建设，加强企业环保监管。河长制全面落实，编制完成龙溪河等河流"一河一策"管理保护方案。2017年，关停镇域内"散乱污"企业27家，含23家小酒厂和4家酒类小作坊；强化水源区保护，组织开展河段巡查96次，清理河道12.26千米，打捞水葫芦水白菜1500吨，对7个入河排污口进行全面清理，取缔水源保护区养鸭场1处，禁养区养殖场23家。

【脱贫攻坚】2017年2个贫困村和446户1326名贫困人口通过脱贫退出验收，补短板、强弱项成效显著。2017年扶贫安全饮水巩固提升工程总投资10.8万元，解决用水困难贫困户49户114人，落实种养殖产业增收措施361户，惠及贫困人口1256人，实施贫困户低保政策兜底283户356人。完成农村危房改造130户，发放补贴332.7万元，全镇脱贫目标顺利完成，成功转入巩固提升阶段。

【社会事务】大力推进民生工程，2017年发放五保金126.91万元，低保金204万元。发放重大疾病救助金7.95万元。城乡残疾人居家灵活就业299人；全镇城乡医疗保险参合人数37347人，筹集资金508.86万元，参合率达98%，新农合门诊住院报销8647人次，报销总额260.25万元。城镇新增就业186人，城镇失业人员再就业21人，扶贫技能培训30人，青年劳动者技能培训57人。卫计工作有序实施。2017年发放奖励扶助资金214.56万元，特扶资金58.81万元，独生子女父母奖励金11.53万元，发放独生子女医保缴费补助11.75万元；奖励扶助独生子女父母新农保86.57万元。全民预防保健工作参检16510人，完成率100.7%。孕前优生检查340人，完成率106.3%。农村妇女两癌筛查1000人。全面落实网格化管理，加强治安巡防队伍规范化建设，完善社会治安防控体系，全覆盖建立村（社区）综治中心。安装"雪亮工程"摄像头61个、"两车卫士"防盗系统820台，"一村一辅警"实现全覆盖。2017年刑事案件立案12起，破案12起。严格落实领导接访、干部下访群众制度，积极开展矛盾纠纷大排查大调处大化解工作，社会总体保持稳定。2017年调解成功矛盾纠纷313件，涉案金额13.46万元。深入开展"走进群众、服务群众、引导群众"主题教育实践活动，召开院坝会50余场次。以"法律八进"为载体，全面推进法治化建设，加强"七五"普法工作，深化法治宣传教育。积极推行"阳光大课间"和"三开减负三开放"工作。投资18万元改造立石小学临街围墙，投资558万元新建团结小学公租房和教学综合楼，投资

11月，立石镇普照村果蔬园200余亩葡萄采摘园完成前期建设（秦小军　摄）

130余万元维修加固立石中学教学楼。立石小学被评为省级中小学阅读素养发展及群文阅读实践研究实验学校。大力推进“三防建设”工作，各学校新安装监控设备200余个，聘请学校保安12名，开展“千师进万家”活动4000余次，增强了家校联系。

【党建工作】2017年立石镇有党组织58个，其中党委1个，党总支12个，党支部45个（农村党支部27个、机关党支部3个、教育党支部4个、卫生党支部1个、“两新”党支部10个）。有正式党员1205名，其中农村党员881名，占全镇党员总数的73.11%。其次，围绕中共十八大、中共十九大以及习近平新时代中国特色社会主义思想狠抓思想建设，全年组织党委中心组学习12次以上，专家讲课5次，道德讲堂、群众故事等20次，开展“走进群众、服务群众、引导群众”主题教育200余场次，抓各个节点开展宣传教育50余次。全年发展党员23名，新增入党积极分子45人；约谈提醒镇村干部125人次，诫勉谈话8人次；开展效能督查20余次，出通报4期，批评教育5人次，诫勉谈话6人次。查处违纪违法案件结案7件，开除党籍处分2人，党内严重警告处分4人。

（撰稿人：秦小军）

兆雅镇
Zhaoya Town

【概况】兆雅镇位于泸州市中部，泸县东部，南依万里长江，西南与龙马潭区长安乡相邻，距泸州市区16千米、泸县县城33千米、重庆市永川区60千米。全镇辖区面积67平方千米，辖8个行政村、2个社区，117个村民小组、10个村（居民）小组，总人口4.37万人，总耕地面积4.84万亩。泸永公路从东到西、万得公路从南到北贯穿全境。全镇地势东高西低，属亚热带大陆型季风气候区，气候温和，四季分明，适宜多种农作物生长。兆雅镇是全国“群众体育先进单位”“科普惠农兴村先进单位”，四川省第三批“百镇建设行动”试点镇、“亿万农民健身先进单位”“综治模范镇”“卫生先进单位”“卫生集镇”，泸州市“小康乡镇”“科技进步示范镇”“生态乡镇”“双拥模范镇”。新溪村被命名为全国第六批中国历史文化名村。

【镇域经济】全镇形成酒业为本，花木业为支撑，商贸物流、化工、建筑、纺织等产业为补充的多元化经济格局。拥有酒类企业31家，其中规模以上企业8家，窖池存量1816口。全镇花木业形成“万亩基地、亿元产值”规模，年出圃各种园林绿化苗木180余万株。2017年，实现国民生产总值24.44亿元，同比增长20.7%；地方公共财政收入2599万元，增加45%；全社会固定资产投资12.36亿元，库存5.40亿元，同比增长18.3%；社会消费品零售总额5.51亿元，增速23.3%；农

4月7日，四川省水稻带药移栽绿色防控现场会在兆雅镇举行（赵煜璐　摄）

民人均纯收入15415元，同比增长9.7%。

【党的建设】全镇有8个农村党总支部，1个社区党总支部，1个社区党支部，2个机关党支部，1个离退休党支部，13个非公有制企业支部，年末党员总数1394名。“两新”组织单独建党率达100%，党组织覆盖率达100%。镇党委全面推行清单式管理模式，年初对“党建、目标、稳定、安全、财税、项目”等六大重点工作建立全年工作清单，确定工作任务161项。修订《兆雅镇基层党建工作制度》（汇编）、《兆雅镇机关干部管理制度》《兆雅镇村级运行制度》（汇编），进一步加强基层党组织规范化建设。制定《兆雅镇机关人事纪律管理办法》，严把机关人员“进出口”。印发《兆雅镇机关干部工作目标管理考评办法》，鼓励全体机关干部在部门工作、“两争一汇”、干部学习会、年轻干部考试等方面展现自我、勇于担当。建立班子微信群，坚持班子成员会议通知、每日行踪、重点工作进度通报上群公示，线上开展讨论、督促工作。严格落实党风廉政建设责任制，持续保持反腐败斗争高压态势，重拳治理“微腐败”，政风行风不断改善，社会风气明显好转。深入贯彻落实中央八项规定精神，严防“四风”抬头，公仆意识、实干意识明显增强，群众认同感不断提升。建立党风廉政建设社会评价反馈问题整改台账，及时妥善处理群众诉求79件次，强化镇纪委执纪、监督、问责，全年收集问题线索共立案审查9件，办结9件，党纪处分9人。

【农业经济】大力培育新型农业经营主体，高标准建成示范生产基地2个，新增市级专合社1个，新发展家庭农场32个，培育种养殖大户5户。积极推进农产品种养殖基地规模化、标准化建设，建成巨星农牧兆雅镇祖代种猪场标准化厂房1.8万平方米，实现年利润1600余万元。升级改造川牧养猪场为省级示范场。雅龙专合社自创“世兰香”优质大米品牌，年销售大米620吨，实现产值600余万元；清泉农场、心悦蓝溪葡萄基地等特色家庭农场的影响力不断增强，全年共计销售草莓、葡萄、布朗李等水果共计26吨，实现产值120万元。大力发展现代生态循环农业、观光农业，创建水稻高产示范工程，规范化机插秧栽培2600亩，建立绿色病虫防控2500亩、生态优质稻基地2000亩，水稻稻鸭共育2000亩。成功举办全省水稻绿色防控现场会、全市栽秧现场会。

【工业发展】应对宏观经济下行困难和白酒行业深度调整影响，加强对镇属工业企业的服务和指导，全年开展调研活动4次，召开企业经济座谈3次，收集企业困难和问题23个，帮助解决问题15个。大力扶持8个酒类规模以上生产企业加快发展，着力培育原酒骨干龙头企业。酿味香、国宾泉、江泉、蜀光等酒类企业销售业绩稳步回升，全年实现酒类入库税金2325万元。建筑业逐步成为支柱产业，晋升建筑一级资质企业的四川住总建司全年纳税2157万元。成立财税工作领导组，主动外出招商，全年共计外出招商7次，收集有效信息24条，列为重点招引对象12人次，新成立各类公司共计29家。全年完成规模以上工业增加值17.24亿元，同比增长23.5%；完成工业技改投入4.87亿元。

【基础设施建设】深入实施“4+1”升级版工程。完成社社通水泥路108.1千米，以省道为骨干，县、镇道路为支撑的公路交通网基本形成。全面启动溪滩桥建设。全面完成燕岩村、犁家村整村农网改造和新溪子、燕岩楼房、巴壁寺、犁家玉皇等10个低电压台区建设，城乡用电保障能力逐步提高。投入121.15万元，全面完成建档立卡贫困户危房改造42户。大力实施泸县神仙桥水厂扩建及管网延伸二期工程建设，3万余人安全饮水得到有效解决。

型家村、石龙村、凤鸣村分别创建为省级、市级和县级四好村。

【城镇建设】以“百镇建设试点镇”项目为依托，完成壳牌加油站旁边80米人行道建设。新建华严南路132米，场镇街道不断延伸、集镇规模扩容增效。主动顺应群众意愿，完成新雅广场绿化、亮化、美化改造升级，全面启动新溪古街修缮工程。规范农村房屋建房9户，制止违法建设行为3起。优化改造场镇污水管网和农村污水处理设施，全面完成泸县四中泵站建设，新建污水泵站3个，新建小型污水处理站2个，治理污水直排口8处，场镇新铺设排污管网1.42千米。全面完成G8515高速路征地67.5亩，全面完成华严南路征地12.4亩。规划建设占地22亩，共6万平方米的“兆雅·新雅城”商业综合体项目通过专委会、规委会审议，即将开工建设，该项目将填补兆雅无高层建筑的空白，成为全镇地标式建筑。

【社会事业】2017年，全镇扶持生产和就业发展838人、低保政策兜底350人、医疗救助扶持2695人次共309.769万元。投入教育扶持资金8.885万元，完成“三儿”资助173人，免去幼儿保教费41人，完成108户建档立卡贫困户安全饮水巩固提升工程，新建移动通信基站2个，实现型家村4G信号全覆盖。社会保障持续增强，全年累计发放特困、低保、优抚资金527万元，救灾救济金10余万元。推进养老事业全面均衡发展，新建日间照料中心1个，新建民办医养结合养老机构1家。扩大社会保险覆盖面，城乡居民养老保险、医疗保险重度残疾人参保率达100%。不断加强就业扶持，残疾人居家灵活就业人数339人，贫困劳动力转移就业342人，新增城镇就业371人，城镇登记失业率控制为4%。全镇652名贫困人口全面脱贫。大力实施教育均衡发展，投入教育资金1100万元，新建兆雅中学学生食堂，改建兆雅中学学生宿舍，整改明德小学石龙村校堡坎。完成泸县四中校内住户迁建工作。发挥社区文化阵地作用，新建安贤社区党群服务中心，完成永和村文化院坝建设。大力发展科技创新工作，清泉农场成功创建为“泸州市科普示范基地”，石龙村成功创建为“泸县科普示范村”，杨九学校成功创建为“泸县科技教育示范校”，顺利承办泸县2017年小学生国际数棋大赛。构建“1+8+10”全民科普培训网，兆雅镇“农村学校创客阁”荣获四川省终身学习品牌项目。成立青少年科技创新社团和教育基地，全年获省科技创新大赛获二等奖5个，获省25届科技论文竞赛二等奖2个、三等奖2个，成为全市唯一一个获泸州市青少年科技创新大赛“优秀组织奖”的乡镇。

（撰稿人：赵煜璐）

8月14日，兆雅镇第二期“快乐留守，大爱龙城”暑期夏令营结业

云锦镇
Yunjin Town

【概况】泸县云锦镇位于泸县

9月15日，县委书记薛学深（左四）率队督导云锦镇扶贫工作

东部，泸州东北部，地处重庆永川与泸州的接合部，距泸州27千米，距县城福集40千米，距永川市区42千米，辖区面积106.34平方千米，辖16个农业行政村、2个社区、128个村（居）民小组，总人口7.1万余人，城镇居住人口1.8万余人；泸永公路、规划建设中的泸永国道及云百路、三溪口至宝藏公路贯穿全境，是泸州连接重庆永川的重要接点城镇，也是泸县东部区域性中心场镇、国家级卫生乡镇、省级生态文明乡镇、省级环境优美示范镇。全年实现地区生产总值19.0亿元，比上年（下同）增长15.1%；规模以上工业增加值增长18.7%；全社会固定资产投资17.5亿元，增长29.1%；社会消费品零售总额7.8亿元，增长14.9%；地方一般公共预算收入2114万元，增长42.7%；城镇居民人均可支配收入33966元，增长11.8%；农民人均纯收入15671元，增长12.9%。

【党建工作】全镇有党组织75个，其中党委2个、党总支19个，党支部54个；正式党员1689名，其中农村党员1384名，占全镇党员总数的81.94%。云锦镇始终坚持以加强党的建设为出发点，转作风、促落实，统筹解决群众难题。完成全覆盖培训村（社区）“三委”班子成员6次；组织镇村干部开展中共十九大精神学习27次、专题讲座4次，警示教育7场；以“走进群众、服务群众、引导群众”活动为载体，召开院坝会300余次，收集社情民意332条，解决问题86个。党委中心组专题学习18次、研究党建工作议题62个，组织干部职工集体学习12次；开展班子成员谈心谈话32人次，集体约谈4次。选拔5名优秀青年干部到重要岗位锻炼，培养村（社区）后备干部18名，选派14名干部到非贫困村担任“第一书记”助力脱贫攻坚，有效促进了全镇党员干部干事创业激情。

5月26日，县委副书记、县长肖刚（前排中）到云锦镇督查安全工作

【工业发展】完成项目总投资7500万元，权锦楼、县中医院住院大楼、政府职工周转房、石马社区和湾头村阵地相继建成使用，云锦农贸市场二期、石马农贸市场、冯石村文化广场、桂花和翻身村阵地建设加快推进。招引落户各类企业37家，引进资金6.8亿元，惠达药业和洗涤龙公司入驻县城工业园区。积极扶持帮明、宇格、利福特、盛厦、同川等5个建司完成资质升级。建成电子商务网点16个，新增规模以上服务业1家、限额以上商贸业2家，成功创建市级商贸示范镇。

【农业农村】实施灌区渠系节水改造项目，完成渠道起淤2万多立方；大力推进农村宅基地改革，实施板桥、卫和土地整理，新增耕地面积一万五千余亩。以发展特色农业为抓手，推广优质水稻3.5万亩，玉米1.5万亩，小麦、油菜、高粱1.2万亩，优质水果、蔬菜0.8万亩。用好代耕、转包、租赁等多种形式实现土地流转，培育种粮大户44户，在全县率先成立基层供销社，新办家庭农场33家，专合社5个，生猪标准化养殖场3个，肉牛标准化养殖场2个，引进投资近千万元锦云生态农业项目。

【脱贫攻坚】解决贫困户安全住房423户、安全饮水337户、安全用电340户、接收电视信号182户；办理小额信贷、产业扶持资金560余万元；实现义务教育阶段7903名学生“三免一补”全覆盖，帮助350位贫困大学生办理生源地助学贷款280万元；完成常住人口健康体检3205人，实现县内就医“零支付”。社社通公路、村卫生室、文化室、通信网络等全部达标；2017年计划脱贫的582户、1626人均顺利脱贫，圆满完成了全镇1642户、4333人，2个贫困村全部脱贫的艰巨任务，向全面小康迈进了坚实的一步。

【基础设施建设】完成社社通公路建设136.1千米，三年任务一年半完成，开通新云百路、石马至太伏、云锦至玄滩等8条通村公交车线路，实现16个行政村公交全覆盖。新建石马污水处理厂，完成云锦和石马污水管网升级改造。新改建停车场2个，缓解场镇交通拥堵，场镇功能更加完善。全县农网改造现场会在云锦镇召开，继续呼吁加快云锦镇农网改造工程，新增变压器23台。投入17.2万元新建垃圾坑25个、维修63个，农村环境得到有效治理。安装自来水3000余户，打水井337口，进一步提升饮水安全。完成农村C、D级危房改造423户，补助资金696.8万元，场镇公共租赁住房补贴38户、5万元。

【民生工程】建成青狮板桥村小、中心幼儿园教学楼，石马中学综合楼、小学教学楼加快建设；完成天台、冯石村文化广场建设，农家书屋、免费电影放映和村村响等惠民文化成效显著；完成免费健康体检和建档管理3万余人，全面开展健康城市创建，完成翻身、稻子村卫生站和16个村（社区）卫生室标准化建设，卫生院“一站一馆三区”全面建成；开展就业讲座6次，转移就业27249人，发放就业创业补贴68万元，登记失业率控制在4%以内；每月发放城乡低保1329户、1572人、35.5万元，特困人员568户、25.8万元，发放临时困难救助金304人次、20万元，发放御寒衣被476件（套），实施网上医疗救助5560人，大病医疗救助18人、263万元。

（撰稿人：邱　晨）

太伏镇
Taifu Town

【概况】太伏镇位于长江之边，东邻永川朱沱镇、合江参宝镇，西与泸县兆雅镇相连，北与泸县云锦镇接壤，南接合江县焦滩镇、并与江阳区黄舣镇隔江相望，合牛路、神仙桥码头快速通道横贯全境，场镇距泸县县城32

4月25日，太伏镇"走进群众、服务群众、引导群众"暨基层社会治理文艺宣传

千米、泸州城区27千米、重庆永川区69千米、泸州机场20千米。是泸县融入泸州一体化发展和对接重庆开放合作的前沿地和桥头堡。全镇面积114平方千米，辖18个农业行政村、2个社区，总人口7.8万人，是全国"一村一品"示范镇、国家级优质龙眼生产基地镇、省级"文化先进镇"、省级"两基工作"先进单位、泸州市文明集镇和四川省安全社区。2017年，太伏镇成功列入省发改委"十三五"特色小城镇和市"双两百城市"特色镇建设规划。全镇实现地区生产总值15.89亿元，比上年（下同）增长14%；规模以上工业增加值实现5.25亿元，增长23.9%；完成社会固定资产投资16.45亿元，增长23.58%；完成社会消费品零售总额7.15亿元，增长13.5%；完成地方公共财政收入1534万元，增长23.41%；农村居民人均可支配收入15131元，增长9.7%；城镇居民人均可支配收入突破3万元，达30876元，增长8.6%。

【党的建设】太伏镇狠抓意识形态工作责任制，建立健全媒体接待、网络问政回复、微信微博审核发布、舆情引导等10余项工作制度；实施村干部季度考核，成立村级党委1个，跨区域调整村党组织书记1名，选拔推优1名"第一书记"进入党委班子，新建太平社区、神仙桥社、王湾村党群服务中心3个；深入推进"两学一做"学习教育常态化制度化，开展"走进群众、服务群众、引导群众"主题教育文艺会演22场次，召开"院坝会"300余场次；全年查处"微腐败"案件2件、违纪人员8人；先后承办全市基层党建、全市村集体经济发展等党建工作现场会，王湾村"农民夜校"被评为市级示范学校。

【招商引资】新签约引进四川佳控自动化科技有限公司等企业20家，实现招商引资2.5亿元，招商引资态势良好；引导酒类企业向健康酒、养生酒方向转型，

8月3日，县委副书记、县长肖刚（左二）到太伏镇督查环保县和基层党建工作

实现泸州醇窖酒厂与抚参堂等企业深度融合发展。

【项目建设】协助推进临港园区道路、配气站、污水处理厂等重点项目建设，有序推进园区3P道路和恒茂科技企业征地拆迁工作；协助完成三星桥水库建设，完成林桥、五里、渔湾、新石等村的农业综合开发项目。

【商贸旅游】农村电子商务实现镇域全覆盖，农贸市场项目建设进展顺利；完成“王湾—永利”沿线观光旅游发展规划，充分利用百年龙眼长廊专项建设资金，升级改造旅游基础设施，城郊乡村旅游品质持续提升；先后在沙田坝、涪溪口等新村示范点，举办“油菜花节”“龙眼采摘节”等节庆活动，城郊乡村旅游知名度进一步提升。

【脱贫攻坚】全面落实“五个一批”政策，落实小额信贷资金543.4万元，惠及贫困户232户；落实产业扶持基金202.54万元，惠及461户；建立贫困学生档案408名；实施医疗扶贫3716名；完成建档立卡贫困户危房改造422户，解决贫困户安全饮水问题521户，建成伏龙、新石等村易地搬迁安置点4个；建成伏龙村易地搬迁经作园60亩，开展就业技能培训，实现转移就业181人；实现青桥村、沙河村2个省级贫困村脱贫摘帽，607户1625名贫困群众脱贫。太伏镇伏龙村入选省级“四好村”，太伏镇被评为2017年度脱贫攻坚工作先进镇。

【社会事业】全镇居民参保率达98.4%；实现城镇新增就业193人；新审批农村特困家庭733人；摸排建档贫困留守儿童457人；落实优抚人员生活补助366人，发放退役士兵就业补助金53.7万元；发放群众临时生活困难资金24.33万元；开展残疾人“量服裁衣”服务2050人；开展全民预防保健免费体检1.95万人；免费开展育龄妇女“两癌”筛查2000名，免费开展孕前优生检查654人。

【文化事业】成立镇文联、社科联；完成“尹氏宗祠”修缮和“龙桥”摸排建档工作；在王湾等村建立“村史馆”2个；加强农村文化阵地建设，建成沙河、青桥、玉溪等村省、市级文化院坝；完成电视“户户通”工程建设400户；开展“电影下乡”等活动300余场次。

【教育工作】全镇普高上线528人，完成太伏中学综合楼、国仁学校教师公租房、五里村校综合楼建设工程，办学条件得到极大改善；太伏中学迁建有序推进，开展“千名教师进万家”活动1万余人次。

【安全工作】压实“两个责任”，落实安全生产“一票否决”制度，关停非法销售烟花爆竹1户，非法储存烟花爆竹2处，行政拘留1人；强力推进食品安全城市创建工作，持续加强食品药品监管，落实农村群体性宴席登记备案1490余份；完成新路小学地质灾害隐患点整治；建成“警校共育办公室”6个，新增校园监控300余个，实现校园视频监控全覆盖。

【环保工作】严格落实中央环保督查要求，关停酒类小作坊、拆除违法搅拌站等8个，关停整改养殖场15家；严格落实“河长制”，落实镇级河长5名；严格落实大气污染防治责任，全年开展秸秆禁烧巡查1200余次；投入40余万元，新建垃圾坑、垃圾库、垃圾站等70个，王湾村被评为省级卫生示范村。

【社会治理】全面推进综治中心建设，建成镇村综治中心19个，新增“雪亮工程”161组，实现重点场所、重点单位、重点路段全覆盖；开展“三无小区”综合整治4个，安装“门禁+视频”系统16组；全镇划分网格22个，落实专（兼）职网格员22名，实现网格化管理；择优选聘

"一村一辅警"18名，建立以"党员干部+志愿群众"为基础的"红袖标"治安巡逻队22支，健全信访工作联席会议制度，创新建立矛盾纠纷"233"快调快处机制，基层社会治理工作走在全市全县前列。

【基础设施建设】完成玉溪、林桥、张枣等17个村"社社通"水泥路135.6千米；稳步推进太伏—白沙、新路—忠烈、五通—万定3条县乡公路改造升级；完成沙河、王坪等4个村自来水管网工程建设，实施集中式供水村6个，实现农村安全饮水全覆盖；完成渔湾、伏龙、沙河等12个村农网改造工程；改建场镇排污收集管网1.8千米，新建伏龙村污水处理站，白云污水处理厂投入运行；开通农村客运公交线路5条，基本实现公交"村村通"；完成场镇主街道"白+黑"2千米，整治人行道路面2000余平方米，实施"光亮工程"68处，增设路灯106盏。

（撰稿人：李昌浩）

附 录

APPENDIX

一、统计公报

2017年泸县国民经济和社会发展统计公报

泸县统计局

2018年3月

2017年，泸县县委、县政府紧紧围绕“建成四个新区，率先全面小康”的奋斗目标，以深度融入泸州主城区一体化发展为工作主线，大力实施“创新驱动、产城融合、文旅联动、富民强县”发展战略，始终保持专注发展定力、攻坚克难，全面贯彻落实稳增长政策措施，国民经济发展取得显著成效。

一、综　合

国民经济平稳运行。经市统计局审定，全年实现地区生产总值300.4亿元，按可比价格计算，增长9.1%，增速分别快于全国、全省2.2、1.0个百分点。分产业看，第一产业实现增加值49.3亿元，增长4.1%；第二产业166.5亿元，增长10.1%；第三产业84.6亿元，增长10.1%。三次产业对经济增长的贡献率分别为7.6%、61.9%、30.5%，分别拉动GDP增长0.7、5.6、2.8个百分点。三次产业结构由上年的17.0∶58.6∶24.4调整为16.4∶55.4∶28.2。人均国内生产总值34554元。

非公有制经济。全年非公有制经济（民营经济）实现增加值194.6亿元，增长9.3%，占地区生产总值的64.8%，对经济增长的贡献率66.4%。其中，第一产业14.1亿元，增长1.7%；第二产业131.5亿元，增长10.0%；第三产业49.1亿元，增长9.8%。

居民消费价格。全县居民消费价格总水平（CPI）涨幅为0.7%，保持温和上涨。分类别看，食品烟酒类上涨0.2%，衣着类下降0.2%，居住类上涨0.8%，生活用品及服务类下降0.2%。交通和通信类上涨2.7%，教育文化和娱乐类上涨 1.5%，其他用品和服务类上涨 1.1%，医疗保健类上涨 0.1%。

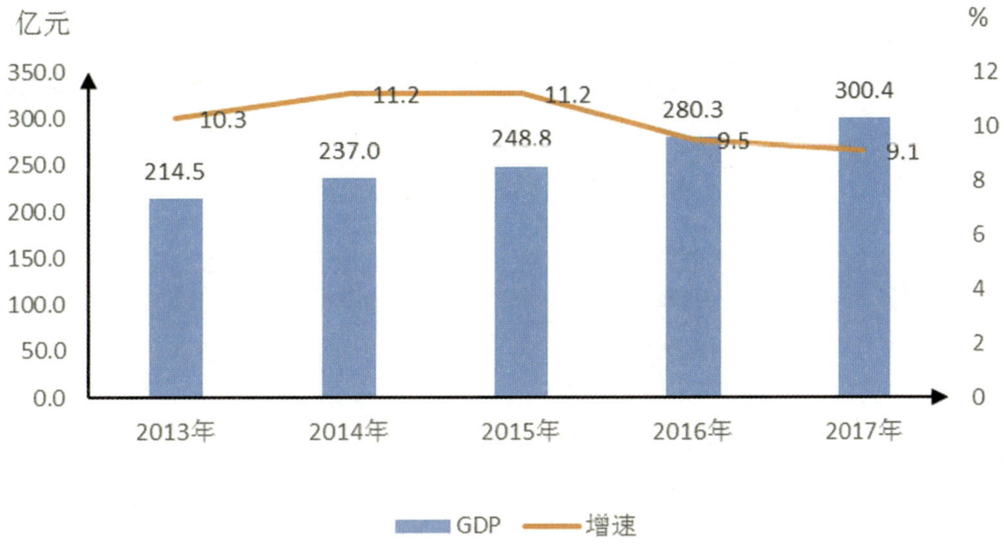

图 1 2013—2017 年 GDP 及其增长速度图

二、农 业

农村经济平稳发展。全年实现农林牧渔业增加值 49.9 亿元，增长 4.1%。其中，农业增加值 29.3 亿元，增长 6.7%；林业增加值 1.3 亿元，下降 20.1%%；牧业增加值 15.7 亿元，增长 1.7%；渔业增加值 3.0 亿元，增长 2.6%；农林牧渔服务业增加值 0.6 亿元，增长 5.8%。

粮食产量。全年农作物总播种面积达到 9.5 万公顷，同比略减。其中，粮食作物播种面积 6.9 万公顷，减少 7.5%；油菜籽播种面积 0.8 万公顷，增长 126.3%；蔬菜播种面积 1.3 万公顷，增长 5.1%。全年粮食总产量 53.7 万吨，下降 1.2%。其中，水稻播种面积 4.0 万公顷，与上年持平，产量 40.4 万吨，增长 2.1%。玉米播种 0.6 万公顷，同比略增，产量 3.2 万吨，增长 3.2%。

畜牧渔业。全年出栏生猪 100.2 万头，增长 0.2%；出栏羊 13.6 万只，增长 1.6%；出栏家禽 1323.5 万羽，下降 0.9%；全年肉类总产量 10.2 万吨，增长 1.0%。水产养殖面积 4.6 万亩，水产品产量 3.6 万吨，增长 5.9%。

三、工业和建筑业

工业经济企稳回升。全部工业增加值 124.5 亿元，增长 10.2%。年末规模以上工业企业 129 户，增加值增长 10.8%，其中战略新兴产业 13 户，实现增加值 7.1 亿元。分行业看，酒类制造业实现增长 18.7%，化工产业增长 9%，医药制造业下降 29.2%，新材料产业增长 15%。

工业经济效益。规模以上工业企业实现主营业务收入 334.5 亿元，增长 16.8%。实现利税总额 35.2 亿元，增长 18.0%，盈亏相抵后实现净利润 17.8 亿元，增长 13.8%。产销率达 99.2%。

主要产品产量。在统计监测的 11 种重点工业产品产量 9 种产品保持增长。增长前三位的分别是：钢材增长 25.3%、兽用药品增长 22%、白酒增长 18.1%。

规模以上工业企业主要产品产量情况表

表 2

产品名称	单位	绝对数	比上年增长%
白酒	万千升	57	18.1
玻璃包装容器	万吨	78	16.1
服装	万件	275	8.0
日用玻璃制品	吨	20671	10.8
纱	吨	4099	10.6
水泥	万吨	151	-3.2
鲜、冷藏肉	吨	11633	-19.0
钢材	万吨	8	25.3
布	万米	2872	15.4
化学药品原药	吨	4834	4.2
兽用用品	吨	9106	22.0

建筑业。建筑业实现总产值 370.5 亿元，增长 29.5%。完成房屋建筑施工面积 1610 万平方米，增长 4.0%；房屋建筑竣工面积 734 万平方米，下降 1.4%。

四、固定资产投资和房地产

投资总量。全年全社会完成固定资产投资 367.3 亿元，增长 22.4%。其中，第一产业投资 17.3 亿元，下降 18.6%；第二产业投资 138.9 亿元，增长 19.3%；第三产业投资 211.1 亿元，增长 30.0%。

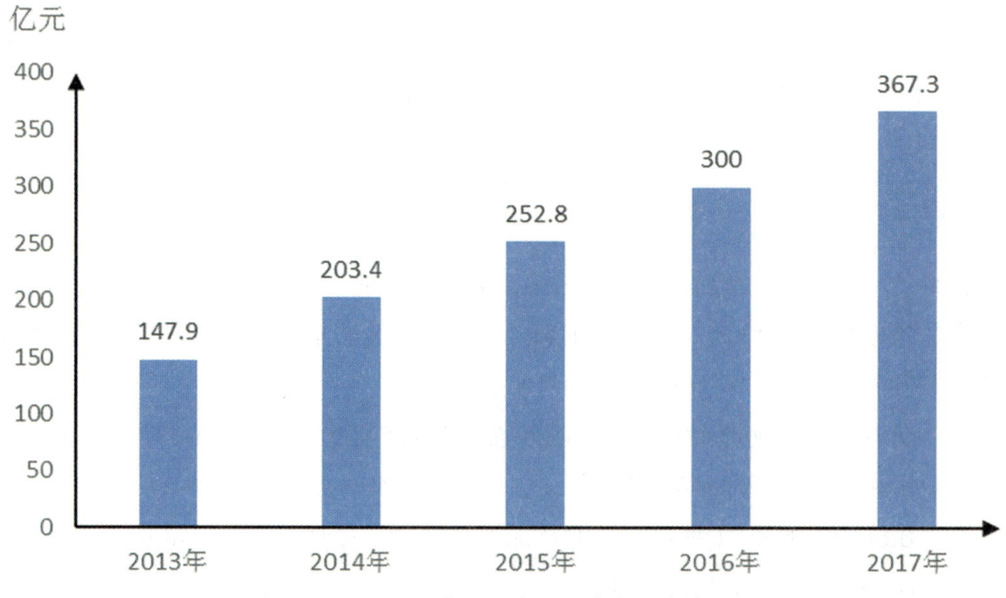

图 2　2013—2017 年全社会固定资产投资情况图

房地产。全年房地产开发投资 19.5 亿元，增长 11.1%。房屋施工面积 178.6 万平方米，增长 33.8%；房屋竣工面积 49.8 万平方米，增长 78.7%；房屋销售面积 82.7 万平方米，增长 50.0%。

五、市场贸易和对外经济

消费品市场持续旺盛。全年实现社会消费品零售总额 118.6 亿元，增长 13.4%。分地区看，城镇 82.4 亿元，增长 12.9%，乡村 36.2 亿元，增长 14.5%。分行业看，批发业 42.2 亿元，增长 15.4%；零售业 53.1 亿元，增长 11.2%；住宿业 0.4 亿元，增长 15.4%；餐饮业 22.9 亿元，增长 14.9%。

出口和招商。全年实现进出口总额 5480 万美元；实际到位外资 589 万美元。招商引资签约项目 95 个，招商引资实际到位资金 249 亿元，增长 19.1%。

六、交通和旅游

交通。境内公路总里程 4815 公里，其中等级以上公路 3858 公里。全县客运车辆拥有量为 587 辆，货运车辆 7051 辆。全年公路运输总周转量 43.8 亿吨公里，增长 7.9%；水路运输总周转量 41.9 亿吨公里，增长 18.5%；旅客周转量 8.5 亿人公里，下降 14.1%；货物周转量 43.0 亿吨公里，增长 8.5%。

旅游。龙桥文化生态园成功创建为 AAAA 级景区，宋代石刻博物馆建成开馆，体育中心、龙城文化艺术中心加速建设，玉蟾山国家 AAAA 级景区创建工作全面启动，成功承办中国龙文化峰会。全年接待游客 645.8 万人次，增长 43.4%。实现旅游总收入 51.7 亿元，增长 33.8%。

七、财政与金融

财政。全年财政总收入 24.9 亿元，下降 18.8%。地方公共财政预算收入 14.9 亿元，增长 13.8%。其中，税收收入 9.1 亿元，增长 15.0%；非税收收入 9.8 亿元，下降 34.5%。全年财政总支出 57.7 亿元，增长 17.6%。其中，一般公共预算支出 52.7 亿元，增长 29.2%。民生支出 39.1 亿元，占地方公共财政支出的 73.8%。农林水事务支出 9.6 亿元，增长 34.8%；教育支出 12.8 亿元，增长 30.6%；医疗卫生支出 8.3 亿元，增长 16.2%。

金融。全社会金融机构各项存贷款余额 472.4 亿元。其中，贷款余额 136.3 亿元，增长 10.1%；存款余额 336.1 亿元，增长 12.3%。居民储蓄存款余额 274.6 亿元，增长 10.1%。

八、教育和科学技术

教育。现有普通高中 5 所，职业高中 3 所，初中 50 所，小学 36 所，特殊教育学校 1 所。在校学生人数 15.0 万人，其中小学生 7.2 万人，初中学生 4.4 万人，普通高中学生 2.2 万人，职高生（含中专生）1.2 人。教职工人数 9547 人，其中专任教师 7794 人。共有幼儿园 99 所，在园儿童数 2.6 万人。小学学龄儿童入学率达 100%。九年义务教育完成率 100%。泸县高考本科上线连续 27 年居泸州首位，泸县二中蝉联泸州 28 连冠。

科学技术。全县高新技术企业数量 11 家，全年高新技术产业产值达 36.2 亿元。全年新增专利申请 659 项，其中专利申请授权量 302 项。全县建成创新创业孵化载体 6.3 万平方米，入驻双创项目 151 个，带动就业3000余人。

九、文化、体育和卫生

文化体育。年末拥有文物保护单位111处，其中全国重点文物保护单位7处，省级、市级、县级文物保护单位分别为9处、4处、91处。年末拥有电视发射机9部，电视覆盖率100%、广播覆盖率达100%。年末图书馆藏书量118千册。全年举办运动会30次，参加运动员2.2万人。

卫生。年末全县共有医疗卫生机构1257个（包括村卫生室），其中泸县人民医院成功创建“三乙”医院。医院、卫生院卫生专业技术人员3108人，其中执业医师999人、注册护士1556人。产妇住院分娩率99.95%，婴儿死亡率和5岁以下儿童死亡率下降至4.3‰和6.4‰。全年无偿献血7193人次，献血量143.9万毫升。

十、环境保护和安全生产

环境保护。全年城区环境空气质量优良以上天数229天，优良天数率为65.1%；目前全县已建成投运场镇污水处理厂34个，其中濑溪河流域25个，实现濑溪河流域所有场镇全覆盖，城区生活污水收集率达到85%。

安全生产。全年共发生安全生产事故10件，下降37.5%；死亡8人，下降46.7%；伤残5人；直接经济损失680万元，下降16.6%；非煤矿山、危化品、烟花爆竹、消防、水上交通、特种设备、农机等重点行业领域继续保持零死亡。

十一、人口、人民生活

人口。年末全县户籍人口107.4万人。其中，非农业人口27.0万人，农村人口80.4万人。按性别分，男性55.3万人，女性人口52.1万人，性别比为106.2∶100。当年出生人口1.4万人，死亡人口0.9万人。

年末常住人口87.01万人。其中，城镇常住人口34.55万人，乡村常住人口52.46万人，城镇化率39.71%，比上年提高1.6个百分点。

城乡居民收入。全年城镇居民人均可支配收入30910元，增长8.6%。农村居民人均可支配收入15146元，增长9.7%。

十二、就业和社会保障

就业。城镇新增就业7138人，失业人员再就业1667人，就业困难人员再就业574人，开发公益性岗位安置农村低保、残疾、建档立卡贫困人员1849人，城镇登记失业率3.32%，促进高校毕业生创业50人，就业登记13.8万人，发放创业担保贷款1704万元，青年劳动者技能培训2162人，农村建档立卡贫困者技能培训928人，品牌培训237人，创业培训1335人，农村劳动力转移就业40.67万人。

社会保障。养老保险参保人数58.1万人，基本医疗保险参保人数101.4万人，失业保险参保人数2.5万人，工伤保险参保人数3.2万人，生育保险参保人数3.1万人。

社会救助。年末各类社会福利收养性单位25个，床位数6150张。救助城乡低保30万余人次，发放低保金 6782 万元，人均救助水平达 340 元/月。建成城乡社区日间照料中心 17 个；为 1.54 万名困难家庭失能老人和 80 岁以上高龄老人提供居家养老服务。

注：

1. 公报中部分数据为初步统计数，正式数据以《泸县统计年鉴（2017）》为准。

2. 公报中涉及的国内生产总值、农业增加值、规模以上工业增加值及其他各行业增加值指标绝对数按现价计算，增长速度按可比价格计算。

3. 规模以上工业企业是指年主营业务收入 2000 万元及以上法人工业企业。限额以上批发零售贸易企业（单位）是指年主营业务收入 2000 万元及以上的批发企业（单位）和年主营业务收入 500 万元及以上零售企业（单位）。限额以上住宿和餐饮业是指年主营业务收入 200 万元及以上的住宿和餐饮业企业（单位）。固定资产投资项目统计范围为计划总投资 500 万元及以上项目，全社会固定资产投资包含农户投资。

4. 公报中出口、招商引资、交通运输、旅游、财政、金融、教育、科技、文化体育、卫生、环境保护、安全生产、户籍人口和社会保障数据来源于县商务局、投资促进局、交通局、旅游局、财政局、人民银行泸县分行、教育局、科技局、文体广新局、卫生局、环保局、安监局、公安局、人社局、民政局等相关部门统计。

二、泸县 2017 年国民经济和社会发展统计表

2017 年泸县主要经济指标与国家省市对比情况表

表 3　　单位：亿元、%

指标名称		国　家	四　川	泸　州	泸　县
地区生产总值	总量	827122	36980. 2	1596. 2	300. 5
	增速	6. 9	8. 1	9. 1	9. 1
规模以上工业增加值	增速	6. 2	8. 5	10. 9	10. 8
固定资产投资额	总量	631684	32097. 3	2042. 1	367. 3
	增速	7. 2	10. 2	18	22. 4
社会消费品零售总额	总量	366262	17480. 5	722. 1	118. 6
	增速	10. 2	12	13. 3	13. 4
地方公共财政收入	总量	–	–	146	14. 9
	增速	–	–	11. 3	14. 7
城镇居民人均可支配收入（元）	总量	36396	30727	31449	30910
	增速	6. 5	8. 4	8. 6	8. 6
农村居民人均可支配收入（元）	总量	13432	12227	13670	15146
	增速	7. 3	9. 1	9. 8	9. 7

2017 年泸县地区生产总值情况表

表 4　　单位：万元

指标名称	本季止累计	增长+%（可比价）
泸县生产总值	3004463	9. 1
第一产业	493334	4. 1
第二产业	1664816	10. 1
其中：工业	1245474	10. 2
第三产业	846313	10. 1

2017 年泸县居民消费价格指数情况表

表 5

项目名称	上月 = 100	上年同月 = 100	上年同期 = 100
居民消费价格总指数	100. 3	100. 8	100. 7
一、食品	100. 7	100. 9	100. 2
二、烟酒及用品	100	99. 7	99. 8
三、衣着	100	100. 4	100. 8
四、家庭设备用品及维修服务	100. 7	100. 3	99. 8
五、医疗保健和个人用品	100	102. 3	102. 7
六、交通和通信	100	101	101. 5
七、娱乐教育文化用品及服务	100	100. 2	100. 1
八、居住	100	100. 5	101. 1

2017 年泸县金融情况表

表 6　　单位：万元

指标名称	2017 年末	增速%
全社会各项贷款余额	1363180	10. 1
其中：短期贷款	506617	9
中长期贷款	829573	11. 5
全社会各项存款余额	3361100	12. 3
其中：单位存款	163974	28. 5
居民储蓄存款	2745780	10. 1

2017 年泸县社会消费品零售总额

表 7　　单位：万元

指标名称	12 月	增速%	2017 年	增速%
社会消费品零售总额	129634	13. 3	1185734	13. 4
其中：限额以上	73139	13. 8	530627	18. 3
一、按销售所在地分组				
城镇	97439	13. 2	824141	12. 9
乡村	32195	13. 7	361593	14. 5
二、按行业分组				
批发业	53640	9. 7	422233	15. 4
零售业	59138	15. 1	530740	11. 2

续表7

指标名称	12 月	增速%	2017 年	增速%
住宿业	372	25. 8	4225	15. 4
餐饮业	16485	19. 2	228536	14. 9
三、消费形态分				
餐饮收入	16532	19. 2	230832	14. 8
商品零售	113102	12. 5	954902	13

2017 年泸县建筑业主要指标情况表

表 8

单位：万元、万平方米

指标名称	2017 年	累计±%
签订的合同额	4628516	26. 3
一、建筑业总产值	3704626	29. 5
其中：装饰装修产值	90387	44. 6
在外省完成的产值	1171718	14
1. 建筑工程产值	3459819	33. 8
2. 安装工程产值	183963	21. 7
3. 其他产值	60844	-50. 9
二、竣工产值	1649798	10. 5
三、房屋建筑施工面积	1610	4
四、房屋竣工面积	734	-1. 4
五、房屋竣工价值	1271066	11. 8

2017 年泸县房地产主要指标情况表

表 9

指标名称	单位	2017 年	增速%
房地产开发投资额	万元	194524	11. 1
其中：住宅	万元	121794	-2. 9
本年施工房屋面积	万平方米	179	33. 8
其中：住宅	万平方米	118	33. 7
#本年新开工房屋面积	万平方米	73	-9. 3
其中：住宅	万平方米	50	-5. 7
本年竣工房屋面积	万平方米	50	78. 7
其中：住宅	万平方米	28	38. 5

续表9

指标名称	单位	2017 年	增速%
商品房屋销售面积	万平方米	83	50
其中：住宅	万平方米	61	45.6
商品房屋销售额	万元	304129	32.4
其中：住宅	万元	216003	40.7
商品房屋待售面积	万平方米	9	—
其中：住宅	万平方米	6	—

2017 年泸县固定资产投资情况表

表 10　　单位：万元

指标名称	2017 年	增速%
全社会固定资产投资	3672566	22.4
#固定资产投资完成额	3607566	22.3
#房地产开发投资	194524	11.1
#项目投资	3413042	23
#技改投资	1023900	-6
(一) 按构成分	2023965	6.2
建筑、安装工程		
设备工器具购置	3243966	31.6
其他投资	327821	-27.3
(二) 按行业分	100779	19.6
第一产业		
第二产业	172517	-18.6
#工业性投资	1389358	19.3
第三产业	1365625	19.4

2017 年泸县规模以上工业企业主要经济指标情况表

表 11　　单位：万元

指标名称	2017 年	增速%
产品销售收入	3344676	16.8
盈亏相抵后的利润总额	178436	13.8
利税总额	3523111	18

续表11

指标名称	2017 年	增速%
资产总额	1003553	9.1
应收账款净额	121638	7.1
产成品	152842	15.9
负债总额	418270	3.3
应缴增值税	55260	28.7

2017 年泸县规模以上工业生产主要产品产量情况表

表 12

指标名称	计量单位	2017 年	增速%
白酒	万千升	57	18.1
玻璃包装容器	万吨	78	16.1
服装	万件	275	8
日用玻璃制品	吨	20671	10.8
纱	吨	4099	10.6
水泥	万吨	151	-3.2
鲜、冷藏肉	吨	11633	-19
钢材	万吨	8	25.3
布	万米	2872	15.4

2017 年泸县规模以上工业生产、销售情况表

表 13

指标名称	2017 年（万元）	增速（%）
一、工业总产值（现行价格）	3377547	17.4
在总计中：轻工业	2798734	17
重工业	578814	19.4
在总计中：集体企业	0	0
股份制企业	2861436	17.7
外商及港澳台商投资企业	59539	24.8
其他企业	456572	14.7
二、工业销售产值（现行价格）	3351967	17.3
在总计中：轻工业	2774888	16.9
重工业	577078	19.3

续表13

指标名称	2017年（万元）	增速（%）
在总计中：集体企业	0	0
股份制企业	2838607	17.7
外商及港澳台商投资企业	58794	23.2
其他企业	454566	14.3
三、工业增加值	—	10.8
四、工业产品销售率（%）	99.2	0

2017年泸县城镇常住居民人均可支配收支情况

表14　　单位：万元、%

指标名称	2017年	增速
一、可支配收入	30910	8.6
（一）工资性收入	18679	7.8
（二）经营性收入	6539	13.6
（三）财产性收入	1419	6.9
（四）转移性收入	4273	5.6
二、生活消费支出	20402	7.3
（一）食品	7427	3.7
（二）衣着	2106	13.8
（三）居住	3016	3.9
（四）家庭设备用品及服务	1627	16.6
（五）医疗保健	1230	9.6
（六）交通和通信	3113	7.9
（七）教育文化娱乐服务	1365	13.9
（八）其他商品和服务	520	5.5

说明：以上数据是采取四舍五入保留整数原因，存在合计与分项不等的情况。

2017年泸县农村常住居民人均可支配收支情况表

表15　　单位：万元、%

指标名称	2017年	增速
一、可支配收入	15146	9.7
（一）工资性收入	6671	4.1
（二）经营收入	5059	13.3

续表15

指标名称	2017年	增速
（三）财产性收入	334	3
（四）转移性收入	3082	18.1
二、生活消费支出	12073	7.1
（一）食品	4722	5.2
（二）衣着	799	13.5
（三）居住	2260	9.1
（四）家庭设备用品及服务	953	14.2
（五）医疗保健	910	8.8
（六）交通和通信	1367	4.8
（七）教育文化娱乐服务	816	1
（八）其他商品和服务	245	6.4

2017年泸县主要农产品生产情况表

表16

指标名称	面积		产量	
	2017年	增长±%	2017年	增长±%
一、粮食作物	68903	-7.5	536804	-1.2
（一）谷物	52778	-14	461322	-3.6
其中：稻谷	39953	0	404199	2.1
小麦	445	-95.1	1361	-95.1
玉米	6023	0.9	32032	3.2
高粱	6357	-1.1	23730	1.2
（二）豆类	4585	13.3	12465	17.3
（三）薯类（折粮）	11540	27.3	63017	15.7
其中：洋芋	9565	31.1	44170	15.6
二、油料作物	9177	103.35	22428	101.65
其中：花生	788	-0.63	2543	1.72
油菜籽	8362	126.31	19814	131.74
芝麻	27	8	71	-1.39
三、糖料	340	0.59	10518	2.79

续表16

指标名称	面积		产量	
	2017年	增长±%	2017年	增长±%
四、药材	1935	14.97	27109	32.05
五、蔬菜及食用菌	12484	5.08	707101	6.3
六、瓜果类	275	2.23	6159	4.85
七、其他农作物	1381	1.92		
八、茶叶			1204	4.6
九、水果			70200	3.54

2017年泸县农林牧渔业总产值情况表

表17

指标名称	本季止累计（亿元）	累计±%
一、农林牧渔业总产值合计	81.82	3.9
（一）农业产值	42.92	6.4
其中：蔬菜	19.51	-
（二）林业产值	2.08	-23
（三）牧业产值	31.32	2.8
其中：猪	19.22	4.2
家禽	7.52	-0.4
（四）渔业产值	4.63	-0.1
（五）农林牧渔服务业产值	0.87	6.8
二、农林牧渔业增加值	49.89	4.1
（一）农业增加值	29.35	6.7
（二）林业增加值	1.34	-20.1
（三）牧业增加值	15.67	1.7
（四）渔业增加值	2.98	2.6
（五）农林牧渔服务业增加值	0.56	5.8

三、领导名录

泸县县级领导班子成员名表

表 18

单　位	姓　名	性　别	现任职务	任现职时间
中共泸县县委	薛学深	男	书　记	2016.07
	肖　刚	男	副书记	2016.08
	张学彬	男	副书记	2016.08
	喻　斌	男	常　委	2013.07
	张文杰	男	常　委	2014.02
	金林松	男	常　委	2014.02
	张国华	男	常　委	2015.11
	李盛春	男	常　委	2016.02
	杨双全	男	常　委	2016.08
	陈　佳	女	常　委	2016.08
	赵　斌	男	常　委（挂职）	2017.05
	赵　领	男	常　委（挂职）	2017.05
	张福荣	男	常　委	2017.08
泸县人大常委会	颜习林	男	主任、党组书记	2016.12
	蔡　辉	男	副主任	2016.12
	杨怀清	男	副主任	2011.12
	余　冰	男	副主任	2014.01
	荀明强	男	副主任人选	2017.12
泸县人民政府	肖　刚	男	县　长	2016.12
	张文杰	男	副县长	2016.02
	赵　斌	男	副县长（挂职）	2017.05
	赵　领	男	副县长（挂职）	2017.05
	杨开春	女	副县长	2017.12
	杜作文	男	副县长	2011.12
	宋　军	男	副县长	2015.05
	叶仕良	男	副县长	2016.12
	先泽平	男	副县长	2017.08
	李晓白	男	县长助理（挂职）	2016.01

续表18

单　位	姓　名	性　别	现任职务	任现职时间
泸县政协	李　镇	男	主席、党组书记	2015. 01
	廖兴无	男	副主席	2011. 12
	尹朝勇	男	副主席	2016. 12
	杜开卷	男	副主席	2011. 12
	朱　兵	男	副主席人选	2017. 12

泸县县级各部门、单位领导成员名表

表19

单　位	姓　名	性　别	现任职务	任现职时间
泸县人民法院	谢　杰	男	党组书记、院长	2011. 01
	王恩鑫	男	副书记、副院长	2016. 06
	赖　杰	男	副院长	2016. 06
	曾万军	男	副院长	2016. 12
	周启发	男	纪检组组长	2016. 11
	刘世良	男	政治处主任	2013. 01
	陈　杰	女	机关党委书记	2016. 01
	孙　非	男	专职审判委员会委员	2011. 05
	刘文华	男	专职审判委员会委员	2013. 01
	廖　斌	男	执行局局长	2016. 01
	郑红英	男	喻寺法庭庭长	2013. 05
	殷士楠	女	云龙法庭庭长	2013. 09
	陈明金	男	玄滩法庭庭长	2013. 09
泸县人民检察院	张胜春	男	党组书记、检察长	2016. 12
	胡　摇	男	副检察长	2012. 05
	毛　劲	男	副检察长	2012. 09
	罗振远	男	纪检组组长	2012. 05
	商　晟	女	副检察长	2017. 11
	叶小刚	男	政治处主任	2017. 10
	郑　英	女	机关党委书记、云龙检察室主任	2016. 01
	钟正文	男	反贪污贿赂局局长	2013. 01

续表19

单　位	姓　名	性　别	现任职务	任现职时间
泸县人民检察院	邱　涛	男	反渎职侵权局局长	2013. 01
	赖德阳	男	专职检察委员会委员	2011. 05
	万　俊	男	专职检察委员会委员	2016. 01
	卢　棋	男	牛滩检察室主任	2013. 01
	郑　洪	男	嘉明检察室主任	2013. 01
	周　静	男	兆雅检察室主任	2013. 11
中共泸县纪委 泸县监察局	喻　斌	男	书记	2014. 11
	彭维昆	男	副书记、监察局局长	2016. 04
	李雪梅	女	副书记	2016. 05
	代　涛	男	常委	2016. 04
	姜泽胜	男	常委、监察局副局长	2016. 04
	黄照荣	男	常委、组织部部长	2016. 09
	王昱才	男	常委、第一纪检监察室主任	2016. 09
	闵思琴	女	办公室主任	2017. 05
	封大文	男	第二纪检室主任	2016. 09
	张海军	男	案件审理室主任	2016. 06
	王　杰	男	信访室主任	2016. 06
	郑小华	女	第三纪检室主任	2016. 11
	王　强	男	第四纪检室主任	2016. 11
	谭　迎	男	第五纪检室主任	2017. 05
	曹利红	女	预防腐败室主任	2017. 03
	万利邦	男	宣传部部长	2017. 03
	李　玲	女	党风政风监督室主任	2017. 10
县委巡查办	游先春	男	主任	2016. 10
	邹宏亮	男	副主任	2016. 10
县委第一巡察组	张泽泉	男	组长	2017. 03
	杨守群	女	副组长	2017. 03
县委第二巡察组	徐泽平	男	组长	2017. 03
	罗昌平	男	副组长	2017. 03

续表19

单 位	姓 名	性 别	现任职务	任现职时间
县委第三巡察组	宋 华	男	组长	2017.03
	朱玉虹	女	副组长	2017.03
中共泸县县委办公室	杨双全	男	主任	2016.04
	殷洪勇	男	常务副主任	2017.12
	刘文忠	男	副主任	2017.09
	余 萍	女	副主任、政研室主任	2017.12
	王定漫	男	副主任	2016.12
	张明均	男	县台办主任	2016.12
	赵守文	男	机要局局长、密码管理局局长	2008.09
	陶金福	男	保密办主任	2009.03
	贾定刚	男	副科级纪检员	2014.03
	梁 杰	男	机关党委书记	2016.12
	陈巧玲	女	机关事务管理办主任	2016.11
	陈正军	男	督查室主任	2017.03
	张 可	男	机关事务管理办副主任	2016.11
中共泸县县委群众工作局	刘文忠	男	局长	2017.09
	刁建波	男	副局长	2015.04
	胡 峻	男	副局长	2017.05
	高 华	男	副科级纪检员	2017.08
中共泸县县委农工委	田 伟	男	主任	2016.04
	邱清海	男	副主任	2017.09
	张 蕾	女	副主任	2017.12
中共泸县县委组织部	张国华	男	部长	2015.11
	刘 静	女	副部长、县党建办主任	2016.01
	罗晓玲	女	副部长	2016.04
	李 庆	女	副部长	2015.02
	罗 苓	男	副部长	2016.04
	龙文灯	男	副部长、县人才办主任	2017.08
	张晓波	男	副科级纪检员	2015.02

续表19

单　位	姓　名	性　别	现任职务	任现职时间
中共泸县县委组织部	付冬梅	女	党建办副主任	2017. 05
	汤正东	男	人才办副主任	2017. 05
	谢锦涵	男	两新党工委专职副书记	2017. 12
中共泸县县委老干局	罗　苓	男	局长	2016. 04
中共泸县县委宣传部	陈　佳	女	部长	2016. 08
	艾　斌	男	副部长、外宣办主任、文联主席	2016. 11
	田希友	男	副部长、文明办主任	2016. 11
	熊开芬	女	副部长	2016. 04
	刘　勇	男	副科级纪检员	2017. 08
	张　锐	女	文明办副主任	2016. 12
	葛　亮	男	外宣办副主任	2017. 12
泸县文联社科联	艾　斌	男	主席	2016. 11
	邵　鑫	男	副主席	2016. 08
泸县新闻中心	向晓鸿	男	主任	2010. 09
泸县网络舆情中心	程祖全	男	主任	2011. 03
中共泸县县委政法委	李盛春	男	书记、大调解中心主任	2016. 02
	宋　军	男	副书记	2015. 05
	邓基祥	男	副书记	2015. 04
	王谋远	男	副书记	2017. 02
	邹小春	女	政治处主任	2013. 05
	曾雨宁	男	纪工委书记	2016. 12
	李　刚	男	县维稳办专职副主任	2013. 08
	罗明泽	男	县大调解中心副主任	2013. 11
	赵　明	男	县综治办副主任	2017. 08
	王　犀	男	县国安办专职副主任	2017. 08
	王大超	男	县禁毒办主任	2016. 01
中共泸县县委统战部	杨双全	男	部长	2016. 09
	雷鑫平	男	副部长	2017. 05

续表19

单　位	姓　名	性　别	现任职务	任现职时间
中共泸县县委统战部	杨　玲	女	副部长、民宗局局长	2017.05
	肖驰云	男	副科级纪检员	2016.04
	秦剑华	男	民宗局副局长	2017.10
	熊　敏	男	统战服务中心主任	2017.08
中共泸县直属机关工委	张国华	男	书记	2016.09
	徐明琴	女	副书记	2015.04
	游　敏	男	副书记	2017.05
	宋　芳	女	纪工委书记	2015.02
中共泸县县委编办	李　庆	女	主任	2015.02
	黄常建	男	副主任	2015.04
	张翼飞	男	副主任	2017.10
	邓秋月	女	事登局局长	2017.05
泸县人大常委会各委室	谭　奎	男	办公室主任	2017.12
	罗冠英	女	办公室副主任	2017.12
	罗　伟	男	副科级纪检员	2015.05
	蒋列艳	女	机关党委书记	2017.03
	罗　云	女	研究室主任	2017.12
	杨　兵	男	研究室副主任	2016.04
	熊方永	男	法制委主任人选	2017.11
	何光志	男	内务司法委员会主任委员	2016.01
	黄焱超	男	内务司法委员会副主任委员	2016.04
	张中洪	男	财经委员会主任委员	2016.01
	陈志平	男	财经委员会副主任委员	2016.01
	李中显	男	教育科学文化卫生委员会主任委员	2016.12
	谢多贵	男	教育科学文化卫生委员会副主任委员	2017.05
	艾文平	男	农业和农村委员会主任委员	2016.12
	曾永兴	男	农业和农村委员会副主任委员	2016.09
	陈　红	男	城环资委主任委员人选	2017.11
	丁梦飞	男	城环资委副主任委员	2016.01

续表19

单　位	姓　名	性　别	现任职务	任现职时间
泸县人大常委会各委室	易其良	男	外侨民宗委员会主任委员	2016.03
	何　利	女	外侨民宗委员会副主任委员	2016.09
	罗元秀	女	人事代表工委主任	2016.01
	邵胜权	男	人事代工委副主任	2017.05
泸县政协各委室	胡洪斌	男	办公室主任、秘书长人选	2017.12
	王　玲	女	办公室副主任	2017.10
	王定春	男	副科级纪检员	2015.05
	曾品湘	男	经济委主任	2011.06
	毛昭平	男	经济委副主任	2016.10
	陈志学	男	提案委主任	2016.10
	付家红	女	提案委副主任	2017.10
	税少于	男	社事委主任	2016.04
	熊发贵	男	社事委副主任	2016.09
	袁春江	男	文史委主任	2016.03
	钟　文	男	文史委副主任	2016.09
	谢金南	男	农工委主任	2012.07
	李孝飞	男	农工委副主任	2012.07
	朱富容	女	社会法制委主任	2016.09
	郭光忠	男	社会法制委副主任	2013.07
	张文杰	男	委员联络办公室主任	2017.12
	徐泽刚	男	委员联络办公室副主任	2017.10
	雷兵能	男	研究室主任	2015.05
泸县总工会	杨双全	男	主席	2016.09
	谯　锋	男	党组书记、常务副主席人选	2017.12
	周　勇	男	副主席	2012.05
	何彩平	女	副主席	2013.12
泸县妇联	熊　霞	女	主席	2016.09
	张守英	女	副主席	2013.11
	张　红	女	副主席	2016.04

续表19

单 位	姓 名	性 别	现任职务	任现职时间
共青团泸县委员会	薛 莉	女	书记	2016. 09
	吴 李	女	副书记	2016. 06
	李小江	男	副书记	2017. 05
泸县科协	王先碧	女	主席	2015. 05
	陈学兵	男	副主席	2016. 03
	陈典毅	男	副主席	2017. 10
泸县工商联	郑尚贵	男	主席	2016. 11
	雷鑫平	男	副主席、党组书记	2017. 05
	邱 彬	男	副主席、秘书长	2012. 05
	袁 静	女	副主席	2016. 12
泸县残联	杜然华	男	理事长	2015. 05
	曾有会	女	副理事长	2013. 08
	尹 川	男	副科级纪检员	2016. 04
中共泸县县委党校	张国华	男	校长	2015. 11
	王 湘	男	副校长、党委书记	2012. 11
	廖春莲	女	副校长	2012. 11
泸县人民政府办公室	邝小波	男	主任、党组书记	2017. 08
	黄晓冰	男	副主任	2016. 04
	罗万宣	男	副主任	2017. 08
	陈 燕	女	副主任	2016. 12
	张存勇	男	副主任	2017. 08
	李 琼	女	纪检组组长	2015. 02
	毕 学	男	机关党委书记	2016. 12
	李泉怡	男	法制办主任	2017. 03
	牟崇启	男	法制办副主任	2017. 03
	罗国忠	男	人防办主任	2013. 11
	熊科俊	男	应急办主任	2016. 04
	董俊松	男	电子政务办公室主任	2014. 11
	蒋坤丽	女	研究室主任	2017. 01

续表19

单　位	姓　名	性　别	现任职务	任现职时间
泸县人民政府办公室	敖昌蓉	女	信息公开办主任	2017.01
	陈　业	男	人防办主任	2017.10
泸县扶贫移民局	黄晓冰	男	局长	2016.11
	文良洪	男	副局长	2015.02
泸县科学技术和知识产权局	吴雪红	女	局长	2015.01
	刁宪彬	男	副局长	2015.01
泸县发展和改革局	郑光明	男	党组书记、局长	2017.08
	邱有琪	男	副局长	2016.12
	曾万权	男	副局长	2015.02
	朱晓燕	女	纪检组组长	2017.02
	王　勇	男	副局长	2017.03
	黄　凯	男	重点项目稽查特派员办主任	2016.12
	聂富平	男	以工代赈办主任	2017.05
泸县经济和信息化局	童执全	男	局长、党委书记	2016.12
	黎　明	男	副局长	2015.01
	童　彬	男	副局长	2017.10
	李　牧	男	纪委书记	2016.04
	巫进恒	男	总经济师	2016.03
	曾　婧	女	机关党委书记	2017.12
泸县商务局	杨凤英	女	局长、党组书记，酒发局局长	2016.11
	王洪权	男	副局长	2017.05
	黄艳丽	女	副局长	2016.03
	周厚明	男	纪检组组长	2017.05
泸县教育局	赵德伦	男	局长、党委书记	2017.09
	张天虎	男	副局长、教师进修校校长、党支部书记	2015.04
	熊娅梅	女	副局长	2016.03
	余占敏	男	纪委书记	2016.04
	张乃兵	男	机关党委书记	2016.04
	唐明友	男	副局长、教师进修校党支部副书记	2017.01

续表19

单 位	姓 名	性 别	现任职务	任现职时间
泸县教育局	吕 苹	女	招办专职副主任	2016. 12
泸县公安局	宋 军	男	局长、党委书记	2015. 05
	鄢书平	男	党委副书记、政委	2017. 06
	李祥建	男	副局长	2015. 06
	苟治权	男	副局长	2012. 05
	徐家祥	男	副局长	2017. 08
	付小东	男	纪委书记	2017. 08
	陈 华	男	副局长	2015. 06
	邹 胜	男	机关党委书记	2015. 06
	张国平	男	政工监督室主任	2015. 06
	黄祖高	男	警务保障室主任	2007. 12
	谢兴明	男	指挥中心主任	2012. 05
	唐继香	女	法制大队大队长	2016. 07
	胡有彬	男	国内安全保卫大队大队长	2016. 01
	石跃斌	男	国内安全保卫大队教导员	2017. 01
	莫乾银	男	刑事侦查大队大队长	2017. 08
	罗亚平	男	刑事侦查大队教导员	2012. 05
	熊殿业	男	交通管理大队大队长	2017. 08
	张德华	男	交通管理大队教导员	2015. 06
	黄华斌	男	治安管理大队大队长	2016. 01
	田安军	男	治安管理大队教导员	2017. 07
	龙良波	男	经济犯罪侦查大队大队长	2015. 06
	鲁小平	男	经济犯罪侦查大队教导员	2015. 06
	陈 强	男	禁毒缉毒大队大队长	2017. 03
	王 玲	女	禁毒缉毒大队教导员	2012. 05
	梁远峰	男	公共信息网络安全监察大队大队长	2012. 05
	杨小刚	男	公共信息网络安全监察大队大教导员	2015. 11
	郭 平	男	看守所所长	2016. 07
	王雄杰	男	拘留所所长	2017. 01

续表19

单　位	姓　名	性　别	现任职务	任现职时间
泸县公安局	周国斌	男	拘留所教导员	2017.03
	胡　阳	男	玉蟾派出所所长	2017.01
	万生志	男	玉蟾派出所教导员	2017.07
	唐　健	男	福集派出所教导员	2015.06
	刘晓勇	男	兆雅派出所所长	2007.12
	徐成前	男	玄滩派出所所长	2017.08
	赵大清	男	玄滩派出所教导员	2015.11
	周意钧	男	嘉明派出所所长	2017.07
	蒋体洪	男	嘉明派出所教导员	2017.03
	李　明	男	牛滩派出所所长	2015.06
	钟祥云	男	云龙派出所所长	2017.08
	黄文兴	男	得胜派出所教导员	2017.03
	黄　宇	男	云锦派出所所长	2015.06
	杨　舟	男	云锦派出所教导员	2015.06
	张　敏	男	立石派出所所长	2017.01
	李　安	男	立石派出所教导员	2017.03
	胡　洧	男	太伏派出所所长	2017.07
	曾　勇	男	毗卢派出所所长	2015.06
	叶　军	男	石桥派出所所长	2017.07
	巫　奇	男	石桥派出所教导员	2015.06
	陈　旭	男	方洞派出所所长	2017.01
	吴文波	男	方洞派出所教导员	2017.03
	杜　江	男	喻寺派出所所长	2015.06
	涂中文	男	喻寺派出所教导员	2017.03
	梁　军	男	潮河派出所所长	2015.06
	李　楠	女	天兴派出所教导员	2015.06
	刘明杰	男	海潮派出所所长	2015.06
	熊兴云	男	海潮派出所教导员	2012.05
	何显斌	男	奇峰派出所教导员	2017.03

续表19

单 位	姓 名	性 别	现任职务	任现职时间
泸县司法局	李清华	男	局长、党组书记	2016. 09
	敬 衍	男	副局长	2016. 04
	郭一兵	男	纪检组组长	2003. 05
	何传江	男	副局长	2017. 10
	曾发贵	男	副局长	2017. 10
	温懿果	男	福集片区中心所所长	2012. 10
	林 丽	女	牛滩片区中心所所长	2012. 10
	冷泽树	男	云锦片区中心所所长	2012. 10
	林叔伦	男	兆雅片区中心所所长	2013. 01
	代志清	男	社区矫正执法大队大队长	2013. 07
泸县民政局	秦治军	男	局长、党组书记	2015. 05
	杨金辉	男	副局长	2016. 12
	杜晓娟	女	机关党委书记	2014. 11
	曾 燕	女	副局长	2015. 04
	罗 立	男	纪检组组长	2016. 12
	高 源	女	双拥办主任	2016. 12
	王 盛	男	老龄办主任	2011. 06
	张兴忠	男	救助中心主任	2012. 06
泸县财政局	朱大清	男	局长、党组书记	2017. 09
	艾 洪	男	副局长	2013. 01
	金 季	女	副局长	2016. 04
	康 莉	女	机关党委书记	2012. 07
	罗常运	男	纪检组组长	2017. 10
	刁启辉	男	副局长	2017. 05
	谢 鑫	男	总会计师	2016. 04
	刁显彬	男	县农综开发办主任	2017. 01
泸县金融服务中心	张 岚	女	主任	2016. 11
	叶贤虞	女	副主任	2016. 11
泸县人力资源和社会保障局	罗晓玲	女	县人社局局长、党组书记，公务员局局长	2016. 04

续表19

单　位	姓　名	性　别	现任职务	任现职时间
泸县人力资源和社会保障局	廖险峰	男	副局长	2012. 10
	刘锡春	男	副局长	2016. 04
	李　华	男	副局长兼医保局局长	2017. 09
	佘克全	男	纪检组组长	2017. 02
	王泽清	男	公务员局副局长	2011. 06
	陈朝鹏	男	军转办主任	2016. 12
	童在东	男	人事考试中心主任	2010. 09
	卢泽兵	男	城乡养老保险服务中心主任	2012. 10
泸县社保局	唐文丽	女	局长	2017. 10
	邹忠权	男	副局长	2012. 10
	罗元梅	女	副局长	2012. 10
泸县就业局	廖险峰	男	局长	2007. 06
泸县国土资源局	张怀华	男	局长、党委书记	2015. 09
	王书源	男	党委副书记	2011. 10
	谢永珍	女	副局长	2011. 10
	柯　彬	男	副局长	2015. 01
	熊　健	男	副局长	2016. 08
	代　莉	女	纪委书记	2017. 04
	王奎满	男	总工程师	2017. 09
	李在荣	男	执法监察大队大队长	2015. 01
泸县土地统征和储备中心	张怀华	男	主任	2015. 09
	李应良	男	副主任	2016. 12
泸县不动产登记中心	李永树	男	主任	2016. 04
泸县土地整治中心	钟华林	男	主任	2016. 10
泸县住房和城乡规划建设局	鲁焕奎	男	局长、党委书记	2017. 08
	刘　刚	男	副局长	2016. 12
	涂加明	男	副局长	2016. 04
	穆念涛	男	机关党委书记	2016. 11
	钟守卫	男	纪委书记	2017. 03

续表19

单　位	姓　名	性　别	现任职务	任现职时间
泸县住房和城乡规划建设局	杜　虎	男	副局长	2017. 10
	邹鸿燕	女	总工程师	2014. 04
泸县建工局	毛玉红	男	局长	2016. 08
	熊启彬	男	副局长	2012. 07
县住房保障和房屋征收中心	钟　群	女	主任	2016. 04
泸川新城服务中心	鲁焕奎	男	主任	2017. 06
	何凤彬	男	副主任	2017. 05
	肖　海	男	总工程师	2017. 08
泸县城管局	李祖春	男	局长、党组书记	2016. 12
	罗小平	男	副局长	2013. 01
	杨世贵	男	纪检组组长	2016. 11
	谢云林	男	副局长	2013. 11
泸县交通运输管理局	黄修中	男	局长、党委书记	2015. 04
	唐挚斌	男	副局长	2016. 11
	陈晓波	男	副局长	2016. 04
	陶　盛	男	副局长	2011. 06
	叶茂扬	男	纪委书记	2017. 02
	陈雪梅	女	机关党委书记	2016. 09
	文　茂	男	总工程师	2014. 04
	龙良学	男	交通战备办主任	2017. 03
	龙良平	男	运管所所长	2016. 04
泸县水务局	唐永宏	男	局长、党委书记	2016. 04
	牟　勇	男	副局长	2015. 06
	周才金	男	机关党委书记	2016. 04
	罗　帆	男	副局长	2017. 10
	雷浩兵	男	纪委书记	2015. 02
	邱里杨	男	总工程师	2016. 01
泸县农林局	曾一洴	男	局长、党委书记	2015. 01

续表19

单　位	姓　名	性　别	现任职务	任现职时间
泸县农林局	赵德权	男	副局长	2016.09
	王　强	男	副局长	2015.02
	廖明秀	女	纪委书记	2016.04
	向　德	男	副局长	2016.09
	谷秋晔	女	机关党委书记	2017.05
	张庭胜	男	总经济师	2016.04
	王孝芳	女	总农艺师	2016.12
泸县森林公安局	冯富平	男	局长	2011.03
泸县文化体育新闻出版广电局	冯秋兰	女	局长、党委书记	2016.04
	李泽培	男	纪委书记	2016.11
	邱　平	女	机关党委书记	2012.09
	杨华春	男	副局长	2017.01
	周成燕	女	副局长	2013.07
	季绪宁	男	副局长	2017.03
泸县旅游局	陈　琴	女	局长	2016.11
	王　芳	女	副局长	2014.04
泸县电视台	王钦友	男	台长	2010.09
	明安兵	男	副台长	2012.12
泸县图书馆	王胜连	女	馆长	2014.01
泸县宋代石刻博物馆	梁　杨	女	馆长	2016.10
泸县卫生和计划生育局	龙维平	男	局长、党委书记	2015.03
	艾中林	男	纪委书记	2015.05
	刘仁芳	女	机关党委书记	2011.06
	赵章海	男	副局长	2015.04
	王　彬	男	副局长	2015.01
	钟心禄	男	卫生执法大队大队长	2013.04
泸县审计局	王小兵	男	局长、党组书记	2011.06
	曾　宇	男	副局长	2016.12

续表19

单　位	姓　名	性　别	现任职务	任现职时间
泸县审计局	陈志兰	女	副局长	2017. 03
	王永胜	男	纪检组组长	2017. 05
	田德宏	男	总审计师	2011. 06
	万雪梅	女	经济责任审计分局局长	2017. 03
泸县环保局	沈中良	男	局长、党组书记	2015. 01
	黄　健	男	副局长	2015. 01
	游　华	男	副局长	2011. 09
	周　君	男	纪检组组长	2011. 09
泸县安监局	杨　成	男	局长、党组书记、煤管局局长	2016. 01
	邵龙波	男	机关党委书记	2013. 11
	林武伦	男	纪检组组长	2013. 08
	胡　勇	男	副局长、煤管局副局长	2016. 07
	田　力	男	副局长	2013. 11
	胡　波	男	副局长	2016. 01
	屈　平	男	总工程师	2016. 04
	王友才	男	矿山管理站站长	2015. 02
泸县统计局	周　宇	女	局长、党组书记	2015. 04
	王怀勇	男	副局长	2008. 07
	熊　鹰	女	副局长	2015. 11
	张才奇	男	纪检组组长	2017. 05
	余文凤	男	总统计师	2015. 11
泸县食药监局	卫德远	男	局长、党组书记	2017. 11
	陈立平	女	副局长	2013. 11
	万晓琴	女	纪检组组长	2016. 04
	梅关蕊	女	机关党委书记	2014. 01
	谭周良	男	副局长	2017. 03
	庞犍军	男	食品总监	2015. 11
	刘跃辉	男	药品总监	2015. 11
	周　宇	男	监督稽查大队大队长	2013. 07

续表19

单 位	姓 名	性 别	现任职务	任现职时间
泸县市场和质量监督管理局	刘光会	女	局长、党组书记	2016.12
	兰 黎	男	副局长	2016.12
	李 刚	男	副局长	2016.12
	何晓波	男	副局长	2016.12
	唐 理	男	纪检组组长	2016.11
	杜文珍	女	机关党委书记、新经济党委专职副书记	2016.11
	邓 刚	男	总工程师	2016.12
	林 文	男	城区监督管理所所长	2017.05
	杨 丽	女	嘉明监督管理所所长	2017.05
	宋 林	男	玄滩监督管理所所长	2017.05
	陈懋文	男	牛滩监督管理所所长	2017.05
	陈 凌	男	兆雅监督管理所所长	2017.05
	刘其林	男	园区监督管理所所长	2017.05
	熊 燕	女	喻寺监督管理所所长	2017.05
	李 波	男	云龙监督管理所所长	2017.05
泸县经济开发区	张文杰	男	党工委书记	2017.09
	蒲云贵	男	党工委副书记、管委会主任	2016.09
	周明海	男	党工委副书记、纪工委书记	2017.10
	郭巧会	女	管委会副主任	2017.10
	杨 一	男	管委会副主任	2017.09
	陈二春	男	经开区企业发展部部长	2012.12
泸县经开区服务中心	何清清	女	副主任	2017.03
	陈正明	男	副主任	2017.05
泸州医药产业园区	张学彬	男	党工委书记	2017.08
	李孝伦	男	党工委副书记	2016.03
	徐正能	男	党工委副书记、纪工委书记	2016.03
	刘栋梁	男	管委会副主任	2015.04
	普 懿	女	管委会副主任	2017.10
泸州医药园区服务中心	毛 宏	男	副主任	2015.04

续表19

单 位	姓 名	性 别	现任职务	任现职时间
泸州医药园区服务中心	周 伟	男	副主任	2016. 04
	陈晓琳	女	副主任	2017. 10
泸县投资促进局	郭 建	男	副局长	2017. 05
	刘世平	男	副局长	2017. 01
	邱旭光	男	纪检组组长	2016. 04
	艾光照	男	副局长	2014. 04
泸县档案局	段 波	女	局长	2016. 10
	贺候伦	男	副局长	2017. 10
	曹运菊	女	副科级纪检员	2014. 03
泸县粮食局	陈 江	男	局长、党组书记	2016. 09
	温仕超	男	纪检组组长	2016. 06
	陈宽利	男	副局长	2013. 11
	王守富	男	副局长	2017. 05
	叶红英	女	机关党委书记	2012. 11
泸县供销社	邱 玫	女	主任	2017. 10
	杜 君	男	副主任	2016. 03
	林少洁	女	纪检组组长	2015. 02
	曾惠利	女	副主任	2017. 08
泸县政务服务中心	薛 颖	女	主任	2017. 05
	熊方金	男	党组副书记、副主任	2017. 05
	何 利	女	纪检组组长	2016. 11
泸县投资建设工程管理中心	谭松柏	男	党组书记、主任	2016. 07
	李朝辉	男	纪检组组长	2015. 03
	李亚平	女	副主任	2015. 04
	姜国海	男	副主任	2016. 11
泸县公共资源交易中心	周 洪	男	党组书记、主任	2016. 12
	罗文树	男	副主任	2014. 10
	陈建飞	男	副主任	2015. 03
	涂远书	女	纪检组组长	2016. 12

续表19

单　位	姓　名	性　别	现任职务	任现职时间
泸县国税局	王　平	男	局长	2013. 01
	张　劼	男	副局长	2007. 10
	童世伦	男	纪检组组长	2010. 06
	周　洪	男	副局长	2012. 10
泸县地税局	许毓勇	男	党组书记、局长	2017. 11. 24
	雷奇	男	党组成员、副局长	2017. 12. 19
	徐照鑫	男	党组成员、机关党委书记	2017. 4. 26
	冯毅	男	党组成员、总会计师	2016. 2. 3
	王永洪	男	党组成员、副局长	2017. 4. 5
	李绍基	男	党组成员、纪检组组长	2017. 4. 5

泸县各镇（街）领导班子成员名表

表20

单　位	姓　名	性　别	现任职务	任现职时间
玉蟾街道	朱海斌	男	党工委书记	2016. 09
	魏文兰	女	党工委副书记、办事处主任	2016. 12
	熊文贵	男	党工委委员、人大工委主任	2016. 04
	许国庆	男	党工委副书记、纪工委书记	2017. 10
	钟　权	男	党工委副书记	2015. 04
	陈登富	男	党工委委员、武装部部长兼办事处副主任	2014. 10
	李　陈	男	党工委委员、办事处副主任	2017. 05
	盛　利	男	办事处副主任	2017. 05
福集镇	杜学洪	男	党委书记	2017. 08
	李诗兵	男	副书记、镇长	2016. 01
	陈先彬	男	党委委员、人大主席	2016. 11
	蒋昌灵	男	副书记、纪委书记	2016. 10
	陈明清	男	党委委员、武装部部长、副镇长	2014. 10
	任　义	男	党委委员、副镇长	2016. 11
	何国会	女	党委组织委员	2016. 04
	杨柱凯	男	副镇长人选	2017. 10

续表20

单 位	姓 名	性 别	现任职务	任现职时间
嘉明镇	李 玲	女	党委书记	2014. 10
	王先奎	男	副书记、镇长	2016. 11
	邹才海	男	党委委员、人大主席	2016. 11
	彭长江	男	党委副书记、纪委书记	2017. 10
	李有君	男	党委委员、武装部部长、副镇长	2016. 04
	万泽祥	男	党委委员、副镇长	2016. 04
	张 剑	男	党委组织委员	2016. 04
	祝昌明	男	副镇长	2016. 11
喻寺镇	郑晓波	男	党委书记	2017. 12
	张祖林	男	党委委员、人大主席	2016. 11
	陈 超	男	副书记、纪委书记	2016. 03
	李忠金	男	党委委员、副镇长	2016. 04
	王 一	男	党委委员、武装部部长、副镇长	2016. 11
	游 艳	女	党委组织委员	2016. 04
	李 伟	男	副镇长	2016. 01
方洞镇	王学良	男	党委书记	2016. 09
	何明江	男	副书记、镇长人选	2017. 12
	高延成	男	党委委员、人大主席	2011. 12
	张 平	女	党委委员、副镇长	2014. 01
	胡绍华	男	党委委员、武装部部长、副镇长	2016. 04
	蹇孝雨	男	党委组织委员	2016. 04
	白俊杰	男	副镇长人选	2017. 05
天兴镇	钟成贵	男	党委书记	2016. 03
	赵德林	女	副书记、镇长	2016. 11
	刘运涛	男	党委委员、人大主席	2016. 11
	李德胜	男	副书记、纪委书记	2017. 12
	陈 利	男	党委委员、武装部部长、副镇长	2016. 04
	李天容	女	党委组织委员	2017. 12
	姜春利	女	副镇长	2016. 11

续表20

单　位	姓　名	性　别	现任职务	任现职时间
天兴镇	袁　波	男	副镇长人选	2017.10
潮河镇	徐友群	女	党委书记	2015.12
	徐启良	男	副书记、镇长	2016.11
	黄元全	男	党委委员、人大主席	2016.11
	陈世七	男	副书记、纪委书记	2016.01
	李元金	男	党委委员、副镇长	2016.04
	刘佳烊	男	党委委员、武装部部长、副镇长	2016.04
	冷　燕	女	党委组织委员	2016.04
	罗学良	男	副镇长人选	2017.07
牛滩镇	施小莉	女	党委书记	2016.04
	钟　伟	男	副书记、镇长	2015.04
	李元清	男	党委委员、人大主席	2016.11
	罗国忠	男	副书记、纪委书记	2017.08
	李春林	男	党委委员、副镇长	2012.12
	邝秀锋	男	党委委员、武装部部长、副镇长	2016.04
	杨伦勇	男	党委组织委员	2017.07
	李定才	男	副镇长	2015.07
海潮镇	万绪友	男	党委书记	2016.04
	张明燕	女	副书记、镇长	2016.11
	刘育兵	男	党委委员、人大主席人选	2017.12
	周兴海	男	副书记、纪委书记	2017.08
	佘前良	男	党委委员、副镇长人选	2017.12
	李才富	男	党委委员、武装部部长、副镇长	2015.05
	郭　庆	男	党委组织委员	2017.08
	刘金凤	女	副镇长	2016.11
得胜镇	黄　梅	女	党委书记	2015.12
	赵　刚	男	副书记、镇长	2017.09
	汪长炉	男	党委委员、人大主席	2016.11
	陈建林	男	党委副书记、纪委书记	2017.10

续表20

单　位	姓　名	性　别	现任职务	任现职时间
得胜镇	佘承远	男	党委委员、武装部部长、副镇长	2015. 05
	何显兵	男	党委委员、副镇长	2016. 04
	高剑波	男	党委组织委员	2017. 10
	王　飞	男	副镇长	2016. 11
云龙镇	詹定敏	女	党委书记	2017. 05
	熊茂材	男	副书记、镇长	2017. 06
	陈先猛	男	党委委员、人大主席	2011. 12
	李　茂	男	副书记、纪委书记	2017. 05
	许　辉	男	党委委员、副镇长	2017. 06
	王玉美	男	党委委员、武装部部长、副镇长	2016. 04
	孔维刚	男	党委组织委员	2016. 04
	王　勇	男	副镇长	2017. 06
奇峰镇	梅　燕	女	党委书记	2017. 05
	吕有剑	男	副书记、镇长	2016. 11
	陈光银	男	党委委员、人大主席	2016. 11
	田　耘	男	副书记、纪委书记	2016. 11
	何开立	男	党委委员、武装部部长、副镇长	2016. 04
	程顺勇	男	党委委员、副镇长人选	2017. 12
	王泽敏	男	党委组织委员	2016. 04
	郭　强	男	副镇长	2016. 11
玄滩镇	张　焱	男	党委书记	2017. 08
	黄　宁	男	副书记、镇长	2017. 09
	王先烈	男	党委委员、人大主席	2016. 11
	骆　艳	女	党委副书记、纪委书记	2016. 04
	邓晓峰	男	党委委员、武装部部长、副镇长	2016. 04
	李文明	男	党委组织委员	2016. 07
	杨　翼	男	副镇长	2016. 11
	游　源	男	副镇长	2016. 11
石桥镇	杜良仲	男	党委书记	2017. 12

续表20

单　位	姓　名	性　别	现任职务	任现职时间
石桥镇	黄　川	男	副书记、镇长人选	2017.12
	潘昌雄	男	党委委员、人大主席	2016.04
	胡　艺	女	副书记、纪委书记	2015.04
	艾秀全	男	党委委员、武装部部长、副镇长	2016.04
	钟　平	男	党委组织委员	2016.04
	刘桂南	女	副镇长人选	2017.07
毗卢镇	熊豪德	男	党委书记	2017.08
	雷　林	男	副书记、镇长	2017.09
	李再富	男	党委委员、人大主席	2016.11
	李春明	男	副书记、纪委书记	2014.12
	刘　明	男	党委委员、武装部部长、副镇长	2016.04
	曾　义	男	党委委员、副镇长	2016.04
	易　静	男	党委组织委员	2016.04
	胡　洁	女	副镇长	2017.09
兆雅镇	宋东升	男	党委书记	2016.10
	杜向峰	男	副书记、镇长	2016.11
	李祥文	男	党委委员、人大主席	2016.01
	颜江洪	男	副书记、纪委书记	2016.09
	邓晓波	男	党委委员、武装部部长、副镇长人选	2017.12
	何文超	男	党委委员、副镇长	2016.04
	苟大莲	女	党委组织委员	2016.04
	高　峰	男	副镇长	2016.11
太伏镇	王　斌	男	党委书记	2016.11
	周　波	男	副书记、镇长	2017.09
	张国琼	女	党委委员、人大主席	2012.12
	郑　执	男	副书记、纪委书记	2014.09
	易晓明	男	党委委员、武装部部长、副镇长	2016.04
	陈　一	男	党委委员、副镇长	2016.01
	张永富	男	党委组织委员	2017.09

续表20

单　位	姓　名	性　别	现任职务	任现职时间
太伏镇	代林彬	男	副镇长	2017. 09
云锦镇	王　毅	男	党委书记	2016. 10
	郭武灿	男	副书记、镇长	2016. 11
	杨存楷	男	党委委员、人大主席	2011. 12
	彭　琳	女	副书记、纪委书记	2016. 10
	李　涛	男	党委委员、副镇长	2016. 02
	艾富儒	男	党委组织委员	2016. 03
	陈　洪	男	副镇长	2016. 11
立石镇	税刚毅	男	党委书记	2016. 10
	曾　奎	男	副书记、镇长	2015. 06
	林富坤	男	党委委员、人大主席	2016. 11
	杨　红	女	副书记、纪委书记	2015. 01
	马谷能	男	党委委员、武装部部长、副镇长人选	2017. 08
	牟小锋	男	党委委员、副镇长	2015. 02
	刘海波	男	党委组织委员	2016. 04
	范明泉	男	副镇长	2016. 11
百和镇	刘代全	男	党委书记	2017. 10
	邱钦华	男	副书记、镇长人选	2017. 10
	何正华	男	党委委员、人大主席	2016. 11
	任　宇	男	党委副书记、纪委书记	2017. 10
	傅大琴	女	党委委员、副镇长	2016. 04
	胡光照	男	党委委员、武装部部长、副镇长	2016. 04
	孔凡江	男	党委组织委员	2017. 07
	秦　川	男	副镇长人选	2017. 10

四、获奖名录

2017年泸县先进集体名录

表21

获奖单位	获奖称号	授奖单位
泸县	泸州市社会主义核心价值观建设示范县	市委宣传部
	全省县级农田水利基本建设先进单位	省水利厅
	2016年度全省农民增收工作先进县	省委办公厅、省政府办公厅
	2016年度全省“三农”工作先进县	省委办公厅、省政府办公厅
	2016年度四川省粮食生产“丰收杯”奖	省政府办公厅
	2017年产粮大县粮食监测调查工作先进县	国家统计局四川调查总队、省统计局
	2017年国家生猪调查大县监测调查工作先进县	国家统计局四川调查总队
	四川省有机产品认证示范创建县	四川省质监局
	全市创新创业工作先进县	市政府办
	拥军优属先进单位	市委、市政府、泸州军分区
泸县人民法院	“两学一做”学习教育汇报演出三等奖（《青春·奉献·成长》）	市中院
	2011—2015年全市法治宣传教育先进集体	市委、市政府
	集体三等功	市中院
	先进法院	市中院
	审判质效先进法院	市中院
	调研工作先进法院	市中院
	信息工作先进法院	市中院
	“四型”机关建设先进集体	县委
	泸县2016年度矛盾纠纷大调解工作先进集体	县委、县政府
	2011—2015年全县法制宣传教育先进集体	县委、县政府
	2016年度综治工作先进集体	县委、县政府
	创建“四好”领导班子先进集体	县委
	共产党员示范单位	市委
	全国法院第四届十佳微电影评选活动“优秀微电影奖”	人民法院新闻传媒总社、中华全国法制新闻协会、最高人民法院政治部、最高人民法院新闻局、最高人民法院执行局、中央电视台《今日说法》

续表21

获奖单位	获奖称号	授奖单位
泸县人民法院	集体一等功	省高院
	四川省法院系统第十九届学术讨论会基层法院组织工作先进奖	省高院
	第五届全国文明单位	中央精神文明建设指导委员会
	2017年新闻舆论工作先进单位	省高院
	《法行基层心的坚守》在2017年法律七进·四川法治微视频、微电影大赛中获动画、微视频类三等奖	省依法治省领导小组办公室、省司法厅
	健康机关	市政府办
泸县法院妇委会	泸州市妇联系统先进集体	市人社局、市妇联
泸县法院“七色花”普法宣讲团	参加送法进校园宣讲比赛优秀团队	市中院
法警队	在全市法院“司法警察刑事庭审执法规范化活动”成绩突出，被评为“先进单位”	市中院
执行局	最高人民法院发布的六起涉民生执行典型案例	最高院
泸县法院机关党委	泸州市“十佳”规范化党的阵地（县区级机关类）	市委组织部
云锦法庭	2017年泸州市第一批“身边的榜样”典型数据库入选名单	市委宣传部
牛滩法庭	全市法院“三型”人民法庭建设先进集体	市中院
泸县人民检察院	全国“青少年维权岗”（2014—2015年度）	共青团中央委员会
	全国检察机关文明接待室	最高检
	全国“最具影响力检务头条号”	今日头条、中国互联网发展基金会
	四川省无烟单位	省爱卫办
	学法用法示范机关	市司法局
	2011—2015全县法治宣传教育先进集体	县委
	“四好”领导班子先进集体	县委
泸县人民检察院公诉科	市院记三等功集体	市检察院

续表21

获奖单位	获奖称号	授奖单位
查办“12·25”案侦查办案组	市院记三等功办案组	市检察院
中共泸县县委宣传部	泸州市2017年度宣传思想文化工作优秀创新成果调研成果评选优秀成果	市委宣传部
	2011—2015年全县法治宣传教育先进集体	县委、县政府
县文明办	四川省精神文明建设宣传工作先进单位	省精神文明建设办公室
	泸州市公民道德建设工作先进单位	市精神文明建设办公室
	泸州市群众性精神文明创建活动先进单位	市精神文明建设办公室
	泸州市未成年人思想道德建设先进单位	市精神文明建设办公室
	泸州市学雷锋志愿服务工作先进单位	市精神文明建设办公室
县网信办	泸州市2017年度网信综合工作先进单位	市互联网信息办公室
	泸州市网络宣传引导工作先进单位	市互联网信息办公室
	泸州市网络监督管理工作先进单位	市互联网信息办公室
	泸州市网络舆情工作先进单位	市互联网信息办公室
	泸州市社会舆情工作先进单位	市互联网信息办公室
县社科联	泸州市2017年度县（区）社科综合工作先进集体	市社会科学界联合会
	泸州市2017年度县（区）社科学术研究工作先进集体	市社会科学界联合会
	泸州市2017年度县（区）社科信息工作先进集体	市社会科学界联合会
县文联	泸州市第二批“中国传统村落”立档调查工作先进单位	市文学艺术界联合会泸州市民间文艺家协会
泸县人武部党委	先进团级党委	省军区党委
中共泸县县委机构编制委员会办公室	全市机构编制系统最佳单位	市委编办
	盐业监管体制改革工作先进单位	市委编办
	事业单位改革和精细化管理工作先进单位	市委编办
	机构编制实名制统计工作先进单位	市委编办
	事业单位登记管理工作先进单位	市委编办
	行政审批制度改革工作先进单位	市委编办

续表21

获奖单位	获奖称号	授奖单位
泸县总工会	泸州市助残先进单位	市政府
	泸州市“安康杯”竞赛组织工作优秀单位	市总工会泸州、市安监局
	泸州市职工职业技能大赛物流仓储行业技能比赛优秀组织奖	市劳动竞赛委员会
	泸州市职工职业技能大赛建筑行业砌筑工技能比赛优秀组织奖	市劳动竞赛委员会
共青团泸县委员会	2011—2015年全县法治宣传教育先进集体	县委、县政府
泸县科协	全国科协系统先进集体	人力资源社会保障部、中国科协联合表彰
	青少年科技创新大赛基层优秀组织奖。	市科协
	2017年全国科普日优秀活动	中科协办公厅
	市级文明单位	市委办公室
泸县司法局	全市法治宣传教育先进集体	市委、市政府
	全县法治宣传教育先进集体	市委、市政府
泸县社区矫正执法大队	全省社区矫正执法先进集体	省司法厅、省人社厅
泸县发展和改革局	先进集体	省人社厅、省发改委
	先进单位	省发改委
	全国农产品成本调查工作优秀集体	国家发改委
泸县经济和信息化局	创建“四好”领导班子先进集体	县委
泸县商务局	“四号领导班子”	县委
	综合目标考核一等奖	县委、县政府
	“脱贫攻坚先进集体”	泸州市委
	全省扩权县商务工作先进单位	省商务厅
泸县人力资源和社会保障局	全省人力资源和社会保障工作先进集体（2018年1月授予）	省人力资源和社会保障厅
	2017年度目标任务完成先进单位	市人力资源和社会保障局
泸县劳动人事争议仲裁院	省级示范仲裁院（2017年7月授予）	省人力资源和社会保障厅

续表21

获奖单位	获奖称号	授奖单位
泸县人力资源和社会保障局党组	“四好”领导班子先进集体	县委
泸县社保局	社会保险基金报表三等奖	市社保局
	社会保险统计表二等奖	市社保局
泸县国土资源局	四川省国土资源系统全面深化改革先进集体	省国土资源厅
泸县档案局	四川省档案工作先进集体	省人社厅、省档案局
	2017年度全省国家重点档案保护与开发工作先进单位	省档案局
	2017年度全省信息工作先进单位	省档案局
泸县妇联	泸州市妇联系统先进集体	市人社局、市妇联
	2017年度新闻宣传阵地建设先进单位	省妇联
	2011—2015年全县法治宣传教育先进集体	县委、县政府
	市妇联系统“综合工作”“幸福家庭行动”“素质提升行动”“巾帼维权行动”“强基固本行动”优秀单位	市妇联
县政府妇儿工委办	泸州市实施妇女儿童发展规划先进集体	市政府妇儿工委会
泸州国家高新区医药产业园	脱贫攻坚先进帮扶单位	市委
	党支部先进基层党组织	泸州高新区
泸县综合应急救援大队	2016年全省专职消防队伍建设先进集体	省公安消防总队
	2017年“中航安盟保险杯”全省森林消防技能竞赛二等奖	省森林草原防火指挥部
	2017年专职消防队比武竞赛先进单位	市公安消防支队
	泸州市公安消防支队2017年政府专职消防队比武竞赛团体第一名	市公安消防支队
泸县审计局	脱贫攻坚先进帮扶单位	县委
泸县公安局	先进集体	市政府
	优秀奖	省公安厅

续表21

获奖单位	获奖称号	授奖单位
泸县公安局	二等奖	市公安局
	集体二等功	省公安厅
	先进集体	市公安局
	集体三等功	市公安局
刑事侦查大队	通报表扬	市公安局
	集体三等功	市公安局
治安管理大队	集体三等功	市公安局
兆雅派出所	集体三等功	市公安局
石桥派出所	集体三等功	市公安局
方洞派出所	先进集体	市政府
玉蟾派出所	先进集体	市政府
政工室	集体三等功	市公安局
巡防大队	集体三等功	市公安局
石桥派出所	先进集体	市委
玄滩派出所	集体三等功	市公安局
刑事科学技术室	集体三等功	市公安局
泸县国税局	岗位大练兵业务大比武集体三等奖	市国家税务局
	2011—2015 年全市法治宣传教育先进集体	市委、市政府
	泸州市脱贫攻坚先进帮扶单位	市委
	全省国税系统脱贫攻坚先进集体	省国税局党建工作领导小组
泸县路政管理大队	“规范公路治超执法专项整治行动”先进单位	省交通运输厅公路局
泸县水务局	水利系统第八届全国水利文明单位	水利部精神文明建设指导委员会
	四川省农村水利工作先进单位	省水利厅
	2017 年水土保持补偿费征收工作县级先进单位	省水土保持局
	2017 年生产建设项目水土保持设施验收工作县级先进单位	省水土保持局
	2017 年生产建设项目水土保持监督检查工作县级先进单位	省水土保持局
	2017 年水土保持规划工作县级先进单位	省水土保持局

续表21

获奖单位	获奖称号	授奖单位
泸县农林局	2016年度泸州市科学技术进步管理三等奖	市政府
泸县动物疫病预防控制中心	科技进步二等奖	市政府
泸县文化市场综合执法大队	国家版权局关于查处侵权盗版案件有功单位三等奖	国家版权局
泸县红十字会	2017年度中国红十字会总会报刊宣传先进集体一等奖	中国红十字会总会
泸县统计局	第三次全国农业普查先进集体	国务院第三次全国农业普查领导小组办公室
泸县市场质量监管局	"泸县青花椒""牛滩生姜"获国家地理标志产品保护	国家质检总局
	泸州"刘氏泡菜"牌泡菜生态原产地产品保护	国家质检总局
	"熟龙"牌泸县晚熟龙眼生态原产地产品保护	国家质检总局
	泸县"牛滩"牌生姜生态原产地产品保护	国家质检总局
	"红盾春雷行动"2017先进集体	省工商局
	2016年度年报工作通报表扬单位	省工商局
	2016年度个体工商户年报工作通报表扬单位	省工商局
	2016年度农民专业合作社年报工作通报表扬单位	省工商局
	脱贫攻坚先进帮扶单位	市委
	"红盾春雷行动"2017先进基层所（兆雅监管所、牛滩监管所）	市工商局
	县级非重点脱贫工程先进部门	县委
	道路交通安全综合治理先进单位	县政府
泸县经济开发区	共产党员示范单位	县委
	2017年度落实党风廉政建设责任制一等奖	县委、县政府
	开放合作突破工作一等奖	县委、县政府
	重点项目建设先进集体二等奖	县委、县政府
华夏龙窖白酒产业园	共产党员示范单位	县委
四川景宏医疗器械有限公司党支部	"十佳"规范化党的阵地	市委组织部

续表21

获奖单位	获奖称号	授奖单位
恒昌混凝土	2017 年度纳税大户	县政府
江阳钢铁	2017 年度纳税大户	县政府
泸县粮食局	粮食流通工作绩效管理优秀单位	市发展改革委员会
	安全生产目标考核二等奖	县政府
	党风廉政建设责任制考核一等奖	县委、县政府
	开发合作突破工作目标考核二等奖	县委
泸县供销社	2016 年度综合目标绩效考评一等奖	县委、县政府
	2016 年度开放合作突破工作目标考核一等奖	县委、县政府
	2016 年度全省供销合作社系统综合改革先进单位	省供销社
	2016 年度经济发展先进单位	省供销社
	2016 年度全省供销社安全生产工作先进单位	省供销社
	2016 年度区县供销社综合业绩考核特等奖	市供销社
	2016 年度综合改革试点先进单位	市供销社
	2016 年度基层组织建设先进单位	市供销社
	2016 年度业务工作先进单位	市供销社
泸州供销电子商务有限公司	泸州市工人先锋号	市总工会
	四川省农村电子商务示范企业	省农村电子商务协会
福集镇	2017 年度农业农村经济工作一等奖	县委、县政府
	2017 年度脱贫攻坚先进奖	县委、县政府
	泸州市 2017 年森林防火工作先进单位	市森林防火指挥部
福集镇大坪村、草坝村	四川省卫生村	爱国卫生运动委员会
福集镇清华村	四川省 2017 年度文化扶贫示范村	省委宣传部、农工委、文化厅、体育局、扶贫移民局
福集镇小冲子村、赵岩村、团仓村	泸州市“四好新村”	市委、市政府
福集镇大田社区	共产党员示范单位	市委
天兴镇板栗村	省级“四好村”	省委、省政府
天兴镇一心村	省级“四好村”	省委、省政府
天兴镇田坝村	省级“四好村”	省委、省政府

续表21

获奖单位	获奖称号	授奖单位
得胜镇	社会主义核心价值观示范镇	市委宣传部
得胜镇人民政府	四川省卫生单位	省爱国卫生运动委员会
得胜镇大水坝村	共产党员示范单位	市委
得胜镇仁和村	全国文明村	中央文明办
得胜镇接官坝村	省级四好新村	省委、省政府
得胜镇接官坝村	市级文明村	市文明办
得胜镇顺民村	四川省卫生村	省爱国卫生运动委员会
得胜镇高石塔村	四川省卫生村	省爱国卫生运动委员会
得胜镇罐顶山村	2017年度脱贫攻坚工作先进村	市农村工作暨脱贫攻坚领导小组
得胜镇大水坝村党总支部	共产党员示范单位	市委
云龙镇	2017年度道路交通安全管理“微信桥”建设先进集体	县政府
奇峰镇	维稳先进集体	县委
	脱贫攻坚先进乡镇	市脱贫攻坚领导小组
	市地灾防治先进乡镇	市地质灾害应急指挥部
兆雅镇犁家村	四川省卫生村	省爱国卫生运动委员会
兆雅镇犁家村	四川省“四好村”	省委、省政府
兆雅镇石龙村	第一批绿色村庄	中华人民共和国住房和城乡建设办公厅
泸县梅氏农业种植专业合作社	泸州市第八批农民合作社市级示范社	市农业局、泸州市发展和改革委员会、泸州市财政局、泸州市水务局、泸州市林业局等
云锦镇	2017年度落实党风廉政责任制一等奖街道	县委、县府
	2011—2015全县法治宣传教育先进集体	县委、县府
	2011—2015全市法治宣传先进乡镇	市委、市府
	2017年度开放合作突破工作一等奖	县委、县府
	市级“四好村”（天台寺村、湾头村）	市委、市府
	县级“四好村”（天台寺村、湾头村、冯石村）	县委、县府
立石镇人民政府	2017年度目标绩效考核一等奖	县委、县政府
	2017年度党建工作一等奖	县委
	先进非公指导站	市非公指导站

续表21

获奖单位	获奖称号	授奖单位
立石镇人民政府	“四好”领导班子先进集体	县委
	党风廉政一等奖	县委、县政府
立石镇玉龙村	省级四好村	省委、省政府
立石镇普照村	县级四好村	县委、县政府
海潮镇党委	镇党委“四好”领导班子先进集体	县委
海潮镇人民政府	市级征兵先进单位	泸州市人民政府
泸县二中外国语实验学校	国防教育特色学校	教育部
	四川省文明校园	省精神文明建设委员会
	四川省示范性标准化学生食堂	省教育厅
	四川省五四红旗团委	共青团四川省委
	泸州市健康学校示范点	市政府
	课题《初中数学框架式教学三三五模式》获得泸州市第六届普教教学成果一等奖、	市政府
	课题《初中历史课堂基于案例教学的亮点呈现策略》获得泸州市第六届普教教学成果二等奖	市政府
	泸州市文明校园	市精神文明建设办公室、市教育局
	泸州市廉洁文化示范点	市纪委
	2017年泸州市初中教育质量综合评价优秀学校	市教育局
	泸州市语文“群文阅读”特色课程2016年度优秀实验学校	市教育局
	2017年泸州市中小学乒乓球比赛初中组第一名	市文体新广局、市教育局
	2017年泸州市中小学乒乓球比赛初中组第二名	市文体新广局、市教育局
	2017年泸州市中小学羽毛球比赛初中组第二名	市文体新广局、市教育局
潮河镇	2017年度安全生产党政同责暨目标管理考核一等奖	县政府
方洞镇	2011—2015年全县法治宣传教育先进集体	县委、县政府
嘉明镇	2017年双拥工作先进集体	县委、县政府
	四川省卫生乡镇	省爱国卫生运动委员会
	维稳工作先进集体	县委、县政府
嘉明镇大同村	泸州市2016年地质灾害防治工作先进集体	市地质灾害应急指挥部

续表21

获奖单位	获奖称号	授奖单位
福集镇	泸州市2017年森林防火工作先进单位	市森林、防火指挥部
	2017年度农业农村经济工作一等奖	县委、县政府
	2017年度脱贫攻坚先进奖	县委、县政府
福集镇大坪村、草坝村	四川省卫生村	省爱国卫生运动委员会
福集镇人民政府清华村	四川省2017年度文化扶贫示范村	省委宣传部、农工委、文化厅、体育局、扶贫移民局
福集镇小冲子村、赵岩村、团仓村	泸州市“四好新村”	市委、市政府
福集镇大田社区	共产党员示范单位	市委
玉蟾街道	双拥工作先进集体	县委、县政府
	综治工作先进集体	县委
	维稳工作先进集体	县委
	依法治县工作先进集体	县委
玉蟾街道党工委	“四好”领导班子先进集体	县委
玉蟾街道清平社区党支部	共产党团员示范团队	市委
玉蟾街道清溪社区	全县法治宣传教育先进集体	县委
泸县第二人民医院	“二星”级数字化医院	省卫生和计划生育局委员会
泸县中医医院	泸州市“十佳”规范化党的阵地	市委组织部
	共产党员示范单位	县委
泸县二中	清华大学生源中学	清华大学
	2017年度空军招飞工作先进学校	省教育考试院、空军招飞局成都选拔中心
	全国青少年校园篮球特色学校	教育部办公厅
	省级应急教育示范学校	省教育厅、省政府应急管理办公室
	“川渝高中校长论坛”会长学校	川渝高中校长论坛
	泸州市“六五”普法先进集体	市委、市政府
	泸州市“法律进学校”示范点	市依法治市领导小组办公室、市司法局

续表21

获奖单位	获奖称号	授奖单位
泸县二中	泸州市2017年普通高中教育质量综合评价（A类学校）一等奖	市教育局
	泸州市毒品预防教育示范学校	市禁毒办、市教育局
	泸州市第十三届楹联大赛优秀组织奖	市教育局、市楹联学会
	2011—2015全县法治宣传教育先进集体	县委、县政府
泸县四中	泸州市文明校园	市精神文明办
	泸州市2017年初中教育质量综合评价优秀学校	市教育局
	泸州市校园足球特色学校	市教育局
泸县教师进修学校	“国培计划（2015）”周期性项目第二年绩效考评优秀项目区县	省教育厅办公室
	泸州市第十二届职工职业技能大赛教师教学技能比赛团体“一等奖”	市劳动竞赛委员会
泸县二中外国语学校	国防教育特色学校	教育部
	四川省文明校园	省精神文明建设委员会
	四川省示范性标准化学生食堂	省教育厅
	四川省五四红旗团委	共青团四川省委
	泸州市健康学校示范点	市政府
	课题《初中数学框架式教学三三五模式》获得泸州市第六届普教教学成果一等奖、	市政府
	课题《初中历史课堂基于案例教学的亮点呈现策略》获得泸州市第六届普教教学成果二等奖	市政府
	泸州市文明校园	市精神文明建设办公室、市教育局
	泸州市廉洁文化示范点	市纪委
	2017年泸州市初中教育质量综合评价优秀学校	市教育局
	泸州市语文“群文阅读”特色课程2016年度优秀实验学校	市教育局
	2017年泸州市中小学乒乓球比赛初中组第一名	市文体新广局、市教育局
	2017年泸州市中小学乒乓球比赛初中组第二名	市文体新广局、市教育局
	2017年泸州市中小学羽毛球比赛初中组第二名	市文体新广局、市教育局
泸县二中城北分校	泸州市健康学校	市教育局
泸县实验学校	先进基层党组织	县委

五、企业名录

2017 年泸县规模以上工业企业名单一览表

表 22

序　号	组织机构代码	数据处理地	单位详细名称
1	660250013	510521001001	四川科瑞德凯华制药有限公司
2	579647953	510521001001	泸州市海福印铁制罐有限公司
3	714404162	510521001001	四川科瑞德制药股份有限公司
4	746928155	510521001007	泸州鑫杰玻璃有限公司
5	599975997	510521001008	泸州芦台春酒业有限公司
6	680411742	510521001200	泸县新兴陶瓷有限公司
7	696974726	510521001200	泸州华诞酿酒股份有限公司
8	729826210	510521001200	泸县吉龙食品有限公司
9	789127163	510521001200	四川泸州酒仙生物制曲有限公司
10	754738028	510521001205	泸州兰良水泥有限公司
11	55103109X	510521001206	泸县万事兴玻璃有限公司
12	759748823	510521001206	四川省泸州江阳钢铁有限责任公司
13	570738912	510521001210	泸州恒昌混凝土有限责任公司
14	078865776	510521100000	泸州源泰制衣有限公司
15	553467954	510521100015	泸州永宏发制衣有限公司
16	708934896	510521100015	泸州泸特酒业有限公司
17	327108996	510521100015	四川明升服装有限公司
18	678396432	510521100015	四川省藏喜酒业有限公司
19	680431479	510521100015	泸州群煜玻璃有限公司
20	754726086	510521100016	四川泸县天洋金峰硅砂有限公司
21	204852555	510521100245	四川省泸州龙脑曲酒厂
22	056072425	510521101227	泸州和鑫陶业有限公司
23	56971493X	510521101227	泸州宇森玻陶有限公司
24	575274870	510521101227	泸州九曲河酿酒有限公司
25	584248439	510521101227	泸州韩尚艺术贴花有限公司
26	673503008	510521101227	泸州市高宏玻璃制品有限公司

续表22

序　号	组织机构代码	数据处理地	单位详细名称
27	699172702	510521101227	泸州观宇玻璃制品有限公司
28	699187832	510521101227	泸州市晶盛玻璃制品有限公司
29	754704231	510521101227	四川省泸州兴业玻璃有限公司
30	771659188	510521101227	泸州世家酒业有限公司
31	797884025	510521101227	泸县明胜纺织有限公司
32	326965320	510521101229	四川省罗桥机械有限公司
33	660287879	510521101229	泸县恒昌化纤有限公司
34	204855449	510521102005	四川省泸州造酒厂
35	752316323	510521102005	泸州环都烤花纸有限公司
36	731607076	510521102006	泸州远大煤业有限公司
37	314521909	510521103003	泸州市一圣鸿包装有限公司
38	588365739	510521103003	四川阿斯特医疗器械有限公司
39	59509210X	510521103003	四川省新康意新材料科技有限公司
40	560704436	510521103003	四川奥盾门业有限公司
41	671439778	510521103003	四川省福滨服装有限公司
42	759739847	510521103223	泸州市万发橡胶厂
43	620828546	510521103225	四川泸州富源酿酒厂
44	58424370X	510521105004	四川金邦防伪材料有限公司
45	795838199	510521105004	泸州中龙柴配制造有限公司
46	797868105	510521105004	泸州沱江液压件有限公司
47	682377154	510521105232	泸州金钰水泥有限公司
48	789131138	510521105232	泸州茂源陶瓷制作有限公司
49	708927733	510521105232	泸州池窖酒业有限公司
50	582171386	510521106004	四川宝利沥青有限公司
51	682368389	510521106004	四川省泸州朝发皮具有限公司
52	692258474	510521106004	泸州酒园春酒业有限公司
53	MA6220174	510521106224	四川泸州国宾泉老窖酒厂
54	723240139	510521106224	四川省泸州禧事达酒业有限公司
55	749634224	510521106224	四川泸州川酒仙酒业有限公司
56	75232266X	510521106225	四川天之骄子实业有限公司

续表22

序　号	组织机构代码	数据处理地	单位详细名称
57	204872732	510521106227	四川省泸州贵庆酒厂
58	714404058	510521106227	四川省泸州蜀光酒业有限公司
59	68794420X	510521106229	四川省泸州江泉酒业有限公司
60	791821314	510521106229	泸州奇奇食品有限公司
61	204854710	510521107246	四川省泸州市中和曲酒厂
62	553467129	510521108007	泸州琼液酒厂
63	66025206X	510521108007	泸州和谐酒业有限公司
64	660272490	510521108007	泸州醇窖酒厂
65	665379385	510521108007	泸州神仙桥酒业有限公司
66	068965060	510521108008	四川翔宇物资有限公司
67	204873735	510521108261	四川泸州国华酿酒有限公司
68	052196674	510521109003	泸州凯乐名豪酒业有限公司
69	742268436	510521109003	泸州陈年窖酒厂
70	733393788	510521109232	泸州靠得住食品有限公司
71	204853005	510521109239	泸州鼎旺酒业有限公司
72	708933180	510521109239	泸州酒业玻璃有限公司
73	708934028	510521109239	泸州树清酒庄酒业有限公司
74	729829227	510521109239	四川泸汉老窖酒业有限公司
75	MA6220J44	510521109239	四川泸州唐人酒业有限公司
76	772995896	510521109239	四川泸州龙城粮油购销有限公司
77	696999210	510521109242	泸县秀水坊酿酒厂
78	749625934	510521110005	泸州天合花纸有限公司
79	682372783	510521110005	四川利信消防工程有限责任公司
80	687903619	510521110230	泸县吉祥新型墙材厂
81	692250683	510521110232	泸县鑫福煤业有限公司
82	727450643	510521110232	泸县富银煤矿有限公司
83	204852037	510521110233	泸县玄滩长沙庙煤矿
84	595089533	510521111226	泸州立高丝业有限公司
85	597532818	510521111227	泸州正发新材料有限公司
86	558244979	510521112004	四川集福源玻璃有限公司

续表22

序　号	组织机构代码	数据处理地	单位详细名称
87	620827762	510521112004	泸州酒城玻璃厂
88	667428355	510521112004	泸县兴隆包装有限责任公司
89	699194389	510521112004	四川索斯特电子有限公司
90	669590073	510521112005	泸州自然香实业有限公司
91	79582941X	510521112231	泸州市美酒源酒业有限公司
92	749614856	510521112236	泸县万顺羽绒有限公司
93	731592580	510521112236	四川省泸州制酒厂
94	588372023	510521113004	泸州拓力源塑胶制品有限公司
95	744671878	510521113004	泸州恒力工程机械有限公司
96	795823608	510521113004	泸州水源液压机械有限责任公司
97	754721680	510521113232	四川省泸县精选石英砂厂潮河分厂
98	795830947	510521113236	泸州古蜀窖酿酒有限公司
99	57526826X	510521114004	四川泸荣酒业有限公司
100	759744603	510521114004	四川锦云堂中药饮片有限公司
101	765091282	510521114004	四川酿王酒业有限公司
102	052177756	510521114237	泸州胜鑫陶业有限公司
103	204853064	510521114243	四川省泸州泸石曲酒厂
104	738333741	510521114243	四川泸州五斗粮酒业有限公司
105	782268334	510521115002	泸州玉龙粮油有限公司
106	696963509	510521115225	泸州名泉酒业有限公司
107	687944170	510521115226	四川省泸州富升酒业有限公司
108	727481378	510521115226	泸州市天池酒业有限公司
109	692285042	510521115230	泸州联源实业有限公司
110	204864513	510521116004	泸州川府窖酒厂
111	558215342	510521116004	泸州恒茂制盖有限公司
112	665398498	510521116004	泸州合成液压件有限公司
113	746922319	510521116230	泸州瑞兴生物工程有限公司
114	71188915X	510521116231	迪邦（泸州）化工有限公司
115	729827731	510521116231	四川省泸州市五州醉酒业有限公司
116	579618255	510521116233	泸县金顺科技有限公司

续表22

序　号	组织机构代码	数据处理地	单位详细名称
117	575274803	510521117002	泸州鹏腾钢结构工程有限公司
118	669584351	510521117002	四川乾通动物药业有限公司
119	689919032	510521117002	泸州天蜀玻纤有限公司
120	720847699	510521117002	泸州天兴玻纤有限公司
121	775805402	510521117002	泸州开士乐工程技术有限责任公司
122	620825978	510521117225	泸州市凤凰老窖曲酒厂
123	553470213	510521118002	泸州博艺玻璃有限公司
124	779823819	510521118217	泸州大洲化工有限公司
125	680405641	510521118220	泸州龙盛源玻璃有限公司
126	74964043X	510521123223	泸县流滩坝水力发电有限公司

索 引

使用说明

一、本索引采用内容分析索引法，按索引条目汉语拼音字母顺序排列。

二、索引词条后的数字表示内容所在的页码。

A

B

C

D

E

F

G

H

J

K

L

M

N

P

Q

R

S

T

W

X

Y

Z